DIETER STEIN
Pfarrer
8632 Neustadt/Cbg.
Schillerstr. 9
09568/5049

Die Protestanten in Bayern

CLAUS-JÜRGEN ROEPKE

Die Protestanten in Bayern

SÜDDEUTSCHER VERLAG MÜNCHEN

ISBN 3-7991-5705-0

© 1972 Süddeutscher Verlag GmbH, München. Alle Rechte vorbehalten
Printed in Germany. Schrift: Garamond-Antiqua
Umschlagentwurf: Gerd Drahn
Druck: Presse-Druck- und Verlags-GmbH, Augsburg
Bindearbeit: Hans Klotz, Augsburg

Inhalt

9 *Die Kirche zwischen gestern und morgen*
    Geleitwort von Landesbischof D. Hermann Dietzfelbinger

ERSTER TEIL
DAS ZEITALTER DER REFORMATION UND DER GEGENREFORMATION

1. Kapitel

13 *Die herzoglich-bayerische Religionspolitik im Schatten des Falkenturms*

13 *Zwanzig Gulden für einen Lutherischen*
    Die evangelische Bewegung in den zwanziger Jahren des 16. Jahrhunderts

23 *Ein Sieg, der nicht ganz vollständig war*
    Bayerische Protestanten in der zweiten Hälfte des 16. Jahrhunderts

2. Kapitel

37 *Eine konservative Reformation in der freien Reichsstadt Nürnberg*

37 *Lazarus Spengler und die Anfänge der Reformation im Augustinerkloster*

45 *Der Kampf der Pröpste und Prediger um die Erneuerung des kirchlichen Lebens*

55 *Der Aufbau einer lutherischen Stadtkirche durch den Nürnberger Rat*

60 *Deutschlands führende Stadt entscheidet sich für das Luthertum*

3. Kapitel

63 *Freunde und Gegner der Reformation im Nürnberger Entscheidungsjahr 1525*

63 *Knittelverse für Martin Luther*
    Hans Sachs und sein Einsatz zugunsten der Reformation

68 *Ein Hauch von Revolution*
    Nürnberg trennt sich von Schwärmern und Freigeistern

77 *Die Kunst im Dienste der Verkündigung*
    Albrecht Dürers religiöses Werk

84 *Der Humanismus im Zwiespalt*
    Willibald Pirckheimers Abkehr von der neuen Lehre

4. Kapitel

90 *Der Anschluß der fränkischen Markgrafschaft Ansbach–Kulmbach an das Luthertum*

97 *Viel Taktik auf allen Seiten*
    Die evangelische Bewegung unter dem Markgrafen Kasimir

108 *Mit Gottvertrauen in eine neue Zeit*
    Die Einführung der Reformation in Ansbach–Kulmbach durch Markgraf Georg

119 *Eine Kirche gewinnt Profil*
    Die Brandenburg-Nürnbergische Kirchenordnung als Bekenntnis des fränkischen Luthertums

5. Kapitel

128 *Auseinandersetzungen um die Kunst in der Kirche*

135 *Zwischen Kritik und Bewahrung des mittelalterlichen Erbes*

136 *Der Kampf gegen die »Ölgötzen«*

140 *Heiligenbilder im Dienst der evangelischen Verkündigung*

142 *Eine neue Sicht der Kunst im süddeutschen Luthertum*

6. Kapitel

148 **Augsburg und Coburg – zwei Lutherstätten in Bayern**

148 *Der Mönch vor dem Kardinal*
Luthers Auseinandersetzung mit Cajetan im Augsburger Fuggerhaus

156 *Ein Sommer im Reich der Vögel*
Luthers Aufenthalt auf der Veste Coburg

7. Kapitel

167 **Die süddeutsche Reformationsgeschichte im Spiegel der Augsburger Reichstage**

168 *Die Geburtsstunde des deutschen Protestantismus*
179 *Das Luthertum legt sein Bekenntnis vor*
186 *Der zweite Frühling der Reformation*
193 *Die Katastrophe im Schmalkaldischen Krieg*
197 *Prediger und Politiker in der Opposition*
202 *Luthertum und Katholizismus schließen Frieden*

8. Kapitel

206 **Die Kämpfe zwischen Katholiken und Protestanten im Zeitalter der bayerischen Gegenreformation**

207 *Ein Bischof kämpft um sein Land*
Die Rekatholisierung Mainfrankens durch Julius Echter von Mespelbrunn

223 *Wenn ein junger Fürst sein Glaubensbekenntnis wechselt*
Der Untergang der Lutherischen Kirche von Pfalz-Neuburg

229 *In hundert Jahren fünfmal umgetauft*
Die Oberpfälzer zwischen Luthertum, Calvinismus und Jesuitenmission

235 *Nach viel Krieg ein neuer Kompromiß*
Der Westfälische Friede von 1648

ZWEITER TEIL
DIE ENTSTEHUNG DER EVANGELISCHEN KIRCHE IN BAYERN

9. Kapitel

241 **Die fränkischen Markgrafenkirchen – Gotteshäuser im neuen Stil**

242 *Voraussetzungen und Entwicklung des protestantischen Kirchbaus im Franken des 18. Jahrhunderts*

246 *Ein Haus für die ganze Gemeinde*
Das evangelische Gemeindebewußtsein als Gestaltungsprinzip der protestantischen Barockkirche

264 *Ein Ort der Vergegenwärtigung Christi*
Zum Verständnis des Kanzelaltars in der fränkischen Markgrafenkirche

10. Kapitel

270 **Die Bemühungen der fränkischen Aufklärung um ein zeitgemäßes Christentum**

271 *Wenn Glauben und Denken sich vereinbaren lassen*
Die Erlanger Universität als Stätte der kirchlichen Aufklärung

274 *Im Streit um eine vernünftige Gottesverehrung*
Die Umgestaltung des kirchlichen Lebens im ausgehenden 18. Jahrhundert

291 *Vom Ausverkauf des evangelischen Glaubens*
Radikale Rationalisten am Rande der Kirche

11. Kapitel

295 **Die Bedeutung der Glaubensflüchtlinge und Zuwanderer für den süddeutschen Protestantismus**

296 *Auf dem Ochsenwagen nach Franken*
Die österreichischen Glaubensflüchtlinge nach dem Dreißigjährigen Krieg

302 *Ein ganzes Land entdeckt die Nächstenliebe*
Der Durchzug der Salzburger Exulanten im 18. Jahrhundert

319 *Lutherische Tränen über den reformierten Zuzug*
Die Niederlassung der Hugenotten in der Markgrafschaft Bayreuth

326 *Ein Wittelsbacher revidiert die Gegenreformation*
Karoline von Baden und die Ansiedlung der Pfälzer in Oberbayern

12. Kapitel

336 Das 19. Jahrhundert: Von der protestantischen Gesamtgemeinde zur lutherischen Kirche

336 *Napoleon war auch daran schuld*
Die Gründung der protestantischen Gesamtgemeinde unter Montgelas

341 *Neues Leben beginnt sich zu regen*
Das Ende der Aufklärung im Zeitalter des Idealismus und der religiösen Erweckung

350 *Hier stehe ich, ich kann nicht anders*
Die Kampfjahre des bayerischen Protestantismus unter dem Ministerium Abel

358 *Alte Bekenntnisse feiern ihr Comeback*
Der Sieg des konfessionellen Luthertums in Theologie und Kirche

366 *Ein Hirtenbrief gegen zwei Starprediger*
Die Auseinandersetzung der evangelisch-lutherischen Kirche mit dem Liberalismus

13. Kapitel

374 Wilhelm Löhe. Ein Dorfpfarrer zwischen Restauration und Rebellion

374 *Von der Erweckung zum konfessionellen Luthertum*

380 *Neuendettelsau als Zentrum der äußeren und inneren Mission*

387 *Ein umstrittener Lehrer, Priester und Seelsorger seiner Kirche*

14. Kapitel

391 Der Kampf um Bekenntnis, Recht und Freiheit der bayerischen Landeskirche im Dritten Reich

391 *Die Ausgangsposition: Lutherisch und national*

394 *Erste Erfolge und ein jähes Ende*
Die Deutschen Christen im Jahr 1933

398 *Eine Volkskirche kämpft für ihren Bischof*
Der mißglückte Einbruchsversuch der Hitler'schen Reichskirche in Bayern

413 *Taktik um einer intakten Landeskirche willen*
Der weitere Weg der bayerischen Landeskirche zwischen Widerstand und Ergebung

425 *Kritik und Konsequenzen*

15. Kapitel

428 Evangelisches Leben im Zeichen des Wiederaufbaus nach 1945

429 *Ostbayerns evangelische Flüchtlingsdiaspora*

433 *Die Diskussion über den Kirchbau*

444 *Sammlung und Sendung der Gemeinde*

451 Nachwort
453 Zeittafel
457 Übersichtskarte: Konfessionsstand um 1580
458 Literaturhinweise
463 Bildnachweise
464 Personenregister
470 Orts- und Sachregister

Die Kirche zwischen gestern und morgen

Die Zukunft der Kirche und die Kirche der Zukunft: diese und ähnliche Themen tauchen heute oft auf. Für die Zukunft zu planen scheint auch in der Kirche ein dringenderes Bedürfnis zu sein als sich zurückzubesinnen auf die Vergangenheit. Tatsächlich kann es Augenblicke geben, wo das Morgen uns gebieterisch fordert, weil Gott einen neuen Schritt tun will. Wenn die Kirche das durch die Zeiten wandernde Gottesvolk ist, so muß dieses Volk immer wieder bereit sein, die Zelte, die ihm eine Zeitlang als Aufenthalt gedient haben, abzubrechen und weiterzugehen. Aber was wäre dieses wandernde Volk, wenn es nicht bei jedem Schritt nach vorne die Erinnerung an gestern mitnähme?

Wer die Kirche nur nach ihrer augenblicklichen Erscheinungsform ohne ihre Geschichte betrachten will, sieht sie nur in einer ihrer Dimensionen, und die Flachheit zieht die Versuchung der Oberflächlichkeit nach sich. Eine Kirche, die nicht auch »von gestern« sein wollte, wäre ein geschichtsloser, verlorener Haufe, der sich selbst aufgibt; sie hätte schwerlich ein Morgen vor sich. Schon die Bibel, das Buch, an dem Generationen gearbeitet haben, ist die verbindende Linie durch die Zeit. Ohne die »Gemeinschaft mit der oberen Schar«, das heißt: mit denen, die uns im Glauben vorangegangen sind, ist die Gemeinschaft derer, die heute miteinander in der Gemeinde leben, nicht vollständig. Die horizontale Dimension des Lebens der Kirche braucht die vertikale, die Gemeinschaft der Kirche in ihren Generationen, wo sich die Kinder an die Väter erinnern.

Wie für die Kirche im Ganzen, so gilt dies auch für die Geschichte einer Landeskirche. Was sie heute ist und welches besondere Profil sie trägt, ist nur aus der Geschichte zu verstehen, von der sie herkommt. Wie jeder einzelne Mensch geprägt ist durch seine Biographie, so ist auch eine Landeskirche geformt durch ihre besondere Geschichte. Und wie einer nicht ohne inneren Schaden einzelne Abschnitte seiner Lebensgeschichte verleugnen kann, so wären wir auch schlecht beraten, wenn wir aus der Geschichte einer Kirche ganze Wegstrecken ausblenden, uns nicht zu ihnen bekennen wollten.

Manche halten heute das Interesse an einer Landeskirche für überholt. Man kann es ja auch nicht leugnen: diese Landeskirchen sind vielfach zufällige Gebilde, und nicht-theologische, dynastische, politische Interessen oder kriegerische Entwicklungen haben bei ihrer Gestaltung mitgewirkt. Wer freilich die Leiblichkeit der Kirche nicht nur kritisch betrachtet, sondern im Licht der Herablassung Gottes in Jesus Christus annimmt, weiß auch diese Dinge recht einzuordnen. Und wenn heute größere Organisationsformen das Erstrebenswerte zu sein scheinen, so wird man auch dabei nicht ohne »nicht-theologische Faktoren« auskommen. Das Denken in landeskirchlichen Grenzen kann provinziell werden. Wir werden uns in der evangelischen Christenheit in Deutschland tatsächlich an vielen Stellen nach neuen, besseren Möglichkeiten kirchlicher Gliederung umsehen müssen. Aber auch die Forderung nach der Abschaffung von Landeskirchen kann aus provinziellem Denken heraus geschehen, wenn man nämlich die höchst unterschiedliche Geschichte der einzelnen Landeskirchen und ihre je besondere Prägung nicht kennt oder nicht wahrhaben will.

Für dies alles, so scheint mir, ist die Geschichte der Evangelisch-Lutherischen Kirche in Bayern ein besonders deutliches Beispiel. Ein buntes Bild von Territorien und kleinen Kirchen blickt uns aus dem Lauf ihrer Geschichte entgegen, und auch heute ist die Variationsbreite der verschiedenen Kirchentümer, Frömmigkeitsformen und kirchlichen Sitten erstaunlich groß. Diasporalage und gute alte überkommene Kirchlichkeit in geschlossenen Gebieten begegnen sich ebenso, wie geprägtes Luthertum sich mit Pietismus und auch mit manchen Formen liberaler Frömmigkeit trifft. Im übrigen gibt es auch Provinzialismus im eigenen Haus zu überwinden. Wer etwa ein Bild dieser Kirche nur nach den Verhältnissen in einer ehemaligen freien Reichsstadt in Franken zeichnen wollte, würde es ebenso verzeichnen wie einer, der nur die niederbayerische Diaspora kennt. Und die Bilder von kirchlichen Gemeinden in Mittelfranken müssen ergänzt werden durch das, was uns in den großen Städten mit ihren neuen Siedlungsgebieten an Versuchen neuer Gemeindeformen begegnet. Die Gefahr eines verengten Blickes zu überwinden und den Blick zu weiten für das Ganze der Evangelisch-Lutherischen Kirche in Bayern wie für die Vielfalt des evangelischen Kirchentums in Deutschland überhaupt: das könnte eine wichtige Aufgabe dieses Buches sein.

Viele Leser möchte man ihm wünschen: in dieser Landeskirche selber wie außerhalb ihrer Grenzen, unter allen, die bereit sind, das Bild, das sie von der Evangelisch-Lutherischen Kirche in Bayern haben, plastischer gestalten zu lassen, sowie unter denen, die nicht gerne vordergründig urteilen, weil sie wissen, daß zur richtigen Perspektive auch der Hintergrund gehört, kurz: unter jenen, die diese Kirche in ihren mannigfachen Erscheinungsformen besser verstehen möchten und dann vielleicht auch – ein wenig mehr – werden lieben können.

D. Hermann Dietzfelbinger
Landesbischof
der Evangelisch-Lutherischen Kirche in Bayern

ERSTER TEIL

Das Zeitalter der Reformation und der Gegenreformation

1. KAPITEL

Die herzoglich-bayerische Religionspolitik im Schatten des Falkenturms

Inmitten der Fußgängerzone Münchens erhebt sich an der Neuhauser Straße der monumentale Bau der Michaelskirche. Eine Plastik an der Frontseite zeigt den siegreichen Erzengel Michael, wie er den Drachen mit seiner Lanze durchbohrt. Unter den zahlreichen Besuchern, die in diesem Gotteshaus täglich mit Einkaufstaschen beladen eine Verschnaufpause einlegen, befinden sich immer auch evangelische Christen. Nur die wenigsten unter ihnen wissen, daß sie ihr Gebet in einer Kirche verrichten, die einst im Zeichen des Triumphs der katholischen Kirche über den Protestantismus errichtet wurde. Unter der Regierung Wilhelm V. von Bayern, des Frommen, war sie entstanden – der krönende Abschluß einer von den Wittelsbachern konsequent und erfolgreich durchgeführten Gegenreformation. Zweimal – in den zwanziger Jahren und in der zweiten Hälfte des 16. Jahrhunderts – hatten die Ideen der Wittenberger Reformation auch das Herzogtum Bayern erreicht und sogar in der Residenzstadt München Anhänger gefunden. Doch beidemal gelang es den Bayernherzögen, der evangelischen Bewegung Einhalt zu bieten. 400 Jahre später wählte der Erzbischof von München und Freising diese Kirche zum Ort eines gemeinsamen Gottesdienstes mit dem evangelisch-lutherischen Landesbischof. Natürlich kamen die Münchner in Scharen, um sich das Ereignis der evangelischen Predigt am Ort der Gegenreformation nicht entgehen zu lassen. Tatsächlich markierte der ökumenische Gottesdienst der beiden höchsten deutschen Kirchenmänner in den Augen der Öffentlichkeit das Ende einer 450-jährigen teilweise blutigen Auseinandersetzung. Münchens Michaelskirche erinnert heute nicht mehr nur an die Kämpfe der bayerischen Gegenreformation und der nachfolgenden Jahrhunderte. Sie weist auch auf die Versöhnung zwischen den Konfessionen hin, zu der in ihr im Januar 1971 in so eindrücklicher Weise aufgerufen wurde.

ZWANZIG GULDEN FÜR EINEN LUTHERISCHEN
Die evangelische Bewegung in den zwanziger Jahren des 16. Jahrhunderts

Der Ruf zur Reformation der Kirche *an Haupt und Gliedern* erscholl am Ausgang des 15. Jahrhunderts in ganz Deutschland. Kaum ein Reichstag fand mehr statt, auf dem sich nicht der Zorn der Stände über die päpstliche Mißwirtschaft in den temperamentvoll vorgetragenen *Gravamina*, den Beschwerden der deutschen Nation entlud. Zahlreiche Flugschriften, die im Zusammenhang mit dem Konzil zu Basel entstanden waren, trugen die Forderung nach einer Kirchenreform in alle Teile der Bevölkerung. Trotz dieser Kritik an der Kirche gab es wohl kaum jemals eine Epoche in der zweitausendjährigen Kirchengeschichte, die derartig religiös erregt und kirchlich geprägt war, wie die Jahrzehnte vor der Reformation. Denn gerade auch die Kirchenkritik setzte doch den Glauben an die Zuständigkeit und Leistungsfähigkeit der Kirche für das Heil des Menschen voraus.

Das Ineinander von leidenschaftlicher religiöser Inbrunst und scharfer Kritik an den kirchlichen Mißständen kennzeichnet die Jahre unmittelbar vor der Reformation auch in den Gebieten südlich der Donau. Das bayerische Leben der ausgehenden Spätgotik war einerseits von einer Intensität der Frömmigkeit bestimmt, die so auch im Zeitalter des Barock nicht wiederkehrte. Das zeigte sich am Kirchbau – der Salzburger Weihbischof hatte in den Jahren 1511–1524 allein 35 Kirchen zu weihen. Es wirkte sich auf die Anzahl der Meßstiftungen aus, die ein einzigartiges Höchstmaß erreichten. Es führte zur Gründung immer neuer Bruderschaften und zum Entstehen zahlreicher neuer Gnaden- und Wallfahrtsorte. Und es ließ in den Klöstern der Kastler und Melker Reform neues geistliches und wissenschaftliches Leben blühen. So entwickelte sich vor allem das ehrwürdige Kloster am Tegernsee zu einem Zentrum der kirchlichen und geistigen Erneuerung. *Das baierisch Volk ist geistlich ...* begann Aventin seine berühmte Schilderung des bayerischen Menschenschlags mit Recht. Andererseits verschwieg gerade dieser erste kritische Historiker Süddeutschlands nicht die Mißstände, die er in seiner Heimat wahrnahm. Er, der jahrelang bei Hitze und Schnee kreuz und quer durch Bayern geritten war, um anschließend sein Geschichtswerk zu schreiben, wußte in seiner *Bayerischen Chronik* viel von der Zuchtlosigkeit der Geistlichen und dem Aberglauben des Volkes zu erzählen. Grundsätzlicher noch fiel eine andere kleine Schrift aus, die im Jahre 1519 anonym erschien und den eigenartigen Titel *Onus ecclesiae* trug. Was ihr Verfasser unter der *Last der Kirche* versteht, schildert er in ergreifenden Worten: die Habgier der Päpste und Kardinäle, das Konkubinat der Geistlichen, die sittliche Zuchtlosigkeit in den Klöstern und vor allem den Ablaß als die Ursache eines erschreckenden Aberglaubens in weiten Kreisen der Bevölkerung. Alle Rettung erwartet die Reformschrift von einem papstfreien Konzil – freilich erst nach dem völligen Zusammenbruch des bestehenden Kirchenwesens und der Rückkehr der Hierarchie zur apostolischen Armut. Erst 1524 konnte dieses Werk, jetzt um einige lutherfeindliche Passagen bereichert, in Landshut erscheinen. Obwohl später vom Tridentinischen Konzil verdammt, erlebte es doch mehrere Auflagen. Es besteht kaum mehr ein Zweifel daran, daß sein Verfasser der fromme Chiemseer Bischof Berthold Pürstinger war. Als wesentliche Quelle der kirchlichen Misere brandmarkte diese Reformschrift sehr richtig das Finanzwesen in der Kirche. Es drehte sich im Grunde genommen alles um's Geld; die Bischöfe hatten für ihre Bestätigung dem Papst zu zahlen, die Pfarrer für ihre Pfründen den Bischöfen, die Verweser den Pfarrern und sie selbst, die Pfarrverweser, lebten oft von weniger als die Viehhirten. Größeren geistlichen Schaden richtete das Ablaßwesen an. An das Konkubinat hatte man sich dagegen schon gewöhnt; in einigen bayerischen Diözesen war es gegen eine dem Bischof zu überweisende Gebühr sogar erlaubt. Es waren ja oft auch durchaus eheartige und auf Dauer gerichtete Verhältnisse, um nicht zu sagen: gute und treue Ehen. Ein offizielles Zeugnis dieser unerlaubten, aber ordentlichen Priesterehen befindet sich auf dem Friedhof von Surberg im Chiemgau. Ein säulenförmiger Grabstein zeigt dort auf der einen Seite den Pfarrherrn mit dem Kelch, auf der anderen Seite die Pfarrköchin mit dem Kochlöffel. Mit der Inschrift wünscht dem Paar Gottes Gnade *enger Sun* (euer Sohn).

Zu welchen Exzessen sich die bayerische Wallfahrtsbegeisterung mitunter hinreißen ließ, zeigen die Berichte von der *Schönen Maria* in Regensburg. Auf Betreiben des Dompredigers Balthasar Hubmaier, der später als das führende Haupt der oberdeutschen Wiedertäufer endete, wurden 1519 die Juden aus der Stadt vertrieben und ihre Synagogen niedergerissen. Als dabei ein Steinmetz verletzt, aber doch gerettet wurde, hatte man wieder einmal sein Wunder. Eine hölzerne Kapelle wurde errichtet, und die beiden Marienbilder davor aus Holz und Stein zogen bald Tausende an. 50000 Wallfahrer will man am Georgstag 1520 gezählt haben. Es kam zu allerlei ekstatischen Vorkommnissen, die Michael Ostendorfer auf seinem berühmten Holzschnitt festgehalten hat. So ist an vielen Stellen zu beobachten, wie sich die intensive Religiosität dieser Zeit zu überschlagen drohte.

Nicht nur einzelne Historiker und Theologen, auch die bayerischen Herzöge selber hatten ziemlich klare Vorstellungen vom Zustand des kirchlichen Lebens in ihrem Land. Das geht aus einer umfangreichen Instruktion hervor, die sie gleichzeitig mit Erlaß des ersten Religionsmandats gegen die *lutherischen Ketzer 1522* ihren Räten für die Verhandlungen mit dem Salzburger Erzbischof erteilten.

Die Bayernherzöge Wilhelm IV. und Ludwig X., die die Regentschaft gemeinsam wahrnahmen, lassen hier zunächst dem Erzbischof Matthäus Lang erklären, sie hätten die *unchristlichen, ketzerischen und schändlichen Büchlein* der Lutherischen *bei harten und großen Strafen streng verboten*. In ihnen würden die päpstliche Heiligkeit, Kardinäle, Erzbischöfe, Bischöfe und die ganze Priesterschaft doch zu arg *geschmäht und beleidigt*. Nach dieser beruhigenden Vorbemerkung sollen die Räte geschickt darauf hinweisen, daß diese Büchlein leider beim *gemeinen Mann* schon gewirkt hätten. Vor allem die Bauern seien drauf und dran, *die Pfaffen alle totzuschlagen*. Die Aufzählung der Gründe, die die Bauern für ihr Verhalten angeben, entwickelt sich nun in diesem Schriftstück, sicher nicht absichtslos, zu einer handfesten Beschwerde der Landesherren bei der kirchlichen Obrigkeit. Die Geistlichen *liegen Tag und Nacht in den öffentlichen Wirtshäusern*, betrinken sich zusammen mit den Leuten aus dem Volk, spielen Karten, tragen Waffen, ja sogar *kurze Kleidung* und machen *viel Rumor*. Oft

Wallfahrtsstimmung. Albrecht Dürer bezeichnet die Schöne Maria von Regensburg in einer eigenhändigen Unterschrift zu diesem Holzschnitt von Michael Ostendorfer als ein Gespenst wider die heilige Schrift

kommt es dazu, daß sie *ohne zu schlafen oder ins Bett zu gehen, zum Altar gehen, um die göttlichen Ämter zu vollbringen*. Ein weiterer Punkt der Beschwerde sind die Konkubinen. Immer häufiger geschieht es, daß die Priester ihre Weiber und Kinder *mit sich auf Einladungen zu Hochzeiten und Trauerfeierlichkeiten und zum Wein in öffentliche Wirtshäuser führen*. Dadurch würden der christliche Glauben gelästert, der Mann auf der Straße geärgert und Luthers Anhänger zum Schreiben ihrer Schandbüchlein erregt. Der dritte Beschwerdepunkt betrifft das Finanzgebaren der Geistlichkeit. Für alles verlangen die Pfarrer von den armen Leuten Geld. Wenn diese nicht bezahlen können, dann *enthalten sie ihnen die Absolution in der Beichte und das hochwürdige Sakrament vor*. Die Absolution für schwere Sünden sei besonders teuer. Zu ihrer Entschuldigung würden sie anführen, es koste halt auch sie viel, von den Bischöfen *solche Gewalt der Absolution zu erlangen*. Es stehe aus all diesen Gründen täglich zu befürchten, daß der *gemeine Mann* über die Priesterschaft herfalle, um ihr Leib und Gut zu nehmen.

An dieser Stelle wird deutlich, was die Bayernherzöge befürchteten: nicht in erster Linie das Eindringen der evangelischen Lehre – von der ist in dem ganzen langen Schriftsatz kaum die Rede – sondern *Aufruhr, Rumor und Überfall*. Ausdrücklich bittet man den Erzbischof als den *Obersten der Geistlichkeit im Fürstentum*, dem zuvorzukommen; denn *sollte der Anfang an der Priesterschaft gemacht werden, wie täglich jede Stunde zu befürchten sei, so könnte es weiter reichen und damit kein Ende nehmen*. Der Herr Erzbischof *als ein Hochverständiger* könne sich gewiß die Folgen für die weltliche und die kirchliche Obrigkeit ausmalen.

Die Herzöge geben sich jedoch mit den konkreten Beschwerden und den Andeutungen über mögliche Unruhen im Land nicht zufrieden. Ihre Räte sollen den Erzbischof veranlassen, eine Konferenz aller Bischöfe einzuberufen, auf der geeignete Maßnahmen zur Beseitigung dieser Zustände beschlossen werden. Die Bayernherzöge werden zum Schluß auch theologisch; sie erklären, der Allmächtige werde dem deutschen Volk sicher gegen die Türken beistehen, wenn man die Angelegenheit der Kirche in der vorgeschlagenen Weise *aufs schleunigste in Ordnung* bringe. Wenn man jedoch *von den grausamen und erschreckenden Sünden* nicht abstehen wolle, habe man sicher mit der Strafe Gottes *durch und von unseren Feinden* zu rechnen. Nach diesen überaus deutlichen Worten folgt abschließend sogar eine Drohung. Falls sich die Einberufung der vorgeschlagenen Konferenz verzögern oder deren Beschluß erfolglos bleiben sollte, werde die Regierung die ganze Angelegenheit selber in die Hand nehmen *zuversichtlich gegen Gott, dem Papst und der christlichen Kirche zu Gefallen*.

In dieser Instruktion von 1522 sind *in nuce* Motivation und Verlauf der herzoglichen Religionspolitik enthalten. Unbeschadet der Tatsache, daß Wilhelm IV. und Ludwig X. der alten Kirche treu ergeben waren, fürchteten sie vor allem innenpolitische Unruhen. Diese Befürchtungen sahen sie in den Bauernkriegen der folgenden Jahre in ihrer unmittelbaren Nähe bestätigt – was zu einer Verschärfung ihrer antievangelischen Maßnahmen führte. Andererseits konstatierten sie ebenso klar wie viele ihrer katholischen Zeitgenossen die Reformbedürftigkeit des gesamten kirchlichen Lebens. Hinter ihren plastischen Beschwerden über die Zuchtlosigkeit der Geistlichen sind unschwer die grundsätzlichen Anfragen an die mittelalterliche Kirche zu erkennen: an ihre Buß- und Ablaßpraxis, an die Veräußerlichung der Sakramentsfrömmigkeit und an die Geldwirtschaft quer durch die ganze Hierarchie.

Die Erwartung jedoch, daß die vom inneren Zerfall und von der Luther'schen Reformation bedrohte alte Kirche selber *aufs schleunigste* eine Reform in die Wege leiten würde, wurde enttäuscht. Zwar fand in Mühldorf am Inn eine Bischofssynode statt. Doch die bayerischen Oberhirten begegneten dem staatlichen Reformationsverlangen nur immer wieder mit ihren Beschwerden über staatliche Eingriffe in alte kirchliche Rechte und Privilegien. So mußten die Bayernherzöge die Abwehr der Reformation selber in die Hand nehmen und die Beseitigung der Mißstände in der alten Kirche einstweilen auf sich beruhen lassen. Am Aschermittwoch des Jahres 1522 unterschrieben Wilhelm IV. und sein Mitregent Ludwig X. auf Schloß Grünwald das erste Religionsmandat. Es setzte alle Untertanen von der Bannung Martin Luthers in Kenntnis und verbot bei strenger Strafe *des Luthers Irrtümer anzuhangen und dieselben zu disputieren, zu beschützen und zu verfechten*. Im zweiten Religionsmandat von 1524 wurden diese Bestimmungen noch verschärft.

Martin Luther war höchstwahrscheinlich niemals in München. Immerhin gibt es eine merkwürdige Passage im Reisebericht eines Greifswalder Professors aus dem Jahre 1603. Es heißt dort, am Nachmittag sei man im Augustinerkloster gewesen, da *ward mir mit Fleiß der Predigtstuhl gewiesen, auf welchem Dr. Martin Luther gut päpstlich soll gepredigt haben.* Nach dieser kurzen Notiz müßte also Luther lange vor seinem reformatorischen Wirken, etwa 1510/11 auf seiner Fahrt nach Rom, im Münchner Augustinerkonvent Station gemacht haben. Spuren hat dieser Besuch allerdings nicht hinterlassen. Zahlreiche Fehlmeldungen im Reisetagebuch des norddeutschen Gelehrten lassen vermuten, daß es sich auch bei diesem Hinweis um eine der damals sehr beliebten *Küsterlegenden* handelt.

Historisch belegen läßt sich dagegen die große Rolle, die die beiden Augustinerklöster an der Neuhauser Straße in München und in Ramsau in beiden Epochen der bayerischen Reformationsgeschichte gespielt haben. Beide Klöster hatten sich noch im 15. Jahrhundert der strengen Observanz angeschlossen. Dadurch standen sie mit den über ganz Deutschland verstreuten Reformkonventen in engstem persönlichen Kontakt. Als deren Mittelpunkt kristallisierte sich in den ersten Jahrzehnten des 16. Jahrhunderts immer klarer Wittenberg mit seiner Universität heraus. Zahlreiche süddeutsche Ordensbrüder, unter ihnen auch der Ramsauer Prior Glaser, hatten in Wittenberg studiert, und der geistige und personelle Austausch zwischen den Konventen war überaus rege. Wie in Nürnberg entwickelten sich daher auch in Bayern die Augustinerklöster zu Zentren reformatorischer Ideen.

Luthers geistlicher Vater Johann von Staupitz, der Generalvikar der deutschen Augustinerobservanten, war in den Jahren 1500 bis 1503 Prior des Münchner Konvents gewesen. Später weilte er insgesamt noch sechsmal, teilweise für mehrere Monate, im Kloster an der Neuhauser Straße. Dabei fanden vor allem seine vergeistigten Predigten großen Anklang. Unter seiner Kanzel saß auch eine so bedeutende Frau wie die Herzogenwitwe Kunigunde, der Staupitz eine berühmtgewordene Adventspredigt *Von der Liebe Gottes* im Jahre 1518 widmete. Man kann also annehmen, daß der Münchner Konvent von Anfang an nicht nur sehr genau über die geistigen Bewegungen im fernen Wittenberg informiert, sondern auch an der theologischen Auseinandersetzung über den jungen Ordensbruder Martin Luther intensiv beteiligt war.

Genaue Nachrichten über die Einstellung der Münchner zu dem Wittenberger liegen allerdings erst für 1522 vor. Und zu diesem Zeitpunkt hatte man an der Isar bereits gegen Luther Stellung bezogen. Das zeigt die Behandlung eines Wittenberger Ordensbruders, den man kurzerhand in den Falkenturm sperren ließ. Leonhard Beier, genannt Reif, war ein Münchner Bürgersohn und in Wittenberg schon früh nicht nur ein Anhänger, sondern sogar ein persönlicher Freund Martin Luthers geworden. Er begleitete den Reformator auf seinen Reisen nach Heidelberg und zum Augsburger Verhör durch Kardinal Cajetan, so daß Luther später sagen konnte, Reif sei eigentlich unter ihm *aufgewachsen.* Das Eintreten für die Reformation bescherte dem jungen Mönch in München eine aufreibende dreijährige Haft. Später wirkte er als Reformator in Guben in der Lausitz und als Pfarrer in Zwickau, um in hohem Ansehen als Superintendent von Küstrin in Pommern sein Leben zu beschließen. Ein Jahr nach der Inhaftierung des jungen Reif trennte sich der Münchner Konvent endgültig von der deutschen Reformkongregation, die in der Tat inzwischen stark lutherisch durchsetzt war. Doch auch dieser Schritt konnte nicht verhindern, daß der einst blühende Konvent rasch verfiel und sich entvölkerte; 1532 war er nicht mehr in der Lage, auch nur einen einzigen Prediger zu stellen.

Schon früh wurde das Wort aus der Offenbarung des Johannes.... *und ich sah einen Engel fliegen mitten durch den Himmel, der hatte ein ewiges Evangelium* auf die Reformation gedeutet. In den Flügeln des Engels glaubte man später einen Hinweis auf die Buchdruckerkunst erkennen zu können. Tatsächlich war es Gutenbergs Schwarze Kunst, die Luthers Ideengut mit geradezu unwahrscheinlicher Geschwindigkeit wie auf Flügeln durch ganz Deutschland bis nach München verbreitete. Der Buchdruck hat die Reformation erst eigentlich ermöglicht, ihr Breiten- und Tiefenwirkung verschafft und sie so zu einer Volksbewegung werden lassen. Zahlreiche ehemalige Mönche entdeckten ihre schriftstellerische Begabung und stellten sie in den Dienst der neuen Lehre. Der Schwabe Eberlin von Günzburg (1468–1530) wurde mit seinem packenden Stil der neben Martin Luther bedeutendste Volksschriftsteller des Reformationszeitalters. Auch die altgläubige Seite griff natürlich zur Feder: der aus Wendelstein bei Nürnberg gebürtige Johannes Cochläus (1479–1552), den Luther nach seinem deutschen Namen stets respektlos als Dr. Rotzlöffel titulierte, der Straßburger Thomas Murner (1475–1537) mit seinen giftigen antilutherischen Karikaturen und der junge Christoph von Schwarzenberg, der als bayerischer Landhofmeister in München erbittert die evangelische Gesinnung seines Vaters Johann von Schwarzenberg in Bamberg bekämpfte. Zum derbsten und darum zum populärsten antilutherischen Volksschriftsteller entwickelte sich in München der Franziskaner Kaspar Schazger. Der einzige jedoch, der mit der Produktion der reformatorischen Schriftsteller einigermaßen Schritt halten konnte, der ihnen in seiner scholastischen Gelehrsamkeit sogar überlegen und in der Kunst der Polemik zumindest ebenbürtig war, war ein Bauernsohn aus Egg bei Memmingen. Hans Maier hieß er eigentlich, aber bekannt wurde er als der große Gegenspieler Luthers unter dem Namen Dr. Johannes Eck von der Ingolstädter Hochschule. Man schrieb und schnitzte, wie es sich gerade ergab: kleine Broschüren, Plakate, die angeschlagen und abgerissen wurden, lose Blätter mit Streitgedichten oder Balladen, böse, witzige oder auch nur plumpe Bilderreihen, aufreizende Karikaturen und fromme Verse. Das Schlagwort erlebte das erstemal seine große Zeit, und das Bild erwies sich als ebenso wirksam wie das Buch. In diesem Schriftenkrieg hatten die Verfechter der alten Kirche zweifellos einen schweren Stand. Oft genug mußten sie sich beschweren, daß ihnen niemand ihre Erzeugnisse druckte. Die lutherischen Pamphlete und Traktate dagegen fanden reißenden Absatz und darum auch immer einen Drucker. Es ist also kein Wunder, daß die herzoglich-bayerische Religionspolitik auf weite Strecken als ein Kampf gegen die *lutherischen Bücher* erscheint.

Die erste sichere Bezeugung Martin Luthers in München ist jedenfalls bezeichnenderweise mit einer seiner frühen Erbauungsschriften verbunden. Der bevorzugte Amtsdrucker des Hofes, selber der alten Kirche treu, hielt es immerhin für lohnenswert, den *Sermon von der Betrachtung des heiligen Leidens Christi* noch im Erscheinungsjahr 1519 nachzudrucken. Auch in der zweiten großen bayerischen Druckerei in Landshut erschien eine ganze Reihe von eindeutig evangelischen Schriften. Bei einer weiteren Lutherschrift, die Hans Schobser 1521 in München herausgab, hatte er allerdings Pech. Da es sich um eines der großen Kampfbücher des Jahres 1520 handelte, mußte die ganze Auflage auf Befehl des Herzogs vernichtet werden.

In wohlhabende und angesehene Kreise der Residenzstadt führt das Schicksal des Magisters Arsacius Seehofer, der allgemein als der erste Fall der bayerischen Gegenreformation gilt. Der junge Bürgersohn zog 1521

Die älteste in München gedruckte Lutherschrift von 1519

zum Studium nach Wittenberg und entwickelte sich zu einem geradezu enthusiastischen Anhänger der neuen Lehre. Von seinen schwärmerischen Briefen an Freunde in der Heimat sind drei erhalten, die sehr anschaulich zeigen, wie stark die Persönlichkeit eines Melanchthon und eines Luther auf die akademische Jugend wirkte. Seehofer nennt Wittenberg das *neue Bethlehem, wo Christus zum zweitenmal ans Licht gekommen ist*. Luther ist für ihn ein *vom Himmel Gesandter*. Doch er kann seinen Freunden auch die Grundgedanken der Reformation ganz gut erklären: die Lehre vom *unfreien Willen*, von der Rechtfertigung und von der Messe, die *unser Martinus* keineswegs abgeschafft, sondern nur von den *papistischen Zutaten* gereinigt hat.

Trotz schwerwiegender Bedenken wurde Arsacius Seehofer später an der Ingolstädter Hochschule immatrikuliert. Er mußte sich eidlich verpflichten, daß *er sich der lutherischen Lehre nicht gebrauchen wolle.* Wenig später wurde im Senatsbericht allerdings festgestellt, der junge Magister ließe sich *hoch lutherisch merken.* So kam es zu langwierigen und harten Verhandlungen, denn die Universität gedachte, ein Exempel zu statuieren und der *lutherischen Schalkheit entgegenzutreten.* Als schließlich mit dem Scheiterhaufen gedroht wurde, schwor Seehofer der *Erzketzerei und Büberei* ab. Am Tag darauf verschwand er für fünf Jahre hinter den Mauern des Ettaler Klosters. Seine Ansichten hat er offenbar auch dort nicht geändert, denn nach seiner Freilassung wirkte er noch viele Jahre in Augsburg und im Württembergischen als Lehrer und Pfarrer. Luther selber hatte mit einer Schrift in den Ingolstädter Ketzerprozeß eingegriffen und ausgerufen: *Erlöse und behüte Gott das Bayernland vor diesen elenden blinden Sophisten.*

Sein eigentliches Aufsehen verdankte der *Fall Seehofer* jedoch einer anderen, ganz und gar ungewöhnlichen Fürsprache; kein Theologe und noch nicht einmal ein Mann, sondern eine bayerische Edelfrau, Argula von Grumbach, nahm öffentlich Partei für den jungen lutherischen Magister. Die Gemahlin des Pflegers von Dietfurt an der Altmühl war über das Vorgehen der Ingolstädter Universität derart entsetzt, daß sie sich sofort an den Schreibtisch setzte und ohne Rücksicht auf die Stellung ihres Mannes zwei *offene Briefe* schrieb, an die Herren Professoren einen und an Herzog Wilhelm IV. einen. Diese temperamentvollen Episteln beweisen nicht nur eine erstaunliche Bibelkenntnis und eine echte evangelische Einstellung, sondern auch einen ungeheuren Mut. Redet doch die Dame ihren obersten Landesherrn als *meinen Bruder in Christo* an; aus *christlicher Pflicht* habe sie nicht schweigen können, *ob es mir tausend Hälse gälte.* Dem jungen Magister sei Unrecht geschehen, denn ohne jegliche Disputation hätten sie ihn gezwungen, das heilige Evangelium zu verleugnen. Der Herzog wolle den geldgierigen *Pfennig-Schluckern* ja keinen Glauben schenken und dem Verurteilten sein Recht zukommen lassen.

Um eine Nuance schärfer noch fiel das Protestschreiben an die Universität aus. Argula meint, sie wisse sehr wohl, daß die Weiber in der Kirche schweigen sollten. Aber da es offenbar keine Männer mehr gäbe, müsse eben sie reden. Und wie sie redet: *Es ist leicht zu disputieren, wenn man nicht Schrift sondern Gewalt braucht. Wollte aber Gott, ich sollte mit Euch disputieren, ich fürchtete mich nicht, falls Ihr nach der Schrift, nicht mit Gefängnis oder Feuer mich unterweisen wollt. Ich kann kein Latein. Aber Ihr könnt Deutsch. Und ich kann Deutsch fragen und Deutsch Antwort geben.* Eine Legende erzählt, sie habe Dr. Eck noch gesondert zu einer Disputation aufgefordert, der habe ihr jedoch statt einer Antwort einen Spinnrocken geschickt. Die Intervention dieser mutigen bayerischen Protestantin erschienen sofort im Druck. Argula von Grumbach wurde als die neue Judith gepriesen und als die *erste Schriftstellerin im Dienste der Reformation* gefeiert. Doch die Ingol-

Stellungnahme der Argula von Grumbach zugunsten des Luthertums

städter Professoren kämpften fortan derart hartnäckig gegen das *schändliche Weib*, daß sie nach einem Zusammentreffen mit Luther 1530 auf der Veste Coburg ihre Heimat verließ.

Daß die *Lutherei* selbst unter den Hofbeamten Eingang fand, beweist der Fall des Hoftrompeters Erhard Gugler. Allen Warnungen zum Trotz ließ er von seiner Propaganda für die evangelische Lehre nicht ab. Als er gar noch ein Traktätchen in Schutz nahm, das die Gegenwart Christi im Altarsakrament bestritt, war es um seine Stellung geschehen. Er wanderte in den Falkenturm und wurde erst 1525 auf die flehentliche Bitte seiner Familie hin wieder entlassen. Dabei wurde ihm allerdings zur Auflage gemacht, *von Stund an aus der Stadt München und aus den Ländern der beiden Herzöge sich zu entfernen und sich denselben die Zeit seines Lebens auf zehn Meilen Wegs nicht zu nähern.*

Andere Leute bei Hof konnten ihre evangelische Gesinnung offenbar besser tarnen. So berichtet der Lutherbiograph Johannes Mathesius (1504–1565), der selber in Bayern *zum Sohne Gottes und des Herrn Luthers Lehre geführt* wurde, vom Hofnarr Löffler, er habe während seines Münchenaufenthaltes den Eindruck gewonnen, daß *des Bayern Freudenmacher* evangelisch gesonnen sei.

Von einem anderen Mann aus der unmittelbaren Umgebung der bayerischen Herzöge ist das ganz sicher. Der Münchner Hofkomponist und Leiter der herzoglichen Kapelle, Ludwig Senfl (ca. 1490–1542), erhielt im Sommer 1530 einen so persönlich gehaltenen Brief Martin Luthers, daß die Freundschaft zwischen den beiden Männern mehr als nur eine Vermutung zu sein scheint. In diesem Brief von der Veste Coburg bittet der Reformator den berühmten Musiker um eine bestimmte Sterbemotette. Dabei äußert sich Luther – und das macht diesen Brief so wertvoll – grundsätzlich über seine Einstellung zur Musik. Er scheue sich nicht zu behaupten, daß es nach der Theologie keine Kunst gäbe, die der Musik gleichgestellt werden könnte. Hätten doch die Propheten ihre ganze Theologie nicht in Geometrie und nicht in Arithmetik, sondern, wie die Psalmen zeigen, eben in Musik verfaßt. *Sie allein bringt nach der Theologie, was sonst nur diese allein bewirkt, nämlich ein ruhiges und fröhliches Herz.* Der Teufel fliehe daher die Musik, und Menschen, die von ihrer Gewalt nicht ergriffen würden, seien doch bemitleidenswert und *Klötzen und Blöcken ganz ähnlich*. In diesem Zusammenhang kann der Reformator nicht umhin, den bayerischen Herzögen als den Führern der Gegenreformation höchstes Lob zu zollen, *weil sie die Musik so pflegen und ehren.* Senfl, der sich später *des Herzogs von Bayern Musicus primarius* nennen durfte, schickte Luther nicht die gewünschte Sterbemotette. An ihrer Stelle übersandte er dem von Todessehnsucht gequälten Mann jedoch eine Vertonung seines Lieblingszitates aus dem Psalter: *Ich werde nicht sterben sondern leben ...* Diese Antwort deutet ebenso wie der ganze Stil des Lutherbriefes auf ein ausgesprochen freundschaftliches Verhältnis hin, noch zu einer Zeit, als die evangelische Bewegung in Bayern längst offiziell unterdrückt war.

Auch in anderen besseren Kreisen der Residenzstadt erfreuten sich Luther und seine Bücher frühzeitig größter Sympathie. Zu einem alten angesehenen Münchner Bürgergeschlecht gehörte der Kaufmann Bernhard Dichtl vom Rindermarkt. Geschäftliche und familiäre Beziehungen nach Nürnberg brachten es mit sich, daß sich Dichtl schon Anfang der zwanziger Jahre für die neue Lehre interessierte. Da er bis hinauf zum Herzog viele wohlwollende Freunde besaß, wurden seine Lektüre reformatorischer Schriften und seine Diskussionsfreudigkeit nur hin und wieder vorsichtig kritisiert.

Zum Verhängnis wurde ihm schließlich eine Unterhaltung auf einer Geschäftsreise nach Nürnberg, die in einen hitzigen Streit ausartete. In der Herberge in Pfaffenhofen rügte Dichtl gegenüber einem Ingolstädter Professor die Enthauptung eines Münchner Bäckergesellen: *Denn es ist von Gott ein groß Geschöpf, ein Mensch. Es wachsen die Köpf' nicht wieder bei den Menschen, wie die Krautköpf'*. Dichtl fügte noch hinzu, der Herr Professor möge nur achtgeben, daß ihm nicht einer den Kopf so verschlage, daß ihn nicht mehr nach Menschenblut gelüste. Als diese Äußerungen in der Residenzstadt bekannt wurden, ließ der Kanzler Leonhard von Eck Dichtl an den Pranger stellen, ihn auf beide Backen und die Stirn brennen und anschließend in den Falkenturm sperren. Die lange Haft, die Dichtl seines *Leibes und Kopfes halben ganz elend und schwach* machte, führte zu einem vollständigen Zusammenbruch. Zum Schluß machte er nicht mehr den mindesten Versuch, die lutherische Lehre, mit der er so deutlich sympathisiert hatte, zu verteidigen. Dies und fürstliche Fürsprache mögen der Grund gewesen sein, daß der Kaufmann entlassen wurde und mit einer, allerdings auch für ihn empfindlichen Geldstrafe von 1000 Gulden davonkam.

Im Zusammenhang mit Dichtls Verhaftung kam man zwei angesehenen Vertreterinnen des städtischen Patriziats auf die Spur. Kanzler Eck mußte in seinem Schreiben an Herzog Wilhelm IV. auch von der *Rosenbuschin* und der *Partin* berichten: *Sie sind lutherisch und haben auch seine Bücher gelesen*. Sie hätten zwar geschworen, in Zukunft treu zur Kirche zu stehen, doch er, der Kanzler, traue ihnen nicht. Ganz unrecht wird er nicht gehabt haben, denn die Namen Rosenbusch und Barth tauchten in der zweiten evangelischen Periode in den fünfziger Jahren erneut in den Protokollen der Religionsverhöre auf.

Schon frühzeitig lief man in Bayern Gefahr, seine Sympathie für die neue Lehre mit dem Leben bezahlen zu müssen. Das erste Opfer der herzoglichen Gegenreformation wurde 1523 jener Münchner Bäckergeselle, von dem Dichtl gesprochen hatte. In einer Predigt dieses Jahres ist die Rede davon, daß *der Henker diesen Sommer in der fürstlichen Stadt München einem Schänder Marias das Haupt mit dem Schwert genommen* hat. Diese Hinrichtung eines ansonsten unbekannten Mannes aus dem Volk wird auch in einer zeitgenössischen Augsburger Chronik erwähnt. Aus diesem Bericht geht ergänzend hervor, daß der Rat mit dem Urteil nicht einverstanden war und es nur auf ausdrücklichen Befehl des Herzogs hin vollziehen ließ. Die religiöse Einstellung des Hingerichteten läßt sich freilich nicht genau erkennen. Es heißt zwar, er sei *lutherisch oder evangelisch* gewesen, aber die Schmähung der Muttergottes war zu keiner Zeit ein besonderes Merkmal der von Martin Luther ausgehenden Reformation. Möglicherweise standen auch sozialrevolutionäre oder radikal-täuferische Ideen hinter dem Protest des Bäckergesellen.

Das scheint auch bei einem gewissen Hans Rott, genannt Locher, der Fall gewesen zu sein. Dieser ruhelose Wanderprediger der neuen Lehre hatte in München mehrmals die Aufmerksamkeit der Behörden auf sich gelenkt und seine Freunde später mit seinen Flugschriften gestärkt. Wiederholt legte sich dieser Mann den Titel *Karsthans* zu, den in der Zeit der Bauernunruhen alle die trugen, die dem kleinen Mann auf dem Land und in der Stadt aus seiner sozialen Not helfen wollten. Getragen von einer starken Endzeiterwartung, zog er 1524 wieder als Kämpfer für eine gesellschaftliche Umwälzung in seine Geburtsstadt München, wo er aller Wahrscheinlichkeit nach hingerichtet wurde.

Mit derselben Strenge griff die herzogliche Regierung drei Jahre später durch. Im Mittelpunkt dieses Vorfalls am Gründonnerstag 1527 in der Münchner Frauenkirche stand der frisch verheiratete Messerschmied Ambrosi Lossenhammer. Er hatte die Gebetsstille nach der Predigt zu einem lautstarken Protest gegen die katholische Eucharistieauffassung benutzt. Eine Chronik berichtet, er habe geschrien, *Gott der allmächtige sei nicht in diesem Brot, man dürfe es auch keineswegs anbeten; es sei anders nichts denn ein Brot*. Lossenhammer wurde für diese Demonstration seiner Meinung zum Tod durchs Feuer verurteilt. Sein Widerruf erbrachte ihm schließlich wenigstens die Begnadigung zur Hinrichtung durchs Schwert. Interessanterweise kann man aber auch seinen Standpunkt, soweit er noch erkennbar ist, kaum als typisch lutherisch bezeichnen. Hier wie auch in zahlreichen anderen Fällen, wo die herzogliche Regierung gegen die evangelische Bewegung vorging, wird deutlich, daß der frühe bayerische Protestantismus keineswegs einheitlich lutherisch geprägt war. An vielen Orten, in Freising etwa, Landshut und Straubing scheinen in Wahrheit die viel radikaleren theologischen und sozialen Ideen Karlstadts, Ulrich Zwinglis und der Täufer verbreitet gewesen zu sein.

Als es den Bemühungen der herzöglichen Räte gelungen war, von der Kurie 1526 das sogenannte *Ketzergerichtsprivileg* zu erhalten, konnte man auch gegen Geistliche vorgehen, die der neuen Lehre verdächtig erschienen. Die ersten, die auf Grund dieser erweiterten Kompetenz in München vor Gericht gestellt wurden, waren die drei Wasserburger Geistlichen Georg Amman, Michael Haydnecker und Johannes Hörl.

Die Verhöre ergaben eindeutige lutherische Einstellung. Daraufhin wurden die drei in anschaulicher Weise ihrer Priesterwürde enthoben. Zuerst mußten sie ihre Meßgewänder anlegen sowie Kelch und Patene in die Hand nehmen. Dann erklärte der Vorsitzende feierlich: *Weil Ihr Euch der Priesterehre unwürdig gemacht habt, nehme ich von Euch den Kelch*. Danach nahm man ihnen die heiligen Geräte wieder ab, zog sie aus und steckte sie in weltliche Kleidung. Abschließend wurden sie der *weltlichen Gerechtigkeit* übergeben, auf deren Urteil man sich verlassen konnte: Hörl wurde in Wasserburg öffentlich enthauptet, Amman und Haydnecker zu *einigem Kerker* verurteilt. Die wackere Argula von Grumbach nahm den Tod Hörls mit erstaunlicher Gelassenheit hin; sie schrieb nach Wittenberg: *Gott sei Lob! Wir haben einen neuen Märtyrer!*

Die weit über Bayern hinaus Aufsehen erregende Hinrichtung eines zweifellos lutherischen Geistlichen fand am 16. August 1527 in Schärding statt. Der Betroffene war Leonhard Kaiser, einst Pfarrverweser im Oberösterreichischen, dann Student in Wittenberg. Als er an das Sterbebett seines Vaters in die Heimat zurückkehrte, wurde er verhaftet. Auch ihn lieferte die Kirche an die weltliche Obrigkeit aus, doch formelle Streitigkeiten zwischen dem Herzog und dem Passauer Bischof zögerten seine Hinrichtung immer wieder hinaus. Die Berichte von seinem Ende stehen den Märtyrererzählungen der alten Zeiten in nichts nach. Als man ihn auf den Richtplatz führt, bittet er alle, die er beleidigt hat, um Verzeihung. Die letzte Chance zum Widerruf lehnt er ab. Er bittet die Anwesenden um ihr Gebet für sich selber und für seine Feinde. Während man ihn an den Pfahl bindet, singt die Menge auf seinen Wunsch hin den Lutherchoral *Komm, heiliger Geist*. Dann lodern die Flammen auf. Man hört aus ihnen seinen letzten Stoßseufzer: *Jesus, ich bin dein; mache mich selig*. Ein unbekannter Verfasser ließ sofort nach Kaisers Tod einen Bericht vom Leiden und Sterben dieses Mannes im Druck erscheinen. Leohard Kaiser muß Martin Luther

Martin Luthers Trost- und Protestbrief anläßlich der Inhaftierung von Leonhard Kaiser

persönlich sehr nahe gestanden haben. Noch drei Jahre später, als es beim Augsburger Reichstag um mögliche Zugeständnisse der Evangelischen an die alte Kirche ging, schrieb Luther von der Coburg herab: *Ja, lieber Papst, gebt uns wieder Leonhard Kaiser und alle, die ihr unschuldig erwürgt habt, dann wollen wir vom Frieden handeln.*

Die evangelische Bewegung der zwanziger Jahre war in Bayern vor allem eine Frömmigkeits- und Protestbewegung. Sie hatte alle Kreise der Bevölkerung erfaßt, es fehlte ihr aber an führenden Persönlichkeiten. Sie war auch keineswegs eindeutig lutherisch ausgerichtet, sondern stark von sozialkritischem und zwinglianischem Gedankengut durchsetzt. Sie lebte in erster Linie aus der Lektüre der lutherischen Schriften und brachte es so nicht zur Bildung geschlossener Gemeinden. Als daher die herzogliche Religionspolitik 1527 zum vernichtenden Schlag gegen das unruhige Täufertum ausholte, wurde auch die eigentlich evangelische Bewegung getroffen. Herzog Wilhelm IV. vertrat den Standpunkt, *es würde keiner ein Wiedertäufer, er sei denn vorher lutherisch, sie kommen auch zu niemandem, er sei denn lutherisch*. Die Grenzen waren tatsächlich fließend, wenn sie auch im Bewußtsein des Kanzlers Leonhard von Eck, der eigentlich die Politik im Herzogtum machte, nicht ganz verwischt waren: für die Anzeige eines Täufers betrug die Belohnung 32 Gulden, für einen Lutherischen gab's dagegen nur 20 Gulden.

Die strengen Maßnahmen hatten Erfolg, denn in den nächsten zwanzig Jahren herrschte im Herzogtum Bayern eine geradezu beängstigende Ruhe. Von lutherischen Büchern und evangelischen Hausversammlungen ist nichts mehr zu hören. Eine Ausnahme scheint die Witwe Lankhofer in München gewesen zu sein, die 1539 eine Tasche voll Augsburger Gesangbücher in die Residenzstadt einschmuggelte, um sich von Knaben vor ihrem Haus die evangelischen Choräle singen zu lassen. Schon in der ersten Ausgabe dieser Augsburger Liedersammlung befand sich jener Lutherchoral, der später zum Kampflied der Reformation avancierte und dessen heute so umstrittene Schlußzeile damals jeder verstand:

Nehmen sie den Leib,
Gut, Ehr, Kind und Weib:
laß fahren dahin,
sie haben's kein Gewinn,
das Reich muß uns doch bleiben.

EIN SIEG,
DER NICHT GANZ VOLLSTÄNDIG WAR
Bayerische Protestanten in der zweiten Hälfte des 16. Jahrhunderts

Der zweite Abschnitt der bayerischen Reformationsgeschichte von 1555 bis 1571 deckt sich ziemlich genau mit der Regierungszeit Herzog Albrecht V. Diese Epoche verlief zunächst weniger stürmisch als die bewegten zwanziger Jahre. Sie endete aber dann doch mit dem Sieg der Gegenreformation, wenn man davon absieht, daß es erstaunlicherweise eine einzige evangelische Gemeinde in ganz Ober- und Niederbayern gab, die sich unerschütterlich ihren Glauben bewahren und unlängst das vierhundertjährige Jubiläum der Reformation begehen konnte.

Als Albrecht V. 1550 an die Regierung kam, zeigte er sich in innen- und außenpolitischen Entscheidungen zunächst beweglicher als sein Vater Wilhelm IV. Er verlegte sich, wie er selbst sagte, auf das *Temporisieren und Connivieren*, gedachte also, die Mandate des Vaters nicht allzu streng auszulegen, sondern auch in der Religionsfrage durch Zugeständnisse den inneren Frieden zu erhalten. Dieser neue Regierungsstil kam der evangelischen Bewegung natürlich zugute. Äußerer Anlaß für ihr Wiedererstarken war kurioserweise das Augsburger Interim von 1548 gewesen. Dieser Kompromiß sollte eigentlich in den der Reformation zugefallenen Gebieten dem Siegeszug der neuen Lehre Einhalt gebieten. Während er dieses Ziel andernorts, etwa im lutherischen Regensburg, auch erreichte, eröffnete er umgekehrt im altbayerischen Raum dem Protestantismus eine neue Chance. Im ganzen Land begann sich die Bevölkerung auf einmal wieder mehr oder weniger deutlich im evangelischen Sinn zu äußern. Die Stadt Straubing gebärdete sich unter Führung von Pfarrer, Kaplan und Prediger ganz lutherisch. Hier druckte man sich sogar ein kleines Büchlein mit evangelischen Beerdigungsliedern. Auch in Bruck bei Fürstenfeld und in Bad Tölz sympathisierten die Geistlichen offen mit der neuen Lehre. Wo sie das nicht taten, wie in Dorfen etwa, beschimpfte man sie auf offener Straße als *Fabelprediger* und *Seelenmörder*. Hier sah sich der Pfarrer schließlich gezwungen, *der bösen Leute halben* eine Büchse mitzunehmen, wenn er ins Filialdorf ritt.

Die evangelische Einstellung der Bauern äußerte sich allerdings nicht nur in derartigen Tätlichkeiten gegen die altgläubigen Priester. Ihr Kennzeichen wurden vielmehr die *Winkelschulen*, wie sie amtlich hießen. Das waren häusliche Erbauungsstunden, die von Laien geleitet wurden. Wo immer ein Bauer oder ein Handwerker eine Bibel oder einen Predigtband besaß, entstanden in kürzester Zeit derartige Konventikel. Sobald es gefährlich wurde, wechselte der Versammlungsort. Resigniert stellten die herzoglichen Beamten fest: *Wenn sie heute zu einem gehen, so kommen sie morgen zu einem anderen.* Diese schlichten *Winkelprediger*, die es verstanden, mit ihren Bibelstunden Staat und Kirche zu verunsichern, beweisen, wie stark auch der *gemeine Mann* in Bayern von der Reformation erfaßt war. Neben den *Postillen*, den Predigtbänden von Martin Luther und vor allem von Johannes Spangenberg, bildeten sich die reformatorischen Liedersammlungen immer deutlicher als Kristallisationspunkte der evangelischen Bewegung heraus. In Landshut hatte sich der Gesang der Lutherlieder sogar als fester Bestandteil der sonntäglichen Messe eingebürgert. In einem Bericht nach München werden das Lied *Aus tiefer Not* sowie der Choral über die zehn Gebote und Luthers Glaubenslied ausdrücklich genannt; entschuldigend heißt es dann, diese Gesänge würden ja an allen Orten des Herzogtums auf den Gassen und in den Kirchen angestimmt.

Im Landgericht Aibling, also in dem Gebiet zwischen dem Schliersee und Rosenheim, scheint in jenen Jahren der überwiegende Teil der Bevölkerung und der Geistlichen evangelisch gewesen zu sein. Der führende Mann war hier der Priester David Preu aus Berbling, von dem es bei späteren Religionsverhören wiederholt heißt, aller *Unrat der Religion* habe mit ihm angefangen. Augenfälligstes Kennzeichen der evangelischen Bewegung dieser Zeit wurden der Protest gegen das Meßopfer und die Forderung nach der Kommunion unter beiderlei Gestalt. Es gab Pfarreien, wo die Bauern nur mehr die Predigt ihres altgläubigen Priesters besuchten, vor Beginn der eigentlichen Meßhandlung jedoch scharenweise aus dem Gotteshaus strömten. An anderen Orten hielten sie sich einfach den Hut während der Elevation der Hostie vors Gesicht, weil sie sich, wie sie sagten, nicht der *Abgötterei* schuldig machen wollten. In den Hauptpfarreien Au, Berbling, Götting, Irschenberg und Pang gab man sich sogar ganz offen evangelisch; die alten Zeremonien kamen außer Mode, die Fronleichnamsprozession mußte zeitweise wegen Mangel an Beteiligung ausfallen, die Kinder wurden auf deutsch getauft und das Abendmahl in evangelischer Weise gefeiert. Vor allem die Irschenberger Bauern erwiesen sich noch bei den späteren Verhören in München als *grob, verstockt und überaus halsstarrig.*

Die Forderung nach der Freigabe des Kelches nahm im ganzen Herzogtum derartige Formen an, daß sich Albrecht V. zu einem Zugeständnis gezwungen sah. Auf dem Münchner Ständetag 1556 waren die oberbayerischen Landstände nur bereit, die herzogliche Finanzvorlage zu bewilligen, wenn Albrecht V. ihnen in der Kelchfrage entgegenkam. So erließ er eine besondere *gnädige Deklaration*. In ihr bekennt er sich zwar ausdrücklich zur *hergebrachten christlichen Religion*, sichert aber doch allen, die die *Kommunion sub utraque* austeilen oder empfangen, volle Straffreiheit zu. Allerdings dürfe kein Priester zu dieser Form der Kommunion gezwungen werden. Darüberhinaus solle *bis zum endgültigen Austrag der Sache in der alten katholischen Lehre, in den Sakramenten oder Zeremonien niemandem eine Veränderung oder Neuerung gestattet werden.* Für den Herzog bedeutete also die Genehmigung des Kelches ein Zugeständnis, das er auch deshalb mit schlechtem Gewissen machte, weil er sich in dieser speziellen Frage nicht kompetent fühlte. Er und seine Berater dachten jedenfalls in keinem Augenblick daran, mit dieser Regelung den Boden der alten Kirche zu verlassen. Anders lagen die Dinge sicher draußen im Land. Für Luther und Zwingli hatte sich die Reformation einst nicht an der Frage der Messe entzündet. Für die bayerische evangelische Bewegung der fünfziger und sechziger Jahre aber entwickelte sich die Kommunion unter beiderlei Gestalt zum markanten äußeren Kennzeichen ihrer lutherischen Grundeinstellung. Ein Mann wie der oberbayerische Priester David Preu erwies sich jedenfalls bei den Religionsverhören nicht als altgläubiger *Utraquist*, sondern als eindeutig lutherischer Theologe. Auch die Schriften des Pankraz von Freiberg zeigen, daß seine Forderung des *Laienkelchs* eine direkte Konsequenz seines Luthertums darstellt. Der gewünschte Erfolg der herzoglichen Deklaration blieb folglich aus. Die Evangelischen kehrten nicht treu zur alten Kirche zurück, sondern betrachteten die Deklaration an vielen Orten als einen Freibrief zur Einführung öffentlicher lutherischer Abendmahlsgottesdienste.

Vor allem der Münchner Rat setzte dem Herzog arg zu, da er nicht geneigt war, gegen die Lutherischen scharf vorzugehen. Wie liberal man sich in der Residenzstadt gab, zeigt die Gestalt des Adam Bartholomaei, der auf Wunsch des Herzogs 1554 zum Dekan des Kanonikatsstiftes zu *Unser Lieben Frau* berufen wurde. Bartholomaei war ein Mann von erstaunlicher Wandlungsfähigkeit. Nachdem er in Bretten, der Heimatstadt Philipp Melanchthons, evangelische Abendmahlsfeiern und lutherische Choräle eingeführt hatte, wirkte er als Hofprediger und Reformator Ottheinrichs von der Pfalz in Neuburg an der Donau und später im selben Geist in Heidelberg. Mit dem Kompromiß des Interim fand er sich 1548 sehr leicht ab und bot sich der Reichsstadt Ulm als *Interimspfarrer* an. Der Lebenslauf dieser schillernden Persönlichkeit muß in München ebenso bekannt gewesen sein wie die Tatsache, daß Bartholomaei verheiratet war. Die Einstellung des neuen Dekans blieb in der Residenzstadt natürlich nicht lange verborgen. Ein Schulmeister bemerkte einmal sehr bezeichnend, die lutherische Predigt gefalle ihm besser als die altgläubige, denn *der Dechant zu Unser Frauen predigt auf beiderlei Weg.* Im einzelnen ist gut bezeugt, daß Bartholomaei in seinen Predigten die Totenmessen einen *Jahrmarkt, vom Pfaffengeiz erdacht,* nannte und die evangelische Abendmahlsfeier als *dem ausdrücklichen Befehl Christi gemäß* verteidigte. Diese provozierenden Äußerungen fanden Resonanz in der Münchner Bevölkerung.

Als Folge der Predigten des Adam Bartholomaei bröckelte auch in München die kirchliche Sitte ab. Kaum einer beachtete mehr die Fasttage. In der Beichte weigerten sich auf einmal einzelne Pfarrkinder, ihre Sünden *in specie* aufzuzählen. Der Exorzismus, die Benutzung von Salz, Asche und Chrisam, sowie die *Abrenuntiatio diaboli* bei der Taufe wurden als *alte katholische Kirchenbräuche* in aller Öffentlichkeit abgelehnt. Besonders schwer hatten es die Lehrer. Unter dem Druck der Eltern mußten sie mit den Kindern die *deutschen Psalmen* singen. Das waren vor allem die bekannten Lutherlieder, die noch heute in jedem evangelischen Gesangbuch stehen. Der Schulmeister Jörg Zeiler meinte noch 1560, er *würd' mehr Schüler haben, wenn er deutsch singen ließ.* Einer seiner Kollegen erklärte ganz offen, daß die-

Zahlreiche kolorierte Holzschnitte enthält eine der ältesten Lutherbibeln aus Nördlingen. Die eindrucksvollsten unter ihnen illustrieren die Visionen der Offenbarung des Johannes

25

Mit einer Frau — der temperamentvollen Lutherfreundin Argula von Grumbach — mußten sich Dr. Johannes Eck und die Universität in Ingolstadt auseinandersetzen. Nebenstehend der Führer des bayerischen Protestantismus, Pankraz von Freiberg.

ANNO ÆTATIS SVE XXXXIIII.

*Joachim von Ortenburg,
der einzige evangelische Adelige
Bayerns,
dem die dauerhafte Einführung
der Reformation in seinem
Ländchen gelang*

*Der Münchner Falkenturm,
hinter dessen Mauern
zahlreiche Protestanten
im Reformationszeitalter saßen*

Ein Christenlichs lyed Doctoris Martini Luthers/ die vnaußsprechliche gnad Gottes vnd des rechtenn glauwbens begreyffenndt.

Nun frewdt euch lieben Christenn gemayn.

¶ Nun frewdt euch lieben Christen gemayn/ Vnd laßt vns frölich spryngen/ Das wir getröst vnnd all in eyn/ Mit lust vñ lyebe singen/ Was gott an vnns gewendet hatt/ Vnd seyn syesse wunder thatt/ Gar theüwr hatt ers erworben/

¶ Dem teuffel ich gefanngen lag/ Ym todt wardt ich verlorenn/ Mein sünd mich quellet nacht vnd tag/ Darinn ich war geporn/ Ich fiel auch ymmer tieffer dreyn/ Es war kain gütts am lebenn meyn/ Die sünd hatt mich besessen.

Luthers Rechtfertigungschoral Nun freut euch, lieben Christeng'mein ... aus dem Augsburger Achtliederbüchlein von 1524

jenigen, *so der alten Religion anhangen, weniger Kinder haben als die anderen der neuen Religion.* Die lutherischen Lieder spielten überhaupt eine kaum zu überschätzende Rolle in beiden Epochen der bayerischen Reformationsgeschichte. Sie sind bezeichnenderweise Thema einer der frühesten und einer der letzten Nachrichten von der evangelischen Bewegung in München: 1522 bereits wurden zwei Personen eingelocht, *die das verbotene Lied gesungen,* und noch 1581 mußte ein *Verbot des Singens deutscher Lieder und Psalmen durch Schüler vor den Häusern* erlassen werden.

Welche Faszination gerade südlich der Donau von den reformatorischen Chorälen ausging, veranschaulicht ein Vorfall vom Sommer 1558 in der Münchner Augustinerkirche, der als *lutherische Demonstration* in die Stadtgeschichte einging. Der Chronist berichtet, am Sonntag, den 19. Juni habe sich im 10-Uhr-Gottesdienst *allerlei Handwerkervolk, darunter viele unverheiratete Leute* in der Nähe der Kanzel versammelt. Durch das Absingen aller Verse der bekannten Lutherlieder sei die Meßfeier unmöglich gemacht worden. Als der Prediger die Kanzel bestieg, habe er sich *trotz lauter Stimme und heftiger Gesten* nicht durchsetzen können. Bei einem zweiten Anlauf sei er zwar weiter gekommen; doch als er beweisen wollte, daß der Papst keinesfalls der Antichrist sei, da *huben etliche unter den Sängern mit lauter Stimme an zu lachen.* Der Chronist bemerkt abschließend, man habe den Vorsänger gefragt, ob er am Ende gar einen *besonderen Prediger* wünsche. Dessen freche Antwort sei gewesen, *es möchte mit der Zeit schon geschehen.* Der Anführer dieses alten *Sing-in* wird in der Chronik sehr genau beschrieben; ein *kleines Männchen* soll er gewesen sein, Loder von Beruf und mit *einem falben, dicken Bart.* Doch alle vom Rat offensichtlich ohne besonderen Eifer durchgeführten Untersuchungen verliefen im Sand.

Die scharfe Rüge des Herzogs, die sich der Münchner Rat wegen seines laxen Vorgehens gegen die Sänger einhandelte, markiert allerdings so etwas wie einen Wendepunkt in der Religionspolitik Albrecht V. Vor allem der Kanzler Simon Thaddäus Eck riet jetzt zu einem schärferen Kurs. Der Stiefbruder des berühmten Ingolstädter

Professors und Luthergegners Johannes Eck war ein persönlich integerer Mann. Er war jedoch der alten Kirche treu ergeben, so daß unter den Evangelischen des Landes bald der Vers kursierte: *Zu München hat's ein scharfes Eck, davon stürzt man Gott's Wort hinweg.* Die herzogliche Regierung zeigte im Verlauf des Jahres 1558, daß sie die evangelische Bewegung nicht mehr länger zu dulden gedachte. So beschwerte sie sich beim Münchner Rat über die *ketzerischen Bücher,* die überall in den Buchläden und von fliegenden Buchhändlern trotz des bestehenden Verbots offen angeboten würden. Und sie zitierte den Rat, um sich bei ihm über einige Damen der Gesellschaft zu beklagen, die Schüler dazu *abrichteten,* auf den Gassen der Stadt die *verführerischen Gesänge* anzustimmen.

Ein erstes Opfer dieses verschärften Vorgehens gegen den Protestantismus wurde der Stadtpoet Martin Balticus. Der gebürtige Münchner hatte an der hohen Schule in Joachimstal und an der Wittenberger Universität studiert. Der Lutherschüler Johannes Mathesius sowie Melanchthon zählten zu seinen Erziehern und Lehrern. Als er 1553 in seine geliebte Heimatstadt zurückkehrte, scheute man sich nicht, ihn als Schulmeister und später als offiziellen Stadtpoeten am Gymnasium anzustellen. Hier galt er bald als die *anziehendste Erscheinung des Münchner Humanistenkreises.* Seine reformatorische Einstellung konnte natürlich nicht verborgen bleiben, und schon bald beschwerte sich der Führer der Ingolstädter Jesuiten, Petrus Canisius, über den *lutherischen Schulmeister in München, der überaus schönen, aber von Ketzerei und schlechten Beispielen verdorbenen Stadt.* 1559 zogen die Jesuiten im Münchner Augustinerkloster auf, um auf Wunsch Albrechts V. nun auch in der Residenzstadt den Katholizismus zu erneuern und zu stärken. Man befahl Balticus, den Katechismus Luthers gegen den des Petrus Canisius einzutauschen. Bevor sich Balticus noch nach einer neuen Stelle umsehen konnte, trat ein Ereignis ein, das seinen Weggang aus München unumgänglich erscheinen ließ. Seine Frau Barbara, die Tochter des angesehenen Bürgers Wilhelm Hörl, lehnte auf dem Sterbebett die katholische Kommunion ab und wünschte, unter beiderlei Gestalt das Abendmahl zu empfangen. Nach dem Tod verweigerte man ihr die kirchliche Bestattung. Balticus erhielt den Befehl, die Stadt umgehend zu verlassen. Mit dem Sarg seiner Frau und einem überaus ehrenvollen Dienstzeugnis des Münchner Rats zog er ab nach Ulm, wo er bis zu seinem Tod im Jahre 1600 als angesehener Pädagoge wirkte.

Die evangelische Bewegung der zwanziger Jahre hatte ihre Anhänger in nahezu allen, vorzugsweise aber in den unteren sozialen Schichten gefunden. Demgegenüber scheinen in der zweiten Epoche der bayerischen Reformationsgeschichte vor allem zwei Kreise besonders vom Luthertum angesprochen gewesen zu sein: die Bauern in den oberbayerischen Pfarreien, die von evangelischen Priestern oder *Winkelpredigern* versorgt wurden, und die Familien der oberen Stände. In Wasserburg und Landshut, vor allem aber in der Residenzstadt selber neigte die Mehrzahl der Patrizierfamilien dem Protestantismus zu. Hier favorisierten zeitweise 70 Prozent des inneren und ein Drittel des äußeren Rats die neue Lehre. In den evangelischen Hauskreisen der Stadt konnte man jedenfalls in den sechziger Jahren den prominentesten Bürgern der Stadt begegnen.

Mittelpunkt des einen Hauskreises war kein geringerer als der angesehene Patrizier Hans Ligsaltz der Ältere. An jedem Sonntagnachmittag traf man sich in seinem Haus, um miteinander zu singen, zu beten und aus einer Nürnberger Postille eine Predigt zu lesen. Diese Versammlungen standen mehr oder weniger jedem Freund der Familie offen. Mit diesen privaten Erbauungsstunden begnügte man sich jedoch nicht. Man wollte ja durchaus *Kirche* sein, und dazu gehörte auch und gerade nach lutherischem Verständnis die Sakramentsgemeinschaft. Wer also nur irgend konnte, fuhr ein paarmal im Jahr in die benachbarten evangelischen Städte – nach Augsburg, Regensburg oder gar Nürnberg – oder auch an einen der bayerischen Orte, wo ein lutherischer Geistlicher amtierte, um sich *mit dem Sakrament versehen zu lassen.* Dieses sogenannte *Auslaufen* nahm derart überhand, daß die Regierung schließlich die Wege nach Augsburg, der *Grube aller Ketzerei,* an Sonn- und Feiertagen durch bewaffnete Reiter überwachen ließ. An einem Pfingstsonntag wurde auf diese Weise eine ganze Gruppe Münchner Gottesdienstbesucher bei Friedberg abgefangen und verhört. Von der *Füßlin und der Schönerin samt ihren Gespielen* ist überliefert, daß selbst mehrmalige Verhaftungen die Damen nicht daran hindern konnten, weiter zum Abendmahl nach Augsburg zu reisen.

Für die Gegenreformation im Herzogtum noch weitaus gefährlicher aber war der Umstand, daß außer dem städtischen Patriziat auch Teile des bayerischen Landadels dem Protestantismus zuneigten. Rund fünfzig adelige

Titelblatt der in Süddeutschland weit verbreiteten evangelischen Predigtsammlung des Johann Spangenberg

Familien bekannten sich Anfang der sechziger Jahre zum Luthertum. Unter ihnen befanden sich so selbstbewußte Männer wie Joachim von Ortenburg und Ladislaus von Fraunberg, aber auch der Sohn des früheren Kanzlers, Oswald von Eck, sowie Achaz von Laimingen, Wolf-Dietrich von Maxlrain und Hieronymus von Seiboldsdorf. Als Mittelpunkt dieses evangelischen Adelskreises galt Pankraz von Freiberg, Inhaber der Herrschaft Hohenaschau-Wildenwart. Er war ein hervorragender Wirtschafts- und Verwaltungsfachmann und darum 1552 zum herzoglichen Rat und Hofmarschall nach München berufen worden, wo er auch ein eigenes Haus besaß.

Freiberg war zweifellos der bedeutendste Kopf unter den führenden Protestanten des damaligen Bayern. Seine weitgespannten Beziehungen nach Oberösterreich, zum Regensburger Superintendenten Nikolaus Gallus und nach Württemberg gaben der Reformationsgeschichte der fünfziger und sechziger Jahre einen gewissen Zug ins Weite. In kleinen theologischen Abhandlungen und Notizen, die er sich wohl für religiöse Gespräche anfertigte, vertrat Pankraz von Freiburg ein gemäßigtes Luthertum, etwa in der Art, wie es im benachbarten Württemberg gepredigt wurde. Seit der Verschärfung der bayerischen Religionspolitik kam es wegen seiner konfessionellen Einstellung immer wieder zu Konflikten mit Albrecht V. und vor allem dessen altgläubigem Kanzler Simon Thaddäus Eck. Dabei wurde immer deutlicher, daß sich Freiberg kein geringeres Ziel gesteckt hatte, als die offizielle Einführung der Reformation in Bayern. Man kann ihn also mit Recht als das Haupt des auch politisch operierenden Protestantismus in Bayern bezeichnen. Um sein Ziel zu erreichen, riskierte der Hofmarschall immer wieder Gespräche mit dem Herzog. Über diese waghalsigen Bekehrungsversuche auf höchster Ebene schrieb er im April 1561 an seinen Freund, den Ortenburger Grafen, er sitze über einer Rechtfertigungsschrift: *Darinnen bekenne ich Christum meinen Herren, auf daß er mich erkenne vor Gott seinem himmlischen Vater. Ich entdecke meinem frommen Fürsten, wo die wahre katholische Kirche und wo des Antichrists Reich und Stuhl ist, was ein christlicher Fürst seines Amtes wegen zu tun schuldig ist, ermahne und rate zum Wort Gottes von der päpstlichen Korruption abzuweichen, um Gottes Zorn und Ungnade zu vermeiden. Will der liebe Gott etwas wirken und meinem frommen Fürsten seine Augen und Herzen in wahrer Erkenntnis seines heiligen Wortes erleuchten, so sei ihm Lob und Preis. Soll es aber nicht sein, so habe ich das Meine getan. Gott der Allmächtige gebe seinen Segen und Gnade! Falls ich aber im Falkenturm werde aufstehen, so bitte ich Eure Gnade, sie wolle an mich denken und für mich beten. Denn – Gott Lob – ich kann gut leiden und dulden.*

Diesmal mußte Freiberg noch nicht in das Gefängnis wandern, in dem schon so viele Glaubensgenossen gelitten hatten. Aber daß er seine Religionsgespräche mit dem Herzog nicht verschwieg, wurde ihm als Vertrauensbruch ausgelegt. Als er dann auch noch eine theologische Denkschrift an Albrecht V. in Abschriften unter seinen Freunden verteilen ließ, kam es zu einem langwierigen und komplizierten Prozeß. Im November 1561 setzte ein Gericht unter dem persönlichen Vorsitz des Herzogs den Hofmarschall ab. Dabei wurde ihm ausdrücklich untersagt, irgendwem gegenüber die Meinung zu vertreten, seine Entlassung sei wegen seiner evangelischen Abendmahlsauffassung erfolgt. Freiberg tröstete sich zwar in dem Bewußtsein, *wenn auch allein, so doch mit Gottes seines Herrn Vertröstung, wie ein Ehrenmann da gestanden zu sein*. In seinen Briefen an den Ortenburger sprach er aber mit Entrüstung von den *Bösewichtsbuben*, den *Jesuwidern* und dem Kanzler Simon *Judas* Eck, denen er sein Unglück zu verdanken meinte.

Ungeachtet dieses scharfen Vorgehens gegen den Protestanten Freiberg bemühte sich die herzogliche Regierung in diesen Jahren intensiv um die Beseitigung der kirchlichen Mißstände und eine innerkatholische Reform. Eine Visitation hatte ein geradezu verheerendes Bild des religiösen Lebens in Bayern gezeichnet. Die Bischöfe kamen auf ihren Synoden über die Diskussion, wer an allem Schuld sei, nicht hinaus. So wandte sich Albrecht V. über ihre Köpfe hinweg direkt an das in Trient tagende Konzil. In bewegenden Worten schilderte sein persönlicher Gesandter August Baumgartner den Bischöfen die Zustände in seiner Heimat: *Die im Herzogtum veranstalteten Untersuchungen haben unter der Geistlichkeit dieses Landes eine so allgemein verbreitete Hingebung selbst an die gräßlichsten Laster entdecken lassen, daß die den hier versammelten ehrwürdigen Vätern schuldige Ehrerbietung nicht gestattet, ihre keuschen und frommen Ohren mit den ekelerregenden Einzelheiten zu behelligen.* Im Auftrage des Herzogs erbat er dringend zwei Konzessionen: die Genehmigung für die Priesterehe und für den Laienkelch. Höflich verwies das Konzil den Bittsteller an den Papst, und der hüllte sich zunächst in Schweigen.

Im März 1563 trat erneut der Landtag in Ingolstadt zusammen. Diesmal hatte sich die protestantische Adelspartei um Joachim von Ortenburg gründlich vorbereitet. Sie wollte jetzt aufs Ganze gehen. Pankraz von Freiberg, der sich keineswegs in Hohenaschau zur Ruhe gesetzt hatte, ließ unter den weltlichen Ständen eine Flugschrift verteilen. Sie stammte aus der Feder der beiden strengen lutherischen Theologen Nikolaus Gallus und Matthias Flacius Illyricus. Als im Ausschuß das Religionsproblem angeschnitten wurde, fragten die evangelischen Stände kühn, *ob es nicht angemessen sei, bei dem Herzog auf die völlige Einführung der Augsburger Konfession im Lande zu dringen.* Jetzt aber zeigte sich, daß die protestantische Partei in der Minderheit war. Im ganzen bekannten sich von 120 anwesenden Adeligen 45 zur *Confessio Augustana,* dem gültigen Bekenntnis des Luthertums. Der Landtag gab sich mit der Zusicherung des Herzogs zufrieden, er werde die leidige Kelchfrage selber zu aller Zufriedenheit regeln, falls in nächster Zeit kein positiver Bescheid aus Rom eintreffen würde. Die Einführung der Reformation war somit 1563 endgültig gescheitert.

Die Gelegenheit, mit der protestantischen Opposition abzurechnen, ergab sich für Herzog Albrecht V. schon im nächsten Jahr. Bei der Eroberung des ortenburgischen Schlosses Mattighofen fiel ihm nämlich in der Kanzlei die gesamte Korrespondenz des Grafen Joachim in die Hände. Sie bewies zunächst einmal, über welche weitreichenden Verbindungen die evangelischen Adelskreise im Herzogtum verfügten. Aber sie enthielt auch eine Reihe ganz vertraulicher Briefe, in denen die Freunde des Ortenburger Grafen in ergreifenden Worten ihre evangelische Frömmigkeit darlegten, allerdings zwischendurch auch kräftig auf die herzogliche Religionspolitik schimpften. Nun glaubte man, endlich in den Händen zu haben, wonach man so lange vergeblich gesucht hatte: die Beweise für eine protestantische Adelsverschwörung. Der Herzog berief ein außerordentliches Gericht und erhob Anklage wegen Bruch des Religionsfriedens und Verschwörung gegen den Landesherrn. Joachim von Ortenburg zog es vor, gar nicht erst in München zu erscheinen. Den anderen aber wurde erklärt, sie hätten den Herzog und die ganze Regierung *schwer beleidigt und mit Ungebühr angetastet.* Kniend mußten die Adeligen Abbitte tun und einen Revers unterschreiben, in dem sie erklärten, dem Herzog in Zukunft in der Religionsfrage gehorsam zu sein. Ein einziger verweigerte die Unterschrift: Pankraz von Freiberg. Jetzt landete er wirklich für mehr als vier Monate im Falkenturm. Dieses Verfahren erregte in ganz Deutschland beträchtliches Aufsehen. Christoph von Württemberg, Ludwig von Hessen, ja sogar Kaiser Maximilian baten den Bayernherzog um Milde. Im November 1564 fügte Freiberg sich der Gewalt und kehrte als gebrochener Mann nach Hohenaschau zurück. Am heiligen Abend des nächsten Jahres schon starb der Führer des bayerischen Protestantismus. Um keine Zweifel an seiner Einstellung aufkommen zu lassen, verbat er sich jedoch jegliche katholische Zeremonie bei seiner Beerdigung. In seinem Testament erwies sich Pankraz von Freiberg noch einmal als ein wirklicher Edelmann, indem er *von ganzem Herzen* allen seinen Gegnern vergab.

Mit dem Tode Freibergs und der Demütigung des evangelischen Adels war der reformatorischen Bewegung in Bayern das Rückgrat gebrochen. An dieser Tatsache konnten auch die zahlreichen Trostbriefe und Traktate für die *bedrängten bayerischen Glaubensgenossen* nichts ändern, die der wackere Württemberger Jakob Andreä, der Schweizer Theologe Heinrich Bullinger, aber auch Philipp Melanchthon in Wittenberg und Nikolaus von Amsdorf in Eisenach verfaßten.

Auch in der Residenzstadt wurde jetzt das Abwehrsystem weiter ausgebaut. Mehrmals im Jahr stöberte man in den Buchläden nach ketzerischer Literatur. Der Rat stellte sogar auf Anweisung der herzoglichen Räte *heimliche Jünger* an, bezahlte Spitzel also, für die er im Jahr 200 Gulden aufwenden mußte. Das Einhalten der Fastengebote und der Besuch der Gottesdienste wurde mit Geldstrafen erzwungen. Die 1564 endlich aus Rom eintreffende Genehmigung des Laienkelches dagegen ließ Albrecht V. erst gar nicht mehr veröffentlichen. Als sich die Zurückweisung der Kommunion nur unter einer Gestalt in Sterbefällen häufte, erließ die herzogliche Regierung 1567 einen Erlaß, der weithin Entsetzen auslöste. Er untersagte die christliche Bestattung aller Personen, die je *ausgelaufen* waren oder die katholische Kommunion auf dem Sterbebett zurückgewiesen hatten. Sie sollten *in Gärten, Äckern, Angern oder an anderen Orten verscharrt werden.*

Um das Auslaufen an protestantische Orte jetzt endgültig zu unterbinden, wurden in München in den Jahren 1567–1571 drei Religionsverhöre durchgeführt. In diesen Verhandlungen mußte sich jeder verdächtige Bürger auf Herz und Nieren prüfen lassen. Einige wurden da-

Spottbild des Johannes Cochläus auf den siebenköpfigen Martin Luther

bei, wie es lakonisch in den Protokollen heißt, ganz *kindisch* oder *unrichtig im Kopf*, verloren also den Verstand. Viele kehrten zum katholischen Glauben zurück. Eine Reihe von *wahnsinnigen und fürwitzigen Leuten* jedoch blieb dem lutherischen Bekenntnis treu und mußte die Stadt verlassen. Auf die Gesamtzahl der Münchner Steuerzahler von 1570 bezogen waren das immerhin 1,3 Prozent. Da es sich durchweg um angesehene, finanzkräftige und wirtschaftlich interessante Persönlichkeiten handelte, kann man die Klage des Rats verstehen, der die Meinung vertrat, die herzogliche Gegenreformation führe zum wirtschaftlichen Niedergang der Stadt und komme allen ihren Bewohnern teuer zu stehen.

Die harten Maßnahmen gegen den Protestantismus und die gleichzeitige Aktivität des Jesuitenordens im Sinne einer Erneuerung der alten Kirche führten so dazu, daß 1571 der äußere Sieg der Gegenreformation entschieden war. Auch mit dem zweiten Anlauf hatte die evangelische Bewegung in Bayern nicht festen Fuß fassen können. Daß Bayern bei der alten Kirche blieb, war freilich nicht ein Werk dieser Kirche, sondern das Verdienst der Wittelsbacher Herzöge. In einer merkwürdigen Analogie zu den protestantischen Territorien im Reich wurden auch in Bayern die Landesherren die eigentlichen *Bischöfe* ihrer Kirche. Ihre Energie, und nicht *der starke Schlaf und das Zusehen der Bischöfe*, ihr Glaubenseifer und nicht die Handlungsunfähigkeit des Episkopats, die von ihnen in das Land gerufenen Jesuiten und nicht der den Bischöfen unterstellte Klerus setzten den bayerischen Katholizismus in die Lage, den Ansturm der Reformation zu überstehen und sich nach dem Tridentinischen Konzil auch innerlich allmählich zu regenerieren. Mit Recht konnte Wilhelm IV. kurz vor seinem Tode sagen: *Hätten die Geistlichen zur Erhaltung der Religion so viel als wir getan, so wären wir alle insgemein des schrecklichen Abfalls in unserem heiligen Glauben erübrigt worden.*

Selten fällt jedoch ein Sieg vollständig aus. Es gab zur Zeit Albrecht V. mitten im Territorium des Herzogtums einige reichsunmittelbare Gebiete. Sie umfaßten meist nur wenige Ortschaften und zählten höchstens einige tausend Bewohner. Obwohl sie sich theoretisch einige Freiheiten erlauben durften, war ihre Bewegungsfreiheit in der Praxis natürlich sehr eingeengt. Von allen Seiten durch bayerisches Gebiet begrenzt, waren sie wirtschaftlich und politisch vom Herzogtum abhängig. In dreien dieser kleinen *Länder* fand das Luthertum in den sechziger Jahren Eingang: in der niederbayerischen Grafschaft Ortenburg sowie in der Grafschaft Haag und der Reichsherrschaft Hohenwaldeck in Oberbayern.

Die um den Schliersee gelegene Herrschaft Hohenwaldeck hatte 1562 Wolf-Dietrich von Maxlrain geerbt. Obwohl er evangelisch war, konnte er die Reformation nicht ohne weiteres einführen. Um die Reichsfreiheit seines kleinen Territoriums hatte es nämlich eine erhebliche Auseinandersetzung mit den Bayernherzögen gegeben. Die Maxlrainer hatten schließlich in einem Vertrag, der ihre Reichsstandschaft anerkannte, versprechen müssen, die Religion nicht zu *ändern*. Immerhin hielten sich unter Wolf-Dietrichs Schutz in den Gemeinden Miesbach und Parsberg lange Zeit lutherische Geistliche, und von hier aus wirkte die evangelische Bewegung weiter in das ganze östliche Gebiet hinein. Als nun die Woge der Gegenreformation anrollte, versuchte der Maxlrainer geschickt, sie mit dem alten Vertrag aufzuhalten. Er erklärte, die Bevölkerung sei eben inzwischen evangelisch geworden und eine Änderung der Religion dürfte ja nicht vorgenommen werden. Das bedeutete für die Miesbacher Gegend, daß hier noch längere Zeit hindurch zumindest die Kommunion unter beiderlei Gestalt üblich blieb. 1582 jedoch gingen das Herzogtum und die katholische Kirche gemeinsam gegen die Bevölkerung vor, nachdem der Maxlrainer jede Hilfe bei der Rekatholisierung abgelehnt hatte. Bayern verhängte eine Handelssperre und der Bischof den Bann. Diesem massiven geistlichen und wirtschaftlichen Druck war die Bevölkerung nicht gewachsen. Einige Familien wanderten aus, und als Wolf-Dietrich von Maxlrain 1586 verbittert starb, war seine ganze Herrschaft wieder katholisch.

Etwas weiter nördlich, zwischen den herzoglichen Landgerichten Dorfen, Erding, Markt Schwaben, Wasserburg und Neumarkt lag die unabhängige Reichsgrafschaft Haag. Hier brachte es Graf Ladislaus von Fraunberg sogar zur Gründung einer eigenen Mini-Landeskirche. Seine Bekanntschaft mit der neuen Lehre verdankte der Graf seiner Gemahlin, die als badische evangelische Prinzessin 1541, als sie den Bayern heiratete, weder auf ihren lutherischen Glauben noch auf ihren evangelischen Beichtvater verzichten wollte. 1559 trat Ladislaus anläßlich des Reichstags in Augsburg zum Luthertum über. Somit war er zum Ärger des bayerischen Herzogs reichsrechtlich zur Einführung der Reformation berechtigt. In den beiden Pfarreien Kirchdorf und Rechtmehring tat er das auch vorsichtig, indem er Thomas Molitor, einen ehemaligen katholischen Geistlichen, und den Theologieprofessor Dr. Johann Friedrich Coelestin aus Jena in seine Dienste berief. Doch Ladislaus von Fraunberg gehörte offenbar nicht zu den ausgeglichenen Charakteren. Er war sprunghaft in seinen Ideen, streitsüchtig und geizig und konnte auch zum bayerischen evangelischen Adel kein freundschaftliches Verhältnis gewinnen. Schon seine Zeitgenossen meinten skeptisch, er wolle *in seinem Verstand Christus und Belial beieinander wohnen haben*. So kam es immer wieder zum Streit mit den evangelischen Geistlichen, und die Prediger liefen ihm einer nach dem anderen davon; im ganzen waren es fünfzehn, die der Graf innerhalb eines Jahrzehnts verbrauchte. Obwohl also das kleine lutherische Kirchenwesen in der Grafschaft Haag nicht gerade als stabil bezeichnet werden konnte, übten die evangelischen Predigten und Abendmahlsfeiern doch eine enorme Anziehungskraft auf die benachbarten herzoglichen Untertanen aus. Bis zu 3000 Personen sollen damals sonntags die lutherischen Gottesdienste besucht haben, und die wenigsten davon waren Untertanen des Grafen. Als daher Ladislaus im August 1566 kinderlos starb und die Grafschaft an Herzog Albrecht V. fiel, war es auch hier mit der evangelischen Predigt ein für allemal aus.

In einem dritten reichsunmittelbaren Gebiet allerdings, im niederbayerischen Ortenburg, konnte sich die Reformation durch alle Stürme der Gegenreformation hindurch behaupten. Die Grafen von Ortenburg gehörten zu den mächtigsten Geschlechtern des bayerischen Adels. Es gab Zeiten, in denen sie, was Macht und Besitz betrifft, mit den Wittelsbachern wetteifern konnten. Übrig geblieben war davon in der Mitte des 16. Jahrhunderts nur mehr ein Gebiet von kaum achttausend Hektar mit höchstens 1500 Bewohnern, südlich von Vilshofen und Passau gelegen. Als Joachim von Ortenburg auf dem Landtag 1563 feststellen mußte, daß sein Traum von einem evangelischen Bayern nicht in Erfüllung gehen würde, entschloß er sich zu einer geradezu wahnwitzigen Tat. Er teilte per Rundbrief allen Kurfürsten, Herzögen, Grafen und freien Städten mit, daß er sich für seine Person zur Augsburgischen Konfession bekenne und entsprechend dem Grundsatz *Cuius regio eius religio* nun in seiner reichsunmittelbaren Grafschaft das Luthertum einzuführen gedenke. Vorsichtshalber ließ Joachim allerdings beim festlichen ersten Reformationsgottesdienst in der Ortenburger Kirche erklären, bayerische Untertanen wolle er in den evangelischen Gottesdiensten nicht sehen und keinesfalls dulden. Trotz dieses Verbotes entwickelte sich die kleine Grafschaft zum Ausgangs- und Mittelpunkt einer religiösen Bewegung, deren Ausmaß in München nur mit allergrößter Sorge betrachtet werden konnte. Das Herzogtum Bayern stellte sich nun auf den Standpunkt, die Frage der Reichsfreiheit der Grafschaft sei vom Reichsgericht noch nicht endgültig geklärt. Es nahm dem Ortenburger Grafen zunächst seine bayerischen Lehensgüter, was Joachim seiner Haupteinnahmequelle beraubte. Dann besetzte es die Grafschaft und vertrieb die beiden lutherischen Geistlichen.

1573 endlich erhielt Joachim von Ortenburg die reichsamtliche Bestätigung, daß sein kleines Ländchen nicht zum Herzogtum Bayern gehört. Sofort machte er sich an den Aufbau eines geordneten lutherischen Kirchenwesens. Dabei bewies er eine glücklichere Hand als der Haager Graf. In Moses Pflacher (ca. 1548–1589) fand er einen Prediger und Seelsorger, der es wirklich verstand, den lutherischen Glauben in der Ortenburger Bevölkerung einzuwurzeln. Dieser Mann, der in Tübingen seine Ausbildung genossen hatte, wurde nicht müde, seiner Gemeinde den Katechismus Luthers immer und immer wieder auszulegen. In seinen Predigten, die sogar später in Frankfurt und Tübingen gedruckt wurden, kämpfte er tapfer – was auch für einen evangelischen Theologen des 16. Jahrhunderts durchaus nicht selbstverständlich war – gegen Aberglauben, Hexenwahn und Teufelsangst. Wie erfolgreich seine Tätigkeit war, zeigte sich nicht nur in den andauernden Reibereien mit den übermächtigen Bayern, die dem Ortenburger ein Dorf nach dem anderen abnehmen wollten und schließlich sogar um einzelne Gehöfte zu rangeln begannen. Das feste Luthertum der Ortenburger bekam der Graf auch selber zu spüren, als er in den späteren Jahren Versuche unternahm, seinen Untertanen den Calvinismus aufzuzwingen. Pflacher wurde entlassen und ging 1585 nach Kempten, wo er auch starb. Seine Pfarrkinder jedoch dachten gar nicht daran, die Gottesdienste des neuen reformierten Pfarrers zu besuchen. So erzwangen sie sich schließlich von ihrem Grafen einen neuen lutherischen Geistlichen.

Die Streitigkeiten Joachims mit den Bayern dauerten bis zu seinem Tode im Jahre 1600 an. In der Marktkirche zu Ortenburg hatte sich der Graf schon zu seinen Lebzeiten ein prunkvolles Grab errichten lassen. Es erinnert an jenen unerschrockenen Mann, dem es als einzigem unter den bayerischen evangelischen Adeligen gelang, seinen Untertanen wie auf einer Insel mitten im katholischen Bayern ihr evangelisches Bekenntnis zu erhalten. Alte Ortenburger pflegen daher noch heute zu sagen, wenn ihnen etwas außerordentlich fest und haltbar erscheint: *Das hält wie der lutherische Glaube.*

2. KAPITEL

Eine konservative Reformation in der freien Reichsstadt Nürnberg

LAZARUS SPENGLER UND DIE ANFÄNGE DER REFORMATION IM AUGUSTINERKLOSTER

Am 16. Juli 1505 trat Martin Luther in Erfurt in den Orden der Augustiner-Eremiten ein. Damit hatte sich der 22jährige für eine Ordensgemeinschaft entschieden, die sich am Ausgang des Mittelalters sowohl durch Strenge als auch durch eine gewisse Offenheit für Reformideen auszeichnete. Seit 1473 hatte die Diskussion um die Erneuerung der Kirche und des Ordenswesens hier zur Bildung einer Reformkongregation geführt. Ihr gehörte das Erfurter Kloster an. Das Auftreten des Confraters Martinus ließ in den Niederlassungen der Augustin-Eremiten neue und heftige Auseinandersetzungen entstehen. Kein Wunder also, daß in Süddeutschland die ersten Entscheidungen für oder gegen die Reformation in den Augustinerklöstern fielen. Das angesehenste unter ihnen, 1265 gegründet, befand sich am Fuß der Nürnberger Burg im Schatten der Türme von St. Sebald.

Die freie Reichsstadt galt allgemein als *Auge und Ohr Deutschlands*, wie Martin Luther einmal meinte. Denn Nürnberg, dessen Bewohner nach einer Äußerung des Äneas Sylvius Piccolomini (Papst Pius II.) besser lebten und stattlicher wohnten als die Könige von Schottland, feierte zwischen 1480 und 1530 seine goldene Zeit. Hochentwickelte Gewerbetätigkeit, feinsinniger Kunstgeschmack und ausgedehnte Handelsbeziehungen hatten in dieser Zeit zu einem materiellen Wohlstand geführt, der auch der geistigen und kulturellen Entwicklung der Stadt zugute kam.

Ein Mittelpunkt des kulturellen Lebens war das Augustinerkloster. Als Pflegestätte der Wissenschaften, Ort strenger Zucht und Zentrum einer geschätzten Predigt- und Seelsorgetätigkeit genoß es beim Rat und bei der Bürgerschaft hohes Ansehen und war weit über die Stadtmauern hinaus bekannt. Schon sehr früh wurde dieses Kloster zu Beginn des 16. Jahrhunderts zum Ausgangspunkt der Reformation in Nürnberg. Kein geringerer als Luthers väterlicher Freund, Gönner und Beichtvater, Johann von Staupitz, hat diese Entwicklung vorbereitet. Der Generalvikar des Augustinerordens im kursächsischen Land kämpfte unablässig für die Erneuerung seines Ordens. Auf seinen Visitationsreisen nach München und Salzburg kam er auch oft nach Nürnberg. Stadt und Kloster gefielen ihm so gut, daß er am liebsten seinen Wohnsitz hierher verlegt hätte. Und seine Predigten gefielen umgekehrt den Nürnbergern so gut, daß die Augustinerkirche zu St. Veit die Besucherscharen kaum fassen konnte, wenn der Gastprediger aus Erfurt auf der Kanzel stand.

Der Nürnberger Rechtsprofessor Christoph Scheurl, ein alter Bekannter von Staupitz aus der Zeit der gemeinsamen Studienjahre in Bologna und Wittenberg, rühmte ihn als *Herold des Evangeliums*, als Schüler, ja sogar als *Zunge des Apostels Paulus*. Auf allgemeines Drängen hin übersetzte Scheurl eine lateinisch abgefaßte Staupitzpredigt ins Deutsche und ließ sie in Nürnberg drucken. Im Vorwort meint er über seinen Freund: *In den fünf Jahren, die ich in Nürnberg lebe, ist niemand mit solcher Auszeichnung geehrt worden als Staupitz.*

Staupitz (1469–1524) war kein Vertreter der herrschenden theologischen Schulen; seine religiösen Ideen waren vielmehr reicher und inniger. In seiner Theologie galt er als ein Schüler Augustins, und in seiner Frömmigkeit war er von einer christologisch vertieften Mystik geprägt. So besaß er nach Meinung der Nürnberger die Gabe, die Bibel so auszulegen, daß sie *Trost und Hilfe dem Menschen appliziert und mehr zu seiner Ergötzung, denn zu seiner Verzweiflung gebraucht wird.*

In seinen Nürnberger Adventspredigten nahm Staupitz 1516 – ein Jahr vor der Veröffentlichung von Luthers Thesen – auch zum Problem des Ablasses Stellung. Er sagt: *Es ist nicht so, wie durch etliche dem einfältigen Volk öfter eingebildet wird: so der Mensch seine Sünden fleißig beichtet und sich dann des päpstlichen Ablasses durch*

Deutschlands heimliche Hauptstadt und die führende Stadt der Reformation war in der ersten Hälfte des 16. Jahrhunderts die fränkische Metropole Nürnberg. Der Holzschnitt zeigt die Stadt an der Pegnitz mit der Taufe Christi und im Vordergrund den verantwortlichen Trägern der Reformation. Links erkennt man die sächsischen und brandenburgischen Kurfürsten, Herzöge und Markgrafen; rechts sind – von der Mitte aus – Johann Hus, Luther, Melanchthon, Justus Jonas, Kaspar Creutzinger, Bugenhagen, Paul Eber, Johannes Äpinus, Johann Förster, Georg Major, Johannes Pfeffinger, Erasmus von Rotterdam und Sebastian Fröschel dargestellt

eine zeitliche Handreichung teilhaftig macht, daß er damit die Vergebung der Sünden erlange. Denn der Klang des Guldens, der in die Geldkiste fällt, würde den Sünder seiner Sünde nicht entledigen, sondern dem allen muß vornehmlich und zuvörderst ein recht reumütiges Herz vorangehen. Wer seine Sünde aufrichtig bereue, erhalte mit der Vergebung auch ein gutes Gewissen, meint Staupitz. Er entgehe nicht nur der Hölle, sondern auch dem Fegefeuer – und zwar auch für den Fall, daß er ohne den Empfang der heiligen Sakramente sterbe. Solche Töne auf einer Kanzel ließen natürlich aufhorchen und aufatmen.

Aus diesen Predigten sprach der weise und biblisch geprägte Seelsorger, der auch den im Kloster verzweifelten Mönch Martin Luther mit dem Hinweis auf die in Christus erschienene Liebe Gottes getröstet hatte. In den Tischreden meinte Luther einmal im Blick auf seine Anfechtungen im Kloster: *Aber mein Staupitz sagte immer: man muß den Mann ansehen, der da Christus heißt!* Dieses Wort habe er wie die Stimme des Heiligen Geistes aufgenommen. Wenn ihm sein *ehrwürdiger Vater* nicht in der Verzweiflung so geholfen hätte – *vielmehr*

Gott durch ihn – dann wäre er *drinnen ersoffen und längst in der Hölle.*

Der Beichtvater Luthers hat sich freilich niemals von der alten Kirche getrennt. Schon sehr früh äußerte Luther einmal den Verdacht, Staupitz könne am Ende *in der Mitte zwischen Christus und dem Papst hängen bleiben.* Tatsächlich legte der besonnene Ordensmann als er 1520 der lutherischen Ketzerei verdächtigt wurde sein Amt nieder und trat als Hofprediger in die Dienste des Salzburger Kardinalerzbischofs. Dazu Luthers kurzer Kommentar: *Du hast allzu viel Demut, ich allzu viel Stolz.* Trotzdem schrieb er seinem ehemaligen Generalvikar später: *Auch wenn wir euch nicht mehr angenehm und wohlgefällig sind, ziemt es uns doch nicht, deiner zu vergessen oder undankbar gegen dich zu sein, durch den zuerst das Licht des Evangeliums aus der Dunkelheit in unseren Herzen aufzuleuchten begann.*

In Nürnberg fand Staupitz nicht nur unter dem Volk sondern vor allem in den humanistisch gebildeten Patrizierkreisen großen Anklang. So bildete sich im Augustinerkloster um den geschätzten Prediger und Theologen ein Freundes- und Diskussionskreis. Zu dieser Keimzelle der Reformation in der Reichsstadt gehörten neben dem bereits erwähnten Christoph Scheurl und dem gelehrten Prior des Augustinerklosters, Wolfgang Volprecht, die beiden Losunger (Bürgermeister) Hieronymus Ebner und Anton Tucher, der Gastfreund und Vertrauensmann des sächsischen Kurfürsten Friedrich des Weisen, die Brüderpaare Andreas und Martin Tucher sowie Siegmund und Christoph Fürer, Hieronymus Holzschuher und der Ratsherr Kaspar Nützel, der Ratsschreiber Lazarus Spengler, der Maler Albrecht Dürer und der Propst von St. Lorenz, Georg Behaim, der freilich schon 1520 starb. Auch Pirckheimer hielt sich zunächst zu diesem elitären Kreis, der sich stolz *Societas staupitziana* nannte.

Als sich Staupitz seinen Nürnberger Freunden nicht mehr so intensiv widmen konnte, versetzte er den Wenzeslaus Link an das Nürnberger Augustinerkloster. Mit dieser Entscheidung bereitete er noch einmal der Reformation in der freien Reichsstadt den Weg. Link (1483–1547) gehörte zeit seines Lebens zu den engsten persönlichen und theologischen Freunden von Staupitz. Neben Luther war er so etwas wie sein zweiter *geistlicher Sohn.* Bis 1516 wirkten Luther und Link, fast gleichaltrig und in ihrer Jugend in denselben Orden eingetreten, zusammen in Wittenberg, wo Link Prior des Augustinerklosters und neben Luther Professor an der Universität war. Luther schätzte seinen Landsmann und Ordensbruder vor allem als Prediger auf der Kanzel. Nachdem Link kurze Zeit im Münchner Augustinerkloster geweilt hatte, trat er 1517 im Nürnberger Kloster als Prediger die Nachfolge von Staupitz an. Durch ihn, mit dem Luther einen regen Briefwechsel pflegte, war Nürnberg in Zukunft immer aus erster Hand über die Entwicklung der Reformation im fernen Wittenberg informiert. Auch persönlich standen sich Luther und Link außerordentlich nahe. Oft bat der Nürnberger den Wittenberger um Rat, und Luther antwortete meist umgehend. Link seinerseits revanchierte sich immer wieder mit kleinen Geschenken, für die Luther seinem Freund schriftlich dankte: Samen für den Garten, Drechselwerkzeuge, Leuchter und Quittensaft. Auch über das Familienleben des Reformators erfahren wir interessante Details aus dem Briefwechsel zwischen Luther und Link. Zur Eheschließung mit Katharina von Bora etwa meint Luther, Gott habe ihn *wunderbar in den Ehestand getrieben*. Und als seine Käthe ihr zweites Kind erwartet, läßt Luther den Freund in Nürnberg wissen, daß sie nun *öfters erbrechen müsse*. Kein Wunder, daß sich der Nürnberger Rat in den kommenden schweren Jahren immer wieder dieser guten freundschaftlichen Beziehungen bediente.

Unter den *Staupitzianern*, die sich nun bald in *Martinianer* umbenannten, interessierte sich vor allem der Jurist Christoph Scheurl für den rebellischen Wittenberger Mönch. Er hatte gerade mit dem Ingolstädter Professor Johannes Eck, der später Luthers erbitterter Gegner wurde, Freundschaft geschlossen. In Luther witterte Scheurl den kommenden Mann – und des persönlichen Kontakts mit den Größen seiner Zeit rühmte sich der angesehene Bürger immer gern. Luther zögerte zunächst, war aber dann doch bereit, über Scheurl einen ersten freundschaftlichen Kontakt zu Eck aufzunehmen.

Wie eine Bombe schlug im November 1517 in Nürnberg die Nachricht vom Thesenanschlag in Wittenberg ein. In 95 Lehrsätzen, die er zur Diskussion gestellt wissen wollte, griff Martin Luther Predigt und Praxis des Ablasses scharf an. Die *Liebe zur Wahrheit und der Wille, sie ans Licht zu bringen* habe ihn, wie er erklärte, zu diesem Schritt getrieben. Christus sei der Herr der Kirche. Darum habe die Kirche nichts anderes zu tun, als das Evangelium zu predigen. Dieses *hochheilige Evangelium der Ehre und Gnade Gottes* sei *der wahre Schatz der Kirche*. Nur dieses Evangelium tröste den Angefochtenen, befreie den Gebundenen, erlöse den Verzweifelten und nähme dem Verängsteten die Todes- und Höllenfurcht. Die Kirche sei kein *Bankhaus*, das falsche Sicherheit biete, sondern ein *Predigthaus*, in dem das Evangelium Gewißheit des Glaubens schenke. Wie sehr alle diese Gedanken noch von Staupitz beeinflußt waren, zeigt die 36. These: *Jeder Christ ohne Ausnahme, der wahrhaft Reue empfindet, hat völlige Vergebung von Strafe und Schuld, die ihm auch ohne Ablaßbriefe gebührt.*

Der eifrige Scheurl ließ sich diese Thesen sofort nach ihrem Erscheinen durch einen Wittenberger Kanonikus besorgen. In Nürnberg hatte man sie bereits am 5. November, also eine knappe Woche nach dem Thesenanschlag, in den Händen. Bei den Augustinern wurden sie eifrig diskutiert und begeistert aufgenommen. Im Gegensatz zu Scheurl erfaßte der Ratsherr Kaspar Nützel sofort die grundsätzliche Bedeutung dieser Thesen. Er besorgte schnellstens die Übersetzung ins Deutsche. So nahmen die Thesen nicht eigentlich von Wittenberg sondern von Nürnberg aus ihren Weg durch ganz Deutschland.

Kurioserweise schickte Scheurl die Thesenreihe sofort an Dr. Eck. Er war der freilich ganz und gar irrigen Meinung, ihm damit eine Freude bereiten zu können. Eck reagierte mit einer Streitschrift unter dem Titel *Obelisci* (Randglossen) äußerst scharf. Um nicht mit Luther zu brechen, ließ er sie jedoch nur in Abschriften verbreiten. Luther antwortete mit seinen *Asterisci* (Fußnoten) und äußerte sich sehr gekränkt über den vermeintlichen Freund in Bayern. Er nannte den Ingolstädter Professor fortan nur noch Dr. Geck oder einfach *Dreck* und meinte: *Wenn ich nicht die Schliche des Satans kennte, würde ich mich wundern, mit welch wüstem Eifer Eck eine eben erst geschlossene Freundschaft löst*. Umschlagplatz dieser ersten Streitschriften zwischen Eck und Luther waren in Nürnberg der Theologe Link und der Jurist Scheurl. Im Streit zwischen Eck und Luther erteilte der wendige Scheurl dem Wittenberger allerdings bald den brieflichen Ratschlag, einen *ehrenhaften Mittelweg* einzuschlagen. Es sei löblicher, mit Gewinn nachzugeben, als mit Schaden besiegt zu werden. Diese Worte sind für Scheurl bezeichnend. Sein Ehrgeiz, mit allen berühmten Leuten möglichst gut auszukommen und das *Amt des Wechslers* wahrzunehmen, machte es ihm unmöglich, in der eigentlich religiösen Frage einen klaren Standpunkt zu beziehen. Wie wenig er tatsächlich die evangelische Auffas-

Ausschnitt aus dem Plakatdruck der 95 Thesen Martin Luthers, die 1517 von Nürnberg aus im ganzen Reich publiziert wurden

sung von der Rechtfertigung allein aus Gnaden begriffen hatte, beweist sein Urteil über die Reformation. Er meinte einmal, der christliche Glaube erfahre durch Luther keinerlei Abänderung, *nur die Lehrmethode wird verbessert.* Als es bei der Leipziger Disputation 1519 zum offenen Kampf zwischen Eck und Luther kam, glaubte Scheurl noch immer, die beiden Kontrahenten miteinander versöhnen zu können. Erst als die Zeugen dieses geistigen Zweikampfes die Meinung vertraten, der Ingolstädter habe den Sieg davongetragen, wandte sich Christoph Scheurl endgültig von der Reformation ab.

Im Juni 1518 hatte sich Papst Leo X. nach längerem Zögern entschlossen, dem aufsässigen Wittenberger Mönch und Professor den kirchlichen Prozeß zu machen. Dessen Landesherr, Kurfürst Friedrich der Weise von Sachsen, drängte aber darauf, daß das erste Verhör nicht in Rom, sondern in Augsburg stattfand. Auf der Reise nach Augsburg und zurück nach Wittenberg kam es nun zur ersten persönlichen Begegnung der humanistisch-reformatorischen Kreise Nürnbergs mit Martin Luther. *Wunderbar ist die Verehrung aller gegen ihn,* schrieb der zu Übertreibungen neigende Scheurl in einem Brief an einen auswärtigen Freund. Bei einem dieser Besuche gewann Martin Luther in Nürnberg einen neuen Freund, der für die gesamte reformatorische Entwicklung in der freien Reichsstadt und in den benachbarten fränkischen Territorien von entscheidender Bedeutung werden sollte: den Ratsschreiber Lazarus Spengler (1479–1534). Zusammen mit dem kursächsischen Kanzler Gregor Brück, dem Straßburger Jakob Sturm und dem Ansbacher Kanzler Georg Vogler gehört Spengler zu jenen maßgeblichen Laien, die der Reformation in weiten Teilen Deutschlands zum Sieg verholfen haben.

Spengler war mit achtzehn Jahren nach einem Jurastudium in Leipzig, das er wegen des frühen Todes seines Vaters abgebrochen hatte, in die städtische Ratskanzlei eingetreten. 1507 wurde er, wie einst sein Vater, in das Amt des *vordersten Ratsschreibers* berufen. In dieser Position trug er einen Großteil der Verantwortung für das gesamte öffentliche Leben in der freien Reichsstadt. Ein Zeitgenosse, Joachim Camerarius, stellte einmal die Behauptung auf, Lazarus Spengler sei zwar dem Namen nach nur Ratsschreiber, aber in der Tat *fast aller Anschläge Urheber und Förderer.* Seine zahlreichen Gutachten, die meist den Ausschlag gaben, die erste allgemeine Kirchenvisitation, die er für das Gebiet der Reichsstadt vorbereitete, und die Brandenburg-Nürnbergische Kirchenordnung, an der er entscheidend mitarbeitete, sind Beweise für die Bedeutung dieses Mannes. 1512 wurde Spengler unter die *Genannten des Größeren Rats* aufgenommen; auch im engeren Rat geschah nichts, ohne daß zuvor der Ratsschreiber gehört worden war. Auf mehreren Reichstagen, unter anderem in Worms 1521, vertrat Spengler die Interessen seiner Stadt und das Anliegen der Reformation. Er tat dies so geschickt, daß Kaiser Maximilian ihn gerne als seinen Geheimsekretär angeworben hätte. Doch Spengler blieb seiner Heimatstadt treu.

Von Anfang an gehörte dieser Mann zum Kreis der *Staupitzianer*, in dem jene Durchdringung von Humanismus und Reformation zu beobachten ist, die für die Frühzeit der Reformation nicht nur in Nürnberg kennzeichnend ist. Beide, Erasmus von Rotterdam und Martin Luther prägten auch das Denken dieses Mannes. Im Unterschied zu andern *Martinianern* kann man jedoch bei Spengler schon sehr früh erkennen, wie tief er Martin Luther in seinen religiösen Ideen verstanden hat.

1519 erschien von ihm in Nürnberg eine Schrift zur Verteidigung Luthers. Sie stellt nicht nur das erste öffentliche Zeugnis für die evangelische Wahrheit in der freien Reichsstadt dar sondern gehört überhaupt zu dem Besten, was die Frühzeit der Reformation hervorgebracht hat. Spengler bezeichnet sie als *Schutzred und christliche Antwort eines ehrbaren Liebhabers göttlicher Wahrheit der heiligen Schrift* und interpretiert sie im Untertitel als *Anzeigung, warum Dr. Martin Luthers Lehr nicht als unchristlich verworfen, sondern mehr für christlich gehalten werden soll.* Nach Spenglers Meinung ist Luthers Auftreten durch sechs Gesichtspunkte hinreichend gerechtfertigt. Seine Lehre stimmt mit der heiligen Schrift überein. Sie ist im übrigen, anders als die der *Fabel- und Märleinprediger,* die vom Geist der heiligen Schrift *nicht den geringsten Saft gewonnen haben,* der menschlichen Vernunft gemäß. Die Verbreitung dieser Lehre geschieht schließlich im Gegensatz zu den Ablaßpredigern nicht aus Eigennutz. Luther ist vielmehr aufgrund seines Amtes zur Schriftauslegung verpflichtet und darum berechtigt, seine Erkenntnisse auch in der Öffentlichkeit zu verbreiten. Was nun den Inhalt der reformatorischen Lehre betrifft, so führt sie die Menschen ganz offenkundig *mehr in Erquickung als in Verzweiflung.* Luther hat sich im übrigen erboten, im theologischen Gespräch Rede und Antwort zu stehen; bisher ist jedoch nur *Geplärr* zu hören gewesen. Spengler schließt mit dem persönlichen Bekenntnis: *Ob Luthers Lehre christlicher Ordnung und der Vernunft gemäß sei, stell ich in eines jeden vernünftigen, frommen Menschen Erkenntnis. Das weiß ich aber unzweifellich, daß mir, der sich für keinen hochvernünftigen Gelehrten oder Geschickten hält, mein Leben lang keine Lehre oder Predigt so stark in meine Vernunft gegangen ist, als Luthers und seiner Nachfolger Lehr und Unterweisung. Walte Gott, daß mir die Gnade verliehen würde, mich derselben Unterweisung gemäß zu halten und mein ganzes Leben danach zu regulieren.*

An sich hatte Spengler seine *Schutzrede* nicht für die Öffentlichkeit bestimmt. Sie wurde jedoch heimlich gedruckt und innerhalb eines Jahres gleich fünfmal in verschiedenen deutschen Städten nachgedruckt. Als der Wittenberger Hofprediger Georg Spalatin Anfang 1520 bei seinem Freund Albrecht Dürer um das *Schutzbüchlein Martini* bat, mußte ihm dieser bedauernd mitteilen, daß *davon keines mehr vorhanden ist.* Da das kleine Büchlein deutsch verfaßt und mit zahlreichen sprichwörtlichen Redensarten und volkstümlichen Bildern durchsetzt war, fand es in allen Schichten der Bevölkerung begeisterte Aufnahme. Eine gewisse volkstümliche Derb-

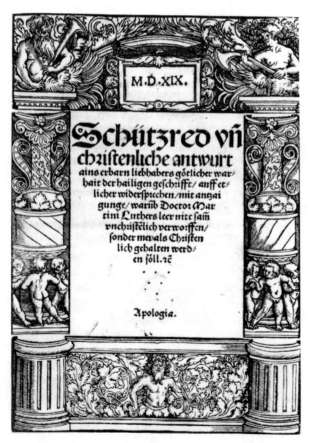

Schon 1519 bezog Lazarus Spengler mit dieser Schrift in Nürnberg öffentlich für die Reformation Stellung

heit, die für alle deutschen Flugschriften der Reformationszeit kennzeichnend war, hat auch der Nürnberger Ratsschreiber nie verschmäht. Als er beispielsweise auf die päpstliche Schlüsselgewalt zu sprechen kommt, zitiert er die herrschende Ablaßpraxis mit folgendem Vers:

Wer Geld in den Kasten bringt
und darein wirft, daß's widerklingt,
der soll sein Seel' – welch Abenteuer! –
erlösen aus dem Fegefeuer.

Bissig vermerkt Spengler dazu in Prosa am Rand: *Ja, so gewiß als die Gänse scheißen.* Spenglers *Schutzrede* gab man sogar ein Jahr später in Basel einer Sammelausgabe deutscher Lutherschriften bei, – als *eine schöne, wahrhaftige, tapfere Grundlegung der Lehre Martini Luthers.* Daß Spengler wie kaum ein anderer Zeitgenosse die innersten Motive und Gedanken Luthers kannte und bejahte, läßt sich auf Schritt und Tritt in all seinen Schriften nachweisen. Wie stark er daneben aber vom Geist des Humanismus geprägt war, verrät sein erstaunlich unbefangener Verweis auf die menschliche Vernunft.

Aus diesem Geist eines durch Luthers Erkenntnisse vertieften Humanismus heraus entstand 1522 auch ein weiterer theologischer Traktat, den man in seiner Breitenwirkung nur den berühmten *Loci communes* des Philipp Melanchthon an die Seite stellen kann. Diese Schrift trägt den Titel *Hauptartikel* und wurde wegen ihrer Ähnlichkeit mit Luther'schen Vorstellungen häufig sogar als ein Werk des Reformators selber angesehen.

Mit seinen schriftlichen Stellungnahmen zugunsten Martin Luthers fand Lazarus Spengler jedoch nicht nur Freunde. Einer fühlte sich persönlich angesprochen und in seiner Eitelkeit verletzt: Dr. Eck in Ingolstadt. In einer Frühstücksgesellschaft prahlte er, schon leicht angetrunken, ein Nürnberger habe gegen ihn eine Schrift drucken lassen; er könne aber, ehe er eine Maß geleert habe, eine weit elegantere Antwort schreiben und werde das auch bestimmt tun. Was er dann tatsächlich tat, brachte Spengler persönlich und den gesamten Nürnberger Rat in einige Verlegenheit. Eck setzte den Ratsschreiber und den angesehenen Nürnberger Patrizier Willibald Pirckheimer namentlich auf die amtliche Bannandrohungsbulle *Exsurge Domine*, die im Juli 1520 auf sein Betreiben hin in Rom gegen Luther erlassen wurde. Im Falle Pirckheimers war das ein Akt persönlicher Rache, der im Blick auf Pirckheimers spätere Abkehr von der Reformation nicht ganz ohne Ironie ist. Kurz nach der Leipziger Disputation zwischen Eck und Luther war nämlich in Erfurt eine anonyme Schrift unter dem Titel *Der abgeeckte Eck* erschienen. In glänzenden lateinischen Versen geschrieben war das eine schonungslose Abrechnung mit dem ungeistlichen Wesen und dem eitlen Betragen des Ingolstädter Professors. Kenner der geistigen Situation verwiesen sofort auf Nürnberg als den Entstehungsort dieser Schrift, und auch Luther vermutete sofort in dem gescheiten Pirckheimer ihren Verfasser. Obwohl dieser seine Urheberschaft nie eigentlich zugegeben hat, steht sie tatsächlich kaum außer Zweifel. In den Kreisen der Reformation betrachtete man diese gereimte Schimpftirade allerdings mit gemischten Gefühlen. Luther meinte, der Sache der Reformation diene ein *offenes Anklagen mehr als ein Beißen unter dem Zaun hervor.*

Zu einem Zeitpunkt, wo noch niemand an die Bildung eines vom Papsttum unabhängigen Kirchenwesens dachte, war die Lösung vom Bann und auch schon von der Bannandrohung für die Betroffenen eine Selbstverständlichkeit. Für den Rat war sie darüber hinaus eine politische Notwendigkeit. Eck hatte den Nürnberger Ratsherren die Bulle zusammen mit einem überaus höflich-höhnischen Begleitschreiben erst zugesandt, nachdem er sie bereits in verschiedenen deutschen Städten hatte publizieren lassen. Erste Versuche, die delikate Angelegenheit über den für Nürnberg zuständigen Bamberger Bischof zu regeln, schlugen fehl. Man bezeichnete Eck am bischöflichen Hof zwar offen als einen *bösen Buben* und erzählte den Nürnbergern, der Herr Professor sei anläßlich seines letzten Bamberger Besuchs beim Trunk *voller geworden, denn eine Sau,* – offen für Luther Partei zu ergreifen, getraute sich der Bischof jedoch nicht. Daraufhin versuchte der Nürnberger Rat, über Eck's Landesherrn, den Herzog Wilhelm IV. von Bayern, Einfluß auf den streitbaren Ingolstädter zu nehmen. Doch auch das gelang nicht.

Die gemeinsame Exkommunikation führte Spengler und Pirckheimer vorübergehend zusammen. Sie versicherten einander brieflich die Treue und scheuten gemeinsam keine Mühe und keine Demütigung, um Eck zur Absolvierung zu bewegen. Schließlich wandten sie die Beiden auf Drängen des Rates in einer Appellationsschrift über Eck direkt an Papst Leo X. und versicherten: *Niemals war es unsere Absicht und ist es bis auf den heutigen Tag* nicht, die Lehren und Meinungen Dr. Martin Luthers zu verbreiten und zu verteidigen, es wäre denn, soweit dieselben dem christlichen Glauben und der evangelischen Wahrheit gemäß sind und dem, was einem jeden Christenmenschen zu glauben gebührt, nicht widersprechen. Als gehorsame Untertanen unterwerfen wir uns dem, was uns die heilige, katholische Kirche zu glauben, zu tun und zu unterlassen befiehlt. Trotz des einschränkenden *es wäre denn .....* kommt diese Erklärung einem Widerruf sehr nahe. Sie nützte aber nichts. Als der päpstliche Nuntius Aleander auf dem Wormser Reichstag im Februar 1521 die endgültige Bannbulle des Papstes gegen Luther erhielt, standen wieder die Namen der beiden Nürnberger drauf, – obwohl die Beiden doch, wie Spengler in Worms sofort klarstellte, von Eck in der Zwischenzeit absolviert worden waren. Es folgte nun noch eine *endgültige Lossprechung*. Doch inzwischen hatte sich die Wirkungslosigkeit des päpstlichen Bannes herausgestellt, und so verlief die Sache schließlich im Sand.

Zur Delegation, die der Nürnberger Rat zum Reichstag nach Worms schickte, gehörte natürlich auch Lazarus Spengler. Es war der erste Reichstag des neugewählten Kaisers. Im Oktober hatte sich Karl V. in Aachen krönen lassen. Im Dezember schon ritt er in Worms ein, – ein melancholisch dreinblickender, bleicher junger Herr, der deutschen Sprache nicht mächtig und bisher durch seine innerspanischen Händel und seine europäischen Streitigkeiten daran gehindert, die deutschen Angelegenheiten in näheren Augenschein zu nehmen.

Auf Wunsch Friedrichs des Weisen wird auch der Wittenberger Mönch in einem überaus höflichen Brief nach Worms geladen: *Ehrsamer, Lieber, Andächtiger!* So redet man den Ketzer an. Und man verspricht ihm freies Geleit; der Reichsherold Kaspar Sturm wird nach Wittenberg gesandt, um Luther sicher nach Worms zu begleiten. Am 17. und 18. April 1521 nun steht der 38-jährige Mönch vor dem 21-jährigen Kaiser und den versammelten Großen des Reiches. In die Enge getrieben, faßt er schließlich *ohne Hörner und Zähne* seinen Standpunkt zusammen: *Wenn ich nicht durch Zeugnisse der Schrift und klare Vernunftsgründe überzeugt werde, – denn ich glaube weder dem Papst noch den Konzilien allein, da am Tag ist, daß sie öfters geirrt und sich selbst widersprochen haben –, so bin ich durch die Stellen der heiligen Schrift, die ich angeführt habe, überwunden in meinem Gewissen und gefangen in dem Wort Gottes.*

Die auf Betreiben des Ingolstädter Dr. Eck erlassene Bannbulle gegen Martin Luther

Daher kann und will ich nichts widerrufen, weil wider das Gewissen etwas zu tun weder sicher noch heilsam ist. Gott helfe mir. Amen.

Mit diesen berühmt gewordenen Worten seiner Rechtfertigung hat Martin Luther die Freiheit des am Wort Gottes orientierten Gewissens als unaufgebbares Prinzip des Protestantismus formuliert. Das haben 1521 in Worms alle Beteiligten begriffen: die auf Vermittlung bedachten Stände, die Luther bitten, die Bibel *aus der Faust zu geben* und alles vertrauensvoll dem Kaiser und den Ständen zu überlassen; der Kaiser, der nunmehr fest entschlossen ist, gegen Luther als einen notorischen Ketzer vorzugehen und dies auch von den Fürsten als ihre Christenpflicht zu verlangen; der Nuntius Aleander, der nach Beendigung des Reichstags noch schnell das verhängnisvolle *Wormser Edikt* durchdrückt; und Luther selber, der mit den Worten: *Ich bin hindurch!* in sein Quartier stürmt. Begeistert meldet Lazarus Spengler in einem Privatbericht nach Nürnberg über die Wormser Tage: *Luther hat sich in diesem Handel zu Worms so tapfer, so christlich und ehrbar verhalten, daß ich meine, die Römischen und ihre heimlichen und öffentlichen Anhänger sollten viel tausend Gulden darum geben, daß sie ihn nie gefordert, gesehen und gehört hätten.*

Der Nürnberger Rat hatte es nicht sonderlich eilig, das Edikt zu veröffentlichen. Seine Juristen vertraten die Ansicht, grundsätzlich sei man zwar dem Kaiser gegenüber zum Gehorsam verpflichtet, praktisch sei das Edikt jedoch unrecht und *nicht mit einhelligem Rat beschlossen.* Unter ausdrücklichem Protest, der von einem Notar sogar schriftlich fixiert werden mußte, wurde das Edikt schließlich verspätet am Rathaus angeschlagen. Ernstlich kümmerte sich niemand um das Verbot der Luther'schen Bücher und die über alle Anhänger Luthers verhängte Reichsacht. Offiziell mußte natürlich den reichsstädtischen Druckern jeglicher Druck von Lutherschriften verboten werden. Die schlauen Ratsherren ließen sich jedoch weiterhin laufend von ihren Wittenberger Freunden mit den neuesten Veröffentlichungen des Reformators versorgen. Jedenfalls wurde in Nürnberg niemand wegen seiner evangelischen Einstellung gefangen genommen, seines Besitzes beraubt oder gar an den Kaiser ausgeliefert. Hatte doch Christoph Scheurl schon ein Jahr zuvor konstatiert, daß *das Patriziat, die Menge der übrigen Bürger und alle Gelehrten auf Luthers Seite stehen.*

Entschiedene Anhänger der evangelischen Lehre waren zu diesem Zeitpunkt auch die beiden Pröpste von St. Lorenz und St. Sebald. In ihren Händen lag die Leitung des gesamten Nürnberger Kirchenwesens. Als Nachfolger von Georg Behaim hatte der Rat 1520 den noch nicht 25-jährigen Juristen Hektor Pömer ernannt. Als der altgläubige Sebalder Propst zurückgetreten war wurde dann Dr. Georg Beßler in dieses Amt berufen, – anstelle des zuerst vorgeschlagenen Hieronymus Baumgärtner, der als *junger, unversuchter Gesell* entschieden abgewinkt hatte. Alle diese Männer gehörten der jüngeren Generation an, die in Wittenberg studiert hatte und nach der Rückkehr in die Heimat hier die Sache der Reformation tatkräftig unterstützte. Der Weg für die Neuordnung der kirchlichen Verhältnisse in der Reichsstadt war nunmehr geebnet.

DER KAMPF DER PRÖPSTE UND PREDIGER UM DIE ERNEUERUNG DES KIRCHLICHEN LEBENS

Äußerlich gesehen glich das Nürnberg des 16. Jahrhunderts zu Beginn der zwanziger Jahre einer katholischen Stadt. Trotz aller Kritik an der Geistlichkeit und am Papsttum, die Humanismus und Volksliteratur geübt hatten, galt die Kirche auch weiterhin als Mittlerin aller Gnaden. Nach wie vor lasen allein an St. Sebald 25 Geistliche die Messen. Die üblichen Prozessionen wurden in aller Pracht gehalten; man erwarb die Mitgliedschaft in verschiedenen Bruderschaften und steckte seine Kinder in die angesehenen Klöster der Stadt. Um hier eine Bewußtseinsänderung herbeizuführen, bedurfte es evangelischer Prediger. Der Rat bemühte sich 1522 mit Erfolg um solche Männer. Auf eine Empfehlung Luthers hin berief er zunächst den Schlesier Dominikus Schleupner, der mit seiner schlichten aber praxisbezogenen Predigtweise einen derartigen Anklang fand, daß in die große Sebalduskirche neue Emporen eingebaut werden mußten. Die Predigerstelle im Neuen Spital besetzte der Rat mit dem humanistisch gebildeten Thomas Jäger, der sich Venatorius nannte. Er wurde vor allem in den gehobenen Kreisen der Stadt bald sehr geschätzt. Auch die dritte der wichtigen Predigerstellen hatte ein evangelischer Mann inne. Sein Bild hängt, dem zufälligen Besucher verborgen, hoch oben in der Sakristei der Lorenzkirche. Es zeigt einen sehr stolzen und selbstbewußten Mann in der Tracht des damaligen Theologen: Andreas Osiander. Ohne die Leistung seiner Kollegen im Amt und der Nürnberger Patrizier zu schmälern, muß man anerkennen, daß dieser Mann als der eigentliche Reformator der freien Reichsstadt Nürnberg zu gelten hat.

Andreas Osiander (1498–1552) war der Sohn eines Schmieds in Gunzenhausen. Als Kleriker der Diözese Eichstätt ließ er sich 1515 an Ingolstadts hoher Schule immatrikulieren, – wohl nicht, um Theologie zu studieren, sondern um sich dem zu widmen, was ihm Spaß machte. Dazu gehörten in erster Linie die biblischen Sprachen Hebräisch und Griechisch. Ihnen galt seine ganze Liebe. Seine großen Vorbilder waren Johannes Reuchlin, der Begründer der hebräischen Sprachwissenschaft, und Erasmus von Rotterdam, der Herausgeber und Bearbeiter des griechischen Neuen Testaments. Nach Meinung seiner Zeitgenossen hatte Osiander seine Studien durchaus mit Erfolg betrieben. Luther nannte ihn einmal einen *soliden Doktor* und einen *feinen Hebraeus und Graecus.* Aber nicht nur im Alten Testament kannte sich Osiander bestens aus. Auch der Bereich der jüdischen Mystik, der Kabbala, und des Talmud war ihm vertraut. Nur so ist es zu erklären, daß seine eigenen protestantischen Zunftgenossen es im Verlauf der späteren theologischen Streitigkeiten wagen konnten, ihn als Juden abzuqualifizieren. Aus der Ingolstädter Zeit stammten auch gewisse Hobbies, die Osiander zeit seines Lebens mit seinen theologischen Ambitionen durchaus zu verbinden vermochte. So besaß er ein ausgeprägtes astrologisches Interesse und war beispielsweise fest davon überzeugt, daß das Schicksal der Menschen aus der Konstellation der Gestirne im Augenblick der Geburt bestimmt werden könne. Schließlich verfügte er auch über ausgezeichnete astronomische Kenntnisse. Durch die Herausgabe des Hauptwerkes von Nikolaus Kopernikus schuf er sich im Bereich der Naturwissenschaften ein bleibendes Denkmal.

Im Laufe des Jahres 1519 nun wurde dieser vielseitig interessierte Mann als Lektor für die hebräische Sprache an das Nürnberger Augustinerkloster berufen. Hier begegnete dem jungen Gelehrten die Atmosphäre der reformatorischen Gedanken und der evangelischen Verkündigung. Unmerklich oder jedenfalls doch ohne Bruch vollzog sich im Kreis der *Martinianer* der Übergang Osianders vom Humanismus zur Reformation. Neben Reuchlin und Erasmus trat Martin Luther, – noch Jahrzehnte später konnte Osiander diese drei Namen in einem Atemzug als die für ihn maßgeblichen Vorkämpfer der Reformation nennen.

Eines Tages wurde Osiander aufgefordert, gastweise in der Sebalduskirche zu predigen. Der Lorenzer Propst Hektor Pömer muß von dieser einen Predigt derart begeistert gewesen sein, daß er dem 24-jährigen Osiander das hohe Amt des Hauptpredigers an St. Lorenz anbot. Dieser nahm an und stand nun länger als ein viertel Jahrhundert auf der Lorenzer Kanzel. Leider ist keine einzige vollständige Predigt dieses streitbaren Mannes erhalten geblieben. Aber die Berichte, Chroniken und Beschwerden zeichnen überdeutlich das Bild eines feurigen Predigers, dessen theologische Mitte die Rechtfertigungslehre Martin Luthers und dessen grimmigster Feind das Papsttum in Rom waren. Es war sicher ein allgemein verbreitetes Urteil, was ein Hagenauer Bürger im Januar 1523 aus Nürnberg an seine Heimatstadt weitergab: Der Prediger an St. Lorenz sei ein *besonders geschickter Mann, das Evangelium und die Lehre Christi zu predigen.*

Osianders rasante Form der Verkündigung fand im Volk viel Zustimmung. Das aber brachte den Stadtrat in eine schwierige Lage, denn in Nürnberg tagte seit Herbst 1521 das Reichsregiment. In den Händen dieser alten deutschen Zentralbehörde lag während der Abwesenheit des Kaisers die Regierungsgewalt. In Worms war ihr die Behandlung der Religionsfrage ausdrücklich zur Aufgabe gemacht worden. So war die alte Reichsstadt auf Jahre hinaus Treffpunkt für weltliche und geistliche Fürsten, für die Legaten des Papstes und die Gesandten der Reichsstädte, für Freund und Feind der *lutherischen Ketzerei* aus allen Teilen des heiligen römischen Reiches deutscher Nation. Zu den führenden Männern dieses *Parlaments* zählten entschiedene Freunde der Reformation: Johann von Schwarzenberg etwa, der bischöfliche Hofmeister aus Bamberg und spätere Ansbacher Minister, ein tief religiöser und in vielen Schicksalsschlägen gereifter Mann. Auch Hans von der Planitz, der Vertreter Kursachsens, und Kurfürst Friedrich der Weise selber, der schon seit längerem mit den evangelischen Kreisen Nürnbergs einen engen Kontakt pflegte, behielten die evangelischen Belange fest im Auge. Unter der Lorenzer Kanzel saßen in jenen Jahren auch Graf Ludwig XV. von Oettingen und Albrecht von Brandenburg, der Hochmeister des Deutschen Ordens, der sogar durch eine Predigt Osianders für die Reformation gewonnen wurde. Bei all diesen Männern bestand keine große Neigung, die heikle Religionsfrage anzupacken. Auch das Argument des entschieden altgläubigen Georg von Sachsen konnte sie nicht überzeugen. Dieser meinte, der Rückgang seines im Erzgebirge betriebenen Bergbaus und das Vordringen der Türken sei nichts anderes als eine Strafe Gottes; man habe die *lutherische Pest* nicht entschieden genug bekämpft.

Etwas mehr als Georg mit seinen Beschwerden erreichte das Votum des kaiserlichen Statthalters im Dezember 1522. Erzherzog Ferdinand monierte offiziell beim Nürnberger Rat dessen laxe Haltung gegenüber der *Lutherei*; das sei *Schmach und Verachtung für die von päpstlicher Heiligkeit und kaiserlicher Majestät erlassenen Mandate und Gebote.* Der Rat reagierte prompt. Er verbot erneut den Druck evangelischer Traktate, gestattete dagegen ausdrücklich Herstellung und Vertrieb aller gegen Luther gerichteten Schriften. Letzteres war allerdings insofern uninteressant, als sich in der ganzen Stadt kein einziger Drucker mehr dafür finden ließ. Empört ließ Ferdinand seinen kaiserlichen Bruder im fernen Madrid wissen: *Die Lehre Luthers ist hier und im ganzen Reich so eingewurzelt, daß unter tausend Personen heute nicht eine davon ganz frei ist.*

In dieser Situation forderte der päpstliche Legat, Kardinal Chieregati, von den Reichsständen, sie sollten für die Gefangennahme der evangelischen Prediger in Nürnberg Sorge tragen. In einer päpstlichen Instruktion, die er verlas, erhob er schwere Vorwürfe gegen die Reformation. Luther habe die Gottessohnschaft Christi und die Jungfräulichkeit Marias bestritten. Die Prediger bei den Augustinern, an den beiden Pfarrkirchen St. Sebald und St. Lorenz sowie im Neuen Spital predigten in demselben Sinn. Osiander, auf den der Angriff vor allem zielte, sei ein getaufter Jude und stelle in Wirklichkeit heimlich den Christen nach. An all diesen Behauptungen war kein einziges Wort wahr. Daß man in Nürnberg entlaufene Mönche und Nonnen nicht zur Rechenschaft zöge und der Rat die öffentliche evangelische Verkündigung schütze, entsprach schon eher den Tatsachen. Chieregati forderte, man müsse *ihnen allen ihr Recht tun.* Das hieß, die einflußreichen Prediger und die entlaufenen Klosterinsassen sollten ins Gefängnis.

Das Gutachten des Reichsregiments über diesen Antrag des päpstlichen Nuntius fiel für den Rat nicht ungünstig aus. Chieregati hatte nämlich in Nürnberg eine Bulle überreicht, in der Papst Hadrian VI. die oft beklagte Verderbnis der Kirche zugegeben und die nötigen Reformen angekündigt hatte. An dieses in der Reformationsgeschichte einzigartige Schreiben eines Papstes knüpfte das Gutachten sehr geschickt an. Es hieß in ihm, gerade wegen der zugegebenen und verurteilten Mißstände in der Kirche könne man kaum erwarten, daß die Bannbulle gegen Luther und das *Wormser Edikt* vollzogen werden könnten. Was aber die *lutherischen Irrungen* betreffe, so sei ein *frei, christlich Konzil,* binnen Jahresfrist in einer deutschen Stadt einberufen, am besten dazu angetan, alle Probleme zu klären. Man kann verstehen, daß nicht nur in Nürnberg allgemeiner Jubel herrschte, als dieses Gutachten vom Reichstag zum Beschluß erhoben wurde.

Der Nürnberger Rat stellte sich aber auch selber schützend vor seine Prediger. Mit Osiander hatte er es allerdings schon in diesen Anfangsjahren nicht leicht. In einer scharfen Kanzelrede bezeichnete dieser alle Vor-

Derb-volkstümlich aber einfallsreich gab sich die antipäpstliche Bilderpolemik, wie dieses Flugblatt der Reformationszeit zeigt

würfe des päpstlichen Legaten als Lüge und schloß mit den Worten: *Und wenn du, Papst Hadrian, noch drei Kronen auf dem Haupt hättest, so solltest du mich nicht von dem Wort Gottes drängen.* Die Erregung in allen Kirchen war nach den Ansprachen der Prediger groß. Unter Federführung des Ratsschreibers Lazarus Spengler entstand in wenigen Tagen ein Ratserlaß, der eine Art zweiter *Schutzrede* darstellt. Zusammen mit einer Reihe von Maßnahmen ist er ein kraftvolles Zeugnis der Entschlossenheit, auf dem beschrittenen Weg zu bleiben. Der Rat erklärte hier, man wolle *die Prediger nicht wegschicken oder furchtsam machen, weil es zu Kleinmütigkeit und größerer Empörung unter der Gemeinde führen möchte.* Im übrigen würde derartige *Menschenfurcht* nur Gottes Mißfallen erregen. Sollte jedoch irgend wer – *er wäre Statthalter oder ein anderer* – die Prediger antasten, dann werde der Rat diese notfalls mit Gewalt befreien. Das war deutlich gesprochen. Wie sehr bei dieser Stellungnahme die Haltung der Bürgerschaft mitspielte, verrät der Hinweis, der Rat müsse ja schließlich mit seinen Untertanen und Bürgern weiter *haushalten, wenn alle Fürsten von hinnen sind.* Um seine Entschlossenheit unter Beweis zu stellen und gleichzeitig vor allen Zufälligkeiten geschützt zu sein, stellte der Rat eine Schutztruppe von 500 kriegserfahrenen Handwerkern auf. In einem besonderen Rundschreiben wurden die Türmer zur Wachsamkeit ermahnt. Zwölf Reiter durchstreiften Tag und Nacht die Straßen der Stadt. Die Stöcke und Sperrketten in den Gassen wurden erneuert. Und im Rathaus quartierte man sich für die Dauer des Reichstages eine zusätzliche Wachmannschaft ein.

In der eigentlichen theologischen Begründung für alle diese kühnen Maßnahmen erkennt man die klare Einstellung des Nürnberger Laientheologen Lazarus Spengler. In dem entscheidenden ersten Ratserlaß wird bestritten, daß die Nürnberger *Empörer* sind oder dem *Menschen Luther* nachlaufen. Man sei in Nürnberg vielmehr entschlossen, sich zum *heiligen Evangelium und dem Wort Gottes, darauf unser Glaube, all unser Trost und Seligkeit gegründet ist, zu halten und dabei vermittels göttlicher Gnade bis in die Gruben zu beharren.* Nach Abwehr des Angriffs auf die evangelischen Prediger konnte es nunmehr in ganz Deutschland heißen, in der freien Reichsstadt werde *prächtiger denn je zuvor* gepredigt.

Es entsprach der Taktik des Nürnberger Rates in diesen Jahren, daß er ungeachtet seiner grundsätzlich positiven Einstellung der Reformation gegenüber in der Praxis nur sehr zögernd kirchliche Reformen durchführte. Es gab ja doch in Nürnberg immer noch Kreise, die sich der alten Kirche verbunden wußten. Der Widerstand konzentrierte sich vor allem in vier Klöstern: in den beiden Mönchsklöstern der Dominikaner und der Franziskaner sowie bei den Nonnen von St. Klara und St. Katharina. Deren Prediger waren scharfe Gegner der neuen Lehre. Nicht selten machte sich der Unmut der Bevölkerung nachts vor diesen Klöstern bemerkbar. Die Menge sang dann ihre Spottlieder auf die Klosterinsassen, schlug Schmähzettel an die Pforten an, warf Fensterscheiben ein und störte die Gottesdienste der frommen Frauen mit ihrem Geschrei. Der Rat mußte zur Sicherheit der Klöster, aber auch zum Schutz des päpstlichen Legaten, immer wieder besondere Wachen aufstellen.

In eine äußerst schwierige Lage brachte den Rat 1523 die Anfrage der beiden Pröpste, ob in der Osterzeit auf Bitten der Pfarrkinder hin das Abendmahl in beiderlei Gestalt ausgeteilt werden dürfe. Die Pröpste, selber ja keine Theologen sondern Verwaltungsbeamte, ließen den Rat wissen, diese Bitte sei nach ihrer und der Prediger Meinung durchaus biblisch zu begründen. Im Antwortschreiben meinte der Rat, er sei sehr dafür, wenn man in Nürnberg dem Wort Gottes entsprechend lebe; in dieser Frage allerdings schiene ihm die Zeit noch nicht reif zu sein.

Gleichzeitig wurden jetzt das Fastengebot und das Verbot der lutherischen Bücher erneut eingeschärft und die Übertretung dieser Anordnungen mit strengen Strafen bedroht. Auch das Fronleichnamsfest wollte der Rat in diesem Jahr nicht missen. Er bat die Prediger inständig, es jetzt nicht plötzlich abzuschaffen, sondern *den armen, schwachen Christen zuliebe Geduld zu haben.* Schließlich sah sich der Rat verschiedentlich genötigt, die Prediger aufs Rathaus zu zitieren und sie zu ermahnen, keine *Kontroverspredigten* zu halten. Hier zeigte sich jedoch deutlich die eigentliche Einstellung der Ratsmitglieder; während die evangelischen Prediger lediglich allgemein um Ruhe und Mäßigung gebeten wurden, gab es für die Klosterprediger namentliche und scharfe Verweise. In einzelnen Fällen wurde sogar Predigtverbot und Stadtverweis ausgesprochen, – und ausgerechnet Osiander durfte für diese Fälle die Gutachten ausarbeiten.

Kirchliche Bräuche, die völlig entartet waren, schaffte der Rat in diesen Monaten ohne weiteres ab. Mit der Begründung, es handele sich um ein *Affenspiel* wurde das traditionelle Passionsspiel im Neuen Spital verboten. Im selben Jahr untersagte der Rat bestimmte Festlichkeiten am Tag des Evangelisten Johannes. Die Sitte, an diesem Tag geweihten Wein unter dem Kirchenvolk auszuschenken, hatte in den letzten Jahren häufig zu *unzüchtigem Wesen* geführt. Weitergehende Reformen des kirchlichen Lebens hielt man jedoch im Nürnberger Rat in dieser Zeit aus innen- und außenpolitischer Rücksichtnahme nicht für opportun.

Zu Beginn des Jahres 1524 trat ein neuer, der dritte

Diese Satire auf den Ablaß zeigt den Teufel auf einem Ablaßbrief sitzend mit dem Fuß im Weihwasserbecken und einer Sammelbüchse in der Rechten. Im Höllenrachen speisen die Mönche

Reichstag in Nürnberg zusammen. Diesmal hatte der Kardinal Lorenz Campeggi sein Kommen angekündigt. Dieser fähige Mann der römischen Kurie sollte den für die altgläubige Partei gefährlichen Reichstagsbeschluß von 1522/23 revidieren. Der Rat ordnete für den Empfang des päpstlichen Legaten eine feierliche Prozession an. Er verlangte von der Bürgerschaft ein *ehrerbietiges Verhalten* und bat den Kirchenfürsten lediglich, in der Öffentlichkeit *seinen Segen und das Kreuzmachen zu vermeiden*. Der Kardinal jedoch schickte die Prozession wieder heim und betrat die für ihn festlich geschmückte Sebalduskirche nicht. Er wollte keine Ehrungen von Leuten annehmen, die der Ketzerei so stark verdächtig waren wie die Nürnberger. Am Tag darauf donnerte Osiander von der Kanzel der Lorenzkirche, der Papst sei der Antichrist. Fünf Tage später wetterte er gegen die Ohrenbeichte. Wieder ein paar Tage später bewies er seiner Obrigkeit, daß sie sich wie Pilatus zu Judas verhalte, wenn sie sich zum Handlanger des Papstes degradieren lasse. In der Karwoche schließlich tat Osiander ein Übriges und reichte der Schwester des Kaisers, Isabella von Dänemark, auf der Burg das Abendmahl unter beiderlei Gestalt, – worauf Erzherzog Ferdinand empört erklärte, er wünsche, daß sie nicht mehr seine Schwester sei.

Als Campeggi von der Identifizierung des Papstes mit dem Antichristen erfuhr, brach er in Tränen aus, erschüttert darüber, daß die römische Kirche *an diesem Ort so verachtet werde.* Dann aber bestellte er Christoph Scheurl zu sich, seinen ehemaligen Schüler aus Bologna, um ihm schwere Vorwürfe über die Zustände in Nürnberg zu machen. Die ganze Stadt sei ja lutherisch. In mehr als 500 Häusern werde bereits das Fastengebot mißachtet. Die Buchläden seien voll lutherischer Schriften; nur ein einziges katholisches Büchlein habe er, der Kardinal, auftreiben können. Entsetzt schloß er seine Kritik mit den Worten: *Jedermann glaubt, man werde durch den Glauben selig!* Scheurl meinte daraufhin, genau das sei eigentlich christlich, und nicht speziell lutherisch. Der oft unschlüssige Mann legte damit noch einmal ein gutes Wort für seine Stadt und das evangelische Bekenntnis ein. Er sagte, der *gemeine Mann* wünsche, sich nur an Christus und das Evangelium zu halten. Bei den jetzigen Predigern finde er, was er suche. Die Priester der alten Ordnung lehrten dem Wort Gottes zuwider und erregten daher bei den Zuhörern nichts als Unwillen.

Aber allen öffentlichen und geheimen Bemühungen des päpstlichen Legaten zur Stärkung der alten Kirche war kein Erfolg beschieden. Da das Reichsregiment zunehmend an Einfluß verlor, taten sich die Städte zusammen. In ihren Beratungen spielte wieder der verhandlungstechnisch geschulte Ratsschreiber Lazarus Spengler als Gutachter eine große Rolle. In großartiger Einfachheit erklärte er den befreundeten Stadtvertretern, es gehe jetzt lediglich darum, *ob sie Christen sein wollen oder nicht.* Er empfahl, dem Kaiser *in irdischen Dingen* zu dienen, was aber *Seele und Gewissen* betreffe allein Christus zu gehorchen. Es sei nämlich mit dem Evangelium unvereinbar, in Fragen des Glaubens *zwei gegensätzlichen Herren dienen zu wollen.* Zum Abschluß der Verhandlungen gab er die Losung aus: *Sich durch nichts abschrecken lassen, sondern Gott und seinem Wort vertrauen, der so mächtig ist, daß auch die Pforten der Hölle nichts dawider vermögen.*

In dieser Zeit entstand das einzige Lied des *Theologen unter den Laien und Laien unter den Theologen,* das im evangelischen Gesangbuch bis auf den heutigen Tag erhalten ist. Als *Lied, das man in unseren Kirchen singet,* wurde es später sogar in der Konkordienformel zitiert, und damit gehört es zu den wenigen reformatorischen Chorälen, die in eine offizielle Bekenntnisschrift des Luthertums Eingang gefunden haben. Die vierte Strophe dieses Liedes *Durch Adams Fall ist ganz verderbt . . . . .* von Lazarus Spengler lautet:

> *Er ist der Weg, das Licht, die Pfort,*
> *die Wahrheit und das Leben,*
> *des Vaters Rat und ewig's Wort,*
> *den er uns hat gegeben*
> *zu einem Schutz, daß wir mit Trutz*
> *an ihn fest sollen glauben;*
> *darum uns bald*
> *kein Macht noch G'walt*
> *aus seiner Hand wird rauben.*

Der nach ausgiebigen Verhandlungen zur Tages- und Nachtzeit verabschiedete Reichstagsbeschluß stellte trotz Spenglers Denkschrift und all seiner mutigen Voten einen Kompromiß dar, mit dem keine Seite recht zufrieden war. Einerseits wurde die Verpflichtung, das *Wormser Edikt* zu befolgen, erneut eingeschärft. Hierauf berief sich in den Auseinandersetzungen der Folgezeit die katholische Seite, die sich auf dem Regensburger Konvent formierte. Andererseits enthielt der Reichstagsabschied die Formulierung *. . . soviel als möglich.* Darauf beriefen sich die Evangelischen auf einem Städtetag in Speyer. Sie wollten das im Sinne einer Einschränkung verstanden wissen. Verkündigt werden sollte in Zukunft nur *das heilige, lautere und klare Evangelium, durch die apostolischen und biblischen Schriften approbiert.* Daß genau dies die lutherischen Prediger taten, war den evangelischen Ständen nicht zweifelhaft.

Als Kaiser Karl V. von den Nürnberger Beschlüssen unterrichtet wurde, zerstörte er jedoch alle Hoffnungen der evangelischen Partei mit einem scharfen Brief. In ihm verlangte er erneut die strikte Durchführung des *Wormser Edikts* und bezeichnete die Forderung einer Nationalversammlung als eine Majestätsbeleidigung. Widerspenstigen drohte er mit *Acht und Aberacht.* Wieder einmal schauten die kleinen, evangelisch eingestellten Reichsstädte hilfesuchend auf das große Nürnberg. Und wieder einmal griff der Rat der Stadt auf seinen gelehrten Ratsschreiber zurück. Lazarus Spengler verfaßte eine weitere Denkschrift: *Zwölf tapfere christliche Ursachen, warum man dem kaiserlichen Mandat nicht gehorchen kann.* Der Nürnberger Rat machte sich diese juristisch-theologische Studie zu eigen und legte sie dem Ulmer Städtetag vor. Im Bewußtsein, daß dem Kaiser durch seine Auseinandersetzungen mit Franz I. von Frankreich wieder einmal die Hände gebunden waren, beschloß man dort, das *Wormser Edikt* und das letzte kaiserliche Mandat zunächst einmal auf sich beruhen zu lassen. Das war jedoch dem treuen Bekenner der evangelischen Lehre in Nürnberg zu wenig. Spengler versuchte erneut, seinem Rat die Furcht vor dem bischöflichen Bann und der kaiserlichen Acht zu nehmen. In *Gottes Sache* dürfe man sich nicht so kleinmütig erzeigen. Christenleute könnten *hierin Gott vertrauen und sich Gottes Gnade und der Gerechtigkeit trösten, weil sie doch nichts anderes, denn Gottes Ehre, ihrer Untertanen Nutzen und des ganzen christlichen Haufens Wohlfahrt und gar nicht sich selber* im Auge hätten.

Die Stillhaltetaktik des Rates wurde jedoch weniger durch solche Worte, als vielmehr durch das Verhalten der evangelisch eingestellten Bevölkerung und der Nürnberger Prediger überwunden. Im Augustinerkloster las der Prior Volprecht schon längst und durchaus ohne Erlaubnis des Rates die Messe auf deutsch, wobei er die dem Luthertum anstößigen Passagen der Meßliturgie einfach ausfallen ließ. Mehr als 4000 Kommunikanten beteiligten sich hier in der Klosterkirche an der ersten öffentlichen evangelischen Abendmahlsfeier, die während der Fastenzeit 1524 mit Brot und Wein gefeiert wurde. Osiander ging einen Schritt weiter und übersetzte die Bamberger Taufordnung ins Deutsche, behielt allerdings alle traditionellen Zeremonien des Taufritus bei, – was der Rat mit Beruhigung zur Kenntnis nahm. In der Bevölkerung führte die evangelische Bewegung zwar weder in diesen Jahren noch später zu einem Sturm auf die Bilder, mit denen die Nürnberger Gotteshäuser reich ausgestattet waren. Die Ablehnung kirchlich-kultischer Weihehandlungen drückte sich jedoch bald in der zurückgehenden Zahl der kirchlichen Trauungen und Beerdigungen aus. In den Jahren 1524 und 1525 hielt es kaum jemand mehr für nötig, anläßlich einer Beerdigung in der Familie bei einer der Pfarrkirchen das früher übliche Totengeläute zu bestellen und zu bezahlen. So ist es durchaus verständlich, daß die beiden Pröpste unter diesen Umständen einen erneuten Vorstoß beim Rat wagten, um endlich auch an den Pfarrkirchen die evangelische Abendmahlsfeier einzuführen.

Kaum hatten Reichsregiment und Reichstag die Stadt verlassen, begannen sie, das gottesdienstliche und seelsorgerliche Leben entsprechend den reformatorischen Prinzipien neu zu ordnen. Zusammen mit den Predigern stellten sie eine Reihe von *Artikeln* auf: Zahlreiche Zeremonien, wie die Verwendung von geweihtem Wasser und Salz, wurden ersatzlos gestrichen; das Meßopfer sowie die Seelenmessen und Jahrestage für Verstorbene sollten in Zukunft entfallen; das *Salve Regina* durfte nicht mehr gebetet werden; das Verlesen bischöflicher Anordnungen auf den Kanzeln wurde abgestellt; die Beichte sollte hinfort als eine allgemeine Beicht- und Bußfeier gehalten werden. Dazu kam eine neue Gottesdienstordnung, die sich eng an Martin Luthers Form der Messe von 1523 anlehnte. Sie sah die Lesungen in lateinischer und deutscher Sprache vor und hatte den Kanon mit seiner Opfer- und Wandlungsvorstellung sowie dem Gedächtnis der Verstorbenen und der Anrufung der Heiligen gestrichen; nach der altkirchlichen *Präfation* und dem *Sanctus* folgten hier sofort die Einsetzungsworte des Abendmahls. Am 5. Juni 1524, dem zweiten Sonntag nach dem Trinitatisfest, feierten die Besucher der beiden großen Pfarrkirchen das erste Mal nach dieser Meßliturgie ihren Gottesdienst. Mit Recht kann man daher diesen Sonntag als den Tag der Einführung der Reformation in Nürnberg bezeichnen. Denn die Artikel und die Gottesdienstordnung zusammen stellen den ersten Versuch einer neuen Kirchenordnung für die freie Reichsstadt dar.

Derartig umwälzende Maßnahmen konnte der Rat, wenn er seiner Linie treu bleiben wollte, nicht mehr stillschweigend hinnehmen. Er bat die Pröpste, die alte Ordnung wieder herzustellen. Dazu waren diese aber nicht mehr bereit. Sie überreichten dem Rat vielmehr eine Rechtfertigungsschrift. Das seit längerer Zeit etwas klarer gepredigte Evangelium habe auf zahlreiche schriftwidrige Mißstände und Mißbräuche aufmerksam gemacht. Viele und angesehene Bürger hätten gefordert, die Liturgie *dem Worte Gottes gleichmäßig* zu gestalten. Abschließend beriefen sich die Pröpste auf ihr Gewissen, das ihnen die *Aufrichtung der alten Gotteslästerungen* verbiete. Es sei schließlich eine *Sünde wider den Heiligen Geist*, wenn man etwas als Wahrheit erkannt habe und es doch mit Worten und Werken unterdrücke. Eingereicht wurde dieses Dokument von den Pröpsten; sein Verfasser aber war natürlich wieder Andreas Osiander. Nun zeigte sich, daß der Rat im Ernst nicht bereit war, die Reformation in seinem Stadtstaat mit Gewalt zu un-

Altgläubiges Spottbild auf Martin Luther, das den Reformator mit dem Doktorhut und mit der Narrenkappe zeigt

terdrücken. Er raffte sich lediglich zu zwei Entschuldigungen auf. Eine erste Delegation machte sich auf den Weg zum kaiserlichen Statthalter Ferdinand, um ihm zu erklären, daß *die Gemeinde in Nürnberg zum Worte Gottes ganz begierig* wäre, und der Rat, um unüberwindlichen Schaden zu verhüten und die bürgerliche Ordnung zu erhalten, gar nicht anders habe handeln können. Er trage schließlich die Verantwortung für das Heil seiner Bürgerschaft. Es sei daher schwer möglich, in der heiligen Schrift begründete Reformen zu unterbinden. Eine zweite Delegation reiste nach Bamberg, um den für Nürnberg zuständigen Bischof zu bitten, diese *geringfügigen Änderungen* zu billigen. Andernfalls möge er doch selber gegen seine Pröpste vorgehen. Der Bischof reagierte hart; Prior Volprecht vom Augustinerkloster und die Pröpste von St. Sebald und St. Lorenz wurden wegen schismatischen Ungehorsams exkommuniziert und von ihren Ämtern suspendiert. Nun rührten sich auch die Betroffenen. In Nürnberg übergaben sie der Öffentlichkeit einen Bericht über die Bamberger Verhandlungen und ließen die von Osiander verfaßte Rechtfertigungsschrift in den Druck gehen. Vor Notar

und Zeugen appellierten sie dann demonstrativ an ein *freies, christliches und gottseliges Konzilium*. Damit war die Trennung Nürnbergs vom bischöflichen Stuhl in Bamberg und die Aufhebung der päpstlichen Jurisdiktion in der freien Reichsstadt perfekt. Auf das ausgediente Seelenmeßbuch von St. Sebald kritzelte ein gewitzter Kaplan 1524: *In diesem Jahr hat man dem Papst Urlaub gegeben.*

Ganz und gar päpstlich gesonnen war man nur noch bei den Nonnen von St. Klara und St. Katharina sowie in den beiden Klöstern der Bettelorden. Immer häufiger führte das zu Streitigkeiten, in die der Rat schlichtend eingreifen mußte. Ganz besonders schlimm ging es im Karthäuserkloster zu, wo es zwischen dem Konvent und seinem evangelischen Prior Blasius Stöckel laufend zu Reibereien kam. Daneben wurden Äußerungen einer radikalen, geradezu atheistischen Einstellung laut. Man fragte in der Bevölkerung empört, ob denn der Rat den maßlosen und widersprüchlichen Streitpredigten zwischen den beiden Parteien tatenlos zusehen wolle. So sah sich der Rat zu Überlegungen gezwungen, wie in der Stadt *ein gleiches und einhelliges Predigen des Evangeliums* erreicht werden könnte. Es spricht für die Mitglieder des Ratskollegiums, daß sie zunächst nicht beschlossen, mit Gewalt gegen die altgläubigen Klöster vorzugehen. Der Rat ließ vielmehr eine *christliche Disputation* vorbereiten. Die beiden Parteien sollten in Artikelreihen erklären, *was ein Christ zu seiner Seligkeit wissen müßte*. Schon die für das Religionsgespräch vorgeschlagenen Themen wiesen allerdings beachtenswerte Unterschiede auf. Die Altgläubigen beabsichtigten, über Glaube, Liebe, Hoffnung, die Vermeidung der Ärgernisse und den Gehorsam gegenüber geistlicher und weltlicher Obrigkeit zu diskutieren. Die Lutherischen dagegen wünschten eine Aussprache über die Gerechtigkeit, die vor Gott gilt, das Verhältnis von Wort Gottes und menschlichen Gesetzen, das Altarsakrament, die Priesterehe und die Ehescheidung. Auf Anordnung des Rates stellte Osiander die endgültige Thesenreihe für die theologische Diskussion zusammen, – die sogenannten *Zwölf Nürnberger Artikel*.

Die 1517/18 entstandene Darstellung der Verkündigung Mariä in der Nürnberger St.-Lorenz-Kirche. Von dem berühmten Englischen Gruß des Veit Stoß wollte sich auch das Luthertum nicht trennen.

LVSTRA·NOVEM·CVM·DIMIDIO·VIXISSE·FEREBAR
ANDREAS·TALIS·QVANDO·OSIANDER·ERAM

1544

Am 3. März 1525 findet die erste Sitzung dieses Nürnberger Religionsgesprächs statt. Die *Genannten des Größeren Rats*, eine Art Bürgerausschuß, haben sich im Rathaussaal eingefunden. Die Bettelorden, die sich in letzter Minute noch geweigert haben zu kommen, sind nun doch erschienen. Auch die Schar der evangelischen Prediger unter der Führung des Andreas Osiander hat Platz genommen. Auswärtige Geistliche sind ebenfalls in großer Zahl da, – alles in allem haben sich an die 500 Personen eingefunden. Jedermann ist sich bewußt, daß es sich heute nicht um eine Privatangelegenheit streitender Theologen, sondern um einen hochoffiziellen, staatsrechtlichen Akt des Nürnberger Stadtrates handelt. Auch die Volksmenge vor dem Rathaus weiß, was auf dem Spiel steht und äußert ihre Meinung auf ihre Art. Sie ruft, man möge die Mönche nur zum Fenster rauswerfen; hier unten würde *besser* mit ihnen diskutiert als oben. Im Rathaussaal geht es natürlich manierlicher zu. Christoph Scheurl eröffnet die Sitzung mit einer ausgefeilten Rede. Er betont, allein das Wort Gottes sei das Kriterium für alle Entscheidungen, die nachher gefällt werden müßten. *Nachdem der Bock so tief im Garten steckt, daß die Kinder auf den Gassen, zu schweigen von den Weibern, schreien: Schrift! Schrift!* sei es nützlich und notwendig, auf die Heranziehung päpstlicher Dekrete zu verzichten und allein die Bibel zu gebrauchen. Denn *auf diesem Markt wird keine andere Münze gängig sein.* An diesem Prinzip müsse man festhalten; im übrigen sei keine hitzige Disputation, sondern ein durchaus brüderliches Gespräch vorgesehen.

Hitzig kann es gar nicht werden. Die Theologen müssen nämlich *in die Feder reden*, langsam sprechen also, damit die Protokollanten mitkommen. Kein Wunder, daß man weitere Sitzungen vereinbaren muß. Der Einfachheit halber stellt nun jede Partei einen Sprecher. Doch der Prediger vom Franziskanerkloster, Lienhard Ebner, kommt als Vertreter der alten Kirche gegen den wortgewaltigen Lorenzer Prediger nicht an. Auf dem Heimweg werden die Mönche vom Pöbel mit Gewalt bedroht. So ist es zumindest verständlich, daß die Bettelmönche es unter diesen Umständen vorziehen, zur letzten Sitzung gar nicht erst zu erscheinen. Mit einem gewissen Recht bemängeln sie in ihrer Beschwerde an den Rat das Fehlen eines *unparteiischen Richters*. Doch der Rat will das Religionsgespräch zum Abschluß bringen, und so kann Osiander bei der Schlußsitzung noch einmal in einer zweistündigen Rede ungestört und kraftvoll den evangelischen Standpunkt vertreten.

Mit der Einberufung und Durchführung dieses denkwürdigen Religionsgesprächs hatte der Rat erstmals offiziell die Verantwortung für die Reformation in seiner Stadt wahrgenommen. *Daß eine christliche Versammlung oder Gemeinde Recht und Macht habe, alle Lehre zu beurteilen und Lehrer zu berufen, ein- und abzusetzen*, hatte Martin Luther zwei Jahre zuvor in einer programmatischen Abhandlung unter diesem Titel ausdrücklich betont. Im übrigen war der Rat in aller Form von den evangelischen Predigern aufgerufen worden, in Wahrnehmung dieser Verantwortung das gesamte öffentliche Leben entsprechend den Grundsätzen der Reformation neu zu ordnen. Durch seine Juristen und Theologen hatte er sich bestätigen lassen, daß die evangelischen Argumente besser in der heiligen Schrift begründet seien, als die altgläubigen. Da der Rat in seiner Mehrheit sowieso evangelisch eingestellt war, zögerte er nun nicht mehr, selber die Reformen voranzutreiben.

DER AUFBAU
EINER LUTHERISCHEN STADTKIRCHE
DURCH DEN NÜRNBERGER RAT

Die ersten Maßnahmen des Nürnberger Rates richteten sich gegen die noch bestehenden Klöster. Für Martin Luther war es bis 1521 eine offene Frage gewesen, ob ein Mönch oder eine Nonne unter Bruch des Gelübdes das Kloster verlassen könne. Ihn jammerte zwar, wie er einmal sagte, das elende Los der Klosterinsassen, – aber *ein Schriftwort suchen wir, ein Zeugnis des göttlichen Willens.* Der Reformator fand schließlich im ersten Gebot eine theologische Begründung für seinen Kampf gegen die *Möncherei*. Werden die Gelübde und der Mönchsstand als besondere verdienstliche Werke interpretiert, so stellen sie eine Verleugnung des ersten Gebotes dar; der Versuch, sich selber Gnade zu erwerben, *wäre Christus und seinem Blut zu nahe getreten, damit wäre ihm all sein Verdienst und Ehre zunichte gemacht, das aber wäre die größte Verleugnung und Lästerung Gottes.* In diesem Zusammenhang formulierte Luther das neue

Andreas Osiander, der eigenwillige Starprediger des lutherischen Nürnberg zur Zeit der Einführung der Reformation

christliche Lebensideal, das für den Protestantismus von grundlegender Bedeutung wurde: *Nicht sonderlicher Heiligkeit nachlaufen durch Wallfahrten, ins Kloster gehen und die Welt fliehen; vielmehr soll der Glaube sich im täglichen Leben bewähren, im Umgang mit der Welt; nicht indem man sich aus der Welt flüchtet und ihren Versuchungen, Sorgen, Mühen und Aufgaben zu entrinnen sucht, sondern sich in denselben bewährt.* In zahlreichen Predigten und in einer großangelegten lateinischen Schrift über die Mönchsgelübde verbreitete Luther in den Jahren 1521/22 diese neue Berufsauffassung. In Süddeutschland fanden diese Gedanken durch die Flugschriften des Franziskaners Johann Eberlin von Günzburg eine weite Verbreitung.

Auch Nürnbergs Hauptprediger Osiander veröffentlichte nun im Sommer 1524 eine Schrift über die Reform der Klöster. Sie war durchaus maßvoll abgefaßt. Als aber der Bambergische bischöfliche Hofmeister Johann von Schwarzenberg jetzt seine Tochter aus dem Kloster holte und dazu eine Rechtfertigungsschrift in den Druck gab, schrieb Osiander ein geharnischtes Vorwort für sie. Diese Ausführungen stellten eine einzige unschöne und unsachliche Polemik gegen das Mönchstum dar. Sie brachten ihrem Verfasser wieder einmal einen scharfen Tadel seines Rates ein. Dessen ungeachtet vertrat der Nürnberger Rat im Religionsgespräch 1525 durchaus die grundsätzlich ablehnende Einstellung Luthers gegenüber den Bettelmönchen. Nach Beendigung der religiösen Rathausdiskussion beschloß der Rat aufgrund eines Gutachtens seiner Juristen in einer zweimaligen Umfrage *mit stattlicher Mehrheit,* den Mönchen das Predigen und Beichthören in der Stadt zu verbieten. Neuaufnahmen in die Klöster wurden jetzt strikt untersagt. Einer der katholischen Prediger, Andreas Stoß, der Sohn des berühmten Bildhauers Veit Stoß, mußte sogar die Stadt verlassen. Hinter den Mauern des Dominikaner-, Franziskaner- und Karmeliterklosters wurde das Lesen der Messe und das Predigen zwar gestattet, aber *zu solcher Zeit und mit Versperrung der Türen, daß nicht Laien aus der Stadt dabei sein können.* Außerdem empfahl der Rat der immer kleiner werdenden Schar der Mönche und Nonnen den eifrigen Besuch der Pfarrkirchen in der Hoffnung, daß einige dort *bekehrt möchten werden.* Das tat zwar niemand von den altgläubigen Klosterinsassen, im übrigen fügte man sich aber den harten Anordnungen des Rates. Binnen Jahresfrist unterstellten sich sogar die Männerklöster freiwillig der Stadt.

Anders war die Lage in den beiden Frauenklöstern, wo man fest und treu zur alten Kirche stand. Der Rat nahm den Nonnen ihre Seelsorger und setzte ihnen evangelische Prediger und Beichtväter in die Klosterkirchen. Er bestand auch darauf, daß austrittswillige Töchter sofort ihren Müttern übergeben würden, – zusammen mit dem Vermögen natürlich, das sie einst dem Kloster eingebracht hatten. Der Rat hatte aber unter dem allgemeinen Eindruck der Unordnung in den Klöstern und dem Einfluß seiner theologischen Berater übersehen, daß es Ausnahmen gab. Die Äbtissin des Klaraklosters und Schwester des geachteten Ratsherrn und Humanisten Willibald Pirckheimer, die berühmte Caritas Pirckheimer, war eine solche Ausnahme, – eine integere geistliche und geistvolle Persönlichkeit von Format, gebildet und von tiefer Frömmigkeit. Im Totenbuch rühmten sie ihre Schwestern 1532 als *einen Spiegel aller Geistlichkeit und eine Liebhaberin aller Tugend.* Tatsächlich wurde die Äbtissin des Klaraklosters, was wissenschaftliche Bildung und geistliche Tiefe anbelangt, von kaum einer Frau ihres Jahrhunderts übertroffen.

Mit ihrem ganzen Ansehen protestierte Caritas Pirckheimer *im Namen ihrer sechzig Kinder* gegen die Maßnahmen des Rates. Sie verwahrte sich gegen die evangelischen Prediger – vor allem gegen Andreas Osiander, der *wenig von Gottes Wort gesagt, dagegen heftig auf uns Nonnen gescholten hat.* Einer der Prediger habe sogar die Nürnberger Bürger aufgefordert, daß sie *uns gottloses Volk ganz austilgten, die Klöster einrissen und uns mit Gewalt aus den Klöstern sollten zerren, denn wir wären in einem verdammlichen Stand und müßten ewiglich des Teufels sein.* Schließlich weigerte sich die Äbtissin, bei den aufgezwungenen Geistlichen zur Beichte und zum Sakrament zu gehen.

Eines Tages erschienen drei *ehrbare Frauen* – die des ersten Losungers Hieronymus Ebner, des zweiten Lonsungers Kaspar Nützel und des Ratsherrn Friedrich Tetzel – vor der Klosterpforte und verlangten die Herausgabe ihrer Töchter. Die Äbtissin wies sie standhaft ab. Tags darauf erschienen die drei streitbaren Frauen jedoch erneut im Klarakloster. Mit Unterstützung des Rates nahmen die Mütter der ehrwürdigen Mutter die drei Kinder weg. Diesen Gewaltakt hat Caritas Pirckheimer in ihren *Denkwürdigkeiten* ausführlich und mit bewegenden Worten festgehalten: *.... schickten die bösen Weiber eine Stunde vor dem Essen zu mir, sie wollten während des Essens kommen und die Kinder holen. Sie wollten* *auch andere Leute mitbringen, damit ich sähe, daß sie genug Macht hätten. Die armen Kinder aber wußten noch nicht genau, wann es geschehen würde. Da ich sie aber zu mir rief und ihnen sagte, ihre Mutter würde sie in derselben Stunde holen, da fielen sie alle drei auf die Erde und schrien, weinten und heulten und gebärdeten sich so kläglich, daß es Gott im Himmel erbarmt haben möchte. Sie wären gerne geflohen und hätten sich verborgen. Desgleichen weinte und klagte der ganze Konvent, denn es waren fromme und geschickte Kinder, die sich gut bei uns gehalten hatten und sich von Herzen und Seele ungern von uns trennten. Als die Weiber kamen befahlen sie mit guten Worten den Kindern hinauszugehen und drohten ihnen, wenn sie es nicht in Güte tun wollten, so wollten sie sie mit Gewalt hinauszerren. Jede Mutter stritt mit ihrer Tochter. Sie verhießen ihnen eine Zeit viel und drohten ihnen eine Zeit viel. Aber die Kinder weinten und schrien unaufhörlich. Da schickten die Herren vom Rat wieder zu mir und klagten mir, daß sie so in der Klemme säßen. Sie wüßten nicht, was sie tun sollten. Also ging ich wieder mit einigen Schwestern in die Kapelle hinein. Da standen meine armen Waislein unter den grimmigen Wölfen und stritten mit aller ihrer Kraft. Ich sprach unter anderem: »Liebe Kinder. Ihr wißt, was ihr Gott gelobt habt, das kann ich nicht auflösen. Aber von dem, was ihr mir schuldig gewesen seid, will ich euch ledig sagen.« Da schrien die drei Kinder wie aus einem Munde: »Wir wollen nicht für ledig erklärt werden, sondern was wir Gott gelobt haben, wollen wir mit seiner Hilfe halten«. Sobald sie das gesprochen hatten, nahm man sie unter die Arme, fing an, sie zu ziehen und zu zerren. Es sollen je vier Menschen an einer von ihnen gezogen haben. Zwei hätten vorn gezogen und zwei hinten geschoben, so daß das Eberlein und Tetzlein auf der Türschwelle zu einem Haufen aufeinandergefallen wären. Dem armen Tetzlein hätte man fast seinen Fuß abgetreten. Die bösen Weiber standen dabei und beschworen ihre Töchter in aller Teufel Namen hinaus. Da man sie nun auf den Wagen vor der Kirche setzen wollte, entstand abermals ein großer Jammer. Unsere Kinder hätten immer lauter geschrien und geweint, da soll die Ebnerin ihrem Kätchen in den Mund geschlagen haben, daß es angefangen hätte zu bluten, den ganzen Weg aus und aus. Da nun einige Wagen vor ihrem Vaterhaus angekommen waren, sollen sie ein neues Schreien und lautes Weinen angehoben haben, so daß die Leute großes Mitleid mit ihnen gehabt hätten, auch Landsknechte, die mit ihnen gelaufen waren, sollen gesagt haben, wenn sie nicht einen Auflauf und die Stadtknechte gefürchtet hätten, die auch da waren, so wollten sie mit dem Schwert dreingeschlagen und den armen Kinderlein geholfen haben.*

Man wird nicht sagen können, daß die Nürnberger Patrizier und die evangelische Geistlichkeit in diesen Jahren den Andersgläubigen jene Gewissenfreiheit zubilligten, die sie für sich selber vor Kaiser und Reich so vehement in Anspruch nahmen. Martin Luther hatte bereits von der Wartburg aus den um Rat bittenden Augustinerprior Wenzeslaus Link dringend gebeten, in der Klosterangelegenheit keine Gewalt anzuwenden. In diesem Brief an seinen Nürnberger Freund betonte Luther, das *Austreten unter Tumult*, von dem er gehört habe, mißfalle ihm sehr; man sollte lieber *in beiderseitigem Einverständnis und in Frieden voneinander scheiden*.

Im Herbst des turbulenten Jahres 1525 fand Caritas Pirckheimer Gelegenheit, dem Wittenberger Reformator Philipp Melanchthon ihre Lage persönlich vorzutragen, als dieser zu einem Besuch in Nürnberg weilte. Auch er war über die Maßnahmen des Rates einigermaßen entsetzt. Als er hörte, daß die Schwestern keinesfalls *auf ihre eigenen Werke*, sondern *auf die Gnade Gottes* vertrauten, erklärte er, dann könnten sie im Kloster genau so wie in der Welt die Seligkeit erlangen. Caritas war von dem konzilianten und gebildeten Melanchthon, der ihr in vieler Hinsicht geistig verwandt war, sehr fasziniert: *Er war so bescheiden mit seiner Rede, wie ich noch keinen Lutherischen gehört habe.*

Melanchthons Fürsprache hatte schließlich Erfolg; man ließ die Nonnen fortan in Frieden. In späteren Jahren gehörten sogar einmal zwei Schwestern des Nürnberger Theologen Veit Dietrich zu ihnen. Aber die Klöster standen sozusagen auf dem Aussterbeetat. Neuaufnahmen fanden nur mehr selten statt. 1590 schloß das Klarakloster seine Pforten, und nur sechs Jahre länger hielt sich das Katharinenkloster.

In welcher Weise der Nürnberger Rat seine Verantwortung für das kirchliche Leben wahrnahm, ist schon verschiedentlich gezeigt worden. Dabei ist zu beachten, daß es damals keine Trennung zwischen der bürgerlichen Gesellschaft und der kirchlichen Gemeinde gab. Nach dem Religionsgespräch wurden daher die begonnenen und zunächst nur geduldeten Neuerungen vom Rat zielstrebig weitergeführt.

Gegenüberstellung der evangelischen (links) und der katholischen (rechts) Predigt. Zu dem Holzschnitt des Georg Pencz gehörte ein scharfer Text von Hans Sachs

Die gottesdienstliche Agende für die beiden Pfarrkirchen St. Lorenz und St. Sebald wurde allgemein als Norm für den Gottesdienst eingeführt *Gott zu Lob und um die christliche Einhelligkeit zu fördern*. In ihrem äußeren Bild unterschieden sich die Nürnberger Messen dieser Zeit freilich kaum von denen der vorreformatorischen Zeit. Die Geistlichen sangen die Liturgie weiterhin lateinisch und benutzten zur Feier des Abendmahls auch weiterhin die alten Meßgewänder.

Die verschiedenen rein deutschen Messen, die man im Augustinerkloster und im Neuen Spital gehalten hatte, verschwanden wieder. Andererseits wurden die unzähligen und von Martin Luther so heftig bekämpften Stillmessen sowie die prunkvollen Prozessionen und eine Unzahl anderer Weihehandlungen und Zeremonien abgeschafft. Andreas Osiander und seine Kollegen wären freilich gerne noch radikaler vorgegangen. Doch der Rat ließ sich auch jetzt nicht zu unbedachten Schritten nötigen. Auf seinen ausdrücklichen Wunsch hin mußten die lutherischen Geistlichen auch weiter die Festtage der zwölf Apostel und einige Marienfeste feiern. Die Theologen hatten eigentlich die Streichung nicht nur dieser Festtage, sondern auch der zweiten Feiertage an Weihnachten, Ostern und Pfingsten gefordert. Abgesehen von den Sonntagen sollten ihrer Meinung nach allenfalls noch Christi Himmelfahrt und Allerheiligen in den Kirchen festlich begangen werden. Mit diesen Empfehlungen bewegten sich die Nürnberger Theologen auf der Linie der Wittenberger Reformation. Luther hatte 1520 in seiner Schrift *An den christlichen Adel* gefordert, daß man *alle Feste abtäte und allein den Sonntag behielte*. Wolle man unbedingt einige der Marien- und Heiligenfeste begehen, so genüge durchaus eine Frühmesse an diesem Tag, *danach lasse man den ganzen Tag ein Werkeltag sein*. Luthers realistische Begründung für diesen Vorschlag: *Durch Saufen, Spielen und allerlei Sünde erzürnen wir Gott am heiligen Tag mehr denn an anderen*. Der konservative Rat Nürnbergs mochte sich diesen Standpunkt nicht zu eigen machen und hielt an einem großen Teil der herkömmlichen Feiertage fest. Andererseits sorgte er aber auch dafür, daß die wertvolle Ausstattung der Kirchen und die Orgeln, die Osiander so gerne entfernt wissen wollte, erhalten und gepflegt wurden.

Neben der gottesdienstlichen Neuordnung im engeren Sinn sah sich der Rat durch die Reformation vor zahlreiche neue Aufgaben gestellt. Im Sächsischen hatte das Städtchen Leisning in diesen Jahren einen *gemeinen Kasten* gegründet, eine Art christlicher Sozialfonds. Er wurde von den Erträgnissen des alten Kirchenvermögens und der Stiftungen gespeist und diente zum Unterhalt der Geistlichen, zur Finanzierung des neu erblühenden Schulwesens und zur Unterstützung der Armen. Luther hatte in seiner Vorrede zur *Ordnung des gemeinen Kastens* der weltlichen Obrigkeit ausdrücklich die Aufgabe zugewiesen, das Almosen- und Stiftungswesen in dieser Weise neu zu ordnen *zur Ehre Gottes und zum Nutzen des Nächsten*. Schon 1522 hatte der reichsstädtische Rat in ähnlicher Weise wie die Leisninger eine neue *Almosenordnung* in Kraft gesetzt. Auch die Besoldung der Pfarrer erfolgte bis zur Gründung eines selbständigen städtischen Kirchenamtes aus dieser Kasse. Mit dieser vorbildlichen Sozial- und Besoldungsordnung wurde die Versorgung der Geistlichen sowie die Unterstützung der Armen, Kranken und Erwerbsunfähigen zentralisiert und so dem Mißbrauch gewehrt. Viele süddeutsche Städte folgten dem Beispiel Nürnbergs.

Größere Schwierigkeiten bereitete dem Rat dagegen die Neukonzipierung des Eherechts. Dem bischöflichen Ehegericht in Bamberg fühlte man sich natürlich in Nürnberg jetzt nicht mehr verpflichtet. Es gab eine Zeitlang in Nürnberg *keinen Richter und keine Strafe mehr* in Ehesachen, – was sich, wenn man den Chroniken glaubt, auf den sittlichen Stand der Bevölkerung miserabel auswirkte. Bei der notwendigen Diskussion um ein neues städtisches Eherecht prallten nun die Meinungen hart aufeinander. Gegen die Heirat seiner Geistlichen hatte der Nürnberger Rat gar nichts einzuwenden. Aber für die allgemeine Ehegesetzgebung wollte er auf den Rat seiner Juristen hin das überkommene Eherecht gerne beibehalten. Die Theologen dagegen drängten unter reformatorischen Gesichtspunkten auf Veränderung, wobei es wieder Osiander war, der in alttestamentlich-biblizistischer Weise nicht selten sehr strenge Maßstäbe zu setzen gedachte. Diese Auseinandersetzungen endeten erst mit dem Erscheinen eines *Hochzeitsbüchlein*, das der Rat im Jahre 1539 herausgab und von dem die lutherischen Theologen nicht sehr erbaut waren, da es ihnen zu lax erschien.

Einen wirklichen Fortschritt bedeutete dagegen die Reformation für das Schul- und Erziehungswesen in der alten Reichsstadt. In einem flammenden Aufruf appellierte Martin Luther 1524 an die *Ratsherren aller Städte deutschen Landes, daß sie christliche Schulen aufrichten und halten sollen*. Die bisherigen *Eselsställe und Teufelsschulen* sollten entweder im Abgrund versinken oder in christliche Schulen umgewandelt werden. Ganz im Sinne seines pädagogisch ambitionierten Mitstreiters Philipp Melanchthon bedrängte er die Obrigkeiten geradezu: *Liebe Deutsche, kauft, solange der Markt vor der Tür ist. Sammelt ein, solange Sonnenschein und gut Wetter ist. Braucht Gottes Wort und Gnade, solange es da ist. Denn das sollt ihr wissen: Gottes Wort und Gnade ist ein fahrender Platzregen, der nicht wieder dahin kommt, wo er einmal gewesen ist. Darum greift zu und haltet fest, wer greifen und halten kann. Faule Hände müssen ein böses Jahr haben.* In Nürnberg dachte man nicht daran, in der Schulfrage untätig zu bleiben. Den drei bestehenden lateinischen Schulen an St. Sebald, St. Lorenz und im Neuen Spital widmete der Rat während dieser ganzen Jahre seine besondere Aufmerksamkeit.

Nun tauchte aber im Oktober 1524 der Wunsch nach einer neuen *oberen Schule*, einem Gymnasium auf. Inoffiziell ließ man über den jungen Hieronymus Baumgärtner bei dessen Lehrer Philipp Melanchthon in Wittenberg anfragen, ob er nicht *wegen seiner übergroßen Schicklichkeit und Kunst* gegen eine angemessene Besoldung den Unterricht der Bürgerkinder übernehmen wolle. Der *Praeceptor Germaniae* war von der Idee eines Gymnasiums zur Förderung des wissenschaftlichen Studiums begeistert, schlug aber das Angebot des Rates mit dem Hinweis auf seine Pflichten an der Wittenberger Universität aus. Auch als Lazarus Spengler wenig später persönlich in Wittenberg auftauchte, konnte er Melanchthon nicht umstimmen. Trotzdem wurde der Plan gefaßt, das alte Schottenkloster bei St. Egidien in ein evangelisches Gymnasium umzuwandeln. Dabei blieb es zunächst.

Erst ein Jahr später, nach dem erfolgreichen Abschluß des Religionsgesprächs, trat der Rat erneut an Melanchthon heran. Diesmal schreibt er offiziell an den *Hochgelehrten Herrn Philippsen Melanchthon* und erklärt: *Uns dringt unser Gewissen und die Bürde unseres Amtes, daß uns Gott der Allmächtige als den Regenten und Verwesern seiner christlichen Gemeinde zu Nürnberg aufgelegt hat, daß wir entschlossen seien, in unserer Stadt Nürnberg ehrbare, christliche Schulen aufzurichten und dieselben mit ehrbaren, verständigen und gelehrten Leuten zu versehen.* Er bittet aus *sonderlicher Neigung und Vertrauen* um den Besuch und die Beratung Melanchthons bei diesem schwierigen und wichtigen Unternehmen. Diesmal sagt Melanchthon zu. Da er sich aber der Aufgabe allein nicht gewachsen fühlt, bringt er Joachim Camerarius mit, einen aus Bamberg stammenden Humanisten und Philologen, der zuletzt in Wittenberg studiert und als Freund Melanchthons und Luthers mit die-

Lazarus Spengler, Ratsschreiber und Reformator Nürnbergs

sen zusammen gelebt hat. Auch Hieronymus Baumgärtner und Lazarus Spengler nehmen an den vorbereitenden Gesprächen teil. Camerarius soll Rektor des neuen Gymnasiums werden, Michael Roting Professor für lateinische Sprache. Auch bei den anderen vorgesehenen Lehrern handelt es sich durchweg um Männer von ausgezeichneter wissenschaftlicher Bildung und eindeutig evangelischer Einstellung. Die jährlichen Kosten für die Schule, die etwa 1000 Gulden betragen, will der Rat aufbringen.

Im Mai 1526 konnte dieses evangelische Gymnasium feierlich eröffnet werden, – das Werk eines kleinen gleichgesinnten Kreises von christlichen Humanisten. Auf Jahrzehnte hinaus galt es als ein neuer Mittelpunkt des geistigen und wissenschaftlichen Lebens in Nürnberg.

In Speyer fand 1526 der nächste Reichstag statt – nach Luthers Meinung in der üblichen Weise: *Man trinkt und spielt und weiter nichts*. Immerhin faßte man in Speyer auch einen Beschluß. Die Stände erhielten das Recht zugesprochen, in der Religionsfrage bis zum Konzil *also zu leben, zu regieren und es zu halten, wie ein jeder solches gegen Gott und kaiserliche Majestät zu verantworten hoffe und sich getraue*. An dem Zustandekommen dieses Abschiedes waren Nürnbergs Abgeordnete maßgeblich beteiligt. Unter ihrer Führung schlugen sich die Städte auf die Seite der lutherisch eingestellten Fürsten. Nunmehr war der Weg frei für die Bildung evangelischer Landes- und Stadtkirchen. Nürnberg hatte ja diesen Weg längst beschritten und war Vorbild geworden für die kleineren fränkischen Reichsstädte wie Windsheim, Weißenburg und Rothenburg. Auch die schwäbischen Städte und Regensburg, ja sogar Magdeburg und der Bischof von Riga erbaten von Nürnberg Berichte über die Entwicklung der kirchlichen Lage in der Stadt. Als 1528 Georg von Brandenburg-Ansbach in der benachbarten fränkischen Markgrafschaft die Reformation einführte, hatte Nürnberg einen neuen tapferen Freund gefunden – und umgekehrt: gemeinsam führten Ansbach und Nürnberg 1528 zur Klärung der Lage eine allgemeine Kirchenvisitation durch. Gemeinsam erließen sie auch 1532 die Brandenburg-Nürnbergische Kirchenordnung. Hocherfreut schrieb Martin Luther an seinen treuen Spengler: *Nürnberg leuchtet wahrlich in ganz Deutschland wie eine Sonne unter Mond und Sternen, und gar kräftiglich bewegt andere Städte, was daselbst im Schwange geht. Denn ich kenne Nürnberg wohl, das gottlob viel feiner christlicher Bürger hat, die von Herzen gerne tun, was sie tun sollen. Welchen Ruhm sie nicht allein bei mir, sondern überall haben.*

DEUTSCHLANDS FÜHRENDE STADT ENTSCHEIDET SICH FÜR DAS LUTHERTUM

Es wird gerne zwischen einer *Reformation von oben* und einer *Reformation von unten* unterschieden. Im einen Fall entscheidet sich der Territorialfürst oder der Stadtrat für die evangelische Sache und führt, notfalls auch gegen den Willen seiner Untertanen, die Reformation in seinem Gebiet durch. Im andern Fall überrollt die Reformation als eine Volksbewegung die zögernden oder widerstrebenden Obrigkeiten und zwingt sie zum Abdanken oder zum Umdenken.

Man muß deutlich sagen, daß diese Alternative für die

freie Reichsstadt Nürnberg falsch ist. Ihren Anfang nahm die Nürnberger Reformation zweifellos nicht im Volk, sondern in einem elitären Kreis von Männern, die man sämtlich als Vertreter jenes typisch süddeutschen, von Erasmus von Rotterdam biblisch geprägten Humanismus ansprechen kann. Die vom Rat der Stadt berufenen und geschützten Pröpste und Prediger aber trugen den evangelischen Glauben in kurzer Zeit unter das Volk. Die Bürgerschaft drängte nun ihrerseits über ihre Geistlichen den vorsichtig taktierenden Rat weiter auf dem Weg einer im ganzen konservativen Reformation. Es gab also in Nürnberg weder eine evangelische Volksbewegung ohne oder gegen den Rat, noch eine dem Volk durch seinen Rat aufgezwungene Reformation. Persönlich hatten sich die führenden Patrizierfamilien schon früh für Luthers Lehre entschieden. Aber erst als die evangelische Predigt weite Schichten der Bürgerschaft erfaßt hatte, schritt der Rat in Wahrnehmung seiner Verantwortung als christliche Obrigkeit zum Aufbau eines lutherischen Kirchenwesens.

Wo liegen die Gründe für diese Hinwendung Nürnbergs zur Reformation? Als eines der wesentlichen Motive der Reformation wird allgemein die Reformbedürftigkeit der mittelalterlichen Kirche genannt. Im Blick auf die Reichsstadt Nürnberg wird man jedoch nicht ohne weiteres von einem irreparablen Schaden der alten Kirche sprechen können. Das Klarakloster unter der Äbtissin Caritas Pirckheimer erwies sich zu Beginn des 16. Jahrhunderts als eine vorbildliche Stätte geistlichen Lebens. Auch unter den theologischen Wortführern der altgläubigen Partei beim Nürnberger Religionsgespräch befanden sich achtbare und profilierte Persönlichkeiten wie der Karmeliterprior Andreas Stoß, der Franziskaner Kaspar Schatzger und der ehemalige Rektor der Lorenzer Lateinschule, Johannes Cochläus. Daß der Rat sich durch die Aneignung des Kirchengutes habe bereichern wollen, scheidet für Nürnberg ganz offensichtlich ebenfalls aus. Das Klostervermögen floß, wie wir sahen, in den städtisch-gemeindlichen Sozialfonds, und die Kirchenschätze blieben in den Gotteshäusern erhalten.

Für das Spätmittelalter ist allerdings in zahlreichen Reichsstädten ein gewisser Kampf des Rates um die Erringung des Kirchenregiments zu beobachten. Auch in Nürnberg hatte man immer häufiger Anstoß an den zahlreichen geistlichen Sonderrechten des Bamberger Bischofs genommen. Die reichsstädtische Kirchenpolitik drängte auch hier darauf, die kirchliche Oberhoheit zu erlangen. Zweifellos bot die Einführung der Reformation für den Rat die einmalige Chance, sich von der bischöflichen Jurisdiktion loszusagen und sich eine ihm unterstellte Stadtkirche zu schaffen. Um die Mitte des 16. Jahrhunderts hatte der Nürnberger Rat dann auch tatsächlich die kirchliche Situation derartig im Griff, daß er nicht selten Bedenken oder Vorschläge seiner Theologen unbeachtet lassen konnte. Die zahlreichen Protokolle, Gutachten, Briefe und Erlasse aus den Anfangsjahren der Nürnberger Reformation zeigen jedoch, daß es dem Rat nicht in erster Linie darum ging, sich auf dem schnellsten Weg von der alten Kirche zu emanzipieren und das Kirchenregiment selber wahrzunehmen.

Die Pröpste und Prediger wiesen in ihren zahlreichen Gutachten und beim entscheidenden Religionsgespräch 1525 immer wieder auf das *Wort Gottes* als das einzige Kriterium für alle Neuerungen hin. Der Rat hat, wie seine nach auswärts versandten Rechtfertigungsschreiben deutlich machen, dieses *Schriftprinzip* des Protestantismus anerkannt. Aufgrund der von den Juristen und den lutherischen Theologen vertretenen Obrigkeitsauffassung stand für ihn auch fest, daß es *einer jeden von Gott verordneten Obrigkeit aus Verpflichtung ihres anbefohlenen Amtes und bei Verlust ihrer Seele unmittelbar* (!) *zustehe, ihre Untertanen nicht allein im Zeitlichen, sondern auch im Geistlichen mit dem Evangelium und dem Wort Gottes zu versehen*. Ganz auf dieser Linie lag die Argumentation, mit der sich die Stadt aufgrund eines Gutachtens von Lazarus Spengler 1523 vor Kaiser und Reich verantwortete. Einleitung und Schluß dieser Verteidigungsschrift betonen unmißverständlich: Mehr noch als der einzelne Christ hat die Obrigkeit den unmittelbaren Auftrag, die Einhaltung des ersten Gebotes zu gewährleisten. Ziel aller obrigkeitlichen Maßnahmen muß der bürgerliche Friede und das Seelenheil der Untertanen sein. Deutlich vertreten hier Spengler und seine Heimatstadt Nürnberg die von Erasmus von Rotterdam entwickelte und vom späteren Luthertum weiter ausgebaute Auffassung vom Amt einer christlichen Obrigkeit. Niemand im Luthertum wird diese These heute noch vertreten wollen. Zu Beginn des 16. Jahrhunderts aber barg sie die Möglichkeit, nach dem Scheitern der innerkirchlichen Reformbemühungen ein romfreies, christliches Kirchenwesen zu etablieren.

Nur weil der Rat sich in dem damals anerkannten Sinn als *christliche Obrigkeit* verstand und sich für das zeitliche *und* ewige Heil seiner Bürger verantwortlich wuß-

te, mußte und konnte er die Reformation in seinem Gebiet selber einführen, – *im Gewissen ganz frei.*
Diese ausschließliche Bindung der Gewissen an das Wort Gottes ist in den Anfangsjahren der Nürnberger Reformationsgeschichte bei allen Beteiligten auf Schritt und Tritt erkennbar. Damit aber erweist sich die Reformation in der freien Reichsstadt in den entscheidenden Jahren von 1521–1525 letztlich als eine vom Rat, von der Geistlichkeit und von der Bevölkerung gemeinsam gewünschte und verantwortete religiöse Entscheidung.

3. KAPITEL

Freunde und Gegner der Reformation im Nürnberger Entscheidungsjahr 1525

Als *Königin der Städte und Mittelpunkt des Reiches* war Nürnberg um die Wende des 15./16. Jahrhunderts in aller Munde. Was Rang und Namen hatte in Politik und Wirtschaft, in der Kultur und auf dem Gebiet der Religion war in der Noris miteinander im Gespräch. Diese aufgeschlossene und anspruchsvolle Nürnberger Geisteswelt wurde in den Jahren 1520 bis 1525 intensiv mit dem neuen Verständnis des Evangeliums konfrontiert, das der Wittenberger Mönch und Professor Martin Luther durch seine Schriften im ganzen Reich verbreitete. Man war an der Pegnitz durchaus bereit, diese Herausforderung anzunehmen. Mit seinem Protest gegen das Papsttum und als warmherziger, tröstender Prediger des Evangeliums fand Luther schon sehr früh in Nürnberg ungeteilte Zustimmung. Auch die Forderung der Reformation nach einer Erneuerung des Schul- und Bildungswesens wurde in den humanistischen Kreisen der Stadt begeistert aufgenommen. Seine Interpretation des Evangeliums als einer Befreiung der Gewissen und sein Appell an die christliche Obrigkeit, die Verantwortung für die Reformation zu übernehmen, wurden freilich auch mißverstanden –: von den Schwärmern, die zur Revolution aufriefen, und vom Rat, der sich eine ihm unterstellte lutherische Stadtkirche schuf. So konnte es schließlich nicht ausbleiben, daß sich einzelne auch wieder von der Reformation abwandten. Die Scheidung der Geister in den Jahren 1520–1525 ist gerade in Nürnberg wie in kaum einer anderen deutschen Stadt zu erkennen.

KNITTELVERSE FÜR MARTIN LUTHER
Hans Sachs und sein Einsatz zugunsten der Reformation

Wach auf, es nahet gen den Tag!
Ich hör singen im grünen Hag
ein' wunderliche Nachtigall,
ihr' Stimm durchklinget Berg und Tal.
Die Nacht sich neigt gen Occident,
der Tag geht auf vom Orient,
die rotprünstige Morgenröt'
her durch die trüben Wolken geht....

Mit dieser Fanfare begrüßte Hans Sachs (1494–1576) in Nürnberg 1523 jubelnd den Reformator Martin Luther, die *Wittenbergisch Nachtigall*. Der Holzschnitt des Titelblattes zeigt die Nachtigall, die Hans Sachs allerdings mit einer Lerche verwechselt hat. Sie wendet sich der strahlenden Sonne zu, der Mond steht beschattet im Hintergrund. Unter dem Baum lauert allerlei wildes Getier, während sich die Schafe gelassen und friedlich dem Gotteslamm zuwenden. Der Text erläutert das Bild: die Nachtigall ist Luther, der Sänger der evangelischen Wahrheit. Der Mond stellt die Menschenlehre dar und der Löwe den Papst – beide sind die Verführer der Herde. Die anderen wilden Tiere symbolisieren die Feinde Luthers: Waldesel, Schwein, Schlange, Bock, Katze und Schnecke.

Das langatmige Gedicht mit seinen 700 Versen ist gewiß kein literarisches Meisterwerk. Dennoch wurde dieses Opus des Nürnberger Schusterpoeten noch im Erscheinungsjahr sechsmal nachgedruckt und machte seinen Verfasser über Nacht als volkstümlichen Bekenner der neuen Lehre in ganz Deutschland bekannt. Laut Vorrede war es von Hans Sachs den *Liebhabern evangelischer Wahrheit* gewidmet – dem *gemeinen und unwissenden Mann zur Belehrung, den Anhängern der Lehre Luthers zur Bekräftigung und den Verächtern des Wortes Gottes*

Die Wittenbergisch Nachtigall
Die man yetz höret vberall.

Ich sage euch/wa dise schweygē/ so werden die stein schreyē Luce. 19.

Eine der ersten und berühmtesten Flugschriften von Hans Sachs gegen die alte Kirche und für Martin Luther war sein Mammutgedicht von der Wittenbergischen Nachtigall zur ernsten Prüfung. Das Unerhörte daran war, daß hier ein Laie, ein Mann aus dem Volk, für *den gemeinen Mann* und in seiner bilderreichen und groben Sprache genau das sagte, was Luther meinte sagen zu müssen. Schlicht und einfältig, aber eben allgemeinverständlich und im Kern gut lutherisch waren die Reime des Schuhmachers abgefaßt. So wurde er mit seinen Knittelversen das anschauliche Beispiel dafür, in welcher Weise die Lehre Martin Luthers in den breiten Schichten des Volkes verstanden und formuliert wurde.

Aus seinen mehr als 6000 dichterischen Arbeiten spricht ein tiefes Verständnis für alle Schwächen des Menschen. In immer neuen Anläufen versucht Hans Sachs, dem Menschen in Scherz und Ernst Richtlinien und Beispiele eines rechten, klugen, vernünftigen und gottgefälligen Verhaltens zu geben. Dieses moralische Pathos lebt aber gerade nicht vom Glauben an die Verdienstlichkeit der guten Werke. Das richtige und *nicht-närrische* Verhalten ist für Hans Sachs nicht die Bedingung, sondern die Folge des Glaubens. Aus der Liebe zu Gott fließt nach der Meinung dieses Mannes sozusagen *automatisch* die Liebe zum Mitmenschen. *Jedermann herzlich alles Gute tun aus freier Liebe, ohne eigenen Nutzen dabei zu suchen, mit Rat und Tat, mit Lehren und Strafen und mit Vergeben* – das sind die wahren *guten Werke*. Damit diese nun aber unter der Hand nicht doch wieder im mittelalterlichen Sinn als Verdienste interpretiert werden können, fügt der dichtende Laientheologe hinzu:

Hie muß man aber fleißig merken,
daß sie zur Seligkeit nicht dienen.
Die Seligkeit hat man vorher
durch den Glauben an Christum.
Das ist die Lehr' kurz in der Summ',
die Luther hat an den Tag gebracht.

Es ist tatsächlich erstaunlich, wie Hans Sachs in seiner ersten großangelegten Verteidigung der Reformation das zentrale Anliegen Luthers – die Rechtfertigung des Menschen nicht aufgrund seiner Werke, sondern im Glauben an Christus – erfaßt hat. Der Grund dafür liegt in einem dreijährigen Studium der heiligen Schrift und der Werke Martin Luthers. Im Jahr 1520 brach nämlich die bis dahin rege dichterische Produktion des Schuhmachermeisters plötzlich ab. In diesem Jahr aber erschienen die großen aufsehenerregenden Lutherschriften. Da war zunächst die deutsche Abhandlung *Von dem Papsttum zu Rom wider die hochberühmten Romanisten zu Leipzig*, in der Luther im Nachklang der Leipziger Disputation die Unfehlbarkeit des Papstes in Frage stellte. Wie eine Explosion wirkte die Hauptschrift dieses Jahres *An den christlichen Adel deutscher Nation*. In ihr hob Luther die für das gesamte Mittelalter wesentliche Unterscheidung von Geistlichen und Laien auf und entfaltete die evangelische Lehre vom *allgemeinen Priestertum aller Gläubigen:* alle Mitglieder der Kirche sind zur Schriftauslegung berechtigt und zur Reform des kirchlichen Lebens verpflichtet. Seine grundsätzlich-theologische Abrechnung mit der spätmittelalterlichen Sakramentslehre legte Martin Luther 1520 in der Schrift *Von der babylonischen Gefangenschaft der Kirche* vor, einem Werk, auf dessen Widerruf man in Worms unter allen Umständen bestand und das Männer wie Erasmus von Rotterdam und der gewiß nicht papstfreundliche König Heinrich VIII. von England in seiner Schärfe *einfach entsetzlich* fanden. Im November dieses entscheidenden Jahres der Reformation erschien schließlich noch Luthers bis heute populärster Traktat *Von der Freiheit eines Christenmenschen*. Mit diesen Schriften war in den Augen der ganzen damaligen Welt die Trennung von Rom perfekt. Das *armselige Brüderlein*, der *vermessene Mönch* hatte begonnen, die Mauern derjenigen Institution abzutragen, die wie ein Fels jahrhundertelang den mächtigsten Herrschern Europas widerstanden hatte.

Drei Jahre später nun begann Hans Sachs sich plötzlich und ganz massiv schriftstellerisch für die Reformation einzusetzen. Dabei verriet er auf Schritt und Tritt eine profunde Kenntnis der Bibel und dieser im Jahre 1520 erschienenen Lutherschriften. Ganz offensichtlich hatte er die Zeit seines Schweigens zu einem intensiven theologischen Studium benutzt.

1524 erschienen vier Flugschriften, in Prosa verfaßte Dialoge. Das erste Büchlein gibt die Disputation zwischen einem Chorherrn und einem Schuhmacher wieder, *darin das Wort Gottes und ein recht christlich Wesen verfochten wird*. Sehr humorvoll erzählt Sachs, wie ein Schuhmacher einem Geistlichen die fertigen Schuhe bringt und ihn dabei in einer theologischen Diskussion mit seiner Bibelkenntnis und seiner Schlagfertigkeit in die Enge treibt. Überzeugend kann dieser Schuhmacher erklären, warum der Papst nicht Christi Stellvertreter ist, wieso ein Laie die Schrift auslegen darf und was man von den guten Werken zu halten hat. Der *Pfaffe* weiß natürlich nur sehr ungenau Bescheid. Immer wenn sein Gegner die

65

Bibel zitiert, gerät er ins Schwimmen. Die Apostel haben in Jerusalem ein Konzil gehalten, meint der Schuster. *So, haben sie das?*, fragt der Chorherr. Der Schuster: *Ja. Habt ihr eine Bibel?* Darauf der Chorherr: *Ei, Köchin, bring das große alte Buch her.* Als die Köchin es bringt und fragt, ob es dies sei, sagt der Chorherr: *Ja, aber kehr den Staub herab.* Der Schuster nennt nun die Bibelstelle, doch der Chorherr stöhnt: *Sucht selber, ich bin nicht viel darin umgegangen, ich weiß wohl Nützlicheres zu lesen.* Abschließend beschwert sich der Geistliche noch einmal: *Seht nur, wie heute die Laien mit uns Geweihten umspringen. Es ist, als sei der Teufel in den Schuster gefahren, und wäre ich nicht so gelehrt, er hätte mich wahrhaftig auf den Esel gesetzt.* Ausdrücklich verweist der Schuster des Hans Sachs in diesem Trakat auf Luthers Büchlein von der christlichen Freiheit, – was aber den Chorherrn vollends auf die Palme bringt: *Ich wollt, daß der Luther mit samt seinen Büchern verbrennt würde.*

Ähnlich munter geht es im zweiten Prosadialog über die *Scheinwerke der Geistlichen und ihre Gelübde* zu. Hans Sachs trat auch mit Parodien auf Marienlieder an die Öffentlichkeit. Er hatte diese Gesänge *verändert und christlich korrigiert*, – also von Maria auf Christus umgedichtet. Einmal wurde auch er, dessen Satire an sich nie persönlich verletzen wollte, so scharf, daß der Rat ihn tadeln mußte. Das war 1527, als der berühmte evangelische Prediger Andreas Osiander ein überaus bissiges Pamphlet veröffentlichte: *Eine wunderliche Weissagung von dem Papsttum.*

Diese antipäpstliche Polemik des Nürnberger Predigers war zweifellos von Luther inspiriert. In der ersten Hälfte des Jahres 1520 war der Wittenberger Reformator wohl noch bereit gewesen, den Papst als Oberhaupt der Christenheit anzuerkennen. Damals schrieb er an den Wittenberger Hofprediger Georg Spalatin, daß er *fast nicht zweifele, daß der Papst der Antichrist sei.* In der Schrift *Vom Papsttum zu Rom* wollte er den heiligen Vater immerhin noch sein lassen, was er ist, wenn er nur *unter Christus bleibe und sich durch die heilige Schrift richten lassen wolle.* Dann aber wurde aus der Angst, in Rom könnte möglicherweise der Antichrist sitzen, mehr und mehr eine Gewißheit. Als Vorwarnung für seine Schrift *An den Adel* ließ Luther seinen Vertrauten Spalatin wissen: *Ich meine, sie seien zu Rom alle toll, töricht, wütend, unsinnig, Narren, Stöcke, Steine, Hölle und Teufel geworden. Die Geheimnisse des Antichrist müssen ernstlich aufgedeckt werden.* Die auch für damalige Verhältnisse ungewöhnliche Schärfe seiner Abrechnung mit dem Papsttum rechtfertigte Luther in einem Brief an seinen Freund Wenzeslaus Link in Nürnberg. Er meint, beinahe jedermann verdamme seine bissige Art. Aber *ich sehe, daß alles, was heutzutage in Ruhe behandelt wird, sofort der Vergessenheit anheimfällt, da es kein Mensch ernst nimmt.*

Genau dieser Meinung waren in Nürnberg auch der Prediger Osiander und der Schuhmacher Hans Sachs. Bei ihrem gemeinsamen Werk handelt es sich um eine Reihe von Holzschnitten, die sehr drastisch den Verweltlichungsprozeß des Papsttums darstellen, und um eine scharfe antipäpstliche Polemik aus der Feder des Streitpredigers von St. Lorenz. Die deutschen Verse verfaßte Hans Sachs, und die waren nicht weniger drastisch:

> *Weil sich der Papst von Gott abwend't,*
> *auf Gut und weltlich Regiment,*
> *zu Blutvergießen, Krieg und Streit,*
> *ist er kein Hirt der Christenheit.*

Luther war von diesem Opus recht angetan und regte in einem Brief nach Nürnberg einen Nachdruck an. Dem Rat jedoch ging das zu weit. Er hatte vielfältige politische Rücksichten zu nehmen und ersuchte seinen Prediger daher offiziell, sich *fürderhin dererlei Episteln zu enthalten.* Der Drucker hatte alle noch vorhandenen Büchlein sowie die Druckstöcke auf dem Rathaus abzuliefern. Hans Sachs aber mußte den *ernsten Befehl* hinnehmen, daß er *seines Handwerks und Schuhmachens warte und sich enthalte, solche Büchlein oder Reime in Zukunft ausgehen zu lassen. Schuster, bleib bei deinem Leisten!*, riefen vor allem die Altgläubigen dem für sie gefährlichen Laien zu, der sich derart im Kampf gegen das Papsttum für die neue Lehre engagierte. Angesichts der Strafandrohung des Rates verfuhr Hans Sachs in den folgenden Jahren tatsächlich etwas vorsichtiger. Schweigen wollte er aber nicht. Und so erschien nach einiger Zeit bereits eine neue Kampfschrift von ihm, in der er äußerst geschickt und pädagogisch-didaktisch gekonnt die evangelische und die altgläubige Lehre gegenüberstellte. Sie schloß mit dem Appell:

> *Hie urteil recht, du frommer Christ,*
> *welche Lehr' die wahrhaftige ist.*

Hans Sachs, der Schuhmacher, Poet und große Publizist der Luther'schen Reformation
nach einem Holzschnitt von Michael Ostendorfer

Dem Schuster und Poeten ging es jedoch nicht nur um die rechte Lehre, sondern auch um das richtige Verhalten der Menschen. Und das fand er bei den Evangelischen auch nicht immer. Es spricht für das unbestechliche moralische Urteilsvermögen dieses Mannes, daß wir aus seiner spitzen Feder auch zwei Dialoge besitzen, in denen das sittliche Verhalten der eigenen Glaubensgenossen kritisiert wird. Hans Sachs meint, man habe jetzt lange genug das Wort Gottes gepredigt, aber nirgends seien *gute Früchte* zu erkennen. Was *dem Leibe wohltue*, das könne man natürlich überall beobachten: nicht beichten, nicht fasten, nicht in die Kirche gehen, nicht beten, nicht opfern, nicht wallfahrten, aus dem Kloster laufen und Fleisch essen. Aber wo, – so läßt Hans Sachs einen katholischen Geistlichen fragen – ist eigentlich etwas vom Evangelium im praktischen Lebensvollzug der Evangelischen zu erkennen? Die evangelische Freiheit werde offensichtlich von vielen *dem Evangelium zu großer Schmach* mißbraucht. Obwohl Hans Sachs diese kritischen Anfragen an die Vertreter der neuen Lehre sicher teilt, hat er doch auch hier eine theologisch beachtenswerte Antwort parat. Er schreibt, niemand könne schon hier auf Erden den geistlich perfekten Christenmenschen erwarten; Gut und Böse würden leider neben- und untereinander wohnen, man wird ergänzen dürfen: ineinander verzahnt in jedem Menschen – *bis zur Zeit der Ernte*.

Trotz dieser Warnung, den Christen in einem Anflug von neuer Werkgerechtigkeit nur nach seinem moralischen Verhalten beurteilen zu wollen, prangerte Hans Sachs noch einmal und sehr deutlich den mangelnden sittlichen Ernst der Lutheraner an. Sein vierter Dialog aus dem Jahre 1524 ist das *Gespräch eines evangelischen Christen mit einem lutherischen, darin der ärgerliche Wandel etlicher, die sich lutherisch nennen, angezeigt und brüderlich gestraft wird*. Der Schuster Hans will den Meister Ulrich zur evangelischen Predigt abholen. Der Bäcker Peter jedoch hält gar nichts davon und sagt auch deutlich warum: Die Lutherischen würden die *tröstlichen Worte von Christo* nicht weitersagen, sondern nur alle Tage beisammensitzen und über die Mönche und Pfaffen herziehen. Wer am besten schimpfen könne, sei Meister unter ihnen. Ulrich bestätigte das: *Wenn ihr Lutherischen einen unanstößigen Wandel führtet, so hätte auch eure Lehre ein besseres Ansehen bei den Menschen; dann würden diejenigen, die euch jetzt Ketzer nennen, Christen heißen, die euch jetzt fluchen, euch loben, die euch jetzt fliehen, euch aufsuchen, die euch jetzt verachten, von euch lernen. Aber mit dem Fleischessen, Rumoren und Pfaffenschänden habt ihr nur die evangelische Lehre selbst verächtlich gemacht.* Meister Hans setzt hinzu: *Es liegt leider am Tag.*

In immer neuen Reimen und Prosawerken setzte sich Hans Sachs bis ins hohe Alter für die neue Lehre ein. Seine Sprache war dabei oft hart und die Form ungelenk. Nicht selten wirkte der moralische Appell sogar peinlich. Trotz dieser Einschränkungen zeigt der Fall dieses Handwerksmeisters, wie sich der Mann auf der Straße, dem Luther so gerne aufs Maul schaute, für die Sache der Reformation entschied.

EIN HAUCH VON REVOLUTION
Nürnberg trennt sich von Schwärmern und Freigeistern

Hans Sachs war gegen jeden *Rumor*. Nicht nur die neue Lehre, sondern auch die alte ständische Ordnung wollte er unbedingt gewahrt und beschützt wissen. Aber unter den Handwerkern der Stadt und bei den Bauern draußen auf den Dörfern herrschte Unruhe. Die Linke der Reformation begann sich zu rühren, – in der Schweiz und in Oberdeutschland einerseits, in Sachsen und Thüringen andererseits. Und gerade als der Rat von seiner wohlwollenden Duldung der evangelischen Bewegung zur schrittweisen Einführung der lutherischen Reformation überging, machten sich auch in seiner Stadt die ersten Einflüsse jener Leute bemerkbar, die Osiander zusammenfassend und höchst abfällig die *Schwärmer* zu nennen pflegte. Damit brachte der streng lutherische Kirchenmann recht unterschiedliche Geistliche, Handwerker, Bauern und Privatgelehrte unter einen Hut: die ehrbaren Schweizer Reformatoren Ulrich Zwingli und Johannes Oekolampad sowie den Wittenberger Theologen Andreas Karlstadt, die alle eine von Luther abweichende Abendmahlsauffassung vertraten; die bäuerischen Laienprediger und Wiedertäufer am Stadtrand Nürnbergs; Thomas Münzer mit seinem revolutionären Anhang in der Stadt; und schließlich den freigeistigen Hans Denk und seine Schüler, durch die es 1525 zu einem ersten *Atheistenprozeß* in Nürnberg kam. Im Zuge der Auseinandersetzung mit diesen Kräften und Strömungen trennte sich der Nürnberger Rat im Krisenjahr 1525 endgültig von allen Schwärmern und schlug sich unter Führung seiner Juristen und Theologen ein für allemal auf die Seite eines streng kirchlichen Luthertums.

Die Entscheidung war deshalb nicht leicht zu fällen, weil sich auch alle schwärmerischen Kreise nicht zu unrecht auf Gedanken des Wittenberger Reformators beriefen. Hatte nicht Martin Luther dem Papsttum den Gehorsam aufgekündigt, auf sein Gewissen gepocht und das persönliche Verständnis der heiligen Schrift zur Grundlage des Glaubens gemacht? Nach Ansicht der Schwärmer war damit der richtige Weg gewiesen, — nur war ihn Luther ihrer Meinung nach nicht konsequent zu Ende gegangen. Martin Luther seinerseits mußte die revolutionäre Weiterentwicklung seiner Ideen als *fleischliches Mißverständnis des Evangeliums* ansprechen. Wurde hier nicht die christliche Freiheit als Deckmantel für eine durchaus nicht religiöse Revolution benutzt? Jedenfalls erkannte Luther sehr schnell die Gefahr, die einer ruhigen kirchlichen Erneuerung durch die Tätigkeit dieser *himmlischen Propheten* aus den eigenen Reihen erwuchs.

In Nürnberg begann es verhältnismäßig harmlos. Ausgerechnet während des Reichstages 1524 — was dem Rat äußerst peinlich war — trat in der Vorstadt Wöhrd ein schwärmerischer Winkelprediger auf. *Im Wirtshaus, oben zum Fenster herab*, predigte er recht gelehrt und begeisterte das Volk. Schnell nahmen ihn die Nürnberger Theologen ins Gebet. Daraufhin meinte der Rat erklären zu können, der Wöhrder Bauer verkündige eigentlich nichts *Unchristliches und Ungeschicktes*. Trotzdem wurde ein Predigtverbot ausgesprochen; man gestattete dem Laienprediger jedoch, seinen *Geist zu öffnen* und seine Ansichten zu vertreten, wenn er in die Häuser eingeladen würde.

Ende des Jahres tauchte plötzlich der sächsische Bauernführer Thomas Münzer in der Stadt auf. In aller Stille ließ er zwei seiner Schriften drucken, wobei es sich bei der einen um seinen scharfen Angriff *Gegen das geistlose, sanftlebende Fleisch zu Wittenberg*, also gegen Martin Luther handelte. Die von Haß triefende Streitschrift verriet ihren Verfasser natürlich auf Anhieb. Aber bevor der Rat zuschlagen konnte, hatte sich Münzer aus dem Staub gemacht. So hielt sich der Stadtrat an die Bücher und an den Münzerfreund Heinrich Pfeiffer, der zusammen mit anderen Anhängern Münzers aus der

Auch die schwärmerische, freigeistige und revolutionäre Predigt fand Resonanz im breiten Volk

Stadt gewiesen wurde. Aber die Saat war aufgegangen. Anfang November fühlte sich der Rat verpflichtet, gegen den Maler Hans Greiffenberger vorzugehen, der sich als Laienschriftsteller und mit einer Reihe von Bildern verdächtig gemacht hatte. In diesen Zusammenhang nun gehört der berühmte Prozeß gegen die drei *gottlosen Maler*. Im Januar erreicht den Rat das Gerücht, daß *zwei Malergesellen* in unerlaubter Weise über das Abendmahl diskutiert haben. Es handelt sich um die beiden jungen Brüder Barthel und Sebald Beham, die als Kupferstecher, Reißer von Holzschnitten und Maler bereits einen

Die Fahrt des Papstes in die Hölle. Derartig massive Polemik, wie sie in den Kreisen der gottlosen Maler in Nürnberg gepflegt wurde, mißbilligte der Rat der freien Reichsstadt allerdings

guten Ruf haben. Nach dem ersten Verhör kommt Georg Pencz als der Dritte im Bunde hinzu, ein Mann aus der Werkstatt Albrecht Dürers. Die Verhandlungen fördern Unglaubliches ans Licht: alle drei äußern, sie hielten vom Abendmahl, von der Taufe und von Christus gar nichts. Was die Prediger dazu verkündigen, sei *im Grunde lauter Tand*. Die naheliegende Frage, ob sie denn überhaupt noch an Gott glauben, beantwortet das Brüderpaar Beham mit Ja. Pencz dagegen meint, er spüre zuweilen etwas von Gott, wisse aber eigentlich nicht, was er wahrhaftig für Gott halten solle. Da in der Bibel vieles *wider einander* stehe, halten alle drei nicht sonderlich viel von der Autorität der heiligen Schrift. Barthel Beham äußert sogar ausgesprochen gesellschaftsfeindliche Ansichten: *Man soll nicht arbeiten und man muß einmal alles teilen.* Schließlich geben alle drei Maler offen zu, daß sie den städtischen Rat nicht als Obrigkeit zu akzeptieren gedenken.

Man kann sich vorstellen, welches Entsetzen diese anarchistischen und atheistischen Äußerungen in einer Stadt wie Nürnberg damals hervorriefen. Willibald Pirckheimer berichtete seinem auswärts weilenden Freund Albrecht Dürer, es sei eine neue Sekte aufgekommen, eine, die *nicht nur das Evangelium und Christus, sondern auch Gott selbst leugne.* Die Nürnberger Theologen erhielten unmittelbar nach Abschluß der ersten Verhöre den Auftrag, sich die Malergesellen einzeln im seelsorgerlichen Gespräch vorzunehmen. Die Angeklagten aber blieben hartnäckig. Einer von ihnen äußerte hinterher, man habe zwar viel geredet, aber es sei wenig bewiesen worden. Ein anderer erklärte spöttisch, sie hätten den Predigern *ein Latein aufgegeben,* an dem diese wohl noch jahrelang zu kauen hätten. Auch als eine gewisse Sinnesänderung festzustellen war, blieben die amtlichen Theologen darum mit ihrem Ratschlag hart und unerbittlich: Dererlei Gesindel müsse aus der Stadt verschwinden, denn die momentane Einsicht der gottlosen Maler sei weniger auf ein neues Verständnis des Wortes Gottes

Verspottung und Geißelung Christi — Detail aus dem Sakramentshäuschen des Adam Kraft in der Nürnberger St. Lorenzkirche

Ausgangspunkt und Kriterium der kirchlichen Erneuerung war für die Reformation das Wort Gottes, wie die in die Bibel weisende Hand einer Apostelfigur des Veit Stoß in der Nürnberger St. Sebalduskirche veranschaulicht

Auch die lutherische Stadtgeistlichkeit wurde von den Nürnbergern nicht unkritisch akzeptiert. Das Narrenschiff beim Schaubartlaufen 1539 zeigt einen Prediger in der Maske des Andreas Osiander mit einem Brettspiel. Der strenge Kirchenmann hatte sich scharf gegen die Vorläufer der heutigen Faschingsumzüge gewandt

*Der Nürnberger Humanist
Willibald Pirckheimer
nach einem Stich von
Albrecht Dürer*

*Das Klarakloster
im Schatten der mächtigen
St. Lorenzkirche
war lange Jahre hindurch
die letzte Bastion der alten
Kirche in Nürnberg*

als vielmehr auf die harten Gefängnismauern zurückzuführen.

Hilfesuchend wandte sich der Rat nach Wittenberg: Was soll man mit solchen Leuten machen? Luther war tatsächlich über die atheistischen Äußerungen der Malergesellen entsetzt. *Sie leugnen, daß Christus sei!* – in einem Brief vom Februar dieses Jahres hob Luther das voller Abscheu an erster Stelle als ihre Sünde hervor. Umso beachtlicher ist, was er dem *vorsichtigen und weisen Lazaro Spengler, meinem günstigen Herrn und guten Freunde,* antwortete. Er habe dessen Anfrage mit zwiespältigem Herzen aufgenommen. Einerseits freue es ihn, daß *Christus so wacker bei euch ist.* Andererseits sei es schlimm, daß *des Teufels Boten* auch schon in Nürnberg wirken. Was die Bestrafung der Malergesellen betreffe, so würde er gegen die Anführer wie gegen Türken oder gegen verführte Christen vorgehen; solche Menschen könne die weltliche Obrigkeit eigentlich nicht bestrafen, schon gar nicht an Leib und Leben. Luther rät also, was den religiösen Aspekt des Prozesses betrifft, im Gegensatz zu Osiander und den städtischen Theologen, zur Milde. Falls die Anführer jedoch tatsächlich *die weltliche Obrigkeit nicht wollen anerkennen und ihr gehorchen*, müssen sie bestraft werden, denn das sei ja *Aufruhr und Mord im Herzen*. Diese Differenzierung ist bezeichnend für Luthers Methode in der Auseinandersetzung mit den Schwärmern und kennzeichnend für seine Haltung in den Bauernunruhen dieser Monate. Er vertritt die Ansicht, daß sich religiöse Fragen nicht mit Gewalt lösen lassen; für die Aufrechterhaltung der gesellschaftlichen Ordnung allerdings hat die weltliche Obrigkeit notfalls mit dem Schwert zu sorgen. Der Nürnberger Rat schloß sich in diesem Fall dem Votum Luthers an; die gottlosen Maler wurden lediglich der Stadt verwiesen. Sie konnten sogar nach nicht allzu langer Zeit, ohne ihre Ansichten grundlegend geändert zu haben, wieder in ihre Heimatstadt zurückkehren.

Durch diesen Prozeß war man in Nürnberg jedoch auf einen anderen Mann aufmerksam geworden. Hans Denk (um 1500–1527) hatte sich in allen Verhandlungen mehr oder weniger als der heimliche Mittelpunkt der schwärmerisch-ketzerischen Bewegung in der Stadt erwiesen. Und das war äußerst peinlich, – war doch Denk erst 1523 auf Empfehlung Willibald Pirckheimers und auf Bitten Osianders hin in die Stadt gekommen. Er stammte aus Habach in Oberbayern und bekleidete nun in der ersten Stadt des Reiches als angesehener Mann das Amt des Rektors an der Sebalder Lateinschule. Sein freundliches und gewandtes Auftreten und seine tüchtigen Leistungen an der ihm anvertrauten Schule, aber auch sein einwandfreies sittliches Verhalten verschafften diesem Mann überall hohes Ansehen. Offenbar war er mit Thomas Münzer während dessen kurzen Aufenthalt in Nürnberg häufig zusammengetroffen. Auch das Ideengut von Karlstadt, der sich in diesem Jahr endgültig von Martin Luther abwandte, war ihm bekannt geworden. Zunächst trat Denk mit seinen neuen religiösen Ansichten nicht an die Öffentlichkeit. Ein Disput mit Osiander über das Verständnis des Abendmahls verriet aber dann doch seine wahre Einstellung, die mit der in Nürnberg vertretenen Lehre Luthers nur mehr wenig gemeinsam hatte. Der Rat erbat von Denk eine Darlegung seiner Auffassung. In diesem Schriftstück wurde deutlich, daß der gebildete Mann keineswegs ein radikaler Atheist war, sondern im Gegenteil ein tief frommer Gottsucher, – freilich abseits der geltenden altgläubigen oder lutherischen Norm. Die heilige Schrift, mit der er sich unablässig beschäftigte, konnte ihm doch nicht so wie den Reformatoren letztgültige Autorität sein. Denk meinte, das Fundament des Glaubens sei vielmehr die unmittelbare religiöse Erfahrung. Da diese aber dem Wechsel unterworfen sei, könne auch der Glaube durchaus schwanken. In der *inneren Stimme* bezeuge sich der göttliche Geist dem Menschen, und auf diese Stimme, auf das *etwas* im Menschen, müsse man immer wieder hören. Von den Sakramenten hielt Denk darum genau so wenig, wie von den Buchstaben der heiligen Schrift: *Ohne dieses äußerliche Brot kann man leben durch die Kraft Gottes. Ohne das innerliche kann niemand leben.*

In diesem Bekenntnis sind die Gedanken der gottlosen Maler und die grundsätzlichen theologischen Ideen von Karlstadt und Münzer leicht wiederzuerkennen. Die Maler, *prächtige und trutzige Leute,* wie man im Volk sagte, waren freilich bei ihrer *Verachtung aller Prediger und der weltlichen Obrigkeit* so radikal wie möglich aufgetreten. Von den tiefsinnigen theologischen Erörterungen ihres geistigen Vaters war im Prozeß gegen sie nicht mehr viel übriggeblieben. Im Gegensatz zu diesen Männern kann man bei Denk kaum von einem sozialkritischen oder gar revolutionären Elan sprechen. Dieser Mann vertrat einen stark von der mittelalterlichen Mystik geprägten Spiritualismus, der auf alle äußeren Zeichen des Glaubens und auf die Gemeinschaft der Kirche meinte verzichten zu können. Vor Osiander und seinen Kollegen konnte Denk seinerzeit natürlich nicht bestehen. Die *innere Stimme* des Laienpredigers stand gegen das *Wort Gottes,* dem sich die Amtsträger verpflichtet wußten. So mußte Hans Denk nach der entscheidenden Aussprache im Rathaus eines Tages noch vor Sonnenuntergang die Stadt verlassen. Ohne Widerspruch, *wiewohl mit großem Erschrecken,* gehorchte er. Als Haupt der süddeutschen Täuferbewegung verbreitete er seinen verinnerlichten Glauben in zahlreichen Traktaten auch weiterhin, – ohne dogmatische Strenge, still und immer auf Frieden bedacht. Er starb schon 1527 in Basel an der Pest.

Mit seinem Ideengut gehörte Denk zu jenen Einzelgängern des Reformationszeitalters, die als die eigentlichen Vorboten einer neuen Zeit gelten können. Zu ihnen wäre auch Sebastian Franck zu zählen, der unruhige Wanderer zwischen den Konfessionen, der in seinen zahlreichen theologischen Schriften einen mystisch-spiritualistischen Pantheismus mit einer umfassenden Kritik aller Konfessionen verband. Die Gedanken dieser religiösen Individualisten Süddeutschlands entwickelten sich abseits des offiziellen Luthertums weiter und fanden schließlich über die Aufklärung in einer ganz bestimmten dogmenfeindlichen und verinnerlichten Frömmigkeit am Rande der Kirche ihren Niederschlag.

Hand in Hand mit dem Kampf gegen die Schwärmer und Wiedertäufer vollzog sich in Nürnberg die Abwehr der *Sakramentierer.* Darunter verstand man jene Leute, die für die Abendmahlslehre Zwinglis und Karlstadts in der Reichsstadt Propaganda trieben. Zwar war in den Pfarrkirchen St. Lorenz und St. Sebald eine vom mittelalterlichen Opfergedanken gereinigte Meßordnung eingeführt worden. Die Realpräsenz Christi unter den Gestalten von Brot und Wein stand jedoch für Luther und das gesamte Luthertum fest, und zwar ohne jede Diskussion.

Demgegenüber vertraten die Schweizer Reformatoren und Luthers Doktorvater Andreas Karlstadt eine äußerst *liberale* Sakramentsauffassung. Sie erklärten, die Einsetzungsworte Christi seien lediglich sinnbildlich zu verstehen.

Obwohl weder Karlstadt noch Zwingli jemals persönlich in Nürnberg waren, schätzte man hier ihre theologischen Auffassungen zeitweise sehr. Philipp Melanchthon erzählte gerne davon, daß während seines Nürnberger Besuchs im gastfreien Haus Pirckheimers am Hauptmarkt auch heftige nächtliche Diskussionen über das Abendmahl stattgefunden hätten. Dürer habe dabei zeitweise ganz offensichtlich Sympathie für Zwingli an den Tag gelegt. Auch Karlstadt hatte 1521 geglaubt, er könne eine seiner Abendmahlsschriften Albrecht Dürer widmen. In diesem frühen Traktat bekannte er sich immerhin noch, im Gegensatz zu seinen späteren Ansichten, zur leiblichen Gegenwart Christi unter Brot und Wein. In der Stadt traten der ehemalige Karthäusermönch Franz Kolb und der Kaplan Georg Weiß von St. Sebald offen für die nüchterne, rationalistische Lehre Zwinglis ein. Und in der Lorenzkirche wagten es sogar einmal drei Personen, während der Predigt unter der Bank Bücher von Karlstadt zu lesen, – was ihnen eine harte Strafe eintrug. Als nun der Maler Hans Greiffenberger seiner kranken Frau kurz entschlossen selber das heilige Abendmahl reichte, platzte den lutherischen Theologen der Stadt der Kragen. Sie verwiesen auf ihre früheren Empfehlungen und verlangten vom Rat die Ausweisung solcher Personen aus der Stadt.

Trotz all dieser Fälle dürfte Zwingli falsch informiert gewesen sein, als er einmal behauptete, seine Lehre sei in Nürnberg weit verbreitet. Die Bücher der Sakramentierer standen auf dem städtischen Index, und der Rat hatte jegliche Abendmahlsdiskussionen in den Wirtshäusern strikt verboten. Außerdem ermahnte er seine Geistlichen, die Gemeinden über die seiner Meinung nach schriftmäßige lutherische Abendmahlslehre permanent zu unterrichten. Diese Ermahnung war allerdings überflüssig; der resolute Andreas Osiander ließ keine Gelegenheit ungenutzt vorübergehen, seinen Gegner Zwingli aufs Gröbste abzukanzeln. Daß in Nürnberg nichts anderes als die Lehre Luthers verkündet würde, betrachtete der Prediger von St. Lorenz als seine Hauptsorge. Sehr richtig äußerte ein Augsburger einmal gegenüber dem Schweizer Reformator über die Lage in der fränkischen Stadt: *Was Osiander hält und glaubt, müssen die in Nürnberg auch glauben.*

Die Auseinandersetzung über das Abendmahl war jedoch weder in Nürnberg noch andernorts eine Angelegenheit der Theologen allein. In sie griffen auch die Laien, in Nürnberg vor allem Willibald Pirckheimer, ein. Seine Brieffreundschaft mit dem Baseler Reformator Oekolampad war bekannt, ebenso, daß er sich lobend über dessen *Wahren Sinn der Einsetzungsworte* geäußert hatte. Auch Denk war schließlich durch die Vermittlung Pirckheimers an die Sebalder Schule gekommen. Das alles machte die Lage des Patriziers schwierig.

Um sich wieder ins rechte und rechtgläubige Licht zu rücken und um den Verdacht, er stünde radikalen Kreisen nahe, zu zerstreuen, distanzierte er sich nunmehr nachdrücklich von Oekolampad und den Schweizern. Erfreulich kann man seine Abendmahlsschrift nicht nennen; sie steckt voller unsachlicher Polemik, enthält zahlreiche böswillige Unterstellungen und bietet auch theologisch nichts Neues. Der große Humanist war zu diesem Zeitpunkt schon dabei, sich vom Luthertum zu lösen und in freier Anlehnung an die alte Kirche seine eigene Religion zu pflegen.

Das Vorgehen des Nürnberger Rates gegen die Schwärmer darf nicht mit den heutigen Maßstäben der Toleranz beurteilt werden. Nicht weniger als die gesamte städtische und kirchliche Ordnung der Nürnberger Gesellschaft stand im Entscheidungsjahr 1525 auf dem Spiel. Den Anhängern des apokalyptisch-enthusiastischen Thomas Münzer und des mystisch-spiritualistischen Hans Denk gegenüber mußte Martin Luther nicht als Vorhut des Neuen, sondern als letzter Erneuerer des Alten wirken. Für ihn, für die Reformation und gegen die Revolution entschied sich die freie Reichsstadt Nürnberg, als sie sich von den Schwärmern und Sakramentierern trennte. Die Stadt sah sich vor Gott und dem Kaiser verpflichtet, für *bürgerlichen Frieden* und *einhellige Predigt* zu sorgen. Sie tat das entschieden, aber für damalige Verhältnisse durchaus menschlich. Die Widerspenstigen wurden von den Predigern belehrt und notfalls der Stadt verwiesen. Die Todesstrafe wandte man in Nürnberg ganz bewußt und ganz im Sinne Luthers nicht an.

DIE KUNST IM DIENSTE DER VERKÜNDIGUNG
Albrecht Dürers religiöses Werk

Bei der vorsichtigen Erneuerung des kirchlichen Lebens und im harten Kampf gegen die *reformatorische Linke* fand der Rat unerwartete und nicht hoch genug zu veranschlagende Schützenhilfe: Nürnbergs größter Sohn, Albrecht Dürer (1471–1528), stellte sich auf die Seite Martin Luthers. Er tat das freilich, ohne dabei seine tiefe mittelalterliche Frömmigkeit zu verleugnen oder gar alle kirchenpolitischen Maßnahmen seiner Heimatstadt und den Lebensstil des neuen Predigerstandes zu billigen. Die Konfessionsgrenzen späterer Jahrhunderte waren eben der Anfangszeit der Reformation noch fremd. Dürer erlebte in Nürnberg nur mehr die Anfänge der Konfessionalisierung des lutherischen Kirchenwesens mit, denn er starb bereits 1528. So wird man ihn kaum als Lutheraner, eher und mit gutem Grund aber als einen gläubigen Christen lutherischer Prägung bezeichnen können.

Der Nürnberger Rechtsgelehrte Christoph Scheurl hat einmal von der *angeborenen Frömmigkeit* seines Freundes Albrecht Dürer gesprochen. Sicher ist der später arg strapazierte Begriff der *religiösen Veranlagung* mit Vorsicht zu gebrauchen. Es ist aber nicht zu übersehen, daß sich im Werk des Nürnberger Meisters und in seinen persönlichen Äußerungen die Frömmigkeit des zu Ende gehenden Mittelalters noch einmal in ihrer besten Form artikulierte. Vor allem Dürers fromme Eltern müssen als Vermittler dieses Glaubens betrachtet werden. Das Weihwasser, die Einzelbeichte, die Sterbesakramente, die Fürbitte für die Verstorbenen, ja sogar die Praxis des Ablasses hat Dürer eigentlich nie aufgegeben. In einer Stadt, die eine ausgesprochen konservative Reformation durchführte, muß das nicht verwundern. Vor Antritt seiner niederländischen Reise etwa machte Albrecht Dürer eine Wallfahrt nach Vierzehnheiligen. Und daß er während der großen Reise zur Beichte ging und sich an der Prozession der Amsterdamer Künstler freute, ist seinem Tagebuch zu entnehmen.

Von dieser Prozession schreibt er, *die Jungfrau Maria mit dem Herrn Jesus, auf das Kostbarste geschmückt*, sei herumgetragen worden *Gott dem Herrn zu Ehren;* alles sei mit *Rumor* zugegangen, aber letztlich doch *sehr andachtsweckend* gewesen.

Unter den wenigen von Dürer erhaltenen Gedichten befinden sich aus früher Zeit auch einige Reime *Vom Tode*. Aus ihnen spricht freilich auch die ganze Trostlosigkeit des mittelalterlichen Glaubens: Der Christ lebt in ständiger Furcht vor Gott dem Richter, vor Tod, Hölle und Fegefeuer. Nur eines kann ihn retten: Er muß recht leben, Gutes tun, das irdische Leben verschmähen und sich durch Buße die Gnade erwerben. Gerade diese Gedichte machen deutlich, was für den mittelalterlichen Menschen Albrecht Dürer die Begegnung mit der Rechtfertigungslehre Martin Luthers bedeuten mußte. Dürer hat es selber gesagt: *Er hat mir aus großen Ängsten geholfen.* Dieser Hinweis ist trotz seiner Kürze, aber gerade in dieser Formulierung der Beweis dafür, daß Dürer das zentrale Anliegen in der Verkündigung des Evangeliums durch Martin Luther erfaßt hat: Die Gewissensbefreiung nicht durch die vom Menschen zu leistende Rechtschaffenheit, sondern durch die von Christus geschenkte Rechtfertigung. Ein späteres Gedicht Dürers klingt dementsprechend anders als seine früheren Reime über Leben und Tod:

O allmächtiger Herr und Gott,
die große Marter, die gelitten hat
Jesus, dein eingeborener Sohn,
damit er für uns g'nug hat getan,
die betrachten wir mit Innigkeit.
O Herr, gib mir wahr' Reu' und Leid
über mein' Sünd', und bessere mich.
Das bitt' ich ganz mit Herzen dich.
Herr, du hast Überwindung getan,
drum mach mich teilhaftig des Sieges Kron!

Albrecht Dürer gehörte von Anfang an zu jenem Kreis gebildeter Nürnberger Patrizier, der sich um den sächsischen Ordensprovinzial Johann von Staupitz sammelte. In diesem Zirkel religiöser Humanisten kam es zu einer ausgesprochenen Freundschaft mit Lazarus Spengler, dem tatkräftigen Förderer der Reformation in der freien Reichsstadt. Als 1517 die Thesen des Wittenberger Mönches im Augustinerkloster, wo man sich zu Predigt und Diskussion traf, bekannt wurden, übersandte Dürer Martin Luther spontan ein Geschenk. Zwei Jahre später bemühte sich Dürer bei dem Wittenberger Professor Nikolaus von Amsdorf um eine Interpretation von Luthers Schrift über die Buße. Als Kurfürst Friedrich der Weise Dürer eine Lutherschrift übersenden ließ, bedankte sich dieser wieder mit überschwenglichen Worten. In einem Brief an den kursächsischen Hofprediger Georg Spalatin empfiehlt er den *löblichen Doktor Martin Luther* ausdrücklich der Obhut des Kurfürsten, – *um der christlichen Wahrheit willen, an der uns mehr gelegen ist, als an allem Reichtum dieser Welt,* – was im Blick auf Dürers kaufmännisches Talent und finanzielles Interesse einiges besagt! Abschließend meint Dürer in diesem Brief, er würde sehr gerne nach Wittenberg kommen und Luther *mit Fleiß abkonterfeien und in Kupfer stechen zu einem andauernden Andenken des christlichen Mannes.* Dazu ist es leider nie gekommen.

Dürers Kontakte mit Luther liefen immer über Dritte oder über die Schriften des Reformators. Von denen hatte er in seiner Nürnberger Bibliothek in den Jahren 1520/21 bereits 16 Stück zusammengetragen. Das war ein beträchtlicher Teil dessen, was Luther bis 1519 in die Druckerpressen gegeben hatte. Während der niederländischen Reise kam in Köln ein neues *Traktätlein um 5 Weißpfennige* hinzu. Nur einen Weißpfennig mußte Dürer auf dieser Reise anlegen, um eine *Condemnation Luthers, des frommen Mannes,* zu erhalten.

Auf dieser Fahrt erfuhr Dürer weiteres über den Wittenberger Mönch und sein Reformprogramm. In Antwerpen war er öfters im dortigen Augustinerkloster zu Gast. Dessen Prior Jakob Propst galt als überzeugter Anhänger Luthers, und seine evangelischen Predigten lockten Sontag für Sonntag zahlreiche Zuhörer an. Nicht lange nach Dürers Weggang wurde dieser Mann auf Betreiben des Nuntius Aleander verhaftet. Nur die Flucht nach Nürnberg rettete ihm das Leben. In Dürers Skizzenbüchlein von der Reise befindet sich auch der prachtvolle Charakterkopf des Jakob Sturm. Dieser Mann war gerade zum Herold des Reiches ernannt worden. Als er im Jahr drauf Luther von Wittenberg nach Worms begleitete, gestaltete er diese Reise quer durch Deutschland zu einem wahren Triumphzug für seinen Schützling. Das entscheidende Auftreten Sturms vor dem Reichstag selbst hinterließ einen derartigen Eindruck, daß sich der Nuntius Aleander veranlaßt sah, ihn als einen *grimmigen Feind des Klerus* und *einen übermütigen Mann und Tölpel* abzuqualifizieren. Später spielte Sturm nicht nur bei der Reformation seiner Heimatstadt Straßburg, sondern weit darüber hinaus für die Bündnispolitik des deutschen Protestantismus eine entscheidende Rolle. Es kann kein Zweifel darüber bestehen, daß sich Dürer durch Sturm über Luther genauestens informieren ließ. Denn nur so ist der berühmte Aufschrei in Dürers Reisetagebuch über den vermeintlichen Tod Martin Luthers zu verstehen.

Dieses *Niederländische Tagebuch* ist auf weite Strecken nichts anderes als ein Notizbüchlein, in dem pedantisch über alle Einnahmen und Ausgaben Buch geführt wird. An einer Stelle jedoch bricht es aus Dürer geradezu vulkanartig hervor. Man hat Martin Luther gefangengenommen, den *frommen, mit dem heiligen Geiste erleuchteten Mann* und *Bekenner des wahren christlichen Glaubens*. Lebt er noch? Dürer weiß nichts vom Komplott Friedrichs des Weisen, der seinen Professor in die Sicherheit der Wartburg entführen ließ. *O Gott! Ist Luther tot, wer wird uns hinfort das heilige Evangelium so klar vortragen? Ach Gott! Was hätte er uns noch in zehn oder zwanzig Jahren schreiben können!* Wie dieses *heilige, reine Evangelium, das nicht mit menschlicher Lehre verdunkelt* war, aussah, kann der Künstler sehr genau formulieren. Die mittelalterliche Kirche habe mit ihrer *schweren Last von menschlichen Gesetzen der Freilassung Christi widerstrebt*, sie habe das arme Volk *durch großen Bann und durch Gebote bedrängt* und so direkt zum Sündigen gezwungen. Aber wir sollen doch *täglich durch dein Blut erlöste, freie Christen sein, die Beschwernis der anderen mit gutem Gewissen fahren lassen und Gott mit freudigem, fröhlichem Herzen dienen*. Das ist eine knappe und angesichts der Erregung in der ganzen Passage erstaunlich richtige Zusammenfassung der lutherischen Rechtfertigungsverkündigung. Dürer meint weiter, Luther habe dieses *köstliche Wort Gottes* klarer als irgend ein anderer Zeitgenosse in seinen Schriften vertreten. *Darum sind dieselben in großen Ehren zu halten und nicht zu verbrennen*, stellt er trotzig im Blick auf die vom Nuntius Aleander veranlaßten Aktionen am Rhein und in den Niederlanden fest. Die *Lutherklage* enthält selbstverständlich auch die harten Vorwürfe gegen das *unchristliche Papsttum* und die *Pfaffen und Mönche*. Hier nimmt Dürer allerdings einfach die in ganz Deutschland verbreiteten Argumente auf. In einem Appell an die Öffentlichkeit fordert er dann alle frommen Christenmenschen auf, den *gottbegeisterten Menschen* nicht nur fleißig zu beweinen, sondern Gott auch um einen neuen erleuchteten Mann zu bitten, der das Werk der Erneuerung weiterführt. An dieser Stelle nun wird Dürers leidenschaftlicher Ausbruch hochpolitisch und ganz konkret. Dürer hat nämlich bereits den Nachfolger Martin Luthers im Auge:

O Erasmus von Rotterdam, wo willst du bleiben? Höre, du Ritter Christi! Reite hervor neben dem Herrn Jesus, beschütze die Wahrheit, erlange der Märtyrer-Krone! O Erasmus, halte dich zu uns, daß sich Gott deiner rühme! Der etwas geschmacklose Hinweis, Erasmus sei ja sowieso *schon ein alt' Männlein* und habe nicht mehr viel zu verlieren, wird das Haupt der Humanisten nicht gerade freundlich gestimmt haben. Aber dieser Ruf verhallte sowieso ungehört. Erasmus war nicht der christliche Ritter ohne Furcht vor Tod und Teufel, den Dürer in Anlehnung an ein Wort des Apostels Paulus aus dessen Epheserbrief in seinem Meisterstich dargestellt hat. Er war ein Gelehrter, der sich je länger je entschiedener der geistig-religiösen Auseinandersetzung entzog, um eine Position jenseits der Fronten einzunehmen. Das einzige erhaltene Bildnis des Erasmus, das Dürer anfertigte, ist möglicherweise nicht zufällig eine flüchtig-flau und seltsam unentschieden wirkende Zeichnung. Ein Stich, den Dürer später wohl nach Skizzen anfertigte, gefiel dem Niederländer gar nicht besonders, wie Luther einmal bei Tisch erklärte. Die berühmte *Lutherklage* in Dürers Reisetagebuch, die kaum als spätere Interpolation abgetan werden kann, zeigt, daß und warum sich der große Nürnberger Meister innerlich dem evangelischen Glauben verbunden fühlte.

Diese Nähe zur Reformation ist noch deutlicher in Dürers religiösen Werken zu erkennen. Gewiß, – Hauptthemen blieben für Dürer die Passion Christi und das Leben der Mutter des Herrn. Auch der dritte zentrale Bildkreis des Spätmittelalters, das Leben der Heiligen, ist in seinem Werk reichlich vertreten. Aber in der konkreten Ausführung weist vor allem Dürers religiöse Graphik Züge auf, die sich auffällig mit dem Gedankengut der Reformation berühren. Beispiel dafür ist eine in Holz geschnitzte Abendmahlsszene von 1523. Der Kelch, auf Fahnen gestickt und in Sprechchören proklamiert, war das Wahrzeichen der reformatorischen Volksbewegung. Die Theologen hatten das Abendmahl *sub utraque* (unter beiderlei Gestalt) als eine legitime Forderung der Reformation begründet. In der Karwoche 1523 sondierten die Pröpste der beiden Nürnberger Pfarrkirchen erstmals bei ihrem Rat die Möglichkeit evangelischer Abendmahlsfeiern in Nürnberg. Genau in dieser Zeit nun fertigte Albrecht Dürer einen Holzschnitt an, auf dem Jesus dargestellt ist, wie er im Kreis seiner Jünger das letzte Mahl feiert. Brotteller, Brotkorb und Weinkanne, vor allem aber der Kelch – deut-

Durch eine deutliche Hervorhebung von Kelch und Weinkanne unterstützte Albrecht Dürer 1523 mit dieser Abendmahlsszene die Bemühungen der Nürnberger Geistlichkeit um die Einführung des Laienkelches

lich sichtbar auf dem Tisch – sind der Versuch einer künstlerischen Realisierung der reformatorischen Abendmahlspraxis und zu diesem Zeitpunkt ein mutiges Bekenntnis des Nürnberger Meisters. Möglicherweise sollte dieses Blatt einmal zu einer Passionsserie gehören.

Zu verschiedenen Epochen seines Lebens hat Dürer dieses Thema der Passion Jesu Christi in größeren Blätterfolgen durchgearbeitet. Deutlich ist dabei zu sehen, wie Dürer im Laufe der Zeit die mittelalterlichen Traditionen immer mehr verläßt. Die Figuren werden später in einen konkret-lebendigen Wirkungszusammenhang gestellt. Das Menschliche tritt nun in den Vordergrund, das Banale und Alltägliche, auch das Grobe. Aber auf eine Häufung von Rohheitsakten, wie sie im Spätmittelalter gang und gäbe war, verzichtet Dürer. Christus schließlich ist nicht mehr nur der Typ des Mitleiderregenden und Leidenden, wie ihn die mittelalterlichen Vesperbilder und die zahlreichen *Beweinungen Christi* auf den spätgotischen Altartafeln darstellen. Dürers gegeißelter, kreuztragender und sterbender Christus behält seine menschliche Gefaßtheit. Er fordert nicht das Mitleid, sondern den Glauben des Betrachters. Das ist genau der Christus, den Luther immer wieder schlicht *den Mann* nannte.

Auch die Reformation drängte ja mit ihrer Theologie des Kreuzes über die herrschende Kreuzesfrömmigkeit des ausgehenden Mittelalters hinaus. Luther sagte einmal: *Ihrer sind viel, die Christus also predigen, daß sie Mitleid für ihn haben. Aber er soll und muß also gepredigt sein, daß mir und dir der Glaube daraus erwachse und erhalten wird.* Und in einem sehr frühen Sermon über die Betrachtung des Leidens Christi heißt es ganz im Sinne des Luther'schen Schemas von *Gesetz und Evangelium*, der ganze *Nutzen des Leidens Christi* sei, daß der Mensch zur Selbsterkenntnis komme, indem er über seine Sünde erschrecke und sich dann an die Liebe Gottes klammere.

In diesem Zusammenhang ist an die theologische Kühnheit zu erinnern, die sich Albrecht Dürer herausnahm. Bekanntlich wagte es der Meister, seinem Christusbild die eigenen Züge zu geben. Umgekehrt verband er in seinem berühmten *Münchner Selbstbildnis* die sakrale, dem Bilde Christi zugeordnete und vorbehaltene Form, mit seinem eigenen Antlitz. Für Dürer war das Bild Christi das Bild des vollkommenen Menschen. Dessen Darstellung wagte er sozusagen im Spiegel des eigenen Bildes, denn *in welchen Christus kommt, der ist lebendig und der lebt in Christus!* So wurde das Dürer-Christus-Bild die gelungenste Veranschaulichung des Pauluswortes: *Ich lebe, doch nun nicht ich, sondern Christus lebt in mir.* Auch in dieser Christusmystik berührte sich Dürer mit Äußerungen des jungen Luther.

In den Mariendarstellungen Albrecht Dürers ist schon immer die spannungsreiche Kombination von Heilig-Erhabenem und Menschlich-Alltäglichem aufgefallen. Die Maria auf der Rosenbank, an der Mauer, mit der Heuschrecke, in der Wohnstube oder auf dem Stuhl – das ist allemal die Nürnberger Bürgersfrau der Dürerzeit, bei der das Frauliche und Mütterliche überwiegt. Das ganze triviale Leben der Familie erhält in den Holzschnitten des Marienlebens Würde und Weihe. Die Heiligung des Alltags, wie sie später von den Reformatoren gefordert wurde, ist hier schon Wirklichkeit geworden. Von ihr hat Luther immer wieder gesprochen: *Der Heilige und Mönch, der in seiner höchsten Beschaulichkeit sitzt und an seinen Herrgott denkt, und will die Welt gar aus dem Herzen werfen, der sitzet mit Verlaub im Dreck.* Der *gemeine, grobe Handwerksmann* dagegen, der bei seiner Arbeit an seine Familie denkt, ist *ob er wohl auswendig stinkt doch inwendig eitel Balsam vor Gott*. So haben der Maler Dürer und der Prediger Luther, jeder in seinem Metier, dem Bereich des zwischenmenschlichen und beruflichen Lebens einen neuen, eigenen Sinn gegeben. Die *heilige Familie* diente dabei beiden nicht selten als anschauliches Beispiel. Dürers bürgerliche Maria taucht in zahlreichen weihnachtlichen Predigten Luthers als die Wittenberger Bürgersfrau wieder auf: ein *armes, verachtetes, geringes Mägdelein*, das die Windeln wäscht – eben eine Maria ohne Heiligenschein. Die *demütige Magd des Herrn* bei Dürer und Luther mußte als Affront gegenüber der spätmittelalterlichen Marienverehrung empfunden werden – und war auch so gemeint. Luther, der zunächst noch Maria um Fürbitte anrufen konnte und ihrem Lobgesang, dem *Magnificat*, eine grandiose Auslegung widmete, hat seine Wittenberger von der Kanzel herab doch eindringlich gewarnt, aus ihr einen *Abgott* zu machen.

Häufig begegnet in Dürers Schriften und Briefen das *Wort Gottes* als Kriterium, an dem sich das Papsttum messen lassen muß, als alleinige Richtschnur der von Luther angestrebten Erneuerung der Kirche und als Waffe im Kampf gegen die Schwärmer. *Das Wort Gottes bleibt ewiglich, dies Wort ist Christus, aller Christgläubigen Heil*, heißt es einmal in der *Unterweisung der Messung*, und genau das hätte so auch Luther sagen können.

Stärker als die persönliche Parteinahme Dürers für Luther wiegt diese religiöse Verwandtschaft zwischen dem Nürnberger Künstler und dem Wittenberger Theologen. Sie läßt sich im Werk der beiden Männer für die wichtigsten Grundgedanken der Reformation nachweisen: für das Schriftprinzip, für die Rechtfertigungslehre und die Abendmahlspraxis, für die Neuinterpretation der mittelalterlichen Heiligkeit und für die Akzentuierung des Kreuzes Christi.

Diese Einstellung ist nicht verwunderlich, wenn man bedenkt, wie eng Dürer mit Lazarus Spengler befreundet war. Im Nürnberg der Reformationszeit gab es keinen anderen Laien, der so wie der Ratsschreiber der Reichsstadt Luthers Lehre begriffen hatte und protegierte. Seiner tiefen lutherischen Frömmigkeit und seiner mit Bestimmtheit gepaarten politischen Gewandtheit verdankte die Reformation in Nürnberg und auf manchem Reichstag ihren Erfolg. Die Freundschaft des Künstlers mit dem acht Jahre jüngeren Juristen stammte aus der Zeit, als Spengler seinen Dienst in Nürnberg antrat. Sie war sehr eng und herzlich, und sie war sachlich begründet. Denn beide Männer wußten sich dem Menschenbild und Bildungsideal des Humanismus verpflichtet. Die Schrift

**Albrecht Dürer Conterfeyt in seinem alter
Des LVI. Jars.**

Freudig begrüßt wurde die Reformation vom größten Sohn der Stadt Nürnberg, dem Maler Albrecht Dürer, von dem Erhard Schön diesen Holzschnitt anfertigte

von der *Ermahnung und Unterweisung zu einem tugendhaften Wandel* widmete Spengler seinem *sonderlichen vertrauten und brüderlichen Freunde*. Sie gipfelte in der Empfehlung, unter Leitung der Vernunft und der Gottesfurcht friedfertig, maßvoll und zurückhaltend zu leben. In dem gemeinsamen Interesse, das beide an den Predigten und theologischen Aussprachen im Kreis der *Staupitzianer* im Augustinerkloster hatten, gewann die Freundschaft an Tiefe. Sie erstreckte sich auch auf Willibald Pirckheimer. Dessen Abkehr von der Reformation mußte freilich auch abkühlend auf das Verhältnis Dürers zu Spengler wirken. Als der Rat zu Ehren einer Straßburger Gesandtschaft im Mai 1527 einen Empfang gab, saßen die beiden als die einzigen, die nicht zum engeren Rat gehörten, beim Festessen im Gasthof zum Goldenen Kreuz noch nebeneinander. Dann aber kam es zum Bruch zwischen dem Ratsherrn Pirckheimer und dem Ratsschreiber Spengler. Dürer stand auf einmal zwischen seinen beiden Freunden. Den Hintergrund dieser Auseinandersetzungen bildete die kirchliche Entwicklung in der Reichsstadt. In sie wurde kurz vor seinem Tod auch Albrecht Dürer hineingezogen. Mehr als Pirckheimer hatte er Verständnis für die evangelische Glaubensüberzeugung und die persönliche Wertschätzung Luthers bei seinem Freund Lazarus Spengler. Aber für den kirchenpolitischen Eifer, mit dem der Ratsschreiber sich der Durchführung der Reformation in der Reichsstadt verpflichtet wußte, konnte er sich nicht begeistern. Auf der Ebene des neu erwachten christlichen Humanismus und der von Martin Luther empfangenen Lehre von der den Sünder befreienden Barmherzigkeit Gottes hatten sich die beiden Männer getroffen. Aber in der Frage, wie auf dieser Basis die Kirche neu aufzubauen sei, gingen die alten Freunde verschiedene Wege.

Die Jahre 1524 und 1525 brachten für Dürers Heimatstadt die kirchlich-reformatorische Entscheidung. Aus dieser Zeit ist ein Brief Dürers an Nikolaus Kratzer, den Hofastronomen Heinrichs VIII. von England, erhalten. Der Künstler hatte Kratzer in Antwerpen persönlich kennengelernt und natürlich auch gleich *konterfeit*. Nun schrieb er ihm, daß man gerade jetzt im Winter 1524 in Nürnberg um des christlichen Glaubens willen *in Schmach und Gefahr* stehe: *Man schmäht uns und heißt uns Ketzer*. Es sei jedoch besser, hier Leib und Gott zu verlieren, als in Ewigkeit Leib und Seele. *Viele böse Anschläge* seien zu beklagen. Der Brief schließt mit dem Gebet, Gott möge den *Widerpart* erleuchten, die *armen, elenden, blinden Leute, auf daß sie nicht in ihrer Irrsal verderben*. Der *Widerpart* – das könnten der Erzbischof in Bamberg und seine Anhängerinnen in den beiden Nürnberger Frauenklöstern gewesen sein. Dürer könnte dabei aber auch an die politischen Kräfte gedacht haben, die mit allen Mitteln den Rat an der Einführung der Reformation hindern wollten: den gerade etablierten Regensburger Konvent der süddeutschen katholischen Fürsten und den abwesenden Kaiser, der in einer Bulle befohlen hatte, das *Wormser Edikt* nur ja zu befolgen.

Die wirklich *bösen Anschläge* dieser Monate kamen jedoch aus einer anderen Ecke. Die langsame Festigung des evangelischen Glaubens in Nürnberg drohte nämlich in einem Tumult extrem individualistischer und sozialistischer Ideen atheistischer Färbung unterzugehen. Der Prozeß gegen die drei sogenannten *gottlosen Maler* hatte das gezeigt. Und Dürer war durch ihn persönlich betroffen, denn Georg Pencz hatte als *Malknecht* in seinem Haus gearbeitet; die beiden begabten Brüder Beham bauten auf seinem Werk auf, und Hans Denk verkehrte im Haus seines besten Freundes Willibald Pirckheimer. Dürer fühlte sich nun verpflichtet, den Rat in seinem Abwehrkampf gegen die radikalen Elemente zu bestärken. Er widmete diesem seine *Vier Apostel*. Ein Begleitschreiben an den Rat und die Unterschriften unter den beiden Tafelbildern, die heute in der Münchner Pinakothek hängen, sollten den Zweck dieses Geschenkes erläutern.

Nach der den Bibelworten vorangeschickten Einleitung können die Bilder *allen weltlichen Regenten* eine Mahnung sein, nicht das *göttliche Wort* gegen die *menschliche Verführung* einzutauschen. Schon in dieser Antithese ist die lutherische Sprachregelung zu erkennen: die Reformation basiert auf dem objektiven Wort, die Revolution der Schwärmer dagegen auf höchst subjektiven Eingebungen. Entsprechend ist die Auswahl der Zitate aus der Lutherbibel getroffen. Aus dem ersten Petrusbrief stammt die Warnung vor den falschen Propheten, die verderbliche Sekten gründen. Dem ersten Johannesbrief ist die Aufforderung entnomen, nicht jedem Geist zu glauben sondern zu prüfen, *denn ein jeglicher Geist, der da nicht bekennt, daß Jesus Christus ist kommen in das Fleisch, der ist nicht von Gott*. Ein Zitat aus dem zweiten Timotheusbrief spricht von denen, die immerdar lernen und doch nie zur Erkenntnis der Wahrheit kommen, sondern mit ihrem liederlichen Lebenswandel die *Kraft Gottes verleugnen*. Unter der Gestalt des Paulus schließlich ist das harte Urteil des Markus über die Schriftgelehrten in ihren langen Kleidern vermerkt: Sie *lassen sich gerne grüßen auf dem Markt und sitzen gerne in den Schulen und bei Tisch*. Alle diese Bibelzitate fanden seinerzeit häufig Verwendung im Kampf der sich etablierenden lutherischen Kirche gegen die *Winkelprediger und Wanderapostel* der schwärmerischen Gruppen. Deren eigentliches Haupt in Nürnberg war Hans Denk, der Rektor an der Sebalder Schule.

Es ist jedoch wahrscheinlich, daß die Entstehung der beiden Tafelbilder noch mit einem anderen, wesentlich erfreulicheren Ereignis im Nürnberg jener Monate zusammengesehen werden muß. Daß die Charakterköpfe der vier Apostel von innen heraus Leben ausstrahlen und wie die Portraits starker Persönlichkeiten wirken, ist oft festgestellt worden. Auf der Suche nach historischen Vorbildern für die biblischen Figuren ist man jetzt zu einem überraschenden Ergebnis gekommen. Genau in die Entstehungszeit der beiden Bildtafeln fällt die von einem Kreis christlicher Humanisten angeregte und durchgeführte Gründung der neuen *oberen Schule*. Neue Gymnasien und gründliche wissenschaftliche Ausbildung, von Luther und Melanchthon energisch gefordert, schienen dem Nürnberger Rat die beste Waffe im Kampf gegen das Schwärmertum zu sein. Zweimal weilte Melanchthon in den Jahren 1525 und 1526 wegen der Schulgründung in Nürnberg. Das Portrait in Kupfer, das Dürer bei einem dieser Besuche von ihm anfertigte, hat auffallende Ähnlichkeit mit dem Bild des Johannes. Die anderen drei *Apostel* jedoch tragen die Züge der drei Mitstreiter Melanchthons für die neue Schule: Hieronymus Baumgärtner (Markus), Joachim Camerarius (Paulus) und Michael Roting (Petrus). Unter diesem Gesichtspunkt wird auch erklärlich, warum Paulus und Johannes in ihrer ganzen Größe die Bildtafeln beherrschen: die Reformatoren und Humanisten Melanchthon und Camerarius galten dem Künstler als die beiden Vertreter des führenden Wittenberg und als die Vertrauensleute des Rates.

Dürer übergab sein Werk dem Rat *zu einem Gedächtnis*. Es sollte im Rathaus aufgehängt werden. In den Bildern hatte er den Männern ein Gedächtnis gestiftet, die sich in einer lebenswichtigen Angelegenheit der Stadt um die Reformation verdient gemacht hatten. In den Beischriften hatte er eindringlich vor den Gegnern der kirchlichen Erneuerung gewarnt. Damit hatte sich der Stadt größter Sohn zu den Grundlagen der bürgerlichen und kirchlichen Neuordnung bekannt, die der Rat fest in der Hand hielt und behalten sollte.

Anderthalb Jahre nach der Übergabe des *bescheidenen Gemäldes* starb der Meister in der Passionswoche 1528. Melanchthon meinte nach seinem Tod, Dürer sei insofern ein *weiser Mann* gewesen, als *die künstlerische Begabung, so hervorragend sie auch war, noch das Mindeste an ihm gewesen ist.* Für alle Zeiten steht Albrecht Dürer mit seinem Glauben und seinem Werk verbindend zwischen den beiden Konfessionen, deren scharfe Abgrenzung voneinander er nicht zu akzeptieren gedachte und nicht mehr erleben mußte. In der mittelalterlichen Frömmigkeit verwurzelt, aber gepackt und geprägt vom lutherischen Glauben, dient er bis heute der ganzen Christenheit – als der erste *ökumenische* Christ.

DER HUMANISMUS IM ZWIESPALT
Willibald Pirckheimers Abkehr von der neuen Lehre

Der schöpferische Geist wird leben, das Übrige dem Tod anheimfallen. So lautet die Unterschrift zu einem der herrlichsten Kupferstiche Albrecht Dürers, den er von seinem großen Freund und Förderer Willibald Pirckheimer (1470–1530) anfertigte. Tatsächlich hat Dürer in diesem enthüllenden Portrait Geist und Wesen des umstrittenen Mannes aus langjähriger Kenntnis heraus meisterhaft festgehalten: das Löwenhaupt auf dem kräftigen Nacken, das bei einem Turnier zerbrochene Nasenbein, die stechenden Augen und der feiste Hals charakterisieren Pirckheimer als eine dynamische aber problematische Persönlichkeit. Gefürchtet war sein zuweilen aufbrausender Charakter und die Schärfe seiner Zunge; zweideutig waren seine Fähigkeiten als Kriegsherr und Diplomat; unbestritten blieben dagegen seine philosophischen Leistungen als Übersetzer zahlreicher lateinischer und griechischer Klassiker. Seine Einstellung zur Reformation schwankte, und das innige Verhältnis zu seiner Schwester, der Äbtissin Caritas Pirckheimer, war ebenfalls nicht frei von Spannungen. Seine Zeitgenossen rühmten sein unausgesetztes Streben nach Wissen, beargwöhnten dagegen seinen freizügigen Umgang mit dem anderen Geschlecht. An Pirckheimer, der neben Erasmus von Rotterdam, Johannes Reuchlin und Philipp Melanchthon zu den führenden humanistischen Gelehrten des Reformationszeitalters gehörte, wird deutlich, zu welchem Zeitpunkt und aus welchen Gründen Humanismus und Reformation voneinander scheiden mußten. Pirckheimers Biographie ist von bleibendem Interesse für alle, die sich über das Verhältnis von Glaube und Vernunft, von Christentum und Bildung, von Kirche und Kultur Gedanken machen.

Willibald Pirckheimer stammte aus einer alten und angesehenen Nürnberger Patrizierfamilie. Zahlreiche seiner Vorfahren hatten der Stadt als Ratsherren gedient und als Kaufleute in Italien ihr Glück gemacht. Kaum dem Kindesalter entwachsen begleitete auch Willibald seinen Vater auf seinen Gesandtschaftsreisen nach Italien. Er lernte das Soldatenhandwerk, verlebte dann aber mehrere Studienjahre an den norditalienischen Universitäten und Höfen. Hier war der Umgang mit den hervorragendsten Künstlern, Gelehrten, Dichtern und Technikern für seine Bildung wahrscheinlich noch wichtiger als das Studium. Aus dieser italienischen Zeit jedenfalls stammte die *manigfaltige Gelehrsamkeit,* der er seinen Ruf verdankte. Das vom Großvater geerbte Herrenhaus am Nürnberger Markt, dem *Schönen Brunnen* gegenüber, galt um die Jahrhundertwende als Treffpunkt der einheimischen und auswärtigen Gelehrten und Künstler. In ihm verkehrte sozusagen von Kindesbeinen an Albrecht Dürer, der nur ein Jahr nach Pirckheimers Geburt im hinteren Haus am Markt das Licht der Welt erblickt hatte. Das schönste Zeugnis der lebendigen Freundschaft zwischen dem Patrizier und dem Künstler sind die Briefe, die Dürer aus Venedig an seinen hochgestellten Gönner schrieb.

Dieser Mann, Mittelpunkt des süddeutschen Humanismus, trat zunächst entschieden auf die Seite Martin Luthers. Mit dem ganzen Temperament seines Charakters erklärte er: *Wer Recht hat, dem hange ich an.* Es kam zu einem lebhaften Briefwechsel zwischen den beiden Männern. Pirckheimer sprach gegenüber Dritten immer nur von *unserem Martinus,* dessen Verdienste so wenig zu zählen seien wie die Sterne am Himmel. In diesen Jahren schloß er sich so eng mit der Wittenberger Reformation zusammen, daß er stolz erklären konnte: *Wir sind die evangelische Kirche!* Besonders an dem Streit der Theologieprofessoren Luther und Eck nahm Pirckheimer Anteil. Als er sich mit einer bissige Streitschrift gegen den *abgeeckten Eck* auf die Seite des Reformators stellen wollte, schlug der gekränkte Ingolstädter hart zurück. So landete Pirckheimer zusammen mit Lazarus Spengler auf Betreiben Ecks neben Luther auf der Bannandrohungsbulle. Dadurch kam es vorübergehend zu so etwas wie einer herzlichen Freundschaft zwischen dem Ratsherrn und dem ihm untergeordneten Ratsschreiber. Noch 1522 bezeichnete sich Pirckheimer als *gut lutherisch* und dokumentierte diese Einstellung auch nach außen. So empfahl er den humanistisch gebildeten evangelischen Prediger Venatorius und den Rektor Hans Denk für Nürnberg und nahm die Prediger seiner Heimatstadt gegenüber Erasmus von Rotterdam als *gute Männer* in Schutz. Mit den meisten der Nürnberger Ratsherren war sich Pirckheimer zu diesem Zeitpunkt darin einig, daß eine Neuordnung des gesamten kirchlichen und bürgerlich-gesellschaftlichen Lebens auf der von Luther geschaffenen Grundlage sinnvoll und möglich sei. Plötzlich jedoch stellte er öffentlich fest: *Niemand wird mich überführen, daß ich, sei es schriftlich oder mündlich, Luther angehangen habe. Denn immer habe ich jene Tragödie verabscheut, und deshalb war Luther schon längst sehr wenig mein Freund.*

Wie ist es zu diesem Stellungswechsel gekommen?

Seine Freundschaft zu Luther muß tatsächlich als so etwas wie ein Irrtum bezeichnet werden. Was den humanistisch gebildeten Patrizier an dem Wittenberger Mönch faszinierte war dessen radikale Kritik an der verweltlichten Kirche und der scholastischen Theologie sowie die Rückkehr zu den Quellen und die Forderung nach einer neuen Moral und einer verbesserten Bildung. Er sah in Luthers Auftreten eine Fortsetzung des Kampfes der edlen Wissenschaft gegen die Machenschaften der Dominikaner, der *Dunkelmänner.* Daß der Ausgangspunkt und die treibende Kraft der Reformation das Ringen um eine neue Bestimmung des Verhältnisses Gott-Mensch war – daß also die Reformation in ihrem Kern keine bildungspolitische, wissenschaftliche oder sittliche, sondern eine religiöse Bewegung sein wollte, – das mußte Pirckheimer enttäuschen. Diese Enttäuschung teilte er weniger mit Albrecht Dürer als mit anderen Freunden seines Nürnberger Kreises: mit Hans Werner, dem kaiserlichen Hofkaplan von St. Johannis und naturwissenschaftlichen Lehrmeister seines Freundes Dürer, mit dem wissenschaftlich hochgebildeten Bamberger Kanonikus Lorenz Behaim, mit dem Rechtssyndikus Christoph Scheurl und mit dem Augsburger Humanisten Konrad Peutinger. Sie alle distanzierten sich ab der Mitte der zwanziger Jahre wieder, teils vorsichtig, teils deutlicher von der Reformation. Hatte sich doch auch ihr gefeiertes Schulhaupt Erasmus von Rotterdam (1469–1536) gerade jetzt endgültig von Martin Luther getrennt.

Zunächst war diesem der Wittenberger Mönch durchaus sympathisch gewesen, persönlich integer und an den alten Sprachen so interessiert. Auch in der Geißelung der bestehenden Mißstände verstand man sich vortrefflich – obwohl die Kirchenkritik zweifellos unterschiedlich motiviert war: Erasmus war von seinem moralischen Frömmigkeitsideal, Luther dagegen von seiner Rechtfertigungserfahrung her zur Ablehnung des mittelalterlichen Ablaß-, Sakraments- und Zeremonialwesens gekommen. Von diesem Ansatz her brauchte Erasmus nicht aufs Ganze zu gehen. Luther jedoch mußte konsequent weiterschreiten. Er schlug los, und zwar *grob,* wie Erasmus meinte, und trug die Auseinandersetzungen der Gelehrten in die breite Masse des Volkes. Das betrachtete Erasmus als Verrat an jener stark sittlich ausgerichteten, hochgeistigen *christlichen Philosophie,* die er als Synthese von Antike und Christentum, von Vernunft und Glaube, dem Abendland anzubieten gedachte. Er bat um Mäßigung und um Frieden. *Mir scheint, daß durch höfliche Bescheidenheit mehr erreicht wird, als durch Gewalt.* Doch Luther, der ihm anfangs als *unsere Zierde und unsere Hoffnung* geschmeichelt hatte, erkannte bald, wo der fundamentale theologische Unterschied zwischen den auch menschlich so unterschiedlichen Charakteren lag. Schon 1517 bemerkte er, er verliere an Erasmus täglich mehr die Freude, denn *das Menschliche hat bei ihm größeres Gewicht, als das Göttliche.* Das Thema des großen geistigen Kampfes war damit angeklungen. Dem Hofprediger Spalatin gegenüber äußerte sich Luther vier Jahre später konkreter. Er meinte jetzt, Erasmus sei von der Erkenntnis der Gnade weit entfernt und schaue in seinen Schriften nicht auf das Kreuz, sondern auf den Frieden. Seiner Sache sicher riet er noch wenige Monate, bevor Erasmus öffentlich gegen ihn auftrat, zum Waffenstillstand. Da der Herr ihm *nicht solche Tapferkeit oder standhaften Sinn verliehen* habe, möge Erasmus doch seiner Zuschauerrolle treu bleiben. Wenn sie beide sich befehden würden, wenn Reformation und Humanismus vor den Augen der Öffentlichkeit auseinanderbrechen würden –: *Das wäre ein jammervolles Schauspiel.*

Das Schauspiel, von Luther letztlich sehr wohl gewollt und provoziert, aber von Erasmus in Szene gesetzt, fand statt. In zwei brillanten Kampfschriften vom freien und vom gebundenen Willen des Menschen, fiel um die Jahreswende 1524/25 die Entscheidung. Der Weltbürger bekennt sich als Skeptiker. Aber der Mönch stellt fest: *Der heilige Geist ist kein Skeptiker.* Erasmus glaubt an eine letzte Größe und Güte des Menschen. So wird der Verteidiger der alten Kirche unversehens zum ketzerischen *Semipelagianer.* Luther dagegen, der Ketzer, vertritt mit äußerster Konsequenz die von der Kirche approbierte paulinisch-augustinische Anthropologie, die in der Erkenntnis gipfelt, daß der Mensch von Jugend auf böse ist. Der Humanist glaubt an die grundsätzliche Willensfreiheit und eine nahezu grenzenlose Bildungsfähigkeit des Menschen. Der Theologe aber bekennt sich zur absoluten Gnade Gottes als der einzigen aber sicheren Hoffnung. Das Grundproblem aller Philosophie und Theologie wird hier verhandelt: die Frage nach der Größe Gottes und der Größe des Menschen. Beide haben gewußt, daß der *Nerv der ganzen Sache,* wie Luther schrieb, getroffen war. Dafür war Luther seinem Gegner dankbar. Aber in der Sache gab es kein Zurück mehr.

Das Niveau dieser Stunde haben freilich weder der Theologe noch der Humanist bewahrt. Erasmus von Rotterdam zog sich in der Folgezeit immer mehr in die Resignation des ironisch-Distanzierten zurück. Martin Luther aber wurde nicht müde, den *größten Feind Christi* zeit seines Lebens als *hohle Nuß oder quakenden Frosch* zu verspotten.

Welche Position Willibald Pirckheimer in dieser weltanschaulichen Grundsatzdebatte einnahm, bedarf keiner weiteren Erläuterung. Er hat den Augustinerprior Wenzeslaus Link einmal als Zeugen dafür genannt, daß sein Verhältnis zu Luther von Anfang an gestört gewesen sei. Der endgültige Bruch vollzog sich dann aber unter wenig schönen Begleitumständen. Denn innerhalb der Stadtmauern gab es konkrete Probleme und bestimmte Personen, denen sich Pirckheimer stellen mußte. Der Kampf wurde also persönlich, und das Menschlich-Allzumenschliche gewann die Oberhand.

Zunächst zeigte sich Pirckheimer genau wie sein Meister Erasmus über den Zerfall der gesellschaftlichen Ordnungen in der Zeit der beginnenden Bauernkämpfe beunruhigt. Die Abkehr von der alten Kirche hatte auch in Nürnberg mit Ausschreitungen begonnen. Öffentlich wurden die Altgläubigen verhöhnt, und die Verachtung der alten Kirche konnte gar nicht lärmend und provozierend genug zur Schau gestellt werden. In nächster Nähe erlebte Pirckheimer nun, wie die revolutionären Ideen der Schwärmer, Wiedertäufer und Bauernprediger im Volk Resonanz fanden und die Stimmung weiter anheizten. Sein schlechtes Gewissen erwachte, hatte er doch selber in einer gewissen Naivität den *Drahtzieher* des Atheistenprozesses, Hans Denk, nach Nürnberg geholt. Was Luther seiner Meinung nach begonnen und der lutherisch eingestellte Rat nunmehr kaum noch unter Kontrolle hatte, ging dem gelehrten, konservativen Vertreter des reichsstädtischen Establishments eindeutig zu weit. Als sich der Zorn des Volkes, der Prediger und des Rates gegen die beiden treu-altgläubigen Klöster wandte, fühlte sich Pirckheimer schließlich persönlich betroffen. Denn die Äbtissin des Klaraklosters war seine Schwester. Ein ausgedehnter Briefwechsel und zahlreiche Traktate, die sich die Geschwister gegenseitig widmeten, zeugen von dem engen Kontakt zwischen Willibald und der ebenfalls gebildeten und allseits interessierten Caritas. Als väterlicher Freund und geistiger Lehrmeister wußte sich der Ratsherr für die seiner Schwester anvertrauten Nonnen und ihr Kloster nahe der mächtigen Lorenz-

kirche verantwortlich. Er beriet die Äbtissin im Kampf für die Erhaltung des Klosters. Auch die Petitionen der Schwester an den Rat stammten weitgehend aus seiner Feder. Als es schließlich nach dem Religionsgespräch 1525 zu sehr ernst gemeinten Maßnahmen gegen das Klarakloster kam, bat Pirckheimer den in Nürnberg weilenden Philipp Melanchthon um eine Intervention, und diese Fürsprache des Wittenbergers hatte einen gewissen Erfolg.
Die eigentlichen Gegner der beiden Klöster jedoch blieben weiter aktiv: die evangelischen Prediger, an ihrer Spitze der wortgewaltige Andreas Osiander, und Lazarus Spengler, Pirckheimers ehemaliger Freund und Nachbar auf der Bannandrohungsbulle. Von Osiander war die Äbtissin mit einigem Grund der Überzeugung, daß er den Pöbel geradezu gegen die Nonnen aufhetzte, wenn er von der Kanzel herab schrie, die schlimmste Hure sei immer noch besser als eine sehr gute Nonne. Und von Spengler kursierte das Gerücht, er frisiere die dem Rat eingereichten Petitionen aus dem Klarakloster. So berichtete der empörte Pirckheimer nach Wittenberg: *Die das Wort Gottes verschachern und mehr ihren persönlichen Vorteil als das Heil der Seelen suchen, die schreien, fluchen, ja wüten und setzen Stein und Bein in Bewegung, um den Unwillen aller gegen die Ärmsten zu erregen. Sie behaupten, daß, da Worte nichts nützen, sie mit Gewalt gezwungen werden müßten.* Gegen Osiander und Spengler führte Pirckheimer fortan einen erbitterten persönlichen Kampf. Der früher anerkannte Prediger galt ihm jetzt als *Pfaff ohn' all' Erfahrenheit*, Spengler als *stolzer Schreiber ohn' alle Ehrbarkeit*. Sein Gedicht gegen die beiden Führer der Reformation in Nürnberg endete mit der offenen Aufforderung, *diese Buben* totzuschlagen:

> *Ei, daß ihr den hochfertigen Pfaffen nicht*
> *an seine goldene Kette hängt*
> *und den lasterredenden, ehrabschneidenden*
> *Schreiber nicht ertränkt!*

Dieser eindeutige Aufruf an die Öffentlichkeit überschritt auch damals das übliche Maß in der Polemik.
Als Begründung für seine Haltung verwies Pirckheimer immer wieder, zuletzt in seinem Brief an den Wiener Architekten Johann Tschertte, auf das krasse Mißverhältnis von Lehre und Leben bei den führenden Vertretern des Luthertums, bei denen sich *Wort und Werk so widerwärtig können halten*. Im Blick auf den Hauptprediger von St. Lorenz und seinen Kollegen Schleupner an St. Sebald sind die verschiedlich erhobenen Vorwürfe zweifellos nicht unbegründet. Die Vorliebe Osianders für schöne Kleidung und wertvollen Schmuck war weit über Nürnbergs Stadtmauern hinaus bekannt. Auch des Predigers Geiz und Geldgier war ratsbekannt. Mehrmals hatte Osiander während seiner Nürnberger Zeit versucht, seinen guten Rat als lutherischer Streittheologe in klingende Münze umzuwandeln. Zu der brisanten Frage, ob Priester heiraten dürften oder nicht, lieferten die beiden Prediger von St. Sebald und St. Lorenz ebenfalls umstrittene Diskussionsbeiträge. Schleupner heiratete zweimal, und Osiander ging während seiner Nürnberger Zeit hintereinander sogar drei Ehen ein. Alle seine Frauen stammten aus sehr begüterten Familien. Nach dem Tod der ersten und der zweiten Frau schritt der Prediger jeweils innerhalb eines viertel Jahres erneut zum Traualtar. Die dritte Frau gar, mit der sich Osiander im August 1545 in der Pfarrkirche St. Sebald einsegnen ließ, war erst 22 Jahre alt. Alle diese Umstände riefen nicht nur üble Gerüchte hervor, sondern provozierten den ohnehin gereizten Pirckheimer zu immer heftigeren Attacken gegen die lutherischen Geistlichen. Hier bot sich ihm die willkommene Gelegenheit, die verhaßten Prediger mit ihrem eigenen Schriftprinzip zu schlagen; denn hatte nicht die Bibel den Priestern und Bischöfen auf alle Fälle das Eingehen einer zweiten Ehe verboten? Daß auch Martin Luther unter den moralischen Zuständen in der im Entstehen begriffen evangelischen Kirche litt, beweisen zahlreiche Äußerungen gerade aus dieser Zeit. So klagte er einmal – und das gilt sicher auch im Blick auf die Nürnberger Verhältnisse –: *Bauer, Bürger, Adel und Prediger sind jetzt unter dem Licht des Evangeliums geiziger, stolzer, hoffärtiger und treiben größeren Übermut und Mutwillen, als vorzeiten unter der Finsternis des Papsttums.* Luther vertrat aber die Ansicht, daß in keinem Fall die Werke – weder die guten noch die schlechten –, sondern der im Wort und Sakrament gegenwärtige und im Glauben erfahrene Christus den Menschen als Christen qualifiziere. Von diesem theologischen Ansatz her konnte seine zeitweise Verzweiflung an den Evangelischen doch nicht zu einer grundsätzlichen Bezweiflung des Evangeliums führen. Einen Mann wie Pirckheimer aber, für den die Religion vor allem Bildung und Sittlichkeit beinhaltete, mußte ein Evangelium, das mehr als ein moralischer Appell sein

wollte, und mußten Prediger, die seinem hohen Ideal nicht entsprachen, an der evangelischen Kirche verzweifeln lassen. So endete das Leben Willibald Pirckheimers in maßloser Ablehnung Luthers und der lutherischen Kirche. Innerlich auch mit der alten Kirche zerfallen starb er 1530 – allein noch von seinen geliebten Büchern getröstet.

In den vom Humanismus beeinflußten Kreisen um den Nürnberger Patrizier zeichnete sich im Kampf gegen das sich etablierende Luthertum so etwas wie das Entstehen einer *dritten Konfession* ab. Ihre Position spricht aus der *Anzeigung etlicher irriger Mängel*. Diese anonyme Schrift erschien 1527 in Nürnberg mit einer prachtvollen Titeleinfassung von Albrecht Dürer. Der Verfasser, ein *armer Mitbürger von Nürnberg* und ein *unerfahrener Laie* erbittet von einem Bettelmönch theologische Belehrung. Seine Fragen verraten ihn jedoch als einen theologisch beschlagenen Mann, der im wesentlichen auf dem Boden der Reformation steht. Doch er ist kritisch und glaubt *weder dem Luther, Osiander noch einer anderen Auslegung der Schrift*. Er lese die Schrift, höre die Predigt – *und hab mein Urteil bei mir*. Schließlich gibt der Verfasser seinen Eindruck wieder, *der ganze Krieg, so jetzt um das Wort Gottes ist und immer schon gewesen ist, ist nichts anderes, als daß der Mensch im Reich Gottes auch etwas sein und Gott nicht allein die Ehre lassen will*. Dieser offene Brief kennzeichnet ziemlich genau den Standort all derjenigen, die sich einem eigenen, stark moralisch ausgerichteten und toleranten Bildungschristentum zuwandten, weil sie weder in der mittelalterlichen Kirche noch im Luthertum Heimat finden konnten. Ein früher und markanter Vertreter dieser durchaus modernen Religiosität war der Nürnberger Patrizier Willibald Pirckheimer.

Das Jahr 1525 ist immer wieder und zu Recht als ein entscheidender Wendepunkt in der Entwicklung der deutschen Reformation bezeichnet worden. Nicht, weil der 42-jährige Martin Luther jetzt *dem Teufel zum Trotz* heiratete oder weil sein weiser Beschützer Friedrich von Sachsen starb. Bedeutsamer war schon das Chaos des Bauernaufstandes, das im süddeutschen Raum vor allem das Gebiet zwischen Bodensee und Lech heimsuchte und als dessen unmittelbare Folge Luther ein gut Teil seiner Popularität einbüßte. Entscheidend aber wurde nun das Engagement Kaiser Karls V. in der großen Europapolitik, das die *gräßlichen Deutschen*, wie Karl sie zuweilen nannte, zwang, mit ihrem leidigen Re-

Titelholzschnitt einer antireformatorischen Flugschrift des Thomas Murner gegen die Narretei Luthers

ligionsstreit selber fertig zu werden. Darin lag die Chance dieser geschichtlichen Stunde. Sie realisierte sich 1525 in einer jahrelang vorbereiteten und eigentlich längst fälligen Scheidung der Geister.

Alle hatten sie zunächst dem Wittenberger Mönch ihre *Gravamina* – ihre Klagen und Forderungen – aufgebürdet: die mit den sozialen Verhältnissen unzufriedenen Bauern ebenso wie die an einem elitären Bildungschristentum interessierten Humanisten, die Vertreter einer neuen, der Scholastik entgegengesetzten Theologie und die ganz schlicht am kirchlichen Geld und Gut interessierten Reichsritter, die durch den Ablaß belasteten frommen Christenmenschen ebenso wie die auf Erweiterung ihrer Kompetenzen hoffenden Territorialfürsten und Stadträte.

Um des Evangeliums willen war nun eine Klärung notwendig –, auch wenn die lutherische Reformation dabei ihren Ruf als eine das ganze deutsche Volk umfassende Befreiungs- und Erneuerungsbewegung verlieren sollte. Die reichsweite Auseinandersetzung dieser Entscheidungsjahre wurde in den Ratsstuben und auf den Kanzeln, aber auch in den Wirtshäusern und auf den Schlachtfeldern des Bauernkrieges geführt. Die freie Reichsstadt Nürnberg ist in diesen Jahren ein Spiegelbild dieses Ringens um die Wahrheit. Sie entschied sich in der eigentlich religiösen Frage unter Führung ihrer Prediger für das Luthertum. Daß diese Entscheidung trotz aller Kritik an den Predigern letztlich doch von der breiten Mehrheit der Bevölkerung verantwortet wurde, beweisen Männer wie Hans Sachs, Lazarus Spengler und Albrecht Dürer.

Wie auch andernorts trennte sich in diesen Jahren das Luthertum von den sogenannten Schwärmern, Sakramentierern und Widertäufern – von jenen Kräften also, die über die kirchliche Erneuerung im engeren Sinn hinaus auf eine umfassende Änderung der gesellschaftlichen Verhältnisse drängten. Daneben hatte sich zu diesem Zeitpunkt auch die altgläubige Minderheit nach dem ersten Ansturm wieder gesammelt. In der Äbtissin Caritas besaß sie in Nürnberg eine ihrer würdigsten Vertreterinnen. Pirckheimers Kampf gegen die Prediger schließlich ist ein Ausschnitt aus dem großen Ringen zwischen Reformation und Humanismus, die beide doch nicht in der Weise identisch waren, wie es ihren Vertretern zunächst hatte scheinen wollen. Im Kampf der Geister bewies die Stadt an der Pegnitz um 1525 noch einmal, mit wieviel Berechtigung sie als *Mittelpunkt des Reiches* galt.

4. KAPITEL

Der Anschluß der fränkischen Markgrafschaft Ansbach–Kulmbach an das Luthertum

Wer Bayern verstehen will, muß nach Franken fahren. Dieses Votum auf einer Synode der *Evangelischen Kirche in Deutschland* Ende der 60er Jahre galt einer jener Stellungnahmen der bayerischen Landeskirche, die außerhalb der weißblauen Grenzpfähle schlicht als lutherisch-konservativ verschrien sind.

Ein wenig geistlicher Neid schwingt freilich immer bei dem Hinweis auf den fränkischen Kern der bayerischen Landeskirche mit. Denn hier verfügt der Protestantismus in teilweise noch geschlossen evangelischen Landstrichen über reich ausgestattete, vorreformatorische und glanzvoll in barockem Markgrafenstil neu errichtete Gotteshäuser. Hier, in den Dorfgemeinden des Altmühltals etwa, blüht das gottesdienstliche Leben wie eh und je: langsam, aber kräftig singt die Gemeinde am Sonntag ihre Choräle und betet, die Frauen im Kirchenschiff, die Männer auf den Emporen, für eine gute Ernte, den Bischof und ihre Toten. Wenn der Pfarrer auf die Kanzel zuschreitet, erhebt man sich; sein Lutherdeutsch und die Länge seiner Predigt stören hier niemanden. Man geht zu bestimmten Zeiten zum heiligen Abendmahl. Man spendet: für die eigene Kirche natürlich und ihren Turm, aber viel freigebiger noch für die Heidenmission und *Brot für die Welt*. Und man fährt kurz entschlossen nach München, wenn es jemand wagen sollte – wie einst zur Zeit des Nationalsozialismus – den Bischof gefangenzusetzen.

Es ist selbstverständlich, daß inmitten dieser Gemeinden heute zahlreiche Institutionen beheimatet sind, die der bayerischen Landeskirche ihr Profil verleihen: die Evangelisch-lutherische Fakultät in Erlangen, die Diakonissenmutterhäuser in Neuendettelsau und Gunzenhausen, das Missions- und Diasporawerk Wilhelm Löhes mit seinen Arbeitsgebieten in Neu-Guinea und Brasilien, zahlreiche volksmissionarische und diakonische Zentralstellen, die Rummelsberger Diakonenanstalt, die Predigerseminare und die Kirchenmusikschule. Kurzum: wer heute zwischen Main und Alpenkette im lutherischen Bayern hauptamtlich engagiert ist, kommt aus Franken oder genoß dort zumindest zeitweise fränkisch-kirchliche Schulung. Man weiß das entlang jener Luftlinie, die sich von Nördlingen über den Hesselberg und Neuendettelsau nach Nürnberg und über Bayreuth bis weit ins oberfränkische Grenzgebiet nach Kulmbach und Hof zieht. Und man kann hier darum gelassen auf das im fernen München residierende, im übrigen ebenfalls fränkische Kirchenregiment blicken.

Diese *geistliche Vormachtstellung* fränkisch-lutherischer Kirchlichkeit im Raum des bayerischen Protestantismus hat zahlreiche und gute Gründe. Letztlich ist sie das logische Ergebnis einer geschichtlichen Entwicklung, die in der Reformationszeit begann. An ihrem Anfang steht Markgraf Georg *der Fromme*. Diesen seinerzeit höchst ehrenvollen Beinamen hat er nicht nur im Blick auf seine persönliche innere Einstellung, sondern auch unter dem Gesichtspunkt kirchenpolitischer Bedeutsamkeit durchaus verdient. Er zog die staatspolitischen Konsequenzen aus dem von ihm mit Überzeugung vertretenen evangelischen Glauben auf und ließ auf dem Ansbacher Landtag 1528 die Durchführung der Reformation in seinem Land beschließen. Zusammen mit der benachbarten freien Reichsstadt Nürnberg setzte sich die Markgrafschaft Brandenburg-Ansbach-Kulmbach sofort an die Spitze der evangelischen Bewegung in Süddeutschland. So konnte unter dem Schutz kluger und wohlgesonnener Obrigkeiten die lutherische Lehre im fränkischen Volk tief einwurzeln.

Gemälde-Epitaph einer unbekannten Stifterfamilie in der Heilsbronner Klosterkirche. Das um 1560 entstandene Werk ist eine Darstellung der evangelischen Rechtfertigungslehre: allein Christus rettet die aus dem Paradies vertriebene Menschheit vor dem Zorn Gottes

Die schönste der erhaltenen fränkischen Wehrkirchen befindet sich in Kraftshof im ertragreichen Bauernland zwischen Nürnberg und Erlangen

*Das Pfarrhaus in Roßtal bei Fürth,
eines der ältesten erhaltenen
Fachwerkbauten
aus dem Spätmittelalter*

*Die Sanduhr an mancher fränkischen
Kanzel und die Almosentruhe
in der Schwabacher Stadtkirche
erinnern an das lebendige
gottesdienstliche und soziale Leben
der frühen evangelischen Gemeinden*

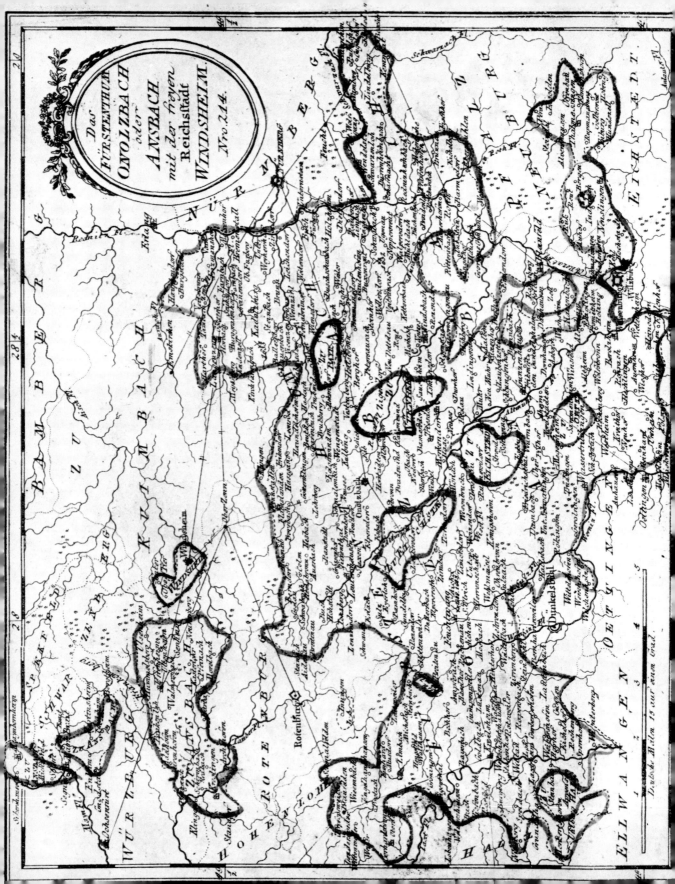

*Georg der Fromme,
der in den fränkischen Markgrafschaften Brandenburg—Ansbach—Kulmbach das Luthertum einführte*

Die Moseskanzel im oberfränkischen Pilgramsreuth will als Darstellung der altlutherischen Predigt verstanden werden: die Verkündigung des Evangeliums setzt die Verkündigung des Gesetzes voraus

Titelblatt der Brandenburg-Nürnbergischen Kirchenordnung von 1533, dem grundlegenden Bekenntnis des fränkischen Luthertums

VIEL TAKTIK AUF ALLEN SEITEN
Die evangelische Bewegung unter dem Markgrafen Kasimir

Der heutige fränkische Teil Bayerns deckt sich weitgehend mit dem sogenannten fränkischen Reichskreis, den die Habsburger per Regimentsordnung im Jahre 1500 errichteten. Das geschah freilich mehr auf dem Papier und war ein Ausdruck des kaiserlichen Willens, die letzte Verfügung über das Land wahrzunehmen. In Wirklichkeit fehlte damals seit Jahrhunderten jegliches Gefühl der Zusammengehörigkeit in diesem Gebiet; das Land war in zahlreiche geistliche und weltliche Territorien aufgeteilt und die Gebiete waren noch nicht einmal in sich geschlossen.

Die Markgrafschaft Brandenburg-Ansbach-Kulmbach etwa war durch die Gebiete der Reichsstadt Nürnberg und des Hochstiftes Bamberg deutlich zweigeteilt. In jedem Gebiet lagen eine Reihe kleiner selbständiger Territorien. Kirchlich gehörte das Land zu mehreren Diözesen. Im Süden hatten Augsburg und Eichstätt Einfluß, im Nordosten Regensburg. Das ganze *Land auf dem Gebirge* gehörte zur Diözese Bamberg, der Westteil, das *Land unter dem Gebirge* mit der Residenzstadt Ansbach, zu Würzburg. Dazu kamen Chorherrenstifte, Frauen- und Männerklöster, – im ganzen Fürstentum 26 an der Zahl. Das Oberland und das Unterland wurden seit 1515 von den drei Brüdern Kasimir (geb. 1481), Georg (geb. 1484) und Johann (geb. 1493) regiert. Ausgerechnet zur Fastnacht hatten Kasimir und Johann ihren alten Vater Friedrich IV. für wahnsinnig erklärt und *wegen Schwachheit seines Leibes* auf der Plassenburg, der markgräflichen Residenz in Kulmbach, gefangengesetzt. Johann war in habsburgischen Diensten ständig außer Landes beschäftigt und starb schon 1525. Mit dem ebenfalls oft abwesenden Georg hatte sich Kasimir vertraglich geeinigt; er regierte, und nur in wesentlichen Fragen sollte er sich mit seinem Bruder besprechen. Ob die immer aktueller werdende Religionsfrage allerdings wesentlich, und in welcher Weise sie zu lösen sei, darüber waren sich die grundverschiedenen Brüder nicht einig. Kasimir jedenfalls, bis 1527 an der Regierung, wich der Entscheidung aus.

Im Bereich der Markgrafschaft begegnete Kasimir die neue Lehre zuerst im verkehrsreichen Mainstädtchen Kitzingen, – und das, obwohl es eigentlich zum Hochstift Würzburg gehörte und dem Markgrafen nur als Pfand überlassen worden war. Stadtpfarrer Hans von Wirsberg, nach der Sitte der Zeit zugleich auch Domdechant in Eichstätt und Domherr in Würzburg, glänzte durch permanente Abwesenheit; häufig wechselnde und moralisch nicht sonderlich imponierende Vikare vertraten ihn. Verständlich, daß sich die Kitzinger 1522 an den Markgrafen mit der Bitte wandten, er möge erlauben, *die evangelische Freiheit zu gebrauchen und selbst tugendliche Pfarrherren zu wählen.* Daß zur selben Zeit ein Kruzifix *verhauen* wurde, wie man sich im benachbarten Würzburg erzählte, spricht nicht gerade für eine klare Vorstellung von der neuen Lehre in Kitzingen. Aber noch im selben Jahr traf der entschieden lutherische Prediger Christoph Hoffmann direkt aus Wittenberg kommend in der Stadt ein. Die Folgen einer regelmäßigen evangelischen Predigt konnten nun nicht ausbleiben: alle *Zeremonien,* auch die Fronleichnamsprozession, fielen dahin. Die Gemeinde errichtete einen besonderen *Almosenkasten,* das diakonisch-soziale Kennzeichen der frühen evangelischen Gemeindebildung. Ab 1525 sang man in den Kirchen deutsche Gesänge, die Taufe wurde deutsch vollzogen, ja sogar die Kommunion unter beiderlei Gestalt wurde eingeführt. Stolz berichtete die Stadt Anfang dieses Jahres nach Ansbach, einzig die lateinische Messe sei noch übriggeblieben. Der markgräfliche Amtmann Georg Vogler war's zufrieden.

Deutlich zeigte auch Schwabach, wie begeistert Luthers Auftreten in Franken begrüßt wurde. In der Stadt der schönen Kirchen und Altäre, der reichen Stiftungen und vielen Pfründen amtierte Johann Link als Geistlicher. Von ihm hieß es allerdings, er habe *bei vielen Jahren keine Predigt getan.* So nahmen der Stadtrichter und der Amtmann die Verkündigung wahr, – in Hauskreisen und auf evangelische Art. In den Kirchen kam es immer häufiger zu Tumulten. Eines Tages lag das Buch mit dem Verzeichnis der Ablässe, die das Jahr über in der Stadtkirche St. Johannes und St. Martin zu gewinnen waren, zerrissen und zerschnitten vor dem Kirchenportal. Wenig später am Kirchweihfest 1523 stürmte ein ehemaliger Mönch die Kanzel und reichte dem Festprediger eine reformatorische Schrift hinauf. Dabei soll er geflüstert haben: *Bruder, der Gott des Himmels und der Erde befiehlt dir, diese seine Gnade zu verkündigen.* Der Rat griff ein, nannte ihn einen *Schalk* und sperrte ihn in den Turm. Mit Rücksicht auf die Stimmung im Volk ließ er ihn aber bald wieder frei. Ein Jahr später end-

Die Plassenburg oberhalb der Stadt Kulmbach, der stolze Sitz der Markgrafen von Brandenburg-Kulmbach im Land auf dem Gebirg

lich errichtete die Gemeinde nach dem Vorbild Kitzingens einen *Gemeinen Kasten*. Als ältestes Denkmal der Reformation ist die schwere, eisenbeschlagene Almosentruhe noch heute in der Schwabacher Stadtkirche zu sehen.

Der alte Pfarrer Link jedoch hielt von all diesen Neuerungen nichts und beschwerte sich beim Markgrafen. Die Gemeinde und der überwiegend evangelisch gesonnene Rat beschwerten sich ihrerseits auch. In einem *offenen Brief* wurde der Stadtpfarrer aufgefordert, endlich persönlich sein Amt wahrzunehmen: *Eine brüderliche und christliche, in der heiligen Schrift gegründete Ermahnung, von einem Untertan und Schäflein seinem Pastor und Pfarrherrn zugeschickt, in der er ihn seines Hirtenamtes erinnert, selbst seine Schäflein mit dem Wort Gottes zu weiden und keine Tagelöhner an seiner Statt anzustellen.* Der *Untertan* und Verfasser der kleinen Schrift war der Schwager des Pfarrers, der Richter Hans Herbst. Von ihm stammen noch mehrere Flugschriften, die in ihrer Form an die reformatorischen Streitgespräche des Hans Sachs erinnern. Da Markgraf Kasimir offenbar die Beschwerden des Eichstätter Bischofs fürchte-

te, bat er dringend um *Ruhe und Ordnung.* So schützte er zwar den altgläubigen Pfarrer, schickte dann aber doch in dem Nürnberger Augustiner Johann Hoffmann einen evangelischen Prediger in die Stadt.
Ähnliche Berichte liegen aus anderen fränkischen Gebieten und Städten vor: in Rothenburg und Hammelburg, in Miltenberg und Wertheim, in Dinkelsbühl und Nördlingen, Windsheim und Weißenburg sind für die Jahre 1522 bis 1524 evangelische Prediger bezeugt. In Crailsheim etwa muß schon früh der Pfarrer Adam Weiß mit stillschweigender Duldung der markgräflichen Verwaltung die Reformation eingeführt haben. Einzelheiten darüber sind nicht bekannt; es existiert allerdings ein aufschlußreiches Haushaltungsbuch des Pfarrerehepaares (!) Weiß. Dies verzeichnet für die Fastenzeit immerhin Ausgaben für *Krammetsvögel, Lachsforellen, Kapern und Baumöl aus Nürnberg.* In Bayreuth fing der Benefiziat Georg Schmalzing an evangelisch zu predigen, da er *ein Büchlein oder vier von Dr. Martinus und anderen gelesen.*
Hauptstützpunkte der neuen Lehre im Oberland waren die Städte Hof und Kulmbach. Die Pfarrei Hof, angeblich die reichste im ganzen Land, besaß seit 1523 ein anderer Bruder Kasimirs, der Markgraf Friedrich von Brandenburg. Er war nebenbei auch noch Domherr in Würzburg und Stiftspropst in Ansbach. So kümmerte er sich naturgemäß wenig um die Hofer Pfarrei. Durch die regen Handelsbeziehungen mit Sachsen war die lutherische Lehre hier schon früh bekannt geworden. Das Leben der Geistlichen einerseits und die Aktivität evangelisierender Wanderprediger andererseits hatten ihr den Weg bereitet. Ihr eifrigster Förderer wurde der 1524 an die Michaelskirche berufene Pfarrverweser Kaspar Löner aus Markt-Erlbach. Die Kulmbacher besaßen ebenfalls zwanzig Jahre hindurch nur Pfarrverweser, die ihre geistlichen und kirchlichen Aufgaben nicht sonderlich ernst nahmen. Der Kaplan Johann Eck wurde nun im evangelischen Sinn tätig. Und der oberste Kulmbacher Geistliche, Propst Georg Frankenburger auf der Plassenburg, legte 1525 sein Amt nieder und wurde evangelisch.
Auch vor den Klostermauern machten die neuen Ansichten keinen Halt. Im Coburger Gebiet betätigten sich Luthers Ordensgenossen aus dem Königsberger Augustinerkloster eifrig für das *Evangelium.* Bei den Sonnefelder Nonnen taten sie das mit derartigem Eifer, daß diese sich beklagten: Man verbiete ihrer Äbtissin die Lektüre evangelischer Schriften. Wunschgemäß erhielten die frommen Frauen 1524 einen lutherischen Klosterprediger. Als bedeutendstes unter den fränkischen Klöstern dieser Zeit galt Heilsbronn. Wegen seiner Zucht und Ordnung war es weit bekannt. Der streng altgläubige Abt sah sich schon 1523 gezwungen, seine Pfarrer um besonderes Kirchengeläut und Kirchengebet zur *Abwendung des göttlichen Zorns* zu bitten; *allerlei Mißbräuche vom Teufel geschürt* hätten sich im Kloster eingeschlichen. Gemeint war damit nichts anderes als die *Lutherei.* Innerhalb weniger Monate verließen die Mönche das Kloster, nicht einzeln sondern gleich in Scharen. Und der Prior Schopper entwickelte sich zusehends zu einem zwar auf Vermittlung bedachten, aber grundsätzlich doch evangelisch eingestellten Mann.
Selbst in den Zentren der Hochstifte ließ sich die evangelische Predigt in diesen Jahren schwer unterdrücken. Am Bamberger Stift pflegte sie Johann Schwanhausen, der *Reformator Bambergs,* und er erhielt dafür von Luther schriftlich Lob und Ermunterung. Am Hof des Bischofs konnten die Anhänger Luthers überhaupt offen diskutieren. Der prominente Jurist Johann von Schwarzenberg (1463–1528), der später als der Vertraute der brandenburgischen Markgrafen mutig für die evangelische Sache eintrat, der Hofkaplan und ein weiterer Vikar sowie eine Reihe von Domherren –: niemand machte aus seiner lutherischen Einstellung ein Hehl. Als äußerst bedenklich für die alte Kirche entwickelten sich die Zustände in Würzburg. Der Domprediger Paul Speratus mußte 1521 die Stadt verlassen, als er heiratete. Mit ihm verlor das fränkische Land einen Mann, der später zu den führenden Theologen des Protestantismus zählte: als Dichter, dessen Lied *Es ist das Heil uns kommen her von Gnad und lauter Güte* ... bis heute zu den klassischen Lehrchorälen jedes evangelischen Gesangsbuches gehört, und als Bischof von Pommesanien, der von Marienwerder aus unter Kasimirs Bruder Albrecht von Brandenburg das reformatorische Kirchenwesen in Ostpreußen aufbaute. Sein Weggang aus Würzburg nützte der altgläubigen Partei jedoch wenig, denn der Nachfolger Johann Gramann, genannt Poliander, aus Neustadt an der Aisch predigte ebenfalls ganz im Sinne der neuen Lehre. 1519 hatte er in Leipzig an der Disputation zwischen Luther und Eck teilgenommen – zunächst als Sekretär des Ingolstädter Professors. Unter dem Eindruck des geistlich-theologischen Duells wechselte er jedoch die Stellung *von dem Fechtmeister Eck zu dem Ge-*

wissensstreiter Luther. Auch Poliander blieb der Mainmetropole nicht lange als Vorkämpfer der Reformation erhalten; 1525 rief ihn Albrecht von Brandenburg ebenfalls nach Ostpreußen. Mit seiner Umdichtung des 103. *Psalms Nun lob, mein Seel, den Herrn...* hat auch er sich im evangelischen Gesangbuch durch die Jahrhunderte hindurch einen festen Platz erobert. Zu ernsthaften Auseinandersetzungen kam es in Würzburg, als 1523 einige Chorherren heirateten und die schriftliche Rechtfertigung für diesen Schritt auch noch publizierten. Ein Jahr später wandte sich sogar der Weihbischof Johann Pettendorfer dem Evangelium zu. Ja, es gab sogar Gerüchte, daß der Bischof Konrad von Thüngen sein Hochstift in ein weltliches Fürstentum verwandeln und konvertieren wollte.

Mit einem ganz außergewöhnlichen Fall reformatorischer Praxis mußte sich die markgräfliche Regierung im Sommer des Jahres 1524 auseinandersetzen. Er zeigt am Beispiel der Pfarrwahl, wie in kürzester Zeit bestimmte Vorschläge aus Wittenberg in einem entlegenen fränkischen Dorf – in Wendelstein bei Schwabach nämlich – konkrete Gestalt gewinnen konnten.

Wohl unter dem Einfluß der Nürnberger Prediger begannen die Bauern, ihren altgläubigen Pfarrer regelrecht zu schikanieren. Er berichtet: *Am Sonntag nach Johannes dem Täufer, da ich morgens zur Kirche gehen wollte, um mein Amt zu verrichten, stand einer unter dem Kirchentor, ein langes Messer an der Seite tragend und sprechend: »Ihr ließet besser einen Frömmeren auf der Kanzel stehen als Ihr es seid.« Sag ich: »Was geht Euch meine Frömmigkeit an? Habt Ihr etwas mit mir zu tun?« Aber er ließ nicht ab, sondern ging neben mir mit vielen bösen Worten bis vor den Chor*. Als die Bauern ihn schließlich erschlagen wollen, räumt der Pfarrherr freiwillig Kirche und Dorf. Dem vom Markgrafen bestellten Nachfolger händigen die Wendelsteiner durch ihren Dorfmeister nun eine *Vorhaltung* aus, die alle bisher geltenden Rechtsgrundsätze auf den Kopf stellt. Auf Grund der heiligen Schrift stehe der christlichen Gemeinde das Recht zu, ihren Pfarrer ein- und abzusetzen. Ungerufen auf Befehl des gnädigen Herrn Markgrafen sei der *liebe Bruder und gute Freund* nun gekommen; er möge sich also die Vorstellungen der Gemeinde von seinem Dienst anhören: *Erstlich werden wir dich nicht als Herrn, sondern alleine als einen Knecht und Diener der Gemeinde anerkennen, daß du nicht uns, sondern wir dir zu gebieten haben. Wir befehlen dir demnach, daß du das Evangelium und das Wort Gottes lauter und klar nach der Wahrheit treulich vorträgst*. Einen ordentlichen Lebenswandel erwartet man und eine Abendmahlspraxis, wie *der Herr gelehrt und befohlen hat*, – also unter beiderlei Gestalt. *Was aber anders unnützigen Dings und gotteslästerlichen Wesens ist, habe er zu lassen*. Auch der finanzielle Aspekt dieser Pfarreinstellung wird angesprochen. Besondere Gebühren haben zu entfallen, der Pfarrer soll sich allein mit der Pfründe zufrieden geben. Ist er mit dem allen einverstanden, so wollen die Wendelsteiner ihn als *einen rechten Hirten und getreuen Diener Jesu Christi* anerkennen. Im anderen Fall wollen sie ihn *keineswegs dulden*.

Die *Vorhaltung* erschien im Druck; man maß ihr also grundsätzliche Bedeutung zu. Ihr Verfasser war wohl der Schwabacher Richter Hans Herbst. Er hatte sich eng an eine programmatische Schrift Luthers vom Mai des vergangenen Jahres gehalten. Sie trug den Titel *Daß eine christliche Versammlung oder Gemeinde Recht und Macht habe, über alle Lehre zu urteilen und Lehrer zu berufen, ein- und abzusetzen*. In diesem Traktat hatte Luther das *allgemeine Priestertum der Gläubigen* mit der Taufe begründet und daraus das Recht der bürgerlich-christlichen Gemeinde abgeleitet, die Verantwortung für die Verkündigung in ihrer Mitte selber wahrzunehmen. In dieser Frage *muß man sich gar nichts kehren an Gesetz, Recht, altes Herkommen, Brauch oder Gewohnheit von Menschen, gleichgültig, es sei von Papst oder Kaiser, von Fürsten oder Bischöfen gesetzt, ob die halbe oder die ganze Welt es so gehalten hat, ob es ein Jahr oder tausend gewährt hat. Denn die Seele des Menschen ist etwas Ewiges, mehr als alles was zeitlich ist, darum darf sie nur durch das ewige Wort regiert und erfaßt werden*. Nicht weniger revolutionär klang Luthers praktischer Vorschlag: *Einer anstatt und auf Befehl der anderen predige und lese*, als hauptamtlich angestellter Pfarrer sozusagen. Der *Wille der Gemeinde* müsse entscheiden; das allein sei *christlicher Rechtsverstand*.

Die sich später auf Luther berufenden Kirchen bis hin zur bayerischen Landeskirche haben es nicht gewagt, derartig weitgehende Demokratisierungstendenzen des Reformators im Kirchenrecht zu berücksichtigen. Die Wendelsteiner Bauern immerhin hatten es für ihre kleine Welt einmal ausprobieren wollen. Es blieb freilich bei diesem Versuch, denn der Markgraf zog sie scharf zur Rechenschaft. Und mit dem neuen Geistlichen gab's auch nur wieder Streit.

Im allgemeinen konnte die alte Kirche auf dem Land ihre Position halten. In den Städten dagegen überwogen die Anhänger der neuen Lehre. Gleich stark standen sich die beiden Parteien in der Residenzhauptstadt Ansbach gegenüber. Hier verfügten beide über gewandte Führer und fanden beide Schutz bei Hofe. An der Spitze der Altgläubigen stand der Stiftsprediger von St. Gumbertus, Dr. Weinhard, der auf der Kanzel und auf der Straße bei jeder Gelegenheit die katholische Lehre temperamentvoll verteidigte. Die Schutzpatronin der Altgläubigen bei Hofe war die Markgräfin Susanne, eine bayerische Prinzessin und ihrer Kirche treu ergeben. Die evangelische Partei dagegen wurde in Ansbach durch den markgräflichen Sekretär und späteren Kanzler Georg Vogler († 1550) geführt. Es ist typisch für die reformatorische Bewegung, daß sie ihren Erfolg auch im Brandenburg-Ansbachschen nicht nur den Theologen, sondern auch den Juristen verdankt – religiös engagierten und politisch informierten Laien wie Vogler in Ansbach und seinem Freund Lazarus Spengler in Nürnberg.

Beim Wormser Reichstag 1521 hatte Vogler Martin Luther persönlich kennengelernt. Begeistert von dieser Begegnung teilte er dem Landschreiber Tettelbach in Ansbach mit: *Ich hätte Euch viel zu schreiben, was gute, gottselige Reden er mit mir geführt und welche holdselige Person er ist.* Zurückgekehrt nach Ansbach bot Vogler fortan seinen ganzen Einfluß auf, um die Reformation in der Markgrafschaft einzuführen. Das Urteil über die dabei angewandten Methoden war schon zu seinen Lebzeiten zwiespältig. Die lutherischen Geistlichen bezeichneten ihn gerne als *einzigen Anker und Zuflucht aller Evangelischen* und lamentierten bei seinem späteren Sturz, daß man *keinen Vogler mehr bei Hofe wisse und habe.* Die Altgläubigen dagegen sahen in ihm einen *gewissenlosen Intriganten.* Unrecht hatten sie beide nicht. Vogler drängte unter Einsatz seiner ganzen Persönlichkeit vorwärts, und er scheute dabei auch nicht das ränkevolle Spiel hinter den Kulissen.

1524 erhielt Vogler in dem Bamberger Juristen Johann von Schwarzenberg Verstärkung. Als Hofmeister nahm dieser etwa die Position eines Ministers ein. Ein ebenfalls stürmischer Verfechter der Sache Martin Luthers, war er doch zugleich Politiker, der die Auswirkungen aller pro-evangelischen Ansbacher Aktionen auf die hohe Reichspolitik immer im Auge behielt. Der Dritte im Bunde, noch mehr auf Ausgleich bedacht, war der Statthalter Hans von Seckendorff-Abendaar. Von ihm hieß es, er sei *so vorsichtig,* daß er in entscheidenden Angelegenheiten zunächst gar keinen mündlichen Bescheid erteile, sondern es vorziehe, *wohl zu überlegen.*

Unter dem Klerus vertrat der aus dem Bambergischen stammende Hans Rurer († 1542) die Lehre Luthers. Er tat es nicht ganz so lautstark wie sein Gegner Weinhard die katholische Lehre vertrat, aber doch mit Entschiedenheit. Nachdem als Folge der neuen Ansichten die Opfer und Spenden für die Geistlichkeit in Ansbach rapide zurückgingen, trat 1523 der letzte katholische Stadtpfarrer freiwillig zurück. Im Blick auf die Wünsche der Bürgerschaft sah sich Markgraf Kasimir gezwungen, seinen als evangelisch bekannten Hofprediger Rurer zum Nachfolger zu ernennen. Stiftsprediger Weinhard polterte sofort auf der Kanzel los: Rurer würde alles *umrühren* und man sollte ihn meiden, denn er sei ein Ketzer. Er, der Stiftsprediger, sei ein Doktor, aber der Rurer habe keinen akademischen Grad. Es gab Tumulte im Gotteshaus, Kinder und Weiber verließen die Kirche. Rurer beschwerte sich schriftlich über diese Schmähreden, und ein Schneider stellte den streitbaren Stiftsprediger auf offener Straße zur Rede: Er habe die Abendmahlslehre Luthers neulich falsch vorgetragen; ob er sich nicht in die Bücher Luthers vertiefen wolle, um zu sehen, wie böse er gelogen habe.

Bald überwogen die Evangelischen auch im Stadtrat. Obwohl die Mehrheit der Bürger 1523 wahrscheinlich noch treu an der alten Kirche hing und die Verbreitung der reformatorischen Ideen auf dem flachen Land nicht überschätzt werden darf, mußte Markgraf Kasimir jetzt doch das Religionsproblem anpacken. Auch der Nürnberger Reichstagsabschied vom April 1524 nötigte ihn zur Stellungnahme; hatten doch dort die Stände beschlossen, das *Wormser Edikt* nur *so viel ihnen möglich* durchzuführen. Im übrigen wollten sie sich auf das für den Herbst nach Speyer einberufene Nationalkonzil gründlich vorbereiten.

Die von Kasimir auf mehreren Landtagen vertretene kirchenpolitische Taktik konnte in ihrer Zwiespältigkeit jedoch keine der beiden Parteien wirklich befriedigen. Die Bischöfe sahen sich zu energischen Protesten beim Schwäbischen Bund veranlaßt. Und die Evangelischen intervenierten laufend per Eilkurier beim Mitregenten Georg. Entsprechend zwiespältig fiel das spätere Urteil der Geschichtsschreibung über Kasimir aus. Je nach dem konfessionellen Standort konnte er als *Scheusal in Menschengestalt* und *durch die lutherische Sekte vergifteter und verdorbener Mann* beschimpft oder als *eifriger Förderer der neuen Lehre* mit ewigem Dank bedacht werden. Die tatsächlich widerspruchsvolle Religionspolitik des Markgrafen ist nur auf dem Hintergrund seiner persönlichen Einstellung und seiner politischen Ideen zu verstehen.

Daß Kasimir zu den hervorragendsten Politikern des Reformationszeitalters gehört ist unbestritten. Wie alle Hohenzollern war auch er von dem Bestreben erfaßt, die Macht und den Glanz seines Hauses zu fördern. Der alten und bewährten Hohenzollernpolitik entsprechend suchte er, anders als seine Brüder Albrecht und Georg, dieses Ziel durch die enge Anlehnung an das Kaiserhaus zu erreichen. Schon früh trat er in die diplomatischen und militärischen Dienste Habsburgs und blieb dem Kaiserhaus bis zu seinem Tode treu. Dabei war er in einer geradezu romantischen Weise von der Reichs- und Kaiseridee besessen. Das in Worms 1521 etablierte Reichsregiment fand in ihm einen seiner eifrigsten Schutzherren. Dem Schwäbischen Bund dagegen, der als ein lockerer Zusammenschluß die dezentralisierenden Bestrebungen der Territorialfürsten förderte, begegnete er mit Mißtrauen. Auch nach dem Sturz des Reichsregiments in Nürnberg arbeitete Kasimir unbeirrt weiter an der theoretischen Stärkung der Kaiseridee und an einer praktischen Zentralisierung des Reiches. Diese Politik sah er vor allen Dingen von zwei Seiten bedroht: Die aufstrebenden, selbständig und selbstbewußt werdenden Reichsstädte und die immer nach Rom hin orientierten geistlichen Fürsten galten ihm als die zwei gefährlichsten Feinde des Reiches. Auf allen Reichstagen und bei allen sonstigen diplomatischen Zusammenkünften bemühte er sich daher um ein Bündnis der weltlichen Stände. Die gemeinsame Politik der Fürsten war sein Anliegen, – gegen die Bischöfe und gegen die Städte, aber für ein geeintes Reich unter einem Kaiser.

Diese politischen Ideen bestimmten Kasimir auch bei der Behandlung der Religionsfrage in seinem Land. Eine Zuwendung zur Reformation hätte zweifellos eine totale politische Kehrtwendung bedeutet. Sie wäre denkbar gewesen, aber doch nur, wenn Kasimir persönlich von der neuen Lehre wirklich überzeugt gewesen wäre. Das aber war nicht der Fall. Im Gegensatz zu seinen evangelischen Brüdern Albrecht von Preußen und Georg dem Frommen besaß Kasimir überhaupt kein tieferes religiöses Empfinden. Aus reinem Desinteresse blieb er für seine Person katholisch und starb 1527 in Ungarn auf dem Höhepunkt seiner kaiserlich-militärischen Karriere nach dem Empfang der römisch-katholischen Sterbesakramente. Die Vertreter der neuen Lehre durften bei ihm nur solange mit Entgegenkommen rechnen, als er das *Evangelium* mit seiner Kaisertreue vereinen und für seine Pläne im eigenen Land ausnutzen konnte. Oft bezeichnete Kasimir sich als *kaiserlicher Majestät gehorsamen, gottliebenden Fürst*. Damit ist seine Einstellung in religiösen Dingen genau umschrieben. Seine *Gottesliebe* richtete sich nach seiner Idee vom kräftigen, geeinten deutschen Reich.

Die Habsburger verstanden es ausgezeichnet, sich des diplomatisch geschulten und kriegsgeübten Markgrafen zu bedienen. Sie sparten auch nicht mit Versprechungen. Doch das in Aussicht gestellte italienische Lehen und die finanziellen Zuwendungen blieben aus. So stürzten das Engagement zu Gunsten des Kaisers, aber auch die üppige Hofhaltung und Spielwut Kasimirs das Land in immer größere finanzielle Nöte. Man kann tatsächlich von einer permanenten Finanzkrise sprechen, die zu beseitigen auch dem Nachfolger Georg nicht glückte. Verständlich, daß Kasimir die *reformatorische Welle* und die Bauernunruhen in seinem Land zum Vorwand nahm, sich 1527 der Klöster und ihrer Güter, der geistlichen Stiftungen und der Kirchenkleinodien zu bemächtigen, um seinen gewaltig anwachsenden Schuldenberg abzutragen. Schon anläßlich eines Besuches im Juli 1522 am Grab des heiligen Gumbertus in Ansbach hatte er gezeigt, wie wenig im Grunde auch die alte Kirche auf ihn bauen konnte. Damals ließ er das Grab öffnen und nahm das Haupt des Heiligen, dessen Fassung nach damaligen Schätzungen einen Wert von 653 Gulden besaß, mit: *Aurum, non gratiam divinam quaerentes* – des Goldes, nicht der göttlichen Gnade wegen, wie der erboste Kanonikus sehr richtig in die Chronik schrieb. Nicht ganz zu Unrecht urteilte ein späterer Geschichtsschreiber: *Kasimir verkaufte die alte Religion, das neue Evangelium und sich selbst, wie er es eben bedurfte.*

Zunächst also setzte Markgraf Kasimir dem Eindringen evangelischer Ideen keinen nennenswerten Widerstand entgegen. Im Gegenteil: Er lud die fränkischen weltlichen Stände nach Kitzingen und kurz darauf noch einmal nach Windsheim ein, um sich mit ihnen gegen die geistlichen Fürsten zu verbünden und gemeinsam das Speyerer Nationalkonzil vorzubereiten. Dort in Speyer sollte jeder Stand einen *Auszug aller neuen Lehre und Bücher* zur Hand haben. Als Grundlage für die dadurch notwendig gewordene Beratung der theologischen und kirchlichen Fragen präsentierte Kasimir persönlich die *Dreiundzwanzig Artikel*. Sie enthielten kurz und bündig die Punkte des Dogmas und der Kirchendisziplin, in denen sich die Evangelischen von der alten Kirche geschieden wußten. Ihr Verfasser war natürlich nicht der Landesherr persönlich, sondern wahrscheinlich der evangelische Stadtpfarrer Rurer.

Ausschließlich zur Besprechung dieser Artikel schrieb Kasimir einen weiteren Landtag in Ansbach aus. Im Einladungsschreiben hieß es, alle Stellungnahmen, die eingereicht würden, hätten sich *allein auf Gottes Wort zu gründen* und müßten deutsch abgefaßt sein. Im übrigen diene der Landtag lediglich der angeordneten Vorbereitung auf die entscheidende Versammlung in Speyer. Das war äußerst vorsichtig formuliert; die Einladung enthielt sich jeder direkten Stellungnahme zur neuen Lehre und zeigte den Markgrafen als gewissenhaften Fürsten des deutschen Reiches. Was die Einladungsliste betrifft, so hatte die evangelische Partei allerdings kräftig manipuliert. Unter den zunächst angeschriebenen sechzehn Theologen befanden sich nur vier erklärte Lutheraner. Als der Landtag schließlich eröffnet wurde, standen sich unter den Theologen jedoch zwei gleich starke Parteien gegenüber. Die Vertreter der zwölf Städte steckten gleich zu Beginn ihre Position ab. Sie forderten die lautere Predigt des Evangeliums, den Laienkelch und die deutsche Messe. Dagegen war der Adel, wie die Theologenschaft, gespalten. Die Taktik der altgläubigen Prälaten lief auf die Vermeidung jeglicher Diskussion hinaus. Der Abt Johann Wenck von Heilsbronn erklärte schlicht, er wisse von den Dingen nichts zu reden, *denn er habe nicht studiert und wolle alles beim Alten lassen*. Der Dechant von Ansbach fand die Sache ebenfalls zu schwierig und wollte lieber seinen streitbaren Kollegen vom Stift, Dr. Weinhard, reden lassen. Die Chronik vermerkt als sein Votum: *Wie seine Jahre jung, also sei auch der Verstand gering*. Der Ansbacher Stiftsprediger dagegen stieg in die Diskussion ein und erklärte sogar, *daß die Artikel bei ihm in keinen Zweifel gezogen werden*, – mit drei Ausnahmen allerdings: Den Ausführungen über die Priesterehe, die Ordensgelübde und die Fronleichnamsprozession könne er nicht zustimmen. Wegen der Kürze der Zeit habe er keine schriftliche Stellungnahme angefertigt; falls man eine solche wünsche, *bitte er um Verzug*. Ähnlich unschlüssig äußerten sich die anderen Prälaten. Ganz offensichtlich waren sie alle durch das Disputationsverbot ihrer Bischöfe einerseits und die Diskussionsaufforderung des Markgrafen andererseits in eine höchst unangenehme Lage geraten. Selbstverständlich lag aber Kasimir alles an einem zwar einhelligen, aber vieldeutigen *Ratschlag*, denn nur dann konnte er weiter so taktieren wie bisher.

Als die Debatte darüber, ob man überhaupt debattieren sollte, zu keinem Ende kam, beschloß man, einen paritätisch zusammengesetzten Ausschuß zu berufen. Genau zu diesem Zeitpunkt erhielt Kasimir die Mitteilung, daß das Nationalkonzil in Speyer vom Kaiser abgeblasen sei. Damit war die offizielle Begründung des Landtages – Vorbereitung auf Speyer – zusammengebrochen. Die katholische Partei hätte nun einen Grund gehabt, unter Berufung auf das kaiserliche Schreiben und den darin enthaltenen Tadel über Kasimirs eigenmächtiges Vorgehen, rigoros jede Diskussion abzulehnen. Aber Kasimir verschwieg das Schreiben. So trat man in die Ausschußberatung ein. Wie vorauszusehen, trennten sich jedoch die beiden Parteien schon nach der ersten Sitzung und erarbeiteten eigene Erklärungen – mit einem solchen Eifer, daß bereits nach fünf Tagen zwei umfangreiche Stellungnahmen vorlagen.

Der katholische Ratschlag ist durchweg objektiv gehalten und zeigt sich an einigen Punkten sogar zu Zugeständnissen bereit. Gegen die deutsche Taufe erhebt er keine Einwände, und in seinen Ausführungen über den freien Willen der Menschen nähert er sich der strengen augustinisch-lutherischen Ansicht. Im Ganzen jedoch verteidigt er das altkirchliche Dogma und die gegenwärtige kirchliche Praxis, und wenn sich das nicht mit der Bibel tun läßt, so erscheint doch beides den Verfassern immer *nützlich*.

Wesentlich umfangreicher und polemischer fiel dagegen der evangelische Ratschlag aus. Hinter ihm standen die Pfarrer Rurer aus Ansbach und Weiß aus Crailsheim sowie der Heilbronner Prior Schopper. Der theologische Grundsatz, von dem aus die gesamte kirchliche Praxis hier kritisiert und eine Neuordnung anvisiert wird, ist das Bekenntnis zur Autorität des Wortes Gottes. Dieses Wort – das *Evangelium* – steht über allen menschlichen Gesetzen und kirchlichen Traditionen: *Gott will selbst unser Lehrer sein, an des Wort sollen wir uns halten. Was dasselbe nicht weist oder lehrt, soll einem Christen alles verdächtig sein*. Man hat diesen Ansatz später sehr richtig als *Ansbacher Biblizismus* bezeichnet.

Die Geburt des Antichrist. Diese Illustration ist in ihrer Schärfe typisch für den Stil der antipäpstlichen Polemik des alten Luther

Von diesem hohen Standort aus erscheint dem evangelischen Ratschlag nahezu das gesamte kirchliche Leben *verdächtig*: Der Ablaß ist eine *gefährliche Ware* und hinderlich für die Seligkeit. Die Ohrenbeichte ist eine späte Erfindung und abzuschaffen. Der Opfercharakter der Messe würde Christi einmaliges Opfer am Kreuz negieren und ist daher scharf abzulehnen. Eine besondere Priesterweihe ist überflüssig, da sich die Gemeinde ihre Seelsorger selber wählt. Die letzte Ölung gar wird als *Ölschmiere* lächerlich gemacht. Und der Papst wird als *Tyrann und Wüterich* angesprochen, der keine Gewalt über die Bischöfe und Pfarrer beanspruchen darf. Die Kirche schließlich ist nicht die Hierarchie, sondern die *Menge oder Versammlung aller Christgläubigen*.

Martin Luther hatte einmal erklärt, man solle sich nicht nach ihm *lutherisch* nennen, sondern sich einfach *Christen heißen*. Die Ansbacher Theologen haben diese Meinung bei der Abfassung ihrer Stellungnahme berücksichtigt. An keiner Stelle verweisen sie auf den Wittenberger Reformator und seine Schriften. Dennoch verraten ihre Argumentation und ihre Auswahl der Bibelzitate auf Schritt und Tritt die genaue Kenntnis aller polemischen und erbaulichen Lutherschriften seit 1519. Stellenweise zitieren sie sogar den Reformator wortwörtlich, – ohne das freilich zu verraten. Vor allem aber ihr Ansatz bei der alleinigen Autorität des Wortes Gottes deckt sich mit Luthers Lehre.

Daneben finden sich freilich in dem großen Bekenntnis auch Anklänge an das Gedankengut des Schweizer Reformators Ulrich Zwingli. Die schroffe Ablehnung der Ohrenbeichte etwa geht zweifellos eher auf ihn zurück. Luther schätzte das persönlich zugesprochene Wort der Vergebung in der Einzelbeichte zeit seines Lebens sehr hoch. In der Formulierung der Sakramentslehre begegnen ebenfalls recht viele zwinglianische Formeln, – etwa wenn Taufe und Abendmahl als *Zeichen, Siegel* und *Ermahnung der göttlichen Gnade* bezeichnet werden. Eine deutliche Abgrenzung von Wittenberg nahmen die Ansbacher lediglich an einem Punkt vor: In der Frage der Bilder, die sie unter gar keinen Umständen in den Kirchen dulden wollten. Dementsprechend fiel auch das Urteil in Wittenberg über den großen Ansbacher Ratschlag aus; er sei ganz *unsere Münze und rechten Schlages*, lediglich die Bilder dürften *nicht ganz zu verdammen* sein.

Bei der nächsten Plenarsitzung wurden die Ratschläge der beiden Parteien übergeben. Sie stürzten die Versammlung in einige Verlegenheit, denn eine Einigung erschien offensichtlich unmöglich. Da trat Johann von Schwarzenberg auf und hielt ein sehr geschicktes Plädoyer für die evangelische Sache. Ohne offen für Luther einzutreten, forderte er dazu auf, ungeachtet der päpstlichen und kaiserlichen Verordnungen *bei dem lauteren, klaren Wort Gottes* zu bleiben und alle Neuerungen bis auf weiteres zu dulden. Doch Hans von Seckendorff-Abendaar warnte davor, so unverblümt die Reformation zu protegieren, *nachdem der Herrschaft an dem Handel viel gelegen sei den Papst, Kaiser, Kurfürsten und Fürsten betreffend*. Aus politischen Gründen also sprach er sich für einen zurückhaltenden Landtagsabschied aus. Der Taktiker fand mit dieser Stellungnahme bei der Mehrheit durchaus Verständnis. Der Markgraf meinte nun, man werde die *etwas widerwärtig empfun-*

denen, das heißt widersprüchlichen Erklärungen der beiden Parteien weiter mit den Gelehrten prüfen. Im amtlichen Landtagsabschied hieß es dann, bis auf weiteres sei das *Wort Gottes* zu verkünden, – *lauter und rein*. Aller Streit auf den Kanzeln und in den Wirtshäusern habe zu unterbleiben. Mit praktischen Neuerungen jedoch sollte man *Geduld haben* und auf weitere Bescheide warten.

Dieser Abschied entsprach genau der zwiespältigen und unentschlossenen Haltung des Markgrafen. *Das Wort Gottes lauter und rein predigen* war die gängige Bezeichnung für die evangelische Lehre. Sie sollte also keineswegs unterdrückt werden. Die praktischen Konsequenzen für das kirchliche Leben durften dagegen nicht gezogen werden. Befriedigt war wieder einmal keine Partei. Aller Streit der kommenden Jahre hatte im Grunde in dieser zweideutigen Erklärung seinen Grund. Wie sich die Reformation unter Berufung auf den mehrdeutigen Ansbacher Beschluß nun doch weiter ausbreitete, teilte Kasimir selber seinen Brüdern in den Weihnachtstagen des gleichen Jahres schriftlich mit: *Dabei wollen wir Euch nicht vorenthalten, daß überall, wo das Evangelium und das Wort Gottes, wie die Prediger und andere Schriftverständige sagen, lauter und rein gepredigt wird, allerlei Änderungen der alten Gebräuche und Gewohnheiten vorgenommen werden, zum Beispiel die Messe in deutscher Sprache zu lesen, die Kinder deutsch zu taufen, das Empfangen des Sakraments des Altars in beiderlei Gestalt, das Fleischessen an Freitagen, an Sonntagen und anderen festgesetzten Fasttagen. Ebenso, daß sich die Priester und andere geistliche Personen, wie man's nennt, verehelichen; und daß man Wasser, Wachs, Palmen und dergleichen nicht mehr weiht, summa summarum alles das fallenläßt, was Papst, Bischof und Konzilien aus lauterem Befehl und Gebot Gottes festgesetzt haben. Und weil denn also das heilige Evangelium und das Wort Gottes überall in unserem Land und auch je länger je mehr gepredigt wird, so werden wir täglich von unseren Untertanen ersucht, ihnen auch zu vergönnen, daß sie die alten Gebräuche und Gewohnheiten – ihrer Meinung nach erdichtete, unnütze Menschensatzung – verlassen und sich allein nach dem lauteren, klaren Wort Gottes wie andere halten mögen. Das haben wir aber bisher so viel als möglich ohne Euer Wissen, auch aus anderen beweglichen Ursachen, nicht zulassen wollen, obwohl es dennoch an etlichen Orten geschieht.*

Der am kaiserlichen Hof weilende jüngste Bruder warnte Kasimir daraufhin, er könne durch Laxheit die kaiserliche Gnade verscherzen; das würde er wohl doch *nicht gern sehen*. Georg der Fromme dagegen äußerte sich zunächst überhaupt nicht. Die evangelische Partei bedrängte ihn aber. Zunächst bat Johann von Schwarzenberg in einem Privatschreiben, Georg möchte doch seinen ganzen Einfluß aufbieten, damit die *Vollziehung des Evangeliums* auch in der Markgrafschaft gefördert werde. Einen Schritt weiter ging der Kanzler Vogler. Er stand in einem lebhaften und ausgesprochen freundlichen Briefwechsel mit Albrecht von Brandenburg, dem Hochmeister des Deutschen Ritterordens. In einem Brief an ihn legte er einen Entwurf bei, den Albrecht an seinen Bruder Georg und den dieser weiter als seinen eigenen Brief an Kasimir und die Ansbacher Regierung schicken sollte. Mit dem Ergebnis dieser fein gesponnenen Intrige konnte der Fuchs in der Ansbacher Kanzlei zufrieden sein: Bald hielt er wirklich *seinen* Brief in den Händen. In ihm bat Georg seinen regierenden Bruder, den Untertanen nicht nur die reine Predigt des Evangeliums zu gestatten, sondern ihnen auch zu erlauben, *nach demselben zu leben*. Eine Predigt – und hier hatten die Briefschreiber ja zweifellos Recht –, nach der man nicht leben dürfe, sei nicht nur unnütz, sondern auch gotteslästerlich.

Ähnlicher Methoden bediente sich der eifrige Vogler auch sonst. Im Januar 1525 inszenierte er eine Art Massenpetition. An zwölf Städte im Oberland und Unterland schickte er den Entwurf einer Bittschrift an Kasimir. Kernpunkt dieses Entwurfes: Die päpstliche Messe solle endgültig gegen die *rechte evangelische Messe* eingetauscht und in allen anderen Fragen *rechte evangelische Freiheit* praktiziert werden. Am Lichtmeßtag sollten alle Städte dieses Schreiben dem Markgrafen übersenden.

Die Aktivität der lutherischen Partei ging jedoch weiter. Man gab den evangelischen Ratschlag in den Druck, um so die reformatorische Bewegung voranzutreiben. Und man erarbeitete eine umfangreiche schriftliche Widerlegung des katholischen Ratschlags. Doch Kasimirs Bescheid an die Städte war wieder sehr zurückhaltend; er bat um Geduld und untersagte im übrigen jede *Änderung der Zeremonien*. Denn eisern hielt er an seiner Zielvorstellung fest, daß die Stände mit dem Kaiser zusammen eine einheitliche und für das ganze Reich verbindliche Lösung der Religionsfrage finden müßten.

Einen gewissen, wenn auch nur vorübergehenden, Fort-

Titelblatt der ältesten deutschen evangelischen Meßordnung aus Nördlingen

schritt für die evangelische Bewegung brachte der Bauernkrieg. Kasimir vertrat die Ansicht, daß er wesentlich durch das Leben in den Klöstern verursacht worden sei. So wurde er ihm vor allem ein Vorwand, erneut scharf gegen die katholische Geistlichkeit und die Klöster vorzugehen. Die Bauern dagegen hielten ihn nun für einen Gönner des Evangeliums. Um diesen Eindruck ja nicht zu zerstören, erklärte sich der Markgraf noch einmal zu einem Zugeständnis bereit. Auf dem Landtag 1525 – mitten in den Bauernunruhen – ließ er laut und deutlich verkündigen, er wolle bei dem *reinen Wort Gottes* bleiben.

In der Folgezeit jedoch vollzog sich ein deutlicher Umschwung in Kasimirs Religionspolitik. Seine Idee gab der Markgraf keineswegs auf: Das *Prinzipalstück Religion* muß auf der Ebene des Reiches verhandelt werden. Aber seine Methode wechselte. Bisher hatte er die evangelische Bewegung geduldet und nichts dagegen unternommen, daß man ihn auch außerhalb seines Landes als Lutherfreund betrachtete. Nunmehr ging er deutlich auf Distanz und versuchte auf dem Landtag 1526, die alte Kirche erneut zu stärken. Die Gründe für diesen Umschwung liegen auf der Hand. Der Bauernkrieg hatte zu einer verschärften Haltung der katholischen Stände im Reich geführt. Die Klage der Bischöfe über seine Säkularisierungsmaßnahmen erscholl überall im Reich. Seine häufigen Versicherungen, er lasse nichts als *das reine Wort Gottes* predigen, hatten das Mißtrauen des kaiserlichen Hofes hervorgerufen. Nun war er auch noch zu einem der Kommissäre für den Reichstag im Winter 1525/26 ernannt worden, – und mußte in Augsburg dann erleben, wie man ihn höchst ungnädig behandelte. Es war ganz offensichtlich: Kasimir drohte in den Ruf zu kommen, ein Anhänger der neuen Lehre zu sein.

In dieser Lage distanzierte er sich zunächst einmal endgültig und deutlich von allen Bündnisbestrebungen der Evangelischen in Mitteldeutschland. Johann von Sachsen, der Bruder und Nachfolger Friedrichs des Weisen, hatte nicht die Absicht, die vorsichtig-zaudernde Politik seines Vorgängers fortzusetzen. Auch der junge Landgraf Philipp von Hessen, der eifrig Luthers Übersetzung des Neuen Testament studierte, dachte nicht daran, sich in der Religionsfrage dem Kaiser zu beugen. Er erklärte, für das Evangelium sei er bereit, Land und Leute, Leib und Leben preiszugeben. So schlossen Sachsen und Hessen im Februar 1525 einen militärischen Beistandspakt für den Fall, daß sie *wegen des Wortes Gottes* angegriffen würden. Andere norddeutsche Fürsten traten diesem sogenannten Torgauer Bund bei. Auch Albrecht von Brandenburg verbündete sich mit Sachsen. Der Versuch, in Kasimir eine starke süddeutsche Stütze dieses evangelischen Bundes zu gewinnen, schlug jedoch nach längeren, hinhaltenden Stellungnahmen des Markgrafen endgültig fehl.

Parallel dieser außenpolitischen Klarstellung erfolgte der Umschwung in der Innenpolitik. Im Mai 1526 befahl Kasimir allen Amtleuten, die Fronleichnamsprozession wieder wie früher zu halten. Vogler bestürmte seinen Fürsprecher Albrecht im fernen Preußen, der seinen Bruder ermahnte: *Der gemeine Mann sagt, Ihr wollt haben, daß der alte Gottesdienst – wie man ihn nennt – allenthalben wieder gehalten werden soll, und daß man nicht in beider Gestalt Leib und Blut Christi empfangen soll. Nun wißt Ihr, daß man dem hellen Wort Gottes folgen soll, und nicht zur Linken noch zur Rechten gehen. Gott will nicht gegen den Spruch gehandelt haben: Wer mich bekennt vor der Welt!* Adam Weiß, der Crailsheimer evangelische Pfarrer, sah sich ebenfalls zu einem Bittschreiben an den Markgrafen genötigt. Das Beispiel des Hofes, wo man sich noch der alten Zeremonien bediene, wirke sich ungünstig im Lande aus. Kasimir möge doch bedenken, daß er *einst vor dem Richterstuhl Gottes Verantwortung dafür ablegen müsse*, denn ein christlicher Fürst habe auch für das Seelenheil seiner Untertanen zu sorgen. Der einflußreiche Hans von Wallenfels kam auf die originelle Idee, im ganzen Land ein Gebet für die Obrigkeit anzuordnen, *damit sie Gott erleuchtet, denn die Verstocktheit ist gar groß*. Das klang weniger nach Für- als nach Gegenbitte, wurde jedenfalls vom Markgrafen so verstanden und schleunigst unterbunden. Auch Markgraf Georg intervenierte mehrmals bei seinem Bruder. Doch jetzt rettete die evangelische Partei nichts mehr, – weder das öffentliche Gebet in den Kirchen noch die geheime Korrespondenz der markgräflichen Brüder.

Der Reichstag in Speyer war zwar nicht ganz nach den Vorstellungen Kasimirs verlaufen, er hatte aber immerhin festgesetzt, daß *sich ein jeder so verhalten solle, wie er es gegen Gott und kaiserliche Majestät sich zu verantworten getraue.*

Derartig mehrdeutige Entschließungen waren, wenn es denn schon nicht zu einer Einigung kam, immer ganz nach Kasimirs Geschmack gewesen. Sehr schnell ging dem kirchenpolitischen Taktiker auf, daß für ihn nun der Weg frei war, in seinem Land nach seinem Gutdünken zu entscheiden. So lud er für den Oktober 1526 erneut zu einem Landtag nach Ansbach ein. Noch bevor er im Auftrag des Kaisers nach Ungarn zog, sollte Ordnung im Land geschaffen werden.

Das gelang Kasimir jedoch wieder nicht. Mehr als ein Kompromiß kam auch diesmal in Ansbach nicht zustande. Der Landtag proklamierte zwar die Predigt des *reinen, lauteren Evangeliums* und gab die deutsche Taufe und den Laienkelch frei. Ansonsten aber kam er der katholischen Partei sehr entgegen: Die lateinische Messe und die Ohrenbeichte werden dem ganzen Land zur Pflicht gemacht; die bisherigen Fast- und Feiertage werden erneut eingeschärft; keine der katholischen Zeremonien darf bis auf weiteres geändert werden; auch die herkömmlichen Seelenmessen sind auf Wunsch der Angehörigen zu halten; die Priesterehen bleiben verboten, jedoch sollen die Konkubinen aus den Pfarrhäusern entfernt werden. Ein besonderer Wunsch und Befehl Kasimirs geht dahin, daß *sich alle Prediger in ihren Predigten aller Schmähungen, des Nachredens und Schimpfierens, des papistischen, lutherischen oder ketzerischen Scheltens und Schreiens, sowie alles anderen, das zu Uneinigkeit, Aufruhr und Empörung dient oder Ursache geben könnte, enthalten.*

In einem Brief an seinen Bruder Georg äußerte sich Kasimir später über die Motive, die zu diesem erneut zwiespältigen Erlaß geführt hatten. Man wolle sich im Land absolut nicht mehr mit der *Predigt des reinen Wortes Gottes* begnügen, sondern dränge auf eine weitgehende Neuordnung des gesamten kirchlichen Lebens. Er als der Landesherr müsse jedoch nicht nur auf beide Parteien im Lande Rücksicht nehmen, sondern *auch also verfahren, daß den benachbarten Bischöfen möglichst wenig Anlaß zum Einschreiten geboten wäre.*

Die benachbarten Bischöfe meldeten jedoch umgehend ihren Protest an. Dabei ging es ihnen nicht nur um einige evangelisch klingende Detailbestimmungen des neuen Religionsgesetzes. Sie erkannten vielmehr sofort die grundsätzliche Bedeutung eines derartigen Gesetzes, das der Markgraf durch den Mund seines Landtags erlassen hatte. Mit diesem Verhalten hatte Kasimir nämlich offiziell die geistliche Autorität ausgeschaltet und selber in das innerste Leben der Kirche eingegriffen. Der Markgraf von Brandenburg-Ansbach hatte den Reichstag von Speyer benutzt, um das landesherrliche Kirchenregiment in seinem Land zu etablieren und sich eine Landeskirche nach seinen eigenen, allerdings höchst unklaren religiösen Vorstellungen aufzubauen.

Selbstverständlich protestierte auch die evangelische Partei sofort und energisch. Noch während des Landtags hatte Vogler jeden als *verzweifelten Bösewicht* bezeichnet, der zu behaupten wagte, dieser Abschied sei von der Mehrheit bewilligt worden. Noch massiver äußerte sich Stadtpfarrer Rurer, der das neue Gesetz schlicht als *Gottlosigkeit* bezeichnete. Sehr klar erkannte auch Luther, daß es Kasimir vor allem um den Ausbau seiner

Macht gegenüber den Bischöfen ging; er hielt sein Vorgehen für *eitel Feigheit*, da er lediglich unter dem Deckmantel der Bibel *seine Tyrannei erhalten wolle*.

Markgraf Georg reagierte diesmal eindeutig; kurz und bündig verweigerte er seine Zustimmnug zu diesem Abschied und schrieb zornig an seinen Bruder: *Hätt' mich eines besseren versehen, als daß du auf mein häufiges Ermahnen solches hinter meinem Rücken hast ausgehen lassen, sodaß ich, wohin ich zu Leuten komme, muß mich schämen, wenn man mich zur Rede stellt. Und weil das jetzt ohne mich als einen mitregierenden Bruder beschlossen, will ich nicht darein willigen, aber meine Mitregierung weiterbehalten haben. Denn ich will summa summarum Gott mehr ansehen, als die Welt. Und weil mir Gott den Verstand gibt, will ich wider sein heilig Wort nichts tun, und allein Gott vertrauen. Du weißt wohl, daß ich Dir in die Regierung wenig hineingeredet, aber die Seele kann kein anderer Regierer leiden.* Die Brüder trafen sich sogar zur persönlichen Aussprache über die heikle Angelegenheit. Es fielen harte Worte, und das Gerücht von einer Teilung des Landes machte die Runde. Das Versprechen, die Ordnung solle nur ein Jahr gelten, bewog Georg schließlich, ihr doch noch zuzustimmen.

Die evangelische Geistlichkeit, weitgehend verheiratet, zeigte sich im Frühjahr 1527, als das Gesetz durchgeführt werden sollte, sehr beunruhigt. Pfarrer Meglin in Kitzingen verließ fluchtartig die Stadt; das Gleiche tat der Ansbacher Stadtpfarrer Hans Rurer mit seinen zwei Kaplänen. Auch in Schwabach gingen die evangelischen Geistlichen freiwillig, da sie die neue Ordnung nicht mit ihrem Gewissen vereinbaren konnten, – was wohl auch hieß: ihre Frauen nicht verlassen wollten. In Crailsheim fürchtete Adam Weiß ein Eingreifen des Bischofs und stellte sich vorsorglich unter den Schutz des markgräflichen Statthalters. In Bayreuth war nämlich schon im November des vorangegangenen Jahres kurz nach dem Landtagsabschied Pfarrer Georg Schmalzing verhaftet und dem Bischof übergeben worden; auch in Puschendorf und Fürth hatten die evangelischen Geistlichen die Kanzel mit dem Gefängnis tauschen müssen.

Der schwerste Schlag für die evangelische Partei war jedoch zweifellos der Sturz Voglers. Die katholische Partei hatte ihn schon lange vorbereitet, und die nicht immer einwandfreie Geheimdiplomatie des entschieden evangelischen Sekretärs und Kanzlers bot ja auch mancherlei belastendes Material. Bald nachdem die Teilnehmer des Landtags Ansbach verlassen hatten, ließ Kasimir seinen Kanzler kurzerhand verhaften. In einer späteren *Protestation* erklärte Vogler, Gott habe ihn, als er *um seines heiligen Wortes und um des Markgrafen Georg willen verfolgt* worden sei, gnädig errettet. Tatsächlich scheint nicht nur sein rigoroses Eintreten für die Lehre Luthers, sondern auch seine enge Beziehung zum Mitregenten Georg der Grund seiner Gefangennahme gewesen zu sein.

In diesem Augenblick stand es um die Sache der Reformation im Frankenland so schlecht wie nie zuvor. Da rief der Kaiser seinen treuen Vasallen nach Ungarn. Kasimir gehorchte, wie immer, verschob wieder einmal die Klärung der innenpolitischen Probleme auf später, – und fand am 21. September 1527 in Ungarn den Tod. Schlagartig änderte sich nun die Lage in der Markgrafschaft, denn das Erbe Kasimirs trat sein Bruder Georg an.

MIT GOTTVERTRAUEN IN EINE NEUE ZEIT
Die Einführung der Reformation in Ansbach-Kulmbach durch Markgraf Georg

Der Regierungsantritt Georg des Frommen kann in seiner Bedeutung für den Fortgang der Reformation in Süddeutschland und darüber hinaus nicht hoch genug veranschlagt werden. Dennoch kann man aus Georg trotz seines Beinamens keinen Heiligen machen. Als Kind seiner Zeit verstand er es, im Stil dieser Zeit zu leben. Dafür ist die Heilsbronner Klosterchronik ein Beweis, die sich über eine Reihe von fürstlichen Gelagen beklagen muß, die man heute schlicht als Orgien bezeichnen würde. Ein Mann von großem Geist und schneller Entschlußkraft war Georg ebenfalls nicht. Zudem machte ihm die anhaltende Schuldenlast derart zu schaffen, daß auch er zuweilen, wie sein Vorgänger Kasimir, dem Kaiser gegenüber taktisch agieren mußte. Dennoch darf man sagen: Richtungweisend für Georgs gesamte kirchliche und politische Aktivität war seine persönliche evangelische Einstellung. Er war zutiefst davon überzeugt, daß allein das Wort Gottes unbedingten Gehorsam beanspruchen könne. In der Bindung an diese Autorität gewann er einen nahezu unerschütterlichen Glauben und durch ihn jene Freiheit zum Handeln, die wir im ganzen Reformationszeitalter sonst nur noch bei Martin Luther antreffen.

Georgs Glaubensüberzeugung läßt sich am besten mit dem unmodernen Wort *Gottvertrauen* umschreiben. Seinen Bruder Albrecht befiehlt er einmal am Schluß eines Briefes *dem gewaltigen Schutz und Schirm unseres obersten Kriegshauptmanns Jesu Christi, – der erhalte uns alle mit seinem Wort wider alle Pforten der Hölle.* Sogar in den komplizierten finanziellen Belastungen rechnet er ganz naiv, wie er Albrecht einmal wissen läßt, mit *Gottes Hilfe und Beistand nach seinem väterlichen Willen durch Christum, seinen lieben Sohn.* Als er in einer schwierigen politischen Lage davon erfährt, daß man ihn möglicherweise des Landes verjagen werde, schreibt er an Albrecht: *Wenn es sein göttlicher Wille wäre, müßte ich es christlich erdulden, um Geduld bitten und mich Eures Trostes erfreuen. Ich will solches alles in Gottes allmächtigen Gefallen und Willen gestellt haben.* Dem Schmalkaldischen Bund der protestantischen Territorialfürsten tritt der fromme Ansbacher Markgraf nach schweren Gewissenskämpfen nicht bei, – Nürnberg übrigens auch nicht. Seine Begründung, die er wieder seinem Bruder mitteilt, könnte aus der Feder Martin Luthers stammen, der aus genau denselben geistlichen Gründen der innerprotestantischen antihabsburgischen Bündnispolitik mißtraute. Georg schreibt: *Wir gedenken, unser Vertrauen, Trost und Hilfe mehr auf und in Gott, denn in einige menschliche Macht oder gar ein Bündnis zu setzen. Wir sind durch Gottes Wort gewiß, daß wir von Gott nicht verlassen seien und mehr, denn alle, die menschliche Hilfe suchen, beschützt und beschirmt werden.*
Wenn die Türken wieder einmal von den Grenzen des Reiches her Unruhe verbreiten oder wenn man evangelische Gesandte verhaften, wenn der Bruder in Preußen über den Tod eines wackeren evangelischen Beamten oder über sein Beinleiden klagt, wenn die erhofften sittlichen Besserungen im Volk ausbleiben und die markgräflichen Räte von Resignation befallen werden, – immer wieder heißt es in Georgs Briefen: *Nur mit rechtem Vertrauen zu Gott geschrien! Mit getrostem, keckem und unverzagtem Gemüt! Nicht auf unser Macht, Rosse und Wagen, sondern allein in Gott vertraut! Gott wird uns beistehen und uns nimmer verlassen!*
Man kann sagen: Diese streng biblische und christologisch vertiefte *Theologie des Gottvertrauens* war für Georg so etwas wie ein persönliches und politisches Lebensprinzip geworden. Ihre Wurzeln hatte diese Einstellung in Luthers radikalem Glaubensverständnis. Unter den evangelischen Fürsten des Reformationszeitalters dürfte wohl nur Georg der Fromme sie in ihrer letzten Tiefe erfaßt haben. Früher als irgendein anderer deutscher Fürst, früher auch als sein jüngerer Bruder Albrecht von Brandenburg, war Georg von der Neuinterpretation des Glaubens durch Martin Luther gepackt worden. Ein reger, überaus freundlicher und theologisch bedeutsamer Briefwechsel zwischen dem Reformator und dem Markgrafen zeigt, wie die beiden Männer einander verstanden und schätzten.

Schon am ungarischen Hof hatte Georg für die neue Lehre Propaganda getrieben; später ließ er nichts unversucht, um sie in seinen oberschlesischen Besitzungen einzuführen. Als Albrecht sich entschlossen hatte, das preußische Ordensland in ein weltliches Herzogtum umzuwandeln, setzte er sich 1524 mit ihm und Luther in Wittenberg an einen Tisch, um alle Einzelheiten zu besprechen und den Bruder bei seinem Vorhaben zu unterstützen.

So ist es selbstverständlich, daß Georg nach dem Tod seines Bruders Kasimir nichts eiligeres zu tun hatte, als die kirchliche Lage in der Markgrafschaft nach seinem Wunsch zu ordnen: Noch von Liegnitz in Schlesien aus berief er für den 1. März 1528 nach Ansbach einen neuen Landtag ein. Mit Erstaunen mußte er dort allerdings feststellen, daß die altgläubige Partei doch stärker war, als er vermutet hatte. Sie besaß innerhalb der markgräflichen Familie noch immer eifrige Fürsprecher: In Friedrich von Brandenburg, dem Dompropst von Würzburg, und in der Witwe Kasimirs. Ein direktes Verbot der alten Kirche kam unter diesen Umständen für Georg nicht in Frage.

Die Bitte der Landstände, dem umstrittenen Abschied von 1526 *eine gnädige Erklärung* zu geben, nutzte Georg jedoch sehr geschickt aus. Kanzler Vogler, aus dem Gefängnis in Neuenmuhr längst entlassen, durfte – als Haftentschädigung sozusagen – eine Interpretation des alten Landtagsabschieds ausarbeiten. Er machte dabei aus seinem Herzen keine Mördergrube. Das Ergebnis war dementsprechend weniger eine Erklärung als eine Aufhebung der Kasimir'schen Entschließung: Als eigentlicher *Hauptartikel* sei schon damals die freie Predigt des lauteren Evangeliums herausgestellt worden. Alles andere bedürfe demnach keiner weiteren Erklärung. Und was die damals angeordnete Beibehaltung der alten Zeremonien betreffe, – natürlich seien damit nur je-

Nicht Mittel zur Erlangung der Seligkeit, sondern selbstverständliche Konsequenz des Glaubens sollen die guten Werke sein. Diese Illustration der evangelischen Rechtfertigungslehre stammt aus einer reformatorischen Schrift des Juristen Johann von Schwarenzberg ne Gebräuche gemeint, die *aus dem Wort Gottes entsprungen* seien. In diesem Sinn solle nun das ganze kirchliche Leben neu geordnet werden. Jedes andere Verhalten müsse als Verstoß schon gegen die alten und jetzt richtig und verbindlich interpretierten Anordnungen bestraft werden.

Susanne erließ auf ihrem Witwensitz in Neustadt an der Aisch sofort eine Gegenordnung, und Dompropst Friedrich protestierte bei seinem Bruder gegen die Machenschaften des *Buben Jörg Vogler*.

Doch das Ansbacher Kabinett, schon immer stark evangelisch eingefärbt, ging Schritt für Schritt weiter. Eine Verordnung jagte die andere. Der Führer der Altgläubigen, Stiftsprediger Dr. Weinhard, erhielt Predigtverbot und mußte schließlich Ansbach verlassen. Als das Kloster Heilsbronn es wenig später wagte, am Fronleichnamstag das Sakrament *umzutragen,* mußte es einen scharfen Verweis hinnehmen. Ein weiterer Erlaß der Kanzlei Voglers beschäftigte sich mit den Konkubinen der Geistlichen. Die Amtsleute wurden verpflichtet, für die Entlassung der *Pfaffenmaiden* zu sorgen. Würden diese nicht freiwillig gehen, sollten sie in Eisen gelegt und an den Pranger gestellt werden. Auch das Pfründewesen wurde neu geregelt. In Zukunft durfte keine Pfarrstelle im Gebiet der Markgrafschaft ohne Zustimmung der Georg'schen Kanzlei verliehen werden. Diese Bestimmung galt auch für die zahlreichen Patronatsherren, die bisher ihre Pfründen nach eigenem Gutdünken vergeben hatten. Sofern sie katholisch waren, konnten sie nur noch mit der markgräflichen Zustimmung rechnen, wenn sie evangelische Geistliche präsentierten. Schließlich führte die Regierung einen neuen evangelischen Priestereid ein. Er verpflichtete alle Pfarrer nicht nur auf die reine Predigt des Evangeliums, sondern auch zum Gehorsam gegenüber dem Landesherrn. Mit all diesen Maßnahmen, besonders aber mit dem evangelischen Priestereid, hatte Georg praktisch die Jurisdiktion der Bischöfe aufgehoben, den landesherrlichen *Summepiskopat* errichtet und durch seine Beamten die Leitung und Verwaltung der neuen evangelischen Landeskirche selbst in die Hand genommen.

Hinzu kamen nun Bemühungen, qualifizierte evangelische Prediger für das Land zu gewinnen. Martin Meglin kehrte nach Kitzingen zurück, und der Amtmann führte ihn feierlich ein zweitesmal in seine Pfarrstelle ein. Daß sich die Situation an der Stadtkirche wieder geändert hatte, wurde der Bevölkerung bald klar: Den Totengedenkgottesdienst für Kasimir funktionierte Meglin kurzerhand in einen Bittgottesdienst für den neuen Regenten Georg um. Auch Hans Rurer wurde aus Liegnitz in Schlesien zurückgeholt und überaus ehrenvoll in Ansbach empfangen. Luther sparte nicht mit Lob für Georg: *Wie froh bin ich, daß Ihr einen solchen Mann wieder berufen habt. Ich bitte Gott von Herzen, er wolle Euch in Eurer Gnadenerkenntnis und Andacht barmherziglich stärken.* Als Hofprediger für die Plassenburg empfahl Luther gleichzeitig Georg Heyderer und schloß, nicht ohne den Crailsheimer Pfarrer Adam Weiß noch ausdrücklich zu nennen, mit den Worten: *Das sind ja alles feine Männer, würdig, die man in Ehren halten muß.*

Der *feinste Mann* jedoch, den die Markgrafschaft in dieser Zeit durch Voglers Vermittlung gewann, war Andreas Althammer, ein junger humanistisch gebildeter Prediger aus dem Württembergischen. Als Stadtpfarrer von Ansbach nahm er zusammen mit seinem Kollegen Rurer die eigentlich theologisch-kirchliche Erneuerung in Angriff.

Althammer (1495–1539) hatte nach überwiegend humanistischen Studien in Leipzig und Tübingen die neue Lehre und ihre Führer in Wittenberg kennengelernt. Nach dieser Zeit engagierte er sich in Schwäbisch Gmünd als wahrer Volksprediger für die Sache der Reformation. Seine Eheschließung gestaltete er hier bewußt zu einer öffentlichen Provokation. Da kein Geistlicher den Kooperator einsegnen wollte, nahm er mit einer Schar bewaffneter Anhänger den *öffentlichen Kirchgang* vor, der einer kirchlichen Trauung gleichkam. Anschließend donnerte er von der Kanzel, daß keiner an den *Hurenpfaffen* Anstoß genommen habe, jetzt aber jeder über seine christliche Ehe *scheußlich pfurze*. Eheschließung und Predigt gingen dem Rat der Stadt zu weit; Althammer mußte Schwäbisch Gmünd verlassen. Einige Zeit wirkte er dann in Nürnberg, schriftstellerisch vor allem und inzwischen ein wenig gelassener geworden, nun aber auch ganz entschieden lutherisch. Gegen alles war er nun eingestellt, was ihm papistisch, zwinglianisch oder schwärmerisch vorkam.

Seine bedeutungsvolle Schrift *Von dem hochwürdigen Sakrament des Leibes und Blutes unseres Herrn Jesu Christi* widmete er im Oktober 1526 Georg Vogler im benachbarten Ansbach, – wohl schon damals mit dem Hintergedanken, sich auf diese Weise für eine Pfarrstelle in der Markgrafschaft zu empfehlen. Doch der Sturz

Die Residenzstadt Ansbach, der Sitz der Markgrafen von Brandenburg-Ansbach im Land unter dem Gebirg

Voglers zerschlug zunächst diese Pläne. So gewann Althammer Zeit, sich durch weitere theologische Traktate als geistvoller Verteidiger der lutherischen Lehre zu profilieren. Die in allen Epochen der Kirchengeschichte vertretene Ansicht, *Christus Jesus sei nur ein Prophet und Mensch gewesen und nicht wahrhaftiger Gott*, bekämpfte er in einer Schrift *Wider die neuen Juden und Arianer*. Gemeint waren damit der Nürnberger Hans Denk und seine *gottlosen Maler*, die in der Reichsstadt schwärmerisches und atheistisches Gedankengut verbreiteten. Noch einmal schoß der wackere Lutheraner dann Ulrich Zwingli an, dessen Abendmahlslehre und dessen Auffassung von der Erbsünde und der Kindertaufe im Wittenberger Lager scharf abgelehnt wurden. Der Schweizer beachtete ihn zwar kaum – *Es hat wohl ein alter Hammel in deutsch etwas geblökt* –, aber die Ansbacher waren nun auf Althammer aufmerksam geworden. Auf der Suche nach einem *tapferen Mann* erkundigten sie sich insgeheim beim Nürnberger Ratschreiber Lazarus Spengler nach Althammer. Dieser konnte den Nürnberger Theologen empfehlen, und so berief ihn Markgraf Georg 1528 in seine Landeshauptstadt.

Doch Andreas Althammer stellte seine Bedingungen: Ob man *die alte Ordnung halten wird oder eine andere einführen, die dem heiligen Evangelium gemäß sei*, wollte er wissen. Er könne nicht zulassen, daß man *den Satan neben Christus stehen lasse*, also müsse die *abgöttische teuflische Messe* verboten werden. Die Türken an den Reichsgrenzen und die Gestirne des Himmels würden den Grimm Gottes über die alte Religion deutlich verkündigen. *Daß ich frei die Wahrheit bekenn': Ihr sollt vorher von mir wissen, daß ich entweder nicht zu Euch kommen will oder aber nicht bei Euch bleiben, wenn man die Abgötterei nicht bei Gelegenheit wird abstellen*. Mag das *bei Gelegenheit* noch ein wenig verbindlich klingen, – um ja keinen Zweifel an seiner Einstellung aufkommen zu lassen, fügte Althammer diesem ungewöhnlichen Bewerbungsschreiben ein Verzeichnis aller *Mißstände* bei, die in Ansbach beseitigt werden müßten. Nun dachte der Markgraf aber gar nicht daran, den in Ansbach immer noch praktizierten katholischen Kult mit Gewalt von heut' auf morgen zu unterbinden. Althammer mußte sich also mit einem Kompromiß zufrieden geben; er trat seinen Dienst an der Pfarrkirche an, am Gumbertusstift jedoch, wo allerdings sein Glaubensgenosse Rurer auf der Kanzel stand, durfte weiter nebenher die lateinische Messe gelesen werden.

Von entscheidender Bedeutung für den Fortgang der Reformation in der Markgrafschaft Ansbach-Kulmbach wurde die große Kirchenvisitation von 1528. Die Markgrafschaft führte sie zusammen mit der benachbarten freien Reichsstadt Nürnberg durch. Der Tatbestand als solcher verdient schon alle Beachtung; erstmals erklärten sich um der Ausrichtung des Evangeliums willen zwei selbständige und keinesfalls freundschaftlich verbundene Territorien zur Kooperation bereit. Aus der intensiven Zusammenarbeit ihrer führenden Theologen und Juristen entstand schließlich die Brandenburg-Nürnbergische Kirchenordnung, das früheste und wegweisende Dokument eines geordneten lutherischen Kirchenwesens in Deutschland.

Der Gedanke einer allgemeinen Kirchenvisitation im Land tauchte im Frühjahr 1528 plötzlich an sehr verschiedenen Stellen auf. Ein Brief des Crailsheimer Pfarrers an Georg enthielt diese Anregung. Der Markgraf erbat vom Heilsbronner Prior umgehend ein Gutachten in dieser Frage. Es fiel sehr positiv aus. Etwa zur gleichen Zeit bekam man auf der Plassenburg, im Kloster zu Heilsbronn und in Nürnberg den von Luther und Melanchthon verfaßten kursächsischen *Unterricht der Visitatoren an die Pfarrherren* in die Hände. Der Markgraf wird ihn wohl auch gelesen haben. Jedenfalls berief er sofort eine Kommission, die über die Grundlagen einer Visitation beraten sollte. Zu ihr gehörten Andreas Althammer, der Crailsheimer Pfarrer Adam Weiß und der Heilsbronner Prior Schopper.

In Nürnberg zeigte sich Lazarus Spengler von dem sächsischen Vorschlag sehr angetan. Man beauftragte hier Andreas Osiander, den markanten Prediger von St. Lorenz, mit den Vorarbeiten. An dem Elan, mit dem man in Nürnberg und Ansbach die Wittenberger Anregung aufgriff, wird wieder einmal deutlich, wie eng die sächsische und die fränkische Reformation miteinander verbunden waren.

Die Idee einer allgemeinen Visitation der Pfarrer und ihrer Gemeinden stammte nicht direkt von Luther. Schon kurz vor dem Tod Friedrichs des Weisen hatte der Zwickauer Pfarrer Nikolaus Hausmann sie mit dem Hinweis auf die alttestamentlichen Könige angeregt; auch diese hätten sich ja persönlich um das religiöse Leben ihrer Untertanen gekümmert. Eine landesherrliche Befragung und Prüfung aller Pfarrer könnte einen Überblick über den Stand des kirchlichen Lebens vermitteln und so als Grundlage für die dringend notwendige Neuordnung dienen. Ähnliche Gedanken hatte der damalige Kurprinz

Johann Friedrich Luther gegenüber bereits 1524 geäußert. Auch er hatte dabei die Obrigkeit als das durchführende Organ einer solchen Visitation ins Auge gefaßt. Er meinte, mit den Schwärmern würde man am besten fertig, wenn sich Luther einmal die Zeit nähme und *von einer Stadt in die andere zöge*, wie einst Paulus. *Welchselbiger Pfarrer dann nicht tauglich, hättet Ihr mit Hilfe der Obrigkeit abzusetzen.* Dies entsprach keineswegs Luthers ursprünglicher Konzeption von der Eigenverantwortung der Gemeinden. Hatte er doch gerade im zurückliegenden Jahr den christlichen Gemeinden ausdrücklich das Recht zugebilligt, selber die Pfarrer zu berufen und abzusetzen. In der Zwischenzeit hörte er jedoch von katastrophalen Verhältnissen in den kursächsischen Gemeinden, die schlechterdings nicht in der Lage waren, die evangelische Freiheit verantwortlich zu praktizieren. Gleichzeitig erlebte Luther, wie die adelige Umgebung des Kurfürsten mehr an den Kirchengütern als an einer durch sie geregelten Besoldung der evangelischen Geistlichkeit interessiert war. Die Reformation drohte an der Geldgier der Adligen und der geistlichen Unreife im Volk zu zerbrechen.

In dieser Situation bestürmte der Reformator den neuen Kurfürsten Johann. Er schrieb ihm mehrere Briefe, ja er drang sogar in sein Schlafzimmer vor. Der Kurfürst müsse jetzt für *eine tapfere Ordnung und stattliche Erhaltung der Pfarreien und Predigtschulen* sorgen, sonst liege in Kürze *das Wort Gottes und der Gottesdienst zu Boden*. In großer Enttäuschung meint Luther, daß die Gemeinden am besten gar keine Pfarrer mehr bekämen *und lebten wie Säue, wie sie es ja ohnehin tun; da ist keine Furcht Gottes noch Zucht mehr, weil des Papstes Bann aufgehört hat und tut jedermann, was er nur will.* Besonders beklagt sich Luther über die Bauern, die *schlechterdings nichts mehr zahlen* für Kirche und Schule. Sofern sie es jedoch vermögen, müsse man sie eigentlich dazu zwingen. Andernfalls seien da noch die Klöstergüter; der Kurfürst könne sich denken, daß es zuletzt *ein böses Geschrei* gäbe, wenn der Adel diese Stiftungen an sich risse und Pfarrer und Lehrer, Kirche und Schulen *darniederliegen*.

Drehte es sich hierbei noch um die finanzielle Absicherung des kirchlichen Lebens, so forderte Luther wenig später eine regelrechte Visitation im ganzen Fürstentum. Die ersten Versuche in dieser Richtung erbrachten dann derartig niederschmetternde Ergebnisse, daß Melanchthon in enger Zusammenarbeit mit Luther genaue Richtlinien für eine umfassende und planmäßig durchgeführte Kirchenvisitation zusammenstellte: – eben den bereits genannten *Unterricht der Visitatoren.*

Seine Ansicht über die Mitarbeit der Obrigkeit bei den Kirchenvisitationen legte Luther in einem Vorwort zu dieser Schrift nieder. Hier läßt er keinen Zweifel daran, daß die weltliche Obrigkeit zu dieser kirchlichen Aktion nicht verpflichtet und eigentlich auch nicht berechtigt ist. Doch *um Gottes willen* und *dem Evangelium zuliebe sowie den elenden Christen zu Nutz und Heil,* ja eigentlich aus *christlicher Liebe* müsse und dürfe sie jetzt eingreifen. Luther rechtfertigt seinen Standpunkt also mit der Notsituation: Eine ordentliche kirchliche Obrigkeit gibt es im Augenblick nicht. Grundsätzlich wäre nun jedermann berechtigt, für Ordnung in der Kirche zu sorgen. Praktisch aber kann das die weltliche Obrigkeit am besten. Bei der Beurteilung dieses Standpunkts ist zu beachten, daß die Visitation nicht dazu dienen soll, den Protestantismus einzuführen, sondern lediglich dazu, eine gewisse Ordnung dort durchzudrücken, wo das Evangelium bereits verkündigt wurde.

So gesehen kann man kaum behaupten, die von Luther und Melanchthon geforderte obrigkeitliche Kirchenvisitation habe das spätere landesherrliche Kirchenregiment begründet. Immerhin wurde mit der Obrigkeit eine nicht eindeutig kirchliche Instanz eingeführt, die später durchaus zweideutig wirken konnte. Für Luther war die Unterscheidung zwischen den eigentlichen Pflichten der weltlichen Obrigkeit und den von ihr nur vorübergehend und stellvertretend wahrgenommenen religiösen Aufgaben klar. Für manchen späteren Landesherrn existierte diese Unterscheidung überhaupt nicht mehr; das Luther'sche Provisorium entwickelte sich zum protestantischen Dauerzustand, und der evangelische Fürst, als *Notbischof* um seine Hilfe gebeten, ließ sich zum Dank für seine Dienste zum *Landesbischof* kreieren.

In der Markgrafschaft und in Nürnberg machte man sich zunächst getrennt aber mit großem Eifer an die Vorarbeiten für eine Kirchenvisitation nach sächsischem Muster. Natürlich wußte man voneinander; der Nürnberger Ratsschreiber Lazarus Spengler und der Ansbacher Kanzler Georg Vogler waren gute Freunde. Von Spengler kam daher bald der Vorschlag, die ganze Aktion in brüderlicher Eintracht gemeinsam durchzuführen. Ihn leiteten dabei nicht nur kirchliche und praktische Überlegungen. Seit Jahren gab es politische Spannungen zwischen den beiden evangelisch geprägten Herrschaften. Eigentlich bestand auf beiden Seiten der dringende Wunsch nach einem besseren *nachbarlichen Verständnis.* Spengler glaubte, ein Zusammengehen auf kirchlichem Gebiet könnte den politischen Beziehungen nur zugute kommen. Ähnlich dachte man wohl auch in Ansbach. Denn die positive Reaktion erfolgte prompt, und im Sommer 1528 traf man sich schon zu einer ersten Klausurtagung in Schwabach.

Ansbach und Nürnberg hatten zu diesem Treffen ihre besten Leute geschickt. Von der markgräflichen Seite waren der Kanzler Vogler und der Schwabacher Amtmann Wolfgang von Wiesenthau erschienen, dazu die drei Prediger Weiß, Althammer und Rurer. Nürnberg war durch Lazarus Spengler, die Ratsherren Christoph Kress, Kaspar Nützel und Martin Tucher sowie die beiden Prediger von St. Lorenz und St. Sebald, Osiander und Schleupner vertreten. Nach einem ersten Gesprächsgang trennte man sich: Die Juristen und Ratsherren zogen sich zur Beratung der politischen Probleme zurück, und die Theologen widmeten sich den kirchlichen Angelegenheiten. Während jedoch die Politiker nicht recht vorwärts kamen, gelang es den Predigern sehr bald, ein drei Punkte umfassendes kirchliches Reformprogramm für den fränkischen Raum zusammenzustellen.

Zunächst einigte man sich über die Lehre. Sie wurde in den 23 sogenannten *Schwabacher Visitationsartikeln* zusammengefaßt. Zugrunde lag diesem Dokument eine Arbeit der Nürnberger Prediger, genauer gesagt des einen führenden Nürnberger Predigers, Andreas Osiander. Dieser galt weit über seine Heimatstadt hinaus als überzeugter Lutheraner. Dementsprechend enthalten die Visitationsartikel die theologischen Grundgedanken Luthers in reinster Form. Die Verfasserschaft des strengen Nürnberger Theologen wird an einer kleinen Notiz ganz deutlich: Die Visitationsartikel halten auch für die evangelische Kirche den christlichen Bann als Zuchtmaßnahme fest.

Interessant sind Osianders Ausführungen über die sogenannten *Menschensatzungen.* Der Opfercharakter der Messe und das Abendmahl ohne Laienkelch, das Weihwasser, das Klosterleben, das Fegfeuer und der Zwang zur Ohrenbeichte –: ganz und gar *unnütz und schädlich* sind diese Ansichten und Gebräuche, von Menschen erfunden und *wider die heilige Schrift.* Die Unfehlbarkeit des Papstes und der Konzilien sowie die Heiligenverehrung werden noch um eine Nuance schärfer als *unverschämte Lügen* bezeichnet. Lediglich die Bilder und die Sakramentshäuschen in den Kirchen sind solche *Menschensatzungen,* die man dulden kann, – wobei allerdings noch flugs hinzugefügt wird, es sei natürlich Abgötterei, wenn man die Bilder *anbetet oder Lichtlein davorstellt.*

Das zweite Ergebnis der Schwabacher Kirchenkonferenz bildeten die *Frageartikel.* Sie stammten aus der Feder der Ansbacher Theologen und waren auf Befehl Georgs mit dem erklärten Ziel abgefaßt worden, sie allen Geistlichen des Ober- und Unterlandes vorzulegen. Ganz konkret sollte da der theologische Standort getestet werden: Was haltet Ihr von den Konzilien, von den Sakramenten, vom Ablaß und dem Fegfeuer, vom Fasten und von der Obrigkeit. Dreißig derartige Fragen waren Althammer und seinen Kollegen eingefallen. Zwar überschnitt sich diese Ansbacher Examinierungsordnung mit der Nürnberger Lehrordnung. Aber aus Höflichkeit akzeptierten die Nürnberger sie, – die richtigen Antworten waren ja sowieso in dem von ihnen vorgelegten Dokument enthalten.

Zu einer wirklichen gemeinsamen Arbeit kam es erst bei der Konzipierung einer *Kirchenordnung,* dem dritten konkreten Ergebnis der Schwabacher Konferenz. Sie enthielt einerseits noch einmal eine kurze Zusammenfassung der evangelischen Lehre und gab andererseits Richtlinien für die Neugestaltung des kirchlichen und gottesdienstlichen Lebens. Was Meßform, Taufordnung und Beerdigungsritus betrifft, war man sich bald einig. Schwierigkeiten fürchteten die Nürnberger nur in der Bannfrage. Soll die evangelische Gemeinde die Möglichkeit haben, unter gewissen Umständen Gemeindeglieder vom Abendmahl auszuschließen? Es war klar, daß der Nürnberger Stadtrat seinen Predigern nicht die Genehmigung erteilen würde, in eigener Verantwortung eine derartig entscheidende Zuchtmaßnahme zu handhaben. Mit dem Bann der mittelalterlichen Kirche hatte man ja genug schlechte Erfahrungen gemacht. So bestanden also die Nürnberger Theologen – nach einer eiligen Rückfrage bei ihrem Rat – darauf, daß der Bann von den Predigern nur mit Genehmigung der Obrigkeit verhängt werden dürfe. An dieser Stelle sollte es in der Folgezeit noch häufiger zur Diskussion zwischen den Ansbachern und den Nürnbergern kommen.

Nach den erfolgreichen Tagen in Schwabach hatte man es mit der Durchführung der Visitation sehr eilig. Spengler drängte darauf, die ganze Visitationsordnung wegen der *schlechten Dorfpfaffen* drucken zu lassen, es *zürne gleich Bischof, Schwäbischer Bund oder Teufel.* Doch Georg riet zur Vorsicht: Es gäbe doch nur unnötige *Disputationen mit den Bischöfen;* man solle das ganze lieber mündlich mit den Pfarrern erledigen.

Die Reichsstadt begann nun mit der Visitation in ihren Landpfarreien; erst im Mai des nächsten Jahres wurden die Stadtgeistlichen examiniert. Markgraf Georg dagegen ließ zunächst seine Amtleute ein Verzeichnis sämtlicher Pfarrer, Prediger und Patronatsherren anfertigen. Dann ernannte er die Mitglieder der Visitationskommission: Neben den Theologen Althammer und Rurer natürlich einige markgräfliche Räte und zwei Mitglieder des Ansbacher Stadtrats. Die Kommission wollte ursprünglich tatsächlich alle Pfarrer draußen auf dem Land besuchen. Aber wieder äußerte Georg Bedenken: Das Umherreisen sei *zu gefährlich,* – nicht für die Kommission sondern für ihn, da es die Aufmerksamkeit der Bischöfe erregen würde. So mußten also die Geistlichen in Ansbach vor der Kommission erscheinen, die sich im Haus des Bürgermeisters einquartiert hatte.

Die eigentlichen Protokolle der Sitzungen sind verloren gegangen. Aber die *Ansbacher Religionsakten* vermitteln doch einen gewissen Einblick in die Verhältnisse im Unterland. Recht erfreulich war die Bereitschaft der Geistlichkeit, sich prüfen zu lassen; von den über 300 Pfarrern erschienen nur 74 nicht, weil die Bischöfe oder die katholischen Patronatsherren es verboten hatten. Allerdings dürfte weniger die Freude am Glaubensverhör als, im Falle des Ungehorsams, die Furcht vor etwaigen Folgen das Motiv der Reise nach Ansbach gewesen sein. Weniger erfreulich waren die Ergebnisse.

In den kurzen Bemerkungen der bruchstückhaft erhaltenen Akten heißt es über die Kandidaten oft nur: *bene* – gut, *mediocriter* – mäßig, *male* – schlecht oder *pessime* – sehr schlecht. Diese Noten beziehen sich, wenn man die Zusammensetzung der Kommission berücksichtigt, sicher mehr auf die evangelische Einstellung als auf die wissenschaftliche Bildung der Vorgeladenen. Einige unter den Pfarrherren wollen überhaupt nicht *respondieren,* – aus Gewissensgründen, sagen sie, oder weil's ihnen verboten worden sei. Ein älterer, fränkischer Pfarrer wird als *gar ein halsstarriger Papist* abqualifiziert. Über den geistlichen Herrn aus Thalmässing liegen Beschwerden der Bauern vor; aber das Protokoll meint entschuldigend, er sei *ein kranker Mann.* Der Kaplan von Emskirchen hüllt sich gänzlich in Schweigen, denn er *wußt' gar nicht, woran er eigentlich wäre.* Ein Mönch erklärt verwirrt, er

Ausschnitt aus einem der wenigen erhaltenen Protokolle der ersten Visitation von 1528 in der fränkischen Markgrafschaft

möchte am liebsten zurück in sein Kloster. Und ein Pfarrverweser entpuppt sich gar als Tagelöhner, der nichts dagegen hat, wenn die Herren ihm wieder *Urlaub geben*.

Es besteht kein Grund zu der Annahme, daß die verlorenen Protokolle und Akten wesentlich bessere Resultate enthielten. Auch die Nürnberger Visitatoren stellten bei den meisten Kaplänen im Stadtgebiet *geringen Verstand der heiligen Schrift* fest und hielten die Mahnung zu *fleißigem Studieren* für dringend angebracht.

Ein ausführlicher Bericht der Kommission ist aus der Gemeinde Kornburg im Nürnberger Land erhalten; er ist durchaus typisch für die Stimmung in den fränkischen Gemeinden jener Jahre. *Herr Paulus Löffler, Pfarrer zu Kornburg sagt, er sei von seinem Patron dahin verordnet und bei zwei Jahren daselbst. Hab' ein Eheweib. Ist verhört und hat ziemlich und wohl geantwortet. Die Ge-* sandten der Gemeinde geben zu Protokoll: *Haben an ihres Pfarrers Leben und Wesen ein gut' Gefallen, wissen nichts zu klagen. Allein vermeinten sie, der Pfarrer fordert stets in der Predigt den Zehnten. Sie hielten dafür, daß er solches billig in der Predigt unterließ'. So ihm jemand den nicht recht gäbe, daß er das der Obrigkeit anzeige und nicht in der Predigt so oft verkünde. Außerdem tauft der Pfarrer die Kinder in den Häusern. Vermeinten sie, weil die Taufe ein so groß, trefflich Ding sei, es wäre viel ehrlicher und besser, daß man die Kinder zur Kirche trage und daselbst taufe. Außerdem, wenn der Pfarrer jemand ein Kind tauft oder wenn er Eheleute, die Hochzeit miteinander halten wollen, auf der Kanzel verkünde, ist ihm von denen je ein Maß Wein gegeben worden. Jetzt aber vermeint er, man soll ihn zur Hochzeit oder Kindstaufe einladen. Wo er dann geladen, bleib' er da, eß' und trink', woll' aber nicht zahlen. Außerdem lasse der Pfarrer auf der Kanzel das Ave Maria aus. Meint die Gemeinde, daß er es doch von wegen der jungen Kinder billig bete und lehrte. Außerdem konsekriere der Pfarrer das Sakrament deutsch. Wissen sie als arme, unverständige Bauersleute nicht, ob es so gut sei oder nicht. Außerdem, als ihrem Pfarrer etliche Kleider entwendet worden, hab' er bei einem Wahrsager zu Gunzenhausen nachgeforscht. Nachher hab' er viel gered', er wisse nun wohl, wer ihm seine Kleider gestohlen. Sie achten in der Gemeinde, daß er als ein Pfarrer und Seelsorger billig nicht mit solcher Zauberei umgehen soll. Und falls in diesen Fällen Änderung getan werde, seien sie sonst mit ihres Pfarrers Leben und Wesen, auch mit seiner Lehre wohl zufrieden. Er sei sonst ein guter und frommer Mann. Von Schwärmern und Täufern wissen sie nichts zu sagen.*

Beim Pfarrer ergab sich folgendes Bild: *Er hat zu allen Beschwerden außer der letzten gute, richtige Antwort gegeben. Zur letzten, die gestohlenen Kleider belangend, hab' er weinend angezeigt, ihm seien zwei gute Röcke, Hemd und anderes gestohlen worden. Den Wahrsager betreffend sagt er bei seinem höchsten Glauben, daß er für sich selbst bei keinem Wahrsager gewesen und auf seinen Befehl niemanden dahingeschickt. Er habe wohl einen Schwager, der mag für sich selbst ohne seinen Befehl beim Wahrsager gewesen sein. Dieses Pfarrers halben raten die Verordneten der Kommission, daß er für einen Pfarrer, der ziemlich und guten Verstand hat zu halten und nicht zu ändern sei. Doch ist ihm anzuraten, in Zukunft im Studieren guten Fleiß zu tun.*

Viel Tratsch also und kleinlicher Streit zwischen dem Pfarrer und seinen Leuten, vor allem um Geld natürlich, hier und da schwache Auswirkungen der evangelischen Predigt, aber kaum etwas von der Kraft und Tiefe reformatorischen Glaubens, eine große Unsicherheit in allen religiösen Fragen und ein heilloses Durcheinander, was die *Zeremonien* betrifft, – so wird's nicht nur im Schatten der Kornburger Dorfkirche gewesen sein.

Wenig Konkretes wissen wir von den Verhältnissen im Oberland, wohin die Ansbacher Kommission zur Visitation reiste. Nach den Erfahrungen im Unterland und im benachbarten Nürnberg erbat Althammer vom Markgrafen für diese Reise eine besondere staatliche Unterstützung; Georg möge der Kommission eine *Gewalt* mitgeben, damit *die Visitation nicht zu einem Spott gedeihe, daß niemand etwas darum gebe, wie hier unten an vielen Orten geschehen ist.*

Man kann sich vorstellen, daß der Markgraf und die gelehrten Visitationskommissionen über das Ergebnis ihres groß angelegten Unternehmens einigermaßen erschüttert waren. Andererseits war ja kaum zu erwarten gewesen, daß sich schon unmittelbar nach dem Regierungswechsel ein blühendes evangelisches Leben entwickelt hatte.

Georg klagte Luther seinen Kummer brieflich. Aber in Kursachsen war die geistliche Bestandsaufnahme nicht besser ausgefallen. Luther tröstete seinen fürstlichen Freund in Ansbach: *Es geht schnell, wenn man ein alt' Gebäude abbricht; aber das neue zu bauen, geht nicht so schnell. Der große Haufe ist nun in die fleischliche Freiheit geraten, daß man sie eine Weile ihre Lust büßen lassen muß. Es ist genug, wenn wir das Unsere tun. Wer nicht will, der entschuldigt uns und verklagt sich selbst.* Der strenge Rat des Reformators: *Bei Strafe den Katechismus treiben und lernen, auf daß sie, solange sie Christen seien und heißen wollen, auch gezwungen würden, zu lernen und zu wissen, was ein Christ wissen soll, gleichviel, er glaube daran oder nicht. Muß doch ein Handwerksmann oder Bauer auch sein Tun kennen, gleichviel, er sei tüchtig und brauche es recht oder nicht.*

Ähnliche Überlegungen beschäftigten auch die Ansbacher Theologen. Schon bei der Visitation hatten sie den Geistlichen zur Hebung ihres Bildungsniveaus und zur Stärkung ihrer religiösen Erkenntnis gute Literatur empfohlen: Den großen Ansbacher Ratschlag und Rurers Büchlein über die *Christliche Unterrichtung eines Pfarrherren*, einen Sammelband von Lutherpredigten und natürlich, aber interessanterweise nicht an erster Stelle, die Bibel. Noch während der Visitation griffen sie nun Luthers schon verschiedentlich geäußerte Anregung auf und verfaßten einen eigenen Katechismus: *Das ist Unterricht zu christlichem Glauben, wie man die Jungen lehren und erziehen soll, in Fragweis' und Antwort gestellt.* Das mußte damals, als Martin Luthers berühmter kleiner Katechismus noch nicht erschienen war, als ein Novum gelten. Im Vorwort begründen Althammer und Rurer ihr Unternehmen ganz im Sinne Luthers: Wolle man das *christliche Wesen* reformieren, müsse man mit der Jugend anfangen, denn *mit den Alten will's nicht guttun, sie wollen nicht und sind zum größeren Teil verstockt und verhärtet in ihrem Sinn.* Für alle, die *nicht hochgelehrt seien,* sei dies Büchlein geschrieben, und es solle wenigstens einmal in der Woche im Haus oder in der Gemeinde daraus gelehrt werden. Inhaltlich stellt der Ansbacher Katechismus tatsächlich so etwas wie eine Quintessenz der christlichen Religion dar: Das Glaubensbekenntnis, die zehn Gebote, das Vaterunser, die Lehre vom Wort Gottes, von der Taufe und vom Abendmahl, – unschwer ist hier die Struktur des späteren Luther'schen Katechismus zu erkennen. In der strengen methodischen Durchführung von Frage und Antwort spürt man das didaktische Können des Humanisten Althammer. Dieser Ansbacher Katechismus erfreute sich im markgräflichen Land bald mit Recht großer Beliebtheit; schon 1529 erfolgte eine zweite Auflage, ja sogar in Marburg und Frankfurt hielt man einen Nachdruck für lohnenswert.

Auf die Vorschläge zur Besserung des kirchlichen Lebens, die die Theologen dem Markgrafen unterbreiteten, ging Georg durchweg ein. Alte und widerspenstige Pfarrer konnten nun von der Gemeinde bei der markgräflichen Regierung zur Bestrafung angezeigt werden, und die Verleihung der Pfründe wurde in Zukunft an eine vorherige Prüfung des Kandidaten gebunden. Auch die von den Predigern erbetene Einsetzung besonderer kirchlicher *Speculatores* oder *Superattendenten* bewilligte der Markgraf. Man hatte gehofft, in ihnen eine neue kirchliche Obrigkeit zu gewinnen, ausgerüstet mit *fürstlicher Gewalt und Befehl.* Aber so weit gab der Landesherr seine im Entstehen begriffene Landeskirche nicht frei. Die Rechte der Superattendenten blieben durch eine solide markgräfliche Geschäftsordnung sehr beschnitten; nicht sie, sondern die Amtleute fungierten als unmittelbare Vorgesetzte der evangelischen Geistlichen.

Nicht gerade den Intentionen Luthers entsprach das Ver-

Noch vor Erscheinen des berühmten Luther'schen Katechismus verfaßte Andreas Althammer 1528 in Ansbach seinen evangelischen Katechismus

hältnis des Markgrafen und seiner Untertanen zum kirchlichen Geld und Gut. Die Wittenberger und die Ansbacher Reformatoren hatten immer wieder verlangt: Die Erträgnisse der Stiftungen und der übrigen Kirchengüter dürfen nicht einfach zweckentfremdet werden. Ein Teil der jungen evangelischen Gemeinden verwaltete das kirchliche Vermögen zweifellos verantwortlich. Es diente zur Finanzierung des *Gemeinen Kasten*, der öffentlichen Fürsorge also, zum Unterhalt der evangelischen Pfarrer und Lehrer oder als Stipendium für junge Theologen im fernen Wittenberg.

An nicht wenigen Orten jedoch verwendete man das Kirchengut nicht im Sinn der einstigen Stifter und Spender. In Burgbernheim *besserte man Weg und Steg zu und um den Flecken* mit dem Einkommen der Katharinen- und der Liebfrauenpfründe. Andere Gemeinden bauten sich einen Brunnen oder ein Brauhaus vom Geld der kirchlichen Stiftungen, besserten die Stadtmauer aus oder erhöhten die Besoldung ihrer Landsknechte. In Ansbach kam man sogar auf den originellen Gedanken, die Gehälter der beiden Hebammen, denen *man bisher nur zwei Gulden jährlich gegeben, jetzt aber ihnen beiden zwanzig Gulden geben muß*, aus den Erträgnissen einer kirchlichen Pfründe aufzubessern.

Mit den Ratsherren und Dorfmeistern teilten die markgräflichen Beamten und Landedelleute die Liebe zum Kirchengut und zu den Kirchenkleinodien. Unter dem Vorwand, die Kirchenschätze seien im Land, *so es zu einem Aufruhr käme*, höchst gefährdet, ließ Markgraf Georg nach Abschluß der Visitation sogleich eine Inventarisierung vornehmen. Anschließend wurden die Meßgewänder, die Gold- und Silberkelche, die Monstranzen und das Silbergeschirr aus den Kirchen und Klöstern *in Verwahr genommen*. Das ging nicht ohne den Protest der Bischöfe, Pfarrer und Patronatsherren. Die markgräflichen Beamten stöhnten, es sei *hart und schwer zugegangen*. Manche Kirche mußte mit Gewalt aufgebrochen werden. Zu Beginn des Jahres 1531 traten dann die Kirchenschätze ihren letzten Gang an, – nach Schwabach in die Münze. Man hat später den Gewinn dieser Aktion mit mehreren Millionen Mark beziffert.

Das Motiv für die rigorose Einziehung der Kirchengüter bildete bei Georg natürlich die Verschuldung seines Landes. Die Markgrafschaft Ansbach-Kulmbach war nicht nur zeitweilig sondern seit Kasimirs Tagen ununterbrochen dem finanziellen Bankrott nahe. Trotzdem ist dieser groß angelegte Kirchenraub nicht gerade ein Ruhmesblatt für jenen Mann, den der Protestantismus später als den *Bekenner* und den *Frommen* ehrte, und der selbst so schöne Worte über das *Gottvertrauen* auch in finanziellen Nöten gefunden hatte. Es verdient Beachtung, daß sich Georg mit der Einziehung der Kirchengüter nicht nur den Zorn der katholischen Partei, sondern auch den Tadel seiner Glaubensgenossen zuzog. Der Nürnberger Ratsschreiber Lazarus Spengler ließ ihn wissen, er würde so *am meisten dem Evangelium schaden;* die Gegner könnten jetzt mit Recht sagen, daß *auch den Evangelischen der Glaube in der Tasche liege.* Spenglers energischem Einsatz ist es zu verdanken, daß in der alten Reichsstadt die Kirchenkleinodien blieben, wo sie hingehörten: in den Gotteshäusern der Stadt und im Dienst der evangelischen Gemeinden.

EINE KIRCHE GEWINNT PROFIL
Die Brandenburg-Nürnbergische Kirchenordnung
als Bekenntnis des fränkischen Luthertums

Die niederschmetternden Resultate der Kirchenvisitationen hatten bei allen Beteiligten in Ansbach und Nürnberg den Wunsch nach einer offiziellen Kirchenordnung, die wirklich für Ordnung sorgt, verstärkt. Schon beim Schwabacher Konvent war beschlossen worden, die kurze provisorische Kirchenordnung auf Grund der Erfahrungen bei den Kirchenvisitationen zu einem umfassenden Ordnungswerk der lutherischen Kirche auszubauen. Wie ihre Nachfolgerinnen in ganz Deutschland sollte diese Brandenburg-Nürnbergische Kirchenordnung alles zusammen sein: dogmatisches Kompendium der lutherischen Lehre, Agende für alle gottesdienstlichen Handlungen, Gesetzeswerk der Gemeinden, Seelsorgehandbuch für die Geistlichen und christlicher Sittenkodex für das Volk. Es mußte also schon ein dickes Buch werden, ein umfassendes Nachschlagewerk, in dem eigentlich kein aktuelles Problem ausgespart bleiben konnte. Auch ein Anhang mit Katechismuspredigten war vorgesehen. Das gesamte religiöse und sittliche Leben der damaligen christlich-bürgerlichen Gesellschaft sollte also in der Kirchenordnung den reformatorischen Grundsätzen entsprechend geregelt werden. Mit Recht konnten die evangelischen Theologen und Juristen sowie ihre Obrigkeiten in Nürnberg und Ansbach davon ausgehen: Erst wenn dieses große Werk gelungen ist, und wenn jeder Pfarrer dieses Buch als Grundlage seines Dienstes betrachtet, dann kann die Einwurzelung der Reformation im ganzen Volk gelingen. In dieser umfassenden Zielsetzung lag allerdings das erste, kaum zu bewältigende Problem.

Hinzu kam eine zweite Schwierigkeit. Die Nürnberger und die Ansbach-Kulmbacher dachten nach der mit gutem Erfolg praktizierten Zusammenarbeit bei der Visitation an eine erneute Kooperation. Aber die religiösen Verhältnisse in der freien Reichsstadt mit ihren wenigen umliegenden Dörfern und der zweigeteilten Markgrafschaft mit ihren wenigen Städten waren recht verschieden. Nürnberg hatte die Reformation längst durchgeführt, der Markgraf jedoch wollte sie erst mit Hilfe der neuen Kirchenordnung endgültig einführen.

Die dritte Gefährdung der Kirchenordnung lag in der politischen Konstellation im deutschen Reich. Würde der Kaiser nicht seine Drohung wahrmachen und mit Waffengewalt gegen Territorien vorgehen, die sich derartig eindeutig seinem Willen widersetzten? Vor allem im kaisertreuen Nürnberg wollten diese Bedenken nicht zur Ruhe kommen.

Schließlich kann nicht verschwiegen werden, daß die größte Schwierigkeit im Charakter des führenden Theologen lag; mehr als einmal legte sich Andreas Osiander quer und drohte damit, die Kirchenordnung zu Fall zu bringen. Wenn man das alles berücksichtigt, kann man sich nur über den Mut der fränkischen Theologen und Juristen wundern. Nicht zu wundern braucht man sich darüber, daß bis zur Fertigstellung des großen Werkes fünf Jahre vergingen.

Zunächst begann die Arbeit in Nürnberg ganz flott. Der Rat berief eine Theologenkommission und erteilte ihr den Auftrag, einen ersten Entwurf auszuarbeiten. Die Kommission wiederum gab diesen Auftrag an ihren zweifellos qualifiziertesten Mann, eben an Andreas Osiander, weiter. Der vielbeschäftigte Prediger jedoch ließ sich Zeit. Die Ansbacher drängten, aber erst auf ein *hitziges einhelliges Begehren des Rates* hin machte sich Osiander an die Arbeit. Seinen Entwurf legte der selbstbewußte Theologe den Kollegen von der Kommission gar nicht erst vor, sondern reichte ihn direkt beim Rat ein. Er schlug, was für die Persönlichkeit dieses Mannes durchaus bezeichnend ist, den sofortigen Druck vor. Der Einfachheit halber nannte er auch gleich den geeigneten Drucker. Lazarus Spengler und die übrigen Kommissionsmitglieder waren über dieses Verfahren ebenso wie über den vorgelegten Entwurf nicht sehr erbaut. Vor allem bemängelten sie, daß Osiander lediglich eine Regelung der *Zeremonien* vorlegte, sich aber die Darstellung der evangelischen *Lehre* geschenkt hatte. Gerade darauf legte man aber Wert, denn die Kirchenordnung sollte für alle Pfarrer und Prediger die entscheidende Richtschnur ihrer gesamten Tätigkeit werden.

Da die politischen Verhältnisse zu Beginn des Jahres 1530 nicht gerade günstig für den Protestantismus erschienen, erbat Spengler schleunigst von der Kommission ein zweites Arbeitspapier. In Windeseile verbreitete sich in der Stadt das Gerücht, der Prediger von St. Lorenz habe *böses Schneiderwerk* gemacht, und die anderen müßten's nun wieder auftrennen. Als der zweite Entwurf fertig war, hatte Spengler die undankbare Aufgabe, Osiander um seine Zustimmung zu bitten. Er tat das in einem Brief, in dem er wie mit Engelszungen an die brüderliche Liebe und die notwendige Einigkeit erinnerte. Doch Osiander – wie einer seiner Biographen wohl richtig bemerkt *sehr eigensinnig, heftig, zornig, groß und hartnäckig* – war tief gekränkt. Er lehnte es ab, die Vorlage der Kommission überhaupt nur anzuschauen, – aus *Gewissensgründen*. Und er fragte spitz: *Wie komm' ich in das wunderliche Wesen?* Nun sagte Spengler dem *harten Kopf* ebenfalls deutlich seine Meinung. Er habe bisher immer gemeint, einem Prediger liege mehr am Heil der Menschen als an der eigenen Ehre. Er wolle die Sache nun Gott überlassen, der *die nicht ungestraft läßt, die mehr ihren eigenen Ruhm, denn seine göttliche Ehre* suchen. Die erste Runde war für die Kirchenordnung nicht gut ausgegangen.

Nachdem der Rat sich nunmehr mit zwei Entwürfen zu beschäftigen hatte, ließ er sich Zeit. Es erschien auch gar nicht klug, den Kaiser wenige Monate nach dem Augsburger Reichstag mit der Einführung einer protestantischen Kirchenordnung zu reizen. Man wußte ja, daß der Kaiser im Friedensschluß zu Bologna dem Papst die *Ausrottung der lutherischen Ketzerei* versprochen hatte.

Außerdem tauchte nun ein neuer Gedanke auf. Könnte man nicht den Kreis der für die Kirchenordnung Verantwortlichen erweitern? Das kühne Projekt einer alle territorialen Grenzen sprengenden deutschen lutherischen Kirchenordnung wurde zur Diskussion gestellt. Die Theologen winkten jedoch bald wieder ab. Sie kannten die *feinen Unterschiede* zwischen der Wittenberger und der oberdeutschen Theologie, aber auch die augenfälligen Konsequenzen: In Nürnberg hütete man den *Englischen Gruß* von Veit Stoß, in Augsburg dagegen zerschlug man die Kruzifixe. Niemand unter den Theologen glaubte im Ernst daran, daß es in der Sache des Abendmahls, der Gottesdienstordnung und der Bilderverehrung zwischen der konservativen fränkisch-sächsischen Allianz und den zwinglianisch beeinflußten Oberdeutschen zu einer Einigung kommen könnte. Aber auch die weltlichen Herren in Ansbach und Nürnberg zogen nicht recht. Die im Schmalkaldischen Bund vereinten protestantischen Territorialherren waren im Ernstfall bereit, um der Freiheit des Evangeliums willen dem Kaiser mit der Waffe in der Hand gegenüber zu treten. Der Rat der freien Reichsstadt und der Hohenzollernmarkgraf in Ansbach waren dazu jedoch unter gar keinen Umständen bereit. Warum also mit diesen evangelischen Brüdern eine gemeinsame Kirchenordnung? Beide traten dem protestantischen Schutzbündnis nicht bei, faßten jedoch die Stärkung ihrer Partnerschaft auf dem kirchlichen Gebiet stärker ins Auge. Markgraf Georg teilte den Nürnbergern mit, er sei entschlossen, *wenn sich gleich die anderen christlichen Stände mit euch und uns einer einhelligen Kirchenordnung wegen nicht vergleichen, daß wir's doch mit Euch allein tun wollen.*

Für den Markgrafen war es aus innenpolitischen Gründen dringend notwendig, die Kirchenordnung so bald wie möglich unter Dach und Fach zu bringen. Die katholische Partei des Landes entfaltete nämlich nach dem Augsburger Reichstag erneut eine rege Aktivität. Die Geistlichen des Bayreuther Oberlandes sahen sich zu einem Hilferuf an Georg genötigt; er möge sie vor denen schützen, *die sich auch Christen nennen*, – den Katholiken nämlich. In Hof vertrieb der altgläubige Amtmann die führenden evangelischen Prediger, was Luther veranlaßte, den Hofern einen freundlichen Trostbrief zu schreiben. Und als Georg längere Zeit auf seinen schlesischen Besitzungen weilte, riß die katholische Partei unter Führung des Statthalters Hans von Seckendorff noch einmal die Herrschaft in der Markgrafschaft an sich. Die Situation spitzte sich derartig zu, daß Vogler sogar freiwillig seinen Rücktritt anbot.

In diesem kritischen Zeitpunkt stiegen die Ansbacher Theologen erst richtig in die Arbeit an der Kirchenordnung ein. Dabei erwies sich ihre Idee, einen Theologen von auswärts in die Arbeit zu integrieren, als geradezu ideal. Denn die Hinzuziehung des württembergischen Reformators Johann Brenz (1499–1570) bedeutete letztlich die Rettung des großen Werkes. Dieser war, was sein Temperament und seine Theologie betraf, das genaue Gegenteil von Osiander, aber doch der einzige süddeutsche lutherische Theologe, den der selbstbewußte Nürnberger zu akzeptieren bereit war.

Der Württembergische Reformator Johann Brenz, Mitverfasser der Brandenburg-Nürnbergischen Kirchenordnung

Brenz, damals Anfang dreißig, hatte Martin Luther schon anläßlich der Heidelberger Disputation 1518 persönlich kennen- und schätzengelernt. Mit großer Besonnenheit und tiefem biblischen Ernst führte er dann in Schwäbisch Hall die Reformation ein. Im Abendmahlsstreit zwischen den Wittenbergern und den Oberdeutschen stand Brenz zwar grundsätzlich auf Luthers Seite, vertrat aber doch einen sehr eigenen biblischen Standpunkt und verabscheute, ganz im Gegensatz zu Osiander, alle hitzigen Streitereien in dieser Frage. Daß die Schwaben und Franken letztlich nicht ins Lager Zwingli's abwanderten, war vor allem das Verdienst dieses besonnenen Mannes. Von ihm konnte Luther einmal sagen, sein Geist sei *viel lieblicher, sanfter, ruhiger und sein Ausdruck gewandter, klarer und anziehender als der seinige.* Brenz wurde nicht nur der Reformator der Reichsstadt Schwäbisch Hall und später des Herzogtums Württemberg. Mit Rat und Tat stand er auch anderen süddeutschen Territorien zur Verfügung; Dinkelsbühl etwa bei der Wahl seines evangelischen Pfarrers und Anfang der dreißiger Jahre nun den brandenburgischen Theologen bei ihrem Desaster mit der Kirchenordnung.

In Ansbach lehnte man die Vorlage Osianders, wie nicht anders zu erwarten, ab. In den zweiten Nürnberger Entwurf jedoch baute man nur einige Verbesserungsvorschläge ein und schickte das Papier nach Nürnberg zurück, – mit der dringenden Bitte, die *Herren Prediger möchten sich doch miteinander vergleichen.* Tatsächlich hatte sich der Groll Osianders inzwischen gelegt; der Prediger formulierte seinerseits nun sechzehn Artikel mit Verbesserungsvorschlägen. Wieder wanderten die Akten nach Ansbach und weiter zu Brenz und wieder zurück nach Nürnberg, – unter der Schirmherrschaft Voglers und Spenglers entwickelten die Theologen in jenen Monaten einen geradezu fanatischen Eifer, um endlich ein Ergebnis vorlegen zu können.

Freilich – jetzt, bei der Detailarbeit ergab sich eine Reihe von ernsthaften Problemen. Da war zunächst die unerledigte Frage des kirchlichen Banns. An ihr biß sich immer wieder der Nürnberger Rat fest. Die Theologen wollten am Bann als einer Zuchtmaßnahme der Gemeinde gegen ihre laxen Mitglieder festhalten. Auch Martin Luther hatte den kirchlichen Bann 1520 in einer kleinen seelsorgerlichen Schrift grundsätzlich bejaht und vom Wort Gottes her legitimiert. Von der *inneren Gemeinschaft* der Kirche schließe, so Luther, allein der Unglaube aus, der *sich selbst verbannt.* Von der äußeren Gemeinschaft der Kirche dagegen, der Teilnahme an den Sakramenten also, könne der Bischof ausschließen. Die Mobilisierung der weltlichen Obrigkeit gegenüber den Gebannten lehnte Luther allerdings strikt ab. Die Kirche habe nur ein *Machtmittel:* das Wort, das den Sünder seelsorgerlich-strafend zur Umkehr anleiten könne. Diese Einstellung Luthers konnten die Theologen zu ihrer Rechtfertigung anführen. Aber den Ratsjuristen, ausgenommen Spengler, saß die Angst vor dem Bann der mittelalterlichen Kirche noch zu tief in den Knochen. Denn unter dem Papsttum hatte ja der kirchliche Bann die bürgerliche Verfemung nach sich gezogen, ja die weltliche Obrigkeit war sogar zum Vollzugsorgan der kirchlichen Exkommunikation degradiert worden. Da über diesen Punkt mit dem Nürnberger Rat absolut nicht zu diskutieren war, bat Spengler die Ansbacher resigniert, den Artikel vom Bann überhaupt fallenzulassen. Es sei allerdings *erschrecklich, daß eine christliche Obrigkeit Gottes heilsame Einsetzung für ein Fastnachtspiel halte* und einfach außer Kraft setze.

In den Bereich der Kirchenzucht fiel auch die Frage, ob sich die Abendmahlsteilnehmer persönlich beim Geistlichen anmelden müßten oder nicht. Wenn schon der Bann gestrichen würde, so meinten die Theologen übereinstimmend, müsse man den Geistlichen wenigstens hier die Möglichkeit offenlassen, entsprechend dem klaren Zeugnis der heiligen Schrift *Unwürdige* zurückzuweisen. Auch die Privatbeichte sollte aus seelsorgerlichen Gründen nicht einfach zugunsten einer allgemeinen Bußfeier mit Generalabsolution abgeschafft werden. In diesem Punkt siegten die Theologen über die Juristen, und Spengler atmete auf. Die freiwillige Einzelbeichte und die obligatorische Abendmahlsanmeldung waren für die Brandenburg-Nürnbergische Kirchenordnung gerettet und sollten für mindestens zweihundert Jahre das kirchliche Leben Frankens bestimmen.

Doch die Auseinandersetzung ging weiter und wurde dogmatischer. Die Form des Gottesdienstes stand jetzt zur Diskussion. Nürnberg war bei der Umgestaltung des gottesdienstlichen Lebens ab 1524 aus politischen und geistlichen Gründen sehr vorsichtig vorgegangen. So hatte man die tägliche Messe in ihrer reich ausgestalteten Form beibehalten, und die evangelische Geistlichkeit amtierte weiter in den wertvollen alten Meßgewändern. In der Folgezeit kam es jedoch bei den Wochenmessen zuweilen vor, daß keine Kommunikanten anwesend waren. Der Rat aber wollte trotzdem nicht auf die täglichen Messen in seinen Gotteshäusern verzichten. Auch Osiander meinte zunächst, dann müsse eben der Geistliche alleine kommunizieren. In der Markgrafschaft dagegen war man absolut nicht bereit, diese Praxis zu übernehmen. Im Gegenteil: schon im Zusammenhang mit der Visitation war die Messe ohne Kommunikanten strikt verboten worden. Für die Wochengottesdienste schlugen die Ansbacher Theologen nunmehr eine schlichte Ordnung, bestehend aus Lesungen, Gesängen und Gebeten vor. Für diese Wortgottesdienste reichte ihrer Meinung nach auch ein *gewöhnliches ehrbares Kirchenkleid*.

Unterstützung fanden die Ansbacher und Brenz wieder einmal bei dem theologisch fundierten Lazarus Spengler. Dieser wandte sich hilfesuchend nach Wittenberg, und es ist klar, wie die Stellungnahme Luthers ausfiel: Äußerst scharf verurteilte er diese neue Form von *Winkelmessen*. Seiner Meinung nach war die Anwesenheit von Kommunikanten die unabdingbare Voraussetzung einer sinnvollen evangelischen Abendmahlsfeier. Die Vorstellungen der Ansbacher Theologen berührten sich eng mit Luthers Neugestaltung der Wittenberger Gottesdienste. Luther hatte schon 1523 gesagt: *Die tägliche Messe soll ab sein, denn es liegt am Wort und nicht an der Messe*. In Marburg konnte er 1529 auch Osiander von der Richtigkeit dieser Auffassung überzeugen, die im übrigen im ganzen Luthertum mit Entschiedenheit vertreten wurde. Darum spottete nun der Nürnberger Hauptprediger über seinen Stadtrat, es sei *ein spöttlich und ärgerlich Ding, daß ein Diener mit Meßgewand, Kelch und allem Apparat zum Altar soll treten, wenn kein Kommunikant vorhanden ist, und er wohl weiß, daß er das Abendmahl nicht halten darf noch will*.

Diesem massiven Druck aller Theologen von Rang und Namen konnten der Nürnberger Rat und der ebenfalls zögernde Markgraf nicht standhalten. In der endgültigen Fassung der Kirchenordnung wurden die Still- oder Privatmessen verboten. Das hinderte den konservativen Nürnberger Stadtrat freilich nicht daran, sie auch nach der offiziellen Einführung der Kirchenordnung noch mit Wohlwollen in seinen Gotteshäusern zu dulden.

Diese eigentliche Sachdiskussion hatte die Fertigstellung der Kirchenordnung zunächst wieder erheblich verzögert. Als man in Ansbach wieder einmal der Verzweiflung nahe war, startete der Nürnberger Rat einen dritten Anlauf. Er ließ einen völlig *neuen Begriff* der Kirchenordnung ausarbeiten. Nun begannen die Beratungen also wieder von vorne, und weil man jetzt genau wußte, worauf man zu achten hatte, ging man in Ansbach und Nürnberg getrennt sorgfältig Blatt für Blatt durch. Anschließend brachte ein reisender Bote das nunmehr ziemlich umfangreiche Opus zur Begutachtung nach Wittenberg. Dort war man über die ordentliche Arbeit der fränkischen Glaubensgenossen des Lobes voll. Die Kirchenordnung sei, so urteilte man im Zentrum der Reformation, der heiligen Schrift gemäß und stimme mit der Wittenberger Visitationsordnung im wesentlichen überein. Man *ließe sie sich wohl gefallen*. Über die Streichung des Bannes trösteten die Wittenberger ihre Kollegen in Süddeutschland: Die Anmeldepflicht zum Abendmahl reiche doch voll aus. Auf die verpönten *Stillmessen* wiesen die Wittenberger noch einmal extra hin und unterstrichen erneut das strikte Verbot. Im übrigen, so meinten sie, könnte man leider nicht ganz übersehen, daß die Kirchenordnung nicht aus einem Guß sei, sondern *von mehreren verfaßt und auch nicht zu einer Zeit gestaltet.*

Das ließ sich der Nürnberger Rat nicht zweimal sagen. Auf seine Kosten holte er Brenz aus Schwäbisch Hall und quartierte ihn bei Andreas Osiander ein. Die beiden Spitzentheologen sollten nun endlich dem Werk den letzten Schliff geben. Spengler wollte schon *aller menschlicher Trost entfallen.* Doch in fünfwöchiger Klausur gelang den beiden ungleichen Brüdern tatsächlich das, was wir heute eine Endredaktion nennen würden. Obwohl es im Nürnberger Rat bei der abschließenden Beratung, die mehrere Tage in Anspruch nahm, noch immer grundsätzliche Widerstände gab, und Spengler wieder einmal an Vogler schrieb, ihm sei *alle Lust zu dieser Kirchenordnung vergangen,* ging das Werk nun doch Anfang Dezember 1532 in den Druck. Zwei Druckereien, die in aller Eile neue Kräfte einstellen und auch sonntags durcharbeiten mußten, stießen in wenigen Tagen die ersten hundert Exemplare aus. Dann endlich war es soweit: Zwei Tage vor dem Weihnachtsfest wurde auf allen Kanzeln der Stadt die Einführung der neuen Ordnung für den 1. Januar verkündigt.

Nicht ganz so glatt verlief der Abschluß in Ansbach. Die katholische Opposition der Markgrafschaft versuchte noch in letzter Minute, das Unternehmen zum Scheitern zu bringen. Georg weilte in Schlesien, und Vogler hatte voller Verbitterung über die permanenten Sticheleien seitens der altgläubigen Partei sein Amt zur Verfügung gestellt. So schlugen die Statthalter vor, man müsse die neue Ordnung, wie zu Kasimirs Zeiten üblich, zunächst auf dem Landtag zur Diskussion stellen. Ein Brief Georgs schien ihnen Recht zu geben. In dieser kritischen Situation ging Vogler noch einmal aufs Ganze. Per Eilkurier teilte er Georg seine Ansicht über die beiden Statthalter mit: Der Herr von Wiesenthau sei *gar kindisch geworden* und von offensichtlicher *Gebrechlichkeit.* Der Herr von Seckendorff –: *Nun, Ihr wißt doch selbst, was er bisher von Gott, seinem Wort und guter christlicher Ordnung gehalten hat, auch wie spöttisch und verächtlich er davon geredet.* Georg möge jetzt die Statthalter anweisen, die Kirchenordnung umgehend einzuführen. Vogler hatte offenbar den richtigen Ton getroffen, denn Markgraf Georg unterzeichnete im schlesischen Jägersdorf ein Edikt, das die Einführung der Kirchenordnung in der Markgrafschaft Ansbach-Kulmbach für 1533 anordnete. Ein fünfjähriges geistiges, theologisches und politisches Ringen hatte damit sein gutes Ende gefunden.

Die große Bedeutung des Mammutwerkes lag darin, daß es zunächst klar und allgemeinverständlich die evangelische Lehre entfaltete und aus der Bibel erläuterte und begründete. Die Geistlichen bekamen also mit der Kirchenordnung endlich eine offizielle und schriftliche Lehrdoktrin an die Hand. Selbst der ungebildetste Landpfarrer wußte nun: Das ist die neue Lehre, von der man so viel hört, mit der ich mich persönlich zu beschäftigen und die ich in der Gemeinde zu verkündigen habe.

Aber die Kirchenordnung war auch für die tägliche Praxis des Pfarrers bestimmt. Im zweiten Teil enthielt sie genaue Ordnungen für die Taufe, den Gottesdienst und die Abendmahlsfeier, die Krankenkommunion, die Trauung und die Beerdigung. Bisher hatten jeder Pfarrer und jede Gemeinde nach eigenem Gutdünken an den mittelalterlichen Ordnungen herumgebastelt. Jetzt endlich war ein Ende dieses heillosen liturgischen Durcheinanders im Land abzusehen. Und mancher Pfarrer dürfte mit Befriedigung festgestellt haben, daß die liturgischen Neuerungen nicht gerade revolutionär waren.

Schließlich enthielt dasselbe Buch – äußerst praktisch für die Geistlichen – auch noch eine Reihe von Katechismus- oder Kinderpredigten. Ihnen lag Luthers Katechismus zugrunde. Verfasser waren die beiden Nürnberger Prediger Osiander und Schleupner. In diesen Lesepredigten besaßen alle Geistlichen im Land nun ein Vorbild für ihre praktische Verkündigung.

Ein Mangel der Kirchenordnung, auf den die Ansbacher Theologen auch wiederholt hingewiesen hatten, war ihr Schweigen zu den Fragen der eigentlichen Kirchenverfassung. Vielleicht hatte sie diesen Problemkreis gar nicht anschneiden können, weil ja das Verhältnis von Obrigkeit und Kirche im Stadtgebiet Nürnberg anders lag als in der zweigeteilten Markgrafschaft. In ihren staats- und kirchenrechtlichen Anschauungen waren sich die Theologen und Juristen beider Territorien allerdings grundsätzlich einig. Sie vertraten nämlich jene Idee, die von Luther und der kursächsischen Visitationsordnung gerade abgelehnt worden war: Daß der weltlichen Obrigkeit von Gott auch das Kirchenregiment übertragen worden sei. Luther hatte, wie wir schon sahen, mit Entschiedenheit darauf hingewiesen, daß die Durchführung einer Visitation und der Erlaß einer Kirchenordnung *eigentlich* nicht Sache des Landesherrn seien. Da die bischöfliche Ordnung jedoch momentan nicht funktioniere und der Landesherr immerhin *auch* ein Glied der Kirche sei, könne er als *praecipuum membrum ecclesiae* um der Liebe willen eingreifen, – so Luther.

Ganz anders begründeten Spengler und Osiander diese Aktivität der weltlichen Obrigkeit in kirchlichen Dingen. Ihrer Meinung nach darf die Kirche lediglich *das Evangelium treiben*. Eventuell hat sie noch für die Armen zu sorgen, also den *Gemeinen Kasten* einzurichten, – wenn das nicht, wie in Nürnberg, auch vom Rat besorgt wird. Alles andere dagegen ist ausschließlich Sache der Obrigkeit. Sie ist von Gott beauftragt, auch für das Heil der Untertanen zu sorgen. Sie also, und nicht die Kirche in eigener Regie, hat darum die Prediger einzustellen, zu examinieren und zu besolden sowie für die liturgischen Ordnungen und die Instandhaltung der Pfarrhäuser zu sorgen. Ihr steht auch das Recht zu, ja sie hat sogar vor Gott die Pflicht, eine Kirchenordnung zu erlassen.

Der Unterschied liegt in der verschiedenen Auffassung von der staatlichen Obrigkeit. Bei Luther erstreckt sich das weltliche Regiment *nicht weiter als über Leib und Gut und was äußerlich ist auf Erden*. Auch so ist der Staat natürlich *Diener Gottes*. Aber allein das Regiment Christi, wahrgenommen durch die Verkündigung der Kirche, *macht fromm*. Bei Spengler ist die staatliche oder städtische Obrigkeit in dem Sinne Dienerin Gottes, daß sie selber *Gottes Wort, Ordnung und Befehl hält und mit frischer Tat befestigt*. Sie muß auch umgekehrt *alles abstellen, was dem Wort Gottes zuwider ist*. Nach der sächsischen Vorstellung ist also die Übernahme des Kirchenregiments durch die Territorialherren ein Notbehelf. Nach der Brandenburg-Nürnbergischen Kirchenordnung dagegen ist diese Verbindung zwischen Staat und Kirche organisch, biblisch legitim und unlöslich. Es liegt auf der Hand, welche kirchenrechtliche Position den Territorialfürsten und Stadträten angenehmer war, und sich infolgedessen im deutschen Luthertum allmählich durchsetzte. Aber es ist nicht überflüssig, sich daran zu erinnern, daß die so oft beklagte enge Verbindung von Thron und Altar nicht genuin Luther'schen Ursprungs ist. Sie ist vielmehr eine Frucht der ansonsten so geglückten Brandenburg-Nürnbergischen Kirchenordnung.

Eine weitere, und in ihrer Bedeutung nicht hoch genug zu veranschlagende Konsequenz der Kirchenordnung war die Einführung der Kirchenbücher. In einer kleinen Notiz der Kirchenordnung wurde sie allen Geistlichen zur Pflicht gemacht. Die Anregung zu dieser Neuerung stammte sicher aus Nürnberg. Hier hatte man nämlich schon 1524 begonnen, die Taufen der Kinder und die Trauungen in Matrikeln einzutragen. Das älteste erhaltene Kirchenbuch stammt von St. Sebald. Im Hintergrund dieser neuen Sitte steht die Auseinandersetzung mit den Schwärmern und Wiedertäufern, die eine erneute Taufe ihrer erwachsenen Mitglieder forderten und in der Markgrafschaft zum allgemeinen Frauentausch übergegangen waren. Die Kirchenbücher sollten für *klare Verhältnisse* unter den Gläubigen sorgen. Obwohl die Anordnung von Matrikeln ungewöhnlich erscheinen mußte, wurde sie doch sehr bald allgemein befolgt. Allmählich ging man auch dazu über, die Beerdigungen schriftlich festzuhalten und besondere Register für Abendmahlsteilnehmer anzulegen. So sind auch die Kirchenbücher ein Ausdruck der sich formierenden lutherischen Kirche, in ihrer Mitte für Zucht und Ordnung zu sorgen.

Sehr unterschiedlichen, aber durchweg sehr profilierten Männern verdankt das Luthertum seine erste Glaubens- und Lebensordnung. Als die eigentlichen Verfasser gingen die Theologen, allen voran der Nürnberger Osiander und der Württemberger Brenz, in die Kirchengeschichte ein. Als ihre Retter aber haben die beiden führenden Juristen Vogler und Spengler zu gelten, – und Markgraf Georg der Bekenner, der im Kampf mit Nürnberg, den Theologen und den Räten die Geduld behielt. Johann Brenz stand in den dreißiger Jahren erst am Beginn seiner kirchlichen Karriere. Seine Erfahrungen bei der Mitarbeit an der fränkischen Kirchenordnung kamen später der Reformation des Herzogtums Württemberg sehr zugute.

Andreas Osiander verließ 1548 die Stadt, der er nahezu drei stürmische Jahrzehnte hindurch gedient hatte. Es geschah – wie konnte es auch anders sein? – mit einem großen Krach. Der Stadtrat war nämlich bereit, das Augsburger Interim anzunehmen. Die Prediger jedoch erblickten darin, nicht ganz zu Unrecht, einen Verrat an der Reformation. Die Konsequenzen zog freilich nur der streitbare Prediger von St. Lorenz. Heimlich verließ er bei Nacht die Stadt, um im fernen Ostpreußen seinen Lebensabend mit heftigen theologischen Kontroversen zu beschließen.

Auch Kanzler Vogler schied nicht in Frieden aus der großen Politik. Schon vor Einführung der Kirchenordnung hatte er von seinem Herrn einen Brief empfangen:

LVTHERVS TRIVMPHANS.

Evangelisches Flugblatt aus der zweiten Hälfte des 16. Jahrhunderts, das die Fronten absteckt: die mit der Bibel und der Feder kämpfenden Reformatoren und die mit Monstranzen, Schwertern und Mistgabeln das Papsttum stützenden Orden

Wisse, lieber Vogler, daß ich Dein spitzig Schreiben genug habe, und ist Zeit, daß Du aufhörst. So Du aber nicht willst aufhören, so muß ich mich halten als der, der Herr sein und bleiben will. Das Lebenswerk Voglers, die Einführung der Reformation in der Markgrafschaft, war vollendet. Aber es entsprach wohl nicht der Natur des ungeduldigen und vorwärts drängenden Kanzlers, nun im Alter sein Leben gelassen, dankbar und fromm zu beschließen. Verbitterung spricht aus seinen Briefen an Georg und immer wieder der Ärger über seinen Nachfolger. Ziemlich unbeachtet starb der alte Mann 1550 in Rothenburg und vermachte der Stadt seine reiche Bibliothek.

Markgraf Georg von Brandenburg schritt bedächtig auf dem Weg weiter, den er mit dem Bekenntnis zur Lehre Luthers persönlich und für sein Land gewählt hatte. In guter patriarchalischer Verantwortung für das Seelenheil seiner Landeskinder nahm er 1536 eine zweite Kirchenvisitation vor. Sie sollte der tieferen Einwurzelung des evangelischen Glaubens im Volk dienen und verlief tatsächlich auch etwas erfreulicher als die erste ihrer Art. Auch in den überregionalen religiösen Auseinandersetzungen – der Lutheraner mit den Schweizern und der Protestanten insgesamt mit der katholischen Partei – konnten sich die Wittenberger weiterhin auf ihren treuen und auf Ausgleich bedachten Bekenner im Frankenland verlassen. Als Georg 1543 starb, fand er sein Grab mitten in seinem geliebten Frankenland, in der evangelischen Klosterkirche zu Heilsbronn. Das Markgraf-Georg-Lied im Babst'schen Gesangbuch von 1545 ist ein

Zeugnis jener Gesinnung, in der der erste evangelische Markgraf Ansbachs die Reformation in seinem Land einführte:

Markt, Städt und Land befehl ich Dir
aus treuer Gier,
die ich soll pflegen hier auf Erd.
Getreue Red verordne mir,
daran man spür,
daß Gericht und Recht versehen werd
nach rechtem Maß und Billigkeit,
mit solchem Bescheid,
daß recht und gleich
wird Arm und Reich
geteilet mit:
Das ich Dich, Herr, von Herzen bitt.

Lazarus Spengler, zweifellos der sympathischste unter den fünf Vätern der Kirchenordnung, starb bereits kurz nach ihrer Einführung. Der Rat seiner Heimatstadt hatte ihm schon 1530 *ein geringes Wägelein nach seinem eigenen Gefallen* anfertigen lassen. Aber der Ratsschreiber ließ sich durch die Beschwerden seiner Krankheit im Glauben nicht beirren. Wie tief der Glaube dieses evangelischen Mannes verwurzelt war, zeigt ein Brief von ihm an Veit Dietrich, in dem es heißt: *Ich bin in des Herrn Zuchtschule gewesen und hab' da gelernt, wie süß, wie gütig und voller Barmherzigkeit der Herr ist gegen alle, die ihn voll Vertrauen anrufen; was hoher Trost, Freude und Erquickung es auch ist, wenn Gott einen Christen in seinem Wort bis auf dieses Stündlein erhält. Ich bin fürwahr schwach, so schwach, daß ich nicht weiß, ob solche Schwachheit zu einer Schwindsucht geraten, oder wie Gott es mit mir machen will. Will er, daß ich anderen Leuten noch länger nütz' und diene, so bin ich bereit; will er, daß dieser alte Krug zu Trümmern gehe, so geschehe sein Wille auch.* 1533 schrieb Spengler sein Testament und fügte ihm ein persönliches Glaubensbekenntnis bei. Es schloß mit den Worten: *Dies ist der Grund meines Glaubens, den ich durch diese meine Handschrift vor Gott meinem Herrn und der ganzen Welt bekenne, dabei ich auch mit Hilfe meines getreuen Gottes bis in meinen Tod und in die Grube beständiglich gedenke zu bleiben, daß ich der Zukunft meines Heilandes Jesu Christi mit einem unerschrockenen Gewissen warten möge. Amen.* Während des Abendläutens am 17. September 1534 verschied Spengler in seiner Wohnung unweit der Dürerhauses. Martin Luther aber versah in dankbarer Anerkennung seiner Verdienste um die Reformation sein Testament und Bekenntnis mit einer Vorrede und ließ beides in den Druck gehen. Hier hieß es, Spengler sei *ein feiner, werter Mann* gewesen, der *wie ein rechter Christ bei seinem Leben Gottes Wort mit Ernst angenommen, herzlich geglaubt, mit der Tat groß und viel dazu getan, und jetzt in seinem Sterben solchen Glauben seliglich bekennet und bestätigt hat, zu Trost und Stärke allen schwachen Christen, so jetzt Ärgernis und allerlei Verfolgung leiden um solches Glaubens willen.*

Als die Brandenburg-Nürnbergische Kirchenordnung eingeführt war, zeigte sich bald, daß nun doch in Erfüllung ging, wovon ihre Verfasser zeitweise geträumt hatten: Sie wurde wegweisend für eine große Anzahl weiterer Kirchenordnungen im lutherischen Einflußgebiet. Im fränkisch-bayerischen Raum übernahmen sie unverändert die Reichsstädte Weißenburg, Dinkelsbühl, Windsheim, Regensburg und Donauwörth sowie die Grafschaft Oettingen. Darüberhinaus wurde sie in zahlreichen fränkischen Grafschaften und ritterschaftlichen Gebieten und in den Herrschaften Rothenburg, Wolfstein und Ortenburg benutzt. Doch der Einfluß der fleißigen theologischen Arbeit reichte weiter. Herzog Heinrich von Mecklenburg ließ 1534 genau 311 Exemplare unter seinen Pfarrern verteilen und erklärte, auf der Grundlage dieser guten Kirchenordnung wolle er nun auch sein Land reformieren. Im selben Jahr erschien eine niederdeutsche Übersetzung in Magdeburg, die spätere offizielle Mecklenburgische Kirchenordnung. Mehr oder weniger stark benützt wurde die fränkische Kirchenordnung von vielen lutherischen Kirchengebieten, die sich die eigene Arbeit erleichtern wollten –: von den Württembergern, von Kurbrandenburg und der Pfalzgrafschaft Neuburg, ja sogar vom Fürstentum Calenberg-Göttingen, dem Kurerzstift Köln und der hessischen Herrschaft Waldeck.

Als die Kirchenordnung 1543 in Nürnberg durch das neue *Agentbüchlein* Veit Dietrichs verdrängt wurde, war sie eigentlich auch nur umgestaltet worden. Der Nürnberger Kirchenmann der zweiten Generation verstand sein praktisches kleines Büchlein mit gutem Grund lediglich als eine Zusammenfassung der dickleibigen alten Kirchenordnung. Auf diese Weise erlebte das Werk von Brenz und Osiander durch Veit Dietrich noch einmal eine zweite Blüte. Zweihundert Jahre hindurch benutzten die fränkisch-bayerischen Pfarrer dieses Agentbüchlein.

Es gab sogar Gemeinden, die bis zu Beginn des 19. Jahrhunderts ihr kirchliches und gottesdienstliches Leben nach ihm richteten.

So ist es gewiß keine Übertreibung, wenn man feststellt: Mit der Einführung der Brandenburg-Nürnbergischen Kirchenordnung war der Sieg der Reformation in der Markgrafschaft Ansbach-Kulmbach und in der Reichsstadt Nürnberg sichergestellt. Die lutherische Kirche hatte sich ein Dokument geschaffen, dessen Geist ihre Lehre und ihr Leben durch die Generationen hindurch einheitlich prägte. Aufklärung und Pietismus, ja sogar die Eingliederung in den katholischen bayerischen Staat und der Sturm des Nationalsozialismus konnten einem so gewachsenen Christentum wenig anhaben. Das fränkische Luthertum, konservativ und voller Mißtrauen auch gegenüber der vom 20. Jahrhundert geforderten religiösen Neubesinnung, aber bibelfest und treu-lutherisch, wurde durch die Brandenburg-Nürnbergische Kirchenordnung, was es bis zu dieser Stunde geblieben ist: Das Herz der bayerischen Landeskirche.

5. KAPITEL

Auseinandersetzungen um die Kunst in der Kirche

Der bayerische, und mit wesentlich mehr Berechtigung der mainfränkische Barock gelten als die Kunst der Gegenreformation. Eifrige Glaubensüberzeugung und sinnfreudiges Kunstempfinden haben in grandioser Verschmelzung jene Werke geschaffen, die das Landschaftsbild zwischen Main und Alpenkette so reizvoll prägen. Die enge Verbindung von Kunst und Glaube ist jedoch nicht nur ein Kennzeichen des Barock. Der Katholizismus hat es zu jeder Zeit als legitime Aufgabe betrachtet, Künsten und Künstlern im heiligen Raum der Kirche zur Entfaltung zu verhelfen, – Gott zur Ehre, dem Menschen zur Freude und natürlich auch der Kirche zum Ruhm. Die Altarmalerei des Hochmittelalters legt davon Zeugnis ab, – aber auch die Architektur des zeitgenössischen Beton-Kirchbaus am Rande der Großstädte. Demgegenüber hegt der evangelische Glaube von Haus aus ein tiefgewurzeltes Mißtrauen gegen die Kunst. *Eins ist not,* heißt es bei arger Strapazierung des bekannten Jesuswortes an Martha: Das Wort Gottes ist zu verkündigen und zu glauben. Dieses im Thesenanschlag Martin Luthers proklamierte *Wort* stand am Anfang der Reformation. Im Druck der neuen, das Volk packenden Bibelübersetzung verbreitete es sich in Windeseile über alle territorialen Grenzen hinweg. Und von den Kanzeln herab gepredigt, schuf es sich neue, evangelische Gemeinden. Aus diesem theologisch disputierten, gedruckten, gepredigten, geglaubten und praktizierten *Wort Gottes* lebt der Protestantismus. Das Wort also und nicht das Bild, die Predigt und nicht das Schauspiel, die Gemeinde und nicht ihr Versammlungsraum, – eben das Hören und nicht das Sehen wurden und blieben Kennzeichen evangelischer Frömmigkeit, die Wissen und Willen mehr als Gemüt und Gefühl des Menschen anspricht. Kein Wunder darum, daß die Beziehungen des Protestantismus zur Kunst bis heute nicht frei von Skrupeln sind, und umgekehrt die Künstler in den evangelischen Gemeinden recht zögernde Mäzene finden.
Nur sofern die Kunst *Christum treibet* hat sie sich überhaupt einen leidlich unbestrittenen Platz im Raum des Protestantismus erobern können: das Bild als Illustration des Bibelwortes und der Choral als gesungene Antwort der Gemeinde auf das Predigtwort. Vor allem auf dem Gebiet der geistlichen Dichtung und der Kirchenmusik konnten so auch innerhalb des Protestantismus großartige Kunstwerke entstehen. Im Kreis der geistlichen Liederdichter und Kirchenmusiker ist auch das süddeutsche Luthertum und vor allem Nürnberg durch gute Namen würdig vertreten. Es sei nur erinnert an Nikolaus Hermann aus Altdorf (ca. 1480–1561), von dem noch heute ein rundes Dutzend Choräle im bayerischen Gesangbuch steht, an Hans Sachs und Lazarus Spengler, an den berühmten Martin Schalling (1532–1608) sowie die Nürnberger Komponisten Leonhard Lechner (1553–1606), Hans Leo Haßler (1564–1612) und Johann Pachelbel (1653–1706), denen die protestantische Orgel- und Vokalmusik bedeutende Werke der Kirchenmusik verdankt. Gegenüber der bildenden Kunst, dem experimentierfreudigen Kirchbau oder gar dem geistlichen Schauspiel verharrte der Protestantismus aber bis in die jüngste Vergangenheit hinein bei seiner traditionellen Distanz.

Die Gegenüberstellung eines kunstfreudigen Katholizismus und eines künstlerisch abstinenten Protestantismus ist freilich eine jener fatalen Vereinfachungen, die zumindest einer Seite nicht gerecht werden. Das Luthertum hat sich – *Wort* hin, *Wort* her – niemals mit dieser schlichten Alternative zufrieden gegeben. Gewiß: Großartige, dem bayerischen Barock vergleichbare Leistungen, hat es im süddeutschen Raum nicht vorzuweisen. Immerhin ist es schon im Jahrhundert der Reformation im bayerischen Luthertum zu Entscheidungen gekommen, die das Verhältnis des Protestantismus zur Kunst im positiven Sinne maßgeblich bestimmt haben. Damals sprach sich nämlich das fränkische Luthertum im harten Ringen mit der Schweizer Reformation für die Beibehaltung der mittelalterlichen Kirchen und ihrer Kunst-

Anschaulich schildert dieser Kupferstich aus der Mitte des 16. Jahrhunderts die Anstrengungen der Calvinisten bei der Reinigung der mittelalterlichen Gotteshäuser von den sogenannten Ölgötzen

Demgegenüber enthält der Psalter des lutherischen Grafen Karl Wolfgang von Oettingen-Harburg eine Reihe prachtvoll ausgemalter Miniaturen und Bordüren. (Siehe nächste Doppelseite) Das in der Tradition der mittelalterlichen Andachtsbücher verwurzelte fürstliche Gebetbuch stammt von 1537/38

Der reichausgestattete Chor der spätmittelalterlichen Dorfkirche in Kalchreuth wurde nach der Reformation weiter liebevoll gepflegt. Auch das herbe fränkische Vesperbild eines Nürnberger Meisters behielt hier als Hinweis auf das Wort vom Kreuz seinen Platz. Im Gegensatz zum Calvinismus räumt das Luthertum der Kunst einen legitimen Platz im Kirchenraum ein

133

schätze aus. Es war auch durchaus in der Lage diese Entscheidung geistlich zu begründen. Wir verdanken diesen bilderfreundlichen Vätern des 16. Jahrhunderts nicht nur einen großen Bestand wertvoller spätmittelalterlicher Kunstwerke, sondern auch eine hieb- und stichfeste Rechtfertigung der Kunst im Raum der evangelischen Kirche.

ZWISCHEN KRITIK UND BEWAHRUNG DES MITTELALTERLICHEN ERBES

Am Rande des Sebalder Waldes liegt abseits der breiten Asphaltstraßen auf einer Anhöhe der kleine Ort Kalchreuth. Sein Mittelpunkt sind der alte Herrensitz und, in unmittelbarer Nachbarschaft idyllisch vereint, Kirche, Pfarrhaus und Schulgebäude. Es gibt sicher wenige evangelische Dorfkirchen in Süddeutschland, deren spätmittelalterliche Kunstschätze so gut erhalten sind und weiterhin von Pfarrer und Gemeinde so liebevoll gepflegt werden, wie hier in Kalchreuth.

Im eingezogenen kleinen gotischen Chor erhebt sich ein über und über vergoldeter Flügelaltar aus der Werkstatt des Nürnbergers Michael Wolgemut. Es ist ein Marienaltar, wie die Schnitzfigur der Muttergottes im Mittelschrein und die Reliefszenen aus dem Leben der Mutter Jesu links und rechts auf den geöffneten Flügeln zeigen. Jobst Haller der Ältere hat dieses Werk 1498 gestiftet. Auch der erhaltene Pestaltar ist eine Nürnberger Arbeit, vermutlich vom Meister des Marthaaltars in der Lorenzkirche. Von weiteren Altären sind nur noch Öltafeln oder einzelne holzgeschnitzte Heiligenfiguren erhalten: eine stehende Muttergottes und ein heiliger Jakobus etwa, die Heiligen Sebaldus, Sebastian, Johannes, Katharina, Barbara und Rochus, – kaum einer der berühmten Glaubenszeugen der Vergangenheit fehlt in diesem Gotteshaus, und mancher ist hier gleich mehrmals vertreten. An einer Wand des Chores haben auch Christus und seine zwölf Apostel Platz gefunden: kleine, einst bemalte Sitzfiguren aus Ton, um 1380 wahrscheinlich in Niederbayern entstanden. Gleich daneben befindet sich das Sakramentshäuschen aus Sandstein. Es erinnert an sein großes Vorbild, das Werk Adam Krafts in der Nürnberger Lorenzkirche.

Prunkstück der so reich ausgestatteten Dorf- und Herr-

Der heilige Sebaldus mit durchaus freundlichen Versen des evangelischen Hauptpredigers Dilherr. Der Kupferstich von 1650 zeigt im Hintergrund das Grab des Heiligen vor der Stadtsilhouette

schaftskirche aber ist eine holzgeschnitzte Pieta des ausgehenden 15. Jahrhunderts. Auch sie hat ein Nürnberger Künstler geschaffen. Steil aufrecht sitzt da die Mutter des Herrn und hält den eben vom Kreuz abgenommenen Leichnam des Sohnes quer über ihren Knien. Ihr rechter Arm greift unter die Schultern des toten Jesus und stützt den Oberkörper. Die linke Hand hält die ausgemergelte Rechte des Sohnes. Schwer ist das Haupt des Toten hintenüber gesunken. In der schmerzhaft gespannten Stirn und dem gepreßten Mund Christi ist noch die Bitterkeit des Todeskampfes zu erkennen. Die offene Wunde in dem langgestreckten Körper, die leidgezeichneten Hände, das Lendentuch und die hart geknickten Unterschenkel, – das alles kennzeichnet dieses Vesperbild als ein Meisterwerk.

Der Sinn der mittelalterlichen Andachtsbilder war die Erschütterung des Betrachters durch das *Leiden und Sterben unseres Herrn und Heilandes Jesu Christi*. Die reformatorische Predigt, in deren Mittelpunkt immerhin auch das *Wort vom Kreuz* stand, konnte an diesen Frömmigkeitstypus anknüpfen. Von ihren Auswüchsen gereinigt und durch Luthers *Theologia crucis* vertieft, blieb die mittelalterliche Christusmystik dem Luthertum erhalten. Die großen musikalischen Passionen des Protestantismus und der Passionschoral eines Paul Gerhardt *O Haupt voll Blut und Wunden* sind im Bereich der Musik, so wie die Kalchreuther Pieta im Bereich der bildenden Kunst, Beweise dafür.

Im Angesicht dieser gewaltigen *Gemeinschaft der Heiligen* entschieden sich Herrschaft und Dorfgemeinschaft einst für die lutherische Lehre. Und kein Lutheraner fühlte sich genötigt, Protest gegen die Stein- und Holzplastiken, die Tafelbilder, die Epitaphien und das Sakramentshäuschen einzulegen, – hier in Kalchreuth nicht, aber auch nicht in den großen Pfarrkirchen der benachbarten Reichsstadt und in den anderen, freilich nicht mehr sehr zahlreich erhaltenen vorreformatorischen Kirchen im mittelfränkischen Land, im Ries und im Taubertal. Diese Übernahme der mittelalterlichen Altäre und Heiligenbilder geschah zunächst zweifellos unreflektiert. Sie war in der durchweg konservativen Einstellung der von Wittenberg ausgehenden Erneuerungsbewegung begründet. Man war ja zur Reform der Kirche, nicht zur Revolution in den Kirchen angetreten.

Doch der Zeitpunkt, an dem die gewandelte Glaubensauffassung und die spätmittelalterliche Heiligenverehrung zusammenstoßen, mußte kommen. In der Theorie der abendländischen Kirche waren die Heiligenbilder seit dem klassischen Bilderstreit, der die Christenheit des 8. Jahrhunderts erschüttert hatte, nicht eigentlich sakral verstanden worden. Sie galten keineswegs, wie in den orthodoxen Kirchen, als unmittelbare Vergegenwärtigung der Heiligen. Man achtete sie nur um ihres *worthaften Sinns* und um der in ihnen steckenden Rede willen – als *biblia pauperum*, als eine auch dem einfachen Volk verständliche Dauerpredigt.

Aber die Volksfrömmigkeit war im Spätmittelalter unleugbar weit unter das Niveau dieser edlen theologischen Theorie gesunken. Die Vertrautheit mit den biblischen und legendären Geschichten war zur platten Vertraulichkeit im Umgang mit Christus, seiner Mutter und seinen Aposteln entartet. So wurde die feine amtliche Unterscheidung von *Anbetung* (verboten) und *Verehrung* (geboten) längst nicht mehr beachtet. Die Heiligen galten nicht mehr nur als Fürsprecher, sie waren selber zu Helfern und Ärzten avanciert. Das traf vor allem auf Maria, die vornehmste aller Heiligen, zu. Die Mutter des *Königs Himmels und der Erden* war selber zur *Himmelskönigin* geworden.

Die Stiftung der Heiligenbilder und ihre Pflege galten nun als die sicherste Methode, den Schutz der Heiligen zu gewinnen. So traten die Stifterfamilien auf den spätgotischen Tafelbildern auch immer deutlicher in den Vordergrund, – gewiß in demütiger Pose, aber doch prachtvoll gekleidet bis zur Prahlerei. Bei den Wallfahrten gewann das Rechnen mit dem geistlichen Gewinn vollends die Oberhand. Die Versinnlichung des Geistigen hatte nicht nur zu dessen Vergröberung und Verweltlichung, sie hatte tatsächlich zum totalen Ausverkauf der wesentlichen geistigen Gehalte des Christentums geführt. Die lutherische Rechtfertigungs- und Gnadenlehre konnte die Auseinandersetzung mit dieser spätmittelalterlichen Volksfrömmigkeit auf die Dauer nicht vermeiden. Es mußte neu geklärt werden: Wie ist das Verhältnis der vermittelnden Heiligen, allen voran der *Himmelskönigin*, zu dem *einigen Mittler Jesus Christus* zu bestimmen? Und wie ist das im Wort Gottes neu entdeckte Bilderverbot im Blick auf den traditionellen Heiligen- und Bilderkult zu interpretieren? Diese Probleme mußten in den Stuben der gelehrten Theologen bedacht und entschieden werden. Dabei ging es letztlich um nicht weniger als die lutherische Theorie von *Gesetz und Evangelium*. Eröffnet die durch das Evangelium wiedergewonnene Freiheit ein unbefangenes Verhältnis zur Kunst der Väter? Oder fordert die Ablehnung des mittelalterlichen Heiligenkultes das totale Bilderverbot? Wieder einmal stand hier das Verhältnis von Bild und Wort in seiner Bedeutung für den christlichen Glauben zur Diskussion. Weil aber dieses Problem die kirchliche Praxis ganz unmittelbar betraf, war das *Volk* keinesfalls gewillt, die Lösung allein den Theologen zu überlassen. Schneller, als es Luther und seinen Freunden lieb war, wurde die Reformation an der Stätte ihrer Entstehung in einen neuen Bilderstreit verwickelt, der bald auch in Süddeutschland mit aller damals üblichen Heftigkeit geführt wurde.

DER KAMPF GEGEN DIE »ÖLGÖTZEN«

Der Kampf um die Kunstschätze in den Kirchen begann also in Wittenberg. Während der von Friedrich dem Weisen angeordneten Schutzhaft Luthers auf der Wartburg kam es im Winter 1521 in der Stadt zu heftigen Unruhen. Die übereifrigen Augustinermönche im Schwarzen Kloster schaffen jetzt die Meßgewänder ab, verbrennen das geweihte Öl, reißen die Bilder von den Wänden der Klosterkirche und fordern die deutsche Liturgie. In der Pfarrkirche sind es Studenten, die die *Meßpfaffen* unter den anstachelnden Zurufen der Bürger vom Altar vertreiben. Die Stiftsherren und Friedrich der Weise bangen um die reichhaltige Reliquiensammlung in der Allerheiligen-Stiftskirche, – das Hobby des Kurfürsten. Im Stadtrat und an der Universität jagt eine Sitzung die andere. Die Stadtväter bitten die Theologen um ein klärendes Gutachten. Die Professoren vertreten den Standpunkt, daß man ohne einzelne Reformen die aufgebrachte Bevölkerung nicht mehr unter Kontrolle halten könne. Doch der bedächtige und um seine Reliquien zitternde Kurfürst kann sich zu keinen Maßnahmen entschließen. Da ergreift der Mann die Initiative, dessen tragische Entwicklung vom theologischen Streitgenossen Luthers zum schwärmerisch agierenden Zwinglifreund die gesamte Reformationsgeschichte unheilvoll bestimmen sollte: Andreas Bodenstein (1480–1541) aus dem mainfränkischen Städtchen Karlstadt.

Als wissenschaftlicher Theologe und in Rom promovierter Jurist hatte Karlstadt, wie er sich kurz nach seinem Geburtsort zu nennen pflegte, während seiner Lehrtätigkeit in Wittenberg große Anerkennung gefunden. Unter seinem Vorsitz war dem Augustinermönch Martin Luther 1512 die theologische Doktorwürde zugesprochen

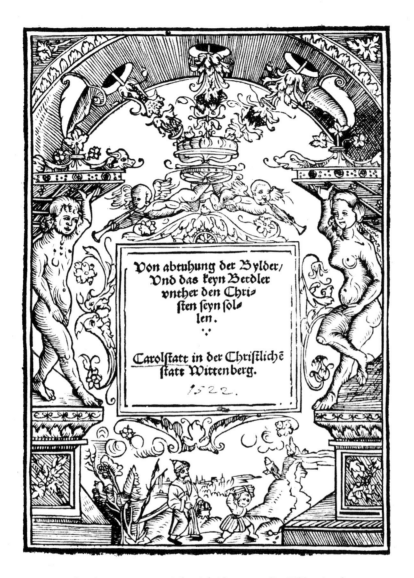

Karlstadts programmatische Schrift gegen die Bilder in den Gotteshäusern, bei deren reich verziertem Deckblatt man doch nicht ganz auf Bilderschmuck verzichten mochte

worden. Auch bei der Leipziger Disputation 1519 hatte er sich für die Luther'sche Sache mit dem Ingolstädter Professor Eck gestritten. Genau wie Luther vertrat er die Ansicht, daß allein der heiligen Schrift unbedingte Autorität in allen religiösen Fragen zuzubilligen sei. In den folgenden Jahren entwickelte sich seine Auffassung von der Bibel jedoch in durchaus nicht einheitlicher Weise weiter. Einerseits konnte Karlstadt ganz stur auf den *Buchstaben* der Bibel verweisen und ohne die von Luther praktizierte *Rücksicht auf die Schwachen* radikalen Gehorsam verlangen. Andererseits stellte er unter dem Einfluß mystischer Gedanken neben dieses wortwörtlich-gesetzliche Verständnis der Bibel seine auf *göttlicher Inspiration* beruhende, ziemlich freie, *geistliche* und den tieferen Sinn erfassende Interpretation. Diese schwärmerische Auffassung führte zu einer sehr schroffen Ablehnung der wissenschaftlichen Theologie, ja der Bildung überhaupt. So konnte Karlstadt fragen: Wozu soll man die Kinder noch in die Schule schicken, wenn doch der Geist Gottes die *Einfältigen und Unmündigen* unmittelbar erleuchtet? Sein gesetzliches Schriftverständnis dagegen führte im Winter 1521 dazu, daß er sich an die Spitze des Wittenberger Kirchensturms setzte.

Karlstadts Parolen lauteten nun: Die Beichte muß weg, denn sie ist *seelengefährlich*; die Messe muß radikal abgeschafft werden; das Fasten ist überflüssig und muß aufhören; die Mönche dürfen nicht nur, nein: sie müssen die Klöster verlassen und heiraten; die Bilder in den Kirchen schließlich sind nichts als *Ölgötzen,* die verbrannt werden müssen. Mit diesem *muß* war Karlstadt drauf und dran, in Wittenberg erneut eine gesetzliche Religiosität zu proklamieren, die sich nur inhaltlich, nicht jedoch grundsätzlich von der spätmittelalterlichen Gesetzes- und Werkfrömmigkeit unterschied. Einst pries man die Stiftung von Bildern, nun ihre Verbrennung als ein überaus verdienstvolles Werk.

Speziell der Bilderfrage widmete sich Karlstadt in einer überaus scharf gehaltenen Schrift *Vom Abtun der Bilder*. Versöhnlich stimmt an diesem Traktat lediglich das Titelblatt, das kurioserweise doch nicht ganz auf Bilderschmuck verzichten wollte: Es zeigt zwei nackte Gestalten, Adam und Eva, die mit ihren Händen das Gewölbe der neuen Zeit tragen. Das Schriftstück selber, wenig systematisch angelegt, aber entscheidend für die nun folgende Auseinandersetzung, begründet das Bilderverbot und den Bildersturm, wie es sich für die Reformation gehört, mit der heiligen Schrift. Am Anfang stehen drei Leitsätze: 1. Bilder in Gotteshäusern verstoßen gegen das erste Gebot. 2. Noch schädlicher und geradezu teuflisch ist es, daß geschnitzte und bemalte *Ölgötzen* auf den Altären stehen. 3. Als notwendige Konsequenz aus diesen beiden Thesen ergibt sich, daß es *gut, nötig, löblich und göttlich* ist, alle Bilder zu vernichten. Gegenüber dem altkirchlichen Argument von der pädagogischen Bedeutung der Bilder für die Laien erklärt Karlstadt, Christus habe auf das Wort und nicht auf das Bild verwiesen.

Unabhängig von Wittenberg, aber etwa zur gleichen Zeit, entwickelte sich in der Schweiz die Bilderstürmerei zu einem markanten Kennzeichen der von Ulrich Zwingli ausgehenden Reformation. Als der *Junker Jörg von der Wartburg* sich anschickte, die Wittenberger Reformation vor dem Chaos zu retten, erhielt er einen anschaulichen Bericht von diesem reformatorischen Stil der Eidgenossen. Unterwegs von der Wartburg nach Wittenberg verbrachte Luther in Jena einen Abend mit dem Schweizer Studenten Johannes Keßler und seinen Reisegenossen. Die jungen Leute erkannten Luther nicht und ließen sich bereitwillig von ihm über die Entwicklung in der Schweiz ausfragen. In St. Gallen, so berichtete Keßler, habe ein überaus gründlicher Bildersturm stattgefunden. Der Stadtrat selber sei für einen *ordnungsgemäßen Klostersturm* eingetreten: *Nur das Götzenwerk soll angegriffen, abgetan und verbrannt werden! Niemand darf plündern!* So die Parole des Bürgermeisters. Doch, so erzählt der Student weiter, *kaum hat er seinen Mund nach den letzten Worten geschlossen, fiel jedermann in die Götzen, man riß sie von den Altären, Wänden und Säulen. Die Altäre wurden zerschlagen, die Götzen mit Äxten in Scheiter geschlagen oder mit Hämmern zerschmettert – du hättest gemeint, es geschähe eine Feldschlacht. Was war das für ein Getümmel! Was für ein Brechen, ein Tosen in dem hohen Gewölbe. Ja, in einer Stunde war nichts mehr ganz und unverändert an seinem Platze. Niemand war eine Last zu lupfen zu schwer, keiner scheute sich, gefährliche Höhen nach den Götzen zu steigen, daß ich oft in meinem Herzen dachte: O, wie ein Wunder, wird an diesem heutigen Tag in diesem Sturm niemand verletzt? Also fielen die schweren Götzenlasten von Stein und Holz samt ihren Gehäusen und Gefäßen vorn, hinten und zur Seite hernieder mit weiterem Zerbersten. Wie köstliche, wie subtile Kunst und Arbeit ging zu Scheitern!* Während diese Worte des Studenten doch ein gewisses Bedauern angesichts des künstlerischen Verlustes verraten, bezeichnet der Chronist in einem angehängten Gebet diese Aktion als überaus *lieblich*.

Kurz nach diesen Ereignissen kam es auch in Zürich zu einer hitzigen Diskussion über die Heiligenbilder. Anlaß dieser zweiten Züricher Disputation war die öffentliche Zertrümmerung eines Kruzifixes. Bei diesem Religionsgespräch meldete sich auch ein Bilderfreund schüchtern zu Wort. Man möge doch *nie dem Schwachen seinen Stab, an dem er sich hält, aus der Hand reißen, man gäbe ihm denn einen anderen*. So soll die Reformation doch dem *furchtsamen Christenmenschen* Jesus Christus als *starken Stab* predigen, ihm aber die *äußeren Bilder* noch zugestehen. Wenn sie dann Christus *fröhlich ergriffen* hätten, würden alle Christen sicher die Bilder *ohn' Ärgernis und gutwillig fahren lassen*. Im Prinzip war das auch die Meinung des starken Mannes in Zürich, Ulrich Zwingli (1484–1531). Er erklärte, die Wahrheit müsse gründlich gepredigt werden, damit der Bilderkult *von innen heraus* überwunden werde. Doch das ging dem Züricher Reformator in der Praxis offenbar zu langsam. Darum forderte er dann doch energisch die Entfernung der *goldenen und silbernen Götzen* aus den Kirchen, – nicht mit tumultartiger Gewalt, sondern in Ruhe und Ordnung durch die Instanzen der weltlichen Obrigkeit. Mag den Altgläubigen die Zerstörung der *köstlichen Werke der Malerei und Bilderschnitzerei* noch so weh tun – sie, die Rechtgläubigen, halten das *für einen großen und fröhlichen Gottesdienst*. Und mag der Schaffhäuser Ratsherr Hans Stocker noch so laut über die leergeräumten Züricher Gotteshäuser lamentieren – er, Zwingli, meint, man verfüge jetzt über *gar helle Tempel* und die Wände seien *hübsch weiß*.

Die theologische Begründung für diese Einstellung des radikal-reformierten Christentums gegenüber der bildenden Kunst in der Kirche ist vielschichtig. Zunächst verweist Zwingli streng biblizistisch auf die heilige Schrift: Allein 47 Stellen hat er bei seiner mühevollen Suche in der Bibel entdeckt, die die Bilder verwerfen! Dieses so eindeutige Gebot Gottes kann nach seiner Meinung diskussionslosen Gehorsam verlangen. Die theoretische Unterscheidung von Anbetung und Verehrung qualifiziert er im Blick auf die kirchliche Praxis als eine spitzfindige Ausrede ab. Man stellt die Bilder auf den Altar, bückt sich vor ihnen und zieht den Hut, man räuchert ihnen wie die Heiden ihren Götzenbildern, und man verspricht sich von der körperlichen Berührung mit den Heiligenbildern Nachlaß der Sünden und Segen, – wenn das keine Anbetung ist! Die Heiligenbilder werden doch tatsächlich wie Götzenbilder behandelt, meint Zwingli. Im Stil des Propheten Jesaja und der populär-rationalistischen Bilderkritik aller Zeiten spottet er über die Lächerlichkeit dieses Aberglaubens.

Neben diese theologisch-gesetzliche und rationalistische Kritik tritt jedoch interessanterweise bei dem Schweizer Reformator eine im engeren Sinn moralisch-ethische Kritik des gesamten Bilderwesens. Erstens, meint Zwingli, dient der ganze Zauber in den Kirchen den Pfaffen und Mönchen in skandalöser Weise zur Ausbeutung der Christenmenschen. Und zweitens ist er nichts als *Diebstahl* und Versündigung am Gebot der Nächstenliebe, denn das Geld für die toten Bilder der Heiligen sei sinnvoller in die lebendigen Ebenbilder Gottes zu investieren: Arme zu unterstützen sei christlicher, als Kunstwerke zu stiften. Tatsächlich erscheint dieses Argument bestechend, wenn man bereit ist, diese Alternative zu akzeptieren. In der Reformationszeit veranlaßte diese These jedenfalls zahlreiche süddeutsche Gemeinden, ihre Kunstschätze dorthin zu verkaufen, wo man sie noch ehrte und mit dem Erlös den *Gemeinen Kasten*, eine Art kirchlicher Sozialfonds, zu finanzieren. Dieses Argument wurde und wird aber bis in die Gegenwart hinein ins Feld geführt, um finanzielle Mitel für die christlich-missionarischen Aufgaben in Übersee sowie die kirchliche Entwicklungs- und Katastrophenhilfe zu gewinnen.

Weniger überzeugend sind Zwinglis weitere Begründungen im Kampf gegen die Bilder. Er meint, sie seien oft so *hürisch* gemalt, auch so *jünkerisch, kriegerisch und kupplig*, daß sie den Weibern mit ihrer Einbildungskraft gefährlich werden könnten. Die klassische Lehre über Bilder als eine *Bibel für die Armen* lehnt er ungeachtet ihres psychologischen und pädagogischen Wertes ab. Wie der Wittenberger Karlstadt erklärt er, Christus habe sich des Wortes und nicht der Bilder bedient, – ein Argument, das im Blick auf die bild- und gleichnishafte Predigt Jesu und des Urchristentums nicht gerade sehr überzeugt. Zusammenfassend kann Zwingli sagen: Die Bilder werden den Menschen immer wieder zum Aberglauben verführen. Die bloß warnende Predigt nützt gar nichts. Die theologischen, moralischen und volkspädagogischen Überlegungen erlauben nur einen Schluß: Die Bilder haben schleunigst aus den Kirchen zu verschwinden, denn die Verkündigung bedarf der bildenden Kunst nicht.

Die Klage der armen verfolgten Götzen und Tempelbilder über ein so ungerechtfertigtes Urteil, festgehalten von Erhard Schön

In Zürich sorgte Zwingli selber für die Räumung der Gotteshäuser. Die Chronisten bemerken, daß es *mit gutem Frieden geschah*. Die schlauen Stadtväter sollen sogar die Gemälde und Bilder in einer *besonderen Kammer* aufbewahrt haben, – *daß man sie, wenn jemand aus der heiligen Schrift als dem Wort Gottes sie eines Besseren belehren würde, sie wieder aufstellen könnte*. Dazu kam es freilich in dieser Stadt nie.
Der führende Theologe des reformierten Protestantismus, Johannes Calvin, übernahm Zwinglis Ideen. Er baute sie zu einem eindrucksvollen Kapitel seiner *Institutio* aus. Damit waren sie zur quasi offiziellen Theorie des reformierten Christentums erhoben worden. Die Kirche bedarf der Kunst nicht! Mit dürren Worten, die an Eindeutigkeit nichts zu wünschen übrig lassen, begründete das zweite Helvetische Bekenntnis von 1566 diese These: *Weil Gott ein unsichtbarer und seinem Wesen nach unendlicher Geist ist, so kann er gewisslich durch gar keine Kunst oder Bild dargestellt werden, weshalb wir uns nicht scheuen, mit der heiligen Schrift die Bildnisse Gottes eitel Lüge zu nennen. Wir verwerfen darum nicht bloß die Götzenbilder der Heiden, sondern auch die Bilder der Christen.*

HEILIGENBILDER IM DIENST DER EVANGELISCHEN VERKÜNDIGUNG

Unter den *Irrtümern Luthers* nannten die Schweizer Theologen immer die Duldung der Bilder – kurioserweise nicht selten sogar an erster Stelle. Umgekehrt widmete Martin Luther der diesbezüglichen Auseinandersetzung mit Karlstadt und Zwingli erstaunlich viel Zeit und Papier. Nun war die unterschiedliche Einstellung zur Kunst im Kirchenraum zweifellos die auffälligste und populärste Differenz zwischen den Wittenberger und den Schweizer Reformatoren. Man erkannte wohl auch richtig, daß es sich nicht um ein ästhetisches Randproblem handelte, sondern daß im Hintergrund der Auseinandersetzung entscheidende Grundsatzfragen zur Diskussion standen. Dennoch überrascht die Schärfe der Debatte, da sich Luthers Einstellung zu den Bildern zunächst kaum von Zwinglis Position unterschied.
Luther lehnte den spätmittelalterlichen Heiligenkult radikal ab. Für die Reliquiensammlung seines Landesfürsten hatte er nur beißenden Spott übrig. Genau wie Zwingli erwartete er von der evangelischen Predigt ein allmähliches Absterben des Heiligenkultes: *Die Verehrung der Heiligen wird von selbst ohne unser Bemühen dahinfallen, wenn es feststeht, daß sie nicht notwendig ist, und Christus allein auf dem Berge Tabor sein wird.* Auf diese Weise, schreibt Luther weiter in der Zeit des Wittenberger Kirchensturms an einen auswärtigen Freund, habe sich seine eigene Frömmigkeit allmählich gewandelt, *bis ich allein mit Christus und Gott dem Vater zufrieden war*. Luther wollte also predigen und warten und im übrigen die Heiligenbilder an ihrem Platz lassen, obwohl er doch auch von sich sagen konnte: *Ich*

wollte es wären keine Bilder auf den Altären. Es ist für Luthers Mentalität bezeichnend, daß er nicht durch die Künstler am Wittenberger Hof, allen voran Lucas Cranach, sondern im Gegenteil durch die Bilderstürmer zu einer positiven Einstellung gegenüber der Kunst im Kirchenraum geführt wurde. Die radikale Forderung nach Abschaffung der Bilder mußte gerade den leidenschaftlichen Widerspruch eines Mannes wecken, der zeit seines Lebens für die freie Gnade Gottes und gegen alle Gesetzlichkeit kämpfte.

Luther hielt die ganze Angelegenheit also zunächst für belanglos. Er meinte, die Bilder seien *frei, wir mögen sie haben oder nicht haben, wiewohl es besser wäre, wir hätten sie nicht.* Aber in dem Augenblick, wo Karlstadt und die Schweizer das Belanglose zum Gesetz erhoben und bei der Seelen Seligkeit die Befolgung des neuen Gesetzes forderten – den Bildersturm also zum neuen evangelischen *verdienstlichen* Werk kreierten –, da mußte Luther widersprechen, – nicht um der wertvollen Bilder, sondern um der viel wichtigeren Freiheit der Gnade und des Evangeliums willen. Das sei ja *das Allerhöchste, die Seelen mit menschlichen Gesetzen zu morden, ebenso närrisch wie einst der Papst,* meinte der Reformator. Mit acht Predigten in der Woche nach Invokavit gelang es dem von der Wartburg herbeigeeilten Reformator, die Wogen des Bilder- und Kirchensturms zu glätten.

Später ging Luther noch einmal scharf und ironisch mit seinem Doktorvater Karlstadt ins Gericht, – in der grundlegenden Schrift *Wider die himmlischen Propheten, von den Bildern und vom Sakrament.* In ihr präzisiert Luther seine Einstellung zu den Heiligenbildern. Sie sind *weder gut noch böse, man mag sie haben oder nicht haben.* Wo sie noch angebetet werden, soll man sie *zerreißen und abtun.* Obwohl das nicht viel nützt, da man ja nicht in Nürnberg und in aller Welt einfach alle Altäre und Bilder zerstören kann. Besser als der Bildersturm ist allemal die richtige Christuspredigt, als deren Konsequenz die Bilder *von selber* fallen. Denn *wenn sie aus dem Herzen sind, tun sie vor den Augen keinen Schaden.* Die Berufung der Bilderstürmer auf das alttestamentliche Bilderverbot macht auf den *Bilderbeschirmer,* wie Karlstadt seinen alten Freund Luther jetzt spöttisch nennt, wenig Eindruck. Dieses *Zeremonialgesetz* des Mose, meint Luther, gelte allein dem jüdischen Volk und nicht dem Christenvolk. Wer es so streng zu halten gedenke, möge nur all die anderen detaillierten Zeremonial- und Ritualgesetze des alten Bundes auch zu halten versuchen. Überhaupt stößt sich Luther weniger als Zwingli an der vermeintlichen abgöttischen Anbetung der Bilder. So primitiv dürfe man von den Altgläubigen auch nicht denken: *Ich meine, es sei kein Mensch, – oder doch nur wenige –, der nicht das Verständnis habe: das Kruzifix, das da steht, ist mein Gott nicht, denn mein Gott ist im Himmel; es ist nur ein Zeichen.*

Luthers Haupteinwand gegen den Bilderdienst liegt ganz auf der Linie seiner Rechtfertigungs- und Gnadenlehre. Wer eine Heiligenfigur, einen Altar, ein Bild oder gar eine ganze Kirche stiftet, tut es um des Verdienstes willen. Um dieses *leidigen, vermaledeiten Mißbrauchs und Unglaubens willen* ist er ihnen *nicht hold.*

Doch ist auch zu bedenken, daß der mögliche Mißbrauch der Bilder nicht grundsätzlich gegen sie spricht. Man könne, meint Luther, auf der Kanzel ja auch nicht einfach sagen: *Wein und Weiber bringen manchen zu Jammer und machen ihn zu einem Narren, darum wollen wir alle Weiber töten und allen Wein verschütten.* Im übrigen hat die Angelegenheit auch einen eminent seelsorgerlichen Aspekt. Noch immer hängen ja viele Menschen mit ihrem Herzen an den Bildern. Darum muß man schonend vorgehen; man kann die Bilder nicht *zerreißen, man zerreiße denn die Herzen mit.* Immerhin: *Möglich, daß es einen Menschen geben mag, der die Bilder recht gebrauchen kann.*

Über den *nützlichen und seligen Brauch* der kirchlichen Kunst hat sich Luther in den folgenden Jahren weitere Gedanken gemacht. Anstelle der anfänglichen scharfen Kritik und der zögernden Billigung der Bilder in den Gotteshäusern tritt nun ihre Anerkennung, ja sogar Empfehlung. *Man lasse uns nur ein Kruzifix zum Ansehen, zum Zeugnis, zum Gedächtnis und zum Zeichen.* Das Bild wird transparent für das Wort. Im Aufblick zu Christus, der mit ausgebreiteten Armen am Kreuz hängt, spürt man nach Luthers Worten direkt, wie der Herr sagt: *Kommet her zu mir alle, die ihr mühselig und beladen seid, ich will euch erquicken.* Das Bild kann so die Bedeutung des Wortes unterstreichen. Sehr tiefsinnig bemerkt Luther: *Wir müssen uns ja Gedanken und Bilder von dem machen, das uns in Worten vorgetragen wird, und wir können nichts ohne Bild verstehen noch denken.* Das gilt besonders von Christus; ob der Mensch will oder nicht, sobald er diesen Namen hört, *entwirft sich in seinem Herzen ein Mannsbild, das am Kreuz hängt.* Denn wir armen Menschen müssen nun einmal *in den fünf Sinnen leben* und alles neben dem *Wort* in ein *Zeichen oder Bildnis* fassen. Diese Erkenntnis Luthers von der Unmöglichkeit, im religiösen Leben auf Bildhaftigkeit und Anschaulichkeit verzichten zu wollen, ist von bleibender Bedeutung für die Stellung des Luthertums zur Kunst und für die lutherische Verkündigung bis in die Gegenwart hinein geworden. Luther hat in der Rechtfertigung der Bilder auch die altkirchliche Tiefendimension erreicht: Die in der Inkarnation geglaubte Herablassung Gottes in die menschliche Sphäre erlaubt es, das Göttliche im Raum des Konkreten und Sinnlichen darzustellen. *Es ist unseres Herrgotts Weise allezeit gewesen, daß nicht allein Ohren hören sondern auch Augen sehen sollten.* Scharfsinnig erkannte Luther, daß der zwinglianische Spiritualismus mit der göttlichen Kondeszendenz nicht ernst zu machen wagte, – aus der Angst heraus, es *möge da nichts Geistliches sein, wo etwas Leibliches ist.*

Je länger um so klarer erkannte Luther auch den praktisch-pädagogischen Wert der Bilder. Das einfältige Volk und die Kinder bedürfen der anschaulichen bildhaften Predigt. An die Wände aller Kirchen und Friedhöfe sollte man darum die *guten Historien* malen, – besser als all die *weltlichen und unverschämten Dinge,* die man da zuweilen bemerken muß. Am besten wäre es, wenn die *Herren und die Reichen* die ganze Bibel *innen und außen an die Häuser malen ließen*; ein *wirklich christlich Werk* wäre das. Denn wenn man gleich vom Wort und Werk Gottes *singet und sagt, klinget und predigt, schreibt und liest, malet und zeichnet,* so ist der Satan doch immer da allzu stark und wacker, dasselbe zu unterdrücken. Persönlich kümmert sich Luther daher nun auch um die richtige Illustration seiner Bibelübersetzung. Dabei entwickelt er sogar künstlerische Richtlinien. Er meint, den Teufel solle man nicht einfach scheußlich malen, sondern eher wie einen *verlorenen Menschen,* Christus nicht wie einen schrecklichen Richter sondern *freundlich, lockend und süß.* Man sieht, wie die künstlerische Darstellung ganz in den Dienst der evangelischen Verkündigung tritt, und wie dabei der altkirchliche Gedanke der *biblia pauperum* von Luther erneut kräftig unterstrichen wird.

Überblickt man die reformatorische Auseinandersetzung um die Bilder, wird man leicht erkennen, auf welcher Seite das Problem in seiner ganzen Tiefe erfaßt und einer legitimen Lösung zugeführt worden ist. Dem Heiligen- und Bilderkult war durch die reformatorische

Die eherne Schlange in der Wüste. Bibelillustration von Sebald Beham

Verkündigung ein für allemal ein Riegel vorgeschoben. Die Bilderstürmer blieben mit ihrem gesetzlichen Hinweis auf die Bibel und mit ihrem Drängen auf eine rein geistige Religiosität letztlich in der Negation stecken. Luther besaß ein tiefes Verständnis von der konkret-leiblichen Gestalt des Wortes Gottes, von der göttlichen Inkarnation in Jesus Christus und von der Bildhaftigkeit alles menschlichen Denkens und der christlichen Verkündigung. So legte er den Grund dafür, daß das Luthertum über die anfängliche Negation hinaus eine neue, positive Einstellung zum künstlerischen Erbe des Spätmittelalters und zur Kunst im Kirchenraum gewinnen konnte.

EINE NEUE SICHT DER KUNST IM SÜDDEUTSCHEN LUTHERTUM

Ähnlich wie Martin Luther vertrat auch der süddeutsche Protestantismus diesen Standpunkt noch nicht von Anfang an. Im Gegenteil: Hier, wo die Schweizer und die Wittenberger Reformatoren teilweise erbittert um die Vormachtstellung kämpften, verlor die innerprotestantische Auseinandersetzung um die *Ölgötzen* ihren akademischen Charakter. Wie bisher jeder Bilderstreit in der Christenheit so wurde auch dieser recht handgreiflich ausgetragen.

Die Ideen Zwinglis strahlten selbstverständlich von Zürich und St. Gallen unmittelbar auf den benachbarten oberdeutschen Raum aus. In dem Maß, wie sich die schwäbischen Reichsstädte Lindau, Memmingen, Kempten

Die Rückkehr der Kundschafter. Bibelillustration von Sebald Beham

und das *goldene Augsburg* der schweizerischen Reformation öffneten, traten neben die lutherischen Prediger die zwinglianischen Prädikanten. Sie verkündeten nicht nur eine spezielle Abendmahlslehre, sondern schürten auch eifrig den Unwillen des Volkes gegen die *abgöttischen Bilder* in den Gotteshäusern. In der Augsburger Barfüßerkirche predigte seit 1524 Michael Keller als ein zwinglianischer Volksredner ganz großen Stils. Der Marienkult vor allem war ihm ein Greuel; *die lieben Heiligen verspottete und verachtete er mehr als die Türken und Heiden es tun*. So berichtet ein altgläubiger Chronist von ihm. Von der Kanzel herab donnerte Keller das Volk an: *Wer einen Altar baut oder machen läßt, auch Kruzifixe und der Heiligen Götzenbilder, die in dem göttlichen Gesetz verboten sind, der ist verflucht!* Diesen Worten ließ der fanatische Prediger bald Taten folgen. In einem aufsehenerregenden Happening am Sonntag Judica des Jahres 1529 zerschlug er vor dem Altar der Barfüßerkirche ein großes, schönes Kruzifix und rief, jeder könne sich im Sack soviel des *verbotenen Holzes* mit nach Hause nehmen, wie er nur wolle. In Augsburg liebte man offenbar derartig eindrucksvolle Kundgebungen des neuen Glaubens. Nach einer Predigt gegen das Meßopfer hielt Keller demonstrativ sein kostbares Meßgewand in die Höhe und rief: *Ich will es unter dem Erdreich begraben zu einem Zeichen, daß hinfort keine gotteslästerliche Messe mehr soll gelesen werden.* Sein Gesinnungsgenosse an St. Georg nahm am Sonntag drauf tatsächlich Casel und Meßornat, schmiß beides auf den Boden und wälzte einen Stein darauf. Im Jahre 1530 ließ der Rat der freien Bodenseestadt Lindau in seinen Kirchen die Bilder entfernen, zerschlagen und verbrennen. In denselben Monaten wurden auch die Heiligenbilder auf Augsburgs Friedhöfen zerstört. Ein Jahr später nahm man in Memmingen die Beseitigung der *Götzen* in den Kirchen Unser Frauen und bei St. Martin in Angriff. Hier war der Besuch der beiden Kirchenmänner Johannes Oekolampad und Martin Bucer vorangegangen. Ganz im Sinne Zwinglis führten jedoch nicht sie sondern die weltliche Obrigkeit den Bildersturm als eine *ordnunggemäße Aktion* durch. Er sollte ein Zeichen für die Ernsthaftigkeit sein, mit der man sich dem neuen Glauben zuwandte. Im benachbarten Kempten führte die Bilderfrage sogar zu einer Art Volksentscheid über die schweizerische und wittenbergische Form der Reformation. Im Januar 1533 ließ der Rat demokratisch abstimmen, ob der Bilderschmuck in den Kirchen bleiben sollte oder nicht. 500 Bürger forderten seine Beseitigung, nur 174 stimmten im Sinne der lutherischen Reformation bilderfreundlich. So verschwanden am 11. Januar 1533 alle Kunstwerke aus den Kirchen der Reichsstadt und wurden im Spitalhof öffentlich verbrannt. Nur die Orgel in St. Mang durfte bleiben – mit Rücksicht auf den am kaiserlichen Hof lebenden Stifter. Erklingen durfte sie freilich bis 1579 nicht mehr.

Der reformierte Standpunkt in der Bilderfrage fand auch Eingang in eine der frühesten fränkischen Bekenntnisschriften, die ansonsten durchaus lutherisch argumentierte. In den umfangreichen *Ratschlag*, den die markgräflich-brandenburgischen Theologen 1524 in Ansbach als Grundlage der kirchlichen Reformation vorlegten, stammten die Motive und die Bibelzitate für die Ablehnung der Bilder nachweisbar aus einer Zwingli-Schrift, – was denn auch die Wittenberger Zunftgenossen sofort bemängelten, als man ihnen das Bekenntnis zur Begutachtung zuschickte. Da mußten sie lesen: *Menschliche Vernunft und falsches Gutdünken haben die Bildnisse, die doch recht eigentlich Götzen sind, eingeführt. Sie seien so streng und heftig in der Schrift beider Testamente von Gott selbst und seinen Aposteln verboten*, daß weder *alter Gebrauch und Gewohnheit, weder Papst noch Kaiser noch eine andere Meinung* gelten könne.

Nachdem der Pfalzgraf Ottheinrich in seinem Herzogtum Pfalz-Neuburg endgültig die Reformation eingeführt hatte, widmete er den *Bildern und Feldkapellen* sogar eine Verordnung. 1555 gab er für die Donauorte

Lauingen, Gundelfingen und Höchstädt den Befehl, daß die *Götzen und Bilder in den Kirchen keineswegs zu dulden* seien. In seiner Visitationsinstruktion, die zwei Jahre später für das Gebiet der Kuroberpfalz erlassen wurde, findet sich eine interessante Differenzierung: Die *guten* Bilder, die an biblische Geschichten erinnern, können *noch zur Zeit geduldet* werden; die *bösen* dagegen, die abgöttischen und ärgerlichen, sollen von den Amtleuten entfernt werden. Auch für den Fall, daß sich *gute* und *böse* Darstellungen auf ein und derselben Wand befinden sollten, hatte die hohe Obrigkeit vorgesorgt. Kategorisch setzte sie fest, geschnitzte *böse* Bildnisse einfach herauszuschneiden, bemalte aber *mit schwarzer Farbe* zu überpinseln. Ganz wohl scheint dem Pfalzgrafen beim Erlaß dieser Verordnung nicht gewesen zu sein, rät er doch – aus Rücksicht auf die durchaus nicht puristisch eingestellte Bevölkerung –, *bei nächtlicher Zeit und ohne besonderen Tumult oder gar Gepolter* vorzugehen. Als jedoch sechs Jahre später Friedrich III. in der Oberpfalz an die Regierung kam, war es mit dieser Taktik vorbei. Der eigentliche Vorkämpfer des Calvinismus in Süddeutschland scheute kaum eine Methode, seinen lutherischen Untertanen das reformierte Kirchentum aufzuzwingen. Das *Amberger Mandat* von 1567 befahl, alles *Götzenwerk, Bilder und Kruzifixe und anderes, was dergleichen mehr ist, hinwegzuschaffen*. Der alsbald in der Amberger Franziskanerkirche inszenierte Bildersturm rief allerdings eine derartige Erregung unter der Bevölkerung hervor, daß Friedrich bis zum Sommer erst einmal eine Pause einlegte.

Ein anderer Wind wehte natürlich in den alten fränkischen Gebieten. Sie hatten sich ja offiziell niemals der Schweizer Reformation geöffnet. Hier schlug sich in den reformatorischen Kirchenordnungen Luthers gelassene Einstellung nieder. Natürlich: *Bilder anbeten ist verboten!* So heißt es auch in den Nürnberger Visitationsartikeln von 1528. Die Kirchenordnung der Herrschaft Thüngen nennt als Grund dafür, daß die Bilder zu *Abgötterei und Zauberei* mißbraucht werden – *in Sonderheit von den alten Weibern*. Aber der Hauptgrund ist natürlich auch hier die reformatorische Losung *solus Christus* – Christus allein. Alle Geistlichen sollen in diesem Sinne predigen. Dem Volk sei die *falsche Zuversicht aus dem Herzen zu reißen*, wie die Schweinfurter 1543 in ihrer Kirchenordnung festsetzen. *Wenn nur das liebe Wort gewaltig gepredigt werde*, dann seien die Bilder eigentlich *schon gestürmt*. Die nichtsnutzigen Bilder,

Die andern zusetze, eusserlicher leiplicher ding, als Meßgewand, Altar decke, silberine vnd guldene Gefeß, Liechter etc. sein aller ding frey, geben vnd nemen dem glauben vñ gewissen nichts, wañ man sie also für frey ding helt. Darumb diewiel sie vorhin vorhanden, vnd schon gezeugt, sol man sie behalten vnd brauchen, sonderlich die Kleyder: darumb, das die Diener der Kirchen in iren eygnen kleydern, nicht allweg also gestalt sein, das sie der Gemeyn dapffer vñ ehrlich darinnen möchten dienen.

Den liturgischen Gewändern begegnete das Luthertum mit Wohlwollen, wie die Kirchenordnung Ottheinrichs von der Pfalz und die Randglossen eines Pfarrers dazu zeigen

wo man Lichter davor brennt, und die nicht aus der Schrift stammen, sondern nur erdichtete Legenden zeigen, haben zu verschwinden. Die anderen dagegen, die *zur Erinnerung wahrhaftiger Historien, zu christlicher Lehre und zum Exempel vieler löblicher und Gott wohlgefälliger Tugenden dienlich sind*, werden geduldet. Kurz: *Das Abtun der Bilder ist frei.* Sie können die Seligkeit weder fördern, noch – richtig interpretiert – hindern.

In der Fachsprache der lutherischen Theologie hieß es fortan, die Bilder gehörten zu den *Adiaphora*, zu den indifferenten Dingen also, über die man nicht zu streiten brauche. Die *Confessio Augustana* von 1530 und die sie ergänzende *Apologie* machten diese sächsisch-fränkische Position für das gesamte, auch außerdeutsche Luthertum verbindlich. So hatte die lutherische Kirche eine Stellung bezogen zwischen der katholischen Verehrung der Heiligen, ihrer Bilder und Reliquien einerseits und der zwinglianischen Verwerfung der gesamten religiösen Kunst andererseits.

Wer heute die nach dem Krieg wieder instandgesetzten und erneut reich ausgestatteten Nürnberger Kirchen besucht, erkennt, wer in der Reformationszeit den Sieg der

Klage der Geistlichen und einiger Handwerker, unter denen sich auch ein Glockengießer und ein Maler befinden, über Martin Luther, auf dessen Seite die Bauern stehen

Bilderfreunde im süddeutschen Luthertum eigentlich erkämpft hat: Die Patrizier und die ihnen verbundenen Künstler. In der freien Reichsstadt hatte der lutherisch-konservativ eingestellte Stadtrat in den für die Reformation entscheidenden zwanziger Jahren des 16. Jahrhunderts das Heft fest in der Hand. Zwinglianische Gesinnung wurde hier unerbittlich verfolgt. Selbstverständlich war man in den Künstlerkreisen der Stadt über die Bilderstürmer in Wittenberg und in der Schweiz informiert. Und man war beunruhigt, – hatte doch Andreas Karlstadt kurz bevor er sich an die Spitze der Wittenberger Revolution stellte noch Albrecht Dürer eine seiner Schriften gewidmet. Gerade für Dürer jedoch bedeutete das schöpferische, künstlerische Schaffen nicht nur Inhalt und Freude seines Lebens, sondern Gottesdienst im strengen Sinn des Wortes. Die Kunst sei nur nützlich, meinte er einmal, wenn *Gott durch sie geehrt wird*. In der Vorrede zur *Unterweisung der Messung* wies Dürer später die Feinde der Bilder und Künste scharf zurück. Diese Schrift hatte er seinem Freund Willibald Pirckheimer gewidmet. Ihr Sinn war, allen *kunstbeflissenen Jünglingen* einen theoretischen und praktischen Leitfaden für das perspektivische Zeichen an die Hand zu geben. Dürer erklärt in diesem Büchlein, er habe sich an die Arbeit gemacht, *unbeirrt dadurch, daß jetzt bei uns und in unseren Zeiten die Kunst der Malerei von etlichen so sehr geschmäht wird*. Einige behaupten sogar, sie diene der Abgötterei. In dem Wunsch, bildhaft zu argumentieren, nimmt Dürer ein Motiv aus Luthers Schriften zur Bilderfrage auf und meint, ein Christenmensch werde durch ein Bild so wenig zum Aberglauben verführt, wie ein rechtschaffener Mann zum Mord, nur weil er eine Waffe trage. *Das müsse wahrlich ein unverständiger Mann sein, der Gemälde, Holz oder Stein anbeten wolle. Ein Gemälde bringt mehr Besserung als Ärgernis, wenn es ehrbar, kunstgerecht und gut gemacht ist.*

Dürer brauchte um sich, sein Werk und die Kunstschätze der Nürnberger Kirchen nicht zu bangen. Die führenden Patrizier stellten sich schützend und nicht ohne Stolz vor ihre Kirchenschätze und ihre Künstler. Ihre Ahnen, ja zum Teil noch sie selber hatten ja die spätgotischen

Altartafeln, Schnitzwerke und Steinplastiken in den Werkstätten von Michael Wohlgemut, Veit Stoß, Adam Kraft, Albrecht Dürer und der Familie Vischer bestellt. Ihre Entfernung wurde darum im Zuge der jede gute Tradition verschonenden Reformation des kirchlichen Lebens höchstens gelegentlich von den städtischen Theologen und dem spöttischen Hans Sachs gefordert. Das harte Urteil des Predigers Andreas Osiander über den *Englischen Gruß* des Veit Stoß in seiner Pfarrkirche – das sei nichts als eine *güldene Grasmaid* – und sein Spott über das *Sakramentsgötzenhäuslein* – immerhin das berühmteste Kunstwerk Adam Krafts in der St. Lorenzkirche – hatte beim Rat nicht den gewünschten Erfolg. Im Gegenteil: Was an kostbaren Skulpturen, Altarbildern, Monstranzen, Abendmahlsgeräten und Meßgewändern aus der vorreformatorischen Zeit vorhanden war, mußte auf Anordnung des Stadtrates sorgfältig gehütet werden. Als Veit Dietrich seinen Dienst an St. Sebald antrat, erhielt er in kürzester Zeit die Anweisung, unter gar keinen Umständen etwas von den Kunstschätzen dieses Gotteshauses zu veräußern. Eine Abordnung des Rates nahm 1537 in der Sakristei von St. Sebald eine Besichtigung der *Kleider und Kleinode* vor, damit die nicht *Schaden nähmen*. Wurden in der Folgezeit Bilder oder Kirchengerät in einer der anderen Kirchen entbehrlich, so gab der Rat die Kunstwerke zur *weiteren Aufbewahrung und ständigen Pflege* mit Vorliebe nach St. Sebald. So entwickelte sich Nürnbergs älteste Pfarrkirche allmählich zu einem wahren Schatzkästlein, wie Veit Dietrich nicht ohne Stolz bemerkte. Daß die Predigt im Zentrum des evangelischen Gottesdienstes steht, übersah der Rat dabei freilich nie. Ihr zuliebe scheute er sogar nicht davor zurück, Hand an die Altäre zu legen. In der Sebalduskirche hinderten einige Flügelaltäre und ein großes Kruzifix die Gemeinde daran, den Prediger zu sehen und zu hören. Kurz entschlossen ordnete der Rat die notwendigen Umbauten an; was nicht an anderer Stelle besser aufgestellt werden konnte sollte man *wegtun und etwas verwahren*. Der Rat hielt diese Maßnahmen offenbar selber für ungewöhnlich, wenn nicht sogar für ungebührlich; die Chronik meldet, daß alles in der Stille *bei der Nacht mit Fackeln* geschehen sei.

Der neue Geist, der schonungsvoll mit den alten Traditionen umging, sie aber doch allmählich umgestaltete, prägte auch die Einstellung der freien Reichsstadt und ihrer Bevölkerung zu dem speziellen Patron Nürnbergs. Der heilige Sebaldus wurde an der Pegnitz seit Jahrhunderten als Schutzherr im Diesseits und Fürsprecher im Jenseits verehrt. Sebaldus hatte im 11. Jahrhundert als Eremit im großen Forst bei Nürnberg und als Geistlicher an der Poppenreuther Kirche St. Peter und Paul gelebt. Um 1050 gründete er als *Tochterkirche* eine St. Peterskapelle, die etwa an der Stelle des heutigen Westchores der Sebalduskirche lag. Dort wurde er auch begraben, und viel mehr, was historisch zu belegen wäre, ist aus seinem Leben nicht zu berichten. Um so mehr wußte die Legende über das *Sterben und die Wunderwerke des heiligen Beichtigers und großen Nothelfers* zu erzählen. Auf Antrag Nürnbergs wurde Sebaldus 1425 durch eine Bulle des Papstes Martin V. heilig gesprochen. Jetzt blühte die Verehrung des frommen Mannes, der immer als Pilger mit Mantel, Hut und Stab dargestellt wurde, auf. Zahlreiche illustrierte Lobgedichte sind ein Zeichen dieser wachsenden Sebaldusverehrung in den Jahren unmittelbar vor der Reformation. Damals, 1519, ließ die opferbereite Bürgerschaft ihrem Schutzpatron durch die Familie Vischer ein Grabmahl errichten, das nicht seinesgleichen in ganz Deutschland hat. Mit großem Pomp wurde alljährlich das Fest des Stadtheiligen begangen; der Rat selber engagierte sich dabei und trug den Sarg des Sebaldus in feierlicher Prozession um die Kirche.

Die Reformation mußte die Nürnberger in einen geradezu tragischen Konflikt stürzen. Tatsächlich verfuhr die Stadt nach dem Prinzip Luthers sehr schonend mit ihrem Heiligen. Die Prozession zu seinen Ehren mußte schon 1524 verschwinden. Nürnbergs Münzen durfte der heilige Sebaldus jedoch zusammen mit dem nicht ganz so populären Laurentius (Lorenz) bis zum Ende des 17. Jahrhunderts zieren. Die jahrzehntelange evangelische Predigt in der Stadt hatte, wie von den Reformatoren vorausgesagt, schon gegen Ende des 16. Jahrhunderts zu einem allmählichen Desinteresse an dem Patron geführt. 1618 berichtete die offizielle Stadtchronik kritisch und offenbar skeptisch, aber doch frei von Polemik über das Leben des Heiligen. Sie stellte es jeden anheim, zu glauben, *soviel er will*. Verfasser dieser Annalen war der Stadtschreiber Johannes Müllner. In einer Veröffentlichung aus dem Jahre 1630 fiel dieser Stadtschreiber dann allerdings mit beißendem Spott über den bislang wenn nicht verehrten, so doch geachteten Stadtheiligen her. Grob und böse beschimpfte er die jahrhundertelang gehüteten Kirchenschätze in den Gotteshäusern als Abgötterei und meinte, alle von Sebaldus berichteten Wunder seien *nichts als lauter Lügenwerk*. Es ist bezeichnend für die Taktik des Nürnberger Rats auch in jenen Jahren noch, daß er diese Schrift lange Zeit nicht drucken ließ, im übrigen aber eisern zu allen diesen Vorwürfen schwieg.

In der Gegenreformation nahm sich die katholische Partei des arg vernachlässigten Heiligen wieder an. Eines ihrer Sebaldusbilder, ein Kupferstich aus Antwerpen, wurde leicht verändert und ergänzt in Nürnberg im Verlag von Paul Fürst nachgestochen. Mehr noch als diese Tatsache überrascht dabei der Umstand, daß der evangelische Hauptprediger an St. Sebald, Johann Michael Dilherr, dem Heiligenbild ein ehrendes Gedicht widmete:

*Dies ist Sankt Sebalds Bild, der Zepter und die Kron'
verlassen, ob er gleich war eines Königs Sohn.
Er hat des Höchsten Wort mit Wunder-tun gelehrt,
und viel um Regensburg und Nürnberg bekehrt.*

Dilherr, der als Rektor des Melanchthon-Gymnasiums, Seelsorger und Verfasser zahlreicher Andachtsbücher in den führenden Kreisen Nürnbergs großes Ansehen besaß, konnte ansonsten die Heiligen- und Reliquienverehrung scharf verurteilen. Andererseits war er in ernsthaften Gesprächen mit den Katholiken doch bemüht, alles Trennende beiseite zu lassen und mit Nachdruck nach dem gemeinsamen Glaubensgut zu fragen. In der Sebaldusverehrung sah er offenbar eine beide Kirchen verbindende gute, wenn auch durchaus legendäre Tradition. Die Umrahmung des genannten Heiligenbildes zeigt die vier Evangelisten sowie das Abendmahl, Kreuzigungsszene, Auferstehung und Himmelfahrt Jesu. Damit sollte wohl im Sinne Dilherrs klargestellt werden, daß für den evangelischen Glauben die biblische Überlieferung der Maßstab für alle Heiligenüberlieferung zu sein hat. Als nach dem Westfälischen Frieden die konfessionellen Gegensätze zurücktraten und Nürnberg sich gegen keine Rekatholisierungsbestrebungen mehr zur Wehr zu setzen hatte, erschien an der Altdorfer Universität 1695 eine erste kritisch-freundliche Monographie über den Pilger aus Poppenreuth, der in den Gründerjahren der Reichsstadt eine so wesentliche Rolle gespielt hatte. Das religiöse Interesse am heiligen Sebaldus trat freilich immer mehr zurück. Heute gilt er als der liebenswürdige und volkstümliche Förderer und Schutzherr Nürnbergs, der von den Anfängen der Stadt nicht zu trennen ist, und dessen man darum dankbar und ehrend gedenkt.

Der Sebalduskult und mit ihm der gesamte spätmittelalterliche Heiligen- und Reliquienkult sowie die Bilderverehrung haben zweifellos durch die Reformation auch in Süddeutschland einen schweren Stoß erhalten. Nach Luthers Ansicht mußte das aber nicht zwangsläufig das Ende der Kunst im Kirchenraum bedeuten. Er sagte einmal: *Ich bin nicht der Meinung, als sollten durchs Evangelium alle Künste zu Boden geschlagen werden und vergehen, wie etliche Übergeistliche vorgeben, sondern ich wollte gerne alle Künste im Dienste dessen sehen, der sie gegeben und geschaffen hat.* Bezeichnenderweise fügte Luther hinzu – *besonders die Musik*. Zu den Übergeistlichen – zu Calvin, Zwingli und Karlstadt – wollte man im süddeutschen Protestantismus jedoch auf die Dauer gar nicht gerne gehören. In seltener Übereinkunft haben sich Volk, Patrizier und Theologen im süddeutschen Luthertum stark gemacht, um der Kirche die Kunst und dem Glauben das Bild zu erhalten. Die mittelalterlichen evangelischen Gotteshäuser in Nürnberg, im fränkischen Land und im Taubertal sind mit ihren reichen Kunstschätzen ein bleibender und überzeugender Beweis dafür, daß der Protestantismus nicht nur dem gepredigten und gesungenen, sondern auch dem gemalten und gestalteten *Wort* einen legitimen Platz im *Hause des Herrn* zubilligt.

6. KAPITEL

Augsburg und Coburg – zwei Lutherstätten in Bayern

Drei Ortsnamen waren es einst, die jedes Kind in Deutschland mit dem Namen Martin Luther verband: Wittenberg, Worms und die Wartburg. An die Türen der Schloßkirche in Wittenberg hatte der Mönch und Professor am 31. Oktober 1517 seine 95 Disputationsthesen angeschlagen. Knapp vier Jahre später hatte sich Luther dafür und für einiges mehr, das inzwischen aus seiner Feder geflossen war, in Worms *vor Kaiser und Reich* zu verantworten. Dieser Auftritt brachte ihm die kaiserliche Acht ein und so fand er, nach einem wohlwollenden Kidnapping durch seinen Landesfürsten, auf der thüringischen Wartburg die Muße zur Übersetzung des Neuen Testaments.

Der hämmernde Professor, der Mönch vor dem Kaiser und der vollbärtige *Junker Jörg* auf der Wartburg sind gewiß einprägsame Szenen aus der Frühzeit der deutschen Reformation. Aber möglicherweise gibt es daneben andere Begegnungen und Stunden im Leben Martin Luthers, die für das Verständnis seiner Person und die Entwicklung der von ihm vertretenen Sache bedeutsamer geworden sind. Gezählt werden könnte dazu das erste Zusammentreffen des *Ketzers* Luther mit einem Vertreter der Kurie und der geistige Kampf, den der Reformator Luther um das erste offizielle Bekenntnis der jungen evangelischen Kirche führte. Die Begegnung mit Kardinal Cajetan fand zu Beginn der öffentlichen Wirksamkeit Luthers 1518 in Augsburg statt. Damals war noch alles offen, denn der Streit um die Erneuerung der alten Kirche setzte erst danach mit aller Heftigkeit ein. Als 1530 das evangelische Bekenntnis zur Diskussion stand, weilte Luther auf der Veste Coburg, von wo aus er die in Augsburg versammelten Freunde zum Durchhalten aufrief. Jetzt, wo die Würfel gefallen waren, befand sich Luther auf der Höhe seiner geistigen Schaffenskraft als Theologe und Seelsorger.

Augsburg und Coburg sind die beiden einzigen Lutherstätten, die in Bayern liegen. Sie eigentlich markieren den Beginn und den Höhepunkt der Reformation. Es lohnt sich daher, zumal der Weg nach Wittenberg und auf die Wartburg beschwerlich geworden ist, sie genauer in Augenschein zu nehmen.

DER MÖNCH VOR DEM KARDINAL
Luthers Auseinandersetzung mit Cajetan im Augsburger Fuggerhaus

Martin Luther hatte in seinen 95 Thesen weder das Papsttum noch die Lehre der Kirche angegriffen. Ihr Thema war vielmehr eine bestimmte Frömmigkeitspraxis der spätmittelalterlichen Kirche, genauer gesagt: der Mißbrauch, der sich an dieser Stelle eingeschlichen hatte. In der Seelsorge unter seinen Wittenbergern war er diesem *Unfug* auf die Spur gekommen, und als ordentlich berufener Theologieprofessor fühlte er sich geradezu verpflichtet, diese Angelegenheit zu klären. Thema der Thesen war also die herrschende Ablaßpraxis und mehr nicht. Theologisch gesprochen ging es um die Lehre und Praxis der Buße. Das mittelalterliche Bußsakrament vermittelte dem reuigen Sünder die Vergebung. Er durfte nach dem *Ego te absolvo* des Priesters glauben, daß alle Schuld vergeben sei, und zwar auf Grund des Kreuzestodes Jesu Christi. An der Richtigkeit dieser Lehre hat auch Luther niemals gezweifelt. Aber nach Auffassung der mittelalterlichen Kirche war durch diese Vergebung das Verhältnis des Menschen zu Gott keineswegs schon wieder in Ordnung. Denn die Kirche hatte, unabhängig von der Vergebung, Sündenstrafen verhängt. Diese zeitlichen Strafen nun konnte man durch Werke der Genugtuung – durch Fasten, Almosengeben und Wallfahrten etwa – abbüßen. Das war natürlich eine mühsame Sache, und so kam die Kirche auf den Gedanken, diese Genugtuungswerke durch kirchennützliche Ersatzleistungen abzulösen, am einfachsten durch Geld. Das nun war der berüchtigte Ablaß – genau genommen also keinesfalls, wie im Protestantismus später so oft behauptet wurde, eine *Sündenvergebung für Geld* oder eine finanzielle Ablösung der sittlichen Verantwortung, sondern ledig-

Der Dominikaner Johann Tetzel mit seinem römischen Ablaßkram – so die Unterschrift auf diesem zeitgenössischen Flugblatt – auf einem Esel durch Deutschland reitend

lich die Abzahlung der von der Kirche verhängten Strafen an eben diese Kirche.

In der Bevölkerung war diese verwickelte Bußlehre weithin unbekannt, und das *heilige Geschäft* mit der *billigen Gnade* blühte als eine der einträglichsten Geldquellen der Kirche. Die Klage über die *Büberei und große Scheißerei* des Ablaßwesens erscholl im ganzen deutschen Reich. *Es ist zum Erbarmen, daß man also die einfältigen Leute um ihr Geld bringt,* seufzte ein Augsburger Chronist. Und genau aus demselben Grund wollte Martin Luther durch seine Thesen das theologische und kirchliche Gespräch über Lehre und Praxis des Ablasses in Gang bringen.

Er war damals durchaus noch der Meinung, es handle sich lediglich um die Entgleisungen einzelner übereifriger Ablaßkrämer. Eine seiner Thesen lautete immerhin: *Wer wider die Wahrheit des päpstlichen Ablasses redet, der sei verflucht und vermaledeit.* Ja, er gab sogar in den Thesen seiner Überzeugung Ausdruck, daß die ganze Fehlentwicklung unterblieben wäre, *wenn der Ablaß nach des Papstes Geist und Meinung gepredigt würde.* Trotzdem ist natürlich nicht zu übersehen, wie die ganze mittelalterlich-rechtliche Bußlehre in den Thesen grundsätzlich in Frage gestellt wird. Mit gutem Gewissen allerdings, denn Luther berief sich nicht nur auf die neutestamentliche Auffassung von der Buße, sondern auch auf die Tatsache, daß die Ablaßlehre eigentlich amtlich noch nicht fixiert und daher durchaus diskutabel sei. Luthers Kernsätze lauteten: *Ein jeder Christ, der wahre Reue empfindet über seine Sünden, hat völlige Vergebung von Strafe und Schuld, die ihm auch ohne Ablaßbriefe gehört. Vor denen soll man sich sehr hüten, die da sagen, des Papstes Ablaß sei jene höchste und unschätzbare Gabe Gottes, durch die der Mensch mit Gott versöhnt werde. Die Schätze, aus denen der Papst den Ablaß austeilt, sind nicht die Verdienste Christi und der Heiligen, denn diese bewirken immer, auch ohne den Papst, Gnade für den inneren Menschen. Der wahre Schatz der Kirche ist das hochheilige Evangelium der Herrlichkeit und Gnade Gottes.*

Luther war entsetzt über die rasche Verbreitung seiner Thesen. An Christoph Scheurl in Nürnberg, wo die Thesen sofort nachgedruckt wurden, schrieb er, ihn *reue das Erzeugnis*. Zwar sei er durchaus dafür, daß das Volk die Wahrheit erfahre. Doch eigentlich hätte die ganze Angelegenheit zuerst einmal *mit wenigen, die bei und um uns wohnen, disputiert werden* sollen. Im selben Schreiben kündigte er dem Nürnberger Juristen ein *Büchlein in deutscher Sprache über den Wert des Ablasses* an. Kurz darauf erschien sein *Sermon vom Ablaß und von der Gnade*, in dem Luther noch einmal seinen Standpunkt allgemeinverständlich zusammenfaßt: Die heilige Schrift verlangt vom Menschen weder Strafe noch Genugtuung, sondern ein ehrliches, bußfertiges Herz, die Hinwendung zum Kreuz Christi, den Glauben an die Vergebung und natürlich auch, aber nicht als Vorbedingung, aufrichtige Nächstenliebe. Selbstbewußt schließt der Wittenberger Mönch seinen volkstümlichen Traktat: *Ob etliche mich nun wohl einen Ketzer schelten, weil solche Wahrheit für ihren Geldkasten schädlich ist, so beachte ich solches Geplärr nicht groß. Das tun ja doch nur einige finstere Gehirne, die die Bibel nie gerochen haben.* Dieses Schriftchen, vor allem in den volkreichen Städten Süddeutschlands eifrig gelesen, hat die öffentliche Meinung seinerzeit nachhaltig beeinflußt.

Umfangreicher und gelehrter fielen dagegen die *Resolutionen* aus, die der Professor für seine kirchlichen Obrigkeiten als Rechtfertigung verfaßte. Sie gingen auch an Papst Leo X. in Rom, versehen mit einem überaus bedeutsamen Begleitschreiben. In ihm versichert nämlich Martin Luther den Papst seines unbedingten Gehorsams. Er will sich dem *heiligen Vater zu Füßen werfen* und ihm die Entscheidung ganz überlassen: *Sprecht Euer Urteil, wie es Euch gefällt, ich werde darin das Urteil Christi erkennen, der in Eurer Person seine Kirche leitet und durch Euren Mund redet.* Es besteht kein Grund, die Aufrichtigkeit dieser Worte zu bezweifeln; die *Resolutionen* zeigen an vielen Stellen, wie Luther mit der mittelalterlichen Kirchenlehre – über Fegefeuer, Heiligenverehrung und Meßopfer etwa – noch keineswegs gebrochen hatte. Erst viel später, in der Vorrede zu seinen gesammelten lateinischen Werken ein Jahr vor seinem Tod, meinte er, sich für *viele, große und unterwürfige Zugeständnisse an den Papst* entschuldigen zu müssen; er *verdamme diese Passagen in seinen früheren Schriften.* Aber das ist das Urteil eines alten Mannes, – 1517/18 fühlte sich der junge Mönch tatsächlich noch als ein gehorsamer Sohn seiner Kirche.

Genau das aber bestritten dem Augustinermönch die Dominikaner, die schon immer mit den anderen Bettelorden auf Kriegsfuß standen. Das war für diese nicht ganz ungefährlich, denn die Dominikaner verfügten über die besseren Beziehungen nach Rom und betrachteten das Aufspüren und Verfolgen von Ketzern als ihre spezielle Aufgabe. Mochte der einfältige Bischof Hieronymus Schulz von Brandenburg die Attacken des Bruder Martinus auch mit Schweigen übergehen, und mochte der vielbeschäftigte Erzbischof Albrecht von Mainz alle Appelle des Mönches im Schreibtisch verschwinden lassen, – sie, die *Hunde des Herrn*, würden sich an die Fersen des Ketzers heften und ihrem Ordensbruder Johannes Tetzel Genugtuung verschaffen. So drohte die Angelegenheit in ein *Mönchsgezänk* auszuarten, und Ulrich von Hutten jubelte schon: *Ich hoffe, sie werden sich gegenseitig um-*

Der Wittenbergische Hofkaplan Georg Burkhardt aus dem fränkischen Spalt vor dem Kreuz Christi, das im Mittelpunkt der Theologie des jungen Luther stand

bringen. Die beiden Orden sammelten ihre Mannschaften –: die Dominikaner auf einer Tagung in Frankfurt an der Oder und die Augustiner bei einem Konvent in Heidelberg. Auf ihm leitete Luther eine vielbeachtete Disputation und gewann im Sturm eine Reihe neuer Anhänger, die später in ganz Deutschland für die Reformation kämpften: Die Württemberger Johann Brenz (1499–1570) und Erhard Schnepf (1493–1558), den Oberdeutschen Martin Bucer (1491–1551) und den späteren Nördlinger Prediger Theobald Billicanus (ca. 1490–1554).

Hier in Heidelberg entwickelte Luther erstmals öffentlich seine *Theologia crucis*, ein theologisches Denken, in dessen Mittelpunkt Person und Werk Jesu Christi stehen, und mit dessen Hilfe Luther in der Folgezeit das mittelalterlich-scholastische Denkschema überwand. Im Grunde genommen handelte es sich bei dieser Kreuzestheologie um die durch Paulus vertiefte und gereinigte mittelalterliche Christusmystik. Gedanken dieser Art begegnen schon sehr früh bei Luther, und ihr schönster Ausdruck ist das Schreiben an den Ordensbruder Georg Spenlein in Memmingen, das früheste Zeugnis des Reformators in Bayern überhaupt. In diesem Brief vom April 1516 tröstete Luther seinen Freund mit dem Hinweis auf die *Gerechtigkeit Christi*, in der allein der an sich selbst verzweifelnde Mensch Ruhe finden könne: *Darum, lieber Bruder, lerne Christus kennen, und zwar den Gekreuzigten. Lerne, ihm zu lobsingen und – mitten aus der Verzweiflung über dich selbst heraus – zu ihm zu sprechen: »Du, Herr Jesus, bist meine Gerechtigkeit, ich aber bin Deine Sünde. Du hast das Meine angenommen und mir das Deine geschenkt. Du hast angenommen, was Du nicht warst, und mir gegeben, was ich nicht war!«* In Heidelberg nun wurde Luther theologischer und grundsätzlicher. Die ganze Gottesfrage scheint für ihn am Kreuz gelöst zu sein – ein Affront keinesfalls nur für das scholastische Denken, sondern auch für die moderne Frage nach Gott. *Gott kann nur im Kreuz und Leiden gefunden werden*, denn *was von Gottes Wesen sichtbar und der Welt zugewandt ist*, das ist eben das Kreuz Christi. Es ist bezeichnend, das die Schriften Luthers in diesen Jahren auf dem Titelblatt nicht selten mit der Darstellung des Gekreuzigten verziert sind.

Zurückgekehrt aus Heidelberg, wohin er übrigens zu Fuß gezogen war, sah sich Luther bald in den Fängen seiner Feinde. Fast in jeder Predigt saßen nun von den Dominikanern ausgesandte Spitzel, die eifrig Material für den Ketzerprozeß sammelten. Luther scheute sich jedoch nicht, mit der Bannfrage ein weiteres heißes Eisen aufzugreifen. Er meinte, es sei *sehr notwendig für unser Volk wegen der harten Quälereien der Offiziale gegen unser Volk*. In dieser berühmten Predigt behauptete er unumwunden, der päpstliche Bann sei für die ewige Seligkeit völlig bedeutungslos. Nur die vor Menschen sichtbare kirchliche Gemeinschaft könne er zerstören, nicht jedoch den Anteil an den ewigen Gütern, den Christus selber und nicht die Kirche verleihe. Er, den in jedem Augenblick die tödliche Waffe des Bannes treffen konnte, erklärte öffentlich: *Selig aber und gesegnet ist, wer in einem ungerechten Bann stirbt*. Weil er auch noch mit einer so großen Geißel für die Wahrheit geschlagen worden ist, die er nicht verlassen hat, wird er die Krone des ewigen Lebens haben. Auf so etwas hatten die Dominikaner gerade gewartet. Das klang ganz nach einem Plädoyer zugunsten des einst in Konstanz verbrannten Johannes Hus. Nun war es klar, daß Luther ein *Böhme* war, ein ketzerischer Hussit. Die Gegner *rissen ihm diese Predigt förmlich aus dem Munde*, zerhackstückten sie in lauter Thesen und schickten diese zur Begutachtung nach Rom. Dort lagen inzwischen auch die echten 95 Thesen des *Mönchleins* vor, dazu zwei Briefe aus Augsburg, in denen Kardinal Cajetan und Kaiser Maximilian baten, Luther schleunigst mit dem Bann zu belegen.

Die Kurie in Rom zeigte sich von dem allem sehr beeindruckt. Sie erklärte den Fall für eröffnet; Luther sei ein notorischer Ketzer. Sofort gingen die notwendigen Schreiben nach Deutschland ab. Kardinal Cajetan erhielt ein Breve –: Luther sei zu verhaften. Der sächsische Kurfürst wurde mit einem Brief bedacht, der die sofortige Auslieferung des aufsässigen Mönches verlangte. Luthers Ordensgeneral wurde gebeten, für eine ordentliche Verhaftung und Fesselung des Ketzers zu sorgen. Der *Sohn der Bosheit*, wie er nun im Stil der Kurie hieß, erhielt ebenfalls einen Brief mit der Aufforderung, sich persönlich in Rom einzufinden. Luther meinte zwar immer noch, der Papst sei wohl nur schlecht informiert, der bemitleidenswerte *Daniel in der Löwengrube*. Doch seinen Freunden war klar, daß ihm der Ketzerprozeß und der Tod sicher waren.

In diesem Augenblick rettete Luther zum ersten, aber keineswegs zum einzigen Mal, die enge Verflechtung des Papsttums mit der Politik. Das Interesse des alternden Kaisers Maximilian ging nämlich auf dem Augsburger Reichstag 1518 dahin, die deutschen Fürsten auf die Wahl seines Enkels Karl als Nachfolger festzulegen. Die Kurie in Rom fürchtete aber die Zusammenballung der deutschen und der spanischen Macht in einer Hand. Wie soll der Kirchenstaat noch leben können, wenn Karl, Herr über Spanien und Neapel, nun auch noch die deutsche Krone trägt und so, wie einst die Staufer, den päpstlichen Thron von allen Seiten umklammert? Die Wahl des Habsburgers mußte also verhindert werden. Man favorisierte in Rom den französischen König Franz I. Und wenn das nicht klappen sollte, hatte man an die Wahl eines deutschen Fürsten gedacht, – ausgerechnet an die des sächsischen Kurfürsten. Friedrich der Weise (1486–1525), der sich in diesen Tagen, als Luthers Ketzerprozeß ins Rollen kam, gerade gegen die Wahl Karls entschieden hatte, wurde so für die Kurie ein wichtiger Bundesgenosse. Sie ließ es sich einiges kosten, ihn bei guter Laune zu erhalten. Und sie konnte ihm selbstverständlich seine Bitte bezüglich des Wittenberger Mönchs nicht abschlagen: Man möge Luther doch in Augsburg verhören, väterlich und nicht richterlich, und ihn danach wieder ungehindert nach Wittenberg zurückkehren lassen. So kam es im Oktober 1518 in Augsburg zur ersten persönlichen Begegnung Luthers mit einem hohen Vertreter der römischen Kurie. Erst in dieser Begegnung ein Jahr nach dem Thesenanschlag vollzog sich der endgültige Bruch Luthers mit seiner Kirche – der mittelalterlichen Kirche mit ihrem Reformator.

Luther machte sich mit gemischten Gefühlen auf die Reise. Einerseits war er überzeugt, daß in allem *der Wille des Herrn geschehen* werde. Denn *auch zu Augsburg, mitten unter seinen Feinden, herrscht Christus*. Andererseits hatte er während der Reise das Gefühl: *Nun muß ich sterben! Ich stellte mir den gerüsteten Scheiterhaufen vor Augen und sagte oft:* »*Ach, welche Schande werde*

Die St. Annakirche und das Karmeliterkloster in Augsburg, wo Luther 1518 Aufnahme und Freundschaft fand

ich meinen lieben Eltern sein!« Die Brüder in den Augustinerklöstern, in denen er einkehrte, warnten ihn: *Sie werden dich verbrennen, kehr um!* In Nürnberg stattete der Freund Wenzeslaus Link ihn wenigstens noch mit einer ordentlichen Kutte aus. Völlig erschöpft und *mit einem schweren Magenübel* kam Luther in Augsburg an. Wie auch später immer wieder war das geistige Ringen nicht ohne Folgen für seine psychische und körperliche Verfassung geblieben.

Die Situation war inzwischen noch ernster, als Luther, der von dem hohen Spiel der kaiserlichen, päpstlichen und fürstlichen Politik keine Ahnung hatte, vermuten konnte. Die Direktive für Cajetan lautete jetzt eindeutig: Widerruf oder Verhaftung.

Doch Luther hatte Freunde in Augsburg. Sein treuer Begleiter auch auf dieser zweiten beschwerlichen Reise in einem Jahr war Leonhard Beier aus München gewesen. Auch der Nürnberger Prior Link hatte es sich nicht nehmen lassen, seinen alten Freund aus der Wittenberger Zeit zu begleiten. In Augsburg fand die Reisegesellschaft im Karmeliterkloster freundliche Aufnahme. Dessen Prior Johannes Frosch kannte Luther ebenfalls schon aus seiner Studienzeit in Erfurt.

Das Kloster entwickelte sich in diesen Jahren zum Ausgangs- und Mittelpunkt der lutherischen Reformation in Augsburg. Wer heute die St. Annakirche im Herzen von Augsburg besucht, spürt auf Schritt und Tritt, daß er sich auf historisch bedeutsamen Boden bewegt. Die ehemalige Karmeliterklosterkirche geht in ihrem ältesten Baubestand auf die frühen Jahrzehnte des 14. Jahrhunderts zurück. Ihr besonderer Charakter besteht heute in einer wohl einzigartigen Kombination von gotischer Strenge und renaissance-barocker Farbenpracht. Während die Goldschmiedskapelle Fresken enthält, die zu den bedeutendsten der gotischen Zeit gehören, wird der prachtvolle Fuggerchor im Westen des Gotteshauses zu den frühesten deutschen Renaissancebauwerken gezählt. An das ehemalige Kloster erinnert das alte Annahöfchen und der stilvoll renovierte Kreuzgang mit seinen zahlreichen Grabplatten. An die 3 000 Grablegungen hat man für den Bereich der Kirche errechnet, denn bis ins beginnende 19. Jahrhundert hinein galt es für die Augsburger Patrizier und die *stubenfähigen Kaufleute* als eine besondere Ehre, im sogenannten *Lutherhöfle* oder im Kreuzgang bestattet zu werden. Auf die kurze Anwesenheit Martin Luthers im Karmeliterkloster weist neben der obligaten Gedenktafel auch ein schönes Gemälde des Reformators von Lukas Cranach hin, das neben einem weiteren Cranachbild Friedrich des Weisen heute im Ostchor des Gotteshauses hängt.

Die Augsburger Bevölkerung war 1518 natürlich neugierig auf den Mönch aus dem fernen Norden, der es gewagt hatte, dem Papst die Stirn zu bieten. Nicht ohne Verwunderung schreibt Luther an Melanchthon, daß *die Stadt voll von Gerede* über ihn sei; *alle begehren den Menschen zu sehen, der gleich einem Herostrat eine so große Feuersbrunst verursacht hat.* Auch die Ratsherren lassen den Mönch ihr Wohlwollen fühlen. Der Humanist Konrad Peutinger lädt ihn in sein Haus ein und gibt ihm so Gelegenheit, mit den vornehmen Kreisen der Augsburger Gesellschaft ins Gespräch zu kommen. Die Gebrüder Bernhard und Konrad Adelmann, beides angesehene Domherren, zeigen sich von der Persönlichkeit Luthers geradezu fasziniert und schreiben: *Wir haben gesehen und angeredet den Herrn Doktor Martin Luther, den wir herzlich lieben.* Der geachtete Kanonikus Christoph Langenmantel besucht Luther, und sogar der erklärte Gegner der Reformation, Dr. Eck aus Ingolstadt, macht eine Visite im Karmeliterkloster, um mit Luther die Einzelheiten des für Leipzig vereinbarten öffentlichen Streitgesprächs zu regeln. Fünf Tage hatte Luther so Zeit, sich im Kreis der Freunde zu erholen und neuen Mut zu fassen. Am 12. Oktober begab er sich dann mit einigen Freunden in das Fuggerhaus, wo der Kardinal ihn zu einem ersten Gespräch erwartete.

Der päpstliche Legat Cajetan (1469–1534) galt als einer der fähigsten Köpfe der römischen Kurie. Er hieß eigentlich Jakob de Vio und war in Gaëta geboren; als der *Mann aus Gaëta*, als Cajetanus, hatte er seine Laufbahn im Dominikanerorden begonnen und den Thomismus in der Theologie wieder zu Ehren gebracht. Er war ein hervorragender Gelehrter, und ganz im Sinne des Thomas von Aquin vertrat er konsequent den hierarchischen Gedanken. Schon lange bevor ein erstes vatikanisches Konzil die Unfehlbarkeit des Papstes zum kirchlichen Dogma erklärte, war er von der Richtigkeit und Notwendigkeit dieser Idee überzeugt. Dabei war der Mann, der seinen Purpur in Augsburg so stolz und selbstverständlich zur Schau stellte, keineswegs unkritisch. Nach der schrecklichen Plünderung Roms durch die Truppen Kaiser Karls V. im Jahre 1527 fand er äußerst selbstkritische Worte über das Papsttum. Doch jetzt in Augsburg mußte die päpstliche Autorität als ein unaufgebbares Prinzip der Kirche verteidigt werden. Und dazu

Der Mönch Luther beim Verhör vor Kardinal Cajetan im Augsburger Fuggerhaus: unüberbrückbare Gegensätze

war Cajetan fest entschlossen. Der Wittenberger Mönch war für ihn nicht mehr als das *arme Brüderlein*, das man zur Vernunft bringen mußte. Außerdem war er auch einer von den *Barbaren*, von den gräßlichen Deutschen, die immer so laut zechten und mit denen so schwer zu verhandeln war. Was hatten sie ihm nicht schon wieder auf diesem Reichstag für Ärger gemacht! Sie wollten für die Türkenkriege keine Gelder herausrücken. Gleich zu Beginn hatten sie seine Räume nicht, wie befohlen, mit Purpur ausgeschlagen. Auch den Vorrang, den er als Vertreter des Papstes beanspruchen durfte, hatte man ihm streitig machen wollen. Man lachte, weil er *eine kleine Person* war. Und man mutete ihm den sauren deutschen Wein zu und Rebhühner, die nicht zu beißen waren. Jetzt, wo der leidige Reichstag eigentlich schon überstanden war, mußte er sich noch mit dem deutschen Mönch auseinandersetzen.

Cajetan will das heikle Problem diplomatisch lösen. Als ein gewissenhafter Gelehrter hat er sich aber auch auf die Begegnung mit Luther vorbereitet. Huldvoll bittet er den Mönch, der sich der Länge nach vor ihm auf den Boden geworfen hat, aufzustehen. Er spricht ihn als seinen *lieben Sohn* an und lobt seine wissenschaftliche Tätigkeit an der Wittenberger Universität. Doch sehr schnell kommt er zur Sache. Drei Dinge seien zu klären: Erstens müsse er widerrufen; zweitens müsse er versprechen, in Zukunft derartige Lehren nicht mehr zu verbreiten; und drittens dürfe er den kirchlichen Frieden in gar keiner Weise mehr stören. Luther fragt, welche Irrtümer der hohe Herr denn meine? Cajetan nennt zwei. Es sei eine Irrlehre zu behaupten, der Schatz der Kirche und die Verdienste Christi seien nicht identisch. Die päpstliche Bulle *Unigenitus* habe das eindeutig festgelegt, und folglich gäbe es da gar nichts mehr zu diskutieren. Es sei weiter eine große Irrlehre zu erklären, nicht das Sakrament an sich und aus sich heraus, sondern der Glaube an Christus rechtfertige den Menschen. Vor allem dies letzte sei, so meint Cajetan, ganz neu und schon darum gänzlich falsch. Nun gibt ein Wort das andere. Luther beruft sich auf die Bibel. Der Kardinal stellt richtig: Über der Bibel steht die Autorität des Papstes. Luther weist auf die Konzile hin. *Aha,* poltert der Legat los, *du bist ein Vertreter der Konziltheorie; die ist verdammt.* Cajetan wird offenbar ungeduldig. Sein gelehrter Eifer reißt ihn fort, aber zum Diskutieren hat er sich den Mönch nicht herbestellt. Hat Luther nicht erklärt, sich der päpstlichen Autorität beugen zu wollen? Nun also: *Widerrufe! Erkenne deine Irrtümer! Das und nichts anderes ist der Wille des Papstes.*

Luther erbat sich Bedenkzeit. Es ging ja jetzt um die wichtige Frage, ob die Gnade ein zu verwaltender Besitz der Kirche oder eine freie Gabe Gottes sei. Die Autorität des Papstes, das Verständnis der Bibel, die Sakraments- und die Rechtfertigungslehre waren angeschnitten – das ganze Programm der Reformation stand hier in nuce bereits zur Diskussion. Es erschien auf einmal unmöglich, sich nur auf das leidige Problem des Ablasses zu beschränken. Luther und seine Freunde begannen in diesen Stunden zu ahnen, daß die Einheit der abendländischen Christenheit auf dem Spiel stand. Man diskutierte intensiv bis tief in die Nacht hinein. Auch Luthers väterlicher Freund Johann von Staupitz nahm an diesen Gesprächen teil. Vorsorglich entband er seinen eigenwillige Ordensuntergebenen von der Gehorsamspflicht.

Schließlich setzte Luther eine schriftliche Erklärung auf und erschien zum zweiten Gespräch im Fuggerhaus mit einem Notar. Unter Zeugen trug er dem Kardinal seine Stellungnahme vor. Sie begann sehr vielversprechend: Auch er sei dem Irrtum unterworfen und beuge sich dem Urteil der Kirche. Sie gipfelte jedoch in der Forderung nach einer öffentlichen Disputation und in der Erklärung, nicht widerrufen zu wollen, solange die Bibel ihn nicht überzeugt habe. Der päpstliche Legat bewahrte eine geradezu erstaunliche Gelassenheit; er wollte es ganz offensichtlich nicht zum Äußersten kommen lassen. Man vereinbarte freundlich eine dritte Begegnung. Bei ihr nun platzten die Meinungen hart aufeinander. Cajetan hielt an der päpstlichen Autorität fest. Nur durch einen Widerruf konnte für ihn dieser Fall erledigt werden. Er bat, ja er flehte den Mönch sogar an, er tobte auch und schrie. Doch Luther, der nun auch recht grob wurde, hielt an seiner Überzeugung fest: Die Bibel steht über dem Papst und über allen päpstlichen Dekretalien, Bullen und Erlassen. Ein Wort gab das andere. Schließlich rief Cajetan: *Geh, komme mir nicht wieder vor die Augen, es sei denn zum Widerruf.* Luther ging.

Zweifellos waren sich hier am 14. Oktober 1518 im Augsburger Fuggerhaus zwei ebenbürtige Gegner begegnet. Zwei Überzeugungen, zwei Welten standen sich gegenüber. Konnte einer von beiden nachgeben, ohne sich selber zu verleugnen? Nie wieder – nicht in Worms 1521 und nicht später bei der offiziellen Verlesung des lutherischen Bekenntnisses – ist es zu einer derartig existenziellen Konfrontation der alten Kirche mit dem auf Erneuerung drängenden Evangelium gekommen. Nie wieder sind sich Martin Luther und einer der würdigsten Vertreter des Papstes so nahe gekommen, um mit Entsetzen festzustellen, wie tief der Graben zwischen ihnen ist. Sie waren tatsächlich beide über diese Begegnung erschüttert. Cajetan soll nach der letzten Unterredung gesagt haben: *Dieser Bruder hat tiefe Augen, darum hat er auch so seltsame Einfälle im Kopf.* Er hielt ihn also für einen Fanatiker, und möglicherweise hat er damit mehr vom Charakter des Reformators begriffen, als mancher andere, der in der Folgezeit allzu schnell und begeistert auf die Seite des Wittenbergers trat. Luther andererseits schrieb unmittelbar nach dem Gespräch nach Hause: *Der ist zum Richten, Verstehen und Urteilen in dieser Sache ebenso geschickt, wie ein Esel zum Harfenschlagen.*

Man hat nach dem letzten Auftritt noch einmal versucht, die Angelegenheit zu bereinigen. Luther setzte erneut einen Appell auf *An den schlecht informierten Papst zur besseren Information.* Cajetan versuchte über Staupitz auf Luther Einfluß zu nehmen, – mit *vielen Schmeicheleien,* wie dieser höhnisch bemerkte. Doch der Bruch war unvermeidbar und endgültig. Der geistige Zweikampf der beiden Männer, dem es partienweise an Großartigkeit nicht gefehlt hatte, hatte es bewiesen.

Cajetan wandte sich auch an Friedrich den Weisen und drohte mit dem Bann. Doch die bevorstehende Kaiserwahl, bei der der Papst unbedingt auf die Stimme des sächsischen Kurfürsten Rücksicht nehmen mußte, verhinderte alle Gewaltmaßnahmen gegen Luther. In aller Heimlichkeit war dieser auf Anraten seiner Freunde aus Augsburg geflohen und begann im sicheren Wittenberg sofort wieder mit der Schreiberei. Ausführliche *Akten über das Augsburger Verhör* – aus seiner Sicht natürlich – erschienen im Druck, auch ein Appell an ein allgemeines Konzil sowie eine äußerst kluge Rechtfertigung an die Adresse seines doch ziemlich besorgten Landesherrn. Von Magenbeschwerden und Depressionen war jetzt nichts mehr zu hören. Luther hatte sich in Augsburg den Weg zur Reformation frei gekämpft. Seine Freunde ließ er nun wissen: *Mir ist fröhlich und friedlich.*

EIN SOMMER IM REICH DER VÖGEL
Luthers Aufenthalt auf der Veste Coburg

Den Augsburger Reichstag 1530 gedachte Kaiser Karl V. persönlich zu leiten, um *eines jeden Gutdünken, Opinion und Meinung* zu hören und zu einer friedlichen Einigung der Religionsfrage zu kommen. Kurfürst Johann der Beständige von Sachsen (1525–1532) wußte, was auf dem Spiel stand und beabsichtigte, mit großem Gefolge in Augsburg zu erscheinen. Der Bruder und Nachfolger Friedrich des Weisen war einer der ersten deutschen Fürsten, die sich zu Luther bekannten, und schon 1520 widmete ihm der Reformator einen Sermon. Von seiner kindlichen Frömmigkeit erzählte Luther einmal bei Tisch, der Kurfürst habe sechs Edelknaben in seiner Kammer zur Bedienung, und diese müßten ihm täglich bis zu sechs Stunden aus der Bibel vorlesen. *Und ob seine kurfürstlichen Gnaden darüber oft entschlafen, so hat er doch, wenn er aufgewacht ist, irgendeinen schönen Spruch aus der Bibel behalten.*
Als man am 3. April in Wittenberg aufbrach, befanden sich neben dem Leibarzt und den juristischen Beratern auch die theologische Elite Kursachsens unter der Reisegesellschaft: Philipp Melanchthon und Justus Jonas, die beiden engsten Freunde Luthers, Johann Agricola und der Hofprediger Georg Burkhardt, genannt Spalatin aus Spalt bei Nürnberg. Natürlich machte sich auch Luther mit auf den Weg, obwohl er sich nicht viel von der Augsburger Versammlung versprach. Aber er sollte nach dem Willen seines Kurfürsten *aus bestimmten Ursachen* auf der Veste Coburg, die noch auf kursächsischem Territorium lag, zurückbleiben. Man wollte es nicht riskieren, *den hochgelehrten Mann in Gefahr zu stecken.* Das war der eine Grund. Der andere lag in Luthers Art und Weise, die Auseinandersetzung mit dem Gegner zu führen. *Schweig, du hast eine schlechte Stimme!,* soll der Kurfürst gesagt haben, der sich durch seinen immer so grundsätzlichen Professor nicht alles auf dem Reichstag verderben wollte.

Zunächst war daran gedacht gewesen, Luther noch näher an das Geschehen, nach Nürnberg nämlich, mitzunehmen. Ganz diskret fragte der Kurfürst an, ob sich nicht Luther *insgeheim* in Nürnberg aufhalten dürfe und die Stadt ihm offiziellen Schutz gewähren könne. Doch die Nürnberger winkten, so peinlich ihnen das war, ab. Ein reitender Bote, Michael von Kaden, überbrachte den Bescheid, kurz nachdem die Wittenberger am Karfreitag in Coburg eingetroffen waren. Noch sei ja das *Wormser Edikt* nicht aufgehoben und wenn Luthers Aufenthaltsort bekannt würde, woran kein Zweifel bestehen könne, müßten sie ihn als Ketzer ausliefern. Die Geschichtsschreibung hat den Nürnbergern zuweilen diese Antwort als *Mangel an Glaubensmut* ausgelegt. Sie entsprach jedoch ganz und gar der loyalen Ratspolitik jener Jahre, die es bei aller Begeisterung für die Sache der Reformation eben um dieser Sache willen nicht mit dem Kaiser verderben wollte. Es war wohl auch egal, ob die Post nach Augsburg statt vier nun eben sieben oder acht Tage benötigte. Wie segensreich sich schließlich die Abgeschiedenheit der Veste Coburg auswirken sollte, konnte damals noch niemand wissen. Der Kurfürst und Luther scheinen sich im übrigen über den negativen Bescheid nicht sonderlich aufgeregt zu haben.

Luther weilte 1530 sicher nicht das erste Mal in Coburg. Er hatte die Stadt auf seiner Reise nach Rom 1510, zum Augustinerkonvent 1518 in Heidelberg sowie auf dem Hin- und Rückweg zum Treffen mit Cajetan in Augsburg besucht. Nachdem er siebenmal hintereinander vor der kursächsischen Reichstagsdelegation in der Moritzkirche der Stadt gepredigt hatte und die Freunde abgereist waren, begab sich Luther im Schutz der Dunkelheit hinauf auf die Burg.

Die Veste Coburg zählt noch heute zu den größten erhaltenen Burgen aus dem deutschen Mittelalter. Hoch über dem Itztal gelegen beherrscht sie mit ihren Mauern, Türmen, Bastionen und Gebäuden nicht nur das Stadtbild, sondern die ganze Landschaft im weiten Umkreis. Hat man sie nach einem bequemen Spaziergang durch Wiesen- und Waldanlagen erreicht, überblickt man von der Höhe das Gebiet vom Thüringer Wald bis zum

Die Veste Coburg, auf der Luther zur Zeit des Augsburger Reichstages im Sommer 1530 weilte. Diese zeitgenössische Ansicht stammt aus einem Holzschnitt von Lucas Cranach, dem Maler der Reformation aus dem oberfränkischen Kronach

Fränkischen Jura. Im Westen reicht der Blick bis hinüber zur Rhön und im Osten bis zum Frankenwald und zum Fichtelgebirge. Die Veste selber, die zahlreiche Kriegsstürme und Brände überdauern mußte, hat viele Umbauten erlebt und ist heute stark von den Erneuerungsarbeiten des 19. Jahrhunderts bestimmt. Die Lutherkapelle etwa strahlt in ihrem Stilgemisch eher den Geist des romantisch verklärten als des echten Luther aus. Auch die liebevoll ausstaffierte Lutherstube im ersten Stock der steinernen Kemenate dürfte in jenen Frühlingstagen, als der Wittenberger Professor hier einzog, ein wenig anders ausgesehen haben. Doch alle Umbauten konnten der Anlage, die heute eine der sehenswertesten Kunstsammlungen Süddeutschlands beherbergt, ihre Großartigkeit nicht rauben.

Als Martin Luther abends sein Quartier erreichte, übergab ihm der Burghauptmann die Schlüssel und wies ihm seine beiden Zimmer an. Für ein halbes Jahr gehörte die ganze Festung Luther nahezu allein; nur dreißig Personen verbrachten mit ihm den Sommer auf der Burg. Unter diesen befanden sich allein zwölf Nachtwächter und zwei wachsame Türmer –: man sieht, wie wichtig dem Kurfürst die Sicherheit seines Professors war. Immerhin besaß Luther in diesen entscheidungsvollen und arbeitsamen Monaten einen Diener und Sekretär, der sich mehr und mehr zu seinem Gesprächspartner und Freund entwickelte, dessen sich die Augsburger Glaubensgenossen schließlich sogar als Vermittler und Fürsprecher bedienten und dem die Nachwelt aufschlußreiche Einblicke in Luthers Coburger Zeit verdankt: Veit Dietrich (1506–1549), der später noch eine bedeutende Rolle im fränkischen Luthertum spielen sollte. Der 23jährige *Famulus* war halb so alt wie Luther, bei dem er in Wittenberg auf Kosten seiner Heimatstadt Nürnberg seit 1522 studiert hatte. Melanchthon war dort auf den Fleiß und die Begabung des jungen Mannes aufmerksam geworden und hatte ihn an den Tisch Luthers geholt. Nun war er bereits ein frisch gebackener Magister der Theologie und durfte seinem Professor als *vertrauter und treuer Gesellschafter* nahe sein.

Kaum auf der Veste angekommen, beginnt Luther, unter der Einsamkeit zu leiden. Seine Bücherkisten sind

noch nicht heraufgeschleppt worden, und so schickt er den Freunden gleich am Nachmittag einige Briefe nach. Scherzend meint er, die Freunde seien ja erst unterwegs zum Reichstag, er aber *hier mitten in einen Reichstag hineingekommen.* Die Dohlen vor seinen Fenstern betrachtend schreibt er nun seinen humorig-hintergründigen Brief aus dem *Reich der Vögel.* Hier kann man *hochherzige Könige sehen, Herzöge und andere Große des Reiches, die mit unermüdlicher Stimme ihre Beschlüsse und Lehrsätze durch die Luft schmettern.* Sie leben nicht in den *höfischen Löchern und Höhlen,* die man in Augsburg Paläste nennt, sondern in der freien Natur, *so daß ihnen der Himmel selbst als getäfelte Decke dient und die grünen Bäume ihr unbegrenzter eingelegter Fußboden sind.* Sie halten auch nichts vom törichten Kleiderluxus, sondern *alle sind gleichmäßig ganz schwarz gekleidet.* Wenn er sie richtig versteht, haben sie vor, einen Kriegszug gegen Hafer, Weizen und Gerste zu führen. *Es besteht die Gefahr daß sie in vielen Dingen siegen werden.* Handelt es sich doch bei ihnen um eine *verschlagene und listige Art von Kriegern, wunderbar geübt im Stehlen und Rauben.* Zum Schluß wird Luther deutlicher: Was ist das doch für ein *sehr nützliches Volk:* alles zu verzehren, was auf Erden ist, und *dafür zu kecken aus Langeweile.* Sind das nicht die Sophisten und Papisten? *Wir wünschen ihnen Glück und Heil, daß sie allzumal an einen Zaunstecken gespießt wären.*
An Melanchthon schreibt er noch extra. Der Ort hier sei zwar *wirklich ganz reizend gelegen und zum Studieren sehr geeignet,* aber die Abwesenheit der Freunde stimme ihn doch *traurig.* Er beabsichtige nun, aus diesem schrecklich-öden *Sinai* ein herrlich-strahlendes *Zion* zu machen. Und so teilt er Melanchthon sein Arbeitsprogramm mit: drei *Hütten* will er hier bauen, dem Psalter eine, den Propheten eine und dem Aesop eine.
Die literarische Beschäftigung mit dem griechischen Fabeldichter blieb freilich in der schlichten Übersetzung einiger Fabeln stecken. Doch was die bibeltheologische Arbeit betrifft, so dürfte es kaum eine ertragreichere Epoche im Leben Luthers gegeben haben, als diesen Coburger Sommer.
Die Übersetzung des Alten Testaments aus dem Hebräischen ins Deutsche war bis zu den Propheten fortgeschritten, als Luther Wittenberg verließ. Er machte sich nun sofort wieder mit einem derartigen Feuereifer an die Arbeit, daß er hoffte, noch vor Pfingsten mit den Propheten fertig zu sein. Aber er zog zunächst das 38. und 39.

Kapitel des Hesekielbuches vorweg. Die Erzählungen und Weissagungen von dem Heidenfürsten Gog aus Magog faszinierten ihn ganz außerordentlich. Der war gegen das Volk Israel gezogen *wie eine Wolke,* aber *der Herr wird ihr Schwert umwenden und sie richten mit Pestilenz und Blut.* In einer äußerst kühnen Interpretation identifizierte Luther die Horden des Gog mit den vor Wien lagernden Türken. Sie bereiteten ihm ja tatsächlich oft mehr Kopfzerbrechen als der ganze Streit um die Erneuerung der Kirche. Schon in Wittenberg hatte er sich von seinem Kurfürsten nicht zweimal bitten lassen, als dieser geistig-literarische Schützenhilfe für den Kampf des Abendlandes gegen *Mahomed* brauchte. So war seine *Heerpredigt wider die Türken* entstanden, – eigentlich eine Predigt für seine *lieben Deutschen, die vollen Säue,* die in aller Sicherheit zechen und wohlleben, *anstatt Leib und Gut dran zu wagen und sich zu wehren.* Den richtigen Weg fand er nun bei Hesekiel: Jedermann bekehre sich, fürchte Gott und ehre das Evangelium, dann wird Gott gewißlich den neuen Gog zurückschlagen. Gesondert nach Wittenberg geschickt erschien diese Bibelauslegung sofort im Extradruck als bleibendes Beispiel einer zeitnahen Verkündigung.
Daneben wollte Luther jetzt eine neue deutsche Ausgabe der Psalmen erarbeiten. Er hatte sich schon mehrmals dem Psalter zugewandt. Man kann ohne Übertreibung sagen, daß er dieses Buch mehr als alle Schriften des Alten Testaments liebte. Er nennt ihn seine *kleine Bibel,* vom Heiligen Geist selbst geschrieben, ein *Handbuch* für das geistliche Leben der Christen und einen *feinen, hellen, reinen Spiegel,* in dem die ganze Christenheit und alle ihre Heiligen wieder zu erkennen sind. *Ja, du wirst auch dich selbst darinnen finden und das rechte »Erkenne dich selbst«, dazu Gott selbst und alle Kreaturen.* Es ist bezeichnend, daß Luther, als er auf der Veste vom Tod seines Vaters erfuhr, seinen Psalter nahm, in sein Zimmer ging, meditierte und weinte und sich danach *nichts mehr merken ließ,* wie Veit Dietrich berichtet. Bereits im Mai wandte sich Luther wieder diesem *schönen, lustigen Garten* zu, in dem er so gerne *spazierenging.* Dabei entwickelte sich die Arbeit an den *Coburger Psalmen* zu einer Art von theologischem Teamwork, denn Luther diktierte Veit Dietrich nicht einfach seine Auslegung der ersten fünfundzwanzig Psalmen, sondern besprach offenbar alle mit der Auslegung zusammenhängenden Probleme mit seinem *Famulus.*
Darüberhinaus beschäftigte er sich besonders mit dem

Martin Luther nach einem 1529 entstandenen Gemälde von Lucas Cranach in der Augsburger St. Annakirche

Das Lutherzimmer
auf der Veste Coburg,
wo der Reformator im Sommer
1530 lebte

Eine Seite aus Luthers
Conzept- und Briefbüchlein
mit der Übersetzung vom
38. Kapitel des Hesekielbuches

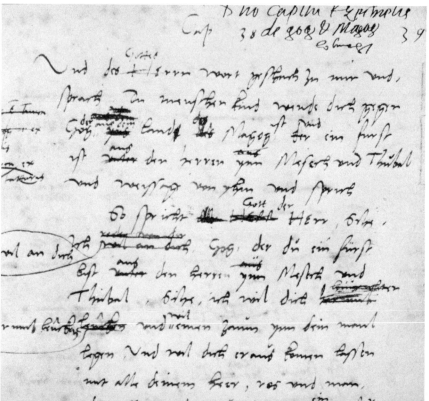

117. und dem 118. Psalm. Von diesem letzteren vor allem bekannte Luther in dem Widmungsschreiben an den Abt Friedrich Pistorius von St. Egidien in Nürnberg: *Du bist mein liebes Buch, du sollst mein einziges Psalmlein sein.* Einen Vers aus diesem seinem Lieblingspsalm kritzelte er in Latein sogar an die Wand seines Coburger Zimmers, – und der scheint doch klarer das Wesen Luthers zu beleuchten, als das einst an die Wand geworfene Tintenfaß auf der Wartburg: *Ich werde nicht sterben, sondern leben und des Herrn Werke verkündigen.* Ein wenig langatmig geriet ihm die Auslegung freilich schon, als er über dem 118. Psalm saß. Und doch gehört das *Schöne Confitemini* zum Tiefsten, was der Reformator je geschrieben hat.

Die immense Arbeit an der Bibel überrascht, wenn man bedenkt, wie gering das lexikalische und grammatische Handwerkszeug war, das Luther und Dietrich auf der Veste zur Verfügung stand. Dabei war die gewissenhafte theologische Arbeit an der Bibel wichtig; seine Freunde erwarteten das geradezu von Luther, denn auf die Bibel berief man sich ja fortwährend in der kirchlichen Auseinandersetzung in Augsburg. Nun hatte bereits 1527 Hieronymus Emser die Ehre Luthers als Übersetzer angegriffen und selber ein deutsches Testament in den Druck gehen lassen, dabei aber eingestandenermaßen bei Luther abgeschrieben. Luther fühlte sich jetzt veranlaßt, endlich einmal kurz und bündig seine Übersetzungsprinzipien darzulegen. Er tat das mit seinem überaus temperamentvollen *Sendbrief vom Dolmetschen*, den er pro forma an den Nürnberger Prediger Wenzeslaus Link, einen seiner besten Freunde, schickte, damit der ihn in geeigneter Weise publiziere.

Ein *Sudler zu Dresden* wage es, sein Dolmetschen anzugreifen? Solche *Eselsköpfe und unverschämten Tröpfe* können ihm mit ihrem *la la* nichts anhaben. Am Ende schreiben sie ihm ja doch nur alles ab. Aber seinen Evangelischen gegenüber will er sich rechtfertigen. Es ist ein *saures Stück Arbeit*, dieses ewige Übersetzen. Jetzt, wo die Arbeit getan ist, *läuft einer mit den Augen durch vier Blätter und stößt nicht einmal an; wird aber nicht gewahr, welche Wacken und Klötze da gelegen sind, wo er jetzt hinübergehet, wie über ein gehobelt Brett.* Und nun folgen alle die berühmten Beispiele, durch die Luther seine Genialität als Meister der deutschen Sprache erneut unter Beweis stellte. Die *Esel und Buchstabilisten* lassen den Judas sagen: *Warum ist diese Verlierung der Salben geschehen?* Auf gut deutsch heißt das aber: *Schad'* *um die Salbe.* Oder sie sagen: *Aus dem Überfluß des Herzens redet der Mund.* Ist das gut deutsch geredet? Nein! Man muß *dem Volk aufs Maul sehen.* Die Mutter im Haus und der Mann auf der Straße sagen: *Wes des Herz voll ist, des geht der Mund über.* Oder gar: *Gegrüßet seist du Maria, voll der Gnaden ...* Wer redet denn so? Jeder denkt doch unwillkürlich an ein Faß voll Bier oder einen Beutel voll Geld. *Darum hab ich's verdeutscht: »Du Holdselige.«* Hätte ich aber das beste Deutsch hier nehmen sollen, so hätt' ich also verdeutscht: *»Gott grüße dich, du liebe Maria!«* Denn das wollte der Engel sagen, und so würde er geredet haben, wenn er sie hätte wollen deutsch grüßen.

Die unmittelbare Folge dieser intensiven biblischen Arbeit waren eine Reihe reformatorischer Grundsatzschriften, die Luther noch in den Coburger Monaten fertigstellte oder doch begann. Dem Nürnberger Ratsschreiber Lazarus Spengler übersandte er eine Ermahnung: *Daß man die Kinder zur Schule halten solle.* In ihr bezeichnete er sehr direkt den allgemeinen Schulzwang als eine Pflicht der Obrigkeit. Außerdem entstanden noch ein Traktat über das Verständnis der Beichte in der evangelischen Kirche und eine Abendmahlsschrift, die den oberdeutschen Reformator Martin Bucer zu einem Abstecher auf die Coburg und zu einem freundlichen Annäherungsversuch in der Abendmahlsfrage veranlaßte. Alles in allem hat Luther in seiner Coburger Zeit rund 20 Schriften oder Entwürfe verfaßt. Es stimmt also durchaus, wenn er einmal über seine Tätigkeit an Melanchthon schrieb, er durchwandere die ganze *Schrift*, gehe Tag und Nacht mit der Sache um, erwäge das Für und Wider, *und beständig wächst neue Gewißheit in dieser unserer Lehre.* Man kann verstehen, daß Luther bei dieser Schreiberei zeitweilig eine Brille benutzen mußte, über deren Untauglichkeit er sich allerdings bitter bei seiner Käthe in Wittenberg beschwerte.

Offensichtlich hatte er sich aber auch zu viel vorgenommen. Immer wieder beklagt er sich in den Briefen über Kopfschmerzen, Ohrensausen und Magenverstimmungen, obwohl Veit Dietrich versichert, er habe keine Diätfehler gemacht. Seine Verletzung am Schienbein will nicht heilen. Der kurfürstliche Leibarzt schickt ihm Arzneien, aber zeitweise ist Luther offenbar zu jeder geistigen Arbeit unfähig. Dann kann er nur *sinnieren und beten*, daneben noch *schlafen, faulenzen und trällern*. Resigniert schreibt er dann: *Es will nichts mehr tun, ich sehe es wohl, die Jahre treten herzu.* Als er eines Tages am Fenster steht und in den Wald hinüber blickt, ist es wieder soweit: Er sieht den Teufel in Gestalt einer feurigen Kugel von der Burg herab in den Wald fliehen. Nun ist er einem Zusammenbruch nahe. Denn offensichtlich ist doch sein miserabler Gesundheitszustand eine *Heimsuchung des Satans*. Ihr gilt es zu widerstehen, und tatsächlich hat Luther im Gebet zu Gott und im Gespräch mit seinem treuen *Famulus* diese seelisch-körperlichen Krisen gut überstanden. Vielleicht wären sie seltener aufgetreten, wenn Luther sich nicht nur gelegentlich, sondern regelmäßig beim Bogenschießen mit Veit Dietrich etwas mehr Bewegung verschafft hätte. Auch die Musik, die *alte Seelentrösterin*, half Luther über schwere Stunden hinweg. Er reparierte auf der Veste seine Harfe und nahm seine offenbar alten und guten Beziehungen zum Münchner Hofmusikus Ludwig Senfl wieder auf. In einem Brief – wieder einem der mit Recht berühmt gewordenen Coburger Briefe – bat er um eine bestimmte Sterbemotette. Er sehnte wieder einmal den *lieben jüngsten Tag* herbei. Die Antwort des Senfl muß für Luther eine enorme innere Stärkung bedeutet haben. Schickte ihm doch der bekannte Chefmusiker der Bayernherzöge keineswegs eine Trauermusik, sondern eine Motette über sein Lieblingswort aus den Psalmen *Non moriar sed vivo et narrabo erga Dei*.

Wie ein Christ letztlich mit seinen Anfechtungen fertig werden muß und kann, erläuterte Luther in einem seiner schönsten und psychologisch interessantesten Seelsorgebriefe, von dem man nicht genau weiß, ob er für den Wittenberger Freund Hieronymus Weller oder für den angefochtenen Martin Luther geschrieben wurde. Er habe erfahren, schreibt Luther, daß den Freund manchmal traurige und schwermütige Gedanken befallen. Das Beste sei, daß man *diese Gedanken nicht beachtet, sie nicht erforscht oder ihrem Inhalt folgt, sondern sie wie das Zischen einer Gans verachtet und daran vorübergeht. Denn sie beachten und mit ihnen disputieren, bis sie ablassen oder freiwillig weichen, das heißt sie reizen und stärken. Du kannst nicht hindern, daß die Vögel über deinem Haupt hinfliegen, aber du kannst verhindern, daß sie in deinen Haaren nisten.* Hieronymus soll also *angenehme Dinge* treiben, denn Depressionen seien vom Satan und nicht von Gott. *Was ist Leben anderes, als fröhlich sein in dem Herrn?*

Bei aller fieberhaften Arbeit gab es auch auf der Veste durchaus eine Reihe erfreulicher Unterbrechungen. Wenn man bedenkt, daß in dem halben Jahr mehr als 25 Ei-

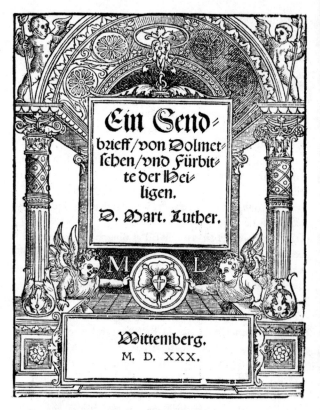

Luthers berühmte Grundsatzschrift zur Frage der Bibelübersetzung. Das Titelblatt zeigt auch das Wappen des Reformators, die Lutherrose

mer Wein ausgeschenkt wurden – wobei sich Luther selber sehr zurückhielt, da er das Bier bevorzugte –, so kann man sich ungefähr eine Vorstellung von der Anzahl der Besucher auf der Coburg machen. Die Nürnberger Freunde kamen angereist, ein Jugendfreund aus Mansfeld und Argula von Grumbach, jene bayerische Adelige, die schon seit 1522 für den Wittenberger Reformator schwärmte und als die *erste Schriftstellerin der deutschen Reformation* in die Geschichte einging. *Es will zu einer allgemeinen Wallfahrt hier werden*, stöhnte Luther im Brief an seine *herzliebe Hausfrau*, die er überhaupt sehr aufmerksam mit Post versorgte. Sie revanchierte sich und schickte ihm als Pfingstfreude ein Bild seines geliebten Lenchens. Luther hängte es im Fürstenzimmer dem Eßtisch gegenüber an die Wand. Veit Dietrich schrieb dazu an die *freundliche, günstige, liebe Frau Doktorin*, Luther habe das Bildchen zunächst nicht sonderlich hübsch gefunden: »Ei«, sprach er, »die Lene ist ja so schwarz nicht.« Aber jetzt gefällt sie ihm wohl. Sie sieht dem Hänschen über die Maßen ähnlich.

Dieses vierjährige Hänschen wurde von der Coburg aus mit einem Gruß bedacht, der einen Ehrenplatz in der deutschsprachigen Briefliteratur einnimmt. Ein echter *Sonntagsmorgenbrief* ist das, den da ein Vater Mitte Juni an seinen kleinen Sohn schreibt: *Ich weiß einen hübschen, schönen Lustgarten. Da gehen viele Kinder drin, haben goldene Röcklein an und lesen schöne Äpfel unter den Bäumen auf und Birnen, Kirschen, Mirabellen und Pflaumen, singen und springen und sind fröhlich. Sie haben auch schöne kleine Pferdlein mit goldenen Zäumen und silbernen Sätteln. Da fragte ich den Mann, des der Garten ist, wem die Kinder gehörten. Da sprach er: »Es sind die Kinder, die gerne beten, lernen und fromm sind.« Da sprach ich: »Lieber Mann, ich habe auch einen Sohn, der heißt Hänschen Luther; könnte er nicht auch in den Garten kommen?« Da sprach der Mann: »Wenn er gerne betet, lernt und fromm ist, so soll er auch in den Garten kommen.« Und er zeigte mir dort eine feine Wiese im Garten, zum Tanzen zugerichtet, da hingen lauter goldene Pfeiffen und Pauken und feine, silberne Armbrüste ... Darum, lieber Sohn Hänschen, lerne und bete ja getrost und sage es Lippus und Justus auch, daß sie auch lernen und beten, so werdet ihr miteinander in den Garten kommen ...*

Zu den Erlebnissen, über die sich Luther auf seinem *Sinai* sicher gefreut hat, gehörte auch die Fertigstellung seines Siegelringes. Der Kurprinz Johann Friedrich hatte ihn für Luther als Geschenk bestimmt, und der Nürnberger Freund Lazarus Spengler hatte sich wohl um diesen Wappenring bemüht. In einem Dankschreiben erläuterte der Reformator die *Lutherrose als Merkzeichen meiner Theologie*. In der Mitte des Wappens steht ein schwarzes Kreuz in einem roten Herz. Es ist das Sinnbild dafür, *daß der Glaube an den Gekreuzigten selig macht*. Eine weiße Rose umschließt Herz und Kreuz – weiß ist die Farbe der Engel. Sie soll zeigen, *daß der Glaube Freude, Trost und Frieden gibt*. Der goldene Ring um dieses Wappen schließlich symbolisiert die *Seligkeit im Himmel*, die ewig währt.

Über dem gesamten theologischen Schaffen und aller privaten und seelsorgerischen Korrespondenz dieser Monate lag von Anfang an wie ein dunkler Schatten der Augsburger Reichstag. Luthers psychische Krisen und körperliche Leiden haben zweifellos ihre Ursache mit in den Ereignissen, an denen er nicht persönlich teilnehmen konnte, aber in denen es seiner Meinung nach um nicht weniger als das Bekenntnis zum Evangelium ging. Luther hatte natürlich die Arbeitsunterlagen seines Kollegen Melanchthon für Augsburg gesehen. Aber offenbar wollte er sich mit seiner *schlechten Stimme* doch noch einmal zu Wort melden. So entstand gleich zu Beginn des Coburger Aufenthalts in aller Eile eine typisch Luther'sche Schrift, voller Aggressionen gegen die Vertreter der alten Kirche, ohne Kompromißbereitschaft und durch und durch persönlich gefärbt. Die halbe Kirchengeschichte wird hier als Zeuge gegen die kirchliche Hierarchie aufgeboten. Luther droht sogar: *Wenn ihr auf eurem Trotzen und Pochen beharren wollt, so sollt ihr wissen, daß des Thomas Münzers Geist auch noch lebt und meines Erachtens mächtiger und gefährlicher, als ihr glauben oder jetzt begreifen könnt.*

Diese *Vermahnung an die Geistlichen, versammelt auf dem Reichstag zu Augsburg* richtete sich nicht an die weltlichen Gesandten oder gar den Kaiser, sondern an die Vertreter der alten Kirche auf dem *Götzenreichstag*. Luther war nämlich der festen Überzeugung, daß nicht den Kaiser, diesen *vortrefflichen Jüngling*, sondern allein die Bischöfe und den Papst die Schuld am Religionsstreit treffe. Und wenn er noch so schlechte Nachrichten aus Augsburg hörte, so wollte er doch *nicht glauben, daß seine kaiserliche Majestät es tue, sondern denken, daß es andere Tyrannen unter dem Namen seiner kaiserlichen Majestät tun und so den Namen des Kaisers vom Werk des Tyrannen unterscheiden*. Dieser *Tyrann* aber, der *verkappte Kaiser*, hinter dem die gesamte alte Kirche steckte, war für Luther natürlich niemand anderes als sein grimmiger Erzfeind Herzog Georg von Sachsen. Hier wird wieder einmal deutlich, wie schwach Luthers politisches Urteilsvermögen ausgebildet war, – der Kurfürst hatte schon recht gehabt, als er ihn vom glatten Parkett des Reichstages ferngehalten hatte. Auch in anderer Hinsicht durchschaute Luther von der Coburg aus die verwickelten Vorgänge in Augsburg kaum. Sein privates *Augsburgisches Bekenntnis* wurde in 500 Exemplaren verteilt, danach aber auf allerhöchste Anweisung hin konfisziert.

Nun erarbeiteten die evangelischen Theologen und Juristen einen eigenen Entwurf einer *Confessio Augustana*. Leider hatte sich nämlich die Erörterung von dogmatischen Fragen nicht, wie Melanchthon gehofft hatte, vermeiden lassen. Man schickte diesen Entwurf nach Co-

Veit Dietrich, der Sekretär Luthers auf der Coburg und spätere Leiter des
Nürnberger Kirchenwesens, beeinflußte durch seine liturgischen und katechetischen Schriften die Frömmigkeit des fränkischen
Luthertums für runde zwei Jahrhunderte

burg. In aller Eile überflog ihn Luther – der Bote wartete im Burghof – und äußerte sich in einem Gutachten an den Kurfürsten durchaus positiv dazu. Melanchthon hatte sich offenbar mehr erhofft, ja ausdrücklich gebeten: *Bestimme du über das ganze Schriftstück nach deiner Geistesart.* Doch Luther meinte, das würde sich *nicht schicken, denn ich nicht so sanft und leise treten kann.* Grundsätzliche Zustimmung und leise Kritik sind in diesem Urteil gleicherweise zu erkennen. Luthers Mißtrauen wurde in den folgenden Wochen allerdings stärker. Die Augsburger Freunde waren jetzt so in die Verhandlungen verstrickt, daß sie keine Briefe mehr schrieben. Später behaupteten sie, sie hätten doch welche geschrieben, aber die seien wohl verloren gegangen. Kurzum: Drei Wochen hörte Luther in seiner *Einöde* nichts aus Augsburg. Er war ausgesprochen beleidigt und ließ durch Veit Dietrich mitteilen, in Zukunft werde er überhaupt keine Briefe mehr aus Augsburg lesen. Nun waren die Augsburger Freunde ihrerseits entsetzt und baten Veit Dietrich, die Angelegenheit wieder ins Reine zu bringen. Das gelang wohl auch, denn wenig später meinte Luther treuherzig, es sei jetzt Zeit zum Beten, und *Zürnen vertrage sich nicht mit Beten.*

Die Gebete des Reformators hatten insofern Erfolg, als tatsächlich am 25. Juni die *Confessio Augustana* als kirchliches Bekenntnis des Luthertums vor Kaiser und Reich verlesen wurde. Aber das erste, was Melanchthon danach – *verelendet durch Sorgen und in einem Tränenstrom* – von Luther wissen wollte, war deprimierend genug. Er fragte an, *in welchen Stücken man denn nun Konzessionen machen könnte,* – und er nannte auch gleich die Punkte: die Abendmahlspraxis, die Stillmesse, den Zölibat und die Jurisdiktion der Bischöfe. Man muß sagen, daß der zarte, vorsichtige Melanchthon jetzt nervlich einfach überlastet war. In den Verhandlungen hinter den Kulissen verlor er mehr und mehr den Überblick. Dabei litt er unsäglich unter der Verantwortung, die jetzt allein auf ihm lastete. Tatsächlich war er ja, wie er selber sagte, *bisher Luthers Autorität gefolgt.* Jetzt in der großen Stunde, wo nicht weniger als die endgültige Spaltung der Kirche auf dem Spiel stand, mußte er aber ohne Luthers Rat entscheiden.

Luther sah seine Aufgabe in dieser Situation darin, die Freunde in Augsburg im Glauben zu trösten und für den Kampf zu stärken. Er tat das in einer Reihe meisterlicher Briefe an seinen Kurfürsten, an die Theologengruppe, an den Kanzler Brück, auch an den Württemberger Reformator Johann Brenz, der sich im Gefolge des Ansbacher Markgrafen befand, und natürlich an seinen Mitarbeiter Melanchthon. Was die Sachfragen betrifft, bleibt Luther ausgesprochen hart. Kann man nicht bezüglich der Priesterehe und der Messe in einen Kompromiß einwilligen? Nein! *Unser gnädiger Herr soll und will gar nichts bewilligen.* Könnte man sich nicht doch den Bischöfen unterstellen? Nein! *Die christliche Kirche hat keine Macht, einen Artikel des Glaubens zu setzen, denn sie tut nur, was Evangelium und Schrift gebieten.* Aber Dr. Eck hat sich doch zur Luther'schen Lehre von der Rechtfertigung bekannt! Nein! *Er verdammt die Bekenner dieses Glaubens; hättet ihr ihn lieber nicht gezwungen, so zu lügen.* Muß man aber nicht an die Einheit der Kirche denken? Wieder Nein! *Auf eine Einigung oder ein Zugeständnis dürft Ihr nicht hoffen; ich habe auch Gott nie darum gebeten.* Und wenn es Krieg gibt? *Mag der Friede soviel bedeuten als er will, der Urheber des Friedens und der Schiedsrichter der Kriege ist größer als der Friede und mehr als der Friede zu ehren. Unsere Aufgabe ist es, ganz schlicht zu glauben und zu bekennen.* Wie aber soll es dann in Augsburg weitergehen? Hier gibt Luther immer wieder den einen Rat: *Heim, heim! Unsere Sache ist erledigt; darüberhinaus werdet Ihr nichts Besseres oder Günstigeres erreichen.*

Das ist jedoch nur die eine Seite. In sämtlichen Briefen ringt Luther um die Glaubenszuversicht seiner Freunde. Glaube sei natürlich notwendig, damit die Angelegenheiten des Glaubens nicht ohne Glauben betrieben werden. Christus habe die Welt überwunden, – wie könne man da *die überwundene Welt mehr fürchten als den Überwinder?* Gott hat seine Sache fest in der Hand, und *geschieht nicht, was wir wollen, so geschieht doch etwas Besseres.* Und noch einmal gelingt Luther ein außergewöhnlicher Trostbrief. An den kursächsischen Kanzler Brück ist er adressiert und erzählt von dem *Wunder,* das Luther nachts erlebt, wenn er an sein Fenster tritt. Da sieht man das *schöne Gewölbe Gottes* mit den Sternen am Himmel; es stürzt nicht ein, obwohl keine Pfeiler zu sehen sind. Aber die Menschen suchen immer Pfeiler und möchten sie mit den Händen betasten, sonst *zappeln und zittern sie.* Ein anderes *Wunder* hat Luther gesehen. Eine schwere, dicke Wolke hing neulich über der Veste. Ein Regenbogen leuchtete hervor, und der hat sie wohl getragen. Aber die Menschen trauen dem dünnen Bogen nicht, sondern lassen sich von der schweren

Wolke in Angst und Schrecken versetzen. Nicht als Beweis des Glaubens, sondern als Illustration des Gottvertrauens dient dem Seelsorger hier die Natur und wird so zum *Wunder*.

Besonders denkt Luther an Melanchthon, von dem ihm Wenzeslaus Link berichtet hatte, er sei *kindischer denn ein Kind geworden*. Seine *sinnlosen Sorgen*, meint Luther, seien einzig in der Tatsache begründet, daß er der *Lenker der Welt*, ja Gott selber sein möchte. Er werde wesentlich gelassener in die Zukunft blicken können, wenn er bedenke, daß *diese Sache* keineswegs in seine Hand gelegt sei. Sehr richtig erkannte also Luther, wie sein Freund unter einem überspannten Verantwortungsbewußtsein litt. Er erkannte in diesen Wochen wohl auch die grundsätzliche Verschiedenheit der Charaktere: *In persönlichen Kämpfen bin ich schwächer und Du stärker; dagegen bist Du in öffentlichen Sachen wie ich in persönlichen! Denn Du verachtest Dein Leben, bist aber in Furcht um die allgemeine Sache. Ich dagegen bin in der Sache der Allgemeinheit ganz wohlgemut und ruhig, denn ich weiß gewiß, daß sie recht und wahr, ja Christi und Gottes eigene Sache ist und darum nicht so schuldbewußt zu erblassen braucht, wie ich für mich persönlich als Miniaturheiliger erblassen und zittern muß. Darum bin ich fast ein sorgloser Zuschauer. Fallen wir, so fällt Christus mit. Sei's drum, daß er fällt, – ich will lieber mit Christus fallen, als mit dem Kaiser stehen.*

Man hat später diese Einstellung als den *gläubigen Realismus* Luthers bezeichnet. Sie war sicher weniger realistisch, als vom Glauben geprägt. So konnte es jedenfalls im Augenblick erscheinen, und die Realpolitiker unter den protestantischen Fürsten haben Luther ja auch tatsächlich – politisch betrachtet – für einen Schwärmer gehalten. Im Rückblick wird man jedoch mit Verwunderung feststellen, daß nicht die Taktiker, sondern die Bekenner Recht behalten haben. Die Beziehungen Luthers zu seinen Augsburger Freunden wurden durch all die Auseinandersetzungen keineswegs getrübt. Er freute sich auf ihre Rückkehr, denn er wollte ihnen ja *den Schweiß nach diesem Bad abwischen*. Auch das besondere freundschaftliche Verhältnis zwischen Luther und Melanchthon hat durch die offenen Worte, die gewechselt wurden, nicht gelitten. Daß sie recht unterschiedliche Typen waren, hatten die Beiden schon vorher gewußt: *Ich bin dazu geboren, daß ich mit den Rotten und Teufeln muß kriegen, darum sind viele meiner Bücher stürmisch und kriegerisch; ich bin der große Waldbrecher, der die Bahn brechen muß. Aber Magister Philippus fährt säuberlich und stille daher, sät und begießt mit Lust, nachdem Gott ihm seine Gaben reichlich gegeben hat.* Genial und einfach zugleich ist in diesem Votum Luthers das formuliert, was die beiden Wittenberger Reformatoren voneinander unterschied und warum sie sich doch verbunden wußten; unterschiedlich waren ihre Gaben, gemeinsam aber die Aufgabe, die sie zu bewältigen hatten. Als Organisator des neuen Kirchenwesens und als Gründer zahlreicher Gymnasien in ganz Deutschland hat der Humanist unter den Reformatoren, Luther ergänzend und korrigierend, trotz mancher Streitigkeiten nach dessen Tod segensreich für die lutherische Kirche gewirkt, ohne dabei jemals seinen tiefen Willen zur Einigung der ganzen Christenheit aufzugeben.

Veit Dietrich, der treue *Famulus*, lebte noch bis 1535 als Hausgenosse Luthers im Schwarzen Kloster zu Wittenberg. Er schrieb weiter eifrig, was Luther auf dem Katheder, in der Predigt und bei Tisch sagte. Er sammelte Notizzettel und Briefe und bereitete Luthers Arbeiten für den Druck vor. So trat der Franke allmählich in die Fußstapfen des Niederbayern Georg Rörer aus Deggendorf, der sich mehr und mehr der Sammlung und Erhaltung des Gesamtwerkes von Luther zuwandte. Veit Dietrich kehrte schon 1535 in seine Heimatstadt zurück. Hier begann eigentlich erst seine selbständige Arbeit. In kürzester Zeit avancierte er als Pfarrer von St. Sebald neben Osiander zum Leiter des Nürnberger Kirchenwesens.

Veit Dietrich schrieb einmal während dieses denkwürdigen Sommers an Melanchthon, er könne sich über Luthers Freude, Glaube und Hoffnung nicht genug wundern. Freilich sei das alles nicht verwunderlich, denn *er nährt sich ohne Unterlaß durch eifriges Studium des Wortes Gottes,* und er betet täglich *zumindest drei Stunden.* Einmal habe er, Veit Dietrich, Luther beim Beten überrascht: *Der bittet Gott mit so großer Ehrfurcht und mit solchem Glauben und mit solcher Hoffnung, daß man meint, er rede mit einem Vater und mit einem Freund.* Vielleicht enthüllt diese kurze Notiz das Geheimnis des *Coburger Luther*. Meditation und Gebet erscheinen hier als Kraftquellen der christlichen Existenz. Aus der Hingabe an Gott empfing Luther jene innere Kraft, die er in diesem halben Jahr intensivster Arbeit als Theologe, Briefseelsorger und Reformator seiner Kirche benötigte.

7. KAPITEL

Die süddeutsche Reformationsgeschichte im Spiegel der Augsburger Reichstage

Zur ersten offiziellen Begegnung seit der Reformation vor mehr als 450 Jahren reisten im Frühsommer 1971 einige tausend evangelische und katholische Christen in die schwäbische Metropole Augsburg. Das *Ökumenische Pfingsttreffen*, vom Deutschen Katholikentag und vom Evangelischen Kirchentag gemeinsam arrangiert, war zunächst für Frankfurt geplant. Die Verlegung vom Main an den Lech wurde in der kirchlichen Publizistik durchweg als ein Ausweichen in die ruhigen Gefilde der Provinz interpretiert. Die Vermutung, allein schon die Wahl des Tagungsortes habe der Entschärfung der ökumenischen Christenversammlung dienen sollen, mußte von den Augsburgern eigentlich als Kränkung empfunden werden. Denn in kaum einer anderen Stadt Deutschlands wurde die religiöse Diskussion des 16. Jahrhunderts heftiger und intensiver geführt. Freilich: Kaum eine andere Stadt bemühte sich auch früher um ein tolerantes und geordnetes Nebeneinander der beiden Konfessionen. Wie man sich um der Wahrheit willen streiten, aber um der Liebe willen tragen muß, dafür ist die Geschichte dieser Stadt ein Beispiel.

Wie jedes bedeutungsvolle Ereignis der Geschichte vollzog sich auch die Reformation auf sehr unterschiedlichen Ebenen. Die Kritik an den kirchlichen Zuständen war wohl eine ihrer Voraussetzungen, aber nicht eigentlich das Neue, das Aufsehenerregende. Denn *gemeckert* wurde das ganze Spätmittelalter hindurch, – ziemlich grob und meist begründet, in Wort und Bild, gereimt und in Prosa. Anlässe waren das liederliche Treiben der *Meßpfaffen* und Klosterbrüder, das glanzvolle Leben der Kirchenfürsten in den erzbischöflichen Palästen und die Finanzpolitik der römischen Kurie, die die christgläubigen Deutschen zu ruinieren drohte.

Die reformatorische Bewegung nahm den Protest dagegen wohl auf. Ihre eigentliche Wurzel aber lag nicht hier, sondern in einer neuen religiösen Erkenntnis. Diese machte als Luthers *Rechtfertigungslehre* später Schlagzeilen in der Theologiegeschichte. Zunächst war sie jedoch alles andere als eine *Lehre*. Auch *neu* war sie, streng genommen, nicht, – wenn man jene Linie theologischer Tradition verfolgt, die im Gleichnis vom verlorenen Sohn beginnt und über den Römerbrief eines Paulus und die Gnadenlehre eines Augustin in einzelne Schulen der mittelalterlichen Dogmatik einmündete. Der Mensch ist Gott *recht*, nicht aufgrund seiner eigenen moralischen Qualität, sondern dank der geschenkten *fremden* Gerechtigkeit Christi. Diese Gewißheit hatte sich der Augustinermönch und Professor nicht in Büchern zusammengelesen. Er hatte sie in einer jahrelangen, existenzgefährdenden Auseinandersetzung mit der heiligen Schrift, der kirchlichen Tradition und dem eigenen Gewissen erkämpft. Nun wurde diese Erkenntnis von ihm und seinen Bundesgenossen als die große Freiwerdung des mittelalterlichen Menschen propagiert: Als Befreiung von einer das Gewissen bedrückenden Kirche und als Ermutigung zu einem selbstverantworteten Handeln. Doch man wird zugeben müssen, daß diese reformatorische Erkenntnis erst geschichtsbildende Kraft gewann, als sie in der Breite des Volkes verstanden und akzeptiert wurde. Daß dies tatsächlich geschah, ist nicht nur Luther und seiner persönlichen Ausstrahlungskraft, sondern auch Gutenberg und seinen Druckernachfahren zu danken. In einer wahren Sturzflut von Papier – von Flugschriften, Traktaten, Sermonen, Liedersammlungen, Spottgedichten und Holzschnitten – ergoß sich das reformatorische Gedankengut über das Reich Karls V. So wurde im zersplitterten Reich der Klein- und Kleinstaaten noch einmal Wirklichkeit, was Deutschland später, als es eine politische Einheit bildete, nie mehr erleben sollte: Eine geistig-theologische Erkenntnis wuchs sich zu einer umfassenden religiösen Erneuerungsbewegung aus.

Die Entscheidung über deren Fortbestand und Weiterentwicklung fiel jedoch auf einer anderen, dritten Ebene, im Raum der Politik nämlich. Von einem bestimmten Zeitpunkt an nahmen sich die weltlichen Herren in ihren juristischen Kanzleien und auf den Versammlungen der Reichstage der kirchlichen Frage an. Hier avancierte das Religionsproblem neben den beiden Dauerthemen, der Türkengefahr im Südosten und der kaiserlichen Streitpolitik mit Frankreich, allmählich zum dritten und schließlich zum vorherrschenden Tagungsordnungspunkt.

Diese drei Ebenen, auf denen sich die Reformation zu Beginn des 16. Jahrhunderts vollzog, lassen sich für den, der vereinfachende Schematisierungen wenn nicht für legitim, so doch für möglich hält, auch zeitlich fixieren. Martin Luthers neue Erkenntnis von der Rechtfertigung des Menschen lag in den großen reformatorischen Schriften des Jahres 1520 so gut wie abgeschlossen vor. Was danach kam, war, wenn es gut war, eine Entfaltung dieses evangelischen Zentraldogmas.

Als spontan sich ausbreitende Volksbewegung präsentiert sich die Reformation der Geschichtsbetrachtung etwa bis 1525. Das Chaos der Bauernkriege markiert hier ebenfalls einen deutlichen Einschnitt. Zahlreiche Städte und Gebiete auch im süddeutschen Raum öffnen sich zwar erst nach diesem Zeitpunkt der lutherischen Lehre. Dies geschah jedoch nicht mehr spontan, sondern als Folge einer obrigkeitlich angeordneten, regelmäßigen evangelischen Predigt.

Im Jahre 1524/25 setzte mit den ersten Bündnissen auf beiden Seiten die Politisierung der Reformation ein. Die vielen Reichstage mit ihren widerspruchsvollen Entscheidungen fanden durchweg in den alten süddeutschen Kaiserstädten statt, – in Worms, Speyer, Nürnberg, Regensburg und Augsburg. Vor allem in das *goldene Augsburg* – vor 450 Jahren eben keineswegs Provinz – zog es die Vertreter der Reichsstände immer wieder. So sind denn wesentliche Wendepunkte in der Geschichte des Protestantismus im 16. Jahrhundert für immer mit dem Namen dieser schwäbischen Stadt verknüpft: 1530 das Bekenntnis, 1548 die Niederlage und 1555 der Friedensschluß.

DIE GEBURTSSTUNDE DES DEUTSCHEN PROTESTANTISMUS

Die Lage der protestantischen Stände, vor allem in Süddeutschland, hatte sich im letzten Jahr vor dem denkwürdigen Reichstag in Augsburg gefährlich zugespitzt. Aus dem weitherzigen Reichstagsbeschluß von 1526 hatten alle zunächst das Recht abgeleitet, die Kirchenangelegenheit in ihren Gebieten selbständig zu regeln. Wie man es *gegen Gott und kaiserliche Majestät zu verantworten getraue*, so sollten sich die evangelischen Stände bis zu dem immer wieder stürmisch geforderten und vom Kaiser in Aussicht gestellten Nationalkonzil verhalten. Gemeint war das als eine Vertagung der ungelösten Glaubensfrage. Die Evangelischen aber interpretierten den Beschluß als Freibrief zur Durchführung der Reformation in ihren Territorien. Sie taten das mit einem guten Gewissen, denn was sollten sie anderes, wenn nicht vor dem Kaiser, so doch vor Gott sich zu verantworten getrauen?

Schmal und rechtlich keineswegs eindeutig war diese Basis, auf der die evangelischen Stände operierten. Um so entschlossener waren die Protestanten, sie zu nutzen, zu verteidigen und, wenn irgend möglich auszubauen. Denn noch war ja das *Wormser Edikt* von 1521 nicht aufgehoben. Noch immer war es offiziell verboten, den Luther oder seine Anhänger *zu hausen, hofen, atzen oder tränken*; noch immer galt der Befehl, die evangelischen Bücher zu verbrennen, und noch immer durfte man sich der Güter der Lutherischen bemächtigen. In der Praxis beachtete zwar kaum jemand mehr diese Resolution, die einst von einem beschlußunfähigen Reichstag noch in aller Eile verabschiedet worden war. Aber Kaiser Karl V. hielt zäh an ihr fest und mahnte in regelmäßigen Abständen von Spanien, Frankreich oder Italien aus: *Das Edikt! Das Edikt!*

So standen sich also zwei Rechtspositionen gegenüber, die sich eigentlich ausschließen mußten: Das *Wormser Edikt* von 1521 und der Speyerer Beschluß von 1526. Welche würde sich behaupten?

Die Auseinandersetzung darüber wurde auf dem zweiten Speyerer Reichstag 1529 geführt, der als Geburtsstunde des deutschen Protestantismus in die Reformationsgeschichte eingegangen ist. Kaiser Karl V. (1519-1556), nun bald zehn Jahre von Deutschland abwesend und mit halb Europa im Krieg liegend, hatte ihn einberufen. Eine vorübergehende Verständigung mit Frankreich und dem Papst hatte ihm freie Hand gegeben. Geld brauchte Karl vor allem von den deutschen Fürsten, denn die Türken standen unmittelbar vor den Grenzen und bedrohten die österreichischen Erblande. Das war das spezielle Problem des kaiserlichen Bruders und Statthalters, der die Verhandlungen in Speyer führen sollte. Erzherzog Ferdinand vertrat die Ansicht, nur

Das Mögelsdorfer Konfessionsbild von Andreas Herneisen, entstanden um 1601. Es stellt die Überreichung des Augsburgischen Bekenntnisses an Kaiser Karl V. dar und schildert in bildlich-lehrhafter Weise im Hintergrund das kirchliche Leben des orthodoxen Luthertums: Abendmahl unter beiderlei Gestalt, Katechismusunterricht und Trauung, Taufe, evangelische Beichte, Predigt und Fürbitte

Zum Symbol der evangelischen Bewegung im Reformationszeitalter entwickelte sich der Laienkelch. Der Goldkelch von St. Anna in Augsburg (siehe übernächste Seite) wurde 1635 von der Bürgerschaft gestiftet und zur Zeit der Säkularisation von ihr in Verwahrung genommen. Noch heute wird er zu Abendmahlsfeiern benutzt

Vorkämpfer der Reformation waren auf den Reichstagen in der ersten Hälfte des 16. Jahrhunderts vor allem die freien Reichsstädte Süddeutschlands

Nürnberg

Kempten

Memmingen

Regensburg

Ulm

Konstanz

Augsburg

1526
VIVENTIS·POTVIT·DVRERIVS·ORA·PHILIPPI
MENTEM·NON·POTVIT·PINGERE·DOCTA
MANVS

Aula Mariana, cum Palatio Episcopali. Fron-Hoff, samt der Pfalz.

Simon Grim delin. et fec. Augustæ.

Der theologische Führer
der evangelischen Partei auf den
Augsburger Reichstagen
war der Humanist und Reformator
Philipp Melanchthon,
von dem Albrecht Dürer einen
seiner gelungensten Kupferstiche
anfertigte

Der Fronhof in Augsburg,
wo in dem Fachwerkbau
in der Mitte 1530 das offizielle
Bekenntnis des Luthertums
verlesen wurde

Kurfürst
Johann Friedrich von Sachsen
nach der Niederlage der
Protestanten auf dem
geharnischten Reichstag
zu Augsburg 1548

Spottbild auf das Interim von 1548, das von den süddeutschen Protestanten durchweg als ein fauler Kompromiß abgelehnt wurde. Nebenstehend Markgraf Albrecht Alcibiades, der kriegswütigste unter den protestantischen Fürsten

Albrecht von Gottes genaden Marggraff zu Bran-
denburg/zu Stetin/Pomern/der Wenden vnd Cassuben Hertzog/Burggraff
zu Nürnberg/vnd Fürst zu Rugen.

Die Urkunde des Augsburger Religionsfriedens von 1555, der die kriegerische Auseinandersetzung beendete aber auch die Trennung der beiden Konfessionen besiegelte

ein religiös geeintes und dem alten Glauben verpflichtetes Reich werde ihm zuverlässig gegen die türkische Gefahr zur Seite stehen. Daher gedachte er, in Speyer die Hinhaltetaktik seines Bruders aufzugeben und der Reformation ein für allemal ein Ende zu bereiten.
Einem einzigen Mann hat es der deutsche Protestantismus zu verdanken, daß diese Pläne durchkreuzt wurden: dem Landgrafen Philipp von Hessen (1518-1567), der seit 1525 die Führung der evangelischen Partei übernommen hatte. Der Hesse, blutjung wie der Österreicher und ein geborener Politiker wie dieser, voll weitschauender Pläne und voll wagemutiger Entschlußfreudigkeit, war so bewußt evangelisch wie sein Gegenspieler katholisch. Unbeschadet der Tatsache, daß er selber nur über eine kleine Hausmacht verfügte, wurde Philipp die Seele der evangelischen Bündnisverhandlungen. Als die katholischen Stände 1524 in Regensburg und ein Jahr später im norddeutschen Dessau eine Koalition eingegangen waren, drängte er den mächtigen sächsischen Kurfürsten sofort energisch in ein evangelisches Verteidigungsbündnis. Rastlos arbeitete er dann am Ausbau dieses Zweierbündnisses zu einer breiten gesamtevangelischen und antihabsburgischen Front.
Philipps kühne politische Konzeption eines habsburgfreien und geeinten evangelischen Deutschland erschien manchem seiner Freunde zu gewaltig. Markgraf Georg von Brandenburg-Ansbach etwa war als guter Lutheraner nicht bereit, gegen seine Obrigkeit, den Kaiser, zu konspirieren und um des Glaubens willen zum Schwert zu greifen. Auch die Wittenberger Theologen wurden nicht müde, den feurigen Hessen vor allzu großer Freundschaft mit den zwinglianisch unterwanderten Oberdeutschen zu warnen. So blieben alle Bemühungen Philipps zunächst erfolglos.
In Speyer nun traten sich Philipp und Ferdinand gegenüber, der eine vierundzwanzig, der andere sechsundzwanzig Jahre alt. Das Schicksal der Reformation in Deutschland stand auf dem Spiel. Die Eröffnung des Reichstages löste unter den Evangelischen geradezu einen Schock aus. Ferdinand ließ eine kaiserliche *Proposition* verlesen. In ihr hieß es, der Beschluß von 1526 sei *bisher von vielen unter den Ständen des heiligen Reiches nach ihrem Gefallen verstanden, ausgelegt und erklärt worden;* er werde hiermit *kassiert und für ungültig erklärt, – alles aus kaiserlicher Machtvollkommenheit.* Sofort äußerten die Evangelischen die Vermutung, dieses kaiserliche Votum komme gar nicht aus Spanien.

Beweisen konnte das damals niemand; erst 400 Jahre später stellte sich heraus, wie recht sie mit ihrem Mißtrauen hatten. Die Proposition war tatsächlich ein Werk Ferdinands. Ein schnell eingesetzter Ausschuß, in dem sich unter achtzehn Mitgliedern auch drei evangelische Vertreter befanden, milderte die Vorlage zwar an einigen Punkten, hielt aber daran fest, daß in den altgläubigen Gebieten jegliche Reformation zu unterbleiben und in den *ketzerischen* Territorien weiterhin die lateinische Messe zu lesen sei.
Ebenso gefährlich wie diese Bestimmung waren die Versuche der katholischen Partei, die Städte von den Fürsten und die Lutherischen von den Oberdeutschen zu trennen. Doch die Abgesandten Nürnbergs – Christoph Tetzel, Michael von Kaden, Christoph Kress von Kressenstein und Bernhard Baumgärtner sowie der Straßburger Jakob Sturm und der Gesandte Memmingens, Hans Ehinger, durchschauten dieses Taktik. Sie alle warnten davor, jetzt das Evangelium zu verraten, und suchten engen Kontakt zu den sächsischen und hessischen Räten. Als sich der kaiserliche Statthalter die Vertreter der Städte besonders vornahm, erklärte Jakob Sturm im Namen von vierundzwanzig Städten, unter denen sich auch nahezu alle schwäbischen und fränkischen Städte befanden, man wolle dem Kaiser *in allen zeitlichen Dingen so gehorsam sein, wie die Vorfahren.* In Glaubensdingen habe man allerdings nur *nach dem Gewissen und der Lehre des Evangeliums* zu handeln.
Auch die Instruktionen, die der Nürnberger Rat seinen Gesandten in Speyer erteilte, ließen an Eindeutigkeit nichts zu wünschen übrig: *Wir können wohl bedenken, daß die Sachen zum Höchsten und Schärfsten stehen, und daß es ganz beschwerlich und besorgniserregend ist, in dieser Sache den größten Teil aller Stände gegen sich zu haben. Aber ein jeder, der Vernunft hat und ein Christ sein will, muß ja bekennen, daß es weit gefährlicher, schädlicher und nachteiliger ist, Gott den Allmächtigen, von dem wir Seele, Leib, Ehre und Gut und alles auf Erden empfangen haben, zu verleugnen und gegen sich zu haben. Es gehe darum, wie es nun Gott ordnen und schicken mag, so werden wir doch um keines Menschen willen abweichen.*
Doch Ferdinand bestellte die evangelischen Stände auf das Rathaus und ließ erklären, die Majorität habe für die Wiederherstellung der alten Glaubens- und Besitzverhältnisse im Reich gestimmt und die Aufhebung des unklaren Toleranzbeschlusses von 1526 festgesetzt.

In aller Eile brachten die Evangelischen nun ihren Protest zu Papier. Inhaltlich war das keineswegs eine Kritik an der alten Kirche und ihrer Lehre. Es ging den Protestierenden um Frieden, Recht und Gewissen. Der Mehrheitsbeschluß zerstöre die Einheit unter den deutschen Ständen, er verletze einen anderen gültigen Reichstagsabschied, und er lasse die Gewissensbedenken der Minderheit unberücksichtigt. *So protestieren und bezeugen wir hiermit öffentlich vor Gott, unserm einigen Schöpfer, Erhalter, Erlöser und Seligmacher, der allein unser aller Herzen erforscht und kennt, auch danach recht richten wird, und vor allen Menschen und Kreaturen, daß wir für uns und die Unsern in den genannten Abschied, der gegen Gott, sein heiliges Wort, unser aller Seelenheil und gut Gewissen, aber auch gegen den vorigen Speyerer Reichsabschied beschlossen worden ist, nicht einwilligen, sondern ihn für nichtig und unbündig halten.*

Als Begründung nannten die Protestanten die unmittelbar im Gewissen empfundene Verantwortung vor Gott. Dieser Umstand erlaubt es tatsächlich, im Speyerer Protest von 1529 die Geburtsstunde des Protestantismus zu sehen.

Das erste allgemein-evangelische Dokument trug die Unterschrift von sechs Fürsten und vierzehn Städten. Zu den Unterzeichnern gehörten Kurfürst Johann von Sachsen, Landgraf Philipp von Hessen, Markgraf Georg von Brandenburg-Ansbach, Fürst Wolfgang von Anhalt und die Herzöge Ernst und Franz von Braunschweig-Lüneburg. Unter den Städten befanden sich natürlich das Dreigestirn Nürnberg, Ulm und Straßburg, aus dem Schwäbischen daneben Konstanz, Lindau, Memmingen, Kempten, Nördlingen, Heilbronn und Reutlingen sowie Weißenburg und Windsheim in Franken. Voller Bewunderung meinte Hans von Seckendorff-Aabendar aus dem Gefolge des Ansbacher Markgrafen: *Einige dieser Reichsstädte sind von schwachen Kräften, um so viel mehr aber zu rühmen, weil sich ihr Eifer nicht auf eigene Macht, sondern allein auf die gerechte Sache gründet.*

Für den weiteren Verlauf der Reformation wurde der Speyerer Reichstag von entscheidender Bedeutung. Denn hier hatten sich das erstemal über die Grenzen der Stände hinweg Fürsten, Bürgermeister und Räte zu einer gemeinsamen Aktion zusammengefunden. Die um die Reformation der Kirche ringenden Stände – die Laien und nicht die Theologen – hatten sich der Öffentlichkeit als eine Gemeinschaft vorgestellt. In Zukunft konnte man nicht mehr einfach von einzelnen *lutherischen Ketzern* sprechen, man mußte mit einer sich formierenden Gruppe rechnen, einer Splittergruppe noch, aber einer, die nun entschlossen war, auch auf der Ebene der Politik für die Erneuerung der Kirche zu kämpfen. *Es war eine fröhliche Erhebung,* schrieb ein Gesandter aus Speyer nach Hause. Etwas realistischer fiel der Brief Hans Ehingers an den Rat seiner Heimatstadt aus. Er schrieb: *Laßt allenthalben recht nach dem Geschütz sehen, laßt die hohen Türme abtragen und arbeiten, was zur Befestigung der Stadt dienlich ist. Einem rauhen, scharfen, harten Wind müssen wir Widerstand leisten.*

Von den beiden stürmischen jungen Männern unter den Fürsten konnte Philipp von Hessen zweifellos zufriedener nach Hause zurückkehren als Ferdinand. Er war mit seinen Bündnisplänen ein gutes Stück weitergekommen. Kursachsen und Hessen hatten zusammen mit Nürnberg, Straßburg und Ulm am Rande des Reichstages ein Geheimabkommen zum Schutz gegen eventuelle Angriffe abgeschlossen – *von wegen des göttlichen Wortes und christlichen Glaubens.*

Doch das reichte dem engagierten Hessen nicht. Philipp gedachte, die Gunst der Stunde für seine antihabsburgischen Großraumpläne zu nutzen. Gegen Kaiser und Papst sollte nicht nur ein lahmes Verteidigungsbündnis, sondern ein aktiver, schlagkräftiger Weltbund geschlossen werden. So suchte er erneut den Kontakt zu den übrigen oberdeutschen Städten und zur Schweiz. Hier war Ulrich Zwingli (1484–1531), im Gegensatz zu Luther ein kühler politischer Kopf, schon längst zu der Überzeugung gekommen, daß der Weg der Reformation am sichersten mit der Waffe in der Hand zu erkämpfen sei. Zu seinem großen Mißfallen war 1529 der Ausbruch eines Bürgerkrieges im letzten Augenblick verhindert worden. Seine politischen Pläne, wie bei Philipp von einem abgrundtiefen Haß gegen das habsburgische Imperium diktiert, gingen weit: Frankreich sollte den Kaiser im Westen, der Ungarnkönig seinen Konkurrenzkönig Ferdinand im Osten in Schach halten. Geheime Diplomaten erkundeten darüberhinaus am dänischen Hof die Bereitschaft zur Beteiligung an einem antihabsburgischen Europabündnis. Zwingli dachte sogar daran, Venedig in diese Allianz hineinzunehmen. Von der Nordseeküste über die nieder- und mitteldeutschen Fürsten und die oberdeutschen Städte bis zur Schweiz und an die Adria sollte sich dieser Wall ziehen. Philipp von

Hessen war von dieser phantastischen Idee sehr angetan, galt doch die Schweiz als die potentiell stärkste Militärmacht Europas. Ihre offizielle Aufnahme in eine gesamtevangelische politische Partei hätte diese mit einem Schlag mächtiger gemacht als die katholische Koalition im ganzen.

Doch Philipp hatte nicht mit dem deutschen Luthertum gerechnet, das revolutionären Ideen schon damals uninteressiert gegenüberstand, in Fragen der Lehre jedoch äußerst unnachgiebig diskutieren konnte. Genau hier lagen aber die Probleme: der Kaiser war die rechtmäßige Obrigkeit, gegen die man nicht den Aufstand proben, und die Zwinglianer waren die schrecklichen Ketzer, mit denen man sich nicht verbünden durfte. So jedenfalls dachten die Nürnberger Ratsherren, allen voran der einflußreiche Stadtpolitiker Lazarus Spengler, und das war auch die Ansicht des lutherischen aber kaisertreuen Markgrafen im Ansbacher Schloß. An Johann den Beständigen, den sächsischen Kurfürsten, schrieb Luther persönlich einen Brief. Er habe gehört, daß *ein neues Bündnis vorhanden sei* und hoffe, Gott werde dem Kurfürsten *seinen Geist und Rat geben, daß er sich nicht mit darein flechten und binden lasse.* Der Landgraf sei doch ein arg unruhiger, junger Fürst, der nicht stillhalten könne. Ein Bündnis mit den *mutwilligen Feinden Gottes,* den Zwinglianern nämlich und ihrem oberdeutschen Anhang – *das ist das Allerärgste.* Im übrigen ist Luther der Meinung, Kinder des Glaubens haben ihr Vertrauen auf Gott zu setzen, der *ohne den Landgrafen* bisher wunderbar geholfen hat. Summa summarum: Der Herr behüte den Kurfürsten vor allen diesen *listigen Anläufen und Versuchungen des Teufels.*

Kein Geringerer als Ranke hat gemeint, die *reine Gewissenhaftigkeit* dieser Einstellung als Zeugnis eines großartigen Glaubens rühmen zu können: *Politisch klug war es nicht, aber es war groß.* Man tut dem Reformator kein Unrecht, wenn man dieses Urteil verschärft und zugibt, daß Luthers Gottvertrauen ausgeprägter war als sein politischer Instinkt. Er, der nie aufhören konnte, den Realpolitiker Zwingli als Schwärmer zu apostrophieren, argumentierte auf der Ebene der Politik zweifellos schwärmerischer als sein eidgenössischer Reformationskollege.

Der theologische Hauptstreitpunkt zwischen den Züricher und den Wittenberger Theologen betraf die Abendmahlslehre. Philipp sah ein, daß er aus der Welt geschafft werden mußte, sollten seine politischen Pläne sich erfüllen. Er ergriff selber die Initiative und lud die streitenden evangelischen Theologen in sein Schloß oberhalb der Lahn ein. Doch das *Marburger Religionsgespräch* verlief so ergebnislos wie alle theologischen Disputationen jener Zeit. Luthers klassisches Votum gegenüber den Schweizern – *Ihr habt einen anderen Geist als wir* – zerstörte des Landgrafen weitreichende politische Pläne. Die Folge war, daß die Sachsen und die Franken nun im thüringischen Schleitz ein Bündnis schlossen. Wer von den Speyerer Protestanten beitreten wollte, mußte die sogenannte *Schwabacher Artikel* unterschreiben, ein aus der Feder Luthers stammendes Lehrdokument.

DAS LUTHERTUM LEGT SEIN BEKENNTNIS VOR

Das war der Stand der Dinge, als Kaiser Karl V. sich Anfang 1530 anschickte, die Lösung der Religionsfrage selber in die Hand zu nehmen. Mit seinen alten Erbfeinden Frankreich und dem Papst hatte er wieder einmal einen günstigen Frieden geschlossen, und das Türkenheer war unverrichteter Dinge von dem tapfer verteidigten Wien abgezogen. Großmütig klingt daher das Schreiben, mit dem der Kaiser zum Reichstag nach Augsburg einlädt. Er wünscht, die *Zwietracht hinzulegen, vergangene Irrsal unserem Heiland zu ergeben und ferner eines jeden Gutdünken, Opinion und Meinung in Liebe und Gütigkeit zu hören, zu erwägen und zu einer christlichen Wahrheit zu bringen.*

Über diesen freundlichen Ton war man in den evangelischen Kreisen einigermaßen überrascht. Das klang ganz nach einer Nationalversammlung, die man seit 1524 immer wieder verlangt hatte. Luther sprach von einem langersehnten *Tag des Heils,* und sein Kurfürst forderte alle protestantischen Stände zu vollständigem Erscheinen in Augsburg auf. Auch der Nürnberger Rat stellte voller Befriedigung fest, daß die Einladung *ganz mild und gnädiglich gestellt* sei. Vorsichtig fügten die Nürnberger allerdings hinzu: *Ob nun die Sache diesem Ausschreiben gemäß zu traktieren fürgenommen, oder, wie zu vermuten, in anderer Weise behandelt wird, wird das Ende mit der Zeit anzeigen.* Ganz und gar skeptisch blieb allein der Realpolitiker unter den evangelischen Fürsten, Philipp von Hessen.

*Die erste Garde der altgläubigen Theologen – wie sie die Protestanten sahen (von links nach rechts) –:
Thomas Murner, Hieronymus Emser, Papst Leo X., Johannes Eck und D. Lemp*

Tatsächlich stellte die Einladung nach Augsburg eine große Täuschung dar. Der Kaiser dachte gar nicht daran, den Evangelischen entgegenzukommen. Im Friedensschluß von Barcelona hatte er sich ja verpflichtet, nach einem nochmaligen gütlichen Versuch mit aller Strenge gegen die deutschen Ketzer vorzugehen. Und bevor ihm der Papst in Bologna die Krone aufs Haupt setzte, mußte Karl V. noch einmal schwören, alle Rechte, Ehren und Besitztümer der katholischen Kirche zu verteidigen. Wie das zu verstehen war, konnte der Kaiser einer Denkschrift entnehmen, die ihm der päpstliche Legat Campeggi unterwegs überreichte. Sie forderte die strikte Durchführung des *Wormser Edikts*, Versprechungen und Bestehungen für die evangelischen Fürsten, notfalls aber Einführung der spanischen Inquisition und *Ausrottung aller lutherischen Ketzer mit Feuer und Schwert.*

Inzwischen bereitete man in Augsburg mit *aller nur menschlichen und möglichen Vorsicht* – wie ein damals beliebter Ausdruck lautete – den Reichstag vor. Die Stadt gehörte nicht zu den *ungehorsamen Städten* von Speyer. Trotzdem blickte der Rat mit großer Sorge in die Zukunft. Er kannte die Einstellung des *groben Volkes,* das fest zu seinen evangelischen Predigern stand: zu Michael Keller an der Barfüßerkirche, dem Führer der Zwinglianer, der es so ausgezeichnet verstand, in der Sprache des Volkes die evangelischen Lehren zu verbreiten, und zu den lutherischen Geistlichen Johannes Frosch und Urbanus Rhegius. Jahrelang hatte sich der Rat mit den Theologen der drei großen Parteien, den Lutheranern, Zwinglianern und *Papisten,* herumgeschlagen und sie zum Frieden gemahnt. Mehr als einmal hatte er die im Volk verhaßten *Meßpfaffen* aus dem Domviertel, die sich kaum mehr auf die Straßen wagen konnten, in Schutz nehmen müssen. Vorsorglich wurden daher jetzt die zu Absperrungszwecken vorgesehenen Ketten erneuert und zusätzliche 400 Landsknechte angeworben. Sie sollten zusammen mit zuverlässigen Bürgern die wichtigsten Plätze und Tore der Stadt absichern. Viel Geld hätte mancher Augsburger gerne gezahlt, wenn er den Reichstag *an einen anderen Ort hätte kaufen können.*

Wie immer verzögerte sich der offizielle Beginn des Reichstages. Als erster traf Kurfürst Johann der Beständige von Sachsen (1525-1532) mit 200 Pferden und fünf Wagen in der Stadt am Lech ein. Besonderes Aufsehen erregte der Landgraf von Hessen, den die Augsburger Bürger wegen seines stolzen Auftretens den *Makedonier* unter den Fürsten nannten. Selbstbewußt hatte er seinen 120 Landsknechten auf den linken Ärmel die Initialen V.D.M.I.E. sticken lassen: *Verbum Domini manet in eternum – Das Wort des Herrn bleibt in Ewigkeit.* Seine Feinde hatten freilich bald eine andere Deutung herausgefunden: *Und du mußt ins Elend.* Auch Markgraf Georg von Brandenburg-Ansbach (1515-1543) war mit seinem Gefolge eingetroffen und besprach sich mit den Vertretern Nürnbergs, den beiden Ratsherren Christoph Kress und Clemens Volkamer. In den Wochen vor der Ankunft des Kaisers hielten die evangelischen Stände engen Kontakt miteinander; man beratschlagte, man vergnügte sich mit *Springen und Laufen,* und man protzte mit seinen Predigern.

Die Fürsten und Gesandtschaften hatten ihre angesehensten Geistlichen mit nach Augsburg gebracht. So nahm der Reichstag schon vor Beginn die Form eines Theologen-Kongresses an. Vor allem die altgläubige Partei hatte in Anbetracht der Tagesordnung ihre besten Leute geschickt: Johannes Eck aus Ingolstadt, Johann Cochläus und Konrad Wimpina. Unter den Lutheranern befanden sich Magister Philipp Melanchthon, Johann Agricola aus Eisleben, Justus Jonas, der kursächsische Hofkaplan Georg Spalatin, die Württemberger Johann Brenz und Erhard Schnepf, Adam Weiß aus Crailsheim und Hans Rurer aus Ansbach sowie zeitweise der Nürnberger Starprediger Andreas Osiander. Ihre Verbindungsleute in der Stadt waren Urbanus Rhegius und der ehemalige Karmeliterprior Frosch. Einzig Martin Luther fehlte. Ihn hatte der vorsichtige Kurfürst von Sachsen auf seiner Veste Coburg zurückgelassen. Auch die Zwinglianer waren in Augsburg durch ihre führenden Theologen Martin Bucer und Wolfgang Capito sowie durch eine lautstarke Garde Augsburger Prediger vertreten. Fast täglich standen alle diese Koryphäen der theologischen Zunft vor Beginn des Reichstags auf den Kanzeln der Stadt, – kritisch begutachtet von den Fürsten des deutschen Reiches und der Augsburger Bürgerschaft, die alles jetzt doch sehr aufregend fand und mit kräftiger Zustimmung nicht sparte, wenn auf den jeweiligen Gegner *redlich gehauen* wurde.

Dies alles änderte sich, als Kaiser Karl V. von München kommend am 15. Juni mit großem Pomp in Augsburg einzog. Mit Glockengeläut und Kanonendonner, Geschenken und Lobgesängen ließ er sich von den Vertretern der Stadt und vom Domkapitel huldigen. Noch am Abend des Einzugstages bestellte er die evangelischen Fürsten zu sich in die bischöfliche Pfalz. Sie sollten sofort ihre *Prädikanten abschaffen,* also die evangelische Predigt verbieten, denn Augsburg sei *seine Stadt.* Außerdem forderte Karl V. die Fürsten auf, sich am nächsten Morgen pünktlich zur Fronleichnamsprozession einzufinden. Beides ging den Protestanten entschieden zu weit. Markgraf Georg von Ansbach erhob sich und trat vor den Kaiser: *Ehe ich wollte Gott und sein Evangelium verleugnen, eher wollte ich hier vor Eurer Majestät niederknien und mir den Kopf abhauen lassen.* Der Kaiser wünschte keine Szene. Hoheitsvoll ließ er sich dazu herab, jene einzigen deutsch-flämischen Worte zu sprechen, die aus seiner Regierungszeit überliefert sind: *Niet Kop ab, löwer Fürst, niet Kop ab!* Der bedächtige und durchaus kaisertreue Georg verdankt dieser Abendstunde seinen Beinamen *der Fromme.* Karl V. richtete mit seinen Forderungen nicht viel aus. Die Protestanten versprachen, ihre Massenpredigtgottesdienste nur dann einzustellen, wenn der Kaiser auch der Gegenseite das Predigen verbiete. Karl sicherte das zu; eigens von ihm bestellte Geistliche würden *nur das reine Wort Gottes* verkündigen. Neugierig eilte das Volk am nächsten Sonntag in die *päpstlichen* Kirchen um zu erkunden, wie die kaiserlichen Prediger sich dieser Aufgabe entledigen würden. Sie zogen lachend wieder davon: man hatte einfach nur das Evangelium verlesen und überhaupt nicht gepredigt. Noch peinlicher verlief die Angelegenheit mit der Fronleichnamsprozession. Die protestantischen Fürsten blieben ihr geschlossen fern, von den Augsburgern sollen nur knapp hundert Personen dagewesen sein.

Daß mit dem Rat der gastgebenden Stadt nicht zu rechnen sein würde, erkannten die Evangelischen bei diesem Debakel der ersten Tage sofort. Die Augsburger Ratsherren sperrten ihren eigenen evangelischen Predigern die Kirchen. *Kluge Krämerseelen* nannte sie erbost aber nicht ganz zu Unrecht der Nürnberger Prediger Osiander. Und Martin Luther erregte sich brieflich über einen solchen Reichstag, auf dem das *Wort Gottes schweigen* müsse.

Bald zeigte sich nun, daß die evangelischen Stände gut daran getan hatten, die Verhandlungen in Augsburg durch ihre theologischen und juristischen Berater gründlich vorzubereiten. Markgraf Georg hatte sich von seinen fränkischen Superattendenten und Pfarrern ausführliche Gutachten anfertigen lassen. Auch die Nürnberger Gesandten verfügten über ein eigenes Arbeitspapier der reichsstädtischen Juristen und Theologen. Der sächsische Kanzler Gregor Brück hatte seinen Kurfürsten sofort nach Bekanntwerden der Ausschreibung gedrängt: man müsse bei Luther, Melanchthon, Justus Jonas und Bugenhagen eine schriftliche Dokumentation des *Glaubensstandes* in Sachsen bestellen. Weil dieses Gutachten dem Kurfürsten in Torgau vorgetragen wurde, nannte man es die *Torgauer Artikel*. Sie lagen einer Schutzschrift zugrunde, die Philipp Melanchthon nun in aller Eile zusammenstellte. In ihr war nur von den *Kirchengebräuchen* die Rede, von einzelnen Reformen, die die Evangelischen durchgeführt hatten und um deren Bestätigung sie den Kaiser in einer überaus freundlichen, persönlich gehaltenen Vorrede untertänig baten. Das Zutrauen zur obersten aller weltlichen Obrigkeiten war noch immer und vor allem bei dem irenischen Melanchthon unbegrenzt.

Der gescheite und streitfreudige Professor Eck jedoch sah tiefer und zwang die Protestanten zur Kursänderung. Genau 404 Sätze hatte er in den Schriften Luthers gefunden, die er als ketzerisch bezeichnete und zur öffentlichen Diskussion gestellt wissen wollte. Nun mußten die evangelischen Theologen und ihre Herren erkennen, daß man um den handfesten dogmatischen Disput nicht herumkommen konnte. Auf Grund der *Schwabacher Artikel* verfertigte Philipp Melanchthon eine Zusammenstellung der evangelischen Lehre und stellte sie den Artikeln über die strittigen Kirchenbräuche und Zeremonien voran. Bei dieser zweigeteilten *Apologie* (Verteidigungsschrift) handelt es sich um jene berühmte *Confessio Augustana*, die als das Augsburgische Bekenntnis bis heute das einigende Band aller lutherischen Kirchen in der Welt ist. Denn das war der zweite Erfolg des Eck'schen Angriffes: Markgraf Georg von Brandenburg packte seine Aktenstöße gar nicht erst aus, um ein eigenes Bekenntnis zu entwerfen, und die Nürnberger Gesandten empfanden diese Verteidigungsschrift auf einmal der ihrigen *gar nicht widerwärtig*. So wuchs sich in der Stunde der Not das sächsische zu einem allgemein lutherischen Bekenntnis aus, in dem sich zunächst die Wittenberger und die beiden führenden evangelischen Mächte in Süddeutschland, Markgraf Georg und die Reichsstadt Nürnberg, gemeinsam und verbindlich über die *neue Lehre* äußerten.

Daß diese lutherische Lehre in Wirklichkeit keinesfalls *neu* war, gehörte zur festen Überzeugung des geistigen Vaters der *Confessio Augustana*. Philipp Melanchthon (1497–1560), der führende theologische Kopf des Luthertums in Augsburg, wollte mit seinem Werk die Kontinuität der Reformation mit der alten und mittelalterlichen Kirche nachweisen. Dementsprechend glimpflich fiel dieses Bekenntnis aus. Das entsprach nicht nur den Erfordernissen der Stunde, so wie sie Melanchthon interpretierte, sondern auch und in erster Linie der Mentalität des Wittenberger Magisters.

Der Humanist Melanchthon war zutiefst von der bleibenden Gültigkeit der drei grundlegenden altkirchlichen Bekenntnisse überzeugt. Länger noch als Luther, und bestimmt noch in Augsburg, glaubte er an die *una sancta ecclesia catholica et apostolica*, die es lediglich ein wenig zu reformieren gelte. In der geistigen Nähe des großen Reformhumanisten Erasmus von Rotterdam war er daher um des konfessionellen Friedens willen zu Kompromissen bereit.

Über Gott, die Erbsünde, Christi Person und die Taufe, aber auch – mit nur minimalen Abstrichen – über die Einzelbeichte, das heilige Abendmahl und die Heiligenverehrung lehren *die Unsrigen* eigentlich, wie Melanchthon ausführt, nichts wesentlich Neues. Daß der *Leisetreter* dabei die dogmatische Position der Reformation ganz und gar verleugnet hat, wie später oft behauptet wurde, läßt sich nicht ohne weiteres sagen. So lautet etwa der entscheidende Artikel über die Rechtfertigung: *Es wird gelehrt, daß wir Vergebung der Sünde und Gerechtigkeit vor Gott nicht erlangen mögen durch unser Verdienst, Werk und Genugtuung, sondern daß wir Vergebung der Sünden bekommen und vor Gott gerecht werden aus Gnaden um Christi willen durch den Glauben, so wir glauben, daß Christus für uns gelitten habe und daß uns um seinetwillen die Sünde vergeben, Gerechtigkeit und ewiges Leben geschenkt wird.* Auch der folgende Artikel der Augsburgischen Konfession über das evangelische Predigtamt ist im Grunde eine kurze aber eindeutige Absage an die hierarchische Struktur der mittelalterlichen Kirche. Und wenn es in jenem berühmten Artikel über die Kirche heißt, zu ihrer wahren Einheit sei lediglich die Übereinstimmung in der Verkündigung und in der Verwaltung der Sakramente nötig und alle anderen Probleme damit als Formalien und *menschliche Traditionen* dem kirchlichen Pluralismus freigegeben werden, so steckt in dieser geistlichen Erkenntnis eine Kraft, deren Bedeutung für die gegenwärtige ökumenische Diskussion noch lange nicht ausgeschöpft sein dürfte. Das Urbekenntnis des Luthertums wollte gerade kein trutziges, abgrenzendes Sonderbekenntnis, sondern ein auf Verständigung zielendes, allgemein christliches Bekenntnis sein.

An einer anderen Stelle freilich – das sei nicht verschwiegen – gaben sich die Augsburger Lutheraner unnachgiebig. Mit den Zwinglianern und ihrem geistigen Anhang in Straßburg und in den oberdeutschen Städten wollten sie sich nicht verständigen. Sie wollten es nicht wegen der leidigen Abendmahlsfrage, in der sie sich der katholischen Transsubstantiationslehre näherfühlten, als dem zwinglianischen Spiritualismus. Und sie konnten es nicht, weil die in diesen Kreisen noch immer vorherrschende antihabsburgische Stimmung die politische Verständigung mit dem Kaiser gefährdete. So mußten die vier Städte Straßburg, Konstanz, Memmingen und Lindau ihr eigenes *Vierstädte-Bekenntnis* ausarbeiten und vorlegen.

Der denkwürdige Tag, an dem die *Confessio Augustana* dem Kaiser vorgetragen wurde, war der 25. Juni – jahrhundertelang im Luthertum mit besonderen Gedenkgottesdiensten gefeiert. Noch am Vortag hatte der immer stille und blasse Kaiser, der allen Verhandlungen düster dreinblickend folgte, deutlich zu verstehen gegeben, daß er einen öffentlichen Vortrag dieses Dokuments nicht dulden werde. Die evangelischen Fürsten erklärten jedoch, es ginge um ihre Seele, um ihre Ehre und um ihr Ansehen. Sie seien *zum Höchsten verunglimpft* worden und müßten sich jetzt öffentlich verantworten dürfen. Im übrigen enthalte das Dokument nur *das Notwendigste* und schmähe niemanden. Der Kaiser gab nach. Aber nicht im Rathaussaal, sondern nur in der kleinen Kapitelsstube der bischöflichen Residenz sollten die protestierenden Fürsten zu Wort kommen. Und nicht auf deutsch, sondern nur auf lateinisch. Doch der sächsische Kanzler Christian Beyer, der aus dem unterfränkischen Kleinlangheim stammte, protestierte; mit klarer Stimme las er die Verteidigungsschrift in deutsch vor. *Das währte drei Stunden, und er las so laut und so ganz wohl, daß*

Titelseite der Confessio Augustana, *dem Grundbekenntnis des Luthertums*

es ein Wunder war, – deshalb nämlich, weil die halbe Stadt im Hof Kopf an Kopf stand und jedes Wort verstehen wollte.

Die Wirkung dieses demonstrativen Aktes und des Bekenntnisses war ungeheuer. Justus Jonas meinte ein wenig überschwenglich, daß *dergleichen Bekenntnis nicht allein in tausend Jahren, sondern solange die Welt steht, nicht geschehen ist.* Auf der Coburg schrieb Martin Luther seinen berühmt gewordenen Kommentar zur Augsburgischen Konfession, bei dem sogar noch der leise Tadel in ein Lob für Melanchthon gekleidet war: *Sie gefällt mir sehr gut und ich weiß nichts daran zu verbessern oder zu ändern; es würde auch nicht passen, weil ich nicht so sanft und leise treten kann.* An einen Freund im fernen Zwickau schrieb er: *Ich freue mich über die Maßen, bis zu dieser Stunde gelebt zu haben, in der Christus durch so viele seiner Bekenner öffentlich in einer so großen Versammlung verkündigt worden ist mit diesem so überaus herrlichen Bekenntnis.*

Auch in Augsburg selber zeigte man sich erleichtert und beeindruckt. Die Nürnberger Gesandtschaft meldete nach Hause, daß sich *Ihre Majestät ob solchem Handel gar nicht ungnädig gestellt habe.* Immer mehr evangelische Stände solidarisierten sich mit dem Dokument und setzten ihre Unterschrift darunter. Christoph von Stadion, der reformmutige Bischof der Reichsstadt, soll in privaten Gesprächen geäußert haben: *Es ist alles, was abgelesen wurde, die Wahrheit, die reine Wahrheit.* Sogar Eck fühlte sich für einen Augenblick geschlagen. Als der bayerische Herzog ihn fragte, ob er sich eine Widerlegung der *Confessio Augustana* zutraue, antwortete er, mit den Vätern wolle er es wohl wagen, mit der heiligen Schrift aber nicht. Resigniert stellte daraufhin der Führer der katholischen Partei fest: *So höre ich wohl, daß die Lutherischen in der Schrift sitzen und wir Päpstlichen daneben.*

Eck machte sich dennoch an die Arbeit und stellte bis zum 3. August eine Widerlegungsschrift, die *Confutatio* zusammen. Sie wurde den evangelischen Fürsten und den zwölf protestierenden Städten zwar vorgelesen aber zunächst nicht ausgehändigt, – *weil sie dann darauf antworten wollen und Kaiserliche Majestät dann wieder antworten muß, darauf werden sie wieder antworten wollen und also wird es eine Schraube ohne Ende.* Die katholische Partei dachte also gar nicht an eine theologische Klärung der anstehenden Fragen, sondern forderte vom Kaiser eine eindeutige Bestätigung des *Wormser Edikts* und der katholischen Position.

Für den heißblütigen jungen Landgraf von Hessen war der Reichstag damit abgeschlossen. Unter dem Vorwand, seine Gemahlin sei erkrankt, verließ er bei Nacht und Nebel durch das Gögginger Tor die Stadt, – *ohne Wissen des Kaisers und aller christlichen Fürsten,* wie der Chronist nicht ohne ein gewisses Entsetzen über diese Unverfrorenheit feststellt. Diese für Philipp von Hessen durchaus bezeichnende Reaktion brachte seine Glaubensgenossen in eine äußerst schwierige Situation. Der sich brüskiert fühlende Kaiser verhaftete unter nichtigem Vorwand einen der Augsburger evangelischen Prediger, worauf die übrigen, vom Rat ja schon zu Beginn des Reichstags im Stich gelassen, fluchtartig die Stadt verließen. So verlor Süddeutschland auch einen profilierten Mann wie Urbanus Rhegius, der über Coburg in das Lüneburgische reiste und dort die Reformation durchführte. Markgraf Georg von Ansbach, der dem Kaiser gegenüber tief verschuldet war, sah sich in abendlichen Privatgesprächen unausgesetzt Versprechungen und Drohungen seitens seiner katholischen Verwandten ausgesetzt.

Am unglücklichsten aber wirkte sich die Flucht Philipps auf die eigentlich theologischen Verhandlungen aus, in denen die altgläubige Partei jetzt die Oberhand gewann. Melanchthon sah sich derart in die Enge getrieben, daß er nun tatsächlich zu höchst bedenklichen Kompromissen bereit war. Um des Friedens willen wollte er die Jurisdiktion der katholischen Bischöfe über die evangelischen Geistlichen und sogar die lateinische Messe in der alten Form anerkennen. Umgekehrt kamen Eck und Wimpina der evangelischen Seite nun in dogmatischen Fragen sehr entgegen, wenn die Protestanten nur gehorsam im Verband der Kirche verblieben.

Da griffen die Nürnberger Gesandten ein. Sie informierten ihren Rat, der *um Gottes willen* an Luther schreiben sollte, damit dieser *dem Philippo mit Gewalt einrenne und die frommen Fürsten, sonderlich seinen eigenen Herren, vor ihm warne und zur Beständigkeit ermahne.* Der Nürnberger Rat nahm den Verlauf der Dinge in Augsburg mit *nicht wenig Entsetzen* zur Kenntnis und schrieb einen deutlichen Durchhaltebrief an seine Vertretung beim Reichstag: *Nach Eurem letzten Brief tragen sich die Sachen überbeschwerlich zu, so daß die Evangelischen Sterbens und Verderbens zu gewarten haben. Aber dem sei, wie es wolle: es ist viel besser, in der Menschen Hände zu fallen, als in die Hand Gottes. Müssen also warten, was Gott ferner ordnen will, in der tröstlichen Zuversicht, er werde den Feinden seines Wortes nicht gestatten, seinen Namen zu verlästern und die, so sich zu seinem Evangelium bekennen, zu unterdrücken.* Der Ratsschreiber Lazarus Spengler schrieb noch persönlich nach Augsburg und meinte, Melanchthon sei zwar ein frommer Mann, aber den *listigen, ungewissenhaften Hofschälken ist er zu fromm und hat den Teufel noch nicht also erlernt, wie es gegen diese Leute nötig ist.*

Die Nürnberger bestürmten außerdem Luther auf der Coburg mit Beschwerdebriefen über Melanchthon. Der gewünschte Erfolg blieb nicht aus; Luther – *ich berste fast vor Zorn und Unwillen* – verfaßte eine Reihe derartig scharfer und zugleich aufmunternder Briefe an die Augsburger Glaubensgenossen, daß die evangelische Partei buchstäblich in letzter Minute vor dem inneren Zerfall und der Aufgabe ihrer Position bewahrt wurde. Seine Meinung war klar: *Das Verhandeln über die Einheit in der Lehre gefällt mir ganz und gar nicht, weil*

Martin Luthers geharnischter Beitrag zum Augsburger Reichstag von 1530, den der Kaiser sehr schnell einstampfen ließ

eine Einigung völlig ausgeschlossen ist, wenn nicht der Papst sein Papsttum geradezu aufgeben will. Denn sie werden unsere Zugeständnisse in weitem, immer weiterem, im weitesten Sinn verstehen. Darum die immer wiederkehrende Bitte an die Freunde: *Brecht die Verhandlungen ab, hört auf, mit ihnen zu unterhandeln und kehrt heim!*

Dank dieser Eingriffe aus Nürnberg und Coburg waren die evangelischen Stände doch am 22. September innerlich und äußerlich so weit geeint, daß sie den vorgelegten Entwurf eines *Religionsabschieds* nicht akzeptierten. In ihm wurde den *durch die heilige Schrift gründlich widerlegten Evangelischen* bis zum 15. April kommenden Jahres Bedenkzeit gewährt, ob sie sich dem Urteil des Kaisers und eines Konzils unterwerfen wollten. Gleichzeitig wurde ihnen verboten, weiter für die Ausbreitung ihres Glaubens zu sorgen. Trotz teilweise erregter Debatten lehnten alle evangelischen Stände diesen Beschluß ab, und der Kurfürst von Sachsen reiste entsprechend dem Ratschlag Luthers einen Tag später nach Hause. Mit Tränen in den Augen verabschiedete er sich, wie die Chronik vermerkt, von seinem Kaiser, – seiner Sache gewiß aber in dem Bewußtsein, daß die Auseinandersetzung nun weitergehen würde. Auch Markgraf Georg von Ansbach verließ Ende des Monats die Stadt.

Daraufhin konzentrierte sich die kaiserlich-katholische Verhandlungstaktik auf die Städte, von denen man wußte, daß sie sich untereinander keineswegs einig waren. Vor allem der Augsburger Rat kam immer mehr in die Klemme. Unter der Bevölkerung kursierte der Vers:

*Besser mit Christus gestorben und verdorben,
als ohne ihn der ganzen Welt Huld erworben.*

Immer häufiger kam es vor, daß Bürger gegen den *faulen Frieden* protestierten, den ihre Obrigkeit mit dem Kaiser zu schließen gedachte. Boshaft meldeten die Nürnberger nach Hause, der Augsburger Rat werde *ganz schwermütig und irrig* und wüßte gar nicht, *wo er hinaus sollte, – wiewohl ihnen unseres Achtens nicht so unrecht geschieht.* Ulm, Frankfurt und Schwäbisch Hall baten den Kaiser um Aufschub und Bedenkzeit. Sofort erklärten auch die Augsburger, *in der Eil' und so bald* könnten sie sich nicht entscheiden. Am 25. Oktober endlich fiel in der Ratsversammlung die Entscheidung: Man wolle und werde dem Kaiser *in allen weltlichen Dingen* gehorsam sein; was jedoch *den heiligen Glauben und die Gewissen der Menschen* betreffe, so könne man den Abschied nicht akzeptieren. Der Kaiser bemühte sich, diese Entscheidung rückgängig zu machen. Doch jetzt blieben die Augsburger fest und mußten so die Ehre, den Reichstagsbeschluß siegeln zu dürfen, an das benachbarte Donauwörth abtreten.

Im ganzen Reich fand der *rauhe Abschied* wenig Resonanz. Die Memminger Bürgerschaft stimmte demokratisch über ihn ab und wies ihn mit 751 zu 51 Stimmen zurück. Im mittelfränkischen Weißenburg ließ der Bürgermeister die Bevölkerung durch Glockengeläut in die Andreaskirche rufen. Er verlas den Reichstagsabschied und rief die Anwesenden zur Entscheidung auf: Wer für diesen Beschluß sei, mögen zum Frauenaltar, wer gegen ihn sei in den Chor gehen. Rund 450 Bürger strömten daraufhin hinter ihrem Bürgermeister in den Chorraum;

am Marienaltar fanden sich ganze sieben Personen ein. Etwas anders verlief die Entwicklung im evangelischen Nördlingen, dessen Prediger Theobald Gerlacher, genannt Billicanus, in Augsburg vor Eck seinen lutherischen Glauben widerrufen hatte. Nur den energischen Forderungen der Bevölkerung war es zu danken, daß in der stolzen St. Georgskirche auch weiterhin evangelisch gepredigt wurde.

Mit der Verlesung der *Confessio Augustana* war für die Evangelischen der Augsburger Reichstag tatsächlich so gut wie abgeschlossen. Sie hatten, über die Protestaktion von 1529 hinaus, ihr Glaubensbekenntnis gemeinsam vor Kaiser und Reich abgelegt. Es war als allgemeines, christliches Credo gedacht und darum behutsam formuliert worden. Doch die Stunde für die Reformation der alten Kirche war schon vorüber. So legte das Bekenntnis von 1530 den Grund für eine neue, selbständige Kirchengemeinschaft: die evangelische Kirche Augsburgischer Konfession.

DER ZWEITE FRÜHLING DER REFORMATION

Ich habe die Sache meinem Herrgott befohlen. Er hat's angefangen, das weiß ich. Er wird's auch hinausführen, das glaube ich! Mit solchen und ähnlichen Voten hatte Luther von der Coburg herab seinen Freunden in *der Hölle von Augsburg* Mut zugesprochen. Die Entwicklung hat Luther mit seinem gläubigen Optimismus recht gegeben. Durch verschiedene politische Umstände bedingt, begann 1532 eine zweite glanzvolle Zeit für den deutschen Protestantismus. Ihr Ende in der Katastrophe des Schmalkaldischen Krieges und des Augsburger Interims von 1548 wurde durch das verursacht, was man zu allen Zeiten der Geschichte *männliche Schwäche* zu nennen pflegt. Eine Frau war letztlich der Grund dafür, daß den vereinigten Protestanten in der entscheidenden politischen Stunde die Hände gebunden waren.

Trotz der offensichtlichen Wirkungslosigkeit der Augsburger Beschlüsse sahen sich die evangelischen Stände nach Beendigung des Reichstags zunächst bedroht. Denn nachdem die kaiserliche Religionspolitik auf der Ebene der Verhandlungen nicht vorangekommen war, wich man auf die Ebene des Rechtes aus. Das Reichskammergericht, die höchste juristische Instanz, sollte gerichtlich gegen die Protestanten vorgehen. Ausdrücklich zu diesem Zweck war es in Augsburg aufgewertet und verstärkt worden. Und mit aller wünschenswerten Klarheit bestätigte dieses Gericht in den Prozessen um Kirchengüter und Steuerrechte nun, daß es der altgläubigen Partei in vielen Fällen weniger um den Glauben als um das Geld ging. Diese administrativen und juristischen Maßnahmen im Kampf gegen den Protestantismus konnten diesem durchaus gefährlich werden. So tauchte erneut der Wunsch nach einem schlagkräftigen Defensivbündnis auf. Und diesmal hatten der sächsische Kurfürst und Philipp von Hessen mehr Erfolg bei der Verwirklichung ihrer diesbezüglichen Pläne.

Über die Weihnachtsfeiertage des Jahres 1530 – so eilig hatte man es nun! – trafen sich die evangelischen Fürsten und die Abgesandten der protestantischen Reichsstädte in dem rauhen, schneebedeckten Bergort Schmalkalden im Thüringer Wald auf halbem Weg zwischen Sachsen und Süddeutschland. Hier brach jedoch der alte Streit sofort wieder mit aller Schärfe los: Darf man dem Kaiser Widerstand leisten? Bisher hatte man sein Gewissen mit dem Hinweis beruhigt, nicht eigentlich die kaiserliche Majestät selber, sondern die päpstlichen Legaten und die katholischen Stände seien die Feinde der Reformation. Der Augsburger Reichstag hatte diese Illusion zerstört. Wer sich jetzt einem protestantischen Bündnis anschloß, wußte, daß er damit im Ernstfall zum Kampf gegen den Kaiser würde bereit sein müssen. Der sächsische Kurfürst ließ diese diffizile Frage politischer Ethik erneut von seinen Juristen erörtern. Diese kamen zu dem Schluß, daß es einem zu Unrecht Bedrängten sehr wohl erlaubt sei, sich zu verteidigen. Wenn sich eine Obrigkeit gegen den christlichen Glauben stelle, habe sie damit aufgehört, eine *rechte Obrigkeit* zu sein. Damit aber sei der Widerstand gegen sie christlich legitim. Der Wittenberger Theologe Johann Bugenhagen schloß sich diesem Standpunkt an. Anders Luther, der weiter bei seiner Meinung blieb, man dürfe zwar den evangelischen Glauben unter keinen Umständen verleugnen, müsse aber die Folgen in jedem Fall tragen, geduldig und nicht *aufrührerisch*.

Nürnberg und die fränkische Markgrafschaft Brandenburg-Ansbach traten dem Schmalkaldischen Bund, gestützt auf dieses Votum Luthers und die zahlreichen juristischen und moraltheologischen Gutachten aus ihren Kanzleien, nicht bei. Im Vertrauen auf den göttlichen Beistand verzichteten sie auf einen Beistandspakt mit den Glaubensgenossen. Die Schmalkaldener jedoch wollten nicht so wie Luther das Gottvertrauen vom Gebrauch der menschlichen Vernunft getrennt wissen. Voller Vertrauen aber auch sehr vernünftig geplant, schlossen sie einen Bund, der zur gegenseitigen militärischen Hilfe verpflichtete, wenn irgendwo *um des Evangeliums willen ein Angriff erfolgen sollte.* Sehr bald stießen nun auch die oberdeutschen Städte zu dieser neuen protestantischen Koalition. Ulrich Zwingli, der sie alle immer noch sehr an die Schweizer Reformation gebunden hatte, war 1531 in der Schlacht bei Kappel gefallen. Und die inneren Gründe für die bisherige Distanz hatte der wendige oberdeutsche Reformator Martin Bucer in einer Wittenbergisch-Schwäbischen Abendmahlsvereinbarung aus dem Weg geräumt.

Nachdem so immer mehr evangelische Territorien auch in Norddeutschland dem Schmalkaldischen Bund beitraten, wuchs sich dieser zusehends zu einem beachtlichen politischen Machtfaktor aus. Daß es sich bei ihm wirklich um eine große politische Konzeption der Reformation handelte, beweist die erstaunliche Tatsache, daß sich auch die katholischen Bayernherzöge dieser protestantischen Koalition anschlossen. Sogar Frankreich, England und Dänemark begannen sich lebhaft für die neue Machtgruppe zu interessieren. Man schuf eine eigene Dienststelle, setzte Beiträge fest und entwarf eine Art Satzung. Die Bedeutung der Koalition wurde noch verstärkt durch den im Südosten des Reichs erneut mit Macht heranziehenden Sultan und seine Janitscharen und Spahis. Vor allem Ferdinand bangte um seine Besitzungen und bat seinen kaiserlichen Bruder dringend, einen Waffenstillstand mit den so mächtig gewordenen Protestanten zu schließen; nur dann seien sie ja zur Türkenhilfe bereit.

Selbst der Papst war nun bereit, angesichts der nahenden Türken seine Meinung über die Evangelischen zu ändern. Sein Vertrauter bat, daß man *die Unterhandlungen mit den Lutherischen nicht abbreche, damit, wenn der Türke kommt, er nicht etwa wegen der Zwietracht Deutschlands schwächeren Widerstand fühle.* Jetzt hieß es auf einmal: *Und überdies, wenn sie auch lutherisch sind, so sind sie doch immer Christen!* Ja, man ging in Rom noch einen Schritt weiter. Die *Confessio Augustana* wurde wieder hervorgeholt und geprüft. Anschließend teilte man dem Kaiser mit: *Das Augsburgische Bekenntnis ist gar nicht so durch und durch verwerflich, wie es seiner Heiligkeit früher vorgekommen ist;* vieles sei doch *ganz katholisch,* – und manches doch so, *daß man es wohl so stellen könne, daß es nicht gegen den Glauben wäre, wenn die Lutherischen sich zu einem Mittelweg wollten bereit finden lassen.*

Dermaßen gestärkt, traten die Evangelischen bei einer Konferenz in Schweinfurt äußerst selbstbewußt auf: Bei der *Confessio Augustana* wollten sie bleiben, und auch bei der *Apologie* von 1530, beim Speyerer Beschluß von 1526 und bei ihrer Protestation von 1529, – dann aber wollten sie sich *in allem, was zu des Reiches Ehre, Nutz und Wohlfahrt dienlich befunden wird, unverweislich halten, sonderlich in der Türkenhilfe.* Auf dieser Basis einigte man sich schließlich 1532 beim *Nürnberger Anstand* (Waffenstillstand). In einem Mandat betonte Kaiser Karl V. die *sehr große Notwendigkeit, die allgemeine deutsche Nation im guten Frieden und in Einigkeit zu erhalten – wegen des Erbfeindes unseres heiligen christlichen Glaubens und Namens, der in eigener Person mit einer großen Macht die Grenzen des Reiches bedrohe.* Er ordnete daher an, *daß keiner den anderen des Glaubens und der Religion noch sonst einer anderen Ursache halber befehden, bekriegen, berauben, fangen, angreifen, belagern, auch keinem anderen irgendein Schloß, Stadt, Markt, Befestigung, Dörfer, Höfe oder Weiler abspenstig machen oder ohne des anderen Willen mit gewaltsamer Tat freventlich einnehmen oder mit Brand gefährden oder auf eine andere Weise dermaßen beschädigen..., sondern ein jeder um rechte Freundschaft und christliche Liebe besorgt sein soll.* Die Gefahren von außen hatten die beiden konfessionellen Gruppierungen wenn nicht zu einem dauerhaften so doch zu einem vorübergehenden Frieden gezwungen. Es war allerdings ein unsicherer Friede, – nur mit dem Kaiser geschlossen und nicht für das ganze Reich verpflichtend, zeitlich nicht fixiert und nur für die gegenwärtig als evangelisch geltenden Stände gedacht.

Immerhin konnte sich im Schutze dieses Stillhalteabkommens in Deutschland so etwas wie eine *zweite Reformation* entfalten. Wo im Norden die katholischen Territorialfürsten starben, war nicht selten sofort ein evangelischer Nachfolger zur Stelle, der die amtliche Aufrichtung des reformatorischen Kirchenwesens anordnete. Im Süden eroberte Philipp von Hessen Württemberg und gab es dem Herzog Ulrich zurück, der auch dieses Land sofort der neuen Lehre öffnete. Im Westen schließlich drohte der alten Kirche in diesen Jahren die empfindlichste Niederlage. Der Kölner Erzbischof Hermann von Wied trug sich mit dem Gedanken, evangelisch zu wer-

Martin Bucer, der Führer der oberdeutschen Reformation und ein Ökumeniker unter den streitenden Theologen des 16. Jahrhunderts

den und sein gesamtes geistliche Territorium im Einverständnis mit den weltlichen Ständen zu reformieren. Franz von Waldeck als Bischof von Münster, Minden und Osnabrück begann mit reformatorischen Maßnahmen, und der neue Erzbischof von Mainz zeigte große Neigung, diesem Vorbild zu folgen.

Auch innerhalb der heutigen Grenzen Bayerns machte die Reformation weitere Fortschritte, und es wurde den bayerischen Herzögen immer schwerer, ihre Untertanen vom ansteckenden *Gift der lutherischen Ketzerei* frei zu halten. Vor allem die freien Reichsstädte schlugen sich jetzt nach und nach alle auf die Seite der protestantischen Partei. 1533 berief der Rat von Dinkelsbühl durch

Vermittlung des Württemberger Reformators Johann Brenz seinen ersten evangelischen Pfarrer. Das kirchliche Leben wurde auf der Grundlage der Brandenburg-Nürnbergischen Kirchenordnung reformiert. Im alten Spital durften sich die wenigen treuen Anhänger der alten Kirche allerdings weiter zur Meßfeier versammeln. In Nördlingen im Ries drängte der Karmeliterprior Kaspar Kantz den zögernden Rat, nun endlich nach dem Vorbild Nürnbergs die Reformation zu wagen.

In der benachbarten Herrschaft Oettingen führte allerdings die Auseinandersetzung um den neuen Glauben zum tragischen und lang andauernden Zerwürfnis der gräflichen Familie. Während die Herren der Linie Oettingen-Oettingen und Oettingen-Harburg schon früh aus ihrer evangelischen Einstellung kein Hehl machten und dementsprechend *ihre* Pfarreien besetzten, stand Martin von Oettingen-Wallerstein fest zur alten Kirche. Er war auch nicht bereit, seine Patronatsrechte an der Pfarrkirche zu Oettingen aufzugeben. Eine Zeitlang fanden daher im Gotteshaus evangelische und katholische Gottesdienste statt, wobei jeder Herr seine Untertanen zum Besuch der Gottesdienste seiner Konfession anhielt und den Besuch der anderen verbot. Erst 1542 einigte man sich einigermaßen friedlich, und die Katholiken begnügten sich fortan mit der kleineren Sebastianskirche. Am konfessionellen Zwist war bereits vorher die Ehe Martins gescheitert; als seine Gemahlin Anna evangelisch wurde, mußte sie Schloß, Mann und Kinder verlassen. An ihre Tochter schrieb sie später: *Dieweil Dein Vater vormals von wegen des christlichen Glaubens Dich von mir genommen und später einen ewigen Schied deshalb von mir gefordert, weil ich das Sakrament in beider Gestalt empfang, – aus diesen und anderen notwendigen Ursachen wurde ich meiner Seligkeit halber gedrungen, Dich zu verlassen. So muß ich diesen Spruch vor die Hand nehmen: »Wer Mann und Kind mehr liebt denn mich, ist mein nicht wert ...«*

Nur wenige unter den weltlichen Herren fühlten sich so katholisch wie Martin von Oettingen-Wallerstein. Die meisten gaben der Stimmung unter der Bevölkerung jetzt nach und versuchten, die Entwicklung des evangelisch-kirchlichen Lebens wenigstens unter Kontrolle zu bekommen. In der Oberpfalz vor allem war die Reformation eine reine Volksbewegung gewesen; als Pfalzgraf Friedrich II. sich am 10. Januar 1546 das Abendmahl unter beiderlei Gestalt reichen ließ – auch bei ihm, der lange gezögert hatte, das öffentliche Bekenntnis zum Protestantismus –, tat er das mit der bezeichnenden Bemerkung, er habe den Wünschen der Bevölkerung in der Oberpfalz nicht mehr länger widerstehen können. Im benachbarten Pfalz-Neuburg holte sich Ottheinrich von der Pfalz (1522–1559) evangelische Geistliche ins Land, lieh sich von den Nürnbergern den Startheologen Andreas Osiander aus und schuf sich in seinem Land mit der Pfalz-Neuburgischen Kirchenordnung 1543 ein selbständiges lutherisches Kirchenwesen. Ein Jahr zuvor schon hatte sich die freie Reichsstadt Schweinfurt eine eigene evangelische Kirchenordnung gegeben. Auch die Stadtväter von Rothenburg ob der Tauber, Kaufbeuren und Donauwörth zögerten nun nicht länger mit der offiziellen Einführung der Reformation. Sämtliche irgendwie nennenswerten Reichsstände – außer dem Herzogtum Bayern – standen zu Beginn der vierziger Jahre offen auf der evangelischen Seite.

Im Falle der alt-ehrwürdigen Reichsstadt Regensburg war das für die bayerischen Herzöge und den in Wien residierenden Statthalter des Kaisers besonders ärgerlich und – eingedenk der Türkengefahr – nicht ungefährlich. Auch in der Donaustadt wurde die Entwicklung von Anfang an durch die Einstellung der Bevölkerung bestimmt. Zwei Männer aus dem Volk, der Blaufärber Hans, *Blauhans* genannt, und der Kramer Hans aus Rostock forderten eines Tages im Dom den Prediger zur Diskussion heraus. Der Bischof besaß zwar in jenen Anfangsjahren der Reformation noch die Macht, die Rebellen durch den Rat aus der Stadt weisen zu lassen. Schon nach einem Jahr aber kehrte der *Blauhans* in seine Heimat zurück. Ganze Fässer lutherischer Bücher soll er mitgebracht haben, dazu ein Empfehlungsschreiben von Luther persönlich. Unter den Ratsherren fand er ins Hans Portner einen wohlwollenden Beschützer. Der städtische Rat schwankte freilich aufs Ganze gesehen ähnlich wie der Nürnberger Rat zwischen politischer Klugheit und persönlicher Einstellung. Wie in Nürnberg, an das sich Regensburg in diesen entscheidungsvollen Jahrzehnten eng anschloß, war auch hier der für die Reformation entscheidende Mann ein Jurist: Dr. Johann Hiltner aus dem bambergischen Lichtenfels. Am 1. Januar 1525 trat der in Regensburg seinen Dienst als hauptamtlicher Rechtsbeistand der Stadt an. Er war ein tiefreligiöser Mann und ein überzeugter Lutheraner, aber auch ein Taktiker und ein *hocherfahrener Mann, von dem auch die Fürsten dieser Zeit gern Rat vernahmen,* wie es in einer späteren Chronik von ihm heißt.

Seiner inneren Einstellung entsprechend hätte Hiltner der Reformation am liebsten sofort zum Sieg verholfen. Doch die Regensburger mußten Rücksicht nehmen, mehr noch als die Nürnberger –: auf den Bischof, der keinen evangelischen Geistlichen in seiner Residenz zu dulden gewillt war, auf die mächtige österreichische Schutzmacht, die alle Vorgänge in Regensburg argwöhnisch verfolgte, und auf die Bayernherzöge, von denen man wirtschaftlich abhängig war und die mit Drohungen nicht sparten. So unterschrieb Regensburg den Augsburger Reichstagsabschied. In aller Stille brachte Hiltner aus Augsburg allerdings einen evangelischen Lehrer mit, der fortan im Augustinerkloster seinen Unterricht auf evangelischer Grundlage erteilte.

Im Jahre 1534 kündigte der Augustinerprior Georg Tischler regelmäßige Predigten an; zum Entsetzen des Bischofs predigte er rein lutherisch. Der Rat versuchte, die Angelegenheit herunterzuspielen. Er meinte, man habe von dem Mönch *nichts Unbescheidentliches* gehört, und im übrigen dränge das Volk, wie man sehe, auf diese Art der Verkündigung. Die Bayernherzöge waren jedoch nicht gewillt, diese Eigenmächtigkeit des Regensburger Rates hinzunehmen. Sie schickten eine Gesandtschaft, und der bayerische Kanzler Leonhard von Eck erklärte, Hiltner verführe den Rat, man würde *dieser Sache wegen mit ihm nach Ungnaden verhandeln.* Eck sparte auch nicht mit Drohungen: Regensburg sei für die Bayernherzöge nicht mehr als eine *Vogelscheuche,* und man werde die Stadt *in wenig Tagen ganz eben und zu einem Baumstrunk* machen; am Ende würden *die Fischer und Metzger* Hiltner und seine Gesinnungsgenossen zum Fenster des Rathauses hinausschmeißen. Dazu kam es nicht. Doch als auch Erzherzog Ferdinand in Wien die Ausweisung der evangelischen Prediger kategorisch verlangte, mußte sich der Rat beugen. Prior Tischler und sein Confrater Wolfgang Kalmützer verließen die Stadt – heimlich allerdings, denn der Rat fürchtete die Reaktionen der Öffentlichkeit.

Wie man innerhalb der Stadtmauern über die alte Kirche dachte, geht aus den Worten des päpstlichen Gesandten Peter Paul Vergerius hervor, der in dieser Zeit in Deutschland herumreiste, um die Chancen für ein Konzil zu sondieren. Wehmütig meldete der für Reformen durchaus aufgeschlossene Nuntius, der in Wittenberg auch mit Luther zusammengetroffen war und später sogar evangelisch wurde, über seinen Regensburger Aufenthalt nach Rom: es tue weh, so viele schöne Klöster

Zwei Kontroverspredigten des Augsburger Musculus, genannt das Mäuschen *– lieblich in der Titelillustration, aber scharf im Tonfall*

zu sehen, deren keines mehr als zwei oder drei Mönche zähle, und den wundervollen Dom, in dem am Sonntag Exaudi abgesehen von den Priestern nur rund zwanzig Personen gewesen seien. Obwohl die Bemühungen des Rates um einen neuen *ehrbaren, gelehrten Prediger, der das Wort Gottes allhie predigen würde* zunächst erfolglos blieben, wuchs die evangelische Gemeinde in diesen Jahren im Schutz des Nürnberger Waffenstillstands unaufhaltsam.

Mit einem Schlag verbesserte sich 1541 die Lage der Evangelischen in Regensburg, als es der alten Donaustadt gelang, den Reichstag in ihre Mauern zu bekommen. Auf einmal merkten die Regensburger Protestanten, daß es auch anderswo Glaubensgenossen gab, und sie erlebten, wie selbstbewußt diese auftraten. Joachim II. von Brandenburg verlangte sogar die ganze Dominikanerkirche für seine evangelischen Andachten, scheiterte mit diesem Anspruch allerdings am kaiserlichen Veto. Immerhin wimmelte es nun in der Stadt von evangelischen Predigern, denn alle protestantischen Reichsstände hatten, wie schon in Augsburg, ihre eigenen Theologen mitgebracht. Sie predigten in den Privatkapellen der gastgebenden Bürger, und sie feierten hier in den Häusern und Kapellen auch das Abendmahl nach evangelischer Art. Die Bevölkerung strömte in diese Privatgottesdienste; vom päpstlichen Legaten Caspar Contarini, der mit großem Pomp in die Stadt eingezogen war, nahm dagegen kaum jemand Notiz.

In dieser Atmosphäre fand am Rande des Reichstages das berühmte Regensburger Religionsgespräch statt, das zwar in der Stadt die endgültige offizielle Einführung der Reformation beschleunigte, als Ganzes jedoch scheiterte und auf diese Weise den Anfang vom Ende jener *zweiten Reformation* markiert.

Die Religionsgespräche – es hatten schon zwei in Worms und Hagenau stattgefunden – entsprachen dem ausdrücklichen Wunsch Kaiser Karls V. Sie waren, zumindest bis zu diesem Zeitpunkt, der ehrlich gemeinte Versuch des Kaisers, den Glaubensstreit unter den Deutschen friedlich beizulegen. Weder Drohungen noch Versprechungen hatten in den zurückliegenden zwei Jahrzehnten die Ausbreitung des Protestantismus verhindern können. Der Protest eines einzelnen Wittenberger Mönches hatte sich im Gegenteil zu einem die Einheit des Reiches und der Kirche bedrohenden Politikum ersten Ranges ausgewachsen. Kriegerische Auseinandersetzungen zeichneten sich am Horizont ab. Eine selbständige lutherische Kirche hatte sich etabliert. Es ist schwer zu sagen, was Karl V. mehr schockierte. Jedenfalls zwang er noch einmal die Theologen an den Verhandlungstisch; es sollte ein Kompromiß gefunden werden.

Die Wahl der Diskussionsteilnehmer fiel dementsprechend aus. Auf die katholische Seite wurden der Naumburger Domherr Julius von Pflug und der Westfale Johannes Gropper beordert, der sogar bereit war, ganz im Sinne der Protestanten die Bibel als Richtschnur für den Glauben anzuerkennen. Die beiden Schüler des großen Friedenspredigers Erasmus von Rotterdam sollten den feurigen Dr. Eck von Ingolstadt im Zaume halten. Zur evangelischen Delegation gehörten Philipp Melanchthon, der hessische Hofprediger Johann Pistorius und der Straßburger Reformator Martin Bucer. Dieser vor allem galt seit seinen erfolgreichen Ausgleichsverhandlungen zwischen den Wittenbergern und den Oberdeutschen als geschickter und anpassungsfähiger evangelischer Theologe. Seine tiefe Leidenschaft für eine Vereinigung im Gemeinsamen trotz aller Gegensätze im Detail war allgemein bekannt – und wurde vom älter und schärfer werdenden Luther mit einigem Argwohn verfolgt. Das *Klappermaul* nannte ihn Luther ein wenig lieblos wegen seiner freundlich-schwäbischen Weitschweifigkeit, mit der er vorhandene Probleme zu umgehen pflegte. Kein Wunder bei dieser Wahl der Gesprächspartner, daß man nicht nur in des Kaisers nächster Umgebung ein gutes Ergebnis erwartete.

Man traf sich in der Trinkstube, die sonst zu Hochzeiten benutzt wurde. Überaus freundlich gab der Kaiser jedem Redner zu Beginn der Verhandlungen die Hand. Er selbst führte sogar den Vorsitz. Da auch der Nuntius Contarini im Grunde seines Herzens Reformen nicht abgeneigt war, kam man gut voran. Es gelang sogar – und das steht in der Reformationsgeschichte tatsächlich einzig da – für die überaus heikle theologische Streitfrage der Rechtfertigung des Menschen vor Gott eine alle befriedigende Formel zu finden. Aber über die Autorität der Kirche und das Verständnis der Sakramente gab es noch lange und letztlich ergebnislose Diskussionen. In ihnen zog sich Bucer wegen seiner Nachgiebigkeit den Zorn seiner Zunft- und Glaubensgenossen zu, während der sonst häufig vermittelnde Melanchthon in Regensburg ausgesprochen hart blieb.

Als die Verhandlungen abgeschlossen waren, zeigte sich, daß keine der beiden Parteien bereit war, den so mühsam ausgehandelten Kompromiß zu akzeptieren. Eck, kaum nach Ingolstadt zurückgekehrt, bezweifelte auf Grund der Gesprächsprotokolle die Rechtgläubigkeit seiner beiden Mitstreiter. Martin Luther, dessen Urteil im Raum des Protestantismus immer noch den Ausschlag gab, bezeichnete die 15 *verkehrten Artikel* als billiges Flickwerk und polterte los: *Wer sich vergleichen will, der vergleiche sich mit Gott und seinem Wort und nehme dasselbe und seine Lehre an, wie wir andere auch getan haben. Wer mit Flickwerk will umgehen, der fahre dahin.* So scheiterte Karl V. mit seinem letzten ernstgemeinten Versöhnungsversuch, nicht an Luther und nicht an Eck, sondern letztlich an der Sache selber, die sich nicht mehr in der grandiosen Geschlossenheit und Einheitlichkeit des spätmittelalterlichen Dogmas zur Darstellung und Anerkennung bringen ließ.

Im einfachen Volk hatte man das schon längst begriffen. Wie ein Spottvers voller Anspielungen auf die Namen der Regensburger Disputanten zeigt, erwarteten die Bürger nichts von den theolgischen Verhandlungen:

*Man pflug's, man egk's, man grab's,
man melk's, man but'z und bach's,
wie man wöll,
so haben wir weder Ruhe noch gut'n Gefalln.
Darum hilf Gott uns Armen auf Erden,
auf daß es einmal besser mag werden.*

Die evangelischen Predigten und Abendmahlsfeiern hatten den Regensburgern jedoch gezeigt, daß sie mit ihren Forderungen keineswegs allein standen. So bedrängten sie den Rat nach Beendigung des Reichstages erneut. Ein Prediger müsse her! Tatsächlich wurde jetzt Erasmus Zollner an die Kirche zur *Schönen Maria*, die spätere Neupfarrkirche berufen, die unzweifelhaft dem Rat und nicht dem Bischof gehörte. Zollner (1489–1544) stammte aus einem angesehenen Geschlecht der Stadt. Da er die Verhältnisse gut kannte, griff er in seinen Predigten niemanden direkt an. In aller Sachlichkeit kritisierte er jedoch die Auswüchse der Volksfrömmigkeit und gewisse Dogmen, die dem Evangelium nach Ansicht der Lutheraner zu widersprechen schienen. Die Gottesdienste waren bald so überfüllt, daß in die Mauer der Kirche eine Tür gebrochen werden mußte, damit die Außenstehenden den Predigten folgen konnten.

Einen Schritt weiter ging in diesen Monaten der in der Stadt lebende Reichsfreiherr Bernhardin von Stauf. Analog dem Vorgehen der evangelischen Stände während des Reichstages kündigte er einen lutherischen Abendmahlsgottesdienst in seiner Hauskapelle an. Die Bürger der Stadt baten den mutigen Protestanten um Wiederholung dieser Feier. Ausgerechnet am Fronleichnamstag ließ Bernhardin von Stauf daraufhin durch seinen Hofprediger einen zweiten mehr oder weniger öffentlichen Abendmahlsgottesdienst in seinem Hause feiern. Nun spitzte sich die Lage sehr schnell zu. König Ferdinand kam persönlich nach Regensburg und protestierte in aller Schärfe gegen das Verhalten des Rates; die Bürgerschaft forderte energisch *eine offene Kirche, darin das Abendmahl nach Christi Anordnung empfangen werde*; und die Nürnberger schickten den *würdigen und hochgelehrten Herrn Johann Forster, der heiligen Schrift Doktor* zur Unterstützung Zollners nach Regensburg. Am 13. Oktober 1542 faßten die verantwortlichen Stadtväter der Donaustadt den Beschluß, offiziell die

Die Rechtfertigung der Reichsstadt Regensburg anläßlich der Einführung der Reformation 1542

Konfession zu wechseln. Per Ratserlaß wurde die Entscheidung am nächsten Tag der Bürgerschaft bekannt gegeben. Und am Sonntag, dem 15. Oktober, fand nach der Predigt Zollners in der Dominikanerkirche in der Kirche zur *Schönen Maria* die erste öffentliche evangelische Abendmahlsfeier in Regensburg statt – als ein Zeichen, daß sich die freie Reichsstadt als eine der letzten in Bayern nun doch zur Lehre Luthers bekennen wollte.

München verhängte erwartungsgemäß die wirtschaftliche Blockade. Doch aus Wittenberg erreichten die Regensburger eine Reihe sehr trostreicher Briefe. Melanchthon schrieb: *Ich glaube, die Nachbarn sind zornent-*

brannt wider Euch. Aber Gott wird euch beschirmen, wie er den unter den Löwen sitzenden Daniel beschirmt hat. Offiziell hat die Stadt das lutherische Bekenntnis tatsächlich nie mehr aufgegeben, auch wenn die evangelische Gemeinde Regensburgs heute auf Grund der geschichtlichen Entwicklung eine Minderheit in der Donaustadt darstellt.

DIE KATASTROPHE IM SCHMALKALDISCHEN KRIEG

Alle Verhandlungen des Regensburger Reichstages standen bereits im Schatten jenes unglücklichen Ereignisses, das wie kein anderes in der Reformationsgeschichte den Protestantismus in seiner Schlagkraft schwächte. Am 4. März 1540 hatte der Landgraf Philipp von Hessen in Rothenburg an der Fulda eine *türkische Ehe* geschlossen. Die an und für sich im Zeitalter der Doppelehen, Nebenehen und wohlwollend übersehenen Haremsgewohnheiten an den deutschen Fürstenhöfen recht belanglose Affäre wuchs sich zum reichsweiten Skandal aus. Und da es der politische Führer des Protestantismus verstanden hatte, die drei theologischen Führer der Reformation – Luther, Melanchthon und Bucer – in die Angelegenheit zu verwickeln, führte das moralische Abenteuer Philipps unmittelbar zur politischen Niederlage im Schmalkaldischen Krieg.

Im Mittelpunkt dieser Affäre standen das siebzehnjährige adelige Fräulein Margarethe und ihre ehrgeizige Mutter, die Dresdner Hofmeisterin Anna von der Sale. Wegen der jungen Dame schrieb der Landgraf an Luther: Sein unkeusches Leben, das er nun schon jahrelang führe, bedrücke sein Gewissen; er könne seiner Gemahlin, die krank sei, nicht beiwohnen; Scheidung sei für ihn ebenso unmöglich wie Enthaltsamkeit; es gäbe eigentlich nur ein einziges erlaubtes Mittel, das ihn aus *den Stricken des Teufels lösen* und seine Seele retten könne, nämlich eine zweite ordentliche Ehe. Seine Ehefrau sei mit diesem Vorschlag einverstanden, und im übrigen bitte er Luther keineswegs um Erlaubnis, sondern lediglich – wegen der Öffentlichkeit – um sein Zeugnis, daß dieser Schritt nicht gegen Gottes Ordnung sei. Zweifellos haben sich Melanchthon und Luther durch die *Gewissensqualen* des Landgrafen beeindrucken lassen. Zwar stellten sie ihm kein Gutachten aus, sondern formulierten nur einen *Beichtrat*. Sie ermahnten ihr lebenslustiges fürstliches Beichtkind auch ernstlich zu einem *keuschen Lebenswandel* und meinten, solch eine zweite Ehe sei auch in der Bibel nur *im Notfall* erlaubt. Auch bestanden sie darauf, daß die ganze Angelegenheit und besonders ihr Ratschlag mit äußerster Diskretion behandelt würde. Aber schließlich erteilten sie dem Landgraf doch die *Dispensation* – und darauf war es ihm ja vor allem angekommen.

Selbstverständlich blieb nichts verborgen, zumal der Landgraf auf einer *großen Hochzeit* bestanden hatte. So wußte bald ganz Deutschland, daß der Führer der Protestanten mit dem Segen seiner Theologen in Bigamie lebte. Das aber galt im Reich Karls V. als ein Kapitalverbrechen. Kurfürst Joachim von Brandenburg meinte böse, es *müsse dem Teufel viel Arbeit gekostet haben, um dem Evangelium einen solchen Klotz in den Weg zu werfen.* Melanchthon bekam, als die Sache ruchbar wurde, einen Schwächeanfall, der ihn an den Rand des Grabes brachte. Der robustere Luther dagegen stand zu seinem Rat: *Wo mir solche Sache noch heutigentags vorkäme, wüßte ich nichts anderes zu raten.* Eine zweite Ehe sei grundsätzlich nicht so schlimm wie *heimliche Unzucht*. In dem Rechtfertigungsbrief an seinen Kurfürsten Johann Friedrich den Großmütigen gibt er dann aber zu, ein Opfer seiner Vertrauensseligkeit geworden zu sein und poltert los: *Hätte ich aber gewußt, daß der Landgraf seine Bedürfnisse seit langem wohl befriedigt und auch an anderen befriedigen konnte – beispielsweise an der zu Eschweg –, wie ich jetzt erst erfahre, sollte mich kein Engel zu solchem Rat gebracht haben.*

Es war aber nun einmal geschehen, und um seinen Hals zu retten, warf sich Philipp von Hessen seinem Kaiser in die Arme. Karl V. nutzte diese unerwartete Gelegenheit. Er sicherte dem Hessen Amnestie zu, wenn dieser hinfort im Schmalkaldischen Bund die Interessen des Kaisers verträte und vor allem dafür sorgte, daß die protestantische Koalition unverzüglich alle ausländischen Verbindungen abbrechen würde. In einem geheimen Vertrag, den Philipp im Sommer 1541 am Rande des Regensburger Reichstages mit dem Statthalter Ferdinand schloß, erklärte sich der Landgraf zu all dem bereit.

Unaufhaltsam vollzog sich nun in den Jahren bis zum zweiten Regensburger Reichstag 1546 der Abstieg der Protestanten. Am Rhein gelang der kaiserlichen Politik ein Sieg über den Herzog von Cleve, und damit war die drohende Reformation in den Erzstiften Köln und

Mainz beseitigt. Auch die Bayernherzöge gaben nun die Neutralität, die sie zwar nicht in religiösen Fragen aber doch in den politischen Verhandlungen bisher an den Tag gelegt hatten, auf; in einem vorerst noch geheimen Vertrag versprachen sie dem Kaiser Waffenhilfe gegen die Schmalkaldener. Den größten Sieg der kaiserlichen Politik bedeutete jedoch die Gewinnung des jungen, ehrgeizigen Moritz von Sachsen (1541–1553), der, um die Kurwürde von seinem Vetter im anderen Sachsen zu erhalten, sein lutherisches Land dem Kaiser zur Verfügung stellte und sich von seinen Glaubensgenossen im Schmalkaldischen Bund trennte. Als nun auch mit den Franzosen im Westen und den Türken im Südosten ein Arrangement getroffen war, konnte Karl V. losschlagen. Martin Luther, alt, krank und müde geworden, sah die kriegerische Auseinandersetzung kommen: *Ein künftiger, großer Umschwung aller Dinge ist bestimmt zu erwarten*, meinte er schon 1531. Freilich: *Solange ich lebe, soll Deutschland durch Krieg keine Not haben oder leiden. Aber wenn ich tot bin, so betet. Denn kurz gesagt: Ich bin der Block, der Gott im Weg liegt. Wenn ich sterbe, so wird er dreinschlagen.* Luther interpretierte die vorausgehnte Niederlage des Protestantismus als Gericht Gottes: *Es graut mir und ich habe Sorge, Deutschland werde in Kürze heimgesucht und greulich bestraft werden wegen der großen Undankbarkeit auf unserer Seite und wegen Verachtung und Lästerung auf der Feinde Seite gegenüber dem lieben Wort, das Gott in diesen gefährlichen, letzten Zeiten so klar und reichlich scheinen läßt.* Das Lamentieren und Klagen nahm von Jahr zu Jahr zu. Luther sehnte den *lieben jüngsten Tag*, sehnte auch seinen eigenen Tod herbei: *Der liebe Gott nehme uns in Gnaden weg, daß wir den Jammer nicht erleben noch ansehen müssen.*

Auch dieses letzte Gebet wurde erhört; Luther mußte den Jammer des Schmalkaldischen Krieges nicht mehr erleben. Er starb am 18. Februar 1546 in Eisleben. Fünf Monate später begann der Waffentanz in Süddeutschland.

Er begann für die evangelische Partei recht vielversprechend. Schertlin von Burtenbach nahm mit einem Schlag die Stadt Füssen ein, führte hier sofort mit Augsburgs Hilfe die Reformation durch und eroberte anschließend in wenigen Wochen die gesamten kaiserlichen und bischöflichen Gebiete Schwabens. Die evangelischen Reichsstädte übernahmen die Verwaltung des Landes, was natürlich auch die Einführung der Reformation bedeutete.

Martin Luther kurz vor seinem Tod, skizziert von einem Wittenberger Studenten. Die Randbemerkungen über das Sterben des Reformators stammen aus der Feder Melanchthons

Die Bevölkerung war ganz damit einverstanden, auch die Geistlichkeit; im ganzen Allgäu soll nur der Pfarrer von Sonthofen treu zur alten Kirche gehalten haben. Nördlich der Donau nahmen die lutherischen Oettinger dem katholischen Oettinger sein Ländchen weg und sorgten auf diese Weise ebenfalls für einen einheitlichen Konfessionsstand in der ganzen Grafschaft. Kaiser Karl saß in Regensburg und war trotz aller Kriegsvorbereitungen keineswegs in der Lage, den in Süddeutschland zusammengezogenen Schmalkaldischen Truppen ernsthaften Widerstand entgegenzusetzen. Man schätzt, daß seinen 1000 Landsknechten und 2000 Reitern rund 50000 Mann auf Seiten der Schmalkaldener gegenüberstanden.

Nun zeigte sich aber, daß die Protestanten – genau wie Luther immer behauptet hatte – mit Waffen weniger gut als mit Worten kämpfen konnten. Es fehlte der evangelischen Partei in dieser militärisch entscheidenden Stunde der Mut, den Kaiser direkt anzugreifen. Und es fehlte ihr eine klare und überlegene Führung. So zog sich der berühmte Donaufeldzug ohne eine einzige entscheidende Schlacht über Monate hin – eine Kette verpaßter Gelegenheiten für die Protestanten und die Chance des Kaisers, der in seinen Aufzeichnungen voller Dank gegen Gott die zahlreichen militärischen Fehler der Gegner säuberlich festgehalten hat. Beim Herannahen des Winters schließlich lösten sich die Bundestruppen auf, denn jetzt begannen auch die finanziellen Mittel knapp zu werden. Eine Stadt nach der anderen, von den spanischen Truppen hart bedrängt, gab auf und bat um Gnade, welche der Kaiser auch gegen ein ordentliches Bußgeld im allgemeinen gewährte. Die Oettinger wurden erobert und wieder katholisch; und nicht anders erging es den Pfalz-Neuburgern.

Die Entscheidungsschlacht fand dann doch noch statt, nur nicht in Süddeutschland, sondern bei Mühlberg auf der Lochauer Heide. Mit Hilfe des *Judas von Meißen*, wie die Protestanten den Herzog Moritz von Sachsen jetzt böse nannten, gewann Karl V. diesen Kampf. Landgraf Philipp, dem zunächst die kaiserliche Huld versprochen worden war, wurde verhaftet, ebenso der sächsisch-ernestische Kurfürst Johann Friedrich (1532–1547), der mit der Kapitulation Wittenbergs seine Kurwürde an den sächsisch-albertinischen Moritz verlor. Der Schmalkaldische Bund, in den letzten fünfzehn Jahren die größte und gefährlichste politische Machtgruppe im Reich, war endgültig vernichtet. Karl V. war auf dem Höhepunkt seiner Macht angelangt. Er sah sich unmittelbar vor der Realisierung seines jahrzehntelangen doppelten Zieles: der Aufrichtung der kaiserlichen Zentralgewalt über die deutschen Fürsten und der Wiederherstellung der geeinten katholischen Kirche. Und wieder wählte Karl das *goldene Augsburg*, um hier auf dem Reichstag 1547/48 aus seinem militärischen Sieg die politischen und kirchlich-religiösen Konsequenzen zu ziehen. Es gehört zur Tragik des großen Habsburgers, daß ihm auch diesmal die Verwirklichung seiner Deutschlandpolitik nicht gelang.

Der *geharnischte Reichstag*, wie man die Versammlung 1547/48 wegen der zahlreichen vom Kaiser am Lech und um die Stadt herum zusammengezogenen Truppen nannte, war die glänzendste Versammlung, die Augsburg je gesehen hat. Mit Ausnahme des Kaisers, der blaß und krank wirkte und in seinem *Losament* im Fuggerhaus froh war, wenn er von einem Zimmer zum anderen *am Stecken gehen* konnte, genossen die Sieger und alle, die sich jetzt an sie hängten, die traditionellen Freuden und Festlichkeiten eines richtigen deutschen Reichstages. Man vergnügte sich auch diesmal wieder an prächtigen Turnieren und bei üppigen Trinkgelagen. Die Sänger, Pfeiffer und Spielleute gaben herrliche Konzerte. Alle Fürsten hatten ihre Gemahlinnen und deren *Frauenzimmer* mit in die Schwabenstadt gebracht, so daß es auch nicht an prunkvollen Tanzereien fehlte.

Die Augsburger Stadtväter taten alles, um die Sieger wieder mit ihrer Stadt auszusöhnen. Schon vor Beginn des Reichstages hatten sie den aus Dillingen wieder herbeieilenden Domherren die Domkirche übergeben. Nun stellten sie auch die Dominikanerkirche wieder für die katholischen Gottesdienste zur Verfügung und baten *der Stadt obersten Prediger*, den stürmischen Wolfgang Musculus, bei den Predigten *vorsichtig zu handeln*. Die besiegten Städtevertreter und Fürsten wirkten in diesen Monaten ausgesprochen niedergeschlagen, und diesmal war kein Luther mehr da, der sie durch Trostbriefe aufzurichten versuchte. Die größte Aufmerksamkeit erregte bei den Augsburgern naturgemäß *der gewesene Kurfürst von Sachsen*, Johann Friedrich. Mit Anteilnahme verfolgte die Bevölkerung, wie der einst *so feiste Herr* als Folge der Strapazen *stark zusammengefallen* wirkte. Wenn der *arme Gefangene* an seinem Fenster erschien, wurde er von jedermann ehrerbietig begrüßt und sein Bild mit der bei Mühlberg empfangenen Schramme zierte bald jedes evangelische Haus.

Am 1. September 1547 wurde der Reichstag feierlich eröffnet. Auf Drängen der bayerischen Herzöge hin wandte sich Karl V. ziemlich bald der Religionsfrage zu, um sie *zu schleunigem Austrag und Ende zu bringen*. Er griff den alten Konzilsgedanken wieder auf. Damit geriet er aber sofort mit dem Papsttum in Konflikt. Denn Papst Paul III. dachte gar nicht daran, auf dem von ihm einberufenen Konzil die Protestanten zu Wort kommen zu lassen. Um es der kaiserlichen Machtsphäre noch mehr zu entziehen, hatte er es im März von Trient nach Bologna verlegt. So mußte also Karl V. die Religionsangelegenheit ohne päpstliche Unterstützung regeln. Dafür bot sich ihm der Interimsgedanke an, der ihm auch von seinem Bruder Ferdinand nahegelegt wurde: es sollte eine Ordnung geschaffen werden, die *einstweilen* (interim) bis zu einem alle Seiten befriedigenden großen Konzil gelten sollte. In Wirklichkeit – und darüber war man sich in Augsburg auf beiden Seiten klar – sollte das Interim von Anfang an nur ein erster Schritt sein auf dem Weg zur vollständigen Rückführung der Evangelischen in den Schoß der alten Kirche.

Die Vorbereitung *der römischen kaiserlichen Majestät Erklärung, wie es der Religion halber im heiligen Reich bis zum Austrag des (all-) gemeinen Konzils gehalten werden soll,* erfolgte in aller Heimlichkeit. Für die Kommission, die die Vorlage ausarbeiten sollte, hatte sich der Kaiser als einzigen Lutheraner den Hofprediger Joachims II. von Brandenburg, Johann Agricola (1494–1566), ausgesucht. Dieser durchaus begabte aber ehrgeizige und anpassungsfreudige Theologe stammte wie Luther aus Eisleben und gehörte einst zu den ältesten Freunden des Reformators. Nach einem dogmatischen Streit hatte er die Wittenberger Universität mit dem Berliner Schloß vertauscht und sich zu dem entwickelt, was man einen eleganten und taktischen Hofprediger nennen kann. In dieser Eigenschaft war er sogar bereit gewesen, den kaiserlichen Sieg über die eigenen Glaubensgenossen mit einer Dankpredigt zu feiern. Obwohl ihn die Berufung in die Interims-Kommission sehr schmeichelte, hatte Agricola hier doch weniger zu sagen, als er später gerne behauptete.

In der Hauptsache war das Interim ein Werk des Naumburger Bischofs Julius von Pflug und des Mainzer Weihbischofs Michael Helding. Diese beiden Erasmusschüler vertraten die Ideen eines Reformkatholizismus und waren so durchaus bereit, einzelne Forderungen der Evangelischen aufzunehmen. In der Vorrede betonten sie etwa, daß *kaiserliche Majestät in emsiger Arbeit und Begriff einer christlichen Reformation* stehe. Ähnlich wird am Schluß auf die Notwendigkeit hingewiesen, *abzutun die Ärgernisse aus der Kirche, die große Ursache gegeben haben zu der Zerrüttung dieser Zeit.* Solche Sätze ebenso wie die Forderung einer *nützlichen Reformation* erregten in Rom natürlich größtes Mißfallen. Dabei wurde aber übersehen, daß die sechsundzwanzig Lehr- und Zeremonialartikel gerade weil sie so überaus ge-

Johann Agricola, einer der schillernden evangelischen Theologen auf den Augsburger Reichstagen in der ersten Hälfte des 16. Jahrhunderts

schickt abgefaßt waren, für den Fortbestand der lutherischen Reformation gefährlicher waren als jede päpstliche Bulle.

In der evangelischen Polemik jener Tage sagte man:

> *Das Interim, das Interim,*
> *das hat den Schalk hinter ihm.*

Die erste Gefahr war die Art und Weise, wie hier das alte, kirchliche Dogma dargeboten wurde. Die gelehrigen Schüler des Erasmus von Rotterdam verstanden sich nämlich ebenso gut wie ihr lutherischer Kollege Agricola auf die Kunst des Lavierens und Formulierens. Bei den Ausführungen über die Rechtfertigung und die Sakramente etwa hatten sie äußerst geschickt evangelische

Gedanken in das thomistische System eingefügt. Die zweite Gefahr des Interims lag darin, daß die Auseinandersetzung mit dem Luthertum vor allem an den beiden Stellen geführt wurde, wo sich die Reformation lehrmäßig am wenigsten abgesichert hatte. Die Fragen der *Zeremonien* und der *Kirchenverfassung* waren den Evangelischen, allen voran Martin Luther, immer zweitrangig erschienen. Hier hatten die Reformatoren für *evangelische Freiheit* plädiert. Könnte man nicht, so argumentierten jetzt die Interimsväter, in derselben *evangelischen Freiheit* den gesamten katholischen Kultus mit allen Zeremonien und Gebräuchen wieder übernehmen und die bischöfliche Jurisdiktion erneut anerkennen – um des Friedens willen? Auch die beiden augenfälligsten Zugeständnisse – die Priesterehe und der Laienkelch – erwiesen sich bei näherem Zusehen als Gaukelspiel. Denn für beides, für das Fortbestehen der Pfarrersehen und die Abendmahlsfeier unter beiderlei Gestalt, wurde als Voraussetzung ausdrücklich die Erlaubnis des Papstes genannt.

Mitte Mai 1548 wurde dieses Interim samt Vorrede den in Augsburg versammelten Ständen vorgelesen. Jetzt erst erfuhren die Evangelischen, daß es überhaupt nur für sie gelten sollte, die katholischen Stände waren nicht an diese Verordnung gebunden. Alle Berichte dieses Tages sprechen von der *trostlosen Niedergeschlagenheit und lähmenden Verblüffung* unter den Protestanten. Der gefangene Johann Friedrich von Sachsen erklärte zwar sofort, er werde sich diesem Diktat niemals beugen. Auch Moritz von Sachsen zeigte sich jetzt tief enttäuscht vom Kaiser und meldete zusammen mit Wolfgang von der Pfalz leisen Protest an. Doch alle drei waren zu *kleinfügig*, als daß ihre Weigerung in dieser Situation Gewicht gehabt hätte. Am 30. Juni trat das Interim als Reichsgesetz in Kraft, und wer nicht gehorchen wollte, wurde mit der Einquartierung von Spaniern bedroht. So ging das Jahr 1548 als *kritischste Stunde für die Sache des Evangeliums*, ja sogar als *Tiefpunkt der deutschen Reformationsgeschichte* in die Geschichtsschreibung ein.

PREDIGER UND POLITIKER IN DER OPPOSITION

Bei dem Versuch, sein Interim von 1548 durchzusetzen, mußte Kaiser Karl V. noch einmal erleben, wie gering seine Wirkungsmöglichkeiten tatsächlich waren. Denn der Augsburger Kompromiß löste unter den lutherischen Theologen und in den evangelischen Gemeinden einen wahren Sturm der Erregung aus. Vor allem die Prediger in Süddeutschland, wo die kaiserliche Position noch am stärksten war, erwiesen sich als wackere Lutheraner. Nicht wenige verließen lieber ihre Kirchen und vereinzelt auch ihre Familien, als sich dem Interim zu beugen. Ihre Losung war: *Das Interim ich nicht annimm', und soll die Welt zerbrechen!* Die städtischen und fürstlichen Räte dagegen übten sich in den folgenden Jahren in der Kunst, unter dem aufgezwungenen Interim lutherisch zu bleiben.

Am schwierigsten war die Situation natürlich für den Augsburger Rat. In ihm wurde *wahrlich kläglich und betrübten Herzens von der Sache geredet*. Aber die Mehrheit meinte, *wenn man darüber gleich stürbe, so wäre doch solches der gemeinen Stadt gar nicht zuträglich*. Also beugte man sich der kaiserlichen Gewalt: *Weil auf abschlägige Antwort dieser Stadt derselben Bürgerschaft und ihrer Weiber und Kinder Sterben und Verderben gewißlich beruhe, soll solch publiziert Interim angenommen werden.* Sorge machten dem Rat allerdings seine Prediger, und unter ihnen wieder vor allem *das Mäuschen* (Musculus), den man *irgendwohin zu verschicken* gedachte. Das war jedoch überflüssig. Musculus ließ den Rat wissen, er habe sich *übermäßig kleinmütig* verhalten, für ihn sei daher kein Platz mehr in Augsburg. Nach über achtzehnjähriger segensreicher Wirksamkeit verließ Musculus noch in derselben Nacht die Stadt und reiste über Konstanz in die Schweiz.

Schritt für Schritt versuchte der Rat nach dem Weggang des Musculus das Interim in Augsburg einzuführen. Als jedoch die Wiedereinführung der Meßgewänder an der Reihe war, erwachte das alte Selbstbewußtsein in den Predigern; sie bezeichneten dies Wahrzeichen des *abgetanen Pfaffentums* als *Versuchung des Teufels*. Erst nach langen Aussprachen auf dem Rathaus steckten die Prediger auch in dieser Frage alle bis auf einen zurück, und der Rat ließ aus Dankbarkeit die Chorröcke auf seine Rechnung herstellen. Ein Jahr später schließlich wurden der Bischof, das Domkapitel und die *gesamte Klerisei*

Nikolaus Gallus, Organisator des Regensburger Kirchenwesens und Schutzherr der österreichischen Protestanten, war der Vertreter eines ausgesprochen strengen Luthertums

wieder in ihre alten Rechte eingesetzt. Den Evangelischen verblieben nur die St. Anna-, die Barfüßer- und die Jakobskirche sowie die Predigthäuser bei St. Ulrich, St. Georg und Heilig-Kreuz. Schließlich stellte man sogar eigene Interimsgeistliche an, die sich allerdings bei der Bevölkerung keiner Beliebtheit erfreuten.

Eine der ersten Städte Bayerns, die das Interim nach harten Auseinandersetzungen ebenfalls annahm, war Regensburg. Zwar hatte sich ihre Gesandtschaft in Augsburg noch heftig zur Wehr gesetzt, aber für Karl V. war die Unterwerfung gerade dieser Stadt eine Ehrensache. Er setzte ihr eine Frist von vier Tagen. Auch hier befand sich der Stadtrat in keiner beneidenswerten Lage. Auf der einen Seite drängten und drohten der Kaiser und sein Statthalter in Wien, die inzwischen erfolgreich rekatholisierte Pfalz-Neuburg und das Herzogtum Bayern. Auf der anderen Seite argumentierten die städtischen Prediger, durch die Annahme des Interim werde die *Wahrheit des Evangeliums verlästert,* und der *Rückfall in das Papsttum* sei die unausbleibliche Folge. Unter diesen Predigern gaben sich Hieronymus Nopp (ca. 1501 bis 1551) und Nikolaus Gallus (ca. 1516–1570) besonders standhaft. Der in Herzogenaurach geborene Nopp hatte ebenso wie Gallus in Wittenberg studiert. Diesen beiden Männern verdankte die freie Reichsstadt ihre Kirchenordnung und darüber hinaus ein ausgesprochen streng-orthodoxes Luthertum. Als sich nun der Rat gegen die Stimme seines aufrechten Ratskonsulenten Johann Hiltner zur bedingungslosen Annahme des Interims bereit erklärte, ließen sich Nopp und Gallus beurlauben. Auf Fuhrwerken verließen sie zusammen mit anderen lutherischen Geistlichen und ihren Frauen, von denen zwei schwanger waren, die Stadt.

Die Verbindung zu ihren Pfarrern ließen die Regensburger freilich nicht abreißen. Sie zahlten dem nach Nürnberg geflohenen Nopp und dem wieder in Wittenberg und später Magdeburg lebenden Gallus weiter das Gehalt. Dafür empfingen sie von ihren beiden geistlichen Vätern in den folgenden Jahren nahezu ununterbrochen Rat und Trost. So regelten die beiden Regensburger Theologen auch nach ihrem Weggang alle schwierigen Fragen, die durch das Fehlen evangelischer Geistlicher entstanden waren, und wurden nicht müde, ihre Gemeinden mit Predigtbänden zu versorgen, um sie bei dem *rechten, einigen Glauben treulich zu halten*. In Magdeburg entwickelte sich Regensburgs Startheologe neben Matthias Flacius Illyricus sogar zu einem ausgesprochenen Kämpfer gegen alles, was nicht exklusiv-lutherisch erschien – vor allem auch gegen Philipp Melanchthon, der alle Interimsbestimmungen für *Adiaphora*, für belanglose *Mitteldinge* hielt und den Weg des geringsten Widerstandes zu gehen bereit war. In Regensburg fanden jetzt freilich weder in der Dominikaner-, noch in der Neupfarrkirche evangelische Gottesdienste statt. Die evangelische Bürgerschaft zog sich wieder dorthin zurück, von wo die Reformation ihren Anfang genommen hatte: in die Hauskapellen.

In Nürnberg war Veit Dietrich (1506–1549) schon während des Reichstages von seiner städtischen Obrigkeit wegen einiger Predigten, bei denen er *etwas hitzig gewest*, vom Dienst an der Pfarrkirche St. Sebald suspendiert worden. Der Rat wußte sehr genau, daß er und vor allem Andreas Osiander das Interim strikt ablehnen würden. So versuchte er zunächst auf eigene Faust, dies kaiserliche Gesetz auf diplomatischem Weg zu umgehen. Die Ratsherren ließen den Kaiser wissen, sie hätten ihm doch immer Gehorsam geleistet und würden sich jetzt in der Religionsfrage so verhalten, daß *wir es gegen Gott den Allmächtigen und Eure kaiserliche Majestät allhier auf Erden und in jener Welt am jüngsten Gericht mit unbeschwertem Gemüt zu verantworten hoffen*. Die Prediger wurden vom Rat abwechselnd kniefällig gebeten und ernstlich bedroht, bei der reinen Lehre zu bleiben, aber um Gottes Willen nicht gegen das Interim zu predigen und im übrigen *Geduld zu tragen*.

Dazu war aber Andreas Osiander nicht der richtige Mann. Kaum ein Sonntag verging, an dem der Prediger auf der Lorenzer Kanzel nicht gegen das Interim donnerte. Als der Rat schließlich doch das Reichsgesetz annahm und trotz der schriftlich vorgetragenen *Bedenken der Prädikanten der Stadt Nürnberg* eine Art Interims-Ordnung für die Umgestaltung des kirchlichen Lebens erarbeiten ließ, schrieb Osiander sein Entlassungsgesuch. Drei Jahrzehnte lang hatte der eigenwillige Lutheraner im harten Ringen mit seinem Rat – und doch von diesem auch immer geschätzt und nicht selten geschützt – für das Luthertum in der fränkischen Metropole gekämpft. Jetzt, wo er sein Lebenswerk vernichtet glaubte, verließ er Nürnberg, um im fernen Königsberg einen von Verbitterung und Streit erfüllten Lebensabend zu verbringen. Der eigentliche Führer im Widerstand gegen das weitere Eindringen interimistischer Lehrformeln und Zeremonien wurde nun Veit Dietrich, der darüber freilich immer kränker wurde und bereits im März 1549 starb.

Auch in der benachbarten Markgrafschaft Brandenburg-Ansbach kam das kaiserliche Interim nur in einer sehr verwässerten Form zum Zuge. Man hatte hier die geltende lutherische Kirchenordnung einfach um einige *katholisierende* Ergänzungen erweitert. In dieser Form eines gemäßigten *fränkischen Interims* fand das kaiserliche Gesetz formell an vielen Orten Süddeutschlands Eingang. In der Praxis jedoch hatte Karl V., wie die zahlreichen Beschwerden der Bischöfe zeigten, sein Ziel nicht erreicht.

Gänzlich scheiterte die Einführung des Augsburger Kompromisses in der Markgrafschaft Brandenburg-Kulmbach, wo zu dieser Zeit Albrecht Alcibiades (1541–1557) regierte. Äußerer Anlaß dafür dürfte der Umstand gewesen sein, daß man hier im Oberland anders als im Unterland und in Nürnberg eine radikale Reformation durchgeführt hatte, der auch die Meßgewänder zum Opfer gefallen waren. Als daher ein interimswilliger Geistlicher in Bayreuth eines Sonntags wieder in liturgischen Gewändern an den Altar trat und gar noch lateinisch zu singen begann, stürzte fast die ganze Gemeinde laut schreiend aus der Kirche. Die im Augustinerkloster zu Kulmbach versammelte Geistlichkeit erklärte wenig später ihrem Landesherrn: *Erstlich, daß wir das Interim nicht annehmen können oder wollen, dazu bewegt uns kein Fürwitz oder besondere Leidenschaft, sondern die gewaltigen Sprüche (der Bibel) allein. Müssen wir dann über das Bekenntnis das Land räumen, so haben wir den Trost:* »Die Erde ist des Herrn und alles, was darinnen ist, der Erdboden und was darauf wohnt.« *Müssen wir aber die Welt lassen und unser Leben verlieren, so haben wir diesen Trost, da Christus der Herr spricht:* »In meines Vaters Hause sind viele Wohnungen.« *So wir nun beständig bleiben, so haben wir Menschen und Teufel zu Feinden. Die Menschen aber sterben und die Teufel sind ewig verdammt. So wir aber verleugnen das Evangelium, so haben wir Gott, alle Engel und Heiligen zu Feinden, davor Gott Eure Gnaden und uns alle gnädiglich behüten wolle.* Unterzeichnet haben dieses mutige Bekenntnis alle Superattendenten und Pfarrer des Oberlandes. Albrecht bot Kompromißlösungen an, doch die Geistlichkeit drohte geschlossen mit der *Bitte um Dienstentlassung*. So mußte Albrecht seinem Kaiser im August 1551 unverblümt eingestehen, daß er in seinem Land mit dem Interim restlos Schiffbruch erlitten habe.

Dieser Hohenzollernmarkgraf Albrecht war eine der charakterlich unerfreulichsten Persönlichkeiten des deutschen Protestantismus. Das Chaos, in das Deutschland nun unmittelbar vor dem großen Frieden von 1555 noch einmal gestürzt wurde und das den alten Kaiser endgültig zur Abdankung veranlaßte, wurde wesentlich durch seinen gewissenlosen Ehrgeiz verursacht. Als einziger Sohn des letzten altgläubigen Markgrafen Kasimir von Brandenburg-Ansbach besaß Albrecht, obwohl evangelisch erzogen, überhaupt keine religiösen oder sittlichen Wertvorstellungen. Die heimatliche Plassenburg oberhalb von Kulmbach sah den lebenslustigen jungen Fürsten selten; unter Vernachlässigung seines Landes trieb er sich meistens am kaiserlichen Hof herum, um durch lohnende Kriegsdienste Ruhm, Beute und Geld zu gewinnen. Im Schmalkaldischen Krieg hatte er sich – freilich vergeblich – bemüht, dem Kaiser mehr als ein Regiment zuzuführen; seine lutherischen Untertanen weigerten sich schlicht, gegen die Glaubensgenossen anzutreten. Sie meinten auch, ihr Albrecht sei zwar ein *tapferer, kecker Mann*, aber auf dem Schlachtfeld doch *kein erfahrener, geschickter Oberster*. Tatsächlich verlor Albrecht Alcibiades auch seine entscheidende Schlacht. Kaum aus der Gefangenschaft befreit, durchzog er erneut halb Europa von Königsberg bis Brüssel auf der Jagd nach Erlebnissen. Die Räume der Plassenburg füllten sich mit wertvollen Juwelen, Möbeln und Teppichen, während das ohnehin arme *Land oberhalb des Gebirges* immer tiefer in Schulden geriet. Als sich nun die protestantischen Fürsten nach der Katastrophe von 1547/48 wieder sammelten, war der Kulmbacher skrupellos genug, sich mit ihnen gegen den Kaiser zu verbinden.

Die Seele dieser *Fürstenverschwörung* war niemand anderer als der von den Protestanten so geschmähte und dem Kaiser angeblich so treu ergebene Moritz von Sachsen. Er gehört zu den am schwersten deutbaren Gestalten des Reformationszeitalters. Luthers kluger aber bedächtiger Kurfürst Friedrich der Weise, der entschlossen katholische Herzog Georg von Sachsen, der etwas beschränkte aber grundzuverlässige Johann Friedrich, der jetzt in der Gefangenschaft saß, auch der stürmische Politiker unter den Protestanten, Landgraf Philipp von Hessen, die bayerischen Herzöge und Georg der Fromme, der biedere und konservative Landesvater der Markgrafschaft Brandenburg-Ansbach – alle diese Männer der ersten Generation wirken durchsichtig und einheitlich in ihrem Wollen und Tun. Ganz anders der jugendliche Moritz.

In seinen Briefen ist kaum etwas von seiner evangelischen Überzeugung zu erkennen. Doch als der Pfarrer den 32jährigen auf dem Sterbelager fragte, ob er seine Zuversicht allein auf Christus setze, antwortete dieser: *Auf wen sollte ich sonst meine Zuversicht setzen?* Im Kampf um die Vormachtstellung seines albertinischen vor dem ernestinischen Sachsen waren Moritz nahezu alle Mittel recht. Doch in seiner letzten Auseinandersetzung mit dem kriegswütigen Albrecht Alcibiades lernte er, über die Maße der Territorialpolitik hinaus in den Ausmaßen des Reiches zu denken. Um der Kurwürde willen ließ er den Schmalkaldischen Bund im Stich und paktierte mit dem Kaiser gegen seine Glaubensgenossen. Doch als er in Augsburg die Pläne Karls V. durchschaute, änderte er seine Einstellung und teilte den evangelischen Fürsten mit, er sei *in der Religion kein Mameluck*.

Auch persönlich mußte sich Moritz von seinem Kaiser enttäuscht sehen und in seiner Ehre gekränkt fühlen. Entgegen dem ausdrücklichen Versprechen, den hessischen Landgrafen gnädig zu behandeln, hielt der Kaiser nämlich den Schwiegervater des jungen Moritz weiterhin in strenger Haft. Schließlich wurde sogar von dem jungen Albertiner verlangt, seine Theologen auf das wieder in Trient tagende Konzil zu schicken. Sie sollten dort den Widerruf des deutschen Luthertums vortragen. Diese Ereignisse und der anhaltende Druck der öffentlichen Meinung scheinen der Grund für die *Konversion* des frischgebackenen Kurfürsten von des Kaisers Gnaden gewesen zu sein. Freilich: Der gelehrige Schüler der habsburgischen Politik verstand es geschickt, diese Sinnesänderung vor Karl V. zu verheimlichen. Noch Anfang 1552 erklärte der Kaiser gegenüber den ersten Gerüchten über Moritz, daß *er sich, sofern noch menschliche Treue und Glauben auf Erden sei, nicht anders denn allen Gehorsams und Gutem zu ihm versehe.* Doch nur wenige Monate später stießen die Truppen des Sachsen bei Rothenburg auf die Soldaten des Kulmbachers, und gemeinsam zogen diese durchaus ungleichen Vertreter der zweiten Generation gen Süden in den Kampf gegen ihren alternden Kaiser.

Wo immer die protestantischen Truppen auftauchten – in Dinkelsbühl und Donauwörth, in den Städten des Allgäus und in der Pfalz-Neuburg – wurde das verhaßte Interim sofort abgestellt. Man setzte die kaiserlich gesinnten *Hasenräte* ab, rief die evangelischen Prediger zurück und verbot das Abhalten der Messe. Einzig die *Perikopenordnung,* die Ordnung der sonntäglichen Lesungen aus der Bibel, blieb in den evangelischen Gebieten erhalten und erinnert noch heute an die ernste Zeit des Interim. Die Oettinger wechselten wieder einmal mit dem regierenden Grafen auch die Konfession. In Regensburg strömten Rat und Bürgerschaft in die wieder eröffnete Neupfarrkirche, da man *die Sünde, so mit angeregter Heuchelei, dem Interim zu Gehorsam begangen, zur Anzeigung wahrer, christlicher Buße öffentlich bekennen und Gott für die Vergebung durch Christus Dank sagen* wollte. Nikolaus Gallus kehrte in seine Heimatstadt zurück und baute später auf der Basis des Augsburger Religionsfriedens in Regensburg das erste orthodox-lutherische Kirchenwesen in Deutschland auf.

Der Kaiser, der in seiner langen Regierungszeit niemals auf einen derartigen militärischen und politischen Mut unter seinen protestantischen Fürsten gestoßen war, floh Hals über Kopf nach Italien. In dieser Situation bewies Moritz, daß er nicht nur ein entschlossener Kämpfer, sondern auch ein kluger Politiker war. Er setzte nämlich keineswegs dem fliehenden Habsburger über den Brenner nach, sondern nahm die Verhandlungen mit dem kaiserlichen Bruder Ferdinand auf. Zur *Abstellung der Irrungen und Gebrechen deutscher Nation* wurde 1552 ein Waffenstillstand ausgehandelt. Er sollte die Wiederherstellung der vom Kaiser unabhängigen kurfürstlichen und fürstlichen Landesherrschaft und einen auf Dauer angelegten Religionsfrieden bringen. Dies wurde in Passau von evangelischer Seite kaum weniger nachdrücklich diktiert als das Interim 1548 von der katholischen Seite. Der allerdings entscheidende Unterschied bestand nur darin, daß man in Passau nicht daran dachte, dem besiegten Gegner die eigene Konfession aufzuoktroyieren. Man forderte lediglich die Freiheit für die Verkündigung des reformatorisch verstandenen Wortes Gottes. Und weil die Protestanten diesmal ihre Waffen nicht vor der Türe abgelegt, sondern

Folget ein freyer Reimspruch
auff die Buchstaben des INTERIMS gemacht.

I NTERIM das ist ein buch
N ichts besser dan ein bschiessen bruch/
T euffels drecks vol vnde Babstes greull
E in recht Rohrvogel vnd Heuvl/
R umb zu rücken fromme Christen
I st drumb ertichtt von Papisten/
M ich dünckts haben sich befissten.
I hr trödelmarckt kom widder schir
N icht anders hoffen sie/glaub mir/
T rutz das sie anders Gleuben all
E s sol jhn feylen alltzumal/
R echt sollen sie mich doch verstehn
I hr vnglück sol nu erst angehn
M ansols erfarn vnd balde sehn.
I hr INTERIM das Gehet jns badt
N icht darffs hoffen einiger Gnad/
T rechtig gehts mit viel grossem greull
E s sol aber gebern ein feil/
R ein ab rein ab sagen wir widder
I hr schwinget wol ewer gfidder/
M üst doch bald liegen darnidder.

AMEN.

Evangelisches Spottgedicht auf das Interim

nur an den Stuhl gelehnt hatten, kamen sie mit diesen Forderungen auch durch. Zum ersten Mal klang hier im *Passauer Vertrag* der Gedanke einer *Parität* zwischen den beiden Konfessionen an.

Es ist selbstverständlich, daß Karl V., der ein Leben lang für ein politisch und religiös geeintes Habsburgerreich gekämpft hatte, die sich hier anbahnende Entwicklung nicht gut heißen konnte. Man fürchtete, daß sich der Kaiser daher möglicherweise des wildesten und skrupellosesten aller Haudegen, des Markgrafen Albrecht Alcibiades, bedienen würde, um die deutsche Opposition erneut zu unterwerfen. Der wilde Kulmbacher hatte tatsächlich schon auf eigene Faust weiter gegen das Bamberger Hochstift, gegen die Reichsstadt Nürnberg und gegen den Bischof von Würzburg Krieg geführt – seinen privaten *Markgrafenkrieg*. In sinnloser Brutalität verwüstete er das ganze fränkische Land, um so endlich das alte Ziel der Hohenzollern zu verwirklichen: ein unter ihrer Herrschaft geeintes, romfreies Franken. In dieser chaotischen Situation handelte Moritz noch einmal auf eigene Faust. Zwar fiel er in der blutigen Schlacht gegen den Markgrafen, doch mit seinem Tod war auch die Macht des größenwahnsinnigen Kulmbachers gebrochen. Immer auf der Flucht starb Albrecht schließlich 1557 in Pforzheim – als *bußfertiger Sünder,* wie sein Hofprediger die Nachwelt wissen ließ. Die Historiker späterer Zeiten scheinen das nicht recht geglaubt zu haben; sie gaben ihm den Beinamen des Alcibiades, jenes hochbegabten Griechen, der in genialer Ichsucht sein athenisches Vaterland ins Unglück stürzte und in der Fremde verkam.

LUTHERTUM UND KATHOLIZISMUS SCHLIESSEN FRIEDEN

Für Deutschland schien nun allerdings das Unglück eines permanenten Religionskrieges beseitigt zu sein. Denn Kaiser Karl V., von unzähligen persönlichen und politischen Enttäuschungen müde geworden, verzichtete auf seinen Thron und zog sich nach Spanien ins Kloster zurück. Er war der Bewegung, die einst ein kleiner Mönch am Rande seines Weltreiches angezettelt hatte, nicht Herr geworden. Luther war nun schon bald zehn Jahre tot, aber der Protestantismus hatte sich zu einer religiös eigenständigen und politisch nicht zu unterschätzenden Macht entwickelt. Man mußte sich mit ihm arrangieren.

Karl V. konnte das ehrlicherweise nicht. Es macht die Größe dieses Mannes aus, daß er die Notwendigkeit des Religionsfriedens und die Unmöglichkeit, ihn selber auszuhandeln, erkannte und die Konsequenz aus dieser Erkenntnis zog. Nun war für seinen Bruder und Nachfolger Ferdinand, der als kaiserlicher Statthalter mit den deutschen Verhältnissen besser vertraut war, der Weg zu einem ehrenhaften Frieden frei. Und wieder wurde Augsburg 1555 zum Ort des Reichstages und damit als Stätte dieses Friedensschlusses bestimmt.

Die konfessionellen Verhältnisse in der schwäbischen Metropole waren in den letzten Jahren immer unerquicklicher geworden. Vor der *Fürstenverschwörung* war es der kaiserlichen Politik und dem Drängen des Augsburger Bischofs Kardinal Otto Truchseß von Waldburg tatsächlich gelungen, die evangelischen Prädikanten aus der Stadt zu vertreiben, den Protestanten die Gotteshäuser zu nehmen und den evangelischen Schulunterricht zu unterbinden. Nach dem *Passauer Vertrag* bemühte sich der Rat sogleich um neue Geistliche. Ihm war jetzt vor allem an *sächsischen Prädikanten* gelegen, – an Theologen also, die nicht wie einst Wolfgang Musculus und überhaupt die alten Augsburger Prediger mehr oder weniger stark zwinglianisch ausgerichtet waren. Die schlauen Augsburger Stadtväter begannen zu ahnen, daß der Protestantismus zunächst wohl nur eine Chance hatte, sofern er sich streng an die *Confessio Augustana* hielt und sich von allen Schwärmern, Wiedertäufern und auch Zwinglianern fern hielt. Melanchthon ging mit wahrem Feuereifer daran, den Wunsch der Augsburger nach ordentlichen lutherischen Geistlichen zu erfüllen und schwärmte in zahlreichen Briefen von der Aussicht, daß sich die Augsburger Kirche – endlich von allem Irrtum *gereinigt* – zu einem festen Hort des Luthertums in Oberdeutschland entwickeln würde. Dieser fromme Wunsch Melanchthons ging jedoch nicht so bald in Erfüllung; noch bis zum Reichstag und weit darüber hinaus erschütterte der Zwist zwischen den *alten* und den *sächsischen* Prädikanten das evangelische Leben der Stadt. Diese Streitereien, aber auch die anhaltende Unruhe unter der Bevölkerung und der Druck seitens des Bischofs machen es verständlich, daß der Augsburger Rat auch diesmal den Reichstag lieber in Ulm als in seinen Stadtmauern gesehen hätte.

Die Versammlung war diesmal ausgesprochen schlecht besucht. Die geistlichen Fürsten wußten ja, daß die Augsburgische Konfession nunmehr, in welcher Form auch immer, anerkannt werden sollte. Das aber verstieß gegen ihr Gewissen und gegen ihre Amtspflicht. So ließen sich die meisten von ihnen durch Gesandte vertreten. Auf der evangelischen Seite sah es nicht viel anders aus. Das größte evangelische Territorium Süddeutschlands, die zweigeteilte Markgrafschaft Brandenburg-Ansbach-Kulmbach war überhaupt nicht präsent, – Albrecht Alcibiades mit guten Gründen, wie wir wissen, und der neue Ansbacher Markgraf, weil er noch minderjährig war. Die Reichsstädte, die einst als Vertreter der Volksstimme eine so eminente Bedeutung für die Ausbreitung der Reformation gehabt hatten, waren ebenfalls nur schwach vertreten, unter sich uneinig und im übrigen in der großen Politik jetzt nicht mehr interessant; – ihre Zeit war vorbei.

Was wollten nun die Evangelischen erreichen? Wenn sie offen redeten und ihre Maximalforderung nannten: Freiheit für die evangelische Verkündigung in allen weltlichen und geistlichen Territorien jetzt und für alle Zukunft. Das war vor allem der Wunsch des Kurfürsten Friedrich II. von der Pfalz, der selbst noch kaum reformatorische Maßnahmen in seinem Land durchgeführt hatte, aber die evangelische Einstellung aller seiner Untertanen sehr genau kannte. Mit derartigen Gedanken konnte sich jedoch die katholische Seite unter keinen Umständen anfreunden. Noch immer war der Einfluß des Protestantismus ungebrochen, und eine derartige Friedensregelung hätte in der Praxis das Ende der alten Kirche bedeuten können. Die Mehrzahl der evangelischen Stände war denn auch bereit, sich mit einer Minimalforderung zufrieden zu geben: Sicherheit für alle Gebiete, die im Augenblick evangelisch waren oder es in Zukunft werden würden.

Nach der Katastrophe des Schmalkaldischen Krieges und des Markgrafenkrieges, nach dem Tod Moritz' von Sachsen, der jetzt als Haupt der protestantischen Partei sehr fehlte, und nach der Abdankung des Kaisers waren die Evangelischen in erster Linie auf einen dauerhaften Frieden bedacht. Bisher war ja die permanente Kriegsgefahr nur immer durch *Anstände, Interims* und vertröstend-befristete Reichstagsbeschlüsse gebannt worden. Jeden dieser Lichtblicke hatte man mit Dank gegen Gott begrüßt. Aber ohne einen vertraglich abgesicherten und rechtsgültigen Friedensschluß wollten sie diesmal Augsburg nicht verlassen. Ein *beständiger, beharrlicher, unbedingter, für und für ewig währender Friede*, wie im *Passauer Vertrag* anvisiert, sollte es sein. Überdeutlich ist dieser Formulierung die Unlust an den Konfessionskriegen abzuspüren. Doch auch diese relativ bescheidene Forderung gedachte der energische Augsburger Bischof, der an den Verhandlungen in seiner Eigenschaft als Vertrauensmann des Kaisers teilnahm, nicht ohne weiteres zu erfüllen. So kam es noch einmal zu einem erbitterten Ringen zwischen den beiden konfessionellen Parteien, dessen Ergebnis doch auch wieder nur ein Kompromiß, wenn auch zweifellos der ehrlichste und beste im Reformationsjahrhundert, sein konnte.

Über den Inhalt des Augsburger Dekrets berichtet ein zeitgenössischer Chronist: *Wegen der Lehre, der Religion und des Glaubens des Augsburgischen Bekenntnisses sollen der Kaiser, der König Ferdinand und die übrigen Fürsten und Stände niemanden im ganzen Reich auf irgendeine Weise verletzen noch zum Aufgeben seiner Religion, der Zeremonien und der Gesetze, die in seinem Machtbereich die Verbündeten des Augsburgischen Bekenntnisses schon erlassen haben oder nach diesem erlassen werden, zwingen und auch nicht verachten, sondern sie sollen jenen diese Religion frei erlauben und zugleich die Güter, so daß sie diese in Frieden gebrauchen und genießen könnten. Auch den Meinungsstreit der Religion sollen sie nicht mit anderen als frommen, freundlichen und ruhigen Mitteln schlichten. Auf die gleiche Weise sollen sich die Augsburgischen Bekenntnisses gegen Kaiser, König Ferdinand und die übrigen Fürsten und Stände, die der alten Religion verbunden sind – sowohl geistliche als weltliche – und gegen alle übrigen des kirchlichen Standes und deren Gemeinschaften verhalten. Die nicht einer der beiden Religionen angehören, sollen in diesen Frieden nicht eingeschlossen sein. Für die Reichsstädte wurde bestimmt, daß wo zur Zeit beide Religionen nebeneinander öffentlich in Übung seien, dies in Zukunft so bleiben solle.*

Das klingt für die Protestanten nicht schlecht. Doch König Ferdinand schob noch einen Vorbehalt in das Gesetz ein – das *Reservatum Ecclesiasticum*. Diese Bestimmung nahm den geistlichen Fürsten das Recht, die Reformation in ihren Gebieten einzuführen. Sie durften im Gegensatz zu den weltlichen Fürsten nur für ihre Person konvertieren.

Die Führer der Evangelischen, Melanchthon und Bugenhagen, rieten dringend, diese Einschränkung nicht zu akzeptieren; menschlich gesehen, so meinten sie sehr realistisch, gäbe es keine andere Möglichkeit der weiteren Ausbreitung der Reformation, als wenn sich *für und für mehr Bischöfe und Fürsten und Regenten bewegen, die evangelische Lehre anzunehmen und zu pflanzen.* Doch die Evangelischen mußten einwilligen.

Als Gegenleistung verlangten sie eine gleichartige Ergänzung zugunsten all der evangelischen Ritterschaften, Städte und Dörfer, die inmitten von geistlichen Herrschaftsgebieten lagen. Ferdinand sicherte für sie das Recht auf unbehelligten evangelischen Gottesdienst tatsächlich zu. Doch diese *Declaratio Ferdinandae* wurde nicht Bestandteil des Friedensschlusses, blieb also rechtlich umstritten und wurde in der Folgezeit die Quelle ständig neuer Reibereien vor allem in den fränkischen Hochstiften Würzburg und Bamberg.

Ein weiterer Mangel war die Beschränkung des Religionsfriedens auf die alte Kirche und die lutherischen Kirchen. Auch die protestantische Partei dachte nicht einen einzigen Augenblick daran, das gerade im Augsburgischen recht zahlreich vertretene Konventikelchristentum der Schwärmer, Mystiker, Wiedertäufer und Freigeister in den Friedensvertrag mit einzubeziehen. Im Gegenteil: Die Lutheraner achteten scharf darauf, daß gerade die Zwinglianer vom Friedensvertrag ausgeschlossen blieben. Auch diese Enge, begründet in dem ängstlichen Bemühen um die bestmögliche Sicherung des eigenen lutherischen Kirchenwesens, führte später beim Erstarken des Calvinismus – etwa in der Oberpfalz – zu erheblichen Problemen.

Schließlich ist nicht zu übersehen, daß der Vertrag ein Abkommen der Stände unter sich war. Die *Untertanen* kamen in ihm nur indirekt, als Bewohner eines geographisch begrenzten Gebietes, vor. Und welche Religion in diesem Gebiet herrschen sollte, hatte die Obrigkeit zu bestimmen. *Will der Herr eine Religion haben, dann sollen die Untertanen folgen*, hatte der Vertreter von Kurmainz erklärt. Prompt mußten die armen Oettinger Untertanen nach Abschluß des Reichstages erneut die Konfession wechseln und schließlich sogar eine konfessionell zweigeteilte Residenzstadt hinnehmen. Das Prinzip der religiösen Einheit des Abendlandes war also aufgehoben, zugleich aber als Prinzip der Territorialkirchlichkeit erneut in Geltung gesetzt. An die Stelle des religiös einheitlichen Reiches war lediglich das konfessionell einheitliche Land getreten, wie sich ja überhaupt gegen Ende der Ära Karls V. das Schwergewicht vom Reich auf die Länder verschob. Welches Dorf zu welchem Ländchen gehörte und wo in der Stadt die Grenze zwischen den Territorien nun eigentlich genau verlief, war in Bayern vor allem im Oetting'schen Ries weiterhin höchst unklar.

Ist dieses Prinzip, das viel später auf den kurzen Satz *Cuius regio, eius religio* gebracht wurde, nun der Beginn der Toleranz oder der Gipfel der Intoleranz? Zunächst einmal ist es nur die halbe Wahrheit. Denn der Augsburger Religionsfriede proklamierte ausdrücklich auch das Recht zur freien, unbehelligten Auswanderung aus Glaubensgründen, – ein Recht, das später Hunderttausende von Protestanten als Fortschritt gegenüber dem kirchlichen Zwangsrecht des Mittelalters dankbar in Anspruch nahmen. Das Prinzip der Religionshoheit des Landesherrn ist zweifellos weit entfernt vom Gedanken der Gewissensfreiheit und damit auch von jenem Martin Luther, der sich in Worms auf eben sein freies, nur an Gottes Wort orientiertes Gewissen berufen und später jeden Zwang in Glaubensdingen abgelehnt hatte. Es hat auch wenig zu tun mit der heute selbstverständlichen oder doch geforderten Toleranz und Neutralität des Staates in religiösen Fragen. Aber es war in einer Zeit, die sich eine freie, persönliche Glaubensentscheidung des einzelnen Untertanen und das harmonische Nebeneinander unterschiedlicher Konfessionen noch nicht vorstellen konnte, zweifellos ein Fortschritt. Denn es war der Versuch der Obrigkeit, Ordnung und Freiheit in den Grenzen der Zeit miteinander zu verbinden.

Im übrigen wäre es ein Irrtum zu meinen, die evangelischen Fürsten hätten sich – eingedenk dessen, was einst Luther über den Glauben gesagt und geschrieben hatte –, gegen dieses Prinzip ausgesprochen. Die Stadträte fühlten sich ebenso wie die evangelischen Landesherren vor Gott für das Seelenheil ihrer Untertanen verantwortlich. In Augsburg hatte das der militanteste der protestantischen Fürsten, Pfalzgraf Ottheinrich sehr prägnant formuliert: *Die Religion ist des Fürsten vornehmstes Regal*. Ob also auf Seiten der Evangelischen 1555 in Augsburg eine völlige Gewissens- und Entscheidungsfreiheit der Untertanen ernsthaft erwogen wurde, muß sehr bezweifelt werden. Beide Parteien verstanden sich als *christliche Obrigkeit*, deren wichtigste Aufgabe es war, für eine einheitliche Religion in ihrem Territorium Sorge zu tragen.

Nur an einer Stelle wurde dieses im Grunde von allen akzeptierte Prinzip im Augsburger Frieden durchbrochen: im Fall der freien Reichsstädte. Vor allem in Augsburg selber und in den Städten des Allgäu, auch in Donauwörth und Dinkelsbühl, erschien die Rückführung zu einer Religion schlechterdings nicht mehr möglich. Wäre man hier analog der Regelung für die weltlichen Stände verfahren, hätte die alte Kirche kaum mehr eine Chance gehabt. So waren es also keineswegs die Protestanten, sondern umgekehrt die Katholiken, die in Augsburg für die Reichsstädte das Prinzip der Parität aufstellten. Sie taten das natürlich zur Rettung der arg bedrängten alten Kirche und keineswegs, weil sie ernsthaft an ein friedliches Nebeneinander der beiden Konfessionen auf dem kleinen Raum eines Stadtstaates glaubten. Die Evangelischen willigten dann auch schließlich ein. Ihre Rechtfertigung mutet wie ein erstes, menschliches Wort inmitten des konfessionalistischen Wortgeplänkels an; sie meinen nämlich, es sei doch *ein hart und unnatürlich Ding*, die konfessionelle Minderheit, mit der man durch so viele verwandtschaftliche, freundschaftliche und geschäftliche Beziehungen verbunden sei, einfach *ins Elend* zu vertreiben.

Die Parität, das geordnete Nebeneinander der beiden großen Konfessionen – in Augsburg nur als Ausnahme für die Reichsstädte proklamiert – war zweifellos ein Gedanke, der in die weitere Zukunft wies. Gerade seine Verwirklichung zeigt aber noch einmal deutlich, daß die Zeit im Grunde noch in den Denkkategorien des *Cuius regio, eius religio* dachte; die Durchführung der Parität stürzte nämlich die Reichsstädte nach Beendigung des Reichstages in jahrzehntelange Streitereien. So erreichte letztlich die katholische Partei auch mit diesem Prinzip ihr Ziel, nämlich die Stärkung der katholischen Position in Städten wie Augsburg, Dinkelsbühl und Kaufbeuren, wo die Bevölkerung inzwischen nahezu ausschließlich evangelisch war.

Der eigentliche Mangel des Augsburger Abkommens waren jedoch nicht die durch beiderseitige Verzichte und gemeinsame Kompromisse zustande gekommenen Einzelbestimmungen. Sie waren das zweifellos unbefriedigende aber momentan einzig mögliche Ergebnis eines fairen geistigen Ringens. Folgenreicher wirkte sich die nun endgültig besiegelte Territorialisierung und Politisierung der Religionsfrage aus. Sie hatte sich 1521 in Worms angebahnt, als Karl V. beschloß, aus der geistigen Auseinandersetzung einen Machtkampf werden zu lassen, und sie hatte sich in der Bündnispolitik der zwanziger und dreißiger Jahre fortgesetzt. Nun war sie für die Zukunft als Reichsrecht fixiert. Für die evangelischen Landeskirchen bedeutete das konkret, daß sie nun noch stärker als in der Vergangenheit in der territorialen Isolation in engster Bindung an die politischen Machthaber des Landes leben mußten.

Sofern *Friede* heißt, für den anderen Verantwortung zu übernehmen und harmonisch miteinander zu leben, war der Augsburger Friedensschluß von 1555 tatsächlich kein *Friede*; in den Städten förderte er den konfessionellen Streit und in Deutschland die kirchliche Abkapselung und wurde so letztlich ein Anlaß zum Dreißigjährigen Krieg. Gibt man sich jedoch bescheidener und versteht unter *Friede* einen Kompromiß zugunsten eines leidlich geordneten Nebeneinander, so verdient das Augsburger Abkommen den hohen Namen eines Religionsfriedens sehr wohl. Ist doch die Epoche vom *Passauer Vertrag 1552* bis zum Ausbruch des Dreißigjährigen Krieges die längste Friedensepoche, die Deutschland als Ganzes bis heute erlebt hat.

Der Name der schwäbischen Stadt Augsburg ist für immer mit der Geschichte des deutschen Protestantismus verbunden. In Wittenberg stand die Wiege des evangelischen Glaubens. In Worms formulierte Martin Luther das Bekenntnis zur Freiheit des Gewissens. Und in Speyer machten die Fürsten und Städte die Reformation zu ihrer Sache. Aber mit der fortschreitenden Verkirchlichung und Politisierung der lutherischen Bewegung verlagerte sich der Schwerpunkt der Entwicklung auf den süddeutschen Raum. Die drei entscheidenden Wendepunkte in der Reformationsgeschichte des 16. Jahrhunderts wurden innerhalb der Stadtmauern Augsburgs erkämpft. Augsburg erlebte 1530 das mutige Bekenntnis evangelischen Glaubens. Hier erlitt der deutsche Protestantismus 1548 die schlimmste Niederlage. Und diese Stadt läutete am 25. September 1555 einen Religionsfrieden ein, dessen Intentionen sich erst in der ökumenischen Begegnung der beiden Konfessionen um die Mitte des 20. Jahrhunderts zu verwirklichen beginnen.

8. KAPITEL

Die Kämpfe zwischen Katholiken und Protestanten im Zeitalter der bayerischen Gegenreformation

Im Rückblick reduziert sich die große Geschichte zuweilen auf einzelne und einprägsame Geschehnisse oder Gestalten. Im Fall des Dreißigjährigen Krieges, jener Kette von Niederlagen und Siegen zwischen den beiden großen konfessionellen Blöcken im Deutschland des beginnenden 17. Jahrhunderts, sind es vor allem zwei Ereignisse, die sich schon im Schulunterricht leicht einprägen. Da ist einmal ein turbulenter Überfall protestantischer Straßenpassanten auf eine friedliche katholische Prozession in Donauwörth, der als *Hopfenstangenkrieg* und Vorspiel des großen Krieges in die Geschichte einging. Und da ist die Landung Gustav-Adolfs in Pommern, die schließlich zum Westfälischen Frieden und damit zur Rettung des deutschen Protestantismus führte. Doch das politische Ringen der großen Konfessionen um die Vormachtstellung im deutschen Reich begann nicht erst 1607 in Donauwörth und endete auch keineswegs mit dem Friedensschluß 1648. Das Zeitalter der Gegenreformation hat im Grunde genommen mit dem Rechtssatz *Cuius regio, eius religio* von 1555 eingesetzt und wurde erst mit den Toleranzedikten der beginnenden Aufklärung abgeschlossen. Aus dieser Auseinandersetzung ging letztlich nicht der fränkisch-bayerische Protestantismus sondern der Katholizismus als Sieger hervor. Daß dieser Kampf als ein Machtkampf mit geistig-theologischen und politisch-militärischen Mitteln ausgefochten wurde, entsprach jenem Ernst, den beide Seiten damals der Religionsfrage zubilligten. Das Ineinander von religiösen Gesichtspunkten und politischen Interessen, von absolutistischen Tendenzen an den Fürstenhöfen und theologischen Spitzfindigkeiten bei den Theologen ist für den Betrachter freilich oft unentwirrbar. Politik und Religion waren im Zeitalter der Gegenreformation in einer geschichtlich wohl einmaligen Form miteinander vermischt, und das Resultat dieser Epoche deutscher Geschichte hätte die Nachgeborenen vor einer allzu eilfertigen Liaison von Staat und Kirche für immer warnen müssen.

In politischer Hinsicht markiert der genannte *Hopfenstangenkrieg* von Donauwörth immerhin einen gewissen Einschnitt. Der rasche Zugriff des bayerischen Herzogs ließ die protestantischen Stände im Reich erschrocken auffahren und führte sie 1608 im ehemaligen Kloster Auhausen an der Wörnitz zu einem Militärbündnis, der *Union* zusammen. Natürlich durfte eine katholische Koalition nun nicht ausbleiben. Nicht zuletzt auf Betreiben des eifrigen Julius Echter von Mespelbrunn entstand im Jahr darauf die katholische *Liga*. Die Parteien hatten sich damit formiert und an der Spitze stand je ein Wittelsbacher: Kurfürst Friedrich IV. von der Pfalz und Herzog Maximilian I. von Bayern.

Weitsichtige Politiker, wie sie der europäische Protestantismus etwa in Coligny, Wilhelm von Nassau-Oranien, Elisabeth I. von England, Oliver Cromwell und Gustav-Adolf von Schweden besaß, blieben allerdings dem evangelischen Deutschland in dieser Zeit versagt. Umgekehrt saßen die markanten Führer der politischen und religiösen Gegenreformation an der Wende des 16./17. Jahrhunderts – der Würzburger Fürstbischof und der bayerische Herzog – ausgerechnet im süddeutschen Raum, wo die Stabilisierung der kirchlichen Verhältnisse noch nicht abgeschlossen war. Auch das trug letztlich zur Niederlage des Protestantismus bei.

Auf der geistig-theologischen Ebene der Auseinandersetzung trat der Calvinismus in der zweiten Hälfte des 16. Jahrhunderts neben das weithin dogmatisch erstarrte Luthertum. Doch beiden Konfessionen fehlte es an wirklich überragenden theologischen Führern, und so verzehrte man seine ohnehin schwache geistige Potenz im Streit gegeneinander. Demgegenüber hatte sich der durch Luthers Reformation aufgewühlte Katholizismus wieder gefangen. Das Konzil von Trient, 1563 beendet, schuf eine klare dogmatische Grundlage und prägte so auch der katholischen Kirche den Charakter einer *Konfessionskirche* auf. Im Jesuitenorden erwuchs dem Katholizismus zudem eine Art geistiger Elitetruppe. Sie war in der Lage, den nachtridentinischen Katholizismus gegenüber der reformatorischen Theologie zu verteidigen und in den Kämpfen der Gegenreformation auch der Bevölkerung diesen erneuerten Katholizismus schmackhaft zu machen. Ungeachtet der maßlosen Härte, mit der in Bayern die Gegenreformation durchgeführt wurde, sind also auch die Schwäche des nachreformatorischen Protestantismus und die nicht zu leugnende Erneuerung des Katholizismus eine Ursache für die großen Verluste, die der evangelische Glaube in der bayerischen Gegenreformation hinnehmen mußte und die ihm weder der Schwedenkönig noch der Westfälische Friede erstatten konnte.

EIN BISCHOF KÄMPFT UM SEIN LAND
Die Rekatholisierung Mainfrankens durch Julius Echter von Mespelbrunn

Als der Fürstbischof des Hochstiftes Würzburg, Julius Echter von Mespelbrunn, 1613 sein vierzigjähriges Regierungsjubiläum beging, gab er über die Ziele, die er während seiner langen Regentschaft verfolgt hatte, folgende Erklärung ab: *Seit wir durch Gottes Ratschluß zum Bischofsamt berufen wurden, haben wir unsere sämtlichen Gedanken und Überlegungen auf das eine Beginnen vereinigt, wie wir jene, die unserer Hirtensorge anvertraut waren, aber unter dem Einfluß schlechter Ratgeber vom katholischen Glauben abgewichen waren, zu ihrem einstigen Bekenntnis und der alten Kirche, außerhalb der es kein Heil gibt, zurückführen könnten.* In diesem Licht wollte der fast siebzigjährige Julius Echter sich und seine Tätigkeit im Würzburger Hochstift sehen. Zahlreiche Gedenksteine an unterfränkischen Gotteshäusern oder auf Friedhöfen aus demselben Jubiläumsjahr preisen ihn ebenfalls als den geistlichen Vater und Fürsten, dem die Sorge für das Seelenheil seiner Untertanen die Maxime des Handelns war. Daß der Protestantismus um die Mitte des 17. Jahrhunderts in Mainfranken bis auf wenige, kleine Diasporagebiete verschwunden war, kann tatsächlich zwar nicht ausschließlich aber doch überwiegend als ein Werk dieser überragenden Persönlichkeit bezeichnet werden. Die Triebkräfte seiner Gegenreformation waren jedoch keineswegs so ausschließlich geistlicher Natur, wie es der alte Mann der Nachwelt glauben machen wollte. Denn Julius Echter war ja beides in seinem ausgedehnten Bischofs-Herzogtum: oberster Landesherr, der sich als Politiker für die innere und äußere Stabilität seines Territoriums verantwortlich wußte, und Bischof seiner Kirche, der die ihm anvertrauten Menschen vor aller Ketzerei bewahren mußte. In dieser weltlich-kirchlichen Doppelfunktion führte er die Gegenreformation durch. Es scheint heute erwiesen, daß dabei seine staatspolitischen Interessen die eigentlich religiösen Gründe überwogen. Mehr als Julius Echter selber wahrhaben wollte, war er auch als Gegenreformator in erster Linie Fürst und Staatsmann seines Territoriums.

Dieses Hochstift Würzburg lag in einem Gebiet des deutschen Reiches, das wohl wie kaum ein anderes im 16. Jahrhundert unter der territorialen Zersplitterung zu leiden hatte. Der heutige Regierungsbezirk Unterfranken beidseitig des Mains stellte auf der Landkarte ein buntes Gemisch von geistlichen und weltlichen *Ländern* dar, die alle eifersüchtig über ihrer Eigenständigkeit zu wachen gewohnt waren. Das Zentrum des Landes bildete das Hochstift und Herzogtum Würzburg. Daneben gab es aber noch drei weitere geistliche Herren, deren Herrschaft in das Mainfränkische hinein reichte. Im Osten erstreckte sich das Bamberger Hochstift bis in das Mainstädtchen Zeil. Das Rhöngebiet im Norden des Landes mit der alten Stadt Hammelburg gehörte dem Fürstabt von Fulda. Und in den wichtigen Städten Aschaffenburg und Miltenberg hatte der Mainzer Erzbischof zu bestimmen.

Zwischen diesen geistlichen Territorien lagen eine Reihe von reichsunmittelbaren, also relativ selbständigen Grafschaften von zum Teil beachtlichem Ausmaß. Der Herrschaftsbereich der Grafen von Henneberg etwa erstreckte sich vom südwestlichen Thüringer Wald über das ganze nordöstliche Franken bis in die Rhön und an den Main herüber. In etwa vierzig Pfarreien dieses Gebietes besaßen die Henneberger Grafen das Recht, den Geistlichen zu ernennen. Eingekeilt zwischen dem Würzburger Hochstift und der schon frühzeitig dem Luthertum zuneigenden Markgrafschaft Ansbach saßen die Casteller Grafen, deren Außenort Gerbrunn unmittelbar vor den Toren der Bischofsstadt lag. Das durch seine Weinberge ebenso wie sein Torturmtheater heute berühmte Sommerhausen gehörte zusammen mit einigen anderen Ortschaften zwischen Würzburg und Ochsenfurt zur Grafschaft Limpurg-Speckfeld. Eine ganze Reihe von Dörfern weiter flußabwärts war in den Händen der angesehenen reichsfreien Grafen von Wertheim, um deren

Besitz die Würzburger Bischöfe ein rundes Jahrhundert erbittert kämpften. Weiter nördlich über den Sinngrund und in den Spessart hinein erstreckte sich die Grafschaft Rieneck mit den kleinen Städtchen Lohr, Gemünden, Rieneck und Partenstein. Unter den Besitzungen der Ansbacher Markgrafen im heutigen Unterfranken war vor allem der Hauptort Kitzingen den Würzburgern ein Dorn im Auge. Aber auch die freie Reichsstadt Schweinfurt und die Reichsdörfer Gochsheim und Sennfeld vor ihren Toren stellten eine permanente Beunruhigung für das Hochstift dar. Dazu kamen noch eine Reihe reichsunmittelbarer Ritter- und Herrengeschlechter, die zwischen und teilweise mitten in diesen zahlreichen geistlichen und weltlichen Territorien von einem eigenen Schloß aus ihre Kleinstländer regierten.

Teilweise schon sehr früh fand die von Wittenberg ausgehende reformatorische Bewegung in Mainfranken Eingang. Sie durchdrang das im Zentrum gelegene Fürstbistum Würzburg und war auch in den anderen geistlichen Herrschaftsgebieten nicht aufzuhalten. Zu Beginn der Reformation standen sogar auf der vornehmsten Kanzel des Hochstiftes im Würzburger Dom Prediger, die den Ruf nach Erneuerung der Kirche lebhaft begrüßten und sich im fernen Wittenberg großer Wertschätzung erfreuten. Bedrohlich für den Katholizismus im Fürstbistum aber wurde die Tatsache, daß sich die weltlichen Stände, die fränkische Ritterschaft ebenso wie die Grafschaften und die Reichsstadt Schweinfurt, dem Luthertum öffneten. Einige taten das schon sehr früh, andere warteten mit der offiziellen Einführung des Protestantismus den Augsburger Religionsfrieden von 1555 ab. In dessen Grundsatz *Cuius regio, eius religio* und in der besonderen Deklaration König Ferdinands, die den evangelischen Gemeinden auch in geistlichen Territorien die freie Religionsausübung versprochen hatte, glaubten sie, eine tragfähige rechtliche Basis zu besitzen. In all diesen Gegenden, in denen der Würzburger Bischof nur bischöfliche, nicht also fürstliche Gewalt hatte, mußten die Vorgänger von Julius Echter der Ausbreitung der Reformation mehr oder weniger machtlos zusehen.

Zu den ersten fränkischen Herren, die sich schon auf dem Wormser Reichstag 1521 zu Martin Luther bekannten, gehörte der Graf Georg von Wertheim. Bereits ein Jahr später bat er die Wittenberger um Entsendung eines evangelischen Pfarrers; er wolle ihn mit 100 Goldgulden besolden und am eigenen Tisch speisen lassen. Luther konnte nicht umhin, dies in einem Brief an den

Paul Eber aus Kitzingen, als Natur- und Sprachwissenschaftler, Theologe, Kirchenmann und Liederdichter eine der profiliertesten Gestalten des fränkisch-sächsischen Luthertums

sächsischen Hofprediger Spalatin als ein *herrliches Beispiel* für die Kraft des Evangeliums zu preisen. Später holte der Wertheimer den berühmten Volksschriftsteller der Reformationszeit, Johann Eberlin von Günzburg (1468–1533) in seine Grafschaft. Dieser wurde sogar zum Superintendenten der rund 20 Pfarreien ernannt und schuf dem kleinen Kirchenwesen eine eigene Kirchenordnung mit leicht zwinglianischem Einschlag, – wohl die älteste protestantische Kirchenordnung in Bayern überhaupt. Um 1550 waren auch die Pfarreien in den Grafschaften Rieneck, Limpurg und Castell evangelisch. Die Stadt Schweinfurt schloß sich 1542 nach anfänglichem Zögern dem Protestantismus an. Die wichtige Mainstadt Kitzingen entwickelte sich sogar unter dem

Kurfürst Ottheinrich von der Pfalz, der große Förderer des Luthertums in Neuburg an der Donau und in der Oberpfalz

Grabmal des fränkischen Ritters Hans VI. von Rotenhan

Typische unterfränkische Friedhofskanzel in Mainbernheim bei Kitzingen

Dr. Philipp Heilbrunner, einer der theologischen Väter der lutherischen Staatskirche in Pfalz-Neuburg

Philipp Ludwig von Pfalz-Neuburg, der letzte lutherische Landesvater im kleinen Donaustaat

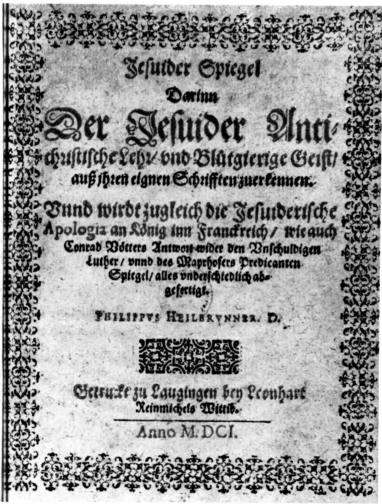

Nach dem Übertritt des jungen Pfalzgrafen Wolfgang Wilhelm zum Katholizismus hatte das Luthertum in der Auseinandersetzung mit den Jesuiten keine Chance mehr

Siehe, wie das elend Luthertum durch seine eigenen Verfechter gemartert, anatomiert, gemezgert, zerhackt, zerschnitten, gesotten, gebraten und letztlich gar aufgefressen wird. *Der um 1567 entstandene Holzschnitt schildert drastisch die nach dem Tode Martin Luthers einsetzenden innerprotestantischen Streitigkeiten*

ANNO 1640

11 Heinrich Brand, d. Junckher
Bläymaus die uxr, welche von drei Papisten verführet, Und abliegend biß dahin
selbigem communicirt, nuhn auch zu uns durch
von solchem Irrthumb nicht kleinem V. ap ab-
gestanden, V. nach Verhörung seiner kürtz
gehaltenen Instruction V. Trauff erfolgtr
Absolution, und zu andern Sacr Synaxin
empfangen, Gott verzeih ihm mitt allem
anderen Sünden seiner Jugend, Und geb seines H.G. gnad, d3 Er in diesem angefan-
genen wercke verharre, und endlich ewig
Seeligwerde Amen!

Summa aller Communicanten
dieses Jahrs. 188. Personen.

ANNO CHRISTI
1641.

IN FESTO Circumcisionis CHRISTI
Zu Birbaum

1 Ego Joh: Vitg vom berg pastor
2 Anna Uxor.
3 Barbara Büttin.
4 Barbara Schützin.

O. I. POST EPIPHANIA
10 Januarÿ Zu Pommersfelden.

1 Hans Schmitt
2 Margretha sein weib. alda
3 Clauß widfelder
4 — — sein weib
5 Hans —
6 Elisab— —
7 Andreas —
8 Maria sein —
9 Hans Bütt—
10 Margaretha s. weib.
11 Clauß loth
12 Margretha sein weib

Nro 16

ANNO 1641

13 Georg Haack
14 Barbara sein Weib
15 Hauß Kribel u. Anna sein weib
16 Clauß Hoffman
17 Anna seine Braut
18 Ottilia Webern
19 Marg: Pfaurerin
20 Elisabeth Pfeiffmännin
22 Kunigunda Marrin
23 Katharina Rosin
24 Margaretha Rosin

O. III Post Epiphan: 24 Januar:
Zu Birbaum

1 Hans Heinrich d Bader
2 Barbara s. Weib
3 Egidius Döller d Schuster
4 Katharina sein Weib.
5 Georg Herting d Zimer:
6 Barbara döhnerin.

O. SEPTUAGESIMA
Zur Newenburg, weg Kayrlindach

1 Hans Hoffman
2 Anna s. weib
3 Matthis Fäinikel
4 Margaretha s. w.
5 Barbara Jor... bey Kayrlindach
6 Hauß Röster
7 Elisabeta s. weib
8 Hans Rudel
9 Peter Leipolt
10 Anna s— Zu Newen
11 Martin Marr Müller Burg

Nro 29

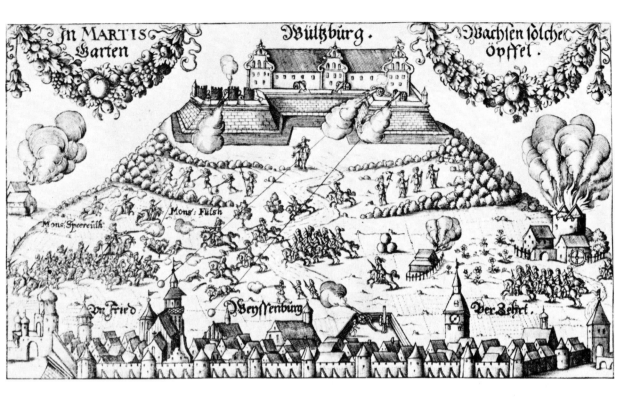

*Das durchschossene Kirchenbuch des Pfarrers
Veit von Berg, der während des Dreißigjährigen Krieges
im Aischgrund wirkte und bei einem Ritt zum
Abendmahlsgottesdienst überfallen wurde*

*Szene aus dem Dreißigjährigen Krieg vor den Toren
des mittelfränkischen Weißenburg*

*Tobias Clausnitzer, Pfarrer und Liederdichter
im oberpfälzischen Weiden*

Skepsis gegenüber dem Wahrhaftigkeitsanspruch aller drei Konfessionskirchen verrät diese Darstellung des genüßlich speisenden Calvin, des heiter musizierenden Luther und des Brei löffelnden Papstes. Der Kupferstich entstand zur Zeit des großen Krieges um 1620

Schutz der Ansbacher Markgrafen zu einem ausgesprochenen Kristallisationspunkt des Luthertums in Unterfranken. In Magister Georg Schmalzing besaß sie in den dreißiger und vierziger Jahren einen hervorragenden Theologen und Kirchenmann. Der berühmteste Sohn der Stadt, Paul Eber, lebte ebenfalls zur Zeit des *evangelischen Jahrhunderts* in Kitzingen. Der *gottesfürchtige und christliche Mann* brachte es in Wittenberg als Professor für Latein, Natur- und Weltgeschichte zu hohen Ehren. 1569 starb der Gelehrte als Generalsuperintendent von Kursachsen. Unter den Wittenberger Liederdichtern war der Mainfranke neben Luther der bedeutendste Schöpfer reformatorischer Choräle; das bayerische Gesangbuch enthält noch heute vier seiner Kirchen- und Gebetslieder.

In der weit ausgedehnten Grafschaft Henneberg wurde die Reformation erst verhältnismäßig spät eingeführt. Hier war es vor allem ein Sohn des alten Grafen, der Mitregent Georg Ernst, der seinen Vater immer wieder drängte, sich und sein Land der neuen Lehre zu öffnen. Der eigentliche Reformator des Landes wurde der Augsburger Dr. Johann Forster (1496–1558). Auch er hatte, wie so viele der schwäbischen und fränkischen Theologen, in Wittenberg studiert, ja als Freund Martin Luthers eifrig an der neuen Bibelübersetzung mitgearbeitet und später in Augsburg und Regensburg als evangelischer Prediger gewirkt. Nach 1543 baute er in der Grafschaft Henneberg eine evangelische Landeskirche auf – mit allem, was dazugehört: Kirchenordnung und Katechismusunterricht, Schulwesen und Visitationen.

Die zahlreich im ganzen Mainfranken zerstreut lebenden Ritter schließlich unterstützten die Reformation früh und ausgesprochen enthusiastisch. Viele von ihnen, wie Ulrich von Hutten (1488–1523), Johann von Schwarzenberg (1463–1528), die Seinsheim und die Rotenhan sowie Sylvester von Schaumberg standen in Kontakt mit Martin Luther. Von letzterem stammt jener berühmte Brief, in dem die fränkische Ritterschaft dem Reformator ihren besonderen Schutz versprach. Man habe *von vielen gelehrten und gescheiten Leuten in Erfahrung gebracht*, daß seine Lehre der heiligen Schrift entspreche, er aber *mißgünstige und neidische Personen* als Gegner gefunden habe. Bevor Luther nach Böhmen fliehe, möge er sich doch bei den fränkischen Rittern in Sicherheit bringen. *Denn ich und mit mir mindestens einhundert Edelleute, soviel ich sehe, die ich mir mit Gottes Hilfe aufzubringen getraue zu Eurem redlichen Schutz, wir wollen Euch gegen Eure Widersacher vor Gefahren schützen.* Die Ritterschaft insgesamt zeigte sich später von Luthers bedächtig konservativer Erneuerung der Kirche enttäuscht. Einige Ritter wurden auch in den Kämpfen der Gegenreformation wieder katholisch, was ihren evangelischen Untertanen viel Ärger bereitete und zu langwierigen Auseinandersetzungen führte. Dennoch ist es der Unerschrockenheit zahlreicher ritterschaftlicher Dynastien zu danken, wenn auch in Mainfranken einige kleine, zusammenhängende Gebiete allen Widerständen zum Trotz beim lutherischen Bekenntnis bleiben konnten.

Die große Resonanz, die die neue Lehre im Würzburger Hochstift und in den angrenzenden Gebieten fand, war auch hier mit im fortschreitenden Zerfall des alten Kirchenwesens begründet. Mit großem Ernst bemühte sich daher der altgläubige Bischof Konrad von Thüngen um eine Reform seines Klerus, der noch bestehenden Klöster und des gesamten religiösen Lebens. Als er 1540 starb, war seinen Bemühungen allerdings wenig Erfolg beschieden. Seine Nachfolger gingen ausgesprochen nachsichtig mit den Evangelischen um. Fürstbischof Melchior von Zobel, der selber in Wittenberg unter Martin Luthers Katheder gesessen hatte, pflegte auf diesbezügliche kritische Anfragen hin immer gut biblisch zu antworten: *Ist die Reformation nicht von Gott, so wird sie von selber untergehen.* Mit dem nächsten Fürstbischof begann sich jedoch nach 1558 die Gegenreformation vorzubereiten. In vieler Hinsicht nämlich legte Friedrich von Wirsberg den Grund für das Werk, das Julius Echter von Mespelbrunn konsequent zu Ende führte. Zunächst einmal gelang es ihm, einigermaßen Ordnung in die zerrütteten finanziellen Verhältnisse zu bringen. Sein Kanzler Balthasar von Hellu, der übrigens wie zahlreiche andere Beamte am Würzburger Hof evangelisch eingestellt war, knüpfte jene engen Beziehungen zum bayerischen Herzog Albrecht V., die für das ganze Zeitalter der Gegenreformation von ausschlaggebender Bedeutung sein sollten. Julius Echter, der den elsäßischen Protestanten Hellu in seinen Diensten behielt, brauchte diese Verbindung Würzburg-München nur auszubauen und zu pflegen, um für alle seine territorial- und kirchenpolitischen Unternehmungen eine starke Rückendeckung zu haben.

Auch zugunsten einer Reform der alten Kirche unternahm Friedrich von Wirsberg erste planvolle Maßnahmen. Seine für die Zukunft entscheidende Erkenntnis lag allerdings in dem Eingeständnis, daß die alte Kirche in Mainfranken ohne tatkräftige Unterstützung von außen nicht mehr zu retten war. So schaute er sich nach fremder Hilfe um und fand sie, genau wie die bayerischen Herzöge, im aufblühenden Jesuitenorden. Auch er witterte in dem Holländer Petrus Canisius den kommenden Mann und erörterte mit ihm die Gründung eines Jesuitenkollegs in Würzburg. Das Domkapitel jedoch hielt von dem Einzug der Jesuiten in die Mainmetropole nicht viel. Es meinte, mit ihnen würde es *nicht guttun*, denn sie seien *hochtrabende, stolze Leute*. Petrus Canisius umgekehrt meinte, das Land benötigte *erprobte und brauchbare Arbeiter*. Das dachte auch Friedrich von Wirsberg. Und tatsächlich gelang es ihm, das neue Gymnasium in Würzburg 1567 mit Jesuiten zu besetzen. Der oftmals kränkelnde Fürstbischof hatte so seinem Nachfolger den Weg geebnet, auch wenn ein Chronist bei seinem Tode bemerkte: *Diejenigen, so sich noch zur katholischen Kirche bekennen und halten, sind wenig.*

Julius Echter von Mespelbrunn entstammte einem mäßig begüterten Adelsgeschlecht, dessen Stammschloß im Spessart lag. Die Atmosphäre des Hauses war streng katholisch, und auch die Universitäten, die der junge Mann besuchte – Köln, Löwen, Paris und Pavia – waren vom altkirchlichen Geist geprägt. Elf Jahre verbrachte er allein mit Studien vor allem der Rechtswissenschaft und lernte dabei fließend französisch und italienisch. Nach seiner Aufnahme in das Würzburger Domkapitel blieb seine Gelehrsamkeit nicht lange verborgen. Immer häufiger fiel daher während der langen Krankheit Friedrichs von Wirsberg in den Spekulationen über die Nachfolge sein Name. Die Würzburger Domherren waren sich aber auch klar darüber, daß sie nicht nur einen wissenschaftlich gebildeten, sondern vor allem einen sittlich hochstehenden Mann in diesen schweren Zeiten brauchten. Auch aus diesem Grund fiel schließlich ihre Wahl im Dezember 1573 auf den erst 28-jährigen Domdekan, von *dessen herausragender Frömmigkeit, seiner glänzenden Gelehrsamkeit, seiner vornehmen Abkunft und seinem untadeligen Lebenswandel* man sich nicht weniger als die Rettung des mainfränkischen Katholizismus versprach.

Der neue Fürstbischof schritt zwar auf dem vom Vorgänger gewiesenen Weg fort, sagte aber dem Protestantismus jetzt noch nicht den Kampf an. Der Jesuitenpater Gerhard Phyen, einer der wichtigsten und wohl auch fanatischsten Helfer bei der Gegenreformation, meinte später, man habe die Protestanten zunächst gewähren lassen, wie man den *bösen Buben in der Stadt ein Hurenhaus* einräume. Mit diesem im Stil der Zeit etwas grob ausgefallenen Vergleich ist die mißbilligende aber faktische Duldung der Protestanten in den ersten Jahren des Echter'schen Episkopats treffend gekennzeichnet.

Zunächst lag dem Bischof alles daran, die Regierung in seinem Hochstift fest in die Hand zu bekommen. So machte sich der *stille, feine Herr* zur Überraschung seines Domkapitels daran, das Stift mit Hilfe unzähliger Erlasse und Verordnungen in einen absolutistisch gelenkten Staat umzuwandeln. Rechtsbrauch und ungeschriebenes Herkommen galten auf einmal nichts mehr; kraft seiner fürstlichen Autorität erließ der Bischof neue, von seinem Geist geprägte Ordnungen. So vollzog sich allmählich ein Wandlungsprozeß des gesamten öffentlichen Lebens: ein Mann drückte einer Landschaft den Stempel seiner Persönlichkeit auf. Das zeigte sich nicht nur in den über dreihundert Kirchen, die während seiner Regierungszeit im Stil einer nachempfundenen Gotik, eben im *Juliusstil*, errichtet wurden. Vor allem die Domstadt Würzburg selber wurde vom Geist dieses Mannes, der im Grunde den hochbarocken Absolutismus vorwegnahm, geprägt. Seiner Bauleidenschaft verdankt die Stadt die Feste Marienberg in ihrer heutigen Anlage. Auch das berühmte *Juliusspital*, das in der Pracht seiner Anlage ebenso wie in der Großzügigkeit seiner Dotierung alle bestehenden Stiftungen bewußt in den Schatten stellte, entstand zu Beginn der Regierungszeit dieses tatkräftigen Nachfolgers des heiligen Kilian. Für die Abwehr des Protestantismus waren aber, wie Canisius gesagt hatte, *erprobte und brauchbare Arbeiter* nötig. Um sie zu gewinnen, nahm Julius Echter die Neuorganisation und den Ausbau des Bildungswesens in der Domstadt in Angriff. Binnen kürzester Zeit gründete er die *Hohe Schule*, die schon bald nach ihm *Academia Juliana* genannt wurde, und das Kollegium St. Kilian, das eigentliche Priesterseminar, sowie ein Konvikt für Gymnasiasten. Später kam noch ein Adelsseminar, das *Julianum* hinzu. Bei dieser umfassenden Studienreform bediente sich der Fürstbischof zwar des Jesuitenordens, achtete aber streng darauf, daß alle Institutionen letztlich ihm unterstellt blieben. Vor allem auf die neugegründete Universität blieb der unmittelbare Einfluß des Landesherrn stets gewahrt.

In diese Epoche der inneren Stabilisierung des Hochstifts fällt jener kühne politische Handstreich, der Julius Echter um ein Haar seine Stellung gekostet hätte und ihm sogar zeitweise den Ruf, ein Protestantenfreund zu sein, einbrachte. Im benachbarten Hammelburg protestierten 1576 die evangelischen Stände gegen die gegenreformatorischen Maßnahmen des Fuldaer Abtes Balthasar von Dernbach. Da erschien am Fronleichnamstag der Würzburger Fürstbischof persönlich in Hammelburg. Er zwang den anwesenden Abt zur Abdankung und setzte sich selbst als dessen Nachfolger ein. Dafür versprach er den Evangelischen, sie mit Bekehrungsversuchen zu verschonen. Das Husarenstück wuchs sich jedoch zu einem reichsweiten Skandal aus. Der abgesetzte Abt strengte beim Reichsgericht ein Verfahren an, der Papst drohte sogar mit dem Bann und der Bayernherzog, Echters engster politischer Verbündeter, erklärte, derartige *Possen* mache er nicht mit. Hinter der Hammelburger Eskapade, die Julius letztlich nur Ärger einbrachte, stand nichts anderes als der territoriale Ehrgeiz des jungen, sich seines Adels immer bewußten Fürstbischofs, der sich als Abrundung seines Stiftes die ehrwürdige Benediktinerabtei einverleiben wollte. Dieses Zwischenspiel macht deutlich, in wie hohem Maße der große Gegenreformator Mainfrankens in seinem Handeln von machtpolitischen Gesichtspunkten bestimmt wurde.

Auch der Kampf gegen den Protestantismus war weniger ein Bekehrungsversuch des katholischen Bischofs als eine Staatsaktion des Fürsten gegen ungehorsame Untertanen. In der fürstbischöflichen Kanzlei jedenfalls wurden die Begriffe *gehorsam* und *ungehorsam* synonym für *katholisch* und *evangelisch* gebraucht. Dies ist ein Hinweis darauf, daß es Julius Echter in erster Linie tatsächlich um den konfessionell einheitlichen Staat ging. Die Evangelischen, denen der Fürstbischof nun persönlich gegenübertrat, versicherten immer wieder, sie würden ihn als obersten Landesherrn akzeptieren und ihm *in rebus politicis* gehorsam sein, er möge ihnen nur ihren evangelischen Glauben belassen. Doch genau diese Differenzierung zwischen staatlicher und religiös-kirchlicher Autorität, die der Moderne so selbstverständlich erscheint, war für Julius Echter von Mespelbrunn undenkbar. Die konfessionelle Gleichschaltung seiner lutherischen Untertanen und Vasallen ergab sich so mit notwendiger Konsequenz aus seiner religiös vertieften Idee des Territorialstaates.

Zwölf Jahre nach Antritt seiner Regierung – einem Zeitabschnitt, den man kaum anders als eine Epoche der inneren und äußeren Vorbereitung interpretieren kann – schlug Julius Echter zu. Die große *Ausreutung der reichen Saat des Teufels auf den Acker des Herrn* begann. In den Jahren 1585–89 erlebte das Hochstift eine Gegenreformation, wie sie härter und konsequenter kaum irgendwo anders durchgeführt wurde. Dabei ging der Fürstbischof planmäßig vor. Es wurden Kommissionen gebildet, die die ketzerischen Orte aufsuchten. Man begann auf dem Land und in den unbestreitbar bischöflichen Dörfern. Später erfolgte der *Reinigungsprozeß* in der Domstadt. Hand in Hand damit ging die Gegenreformation in den gräflichen und ritterschaftlichen Gebieten. Die schwierigsten Orte aber behielt sich Julius Echter selber vor. Auch das ist für diesen Mann bezeichnend: mühsam mit seiner Visitationskommission durch das Hochstift ziehend wollte er die Ungehorsamsten unter den Ketzern durch die Gewalt seiner Persönlichkeit in die Knie zwingen.

Die Methode des Vorgehens war einheitlich und klar. Zunächst lud die bischöflich-fürstliche Delegation die Vertretung des Ortes vor und eröffnete ihr den Zweck der Visite. Es wurde freundlich gebeten, sich doch wieder der alten Kirche in Treue anzuschließen. Die Widerstrebenden unterzog man Einzelverhören. Dann setzte die Kommission einen festlichen Gottesdienst an. Die Bekehrten hatten in einem Eid *Luthers Ketzereien zu verdammen und verachten*. Die Teilnahme an der Kommunion unter beiderlei Gestalt genügte dann durchaus als Beweis der wiederhergestellten Rechtgläubigkeit. Als Alternative zu dieser Prozedur wurde denen, die ihr Luthertum nicht verleugnen wollten, die Auswanderung angeboten. Für diese Gnade mußten jedoch zwei Prozent des Gesamtvermögens an die fürstbischöfliche Staatskasse gezahlt werden.

Im Frühsommer 1585 begann Julius Echter mit seiner ersten Bekehrungsreise, die ihn von Gemünden und Karlstadt am Main quer durch das ganze Hochstift über Werneck und bis Hassfurt führte. Als besonders hartnäckig erwiesen sich bei dieser Fahrt die Karlstadter. In dem kleinen Mainstädtchen gegenüber der Karlsburg gab es unter 400 Einwohnern nur mehr 72 Katholiken. Als der Fürstbischof für das Himmelfahrtsfest eine prunkvolle Prozession anordnete, weigerte sich der Rat ostentativ, den Himmel zu tragen. Kaum einer der Bürger neigte den Kopf vor der Monstranz oder zog den Hut. Alten Berichten zufolge soll den Bischof ein heiliger Zorn gepackt haben, so daß er einem Ratsherrn den Hut vom Kopf schlug. Unverrrichteter Dinge mußte er schließlich weiterziehen. Den von ihm erneut entsandten

Gegenreformatorisches Spottbild auf die Vertreibung der evangelischen Prediger. Die Karikatur aus dem frühen 17. Jahrhundert zeigt einen fülligen Martin Luther mit seinen Büchern und seinen Theologen sowie seinem Ketherle

geistlichen Räten erklärten die zitierten Bürger, sie wollten ihrem Herrn schon gehorsam sein. Was aber die Seele betreffe, so könnten sie es nicht über ihr Gewissen bringen, vom *Bekenntnis der wahren christlichen Religion* abzufallen. Was sie einmal bekannt hätten, dabei würden sie bleiben, es ginge ihnen *wie der liebe Gott wolle*. Damit hatten die Karlstadter Protestanten ihr eigenes Urteil gesprochen. Sie mußten ihren Besitz verkaufen, — unter Wert freilich, denn das plötzliche Überangebot an Weinbergen und Häusern verdarb die Preise. Die Räte des Fürstbischofs kassierten von den 80 Unerschrockenen die Auswanderungssteuer, und schon am Jakobstag begann die Austreibung.

Ähnliche Schwierigkeiten gab es auch im berühmten unterfränkischen Wallfahrtsort Dettelbach und in Gerolzhofen am Rande des Steigerwaldes. In dem malerisch am linken Mainufer gelegenen Städtchen hatte die Reformation unter dem Schutz der Ritter von Dettelbach früh Anhänger gefunden. Als hier der übliche Befehl zur Unterwerfung oder Auswanderung eintraf, machten sich die evangelischen Männer auf die Reise nach Würzburg. Durch die Drohungen des Bischofs eingeschüchtert, versprachen sie, an Ostern nach katholischem Ritus zu kommunizieren. Zuhause angekommen, mußten sie jedoch vor ihren Frauen derartig heftige Vorwürfe hinnehmen, daß sie ihr Versprechen rückgängig machten. Nun fühlte sich Julius Echter in seiner Ehre gekränkt. Er entsandte seinen tüchtigsten Mann, den Jesuiten Gerhard Phyen, der unter den Evangelischen des Maintales als *wahrer Teufel* gefürchtet war. Dieser eröffnete den Dettelbacher Protestanten, es sei *dem Bischof ein leichtes, 12 000 Mann ohne das geringste Laufgeld in das Land zu schaffen; er rate ihnen daher zu gehorchen, wo nicht, so sollten ihnen die Raben auf den Köpfen sitzen und einesteils die Beine über sich und die Köpfe unter sich gekehrt werden.* Als auch diese massiven Drohungen nicht halfen, erschien der Fürstbischof selber, um am Palmsonntag die Dettelbacher Ketzer durch den Prunk des katholischen Kultus zu überzeugen. Auch das nützte jedoch nichts, und so verließen rund 70 Familien das Städtchen, um im benachbarten Prichsenstadt, das auf dem Territorium der Ansbacher Markgrafen lag, eine neue Heimat zu finden.

Mitten in der Auseinandersetzung mit den Dettelbachern hatte sich Julius Echter in Gerolzhofen angesagt. Die Stadtväter waren sich hier zunächst gar nicht einig, ob sie den Bischof überhaupt einlassen sollten. Als sie es dann doch taten, war der hohe Herr so erbost, daß er den Ratsherren *mit einem gewaltigen Zorn und Ernst* vorhielt, er habe im ganzen Stift nicht derartig ungehorsame Untertanen gefunden, wie hier. Sie sollten nur nicht meinen, daß es ihm auf dreihundert Bürger mehr oder weniger ankomme; wenn sie nicht wieder katholisch würden, müsse man sie *aus dem Land schaffen.* Nun kam es in Gerolzhofen zu geradezu erschütternden Szenen. Ein Bürger verwies auf die Vorgänge im benachbarten Dettelbach. Dort habe man einige zur Rückkehr in die katholische Kirche gezwungen, *aber die Reue wäre denselben auf dem Fuß gefolgt.* Ein anderer erinnerte den Bischof an sein Versprechen, *daß er ihnen ein gnädiger Herr sein und niemanden von seiner Religion abbringen wolle.* Der gereizte Bischof meinte, niemand werde gezwungen, denn jeder könne ja auswandern. Zornig fuhr er dann den betagten Altbürgermeister Kaspar Lesche an: *Du ehrvergessener, ehrloser Abenteurer, gewesener Bürgermeister, der du nur meine Bürger verhetzt und Kopfabschlagen verdient hast, dir will ich sagen, daß du dich innerhalb von acht Tagen aus dem Stift begibst; die anderen aber zwischen jetzt und Ostern; denn eure Religion werde ich im Stift weder an dem einen noch an dem anderen Ort dulden, sondern will Leib und Leben an meinen Glauben setzen.* Die Frauen warfen sich dem erzürnten Bischof zu Füßen, doch umsonst: auch aus Gerolzhofen zogen in der Osterzeit 1586 rund 70 Familien *ins Elend.*

Zwei Jahre später fühlte sich der große Gegenreformator stark genug, gegen die Protestanten in seiner unmittelbaren Umgebung vorzugehen. Er verbot den Ausbau des evangelischen Friedhofs in Würzburg – die *Fortsetzung des unflätigen Baus* – und verbannte alle lutherischen Beamten aus seiner Verwaltung. Als eine Untersuchung ergab, daß nahezu die Hälfte und durchweg der wohlhabende Teil der Bevölkerung evangelisch gesinnt war, wurde auch für Würzburg eine allgemeine Osterkommunion angeordnet, an der jeder teilnehmen mußte. Viele beugten sich dem Zwang, aber *ein gut Teil der Bürger hielt sich hart, und bei etlichen war alles umsonst, die zogen hinweg.*

Immer häufiger erlaubte sich der selbstbewußte Würzburger Fürstbischof nun auch Übergriffe auf ritterschaftliche Pfarreien, von denen manche gegen Ende des 16. Jahrhunderts bereits wieder rekatholisiert waren. Wo sich der Widerstand regte, griff der Bischof nur noch schärfer durch. Als ein schweres Verhängnis für den Protestantismus in Mainfranken erwies sich dabei die Tatsache, daß gerade in dieser bewegten Zeit mächtige evangelische Geschlechter erloschen: 1556 die Grafen von Wertheim, 1559 die Grafen von Rieneck und 1583 die Henneberger. Dadurch fielen weite Gebiete dieser zum Teil aus lehnbaren Bestandteilen gebildeten Grafschaften an die geistlichen Stifte Mainz und Würzburg zurück.

Der erste Erfolg war Julius Echter mit den Henneberg'schen Besitzungen beschieden. In einem günstigen Tausch mit dem evangelischen Kurfürsten von Sachsen, dem eigentlichen Erben, gelang es ihm 1586, fast die gesamte evangelische Grafschaft in sein Stift einzugliedern. Zwar hatte er dem mächtigen Kurfürsten versprochen, diesen neuen Untertanen ihr blühendes evangelisches Kirchenwesen zu belassen. Doch innerhalb kürzester Zeit war auch der Nordosten Mainfrankens rekatholisiert. Bis weit über den Westfälischen Frieden hinaus kam es in diesen Orten allerdings immer wieder zu Reibereien und Tätlichkeiten. Auch die ritterschaftlichen Gemeinden hier zwischen dem Würzburgischen und Bambergischen Gebiet entwickelten sich zu ausgesprochenen *Streitpfarreien*, in denen die konfessionellen Auseinandersetzungen um die Kirchen und die Gottesdienstform, um den Friedhof, ja sogar um die Verstorbenen bis in den Anfang des 19. Jahrhunderts hinein andauerten.

Die evangelische Kirche in der Grafschaft Wertheim erlebte unter Graf Ludwig von Stolberg, der das Erbe der Wertheimer Grafen angetreten hatte, noch einmal eine Glanzzeit. Einige stattliche Pfarrdörfer gingen an die Casteller Grafen und blieben so auch in der folgenden Zeit evangelisch. Als der Stolberger jedoch 1574 starb und nur drei Töchter hinterließ, begann ein jahrzehntelanger Kleinkrieg Julius Echters gegen die Grafschaft. Im Verlauf dieser *Würzburger Fehde,* an die sich nahtlos der Dreißigjährige Krieg anschloß, zerfiel die Grafschaft. Skrupellos verstand es Julius Echter, einen Ort nach dem anderen seinem Stift zuzuschlagen und anschließend zu rekatholisieren. Als der Westfälische Friede ausgerufen wurde, gab es schließlich zwei sich bekämpfende gräfliche Linien: das evangelische Haus von Löwenstein-Wertheim-Freudenberg und die katholische Familie derer von Löwenstein-Wertheim-Rosenberg. Nur vier Pfarreien – Kreuzwertheim, Hasloch, Michelrieth und Schollbrunn – konnten durch alle Kämpfe hindurch ihren evangelischen Glauben bewahren.

Im Jahre 1600 sagte Bischof Julius einmal zu einem Domherrn, es sei besser, ein Werk überhaupt nicht anzufangen, als es dann nicht ordentlich zu Ende zu führen. Julius führte die Gegenreformation als einen letzten, notwendigen Akt bei der Realisierung seiner Idee vom konfessionellen Einheitsstaat konsequent zu Ende. Rund 120 lutherische Geistliche soll er vertrieben und 100000 Menschen will er bekehrt haben – eine Zahl, die freilich für die Kurie bestimmt war; die Würzburger Jesuitenchronik, die oft summarisch die Konversionsbemühungen des Ordens im Land verzeichnet, spricht nur von 4000 Bekehrten. Etwa 1000 Bewohner des Hochstiftes haben ihr Land um des evangelischen Glaubens willen verlassen müssen. Diese Zahlen waren es freilich nicht, die im ganzen deutschen Reich einen wahren Proteststurm auslösten. Neu war vielmehr, daß ein geistliches Territorium die Machtmittel des Staates einsetzte, um die Rekatholisierung der Untertanen zu erzwingen. Die Erregung darüber erschien jedoch am Würzburger Hof unverständlich. Als der Schmalkaldener Pfarrer Alexander Utzinger seinen bedrängten lutherischen Glaubensgenossen schriftlich zu Hilfe eilte und meinte, ein Christ könne sicherer unter den Türken als im Hochstift leben, weil diese keinen Gewissens- und Glaubenszwang kennen, wurde im Gegen-Pamphlet nur wohlgefällig auf die Auswanderungsmöglichkeit hingewiesen. Erfolglos blieben auch alle Beschwerden der

Vom Christenbawm
im Franckenland.

Ort niden in dem Franckenlandt/
In freyer Aw/ im frischen Sandt/
Da steht ein hübscher Christenbawm/
Desgleichen man wol findet kaum/
Der ist gantz lustig auffgewachsn/
Von Kernlein aus dem Land zu Sachsn/
Bey etlich milder Bischoff zeitn/
Die sich nicht liessn den Teuffel reitn/
Zu widerstrebn der warheit Lehr/
Des han sie heutigs tags noch ehr.
Er war gepflantzt von Gottes Son/
Durchs heilig Euangelion/
Fein an dem Meyn vnd Wasserbechn/
Das jm nicht kundt an safft gebrechn.
Bracht jmmer Frucht zu seiner zeit/
Sein Bletter waren welckens queit.   Psal. 1.
Zu schawen jn war solche lust/
Das wer jn sah/Gott loben must.
Nun ist ein Bischoff auffgestandn/
Von dem man sagt in allen Landn/
Der hat sich an den Bawm gemacht/
Vnd jhn geschüttelt das er kracht.
Gott helff den Früchten das sie fest
Stehn/vnd sich halten thun vffs best.
Den lieben Bawm siht man im Feld/
Noch an der stedt/die er behelt/
Aber so elend jemmerlich/
Das einer sein erbarmet sich.
Durchs schütteln ist er zugericht/
Also/das man jn kennet nicht.
Er siht so trawrig vngestalt/
Als ob jn hett der Winter kalt/
Jetzt vbergangen/diese fahrt/
Er blüht nicht mehr nach seiner art.
Gantz dünn stehen die Christen drauff/
Vntn aber ligt ein grosser hauff/
Derer/so rab gefallen sind/
Vom schütteln vnd vom Sturmewind.

Klagelied über die mainfränkische Gegenreformation unter Julius Echter von Mespelbrunn

evangelischen Stände – des sächsischen Kurfürsten, des benachbarten Markgrafen von Ansbach und des hessischen Landgrafen etwa; der Diplomat auf dem Würzburger Bischofsstuhl war zu genau über ihre tatsächliche Machtlosigkeit informiert.

Als Julius Echter von Mespelbrunn 1617 starb, hatte er bis auf einzelne Ausnahmen *seinen Weinberg von allem Teufelsloch gereinigt*. Ein neuer, erstarkter und durch das Tridentiner Konzil auch dogmatisch gefestigter Katholizismus hatte Mainfranken weitgehend zurückerobert. Wieder zogen Prozessionen und Wallfahrten durch die Täler. Prunkvolle Gotteshäuser schmückten die Landschaft. Und in der Domstadt kündete ein reges kulturelles und wissenschaftliches Leben von der Energie und dem Weitblick des Fürstbischofs. Die Rechtspflege und die Verwaltung war neu geordnet und die Schuldenlast erheblich vermindert worden. *Gott gebe uns Franken wieder einen solchen Vater und Haushalter*, schrieb ein Würzburger Bürger am Todestag des Fürstbischofs in seinen Hauskalender. Philipp Adolf von Ehrenberg (1623–1631) führte das Werk seines Vorgängers denn auch eifrig fort. Unter ihm endete 1629 das *evangelische Jahrhundert* in Kitzingen, wo den Protestanten auch nach dem Westfälischen Frieden nur mehr die kleine Kirche im Vorort Etwashausen überlassen wurde. Den Preis für alles, was noch heute in Mainfranken unzweifelhaft den Ruhm des Julius Echter von Mespelbrunn verkündet, haben freilich die evangelischen Christen im Zeitalter der Gegenreformation zahlen müssen.

WENN EIN JUNGER FÜRST SEIN GLAUBENSBEKENNTNIS WECHSELT
Der Untergang der Lutherischen Kirche von Pfalz-Neuburg

Das nächste Opfer einer zielstrebigen Gegenreformation wurde, noch bevor der große Krieg im süddeutschen Raum seinen Höhepunkt erreicht hatte, die kleine intakte lutherische Staats- und Volkskirche im Herzogtum Neuburg. Die Rekatholisierung der Pfalz-Neuburg zeigt anschaulich, wie das unter Maximilian I. von Bayern erstarkte Herzogtum sich auch außerhalb seiner Grenzen zum Führer im Kampf gegen den Protestantismus entwickelte.

Die sogenannte *junge Pfalz*, 1505 als Folge des Landshuter Erbfolgekrieges aus der Taufe gehoben, umfaßte eine Fülle kleinster, von einander getrennter Gebiete in der Oberpfalz, im Mittelfränkischen und vor allem entlang der Donau. Hier lag auch zwischen Donauwörth und dem bayerischen Ingolstadt das Residenzstädtchen Neuburg. Der erste Regent dieses Territoriums war Ottheinrich von der Pfalz (1522–1559), der Erbauer des Heidelberger Schlosses, ein Liebhaber und Kenner der Künste und Wissenschaften und eine durch und durch integere Persönlichkeit im Kreis seiner fürstlichen Zeitgenossen. Seine Entscheidung für die neue Lehre erfolgte keineswegs übereilt, sondern erst nach einem gründlichen Studium der Schriften Martin Luthers. Auch danach zögerte Ottheinrich noch mit Rücksicht auf den mächtigen Vetter in München, die Reformation in seinem Ländchen allzu stürmisch einzuführen. Immerhin entlieh er sich von den Nürnbergern den führenden lutherischen Theologen Süddeutschlands, Andreas Osiander, der ihm eine erstaunlich konservative Kirchenordnung entwarf, die denn auch später als *etwas schwach und gering* beurteilt wurde. 1542 erging in Neuburg ein erstes fürstliches Mandat, in dem Ottheinrich anordnete, daß *das Wort Gottes, dadurch die Sünde aufgedeckt und gestraft, Christus aber als der einzige Heiland den gläubigen Herzen vorgebildet wird, lauter und rein, ohne jeglichen Zusatz und Vermischung irriger, unbegründeter und verführerischer Lehre, die in der heiligen Schrift keinen Grund hat, überall öffentlich gelehrt und gepredigt werde.* Mit Recht konnte Ottheinrich auf seine Verantwortung als ein *christlicher Fürst* hinweisen und darauf, daß seine Untertanen und Landstände *ganz bebegierig nach der gewissen, selig machenden Wahrheit seien*. So ganz einfach scheint allerdings die Einführung der Reformation doch nicht gewesen zu sein. Eine zeitgenössische Chronik notiert nämlich, daß sich die Pfarrherren zwar zum größten Teil sehr erfreut gezeigt hätten, allerdings *nur sehr wenige vom Reich Gottes ergriffen seien*.

Unter Ottheinrichs Nachfolger, dem Pfalzgrafen Wolfgang von Zweibrücken (1559–1569) schritt allerdings der Ausbau der jungen Staatskirche fort, ja diese erhielt jetzt ein ausgesprochen lutherisches Gepräge. Inzwischen hatte sich nämlich der Calvinismus als die politisch wesentlich schlagkräftigere Macht im europäischen Protestantismus erwiesen. Einige deutsche Fürsten, unter ihnen auch der Kurfürst Friedrich III., der Fromme von der Pfalz, waren offen vom Luthertum zum Calvinismus konvertiert. Die streitbaren lutherischen Theologen, zu denen auch der Regensburger Nikolaus Gallus (ca. 1516–1570), der engste Freund des Erzlutheraners und Melanchthongegners Matthias Flacius Illyricus gehörte, reagierten immer nervöser. Bei Wolfgang von der Pfalz fanden sie offene Ohren. Er riegelte sein Ländchen hermetisch vor allen Einflüssen des Calvinismus ab. Als 1556 der evangelische Theologe Tilemann Heßhusen, der schon mehrmals in verschiedenen Gegenden Deutschlands wegen seines orthodoxen Luthertums entlassen und verjagt worden war, bei ihm anklopfte, stellte er ihn sofort als Hofprediger ein, *sollte es gleich der ganzen Welt und allen Teufeln ein ewiges Herzeleid sein.* 1569/70 teilten sich die fünf Söhne Wolfgangs das väterliche Erbe, wobei der 22-jährige Philipp Ludwig das Fürstentum Neuburg erhielt. Unter seiner Regierung entwickelte sich das Neuburgische Kirchenwesen weiter zum Musterbeispiel einer patriarchalisch vom frommen Landesvater geleiteten und streng lutherischen Landes- und Volkskirche.

Pfalzgraf Philipp Ludwig (1569–1614) kann als einer der letzten evangelischen Fürsten angesehen werden, deren ganzes Wesen vom Umgang mit der Bibel bestimmt war. Kein Regierungsgeschäft und keine Reise konnten den frommen Fürsten von der morgendlichen und abendlichen Lektüre der Bibel abhalten. Wie ein echter Patriarch der alten Zeit sah er es gerne, wenn die ganze Familie und die Edelknaben und Kammerdiener bei diesen täglichen Andachten anwesend waren. Seine Söhne mußten dabei auf dem Boden kniend und mit zum Himmel erhobenen Händen ihr Gebet verrichten. Vom jungen Wolfgang-Wilhelm wird berichtet, daß er die tägliche Bibellektion sogar noch in lateinisch, französisch und italienisch absolvieren mußte. Den Mittelpunkt des Hoflebens bildeten dementsprechend die Predigten, die keiner, weder am Sonntag noch werktags, versäumen durfte. Wer nicht den Gottesdienst besuchte, bekam auch nichts zu essen. Dreimal im Jahr feierten Familie und Hof nach sorgfältiger, tagelanger Vorbereitung das heilige Abendmahl. Dieser strengen persönlichen Frömmigkeit korrespondierte eine pflichtbewußte Wahrnehmung der Regierungsgeschäfte und natürlich eine im 16. Jahrhundert durchaus ungewöhnliche Sittenstrenge. In diesem Geist regierte Pfalzgraf Philipp Ludwig auch seine Landeskinder: bieder und voller Gottesfurcht sowie auf dogmatisches und sittliches Niveau bedacht. Dabei fand er in Dr. Philipp Heilbrunner (1546–1616), der als Pro-

Kirchenordnung von 1543, mit der Ottheinrich von der Pfalz in seinen Ländern die Reformation einführte

fessor und Prediger in Lauingen amtierte, und in dessen Bruder, dem Hofprediger Dr. Jakob Heilbrunner (1548–1618) eine große Stütze. Auch dieser lutherische Kirchenmann, ein Pfarrerssohn aus Schwaben, hatte dem vordringenden Calvinismus mehrmals, zuletzt im Amberg weichen müssen. Der Neuburger Pfalzgraf aber berief ihn an seinen Hof und fand in ihm nicht nur einen gewissenhaften Organisator des Kirchenwesens sondern einen wirklichen Gesinnungsgenossen, dem er zeit seines Lebens in aufrichtiger Freundschaft verbunden blieb.

Die immer wieder verbesserte Kirchenordnung, die Predigtsammlungen jener Zeit und die Visitationsprotokolle verraten, wie die von den Gebrüdern Heilbrunner und Philipp Ludwig gemeinsam konzipierte Landeskirche aussah. Der sonntägliche Gottesdienst wird selbstverständlich als evangelische Messe gefeiert; daneben gibt es sogenannte Tag- oder Kirchenämter, eine Art Predigtgottesdienst am Sonntag in der Frühe. Der Nachmittagsgottesdienst am Sonntag ist vor allem der Unterweisung der Jugend gewidmet. Auch Werktagsgottesdienste mit deutschen Gesängen, biblischen Lesungen und natürlich einer weiteren Predigt sind üblich, daneben noch die Vesper an den Vorabenden der Feste. Das heilige Abendmahl erfreut sich einer besonderen Wertschätzung. Jedes Pfarrkind muß zumindest einmal im Jahr zur Kommunion gehen, wobei die kirchliche und weltliche Obrigkeit keinen Zweifel daran lassen, daß aus dem *Gebrauch des Sakramentes Lob und Preis Gottes und wahrhaftige Besserung* folgt, weshalb man eigentlich nicht oft genug kommunizieren kann. Notwendige Vorbereitung für den Empfang des heiligen Abendmahls ist allerdings die Beichte, und zwar die Privatbeichte: die Pfarrkinder haben einzeln bei den *Herren Kirchendienern* zu erscheinen, die sich für den *Unterricht Zeit lassen* sollen. Nach dem Beichtgespräch erteilt der Pfarrer unter Handauflegung die Absolution. Diese Sitte wie auch manche Gebräuche bei der Taufe und die lateinischen Kirchengesänge durch die dazu abgeordneten Schüler erinnern zweifellos an die mittelalterlichen kirchlichen Verhältnisse.

Die Schulen, auch das in Lauingen neu errichtete Gymnasium, gelten selbstverständlich in diesem System als Vorhof der Kirche; Unterrichtsstoff sind dementsprechend in erster Linie Luthers Kleiner Katechismus und die alten biblischen Sprachen. Über die Moral der Gemeinde wacht zusammen mit dem Pfarrer ein gewähltes Gremium von *Zensoren*, das einschreitet *bei Verachtung des Predigtamtes, des Gottesdienstes und der Sakramente, beim Fluchen, Schwören und Lästern des Wortes Gottes und der Sakramente, bei der Anwendung abergläubischer Segnungen, Beschwörungen und Zaubereien, bei Trunkenheit und Unmäßigkeit, bei Ehebruch und unzüchtigem Leben, bei Verleumdungen und Afterreden, bei Feindschaften und Wucher, bei mangelnder Kinderzucht und schlechter Aufsicht über das Gesinde.*

Man wird diese kleine Staatskirche nicht an den Maßstäben heutigen evangelischen Kirchenlebens messen dürfen. In einer Zeit, in der sich die Fronten zusehends verhärteten, galt Neuburgs Kirche immerhin als *Zierde des Luthertums*. Die Stärken und Schwächen des orthodoxen Luthertums sind an ihr deutlich erkennbar. Einerseits bot diese evangelische Kirche ganz das Bild einer erstarrten Pastorenkirche, die in engster Bindung an die staatliche Obrigkeit mit äußerster Strenge über die Kirchlichkeit ihrer Mitglieder wachte und die Sätze des lutherischen Dogmas gegen die Calvinisten gleich temperamentvoll wie gegen die Katholiken verteidigte. In der

Die Einsetzungsworte aus der Meßordnung der Ottheinrich'schen Kirchenordnung, die in dieser Weise noch heute im Abendmahlsgottesdienst gesungen werden

Auseinandersetzung mit diesen *Andersgläubigen* konnte die Neuburger Kirche durchaus auch Mittel anwenden, die man gemeinhin nur auf der Seite der Gegenreformation vermutet. Andererseits lebte in den starren kirchlichen Formen und Normen doch zweifellos viel von der ursprünglichen lutherischen Frömmigkeit weiter. Philipp Ludwig verstand sein Kirchenregiment noch nicht im Sinn des späteren fürstlichen Absolutismus, sondern ohne Zweifel im Sinn des von Luther apostrophierten *christlichen Hausvaters*. Auch die beklagenswerte konfessionell-theologische Erstarrung hat fraglos eine positive

Seite. Nur eine vom Bekenntnis klar ausgerichtete Kirche hatte überhaupt eine Überlebenschance in dem anwachsenden geistigen Ringen mit dem sich reformierenden Katholizismus.

Ein Mann wie Dr. Heilbrunner erkannte das klar. In zahlreichen Broschüren schlug sich der gelehrte Neuburger Hofprediger wacker mit den Jesuiten im benachbarten Ingolstadt und in München herum. Mit seinem Hauptwerk errang er sogar im ganzen lutherischen Deutschland Berühmtheit. Es trug den anspruchsvollen und langen Titel: *Unkatholisch Papsttum – das ist eine gründliche, augenscheinliche Erweisung aus Gottes Wort, dann auch aus den alten Vätern, Konzilien, Kirchengeschichten, teils aus dem kanonischen Recht, daß die päpstliche Lehre und vermeintlicher Gottesdienst mitnichten, hingegen aber die evangelische Religion Augsburgischer Konfession gut katholisch, christlich und apostolisch sei.* Auch der Pfalzgraf selber liebte offenbar die gelehrte Disputation der das ganze Zeitalter bewegenden religiösen Fragen. Jedes Zusammentreffen mit seinem Vetter Maximilian I. von Bayern pflegte in eine hitzige, aber durchaus sachliche theologische Diskussion zu münden. Philipp Ludwig versprach sich davon nicht weniger als die Bekehrung Maximilians. Als die beiden einmal nicht weiter kamen, vereinbarten sie, ihren Disput durch die Theologen fortsetzen zu lassen. So kam es zweimal zu aufsehenerregenden öffentlichen Streitgesprächen zwischen den vereinigten Wittenberger-Neuburger Lutheranern und den bayerischen Jesuiten. Beim Regensburger Religionsgespräch ging es immerhin um eine so zentrale und bis heute zwischen den Konfessionen ungelöste Frage, ob denn die Bibel allein, und nicht auch die kirchliche Tradition Maßstab des christlichen Glaubens sei. In Neuburg traf man sich noch einmal. Vierzehn Sitzungen hindurch stritt man sich mit anerkennenswertem Eifer und großer Gelehrsamkeit auf beiden Seiten. Es machte sicherlich allen Zuhörern und Beteiligten Freude, aber zu einer Einigung führten die interessanten Disputationen natürlich nicht.

Möglicherweise wäre die kleine Neuburger Kirche so weiter bekennend und streitend durch die Geschichte gezogen. Doch trat 1613 ein Ereignis ein, das Philipp Ludwig nicht nur persönlich zutiefst erschütterte, sondern allen Kennern der politischen und kirchlichen Lage das nahe Ende des Luthertums in Neuburg signalisierte: der älteste Sohn und Erbe Wolfgang-Wilhelm von Pfalz-Neuburg wurde katholisch. Über die Gründe dieser fol-

Volkstümliche Warnung der Neuburger Lutheraner vor der Jesuitenmission

genschweren Konversion ist später viel gerätselt worden. Die große Politik am Vorabend des Dreißigjährigen Krieges spielte, wie immer in derartigen Fällen, eine entscheidende Rolle. Ein wirklicher Wandel der religiösen Anschauung kann aber kaum bestritten werden. So scheinen sich im Konfessionswechsel des jungen Pfalzgrafen persönliche Überzeugung und politische Berechnung seltsam zu überkreuzen.

Den politischen Hintergrund des Glaubenswechsels bildete der Streit um die Erbfolge im fernen Herzogtum Jülich-Cleve. Wolfgang-Wilhelms Onkel, der letzte Herzog von Jülich-Cleve, war 1609 gestorben. Nun meldeten sowohl die Neuburger als auch der Kurfürst Sigismund von Brandenburg ihre Erbansprüche an. Interesse zeigte jedoch auch der Kaiser, der den habsburgischen Vettern in den Niederlanden gerne vom Niederrhein her die Hand gereicht hätte. Maximilian I. von Bayern war von der Aussicht, daß ein so großes und wichtiges Territorium im Westen Deutschlands an den protestantischen Kurfürsten von Brandenburg verloren ging, nicht gerade begeistert. Aus demselben Grund war er natürlich auch ein entschiedener Gegner der Neuburger Ansprüche. Wie so oft in der Geschichte versuchten nun die

streitenden Erben den Zwist durch eine Heirat beizulegen. Doch der energische Wolfgang-Wilhelm zog nicht so recht, ja er überwarf sich regelrecht mit seinem zukünftigen Schwiegervater, und bei einem der Gespräche in Düsseldorf soll es sogar Ohrfeigen gegeben haben.
Dieser Streitereien mit dem mächtigen Brandenburger müde und auf der Suche nach einem noch mächtigeren Verbündeten kam der junge Pfalzgraf in den Jahren 1612 und 1613 mehrmals nach München an den Hof Maximilians. Dieser verstand sich mit dem etwa gleichaltrigen Verwandten schon immer besser als mit dessen Vater, dem strengen Lutheraner Philipp Ludwig. Der Führer des politischen Katholizismus im deutschen Reich erkannte zweifellos auch sofort, welche Chance sich ihm und der Gegenreformation hier bot. Als daher der junge Pfalzgraf um die Hand seiner Schwester Magdalene anhielt, erklärte er, das einzige Problem sei die Konfessionszugehörigkeit Wolfgang-Wilhelms zum Luthertum. Nachdem aber beide an einer engeren Verbindung der Wittelsbacher Häuser interessiert waren, wurde dieses Hindernis in intensiven *trauten Gesprächen* beseitigt. In elf derartigen Besprechungen gelang es dem Bayernherzog und seinen Jesuiten, den einst so streng lutherisch erzogenen Neuburger Pfalzgrafen von der Wahrheit der katholischen Religion zu überzeugen.
In aller Heimlichkeit trat Wolfgang-Wilhelm zum Katholizismus über. Dabei versprach er nicht nur, *den katholischen Glauben, ohne welchen niemand selig werden kann*, in Zukunft treu zu bekennen, sondern auch, dafür zu sorgen, daß seine Untertanen *dahin gewiesen und gehalten werden*. Seinem alten Vater in Neuburg deutete Wolfgang-Wilhelm jedoch an, seine zukünftige Frau, um die sich schon Kaiser Matthias und Erzherzog Leopold vergeblich beworben hatten, sei nicht abgeneigt, einmal evangelisch zu werden. So willigte der arglose Philipp Ludwig in die Eheschließung ein. Um die Täuschung vollständig zu machen, durfte sogar der lutherische Hofprediger Dr. Heilbrunner bei der prunkvollen Trauung, die der Eichstätter Bischof in München vollzog, eine Rede halten. Als das junge Paar in Düsseldorf weilte, verdichteten sich jedoch die Gerüchte vom Religionswechsel des jungen Pfalzgrafen so sehr, daß der besorgte Vater den Sohn bat, seinen Glauben doch durch *fleißigen Besuch der Predigt und des heiligen Abendmahls* öffentlich zu demonstrieren. Gereizt erwiderte der Sohn, seine Religion sei seine Angelegenheit und er würde bei seinem christlichen Bekenntnis mit Hilfe des heiligen Geistes bleiben. Noch immer vertraute der alte Pfalzgraf seinem Sohn.

Erst im April 1614 öffnete ein ausführliches Rechtfertigungsschreiben, das Wolfgang-Wilhelm freilich seinem Vater nicht direkt sondern durch Vermittlung Maximilians zustellen ließ, diesem die Augen. Abgesehen von der persönlichen Enttäuschung erkannte Philipp Ludwig sofort die Gefahr für den Fortbestand der neuen Lehre in seinem Land. Er ordnete Bittgottesdienste an, fügte im Testament einen Passus ein, der dem Nachfolger eine Änderung des Kirchenwesens untersagte, und versuchte fieberhaft, bei den evangelischen Ständen Rückendeckung zu finden. Doch der Schlag hatte ihn wohl zu tief getroffen. Schon im August desselben Jahres starb er im Kreis seiner Vertrauten und unter den Gebeten seines geschätzten Hofpredigers. Seine letzten Worte drückten gleicherweise Hoffnung und Sorge aus: *Mir geht's wohl, euch aber übel.*
Wie übel es kommen sollte, zeigte sich beim Aufzug des neuen Herrn. Schon am ersten Tag ließ er sich die Schlüssel der Schloßkirche aushändigen und eine feierliche Messe lesen. Seiner entsetzten Mutter erklärte er, sie könne in ihren Gemächern soviele Predigten hören und Gebete verrichten, wie sie wolle. Auch dem Landtag versicherte Wolfgang-Wilhelm noch 1615, er werde niemanden gegen seinen Willen zur katholischen Religion zwingen und die Lutherischen *ohne Drangsal* bei ihrem Glauben lassen. In mehreren Gesprächen mit den Ingolstädter und Münchner Jesuiten sowie den Bischöfen von Eichstätt, Augsburg und Regensburg entwarf der neue Landesherr freilich eine detaillierte Strategie zur Rekatholisierung der Pfalz-Neuburg. Rückblickend sind ihre vier Schritte klar erkennbar.
Zunächst erfolgte im Dezember 1615 die rechtliche Gleichstellung der katholischen Kirche mit der lutherischen Landeskirche. Daraus ergab sich, daß die Katholiken in allen Orten die evangelischen Gotteshäuser mit benutzen durften. Die Hauptaufgabe der das Land durchziehenden Jesuiten war es nun, für diese katholischen Gottesdienste auch Gläubige zu finden. So folgte als zweiter Schritt eine unglaublich intensive und zunächst friedliche Bekehrungsarbeit der bayerischen Jesuiten. Im ganzen Land setzte man Disputationen über die evangelische und katholische Lehre an. In der Neuburger Schloßkirche kam es dabei zu den berühmten *Kinderdisputationen*, zu denen die ganze Jugend zunächst eingeladen und später gezwungen wurde. Bei diesen prunk-

vollen Veranstaltungen legten die bekehrten Jugendlichen in Anwesenheit der Obrigkeit Zeugnis von ihrem Glauben ab, um so auch andere zu gewinnen. Es kann kein Zweifel darüber bestehen, daß sich die Jesuiten hier eifriger und gründlicher um die Rekatholisierung bemühten, als das im Hochstift Würzburg unter Julius Echter der Fall gewesen war. Sie hatten es hier freilich auch mit einer festgefügten Kirche zu tun.

Zwangsläufig folgte als nächster Schritt die Ausschaltung der lutherischen Geistlichkeit. Für den Sturz des alten Hofpredigers Dr. Jakob Heilbrunner ergab sich schon 1615 eine günstige Gelegenheit. Er weilte noch einige Monate in Höchstädt an der Donau, wo die alte Pfalzgräfin Anna ihren Witwensitz hatte, und zog dann nach Württemberg. Mehr als dreißig Jahre lang hatte er seiner Kirche gedient; den Zusammenbruch seines Lebenswerkes konnte er nicht verkraften. Bereits nach zwei Jahren starb er, stehend auf der Kanzel, wie es sich der tapfere und streitbare Lutheraner gewünscht hatte.

Schon vor 1618 hatte Wolfgang-Wilhelm den meisten evangelischen Pfarrern des Landes gekündigt. Binnen kürzester Frist mußten sie die Pfarrhäuser räumen und sich wie Heilbrunner auf die Wanderschaft machen. In einem Brief vom Januar 1617 aus Neuburg heißt es ziemlich unverblümt: *Bei uns geht es – Gott erbarm's – sehr trübselig zu. Man schafft allenthalben unsere evangelischen Prediger ab und setzt ungelehrte, bachantische Esel und verhurte Meßpfaffen ein.* Trotz all dieser Bekehrungsversuche hielt der überwiegende Teil der Bevölkerung am lutherischen Bekenntnis fest.

Da entschloß sich der Pfalzgraf nach Rücksprache in München und auf Drängen der Bischöfe hin, mit Zwangsmaßnahmen gegen die Evangelischen vorzugehen. Alle wurden einzeln vor eine Kommission geladen und *ernstlich ermahnt,* an Ostern zur katholischen Kommunion zu gehen. Die fürstlichen Beamten ließen sich weitgehend einschüchtern. Es gab aber unter den Bürgern und vor allem den Handwerkern eine Reihe von *Unakkomodierten.* Von ihnen hieß es in einem anderen Privatbrief aus der kleinen Residenzstadt an der Donau: *... die hat der Herr Statthalter auf das Rathaus arretieren lassen, man gibt ihnen nichts als Wasser und Brot zu essen, man droht ihnen auch, man wolle ihnen die Köpfe abreißen, und wenn man ihnen die Köpfe lasse, so sollen sie Gott danken, wenn man sie mit Ruten aushaut.* Die Protokolle haben die Antworten der Vorgeladenen festgehalten. Immer wieder heißt es da: *Will*

Volkstümliche Warnung der Jesuiten vor dem Abfall zum Luthertum

kurzum von seinem Glauben nicht weichen oder: *Bittet um Gottes Willen, ihn bei seinem Glauben zu lassen* oder auch ergreifend lakonisch: *Kann es nicht* – widerrufen nämlich.

Dennoch blieb diesen sich über Jahre hinziehenden Repressalien schließlich der Erfolg nicht versagt. Die letzten unbeugsamen Protestanten – einige Hundert an der Zahl – verließen in den Jahren 1621–1625 die so erfolgreich rekatholisierte Pfalz-Neuburg. Verbitterung spricht aus dem *Klagelied der bedrängten Neuburgischen Untertanen von wegen der Drangsal der Religion ihres Fürsten,* das in diesen Jahren in den einfachen Kreisen der Bevölkerung gesungen wurde und dessen eine Strophe in deutlicher Anspielung auf Wolfgang-Wilhelm lautet:

*Wölfe kamen hergelaufen
und machen uns gar bang,
die gegen alles Hoffen
mit höchstem Kreuz und Zwang
uns jetztund wollen zwingen
vom reinen Gotteswort
und mit Gewalt davon bringen.
Wenn es ihnen tut gelingen,
stiften sie Seelenmord.*

Es gelang, denn nichts erinnert heute mehr zwischen Gundelfingen und Ingolstadt an die einst so blühende Neuburgische Kirche.

Die Schwäche des deutschen Protestantismus ausnutzend, dehnte Pfalzgraf Wolfgang-Wilhelm seine Gegenreformation später auch auf die Gebiete seiner Brüder aus. Deren Appelle an den Kaiser nützten gar nichts. Dem Neuburgischen Vizekanzler Simon von Labricq, einem bekannten belgischen Jesuiten und Ketzerrichter, und mehr noch seinen bayerischen und eichstättischen Dragonern gelang es, in Weiden und Sulzbach sowie im Hilpoltsteiner Land die evangelischen Geistlichen zu vertreiben und die Bevölkerung wieder der alten Kirche zuzuführen. Als der Pfalzgraf diese Erfolge stolz nach München meldete, beschwerte sich Maximilian I. allerdings. Alle Welt schimpfe jetzt, daß *dies Werk mit Gewalt* betrieben werde, aber der Neuburger möge ihm nur ja nicht die Schuld zuschreiben. Am Ende entstünde gar *der Verdacht, als käme alles von mir direkt her.* Dieser Verdacht lag in der Tat nahe. Denn gerade in diesen Jahren schickte sich der bayerische Herzog an, in einem anderen großen und volkreichen evangelischen Gebiet die Reformation rückgängig zu machen: in der Kuroberpfalz.

IN HUNDERT JAHREN FÜNFMAL UMGETAUFT
Die Oberpfälzer zwischen Luthertum, Calvinismus und Jesuitenmission

Als Maximilian I. von Bayern 1621 seine Jesuiten und Kapuziner zusammen mit seinen Soldaten in der Oberpfalz einquartierte, erlebte er zu seiner Überraschung, daß sich hier die Gegenreformation offenbar leichter durchführen ließ, als das seinerzeit im eigenen Land oder auch in der Pfalz-Neuburg der Fall war. Widerstand erhob sich fast nur beim Adel und beim wohlhabenden städtischen Bürgertum. Schuld daran waren nicht nur der große Krieg und die zermürbenden Quartierlasten, sondern auch die vorangegangene Religionspolitik der Pfälzer, genau genommen also der Protestantismus selber. Immerhin stellte der nunmehr letzte Religionswechsel den fünften innerhalb eines knappen Jahrhunderts dar. Unter solchen Umständen konnte man von den geplagten Oberpfälzern kaum mehr religiös-konfessionelles Format erwarten. Sie wollten endlich ihre Ruhe haben.

Die konfessionelle Unruhe in der Kuroberpfalz hängt unmittelbar mit dem Erstarken des Calvinismus in der zweiten Hälfte des 16. Jahrhunderts zusammen. Johannes Calvin (1509–1564) hatte in Genf neben Wittenberg und Zürich einen dritten Mittelpunkt der Reformation und neben dem Luthertum und dem Zwinglianismus einen neuen Typ des Protestantismus geschaffen. Er war ein Schüler Martin Luthers, aber er verstand es, dessen Ideengut selbständig weiterzuentwickeln. Ausgeprägter noch als Luther vertrat der deutsch-französische Reformator die Ansicht, daß die Bibel in allen ihren Teilen die strenge Norm der christlichen Existenz und des kirchlichen Lebens zu sein habe. Daraus ergab sich eine gewisse Gesetzlichkeit, die für den reformierten Protestantismus kennzeichnend wurde. Auf der Ebene der Volksfrömmigkeit äußerte sich dieser Puritanismus sehr handfest im Kampf gegen die Heiligenbilder und Kruzifixe in den Gotteshäusern. Calvin verschärfte auch Luthers Ansichten über die Gnadenwahl und baute sie zu der berühmt-berüchtigten Prädestinationslehre aus: alle Menschen sind von Ewigkeit her zur Seligkeit oder zum Verlorensein vorherbestimmt. Die Tatsache der *Erwählung zum Guten* dokumentiert sich nach Calvins Meinung in einem tatkräftigen, gehorsamen und erfolgreichen Leben. Von diesem Ansatzpunkt her erhielt der Calvinismus einen ausgesprochen aktivistischen Zug.

Die im 16. und 17. Jahrhundert am meisten diskutierte Differenz zwischen Luthertum und Calvinismus betraf die Auffassung vom heiligen Abendmahl. Während die lutherische Kirche – darin durchaus dem Katholizismus näher als den Schweizern – an der tatsächlichen Gegenwart Christi unter Brot und Wein, an der sogenannten *Realpräsenz* festhielt, dachten Calvin und seine Schüler lieber an eine *geistige Nießung* Jesu Christi. Das widerspricht tatsächlich dem Augsburgischen Bekenntnis – ungeachtet des Umstandes, daß die lutherischen Christen heute weithin diesen Standpunkt Calvins teilen, wenn sie sich überhaupt noch den Kopf über die Art und Weise der Gegenwart Christi im Abendmahl zerbrechen. Im 16. Jahrhundert meinte man jedenfalls, das tun zu müssen; die Abendmahlsfrage avancierte zum beliebten Streitobjekt nicht nur der Theologen sondern auch der gebildeten Laien in beiden Lagern.

Einen besonderen Akzent legte Calvin, ganz im Gegensatz zu der von Wittenberg ausgehenden Reformation, auf die Organisations- und Verfassungsfrage der Kirche. Hier plädierte er für so etwas wie einen demokratischen Gemeindeaufbau und sagte daher dem hierarchischen Denken der katholischen Kirche den erbitterten Kampf an. Auch Calvins Staatsauffassung unterschied sich in einer charakteristischen und bedeutungsvollen Einzelheit von Luthers Lehre über die Obrigkeit. In der Aufrichtung des Genfer Polizeistaates wurde diese Differenz anschaulich demonstriert. Luther vertrat nämlich die Ansicht, die weltliche Obrigkeit dürfe nur in Ausnahmefällen – also etwa im Chaos der Reformation – die Leitung der Kirche übernehmen und *kirchliche Obrigkeit* spielen. Dies gilt, auch wenn das deutsche Luthertum späterer Jahrzehnte sich weithin willig dem Staat auslieferte. Calvin dagegen war von Anfang an grundsätzlich mit der ganzen Macht seiner theologischen Argumentation davon überzeugt, daß der Staat auch für das richtige religiöse und sittliche Leben zu sorgen habe, da er, wie einst Mose am Berg Sinai, ein *Hüter beider Gesetzestafeln* sei.

Es liegt auf der Hand, daß dieser calvinistische Typ des Protestantismus es in vieler Hinsicht leichter hatte, sich dem reformierenden Katholizismus gegenüber zu behaupten. Er war rationaler und antikatholischer ausgerichtet, dazu voller politischer Dynamik. Hinzu kam, daß sich das deutsche Luthertum nach dem Tode Martin Luthers ab 1546 in einem endlosen theologischen Zwist zu verzetteln drohte. Im Mittepunkt dieser sogenannten *gnesiolutherischen Streitigkeiten* stand die Person Philipp Melanchthons. Strenge Lutheraner wie Matthias Flacius Illyricus in Magdeburg und Nikolaus Gallus in Regensburg verdächtigten ihn – wohl nicht ganz zu Unrecht –, das Erbe Luthers weiterentwickeln zu wollen. Für sie bedeutete das Verrat. Diese Auseinandersetzungen zwischen den Philippisten, den Lutheranern und den Calvinisten hatten durchaus auch einen politischen Aspekt. Im Westen Europas eroberte der Calvinismus gerade jene Länder, die später nach der Ausschaltung Spaniens Großmachtstellungen im Abendland einnahmen und als See- und Kolonialmächte bis in die *neue Welt*

Das Wappen der Pfalzgrafen, das die wechselnden lutherischen und reformierten Kirchenordnungen der Oberpfalz zierte

wirkten. Auch in Deutschland erkannten einige ursprünglich lutherische Fürsten die sich anbahnende Bedeutung des reformierten Protestantismus. Kurfürst Sigismund von Brandenburg etwa trat 1613 in der Berliner Schloßkirche offiziell zum Calvinismus über, um sich so den Beistand der Niederlande für seinen Kampf um das Herzogtum Jülich-Cleve zu sichern. Sein Gegenspieler, der Neuburger Pfalzgraf, war ja im selben Jahr katholisch geworden, wobei die Rückversicherung beim Bayernherzog eine entspeidende Rolle gespielt haben dürfte. Diese Konversionen beleuchten schlagartig die politische Schwäche des deutschen Luthertums zu Beginn des 17. Jahrhunderts. Innerhalb der heutigen Grenzen Bayerns war es vor allem die Kuroberpfalz, die tief in diese innerprotestantischen Kämpfe hineingezogen und dadurch ihrer religiös-kirchlichen Substanz auf Jahrzehnte hinaus beraubt wurde.

Bereits im 14. Jahrhundert hatten sich die Wittelsbacher in eine bayerische und eine pfälzische Linie geteilt. Die Pfälzer erhielten jedoch nicht nur die eigentliche Rheinpfalz als Besitz zugesprochen sondern auch – weit davon entfernt – jenen Teil Bayerns, der dann in Zukunft bis heute die Oberpfalz genannt wurde. Diese räumliche Entfernung zwischen der Rheinpfalz und der Kuroberpfalz, zwischen Heidelberg und der oberpfälzischen

Hauptstadt Amberg erleichterte den Pfälzern die Regierung nicht gerade und führte dazu, daß sich die Oberpfälzer immer ein wenig kulturell unterentwickelt fühlten. In den Anfangsjahren der Reformation etwa residierte Pfalzgraf Friedrich in der Oberpfalz, sein Bruder Ludwig V. aber, der eigentliche Regent, in der Rheinpfalz. Friedrich war eine religiös nicht sonderlich interessante Persönlichkeit. So breitete sich die neue Lehre in den zwanziger und dreißiger Jahren in der Oberpfalz als reine Volksbewegung aus, – ohne einheitliche Führung und ohne nennenswerten Widerstand. Vor allem die Städte stellten einfach zusätzlich evangelische Prediger ein, und Amberg erwies sich schon damals als ausgesprochen zäh im Kampf um seine evangelischen Geistlichen. 1544 zog der Landesherr als Friedrich II. der Weise nach Heidelberg, um jetzt nach dem Tode seines Bruders die Kurwürde und die Alleinherrschaft zu übernehmen. Von hier aus erlaubte er dann offiziell in seinem Territorium das *Abendmahl unter beiderlei Gestalt*, den deutschsprachigen Gottesdienst und die Ehe der Priester. Die Regierungsgeschäfte in der Kuroberpfalz überließ er freilich weitgehend seinem Statthalter, dem Pfalzgrafen Wolfgang von Zweibrücken. Dieser Mann fühlte sich als ausgesprochner Lutheraner und favorisierte in diesem Sinne die weitere Reformation in der Oberpfalz, wie er sich ja später auch als Landesherr von Pfalz-Neuburg dort für das Luthertum einsetzte. Nachdem Friedrich II. 1556 kinderlos gestorben war, fiel das ganze Territorium an den Neuburger Pfalzgrafen Ottheinrich. Drei Jahre – von 1556 bis zu seinem Tod 1559 – vereinigte also Ottheinrich die Regierung der Kuroberpfalz und der Pfalz-Neuburg in seiner Hand. Den Oberpfälzern war das insofern recht, als Ottheinrich ja in seinem Land bereits offiziell die Reformation eingeführt hatte. Nachdem die letzten katholischen Geistlichen bereits vorher – übrigens keineswegs freiwillig – das Land verlassen hatten, verbot Ottheinrich sofort nach seinem Regierungsantritt in der Oberpfalz die katholische Religionsausübung. In den Städten und auf dem Land trug er damit wohl weitgehend den tatsächlichen Verhältnissen Rechnung, obwohl eine großangelegte Kirchenvisitation nicht gerade Erfreuliches über die kirchlichen und sittlichen Verhältnisse im Land ans Licht brachte. Doch in den altgläubigen Klöstern stieß die Pfalz-Neuburgische Kirchenordnung, die nun auch in der Kuroberpfalz lutherische Ordnung schaffen sollte, auf heftigen Widerstand. Die pfalzgräflichen Räte, die von Kloster zu Kloster zogen, wurden vor allem von den Frauenorden sehr ungnädig empfangen. Ähnlich wie einst in den Nürnberger Klöstern weigerten sich die frommen Frauen in den Klöstern Gnadenberg und Seligenporten standhaft und mit kräftigen Argumenten, ihren alten Glauben aufzugeben. Der Widerstand hatte offenbar den gewünschten Erfolg, denn die Nonnen durften bleiben. Die Verpflichtung, allsonntäglich die evangelische Predigt zu besuchen, tat ihrer Standhaftigkeit auch später keineswegs Abbruch.

Den zweiten großen konfessionellen Bruch bedeutete 1559 der Regierungsantritt Friedrichs III. von der Pfalz. Während Ottheinrich für sein Land Pfalz-Neuburg in Wolfgang von Zweibrücken rechtzeitig einen gut lutherischen Nachfolger gefunden hatte, fiel die Kuroberpfalz jetzt nämlich an einen dezidierten Vertreter des Calvinismus. 1561 entschied sich Friedrich III. persönlich für die reformierte Lehre und veranlaßte die Ausarbeitung einer Kirchenordnung. 1563 erschien auf seine Veranlassung und unter Philipp Melanchthons tatkräftiger Unterstützung der *Heidelberger Katechismus,* bis heute das entscheidende Lehrbüchlein des reformierten Protestantismus in Deutschland. Die lutherischen Fürsten im Reich reagierten auf den Konfessionswechsel des Pfälzer Kurfürsten zunächst ausgesprochen sauer und wiesen mit Recht darauf hin, daß doch nur das Luthertum und nicht der Calvinismus durch den Augsburger Religionsfrieden geschützt sei. Die persönliche Frömmigkeit Friedrichs, der später nicht zu Unrecht den Beinamen *der Fromme* erhielt, überzeugte sie jedoch und veranlaßte sie sogar, ihn stillschweigend weiterhin als *Augsburgischen Confessionsverwandten* zu betrachten.

Das Ziel Friedrichs III. blieb dessen ungeachtet die Einführung des Calvinismus in den beiden Pfalzen. Zu diesem Zweck erschien er 1566 mit großem Hofstaat sowie einigen reformierten Hofpredigern und Kirchenräten in Amberg. Er ließ sich sogar dazu herab, dem Rat der Stadt seine Abendmahlsauffassung persönlich vorzutragen. Auch einige der beliebten Gelehrten-Disputationen wurden zwischen dem Hoftheologen Dr. Kaspar Olevianus und der lutherischen Stadtgeistlichkeit angeordnet. Doch weder sein Sohn Ludwig, Statthalter in der Oberpfalz, noch der Amberger Rat wollten vom Calvinismus Friedrichs III. etwas wissen. So gelang es zunächst nur, in Amberg zwei reformierte Prediger einzusetzen und ein reformiertes *Pädagogium* zu gründen. In einer Chronik heißt es jedoch: *Allein weder die refor-*

mierte Kirche noch Schule wollte großen Zugang daselbst finden, indem sich fast niemand dazu fand außer den kurfürstlichen Räten und Bedienten, auch was sich von Heidelberg so dahin begab. Die anderen waren der reformierten Religion mehrenteils zuwider.

Die weiteren Calvinisierungsmaßnahmen des Kurfürsten stießen bei den Oberpfälzern auf teilweise erbitterten Widerstand. Daß auf einmal alle Bilder und Kreuze aus den Kirchen verschwinden sollten, die Abendmahlsordnung und die ganze gute Kirchenordnung aus Ottheinrichs lutherischen Jahren geändert, der Exorzismus bei der Taufe verboten und das Chorhemd der Geistlichen abgeschafft werden sollte –: das alles erschien doch als eine reichlich übertriebene Reformation. Wo es zur Verdrängung der lutherischen Geistlichen kam, nahm die Bevölkerung daher grundsätzlich nur an der Liturgie des Gottesdienstes teil und verließ, wenn der calvinistische Prediger die Kanzel betrat, fluchtartig das Gotteshaus. Zum Abendmahl ging man überhaupt nicht, und die Kinder ließ man trotz drohender Geldstrafen beim lutherischen Pfarrer in der Nachbarschaft taufen. Als besonders hartnäckig erwiesen sich immer wieder die Stadt Nabburg sowie der Rat und die Bürgerschaft von Amberg. Die Amberger schickten sogar 1575 eine Delegation nach Heidelberg mit der Bitte, die verhaßten reformierten Prediger in der Stadt zu entlassen und *andere* anzustellen. Die Antwort des Kurfürsten bildete eine Delegation, die er seinerseits nach Amberg entsandte, um hier endlich Ordnung zu schaffen. Doch der Amberger Rat rief die Bürger zu den Waffen, um seine Martinskirche von den calvinistischen Predigern zu schützen. Das Gotteshaus wurde gesperrt und erst wieder geöffnet, als die Gegenpartei nachgegeben hatte. Dieses Ereignis – daß sich die Protestanten untereinander aus der Kirche aussperrten – erregte allerdings schon damals die Gemüter.

Als Friedrich III. kurz nach diesen turbulenten Vorfällen 1576 starb, hatte er sein Ziel in der Kuroberpfalz keineswegs erreicht. Er hinterließ seinem Sohn Ludwig VI. vielmehr ein religiös aufgewühltes Land. Mit Ludwig bekam nun freilich wieder das Luthertum Oberwasser, denn der neue Kurfürst verfolgte die calvinistischen Theologen genau so unerbittlich wie sein Vater die lutherischen. Unter seiner Regierung wurde das lutherische Kirchenwesen restauriert und der vertriebene Martin Schalling (1532–1608) sogar als Generalsuperintendent für die Kuroberpfalz nach Amberg zurückberufen. Diese lutherische Epoche, die auch nicht frei war von innerlutherischen Zänkereien zwischen dem oft unschlüssigen Kurfürsten und seinen führenden Geistlichen, dauerte jedoch nur ganze sieben Jahre. Der kränkliche Ludwig VI. starb schon 1583 im Alter von nur 44 Jahren. Und damit setzte der vierte konfessionelle Umschwung in der Kuroberpfalz ein: Land und Leute sollten erneut calvinistisch umerzogen werden. Dafür machte sich nun Ludwigs Bruder Johann Kasimir bis 1592 und nach dessen Tod Ludwigs Sohn, Pfalzgraf Friedrich IV., stark.

Daß wieder einmal frischer Wind wehte, erfuhr als erster Martin Schalling. Dieser bedeutendste Kirchenmann der Oberpfalz meinte kurz vor seinem Tod, daß er *viermal vertrieben worden sei, – von den Flacianern, von den Calvinisten, von den Konkordisten und aus politischen Gründen*. Sein Schicksal ist tatsächlich bezeichnend für diese Epoche der innerprotestantischen Streitigkeiten. Der gebürtige Straßburger war als ein Schüler Melanchthons ein auf Versöhnung bedachter Theologe. Aus diesem Grund vertrieb ihn der streng-lutherische Superintendent Nikolaus Gallus 1558 aus Regensburg. Schalling fand in Amberg Anstellung, wo er *in Lehre, Wandel und Leben als ein feiner Mann* geschätzt wurde. Von hier verdrängte ihn dann der reformierte Pfalzgraf Friedrich III. Als er unter dessen Sohn Ludwig VI. 1576 wieder zu Amt und Ehren in Amberg gekommen war, gab es erneut Streit, – diesmal wieder unter den Lutheranern. Zur Diskussion stand die *Konkordienformel*, die sich um eine Beilegung des innerlutherischen Theologengezänks bemühte. Merkwürdigerweise wollte sie Schalling nicht unterschreiben und wurde dann abgesetzt. Kurfürst Ludwig räumte seinem ehemaligen Generalsuperintendenten zwar noch die Stellung eines theologischen Beraters ein, aber 1585 wurde er vom reformierten Johann Kasimir endgültig des Landes verwiesen. Wegen seiner *besonderen Gelehrsamkeit und Frömmigkeit* riefen ihn die Nürnberger an ihre Frauenkirche, wo Schalling noch zwanzig Jahre in Frieden wirken konnte. Die evangelische Christenheit verdankt den schweren Schicksalsschlägen, die dieser Mann hinnehmen mußte, einen ihrer schönsten und heute noch beliebtesten Choräle *Herzlich lieb hab' ich dich, o Herr*, dessen dritter Vers als Abschluß der Bach'schen Johannespassion sogar weltberühmt wurde.

Die Oberpfalz ließ sich auch die Calvinisierungsmaßnahmen des vierten Friedrich nicht gefallen. Im ganzen

Den Calvinisierungsmaßnahmen des Pfalzgrafen Friedrich IV. widersetzten sich in der Oberpfalz vor allem Rat und Bürgerschaft der lutherischen Stadt Amberg

Land kam es nicht nur zu Unruhen, sondern vereinzelt zu regelrechten Aufständen gegen die Regierung und ihre Religionspolitik. In Nabburg scheute die lutherische Bevölkerung sogar nicht davor zurück, den ihr aufgezwungenen reformierten Prediger einfach zu erschlagen. Auch in Amberg griff man zu den Waffen und brach die Brücke, die vom Schloß in die Stadt führte, ab. Eine Delegation der Landstände erklärte in Heidelberg, es gäbe *wohl in zehn Pfarreien nicht eine, unter dem ganzen Ritterstand gar keine und in der Stadt Amberg nicht über vierzehn Personen, welche sich zur calvinistischen Religion bekennen, daher es unerträglich sei, daß einer oder zwei Personen wegen ganze Gemeinden mit calvinistischen Predigern beschert würden.* Friedrich IV. versprach zwar, niemanden in seinem Glauben zu bedrängen, fuhr jedoch in der Praxis fort, die lutherische Geistlichkeit durch reformierte Pfarrer zu ersetzen. So gab es um 1604 in den wichtigsten Städten Amberg, Neumarkt und Cham zwei sich heftig befehdende evangelische Gemeinden, wobei sich die Geistlichen jetzt auch äußerlich voneinander abhoben: die verbliebenen lutherischen *Kirchendiener* trugen einen Vollbart, ihre reformierten Gegner dagegen einen Spitzbart.

Einen neuen Vorstoß zur endgültigen Einführung des Calvinismus unternahm Kurfürst Friedrich V. von der Pfalz, als er 1610 die Regierung antrat. Gerade als sich jedoch die durch den jahrzehntelangen konfessionellen Hader zermürbte Oberpfalz anschickte, den ihr aufgezwungenen Calvinismus zu akzeptieren, kam es zum fünften und endgültigen Umschwung der religiösen Verhältnisse: die Gegenreformation richtete wieder die alte Kirche auf. Sie machte nicht nur mit den unerquicklichen innerevangelischen Streitigkeiten Schluß, sondern bereitete dem oberpfälzischen Protestantismus überhaupt ein Ende.

Daß die Kuroberpfalz 1621 in die Hände Maximilians I. von Bayern überging, verdankte sie dem kühnen Abenteuer Friedrichs V. von der Pfalz. 1618 war in Prag die Revolution ausgebrochen, und als im Jahr darauf Kaiser Matthias starb, beschlossen die protestantischen böhmischen Stände, seinen Nachfolger, Kaiser Ferdinand II., nicht anzuerkennen, sondern die böhmische Krone dem evangelischen Kurfürsten von der Pfalz anzubieten. Von seiner oberpfälzischen Hauptstadt Amberg aus zog Friedrich V. zusammen mit seiner Gemahlin nach Prag. Während sich seine Untertanen in allgemeinen Landesbestunden für das Gelingen des Unternehmens einsetzten, führte der lebenslustige Pfälzer am Prager Hof ein ausgesprochen freizügiges Leben. Inzwischen hatten sich jedoch Ferdinand II. und Maximilian I. von Bayern in München geeinigt. Der Wittelsbacher hatte dem bedrohten Habsburger Waffenhilfe zugesagt und dafür den unumschränkten Oberbefehl über die Truppen der katholischen *Liga* erhalten. Außerdem war dem Bayernherzog der Ersatz seiner Kriegskosten und die Kurwürde in Aussicht gestellt worden. In einem Blitzkrieg ohne Beispiel stießen Maximilian und Tilly gemeinsam nach Böhmen vor und beendeten in der berühmten *Schlacht am Weißen Berg* bei Prag den Traum des *Winterkönigs*. Die protestantische *Union* brach unter dem Eindruck dieser Niederlage ihres Mitgliedes auseinander, und es war den bayerischen Truppen ein Leichtes, die letzten Regimenter des evangelischen Grafen von Mansfeld aus der Kuroberpfalz zu vertreiben. Der große Krieg hatte mit einem ganzen Sieg des bayerischen Herzogs begonnen. *Weil er Majestät und Reich vor anderen Ständen in solcher Rebellion getreue Dienste prästiert,* erhielt Maximilian I. die versprochene Kurwürde und als Erstattung für seine Kriegsauslagen die rechtsrheinische Unterpfalz und die bayerische Oberpfalz als Pfand, die Oberpfalz 1628 sogar als bleibendes Eigentum.

Schon im Zuge der militärischen Besetzung der Oberpfalz tauchten 1621 als Vorboten der Gegenreformation die ersten Jesuiten im Land auf. Zunächst wurde aber nur an den Garnisonsorten für die Soldaten die Messe gefeiert. Als sich die Evangelischen beschwerten, daß man dazu einfach ihre Kirchen benutzte, erhielten sie den beruhigenden Bescheid, daß *beides sowohl im geistlichen als auch im politischen Regiment derzeit alle Dinge ungeändert und im bisherigen Zustand zu lassen und den Evangelischen ihre Religionsausübung derzeit nicht zu nehmen sei.* Diese Erklärung kündigte in Wahrheit mit ihrem betonten *derzeit* die Umgestaltung des kirchlichen Lebens bereits deutlich an.

In Cham vollzog sich seit 1621 dann im Kleinen, was bald das Schicksal der ganzen Oberpfalz werden sollte. Zwei aus München angereiste Jesuiten wiesen zunächst ein Mandat vor, das ihnen ein Mitbenützungsrecht an der Pfarrkirche einräumte. Deren Altar und Kanzel teilten sich nun vorübergehend drei Konfessionen: morgens predigte der calvinistische Pfarrer, anschließend feierten die Jesuiten eine Messe, und nachmittags amtierte der lutherische Stadtprediger, bei dem allein die Kirche wirklich voll war. Als es mit diesem Simultaneum nicht recht klappte, wurden die Evangelischen aus der Pfarrkirche ganz hinausgedrängt und mußten sich mit der Spitalkirche zufrieden geben. Der nächste Schritt bestand in der offiziellen Entlassung der reformierten Prediger. Dabei konnte die neue Regierung nicht nur auf die reichsgesetzliche Regelung hinweisen, derzufolge der Calvinismus noch immer nicht als dritte, große Konfession genehmigt war, sondern sie konnte auch mit dem offensichtlichen Wohlwollen der Bevölkerung rechnen, die ja den Vertretern der calvinistischen Staatskirche nie besonders zugetan war. Die Lutheraner hatten sich freilich zu früh der Schadenfreude hingegeben. Zwei Jahre später wurden einfach alle Theologen im Amt Cham des Calvinismus beschuldigt und entlassen. Jetzt erging auch an die Bevölkerung der Befehl, daß alle bis Ostern wieder katholisch werden oder *ihren Weg unverlängert weiter nehmen sollen,* also auswandern sollten. Die *erzlutherische Bürgerschaft Chams* beugte sich jedoch weder den Jesuiten noch den Regierungsvertretern. In einem Brief nach München entwickelte daher der eifrige Jesuit Köpfl eine neue Bekehrungsmethode: *Denen, die konvertieren wollen, soll man bewilligen, daß, wenn sie Luther hinausgeworfen haben, sie auch von der lästigen Soldateneinquartierung frei sein sollten. Zu diesem Zweck soll der Pfleger dafür sorgen, daß die Konvertierten die Soldaten nicht mehr im eigenen Haus ernähren (müssen), wohl aber alle mit ihnen belastet werden, welche fortfahren, Luther anzubeten. Solches macht viel geneigter zu unserer Religion.* Tatsächlich erwiesen sich die bayerischen Dragoner zuerst in Cham und später in der ganzen Oberpfalz als geeignetes Mittel der Gegenreformation; die Bevölkerung des verwüsteten und ausgelaugten Landes war schlechterdings nicht in der Lage, derartige Einquartierungen zu ertragen.

Genau nach der in Cham erprobten Methode vollzog sich nun zunächst in den Städten und ab Mitte der zwanziger Jahre im ganzen Land Schritt für Schritt die Rekatholisierung der Bevölkerung – *nicht ohne Mühe*, wie die Jesuiten und Franziskaner und all die anderen in die Oberpfalz entsandten Orden nach München berichteten, doch mit einigem Erfolg. Nach der Einführung des Simultaneums wurden die Evangelischen über kurz oder lang aus den Hauptkirchen verdrängt. Dann verschwanden die calvinistischen, später auch die lutherischen Geistlichen. Die evangelischen Beamten wurden durch katholische ersetzt, und die Orden begannen mit einer intensiven Bekehrungsarbeit. Den Abschluß bildete die

Truppeneinquartierung, die erst aufgehoben wurde, wenn sich der ganze Ort *zur christlichen, alleinseligmachenden katholischen Religion gehorsamst gestellt und bequemt* hatte. Von den etwa 180 oberpfälzischen Adelsfamilien verließen allerdings etwa die Hälfte Besitz und Heimat, weil sie nicht bereit waren, ihren evangelischen Glauben aufzugeben. So war aus der Oberpfalz, mitverschuldet durch die innerprotestantischen Auseinandersetzungen im 16. Jahrhundert, um 1630 wieder ein katholisches Land geworden.

NACH VIEL KRIEG EIN NEUER KOMPROMISS
Der Westfälische Friede von 1648

Das Eingreifen des Schwedenkönigs Gustav-Adolf in den großen Religionskrieg führte, so unleugbar es den gesamtdeutschen Protestantismus vor der endgültigen Niederlage bewahrte, in Bayern nicht mehr zu einer grundlegenden Änderung der konfessionellen Verhältnisse. In der Schlacht bei Breitenfeld besiegte Gustav-Adolf mit seinem straff geführten Volksheer im Herbst 1631 die Truppen des für unschlagbar gehaltenen Tilly und stieß nach Süddeutschland vor. Bei Königshofen im Grabfeld betrat er bayerischen Boden und zog über Schweinfurt und Würzburg nach Mainz. Im Frühjahr brach er von hier wieder auf, um über Mainfranken und quer durch das mittelfränkische Gebiet nach Oberdeutschland zu marschieren. Wie einst die spanischen so hausten jetzt die schwedischen Truppen und verwüsteten Dörfer und Städte. Nach dem Einzug in München erlahmte dieser Siegeszug jedoch, und das schwedische Heer zog sich im Oktober 1632 wieder über Nürnberg und den Grabfeldgau nach Norden zurück.

Die Lage der evangelischen Kirche hatte sich in dem kurzen Zeitraum dieses einen Jahres allerdings zu ihren Gunsten verändert. In allen Gebieten, die das schwedische Heer durchquerte, blühte das evangelische Leben wieder auf. Die Protestanten in den fränkischen und schwäbischen Städten Dinkelsbühl, Donauwörth, Kaufbeuren und Augsburg begannen sich wieder zu rühren. In Pfalz-Neuburg erlebte die lutherische Kirche ein come-back. Und in Mainfranken setzte vorsichtig so etwas wie eine Gegen-gegenreformation ein; im Schutz der schwedischen Truppen errichtete man in Würzburg ein evangelisches Konsistorium, und der ehrwürdige Kiliansdom wurde kurzentschlossen für den lutherischen Gottesdienst beschlagnahmt. Nachdem aber Gustav-Adolf schon im November 1632 in der Schlacht bei Lützen gefallen war, entartete der Krieg immer mehr zu nicht mehr kontrollierbaren Raubzügen einzelner Truppen durch das ganze Land. In der berühmten Schlacht bei Nördlingen brachen 1634 die vereinigten kaiserlichen und bayerischen Truppen die Schwedenherrschaft in Bayern.

Das bedeutete das sofortige Ende des evangelischen Glaubens überall dort, wo er unter dem Schutze der Schweden noch einmal für kurze Zeit hatte aufblühen können. In Augsburg etwa wurden nun den Evangelischen alle Gotteshäuser genommen. Vierzehn Jahre hindurch mußte der Hof des Annakollegs den immerhin 12 000 Evangelischen der Stadt als gottesdienstliche Versammlungsstätte dienen. Im Land draußen, wo zahlreiche Gemeinden überhaupt aufgehört hatten zu existieren, sah es freilich noch trostloser aus. Eine spätere kirchengeschichtliche Statistik formulierte das Ergebnis der bayerischen Gegenreformation in trockenem Deutsch folgendermaßen: *Man zählte um 1580 im heutigen Bayern etwa 1180 evangelische Pfarreien. Davon muß man bis zum Spätsommer 1631 600 als durch gegenreformatorische Maßnahmen verloren gegangen abbuchen, also mehr als die Hälfte.*

Welche Not der Jahrzehnte andauernde Krieg und die viel länger andauernde Gegenreformation über die Bevölkerung beider Konfessionen brachte, kann sich eine Generation, der Besatzungswesen, Austreibung, Lynchjustiz und drohender Hungertod nicht unbekannt sind, vorstellen. Die knappen Zahlen, die ein gewissenhafter fränkischer Dorfpfarrer 1640 nach Nürnberg lieferte, veranschaulichen dieses Elend des Dreißigjährigen Krieges. Er habe, meint der Pfarrherr von Kalchreuth, seit 1631 genau 42mal flüchten müssen; seinen Hausrat habe er in diesem Zeitraum 45mal in der Stadt, 76mal im befestigten Kirchhof oder ins benachbarte Schloß in Sicherheit gebracht; 28mal sei er im Pfarrhaus, 5mal sogar in der Kirche und einmal auf offener Straße zusammengeschlagen und geplündert worden; aus seiner Pfarrei seien innerhalb der schlimmen Jahre 1632-34 von 550 genau 329 Menschen gestorben. Die Pfarrer bemühten sich zweifellos um die ihnen anvertrauten Gläubigen, doch in vielen Gegenden war das kirchliche Leben völlig zum Erliegen gekommen.

Andererseits erlebten die evangelischen Gesangbücher gerade in den Kriegsjahren immer wieder neue Aufla-

ELIAS HOLL AMPLISS.
REIPVB. AVGVSTANÆ
ARCHITECTVS.
amoris et benevolentiæ ergò scalpsit
Lucas   Kilian.
16   19.

gen. Offenbar erwies sich der reformatorische Choral noch immer und in den Nöten des Krieges und der Gegenreformation erst recht als die große Stütze des evangelischen Glaubens. So entstanden auch in Süddeutschland neue Lieder, die bis heute neben den Chorälen Paul Gerhardts im evangelischen Gesangbuch an die schwerste Zeit des deutschen Protestantismus erinnern. Von Martin Schalling war schon die Rede. In Coburg dichtete der friedliebende Johann Matthäus Meyfart (1590–1642) mitten in den Wirren des Dreißigjährigen Krieges sein von der Frömmigkeit der Johannesapokalypse bestimmtes Sterbelied *Jerusalem, du hochgebaute Stadt, wollt Gott, ich wär in dir*. In Augsburg wirkte der Dichterpfarrer Josua Wegelin (1604–1640) und hinterließ bei seiner Vertreibung seinen *lieben Seelenkindern* ein Gebetbuch mit zahlreichen Chorälen. Und Tobias Clausnitzer (1618–1684), der als schwedischer Feldprediger nach Weiden kam, kämpfte dort nach dem Friedensschluß nicht nur unerschrocken für die Existenzberechtigung der Protestanten, sondern fand daneben auch die Zeit, seiner Kirche Choräle zu schenken, die noch in der Gegenwart gesungen werden. Diese späte und auf lange Zeit hinaus letzte Blüte des evangelischen Chorals läßt darauf schließen, daß der Protestantismus auch in Bayern seine innere Kraft nicht ganz verloren hatte.

Daß die alten und neuen Choräle dabei keineswegs nur die Rolle von musikalischen Jenseitsvertröstungen spielten, sondern sehr bewußt als Kampfgesänge verstanden und eingesetzt wurden, beweist der nahezu unterbrochene Streit um das Lied *Erhalt uns, Herr, bei deinem Wort*. Dieser kurze Lutherchoral von nur zwölf Zeilen gehört zu den ganz großen Schätzen des evangelischen Gesangbuchs. In lapidarer Kürze faßt er die Anliegen der kämpfenden Kirche zusammen. Luther hatte ihn 1542 gedichtet *als ein Kinderlied, zu singen wider die zwei Erzfeinde Christi und seiner heiligen Kirche, den Papst und die Türken*. Die umstrittene erste Strophe lautete ursprünglich:

> *Erhalt uns, Herr, bei deinem Wort*
> *und steu'r des Papst's und Türken Mord,*
> *die Jesum Christum, deinen Sohn,*
> *wollen stürzen von deinem Thron.*

Wo die Reformation Fuß faßte, ertönte dieses Lied; wo der Katholizismus wieder erstarkte, forderte er zuerst

Auf dem Höhepunkt der Gegenreformation mußte der verdienstvolle Baumeister Augsburgs, Elias Holl, 1631 in sein Tagebuch schreiben, man habe ihn beurlaubt, weil ich nicht in die papistische Kirche gehen, meine wahre Religion verleugnen und mich, wie man's nennt, anpassen wollte

Die Urschrift des Chorals Herzlich lieb hab ich dich, o Herr *von Martin Schalling*

immer das Verbot dieses einen Liedes. Die Geschichte allein der zweiten Zeile – der Versuch, sie zu erhalten, und die Bemühungen, sie zu mildern – gab im 19. Jahrhundert das Thema eines 400seitigen Buches ab. In der Oberpfalz wurde vor allem Tobias Clausnitzer in Weiden in die Auseinandersetzungen um dieses eigentliche Reformationslied hineingezogen. Und als es dann in Münster zu Friedensverhandlungen kam, stolperten die Gesprächspartner noch einmal über diesen Choral, der als *gegen die unter den Religionen so hoch bedungene Modestie und Ehrerbietung anstößig* bezeichnet wurde.

Das *edle Fried- und Freudenwort*, das endlich 1648 erscholl, konnte wiederum nur ein Kompromiß sein, den die Vernunft erzwungen hatte. Konfessionell entscheidend, aber für Bayern im Augenblick nicht mehr interessant, war die Ausdehnung des Religionsfrieden auch auf den Calvinismus. Jetzt bestanden also drei Konfessionen im Reich gleichberechtigt nebeneinander. Zwar sollte der Landesherr auch weiterhin die Religionszugehörigkeit bestimmen dürfen, doch mußte nun den Andersgläubigen Duldung eingeräumt werden. Für einige der umstrittenen Städte wie etwa Augsburg wurde die sogenannte *Parität* festgesetzt, die alle Ämter vom Bürgermeister bis zum Nachtwächter streng gleichheitlich auf Protestanten und Katholiken verteilte.

Die entscheidende Bestimmung des Westfälischen Friedens setzte das Jahr 1624 als *Normaljahr* fest. Dieses Jahr entschied über den Besitzstand an kirchlichen Gütern und Rechten, und wo zu diesem Zeitpunkt evangelischer Gottesdienst stattgefunden hatte, sollte den Protestanten dazu wieder die Möglichkeit gegeben werden. Zweifellos hätte diese Bestimmung für viele Gebiete in der nunmehr bayerischen Oberpfalz die Rückkehr zum Luthertum bedeutet. Kurfürst Maximilian wußte das und erzwang unter der Androhung, den Krieg weiterzuführen, bei den Friedensverhandlungen für seine Oberpfalz eine Ausnahme. Trotz allen Bitten und Bettelns der Oberpfälzer willigten die protestantischen Stände schließlich ein und opferten dem Frieden das Recht eines ganzen großen Territoriums. Auch in zahlreichen anderen bayerischen Gebieten – in den Hochstiften und in mancher ritterschaftlichen Pfarrei, die inzwischen erfolgreich rekatholisiert worden war – blieb das *Normaljahr* unbeachtet.

In der Gegend von Sulzbach und Weiden, Gebieten, die 1614 von Pfalz-Neuburg abgezweigt und inzwischen wieder evangelisch geworden waren, fand die Gegenreformation sogar erst nach dem Westfälischen Frieden und unter dem Bruch seiner Bestimmungen statt. Fast überall wurde hier in der zweiten Hälfte des 17. Jahrhunderts zwangsweise das Simultaneum eingeführt. Dabei blieb es allerdings. Der Protestantismus konnte sich hier also einigermaßen behaupten, und die einzigen evangelischen Gemeinden in der Oberpfalz, die noch aus der Reformationszeit stammen, befinden sich heute in dieser Gegend. Der Streit der Konfessionen um Gotteshäuser und Gottesdienstzeiten, Glockengeläut und Kirchenvermögen zog sich aber bis in das 20. Jahrhundert hin. Erst nach dem Zweiten Weltkrieg wurde in Sulzbach das Simultaneum aufgelöst, und die Evangelischen errichteten sich mit der Abfindungssumme neben der alten Kirche ein eigenes Gotteshaus.

Obwohl also der Westfälische Frieden mit seinen Bestimmungen in Bayern weitgehend auf dem Papier blieb, begrüßte die Bevölkerung das Ende des Krieges doch überall mit Dank- und Jubelfeiern. Wo der Kampf am härtesten gewesen war, fiel nun auch der Jubel am größten aus. In Weiden wurden die Friedensbeschlüsse *publiziert durch sechs Trompeten und zwei Heerespauken;* dann wurde das *Tedeum laudamus* angestimmt – *sowohl bei den Katholiken wie bei den Augsburger Confessionsverwandten und den Reformierten*. Tagelang läuteten die Glocken, und die Türen waren mit Fahnen besteckt. Tobias Clausnitzer geriet auf der Kanzel direkt in Ekstase. Er rief, die *Freude des Friedens* habe seinen Geist so gepackt, daß er nicht wisse, ob er zuerst über die *Freude* oder zuerst über den *Frieden* predigen solle. Das *Augsburger Friedensfest* – entstanden in diesen Jahren und seitdem alljährlich von Katholiken und Protestanten am 8. August gemeinsam gefeiert – erinnert die Christen der Gegenwart an die leidvollen Glaubenskämpfe der Vergangenheit. Dank und Jubel blieben freilich nicht die einzige Reaktion. Im Nachdenken über Sinn und Unsinn des Versuches, Glaubensgegensätze mit machtpolitischen Mitteln auszutragen, deutete sich bereits in der ersten Hälfte des 17. Jahrhunderts die religiöse Skepsis an:

Lutherisch, Päpstisch und Calvinisch,
diese Glauben alle drei
sind vorhanden; doch ist Zweifel,
wo das Christentum denn sei.

So schuf der Dreißigjährige Krieg zu einem wesentlichen Teil die Vorbedingungen für die Aufklärung.

ZWEITER TEIL

Die Entstehung der evangelischen Kirche in Bayern

9. KAPITEL

Die fränkischen Markgrafenkirchen – Gotteshäuser im neuen Stil

Wer sich in Bayreuth anschickt, auf einer der landschaftlich reizvollsten Autobahnen hinauf in den Thüringer Wald zu fahren, wird noch in der Ebene und unmittelbar hinter der ehemaligen Residenzstadt zur rechten Hand von einem überaus stolzen Kirchturm gegrüßt. Der eilige Autofahrer registriert einen hohen Turm mit einer glockenförmigen, schiefergedeckten Haube und einem reich verzierten Abschluß. Er nimmt aber auch die wenigen Häuser im Schatten dieses repräsentativen Kirchbaus wahr. Und er fragt sich vielleicht verwundert, wie eine oberfränkische Landgemeinde zu einem derartigen Gotteshaus kommt.

Diese Verwunderung dürfte noch zunehmen, wenn der Autofahrer eine halbstündige Rast einlegen würde, um der Kirche zu Bindlach einen Besuch abzustatten. Der reich gegliederten Erscheinung des Außenbaus mit seinen drei fürstlichen Portalen entspricht der festlich-barocke Innenraum. In seiner rechteckigen Gestalt und mit hohen Fenstern, die den Raum freundlich durchlichten, gleicht dieser eigentlich mehr dem Festsaal einer Residenz als dem Gotteshaus einer dörflichen Gemeinde. Die Blattkränze, Blumengirlanden und Rocaillekartuschen der zierlich stuckierten, flachen Decke verraten die Meisterhände italienischer Künstler. Das gewaltige Deckengemälde von der Himmelfahrt Christi schließt den Raum nach oben harmonisch ab. Eine zweigeschossige Empore auf jonisierenden Säulchen umzieht drei Wände des Raumes; die Brüstung des Untergeschosses schwingt in einer eindrucksvollen Kurve bis hart an den barocken Altar vor. Das bunt bemalte Gestühl des Kirchenschiffes weicht dagegen in einer Rundung vor dem Altar zurück und schafft so einen freien Altarraum, in dem der hölzerne Taufstein, barock-verspielt als Springbrunnen gestaltet, seinen Platz gefunden hat.

Als beherrschender Mittelpunkt des Raumes aber präsentiert sich dem Besucher der Altar. Er erhebt sich nicht in einem besonders hervorgehobenen Altarraum, sondern an einer Schmalseite des Kirchsaals. Vom Gestühl der Gemeinde dreiseitig umgeben, findet er sein wirkungsvolles Gegenüber in dem in die Emporen elegant hineinkomponierten Orgelprospekt. Die barocke Ausstattung dieses Altars könnte den Eindruck einer katholischen Hofkirche verstärken. Aus der Mitte des *Hochaltars* heraus, dort, wo der Besucher eine Plastik oder ein Gemälde erwartet, wölbt sich jedoch die Kanzel.

Diese eigenartige Konstruktion des sogenannten *Kanzelaltars*, aber auch der saalartige Kirchenraum und die umlaufenden Emporen sowie das repräsentativ-vornehme Äußere, – das alles weist dieses Gotteshaus als eine der typischen lutherischen Markgrafenkirchen aus. Bindlach ist zweifellos die bedeutendste und reifste Schöpfung unter ihnen, auch die späteste, erst in der zweiten Hälfte des 18. Jahrhunderts zur Vollendung gekommen. Kaum mehr als fünf Jahrzehnte haben den in Ansbach und Bayreuth residierenden Markgrafen zu Beginn jenes Jahrhunderts genügt, um in ihren kleinen Ländern diesen durchaus eigenen Kirchentyp zu entwickeln und zur Blüte zu führen.

Diese Sonderform des protestantischen Kirchenbaus weiß sich dem Stil und dem Raumgefühl ihrer Zeit sehr wohl verpflichtet. In ihr kommt auch die Strenge der fränkischen Landschaft und die Repräsentationsfreudigkeit einer lebensbejahenden Epoche zum Tragen. Letztlich aber sind die fränkischen Markgrafenkirchen Ausdruck eines ganz spezifisch lutherischen Verständnisses vom evangelischen Gottesdienst und vom Leben einer christlichen Gemeinde. Bevor das geschlossene Lehrgebäude der lutherischen Orthodoxie und die entsprechende lutherische Kirchlichkeit des Volkes in der späten Aufklärung zusammenbrachen, schuf sich das Luthertum in seinen Markgrafenkirchen ein bleibendes Denkmal in Holz und Sandstein.

VORAUSSETZUNGEN UND ENTWICKLUNG DES PROTESTANTISCHEN KIRCHBAUS IM FRANKEN DES 18. JAHRHUNDERTS

Die frühesten Gotteshäuser des Landes entstanden am Anfang des 11. Jahrhunderts. Viel ist von ihnen nicht mehr erhalten, denn der Sturm der Hussitenüberfälle und der Markgrafenkriege verwüstete das ganze Land. Nachdem Johannes Hus 1415 in Konstanz als Ketzer verbrannt worden war, fielen seine Anhänger wenig später rächend von Böhmen aus in das fränkische Grenzland ein. Kaum hatten sie das Land verlassen, zog um die Mitte des Jahrhunderts Markgraf Albrecht Achilles in den Krieg gegen das aufstrebende Nürnberg und den Bischof von Bamberg. Der Sitte der Zeit entsprechend suchte er nicht unbedingt die Entscheidung in der offenen Feldschlacht, sondern bemühte sich, dem Gegner seine Steuerquelle zu rauben. Auf dem Rücken der Bauern wurden auch diese Kriege ausgetragen. Die Dörfer gingen wieder in Flammen auf, und das Vieh wurde in Herden weggetrieben, die Getreidespeicher wurden geplündert und die Frauen geschändet, – nach dem Grundsatz, daß *der Brand den Krieg ziere wie das Magnificat die Vesper*. Die Bauern mußten sich selber helfen. Konnten sie ihr Dorf nicht mit Mauern und Graben umgeben, so befestigten sie wenigstens die Kirche.

Eine wahre Kirchenbauwelle suchte so das verunsicherte und verwüstete Land heim. In jener Zeit entstanden im fränkischen Grenzland die spätgotischen Chorturmkirchen. Teilweise wurden sie, wie in Kraftshof bei Nürnberg, zu regelrechten Kirchenburgen ausgebaut. Ihr Merkmal ist der wehrhafte Ostturm, dessen gewölbtes Untergeschoß zum Altarraum ausgebaut ist. Oft konnte der Turm im ersten Obergeschoß nur vom Dach des Langhauses aus betreten werden, – eine letzte Zuflucht, wenn der Feind die Friedhofsmauern überwunden hatte. Erhöht am Rande des Dorfes gelegen, erfüllten also diese Kirchenanlagen hervorragend ihre dreifache Funktion: sie dienten den Lebenden zum Schutze, den Toten zur Ruhe und Gott zur Ehre.

Die Baumeister der Barockzeit fanden diese Wehrkirchen noch vor, als im 18. Jahrhundert eine zweite große Kirchbauwelle über die Landschaft ging. In der Grundrißgestaltung und natürlich auch in der städtebaulichen Wirkung weisen ihre Markgrafenkirchen erkennbar auf die Chorturmkirchen des 15. Jahrhunderts zurück. Diese Gotteshäuser hatte ja die Reformation mit einer erstaunlichen Selbstverständlichkeit nahezu unverändert übernommen. Denn das Bewußtsein und der Wille, in der Kontinuität mit der alten Kirche zu leben, war vor allem im Luthertum stark ausgeprägt. Die Kirchen der Väter ließen sich zudem nach ihrer Anlage und Ausstattung ohne weiteres für den evangelischen Gottesdienst verwenden. Und schließlich ist nicht zu leugnen, daß der Protestantismus im betonten Gegensatz zum Katholizismus an einem besonderen Kirchengebäude relativ uninteressiert war. Hatte doch Martin Luther auf das Christuswort: *Wo zwei oder drei in meinem Namen versammelt sind, da bin ich mitten unter ihnen* verwiesen, und die Parole ausgegeben, dies könne auch in einem Stall der Fall sein. So bestand tatsächlich für das fränkische Luthertum zunächst weder ein inneres Bedürfnis noch die äußere Notwendigkeit, Kirchen zu errichten.

Es war wieder ein Krieg, diesmal der Dreißigjährige, der im letzten Viertel des 17. Jahrhunderts zu ersten Neuansätzen im Kirchenbau führte. So lange dauerte es, bis sich das Land von den schweren Wunden erholt hatte. Mit den Gemeinden war eine große Zahl von Gotteshäusern zerstört worden. Aber noch Jahrzehnte nach dem Friedensschluß fehlte es im ausgebluteten Land an künstlerischen und finanziellen Mitteln für den Wiederaufbau. Im Nordosten Oberfrankens etwa hatten sich die Stadtväter von Wunsiedel 1628 an die Planung einer neuen Gottesackerkirche gewagt. Als sie im Frühsommer 1632 mit dem Aufrichten des Dachstuhles beginnen wollten, erreichte sie der Sturm des Krieges. Vierzig Jahre lang – also noch weit über den Friedensschluß hinaus – lag der neue Friedhof mit seinem halbfertigen Mauerring und seiner begonnenen Kirche unbenützt da. Erst am Trinitatisfest des Jahres 1672 konnte das Gotteshaus eingeweiht werden.

Als eine der ersten Kirchen nach dem Dreißigjährigen Krieg entstand 1650–53 die evangelische Kreuzkirche in Augsburg. Von diesem Bau heißt es in einem älteren Kunstführer, er zeige *ebenso die Verarmung nach dem großen Krieg als auch die grundsätzliche Genügsamkeit der Protestanten*. Bei diesem Kirchenneubau hatten sich die Augsburger von dem Ulmer Stadtbaumeister Joseph Furttenbach beraten lassen, dessen gleichnamiger Sohn als Erfinder der *Notkirche* und als erster Theoretiker des evangelischen Kirchbaus in die Geschichte einging. 1749 erschien in Augsburg die programmatische Schrift über die *Kirchen-Gebäu*, in der Joseph Furttenbach junior darlegte, *in was für Form und Gestalt nach gerecht erfordernder Mensur ein mittelgroßes, wohlproportioniertes, beständiges Kirchengebäudlein mit geringen Kosten aufzubauen sei, so daß hernach große Nutzbarkeiten zu erwarten wären.* Wir spüren es diesen Worten ab, wie die Notwendigkeit, neue Gotteshäuser *mit geringen Unkosten aufzubauen,* zu einer deutlichen Besinnung über das Zweckmäßige führte. In der Vorrede äußert sich Furttenbach über diese Zielsetzung seiner Schrift. Die Ehre Gottes erfordere nur daher den Neubau von Kirchen, damit *das teure Wort Gottes des Herrn mit Freuden wiederum darinnen erschalle.* Die Predigt also, und nicht eigentlich das Altarmysterium wird hier erstmals pointiert als das architektonische Prinzip des protestantischen Kirchbaus herausgestellt. Dementsprechend sei unbedingt darauf zu achten, meint Furttenbach, daß *beides – Lehrer und Zuhörer – wohl accomodiert seien, und dem Wort des Herrn nicht irgend auf eine oder andere Weise Hindernis gegeben werde.* Furttenbachs konkreter Vorschlag für den evangelischen Gottesdienstraum: der schlichte, rechteckige Saal mit dem Kanzelaltar, – *damit zuvorderst die Zuhörer den Herrn Seelsorger, wenn er vor dem ersten und vorderen Altar steht, daselbst die Einsetzung (des Abendmahls) verliest, oder aber auf der Kanzel die Predigt göttlichen Worts verkündigt, recht und wohl in Fazia sehen, damit sie es desto besser fassen und vernehmen können.* Auch die weiteren Richtlinien sind von Zweckmäßigkeitsüberlegungen bestimmt. Die Orgel soll über Kanzel und Altar an der Ostseite plaziert sein. In der Mitte vor dem Altar findet der Taufstein seine Aufstellung; um ihn herum sitzt die Jugend der Gemeinde, seitlich im Angesicht der Gemeinde der Kirchenvorstand. Für die *Mannsstühle* ist eine Empore an der Westseite vorgesehen, damit auch die Männer den Prediger *in Fazia* sehen können.

Stellenweise mutet Furttenbachs Konzeption noch ausgesprochen konservativ an, – etwa wenn er an einem stimmungsvollen, gewölbten Chor mit einem zweiten Altar festhält. Andererseits verdanken wir ihm die älteste graphische Darstellung des in Mode kommenden Kanzelaltars. Aus allen Vorschlägen und zeichnerischen Vorlagen Furttenbachs spricht jedoch unverkennbar seine lutherische Frömmigkeit: die Hochschätzung des Wortes Gottes, die zur Forderung des Kanzelaltars führt, die Liebe zur Kirchenmusik mit ihrer *wohltuenden Wirkung* auf die Kranken und die Ehrfurcht vor dem *Herrn Seelsorger,* der sich mit Rücksicht auf den Überraschungs-

Joseph Furttenbach junior, der nach dem Dreißigjährigen Krieg die erste theoretische Erörterung des evangelischen Kirchbaus vorlegte und damit die Kirchbauwelle der nächsten hundert Jahre beeinflußte

effekt und die geistliche Würde an einem *unsichtbaren Kanzelzugang* erfreuen darf. Die Spuren dieser ersten kirchbautheoretischen Überlegungen eines theologisch bewanderten Architekten sind noch in den Markgrafenkirchen des 18. Jahrhunderts mit den Händen zu greifen.

Eine weitere Voraussetzung für die Entwicklung des Markgrafenstils liegt in der Erstarkung des landesherrlichen Absolutismus im 17./18. Jahrhundert.

Der Westfälische Friede von 1648 hatte den Territorialfürsten weitgehende Selbständigkeit zugestehen müssen.

Auch in der Religionsfrage hatte das Reich damals seine Kompetenz endgültig aufgeben müssen. Der Landesherr bestimmte in allen seinen Herrschaftsgebieten die Konfession seiner Untertanen. Die Reformation hatte – ausgehend von der Lehre über das *allgemeine Priestertum aller Gläubigen* – dem lutherischen Landesherrn als einem hervorragenden Glied der Kirche das Amt eines *Notbischofs* übertragen. Nun aber war den Territorialfürsten durch einen rein politischen Vertragsabschluß die Verantwortung für das Seelenheil aller Landeskinder auferlegt worden. Damit hatte eine Entwicklung, die nicht ohne Zutun der lutherischen Theologen begonnen und sich in der Gegenreformation weiter verfestigt hatte, in einer nahezu unumschränkten Herrschaft der Territorialfürsten ihren Abschluß gefunden. Die Gewalt des deutschen Kaisertums dagegen war parallel dieser Entwicklung immer weiter zurückgegangen.

Dieser Wandel der Verhältnisse zeigte sich besonders deutlich auf dem Gebiet des Bauwesens. Kaiserliche Pfalzen und Dome erhoben sich als sichtbare Zeichen der einst mächtigen Zentralgewalt im ganzen Reich. Unter der Schirmherrschaft der Kaiser hatten auch die Reichsstädte bis in das 16. Jahrhundert hinein Hervorragendes geleistet. Nun aber traten diese Mächte in den Hintergrund; wie in Politik und Wirtschaft hatten sie auch in der Kunst ihre Bedeutung verloren. In den katholischen Gebieten avancierte die Kirche zum bewunderten und vielbeschäftigten Bauherrn, zumal die Bischöfe meistens auch die territorialen Landesherren waren.

In den protestantischen Territorien dagegen fühlte sich der Landesherr für das gesamte kirchliche und profane Bauwesen verantwortlich, ja nicht selten erkor er sich die Bautätigkeit zu seinem Hobby. Prächtige Gotteshäuser auch auf den kleinsten Dörfern – in Weidenbach in Mittelfranken oder in Benk bei Bayreuth etwa – demonstrieren das augenfällig. Ein überdimensionales Wappenschild oder ein reich stuckiertes Monogramm an der Orgelempore oder über dem Schalldeckel der Kanzel weist hier deutlich auf den Bauherrn hin.

Die dominierende Stellung des Landesherrn in der Zeit nach dem Dreißigjährigen Krieg bringt auch die Fürstenloge zum Ausdruck. Sie gehört in vielen Fällen zum Inventar der Markgrafenkirchen. Ein augenfälliger Hinweis auf diese Liaison zwischen Thron und Altar, der das Luthertum abgesehen eben von den markgräflichen Kirchen des 18. Jahrhunderts kaum Gutes verdankt, ist noch heute im oberfränkischen Thurnau zu erkennen.

Hier wölbt sich hoch über dem Marktplatz des kleinen Städtchens eine Brücke, die den Herrenstand in der Kirche direkt mit dem Schloß verbindet.

Zu wirklichen bedeutsamen Zentren eines regen Kunstschaffens profilierten sich im Franken des 18. Jahrhunderts die beiden großen Fürstensitze in Ansbach und Bayreuth. Selbstverständlich verfügten die Markgrafschaften kaum über eigene künstlerische und wissenschaftliche Kräfte, die in der Lage waren, die neuerblühende Landeskultur zu tragen. Die cleveren Markgrafen unternahmen daher Bildungsreisen, um ihren Geschmack zu schulen und ließen ihre dynastischen Beziehungen spielen, um Künstler und Gelehrte von Rang und Namen in ihre kleinen Residenzen zu berufen. So finden wir etwa am Ausgang des 17. Jahrhunderts Gabriel de Gabrieli, einen Vertreter des italienisch-wienerischen Barock, am Ansbacher Hof.

Markgraf Christian Ernst von Bayreuth holte sich 1678 seinen Hofbildhauer Elias Räntz ebenfalls aus dem der italienischen Kunst verpflichteten Bereich in das gerade erst zur Residenz erhobene Landstädtchen Bayreuth. Räntz (1649–1732) entstammte einer Exulantenfamilie aus der Steiermark, die wie viele österreichische Familien im evangelischen Regensburg Zuflucht gefunden hatte. Nach Aufenthalten in Venedig, Rom und am Dresdner Hof entfaltete er nun in der aufstrebenden Landeshauptstadt eine vielseitige künstlerische Tätigkeit für Hof, Adel und Bürgerschaft. Vor allem die Markgrafenkirchen sind ein Zeugnis für das Schaffen dieses Künstlers und seiner als Bildhauer und Architekten nicht weniger bedeutsamen Söhne.

Als der Markgraf in dieser Zeit die Ansiedlung der Hugenottenflüchtlinge genehmigte, beauftragte er den thüringischen Architekten Johann Moritz Richter mit der Ausarbeitung der Pläne für die Neustadt *Christian-Erlang*. Richter besorgte 1691 auch den Innenausbau der neuen reformierten Kirche in Erlangen. Die Berufung eines sächsisch-thüringischen Künstlers zeigt, daß man in der lutherischen Markgrafschaft auch im Fall eines calvinistischen Kirchbaus doch lieber im benachbarten lutherischen Raum als in dem wesentlich reformiert geprägten Brandenburg Hilfe suchte. Ungeachtet der engen dynastischen Beziehungen zwischen Brandenburg und Bayreuth hielten es die Franken doch nicht für opportun, sich allzu eng mit ihren preußischen Verwandten zu verbinden. Von kleinen katholischen und kaisertreuen Nachbarn umgeben, pflegte Markgraf Christian Ernst lieber

Kontakt zum allzeit kaiserlich eingestellten lutherischen Sachsen. Diese geistig-politische Verbindung fand auch in der Kunst ihren Niederschlag: der Kanzelaltar, ein typisches Kennzeichen des neuen Kirchentyps, hat seinen Ursprung und seine weiteste Verbreitung im sächsisch-thüringischen Raum.

Natürlich ging man in Ansbach und Bayreuth auch auf die einheimischen Künstler zu. Unter den Baudirektoren der markgräflichen Regierung in Ansbach befinden sich immerhin auch die Gebrüder von Zocha aus Wassertrüdingen und Johann David Steingruber, gebürtig ebenfalls am Fuß des Hesselbergs. Unter ihm vor allem erlebte der mittelfränkische Kirchenbau um die Mitte des 18. Jahrhunderts seine Blütezeit. Steingruber (1702–1787) hatte seine Ausbildung und Prägung freilich außerhalb der Landesgrenzen, am Rhein nämlich, erhalten. Dort hatte er nicht den italienischen Barock, sondern die *neue französische Bauweise* kennengelernt, was für den im Ansbacher Raum gepflegten Markgrafenstil nicht ohne Bedeutung blieb. Immerhin stand Steingruber ein halbes Jahrhundert an der Spitze des markgräflichen Bauministeriums. Rund 50 der etwa 300 Gotteshäuser in dem verhältnismäßig kleinen Territorium Brandenburg-Ansbach wurden unter seiner Regie umgebaut oder – was weit häufiger der Fall war – abgerissen und neu errichtet.

Steingruber legte seine Kirchbautheorie auch schriftlich nieder; in seinem Büchlein *Practica bürgerlicher Baukunst* entwickelt er in langen Abhandlungen und in sorgfältig ausgearbeiteten Kupferstichen seine Vorstellungen von einer *adeligen Landkirche*. Ihr hervorstechendes Kennzeichen ist die sogenannte *Markgräflerwand*, bei der Altar, Kanzel und Orgel in der Mittelachse des chorlosen Kirchenraumes übereinanderliegen und eine innenarchitektonische Einheit bilden.

In der Nordostecke Oberfrankens stehen in zahlreichen, durchaus unscheinbaren Gotteshäusern überaus prächtige Kanzelaltäre. Sie entstanden in der ersten Hälfte des 18. Jahrhunderts in der Werkstatt des Hofer Bildhauers Johann Nikolaus Knoll und seines Sohnes Wolfgang Adam Knoll. Die Gruppe dieser Knoll-Altäre erweist sich als bodenständig gewachsene Handwerkskunst, die sich abseits vom Hof bunt und bäuerlich aber solide entwickelte.

Als Vollender des Typs der Kulmbach-Bayreuther Markgrafenkirche gilt ebenfalls ein Einheimischer: Johann Georg Hoffmann. Die reizvollen und in der jüngsten

Äußeres einer Ansbacher Markgrafenkirche nach einem zeitgenössischen Entwurf

Vergangenheit stilvoll renovierten Gotteshäuser in Trebgast, Nemmersdorf, Neudrossenfeld und die Kulmbacher Spitalkirche sind sein Werk. Bei Hoffmann handelte es sich überhaupt nicht um einen geschulten Architekten, der Pläne entwirft und danach die Steinmetzarbeiten ausführen läßt. Der Sohn eines Kulmbacher Tagelöhners pflegte sich offenbar direkt an die Arbeit zu machen und seine Vorstellungen unmittelbar am Bau zu realisieren. Nach Werdegang und Arbeitsweise war der Schöpfer der reifen Markgrafenkirchen also ein schlichter Handwerker. Aber er besaß die Fähigkeit, fremde Formen und Stilelemente mit dem einheimischen Sandstein und den Bedürfnissen seiner lutherischen Landgemeinden zu verbinden.

Neben diesen Landeskindern in Ansbach, Hof und Kulmbach griffen jedoch immer wieder die von auswärts berufenen Künstler prägend in das aufblühende Kulturleben ein. Der bedeutsamste Kirchenbau in dieser Epoche im Fürstentum Ansbach, die St. Gumbertuskirche unweit des Ansbacher Schlosses, wurde nach den Plänen eines Italieners errichtet. Leopold Retti entstammte einer oberitalienischen Architektenfamilie und hatte in Frankreich seine Ausbildung genossen. Als herzoglich-württembergischer Baumeister wirkte er am Bau des Stuttgarter Schlosses mit. Nachdem er 1732 seinen Dienst in Ansbach angetreten hatte, entwickelte sich die bis dahin kleine markgräfliche Bauabteilung zu einem stattlichen Behördenapparat.

Ihren Höhepunkt erlebte diese Territorialkunst des 18. Jahrhunderts im fränkischen Raum zweifellos am Bayreuther Hof. Markgraf Friedrich (1735–1763), dessen Initiale F einige der Markgrafenkirchen ziert, ermöglichte diese Hofkunst, indem er anerkannte Fachleute in seine Dienste berief: Architekten wie Joseph Saint Pièrre, Rudolf Heinrich Richter und Carl Philipp von Gontard, der die Pläne für das Bindlacher Gotteshaus entworfen hat, Stukkateure wie Jean Baptista Pedrozzi und Bernardo Quadri und den Maler Wilhelm Ernst Wunder. Bestimmt wurde diese breit aufblühende höfische Kunst jedoch durch die Gemahlin Friedrichs, die geistvolle Persönlichkeit der Markgräfin Wilhelmine. Die Lieblingsschwester Friedrich des Großen von Preußen, einst zur Königin von England vorgesehen, wollte sich zeit ihres Lebens nicht so recht mit ihrer Rolle als Fürstin der kleinen Markgrafschaft Kulmbach-Bayreuth zufriedengeben. Fern der großen, weiten Welt baute sie sich ihre kleine Welt auf und schuf jene geistige Atmosphäre, in der die Eremitage, das Opernhaus und das neue Schloß in Bayreuth, in der aber auch die zahlreichen lutherischen Barockkirchen des Bayreuther Landes entstehen konnten. Die Namensgalerie der Künstler macht deutlich, wo man in Ansbach und Bayreuth beim Aufbau der eigenen Landeskultur und -kunst Orientierungshilfe suchte. Zunächst richtete sich der Blick zweifellos noch nach Süden auf den katholisch-barocken Kulturbereich mit seiner Verbindung zu Italien. Dann aber traten zunehmend andere Kunstlandschaften in den Vordergrund. Das Stilideal wandelte sich, und die beiden Markgrafschaften gingen je ihren eigenen Weg. In Ansbach baute man seine dynastischen und politischen Beziehungen zum Rhein und nach Württemberg aus, so daß nun auch im Kirchenbau mehr und mehr das holländische Ideal des Saalbaus und die kühle Formenwelt des französischen Klassizismus Einfluß gewannen. In Bayreuth dagegen blieb die geographische und geistige Nähe zum sächsisch-thüringischen Raum, aber auch zu Schlesien und vor allem zum brandenburgischen Hof nicht ohne Wirkung auf den Kirchbau. Direkt kopieren wollte der lutherische Kirchbau nicht – weder den süddeutsch-katholischen Barock noch den vom Calvinismus geprägten westeuropäischen Klassizismus, noch auch den bodenständigen sächsischen Stil. Aber er konnte, auf den Grundlagen Furttenbachs aufbauend, einen Kompromiß suchen: eben die Sonderform einer lutherischen Barockkirche.

Die Folgen der verschiedenen künstlerischen Einflußsphären, die sich im fränkischen Raum trafen und eine Vereinigung mit der Landschaft suchten, bleiben dem aufmerksamen Besucher der Markgrafenkirchen nicht verborgen. Eine gewisse Differenzierung ist nicht zu übersehen. Ernst und schwer wirkt etwa der Raum der Regnitzlosauer Kirche mit seinen kräftig behauenen Deckenbalken und dem rustikal-barocken Knoll-Altar. Wesentlich leichter und verspielter, wie die Stimmung am Hof der Markgräfin Wilhelmine, präsentieren sich dagegen die Gotteshäuser des Bayreuther Landes. Ebenfalls höfisch-elegant, aber doch erheblich schlichter, ja sogar kühl wirken die Ansbacher Kirchen , – die ehemaligen Hofkirchen in Unterschwaningen, Weidenbach und Cadolzburg ebenso wie die zahlreichen Dorfkirchen, die die markgräflichen Baudirektoren im Lande errichteten.

EIN HAUS FÜR DIE GANZE GEMEINDE
Das evangelische Gemeindebewußtsein als Gestaltungsprinzip der protestantischen Barockkirche

Selbstverständlich sind die Markgrafenkirchen in die kunstgeschichtliche Entwicklung des 17. und 18. Jahrhunderts einzuordnen. Mannigfaltige Impulse aufnehmend sind sie – wie ihre Entstehungsgeschichte im einzelnen deutlich macht – Ausdruck des repräsentations- und baufreudigen landesherrlichen Absolutismus dieser Zeit. Dessenungeachtet müssen sie jedoch in erster Linie als Dokumente einer spezifisch lutherischen Frömmigkeit interpretiert werden.

Der katholische Gottesdienst hat seine geistige Mitte im Altarmysterium. Bis ins 20. Jahrhundert hinein blieb daher hier die auf den erhöhten Altarraum ausgerichtete Sakralkirche das kirchenbauliche Ideal. Das calvinistische Christentum Westeuropas lebt aus der Verkündigung des Wortes Gottes. In seinem Bereich entwickelte sich folglich die saalartige Predigtkirche. Die lutherische Frömmigkeit mochte sich jedoch mit dieser Alternative nie so recht abfinden. Der Gegensatz von verkündigtem Wort und erlebtem Sakrament und darum auch das Entweder-Oder von Versammlungssaal und Sakralraum waren ihr fremd.

Die Markgrafenkirche ist der Versuch einer theologisch durchdachten und konsequent in die Praxis umgesetzten Synthese. Denn zwei wesentliche Merkmale bestimmen ihren Innenraum: die Anordnung von Gestühl, Emporenanlage, Orgel und Herrensitz zu einem gottesdienstlichen Versammlungsraum der Gemeinde einerseits und die Zusammenziehung von Altar und Kanzel zu einem den Raum beherrschenden Kanzelaltar andererseits. So erscheint die lutherische Markgrafenkirche weder als Sakral- noch als reine Predigtkirche. Sie ist beides in einem: Haus der Gemeinde und Ort der Verkündigung des in Wort und Sakrament gegenwärtigen Christus.

Schon bald nach Beendigung des Dreißigjährigen Krieges kam in Franken eine Neuerung auf, die den Charakter der alten Gotteshäuser wesentlich veränderte und einen ganz neuen Stil für die Zukunft erahnen ließ: der Einbau von Emporen. Ein typisches Beispiel, und eines der frühesten zugleich, bietet die Emporenanlage in Regnitzlosau im heutigen Landkreis Rehau. Wie meist, sind auch hier zwei Emporen übereinander errichtet; die untere ruht auf Holzsäulen, die obere auf kürzeren Säulchen, die auf der Brüstung der unteren Empore ansetzen. Wesentlich ist, daß diese Anlage, die den rechteckigen Raum drängend bis unter die flache Kassettendecke füllt, frei im Kirchenraum steht; angelehnt an die Wände ist sie eigentlich kein Bestandteil der raumbildenden Architektur selbst. Mit Recht hat man vom *mobilen Charakter* dieser typisch fränkischen Freiempore gesprochen. Sie gleicht einem nachträglich in den Raum gestellten Möbelstück, das diesen Raum weniger gestaltet als ausdeutet.

Natürlich wurde die Holzempore zunächst aus Zweckmäßigkeitsgründen eingeführt. Nachdem sich die Gottesdienstzeiten allmählich auf nur wenige Stunden zusammendrängten, brauchte man mehr Platz als früher. Noch ging ja auch der evangelische Christ selbstverständlich zum Gottesdienst – und nach den Kriegswirren sicherlich noch regelmäßiger als vorher. An eine Vergrößerung der alten Kirchen oder gar an Neubauten war in den Jahrzehnten nach dem großen Krieg kaum zu denken. So bot sich der Einbau von Emporen an, und die Verwendung des Holzes lag im waldreichen Franken nahe. Auch in einigen katholischen Gotteshäusern des Hochstiftes Bamberg baute man damals Emporen ein. Während diese Neuigkeit hier jedoch bezeichnenderweise keine Schule machte, entsprach sie offenbar dem Geist des fränkischen Luthertums. Einer der ersten nach dem Dreißigjährigen Krieg fertiggestellten Neubauten, die Gottesackerkirche in Wunsiedel, erhielt bereits eine zweigeschossige Empore. Später wurden dann auch aufwendige Neubauten reicher Dörfer mit umlaufenden Emporen ausgestattet. Im 18. Jahrhundert schließlich hatte sich die Emporenanlage als wesentliches Merkmal des vom Hof protegierten Markgrafenstils durchgesetzt.

Offenbar wurde sie jetzt nicht mehr nur als zweckmäßig angesehen, sondern als selbstverständlicher Ausdruck des evangelischen Gemeindebewußtseins intuitiv bejaht. Denn nach evangelischem Verständnis kann die Kirche kaum im strengen Sinn des Wortes als *Gotteshaus* bezeichnet werden. Gott ist nicht so in ihr gegenwärtig, wie nach katholischer Auffassung in der geweihten katholischen Kirche. Tief hatte sich dem Protestantismus die neutestamentliche Erkenntnis eingeprägt, daß eigentlich die zum Gottesdienst versammelte Gemeinde der *Tempel des Herrn* und die *Behausung Gottes im Geist* sei. Das Vorhandensein dieser Gemeinde, die gottesdienstliche Gemeinschaft also, war eine Bedingung für die Gegenwart Gottes im Kirchengebäude – entsprechend dem Christuswort: *Wo zwei oder drei in meinem Namen versammelt sind ...* Dieses *Versammeln* der Gemeinde nahm das lutherische Franken des 17. und 18. Jahrhunderts sehr wörtlich. Es meditierte über dieses Wort, und die Emporenanlagen sind so etwas wie die innenarchitektonische Konsequenz dieses geistlichen Nachdenkens. Denn die Emporen erschließen der Gemeinde den ganzen Kirchenraum, sie ermöglichen die Zusammenkunft der einzelnen Christen, und sie fassen diese Einzelchristen in ihrer Ausrichtung auf die Verkündigung, die in ihrer Mitte geschieht, zu einer Gemeinschaft zusammen.

Die Kirche ist das Haus der Gemeinde, ehrwürdig nur insofern, als sich die Gemeinde in ihr versammelt. Erst durch diese Gemeinde wird die Kirche zum Gotteshaus, – genauer gesagt: durch die Verkündigung, die die Gemeinde konstituiert, und durch das gemeinsame Beten und Singen, in dem sich die einzelnen Gläubigen zur gemeinsamen Antwort auf die Verkündigung vereinen. Zweihundert Jahre hatte es gedauert, bis dieses evangelische Gemeindebewußtsein in der Lage war, sich nicht mehr nur liturgisch, sondern auch architektonisch zu artikulieren. Die fränkischen Emporenanlagen sind ein erster und gelungener Versuch in dieser Richtung.

In die Emporenanlage wurde auch der Herrensitz einbezogen. Nach den Plänen der Ansbacher Hofbaudirektoren entstand 1736 das Gotteshaus in Weidenbach als Schloßkirche für das nahe gelegene Jagdschlößchen Triesdorf und als Gemeindekirche für das kleine Dorf. Im Inneren nimmt der Fürstenstand die ganze westliche Schmalseite des Raumes ein; die ausladende Loge ruht auf vier enggestellten, schlanken Säulen. Im ersten Geschoß saß der Fürst selbst; sein Bildnis ziert die Brüstung des zweiten Stockwerks, in dem das begleitende Heer der Bediensteten und Kavaliere Platz fand. Gemessen an anderen Fürstenlogen geben sich die Ansbacher hier ausgesprochen kühl und streng. Dennoch läßt die Architektur den Markgrafen deutlich als den beherrschenden Mittelpunkt einer standesbewußten Gesellschaft erkennen, – von der Gemeinde ausgezeichnet und geehrt.

Ein wahrhaft fürstlicher Herrensitz – zweifellos der schönste im Verbreitungsgebiet der Markgrafenkirchen – befindet sich in Thurnau. Die reichsunmittelbaren Grafen von Giech-Khevenhüller und die Freiherrn von Künßberg hatten ihn sich vom renommierten Bayreuther Hofkünstler Elias Räntz zu Beginn des 18. Jahrhunderts in die neue Kirche ihrer kleinen Landeshauptstadt einbauen lassen. Gering nach vorne in den Kirchenraum gezogen und mit den umlaufenden Emporen in zwei Geschosse geteilt, wurde er mit ausgezeichnet geschnitzten Wappen, Akanthusornamenten, Putten und kleinen kriegerischen Figuren überaus reichlich ausstaffiert. Mit seiner Freude an Gold und Farben übertrifft dieser Herrensitz beinahe den gegenüberliegenden Kanzel-, Orgel- und Altarbereich. Er ist ein prunkvolles Zeichen landesherrlichen Machtstolzes und landesherrlicher Verantwortung für das religiöse Leben.

Die kleinen und großen *Herren* hatten zweifellos eine besondere Stellung in der Kirche als Organisation. Eine besondere Würde vor Gott hatten sie jedoch nicht. Das bedeutete für die formale Gestaltung des Kirchenraums, daß die Herrschaftslogen zwar überaus reich ausgestaltet wurden, aber doch inmitten des Gestühls und der Emporen ihren Platz fanden und nicht etwa über dem Altar.

In letzter Konsequenz müßte die Emporenanlage der Gemeinde wohl alle vier Wände des Kirchenraumes umlaufen. Tatsächlich wurde das auch gelegentlich versucht. In Brand bei Marktredwitz füllte die charakteristische Holzempore einst den ganzen Raum. Erst 1935 wurde sie beseitigt. In Regnitzlosau läuft noch heute die obere, kleine Empore hinter dem Kanzelaltar weiter und umschließt so den Kirchenraum an allen vier Seiten.

Der Wunsch des fränkischen Luthertums nach einer der ganzen Gemeinde erschlossenen Gemeindekirche bekundete sich aber noch in einer anderen, überraschenden Konsequenz. Es wurde nicht nur vereinzelt, wie in Brand etwa, die vieseitige Empore ausgebildet, sondern man nahm sogar in mittelalterlichen Kirchen den erhöhten und deutlich abgesetzten Chor als Raum der Gemeinde in Anspruch. Zum Entsetzen der modernen Kunstsachverständigen scheute man nicht davor zurück, mittelalterliche Chorräume mit Emporen *zu verzieren*.

Das beste Beispiel dafür, wie das fränkische Luthertum seine geistige Erkenntnis vom evangelischen Gottesdienstraum ohne Rücksicht auf geheiligte Kirchbautraditionen zur Geltung zu bringen verstand, stellt die *Restaurierung* der gotischen Klosterkirche zur Himmelkron dar. Unweit der Autobahn Bayreuth–Hof in einem idyllischen Tal gelegen, bietet das Gotteshaus des ehemaligen Frauenklosters von außen ganz das Bild einer typischen, um 1300 nach dem Bauschema der Zisterzienser errichteten Abteikirche: hochgotisch, schlicht mit Dachreiter und ohne Turm. Innen jedoch präsentiert sich das Gotteshaus dem überraschten Besucher seit dem Beginn des 18. Jahrunderts als typische Markgrafenkirche. Damals kam Christian Ernst von Bayreuth auf die Idee, sich in dem heruntergekommenen Kloster ein weiteres Jagdschlößchen einzurichten und das Gotteshaus seinen Wünschen entsprechend als ländliche Hofkirche umzugestalten. Beauftragt wurde damit der aus Norditalien stammende katholische Architekt Antonio della Porta. Resigniert vertraute der Ortsgeistliche seiner Chronik an: *Der Pfarrer hat nicht das allergeringste bei diesem ganzen Kirchbau vorgenommen zu verfertigen.*

Zunächst wurden in Himmelkron die Fenster erweitert, denn das gotische Halbdunkel sollte durchlichtet werden. Dann hatte am Hauptportal die Steinplastik der Muttergottes bezeichnenderweise dem markgräflichen Wappen-

Die geistvolle Persönlichkeit der Schönen Wilhelmine *prägte im 18. Jahrhundert nachhaltig das kulturelle Leben in der Markgrafschaft Bayreuth*

Bäuerlich-handwerklich wirkt das Innere der Regnitzlosauer Markgrafenkirche mit dem für die Künstlerfamilie Knoll typischen Kanzelaltar

Ausdruck des einst in der Kirche gepflegten Standesbewußtseins ist der reich verzierte Herrenstand des Elias Räntz in der Kirche zu Thurnau

Als lichtdurchflutete, heitere Festsäle präsentieren sich die Markgrafenkirchen des Bayreuther Landes, unter denen Trebgast eine hervorragende Stellung einnimmt

In dem Bauherrn der Trebgaster Kirche, dem Kulmbacher Superintendenten Johann Christoph Silchmüller, wird der Einfluß des Pietismus auf den lutherischen Kirchbau spürbar

An die bedeutende Rolle, die die evangelische Pfarrersfamilie in der Geschichte des Luthertums spielte, erinnert dieses originelle Grabmal eines Pfarrerehepaares in Lindenhardt

Barockes lutherisches Vortragskreuz, 1769 von Gabriel Räntz für die Überführung des verstorbenen Markgrafen von Bayreuth in das Kloster Himmelkron angefertigt

schild zu weichen. Schließlich ließ der Architekt die vorher flache Decke des Langhauses einwölben. Sein Landsmann Bernardo Quadri übergoß die Decke überreichlich mit Stuckfiguren. Auch die gotischen Schlußsteine und Rippen des Chorraums erhielten eine *Verzuckerung* in Stuck. Den stärksten Eingriff in den mittelalterlichen Raum stellte jedoch der Einbau der Emporenanlage dar. Tatsächlich zog sich doch die Doppelempore an den beiden Längswänden, die Pfeiler des Triumphbogens überbrückend, bis in den gotischen Chorraum hinein. Ursprünglich umkleidete sie sogar den ganzen Chorraum, da auf ihr der Chor und die Orgel untergebracht werden sollten. Diese Emporen erhielten in Himmelkron erstmals eine Form, die in der Zukunft in den Markgrafenkirchen Schule machte. Man setzte hier nämlich die Stützen der oberen Empore nicht mehr einfach auf die Brüstung der unteren auf, sondern man errichtete durchgehende Säulen, auf denen die obere Empore ruhte, und an denen die untere, leicht zurückgenommen, hing.

Im Jahre 1718 erhielt die neue Hofkirche noch einen der in Mode gekommenen Kanzelaltäre von Elias Räntz. So stellte sie im Schema ihrer Innenausstattung den Typ der späteren Markgrafenkirche dar.

Ein kunstbeflissener Himmelkroner Pfarrer hat diese *Verschönerung der Kirche nach der Reformation* in der Chronik als *bittere Ironie* kommentiert. Zweifellos hat das Gotteshaus durch die barocke Umgestaltung an Wirkung verloren. Man sollte aber nicht übersehen, daß gerade diese kompromißlose Umgestaltung einer Klosterkirche zu einer Gemeindekirche eine beachtliche theologische Reflexion über das *mitten unter ihnen* verrät. Sie ist Ausdruck des evangelischen Glaubens, der die Trennung von Chorraum und Schiff nicht akzeptieren kann, weil Altar und Kanzel als die Stätte der Verkündigung in die Mitte der Gemeinde gehören, – notfalls, wie in Himmelkron, mit Gewalt.

Es ist deutlich, wohin diese Entwicklung letztlich drängt: zur saalartigen Gemeindekirche nämlich, zu einem einheitlichen und ganz der Gemeinde erschlossenen Raum, der von der Architektur besonders betonte Raumteile nicht kennt.

Zunächst hatte sich der Markgrafenstil mit dem übernommenen abgesonderten Chor- oder Altarraum aus-

Klassizistisch-streng geben sich die Markgrafenkirchen des Ansbacher Landes, für die, wie hier in Cadolzburg, die Markgräflerwand charakteristisch ist

einanderzusetzen. Er begegnete ihm ja nicht nur in der gotischen Stiftskirche zu Himmelkron, sondern überall im Land in den alten Chorturmkirchen. Als die Kirchbauwelle des 18. Jahrhunderts einsetzte, wurde nicht selten – wie in Thurnau, in Trebgast und in Nemmersdorf – der alte Chorturm beibehalten. Man setzte einfach einen prachtvollen, modernen Neubau davor. Der Kulmbacher Ratsbau- und Maurermeister Johann Georg Hoffmann scheint diese Lösung besonders geliebt zu haben. Auch bei Neubauten hielt er mitunter – wie bei der Kulmbacher Spitalkirche – am abgesonderten Chorraum fest. Eigentlich widersprach das aber der inzwischen entwickelten Idee von der einheitlichen Gemeindekirche, in der die mittelalterliche Trennung von Gemeinde- und Altarbereich überwunden war. Seine späteren Kirchenneubauten zeigen denn auch deutlich, wie er im Laufe der Zeit immer neue Lösungsversuche unternahm, um den Altar aus der Isolation eines separaten Chorraumes in den Bereich der Gemeinde zu holen.

So plazierte Hoffmann beim Neubau in Benk den reichen Kanzelaltar aus der Werkstatt des Johann Gabriel Räntz in die Öffnung des erhalten gebliebenen Chorturmes. Der weit ausladende Barockaltar von 1744 schließt den saalartigen Gemeinderaum ab. Der ursprüngliche Chor, jetzt überflüssig geworden, dient als Läuteraum. Bis knapp an den Altar heran schwingt sich die dreiseitig umlaufende, zweistöckige Empore. Diese Bewegung der Empore auf den Kanzelaltar zu nimmt auch das Gestühl auf, das im vorderen Teil des Kirchenraumes auf beiden Seiten des Mittelganges quer zur Raumachse aufgestellt ist. Sehr deutlich wird hier das Bemühen des einheimischen Baumeisters, den Kanzelaltar als den Ort der Vergegenwärtigung Christi und die Emporen und das Gestühl als den Ort der Gemeinde Christi aufeinander zu beziehen und miteinander in einem einheitlichen Raum zu verbinden. Nicht ganz so geglückt erscheint die Lösung in Trebgast. Hier fand der Kanzelaltar nur wenige Jahre später wieder tief im Chor Aufstellung.

Den nächsten Neubau hatte Hoffmann, der unter seinem Kulmbacher Superintendenten Johann Christoph Silchmüller über Auftragsmangel nicht klagen konnte, in Nemmersdorf auszuführen. Hier mußte sich Hoffmann mit zwei alten Türmen herumschlagen. Die alte Chorturmkirche hoch über dem Dorf verfügte natürlich ursprünglich auch nur über einen Ostturm, in dem die Glocken hingen. Es wird erzählt, daß sich die Dorfbewohner beschwerten, weil sie unten im Dorf das Geläut vom

Die noch nicht gelöste Bindung einer standesbewußten Gesellschaft an das traditionelle Luthertum zeigt dieser um 1701 entstandene Kupferstich von einer kirchlichen Trauung in Nürnberg

niedrigen Turm nicht hören konnten. Daraufhin baute man im 15./16. Jahrhundert bedenkenlos einen zweiten Turm an die Westseite des Schiffes an. Als nun den Nemmersdorfern ihre Kirche im 18. Jahrhundert nicht mehr gefiel, mußte Hoffmann den barocken Neubau oben auf dem Berg zwischen die beiden alten Türme einfügen. Das gelang ihm nicht schlecht. Hoch über dem Dorf erhebt sich heute eine der reizvollsten dörflichen Doppelturmkirchen Deutschlands.

Im Inneren nun brach Hoffmann rigoros mit der Tradition des abgesonderten Chorraumes. Den erhaltenen Chorturm ließ er bei der Einrichtung des barocken Kirchenraumes kurz entschlossen zumauern. Vor die glatte Ostwand stellte er den verhältnismäßig einfachen Kanzelaltar, der sich nun in einem rechteckigen, saalartigen Gemeinderaum befand. Ganz offensichtlich hatte Hoffmann bewußt auf die Verwendung des alten Chorturmes verzichtet. Zur Sakristei umgebaut fand dieser eine neue und durchaus sinnvolle Funktion.

Konsequent weiterentwickelt hat Hoffmann diesen Gedanken der saalartigen Gemeindekirche in Neudrossenfeld. Dieser letzte Neubau des Kulmbacher Baumeisters stellt in seiner Verschmelzung von Altar- und Laienraum zu einem einzigen festlichen Gottesdienstraum den vollendeten Typ der protestantischen Markgrafenkirche dar.

Den Grundriß des Gotteshauses bildet ein Rechteck. Der im Osten angebaute Turm birgt im Untergeschoß lediglich die Sakristei und ist mit dem eigentlichen Kirchenraum organisch nicht verbunden. Ein Kenner und Freund der Markgrafenkirchen beschreibt dieses Gotteshaus so: *Im Inneren umzieht eine zweigeschossige Empore die Wände. An der Westseite nimmt ihr Untergeschoß nebeneinander drei Herrschaftslogen von normaler Emporengeschoßhöhe auf, das Obergeschoß ist über ihnen leicht in einer Kurve nach vorne gezogen und trägt die Orgel. Herrschaftslogen und Orgel sind also zusammengezogen und stehen als Exponenten der Gemeinde, als* der eine Pol dem zweiten des Kanzelaltars gegenüber. Er steht an der glatten Ostwand, welche durch die schräggestellten letzten Fensterachsen eine leichte architektonische Betonung erfährt. Das Obergeschoß der Empore endet vor diesen schräggestellten Achsen frei im Raum, verhält also vor dem Altar, während das Untergeschoß im Bogen weiter an ihnen entlang schwingt und hinter dem Kanzelaltar vorbei diesen in den Ring der Gemeinde einbezieht. Das Gestühl ist im Westen bis zur Mitte des Hauses zum Kanzelaltar gerichtet, von der Mitte an parallel zu den Längswänden gestellt, weicht aber vor dem Kanzelaltar in einer Rundung zurück. In seinem Bogen steht der Taufstein, an dem ihm nach seiner Bedeutung zukommenden Platz, auf der Grenze zwischen der Gemeinde und dem von ihr durch das Ausweichen von Gestühl und Emporengeschoß gebildeten ideellen Altarraum. Die von dem Hofstukkateur Jean Baptista Pedrozzi elegant in den typischen Formen des Bayreuther Rokoko stuckierte Decke spannt die beiden Pole der Orgel mit den Herrschaftslogen und des Kanzelaltars zusammen.

Deutlich ist an dieser Baubeschreibung zu erkennen, wie der fränkische Protestantismus auf der Suche nach einem eigenen Kirchentyp den zweipoligen Einheitsraum als die dem Luthertum gemäße Synthese von Sakral- und Gemeindekirche entdeckte.

Der traditionelle Grundriß war jedoch in der Residenzstadt selbst schon früher und noch konsequenter abgewandelt worden, – bei dem bedeutungsvollsten Kirchenneubau des 18. Jahrhunderts, der auch unter den Markgrafenkirchen eine Sonderstellung einnimmt, der St. Georgener Kirche in Bayreuth nämlich. Sie verdankt ihr Entstehen der Initiative des damaligen Erbprinzen und späteren Markgrafen Georg Wilhelm von Bayreuth, der sie als Ordenskirche für den von ihm gestifteten Orden *de la sincérité*, den späteren Orden des Roten Adlers, bestimmt hatte.

Diese Sophien- oder Ordenskirche entstand in den Jahren 1705–11 im Westen des alten Stadtkerns in der Hugenottensiedlung St. Georgen. Ihre Pläne stammten vom Hofbaumeister Gottfried von Gedeler. Der Grundriß des Gotteshauses wurde, was in der Landschaft durchaus ungewöhnlich war, aus dem *unter den Protestanten sonderlich der lutherischen Kirche so gar beliebten Kreuz* entwickelt. Der nach Norden gerichtete Bau umschreibt in der Tat mit den Außenlinien die Form eines griechischen Kreuzes. Der Südarm nimmt das Turmuntergeschoß auf und kommt dadurch im Inneren kaum mehr zur Geltung. Der Ost- und Westarm enthält eine Doppelempore nach Himmelkroner Muster, die aus den Kreuzesarmen heraus im Bogen bis an die Fürstenloge geführt wird, die die Mitte der südlichen Wand einnimmt. So ist ein saalartiger, quer-rechteckiger Gemeinderaum entstanden, den die von Bernardo Quadri reich stukkierte und von Gabriel Schreyer und Johann Martin Wild großzügig bemalte Decke festlich abschließt. Der nördliche Kreuzesarm ist im Verhältnis zu seiner Öffnung zum Querhaus hin nicht tief genug, um wirklich als Chorraum empfunden zu werden. Auch in ihn ist die zweigeschossige Empore eingespannt, die im Obergeschoß die Orgel trägt. Der frühbarocke Kanzelaltar des Elias Räntz, der erste Altar dieser Art in einem Neubau, steht nicht eigentlich in diesem nur noch schwach angedeuteten Chorraum, sondern weiter vorgerückt in der Öffnung zum Querhaus.

So wirkt das Innere dieses Gotteshauses als ein prunkvoll ausgestatteter, nahezu quadratischer Festsaal. Der Gedanke des Zentralbaus wird noch dadurch unterstrichen, daß das Taufbecken in der architektonischen Mitte des Raumes Aufstellung gefunden hat, – ein deutlicher Hinweis auf das Verständnis der Taufe als das die Gemeinde konstituierende christliche Sakrament.

Die späteren Markgrafenkirchen sind auf diesem Weg zum lutherischen Zentralbau nicht weiter gegangen. Aber auch wo das Rechteck als Grundriß beibehalten wurde, sorgten doch der Verzicht auf einen separaten Chorraum und die Anordnung von Gestühl und Emporen um Kanzelaltar und Taufstein dafür, daß der Charakter einer Synthese von Sakral- und Gemeindekirche gewahrt blieb.

Während diese Raumkonzeption aus sich heraus überzeugt, wirken die vermeintlich tiefsinnigen Begründungen nicht selten banal. Anknüpfend an ein in Orthodoxie und Aufklärung gleichermaßen hochgeschätztes Bibelwort konnte man sagen: *Und ist Gott ein Gott der Ordnung, so muß es auch ihm gefallen, wenn alles ordentlich in seinem Haus zustehet. Die schöne Regularität und Symmetrie in der Baukunst soll zur genauen Beobachtung der schönen göttlichen Ordnung der Gnadenmittel zur Seligkeit* anleiten. Zuweilen wurde der helle und saalartige Charakter des neuen Kirchentyps aber auch ganz offen mit bestimmten kirchlichen Unsitten des ausgehenden orthodox-lutherischen Zeitalter begründet. So pries einmal ein Prediger bei der Einweihung eines neuen Gotteshauses das Licht als *Aufmunterung zur Andacht* und meinte: *Es kann ein schläfriger Kirchgänger sich in einer finsteren Kirche hinter den altväterischen hölzernen Gittern eher verstecken und des friedlichen Kirchenschlafes sich bedienen, als in einer hellen und lichten Kirche. Ei, – wo ist nun bei diesem Kirchenbau ein Sündenwinkel anzutreffen, da gemeiniglich der Satan bei öffentlichen Gottesdiensten seine Kapelle aufzustellen pflegt?* Diese zeitgenössige Erklärung der barocken Vorliebe für klare Ordnung und strahlende Lichtfülle wirkt in ihrer Nüchternheit überzeugend.

In St. Georgen befindet sich die Orgel zwar über dem Kanzelaltar, aber doch separat auf der hinten umlaufenden oberen Empore. Sie mußte, wie in Thurnau, der Fürstenloge, die die gegenüberliegende Wand einnimmt, weichen. Die Anordnung von Kanzelaltar und Orgel übereinander in der Achse des Raumes, ja die Verschmelzung von Altar, Kanzel und Orgelprospekt zu einer organischen Einheit in der sogenannten *Markgräflerwand* findet sich häufig in den Markgrafenkirchen des Ansbacher Landes.

Diese Plazierung der Orgel war nicht nur durch den Ausbau der Herrschaftslogen bedingt; in ihr sollte auch der hohe Stellenwert zum Ausdruck kommen, den man der Orgel im 18. Jahrhundert im gottesdienstlichen Leben des Luthertums zuzubilligen bereit war. Seit der Mitte des 17. Jahrhunderts bemühte sich nämlich selbst die kleinste Dorfkirche um den Einbau einer Orgel. Der Drang nach Verinnerlichung des persönlichen Lebens, wie er sich im Pietismus zeigte, dürfte bei diesem Aufschwung der Orgel eine wesentliche Rolle gespielt haben. Der Pietismus schätzte *die seelische Einstimmung* durch die Orgelmusik ungemein. Das Instrument galt als Ausdruck größter Verherrlichung Gottes, vermittelte es doch einen *Vorgeschmack der ewigen Seligkeit.* Die Orgel im Angesicht der Gemeinde wurde zur *Wegweisung in die himmlische Herrlichkeit,* ja sie schien die Gemeinde *von der Höhe herab zu segnen.* So hieß es in einer Kirchweihpredigt aus dem Jahre 1682 über die Aufgabe der neuen Orgel: *Lernet hiernächst Gott loben und fröhlich preisen mit andächtigen Lobgesängen für seine Güte und Wohltaten bei Anhörung des schönen Orgelklanges und der wohllautenden, vortrefflichen Musik, die ein Vorgeschmack bleibt des ewigen Lebens.* Was dem Katholizismus in der Kunst, das war dem Protestantismus nach Ansicht der Zeitgenossen in der Musik gegeben.

Am Ausgang des 17. Jahrhunderts entdeckte man nun die Nützlichkeit der Orgel als Beistand der sangesschwachen Gottesdienstgemeinde. Bis dahin hatte die lutherische Gemeinde nämlich ihre Choräle ohne Unterstützung der Orgel gesungen. Mit dieser neuen Aufgabe verlor die Orgel zweifellos etwas von ihrem ursprünglichen Sinn, das *Abbild der himmlischen Musik* zu sein. Diesen Bedeutungswandel – um nicht zu sagen: diese Degradierung zur bloßen Stütze des Gemeindegesangs – charakterisiert das Rezitativ einer Kantate, die 1778 zur Einweihung einer neuen Orgel musiziert wurde:

Ja, laß es dir, o Heiland, wohl gefallen,
wenn wir vereint dein Lob in schwachen Tönen lallen,
die unsre Orgel unterstützt.

Dennoch wurde das 18. Jahrhundert für den Protestantismus die klassische Zeit der Kirchenmusik. In den Gottesdiensten wurde der Aufführung von Kantaten, Oratorien und geistlichen Konzerten oft ebensoviel Zeit eingeräumt, wie der Verkündigung in der Predigt. Der Dienst der Organisten und Kantoren war dem der Prediger mindestens gleichgeachtet. So avancierte die Orgel binnen kürzester Zeit zu den *Prinzipalstücken* des Kirchenraumes. Mit ihrem glänzenden Prospekt thronte sie als die *Königin der Instrumente* auf der dem Altar entgegengesetzten Seite, – der zweite, prunkvolle Pol jedes Gotteshauses und der eigentliche Stolz der Gemeinde. Es bedurfte nur eines geringen Anstoßes, um dieser bedeutenden Stellung der Kirchenmusik im lutherischen Gottesdienst auch innenarchitektonischen Ausdruck zu verleihen. Der Wunsch der Landes- und Patronatsherren nach einem repräsentativen Herrensitz vis à vis der Altarzone war dieser Anstoß. Die Orgel fand, vor allem im Ansbacher Land, immer häufiger ihren Platz über dem Kanzelaltar.

Unter theologischen Gesichtspunkten kann diese Kombination der Orgel mit dem Kanzelaltar allerdings kaum gerechtfertigt werden. Kirchenmusik und Gesang sind Antwort der Gemeinde auf die Verkündigung, nicht Teil der Verkündigung selber. Die Orgel kann deshalb nicht einfach als viertes *Prinzipalstück* den drei klassischen Prinzipalstücken Kanzel, Altar und Taufstein zugerechnet werden. Im Bayreuther Umkreis zog man es im allgemeinen vor, die Orgel an ihrem angestammten Platz gegenüber der Altarzone über dem Westportal mitten in der Gemeinde zu belassen. Als das Instrument, in dem sich das Lob der gottesdienstlichen Versammlung artikuliert, gehört die Orgel tatsächlich hierher. Hier frei-

lich war ihr im Zeitalter des Barock und Rokoko ein prächtig ausgestattetes Gehäuse mit vergoldeten Schnitzereien und reichem bildhauerischem Schmuck sicher.
Eines der schönsten Orgelgehäuse des Kulmbacher Landes befindet sich in der Kirche zu Trebgast. Der Orgelprospekt des Johann Gabriel Räntz erhebt sich hier steil und leicht auf dem zur Orgelempore verbreiterten unteren Emporengeschoß bis zur Stuckdecke, vom oberen Emporengeschoß in einer Kurve schwungvoll hinterfangen. Dieses Einbinden der Orgel in die Doppelempore bringt deutlich zum Ausdruck, daß die Orgel ein Teil der Gemeinde ist, – im Formalen der Inneneinrichtung sozusagen ihr Exponent.
Eine der besterhaltenen alten Orgeln Bayerns besitzt die kleine Gemeinde Lahm im Itzgrund. Das verträumte Dorf auf halbem Weg zwischen Bamberg und Coburg erlebte seine große Blüte als Residenz der Freiherren von Lichtenstein. Als der eigenwillige Neubau einer Hofkirche zu Beginn des 18. Jahrhunderts abgeschlossen war, berief Adam von Lichtenstein einen der genialsten Orgelbauer seiner Zeit, um sein Werk zu krönen: Heinrich Gottlieb Herbst aus Halberstadt, den bedeutendsten und originellsten Konkurrenten unter den Zeitgenossen Silbermanns. Sein Werk, 1728–32 entstanden, ist von der kleinsten Zimbelpfeife bis zum größten Posaunenbaß völlig unverändert in seiner originalen Gestalt erhalten geblieben. Die Aufsicht über den Bau hatte der damalige *Cantor und Schulbediente* Johann Lorenz Bach. Sein Vater war der Schweinfurter Stadtmusikus und Obertürmer Johann Valentin Bach, ein Vetter des großen Johann Sebastian. Pläne und Disposition der Lahmer *Bachorgel* gehen mit großer Wahrscheinlichkeit auf diesen Lehrmeister von Johann Lorenz Bach zurück. Wie kaum ein anderes Instrument entspricht nämlich die Lahmer Orgel jenen Vorstellungen *eines recht perfekten Orgelwerks,* die uns vom Leipziger Thomaskantor überliefert sind. Bis heute weiß man sich daher in der kleinen Barockkirche im Itzgrund der Pflege der Bach'schen Orgelwerke verpflichtet.
Der Lahmer Kirchbau verdankt sein Entstehen, wie viele andere Hofkirchen auf dem Land und in den damaligen Residenzen, der Initiative des Landesherrn. Ohne die Kunstbeflissenheit und Repräsentationsfreude vor allem des Bayreuther und des Ansbacher Hofes hätte sich der markante Typ einer protestantischen Barockkirche im fränkischen Raum nicht entwickeln können. Dennoch waren die Gemeinden und ihre Pfarrer beim Bau

Charakteristischer Orgelprospekt einer lutherischen Barockkirche des 18. Jahrhunderts

der Markgrafenkirchen nicht einfach ausgeschaltet. Im Gegenteil: Mehr als einmal weisen die alten Bauakten und die Verträge mit den ausführenden Künstlern auf die Wünsche und Bedingungen der Gemeinde hin. Auf dem Land führten nicht selten die Pfarrer selber die Bauaufsicht, und sie verstanden es sehr gut, gegenüber den Baumeistern und Hofkünstlern die Vorstellungen ihrer Gemeinden durchzudrücken. Zweifellos war die Gemeinde so aktiver am Kirchbau und an der Ausstattung ihrer Gotteshäuser beteiligt, als das heute der Fall ist.
Sie war natürlich auch zu Hand- und Spanndiensten verpflichtet. Das Bauholz und Steinmaterial aus den Wäldern und Steinbrüchen des Landes kostete zwar nicht viel, mußte aber in unbezahlten Arbeitsstunden von der Bevölkerung beigeschafft werden. Beim Neubau der St. Gumbertuskirche in Ansbach, die als Hofkirche diente, mußten sich alle Hofbeamten und Bediensteten Abzüge vom Lohn gefallen lassen. Sogar die Juden

Das Spielerische des Barock besaß in der Frömmigkeit des zeitgenössischen Pietismus sein inneres Gegenstück

in der Markgrafschaft wurden in diesem Fall zu einer *Kirchenbausteuer* herangezogen.

Neben diesen höchst unfreiwilligen Leistungen stehen jedoch zahlreiche Spenden vor allem für die Innenausstattung der neuen Gotteshäuser. So ließ sich die Gemeinde im oberfränkischen Pilgramsreuth um 1700 vom Hofbildhauer Elias Räntz den gotischen Chor ihres Gotteshauses neu einrichten. An der Öffnung des Chores fand die reich geschnitzte Kanzel Aufstellung, – in ihrem Bildprogramm ein kraftvoller Ausdruck der lutherischen Auffassung vom Wort Gottes. Auf der Innenseite der Kanzeltüre haben sich die vielen Stifter verewigt; das Bewußtsein, die Verkündigung des Wortes Gottes mit tragen zu müssen, war also in dieser Gemeinde sehr lebendig.

In den meisten Fällen fühlten sich die Pfarrer für die Neubauten und Umbauten direkt verantwortlich. Das Gotteshaus in Thurnau etwa ist trotz der auffällig prunkvollen Herrschaftsstände nicht etwa ein Werk der ortsansässigen Grafen von Giech und der Freiherren von Künßberg. Einem einzigen Mann, dem Pfarrer Georg Christoph Brendel nämlich ist dieses Kleinod protestantischer Baukunst zu verdanken. Seine Planung und Vollendung setzte der rührige Ortsgeistliche gegen den Willen seiner sparsamen Obrigkeit durch, – nachdem er, wie er anschaulich berichtet, *bei Antritt des hiesigen Pfarramtes einen recht miserablen Zustand in Kirchen-, Schulen- und Gemeinem Wesen fand, indem die Kirche mehr einem Pferdestall ähnlich war als einem Gotteshause, weil der Hafer, der auf dem Boden lag, immer herunterröhrte, in mehr als 20 Jahren keine Fensterscheiben eingesetzt worden, die Pfarr-, Schul-, Diakonat- und Pfründehäuser in höchst gefährlichem Zustand waren, da in vielen Jahren kein Ziegel eingesteckt und alles verfault war, sodaß man keinen sicheren Tritt tun konnte.* Wie man sieht, hatte das obrigkeitliche Kirchenregiment auch seine Schattenseiten.

Nicht selten mußten sich also die Gemeinden und Pfarrer ihre Gotteshäuser erbitten und ertrotzen. Ein in dieser Hinsicht begabter und erfolgreicher Kirchenmann war der Kulmbacher Superintendent Johann Christoph Silchmüller (1694–1771), der bei zahlreichen Markgrafenkirchen eine bedeutende Rolle als Initiator spielte. Markgraf Georg Friedrich Karl (1726–1735) berief ihn unmittelbar nach seinem Regierungsantritt als Berater für kirchliche Angelegenheiten nach Bayreuth. In der Residenzstadt avancierte Silchmüller schnell zum Hofprediger. Er wurde ins Konsistorium berufen und durfte sich der Herausgabe eines neuen Gesangbuches widmen.

Mit Silchmüller gewann bei Hof der Pietismus einen entscheidenden Einfluß, jene gefühlvolle Frömmigkeitsrichtung, die auf Verinnerlichung des Kirchenglaubens drängte, die Eigenverantwortlichkeit des Einzelnen vor Gott betonte und dabei doch stark das Gemeinschaftsbewußtsein der *gläubigen Seelen* pflegte. Mit seiner Hochschätzung der Verkündigung, des neuen geistlichen Liedes und der religiösen Gemeinschaft, aber auch mit seinem gesteigerten Gefühl für die künstlerische Formensprache wirkte der Pietismus direkt und positiv auf die neue markgräfliche Kirchbauwelle seiner Zeit. Auch Georg Christoph Brendel in Thurnau war der Vertreter eines beinahe schon schwärmerisch zu nennenden Pietismus. In der Person Silchmüllers nun ist der Einfluß des Pietismus auf die Entstehung der Markgrafenkirchen aktenkundig. Denn kaum war der Hofprediger durch Intrigen vom Bayreuther Hof verdrängt worden, begann er als Superintendent von Kulmbach seinen Sprengel mit neuen Gotteshäusern zu beglücken. Vier der schönsten ländlichen Markgrafenkirchen – in Benk, Trebgast, Nemmersdorf und Neudrossenfeld – entstanden unter seiner Obhut.

Wie weit sich der Geistliche beim Bau engagierte, zeigen die Akten von Trebgast. Silchmüller pflegte während der Bauzeit mit dem Ortsgeistlichen einen intensiven persönlichen, ja beinahe familiären Kontakt. In einem Brief an den Markgrafen beklagten sich die beiden Geistlichen 1742, daß an den großen Feiertagen nicht genug Platz im alten Gotteshaus sei, und *daß, wann sich die Leute bei warmer Zeit doch eingefunden, aber zusammengedrängt, verschiedene Personen erkrankt, und halb tot herausgeschafft werden mußten*. Zusammen mit einem Gesandten der markgräflichen Regierung besprach man daraufhin *bei einer köstlichen Suppe* im Pfarrhaus das Kirchbauprojekt. Die Bauleitung übte dann der geistliche Oberhirte höchst persönlich und sehr gewissenhaft aus. Silchmüller schaltete sich ein, als es eine *Differenz der Maurer- und Zimmerleute* gab und bestellte die Verantwortlichen zu sich, um sie *auseinanderzusetzen*. Er verschaffte dem Steinbruchbesitzer eine bessere Bezahlung seiner Quadersteine und bestimmte die Inschrift des Turmknopfes. Alle Verträge mit den Handwerkern und den Künstlern tragen seine Unterschrift. Vor allem aber organisierte der rührige Superintendent den Ablauf der einzelnen Feste bei den verschiedenen Etappen des Kirchbaus und war offenbar bemüht, selber keins zu versäumen.

Die Trebgaster Bauakten enthalten auch einen Hinweis auf eine konkrete Stellungnahme der Gemeinde zu ihrem neuen Gotteshaus. Silchmüller hatte nämlich den bei Hof geschätzten italienischen Stukkateur Francesco Andreioli beauftragt, die große flache Decke des Kirchenraumes *zu verputzen, zu weißen, auf das Beste darzustellen und nach der neuesten Façon zu stuccateuren*. Andreioli entledigte sich dieser Aufgabe in gewohnter Weise, so daß eine der vollendetsten Stuckdecken im Bayreuther Land entstand. Zwischen Rokoko-Muschelwerk, Akanthusblättern und Rosenzweigen entdeckt man hinter Wolkenflöckchen beschwingte Engelsköpfchen, muntere Putten und anmutige Mädchen- und Frauenköpfe. Den biederen Trebgastern ging diese höfische Großzügigkeit offenbar zu weit. Sie beschwerten sich beim Markgrafen – freilich nicht direkt über die Nacktheiten an der Kirchendecke, sondern darüber, daß ein *katholischer Künstler* die Kirche ausgestaltet habe.

Die Künstler untereinander bedienten sich übrigens auch dieses Argumentes ohne Skrupel, wenn es darum ging, einen Auftrag zu erhalten. So schrieb Johann Gabriel Räntz im Herbst 1744 erbost an das Bayreuther Konsistorium, man habe den Auftrag für den Trebgaster Kanzelaltar *einem fremden Catholischen zugewendet*, – ein Umstand, der ihm *als einem ehrlichen, mit einer starken Familie beschwerten Mann allerdings sehr sensibel fallen muß*. Räntz bekam den Auftrag tatsächlich nicht zugesprochen, ein Katholik allerdings auch nicht. Superintendent Silchmüller unterschrieb den Vertrag mit dem Bayreuther Bildhauer Johann Friedrich Fischer. Den Entwurf für den Kanzelaltar unterzog Silchmüller einer strengen Prüfung, und der Künstler mußte sich zahlreiche Änderungswünsche gefallen lassen. Alle diese Briefe und Entwürfe und Verhandlungen – in den Akten genauestens festgehalten – zeigen, wie sich die Gemeinden direkt und indirekt durch ihre Geistlichen an der Gestaltung ihrer neuen Gotteshäuser beteiligt haben. Die Markgrafenkirchen wurden nicht nur für die Gemeinden gebaut, sondern auch von ihnen.

EIN ORT DER VERGEGENWÄRTIGUNG CHRISTI

Zum Verständnis des Kanzelaltars in der fränkischen Markgrafenkirche

Die Anordnung von Gestühl, Emporen und Orgel, die Zuordnung der Prinzipalstücke Taufstein, Kanzel und Altar sowie das Interesse der Gemeinde und ihrer Geistlichen am Kirchbau, – das alles macht deutlich, in wie starkem Maß diese Gotteshäuser Versammlungsstätten der Gemeinde sein wollten. Dabei ist jedoch nicht zu übersehen, daß Kanzel und Altar als Ort der Vergegenwärtigung Christi im Wort und Sakrament ihren besonderen Akzent behalten. Gemeinderaum und Sakralraum sind nicht mehr getrennt, sondern zu einer architektonischen und geistigen Einheit zusammengeschmolzen. Aber in dieser Einheit bildet der Kanzelaltar den prächtigen Gegenpol zu Gestühl und Emporenanlage. Er tut das in einer so auffälligen Weise, daß er als ein wesentliches Kennzeichen des Markgrafenstils gilt.

Die Konstruktion dieses Kanzelaltars ist, wenn man mögliche Variationen einmal unberücksichtigt läßt, denkbar einfach. Die Rückwand des Altars, das Retabulum, baut sich wie eine architektonisch reich gegliederte Wand in mehreren Stockwerken auf und reicht nicht selten bis unter die Decke. Zu beiden Seiten stehen Säulen oder ein ganzes System von Pfeilern und Säulen, was sich im nächsten Stockwerk noch wiederholen kann. In der Mitte des ersten Stockwerkes, also anstelle eines großflächigen Altarbildes, befindet sich nun die Kanzel. Je nach Höhe des Kirchenraumes können weitere Stockwerke folgen. Den Abschluß bilden symbolische Darstellungen, Wolken in der Strahlenglorie etwa, ein Dreieck als Sinnbild der Dreieinigkeit oder das Lamm Gottes mit dem Kreuz. An den Seiten des Altars stehen meist zwischen den Säulen übergroße Propheten- oder Apostelgestalten. An allen Absätzen, wo immer es möglich ist, sitzen, stehen oder liegen Engel. Sie halten der Gemeinde das Kreuz oder den Kelch entgegen und ermuntern sie zur Anbetung. So erscheint der markgräfliche Kanzelaltar als ein spezifisch evangelisches Gegenstück zum katholischen Barockaltar.

Diese eigenwillige und in Theologenkreisen bis heute heftig umstrittene Kombination von Altar und Kanzel kann allerdings nicht, wie die hölzerne Freiempore, als Erfindung des Frankenlandes gelten. Sie entsprach aber offenbar so sehr der lutherischen Hochschätzung von Wort und Sakrament und den praktischen Erfordernissen jener Zeit, sie kam auch dem Geist des Barock mit seinem Sinn für Symmetrie und seiner Freude am Spielerischen so entgegen, daß wenige Jahrzehnte im 18. Jahrhundert genügten, um Franken in eine der sogenannten *Kanzelaltarlandschaften* zu verwandeln. In zahlreichen mittelfränkischen Dörfern und in nahezu einem Drittel aller protestantischen Gotteshäuser Oberfrankens ist der Kanzelaltar noch heute der Gemeinde ein vertrauter Anblick.

Die ältesten Kanzelaltäre entstanden am Ausgang des 16. Jahrhunderts in den neugebauten evangelischen Schloßkapellen: in Rothenburg an der Fulda, in Schmalkalden und im thüringischen Callenberg bei Coburg. Der kleine Raum war also sicher eine Voraussetzung für seine Entwicklung. Auch im fränkischen Raum begegnen wir dem ältesten Kanzelaltar in einer derartigen Kapelle. Er wurde 1691 in der wiederaufgebauten Schloßkirche in Brand bei Marktredwitz eingerichtet. Vor einigen Jahrzehnten wurde er allerdings wieder abgebaut und in die Sakristei verbannt. Seine Stifter waren die Marschalls, die aus Thüringen stammten und dort ihren Stammsitz auf Altengottern hatten. Das angrenzende Thüringen entwickelte sich seit 1700 zur bedeutendsten Kanzelaltarlandschaft, und es kann kein Zweifel bestehen, daß von hier aus die neumodische Idee im fränkischen Raum Verbreitung fand.

In der bodenständigen Altarkunst des Elias Räntz und in der Frömmigkeit des fränkischen Luthertums war ihre Einwurzelung allerdings vorbereitet. Räntz hatte bei der Neugestaltung des gotischen Chors in Pilgramsreuth einen Altar angefertigt, der sich in seiner Form als neuartig von den traditionellen mittelalterlichen Flügelaltären abhob. Ihm lag der architektonische Aufbau des italienischen Barockaltars zugrunde. Dieses strenge Vorbild gab freilich nur das Gerüst ab, in dem sich nun die Welt des spezifisch lutherischen Barock entfalten konnte, – eine Welt, in der die Farbenpracht und die Erzählerfreude der spätgotischen Flügelaltäre noch nachklingt. Thema des Pilgramsreuther Meisterwerkes ist die Heilsgeschichte, also Leben und Sterben Jesu Christi. Der Sockel nimmt die Reliefs der Verkündigung Mariä und der Geburt in Bethlehem auf. In den Volutenzonen sind übereinander, einzeln in Kartuschen gefaßt, Kreuzigung und Auferstehung unter Verzicht alles nur ausschmückenden Beiwerks dargestellt. Der triumphierende Christus schließlich krönt den Altar. Das Hauptgeschoß enthält die ruhige Szene des Abendmahls und weist damit die Gemeinde auf den Ort hin, wo sie nach lutherischem Verständnis in diese Heilsgeschichte einbezogen und eingegliedert wird.

Die ganze Darstellung ist nicht mehr eigentlich eine erhebende und das Gefühl erregende Erzählung. Die Heilsgeschichte hat sich unter Verzicht auf die unmittelbar sinnenhafte Wirkung auf das Gemüt zu einem Bekenntnis verdichtet, so wie sich Martin Luther bei seiner Erläuterung des zweiten Glaubensartikels ganz auf das Wesentliche konzentrierte: *Ich glaube, daß Jesus Christus, wahrhaftiger Gott, vom Vater in Ewigkeit geboren, und auch wahrhaftiger Mensch, von der Jungfrau Maria geboren, sei mein Herr; der mich verlorenen und verdammten Menschen erlöst hat, erworben und gewonnen von allen Sünden, vom Tod und von der Gewalt des Teufels; nicht mit Gold oder Silber, sondern mit seinem heiligen, teuren Blut und mit seinem unschuldigen Leiden und Sterben; auf daß ich sein eigen sei und in seinem Reich unter ihm lebe und ihm diene in ewiger Gerechtigkeit, Unschuld und Seligkeit, gleichwie er ist auferstanden vom Tode, lebet und regieret in Ewigkeit.*
Auch der Pilgramsreuther Altar des Elias Räntz ist ein Bekenntnis, ist gestaltete Verkündigung und deutende Predigt von Christus. Die Zeit war gedanklich reif, den Schritt zur gegenwärtigen Verkündigung in der Predigt zu vollziehen – und die Kanzel als Ort dieser Verkündigung unmittelbar in diesen Altar hineinzusetzen.

Die Räntz'schen Barockaltäre markieren so die geistesgeschichtliche Situation, in der sich die von außen kommende Idee des Kanzelaltars zur vollen Blüte entwickeln konnte. Es ist sicher kein Zufall, daß aus einer Kanzel und einem Altar des Elias Räntz einer der ersten, für den Markgrafenstil typischen Kanzelaltäre entstand. Noch 1692 hatte der Bayreuther Hofbildhauer für die Kirche in Oberkotzau im Landkreis Hof Altar und Kanzel als getrennte Stücke geliefert. Bereits 1708 baute ein Dorfschreinermeister die Kanzel nach der neuesten Mode in das Retabel des Altars hinein. Im Jahre 1712 begann dann Elias Räntz selber mit dem Bau von Kanzelaltären. Sein erster und gleich vollendet gelungener Versuch steht in Bayreuth-St. Georgen.

Das Aufkommen des neuen Kanzelaltars wurde in traditionsbewußten Gemeinden sicher nicht widerspruchslos hingenommen. Die Gemeinden hingen im allgemeinen sehr an ihren spätgotischen Flügelaltären. Wegen ihres Alters und ihrer reichen Vergoldung hielt man sie für kostbar, und als Stiftung der Väter wollte man ihnen gerne ihre Ehre lassen. Um sie zu retten und doch nicht rückständig zu wirken, scheute man mancherorts nicht vor künstlerisch gewagten Experimenten zurück. Beim Neubau der Kirche in Neudrossenfeld (1755) setzte man die Kanzel des Kulmbacher Johann Georg Brenck (1680) kurzerschlossen in den mittelalterlichen Flügelaltar (1519), dessen Gemälde Hans Süß von Kulmbach zugeschrieben werden. So verfügt die schönste unter den Bayreuther Markgrafenkirchen noch heute über den sicherlich originellsten Kanzelaltar.

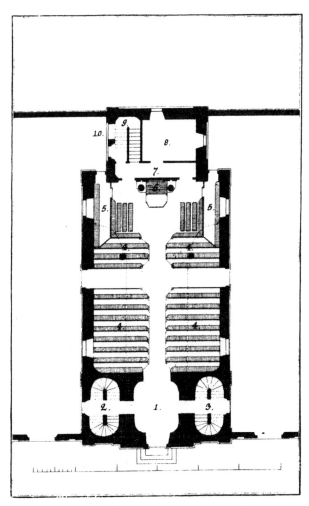

Der für die Markgrafenkirchen typische Grundriß einer adeligen Landkirche aus dem Ansbach'schen

Entsprechend der landschaftlich unterschiedlichen Ausprägung des Markgrafenstils variiert auch die Ausführung der fränkischen Kanzelaltäre im 18. Jahrhundert. In Nordost-Oberfranken überwiegt der barock-handwerkliche Typ der Familie Knoll; im Bayreuther Land erstrahlen die Kanzelaltäre der Familie Räntz im lieblichen Barock und Rokoko; die Ansbacher Kanzelaltäre – wie die Räume, in denen sie stehen, am klassizistischen Barock des Westens orientiert – wirken dagegen merklich kühler.

Bedeutende Kirchbautheoretiker lieferten den fränkischen Künstlern des 18. Jahrhunderts, auf den Gedanken Furttenbachs aufbauend, ihre Ideen und Entwürfe. Der führende Mann unter ihnen war Leonhard Christoph Sturm (1669–1719), geboren im fränkischen Altdorf bei Nürnberg, aber bald als Mann von Welt in allen Zentren von Kunst und Wissenschaft zuhause. In Quedlinburg und Wolfenbüttel widmete sich Sturm seinen architektonischen und theologischen Studien. Seine Veröffentlichungen erschienen in Augsburg und Hamburg. Als Professor in Frankfurt an der Oder stritt er mit dem berühmten Schlüter, und als seine geistliche Heimat betrachtete Sturm das pietistische Halle August Hermann Franckes. Ein unruhiger Mann also, der vom Luthertum zur reformierten Kirche konvertierte und schließlich einen kirchenfeindlichen Pietismus vertrat.

In seiner grundlegenden theoretischen Schrift *Vollständige Anweisung alle Arten von Kirchen wohl anzugeben*, die 1718 in Augsburg erschien, macht Sturm kein Hehl aus seiner Einstellung. Er habe diese Erörterungen über den protestantischen Kirchbau als gelernter Architekt angestellt, *ob ich wohl kein großer Liebhaber von prächtigen Kirchengebäuden bin, indem ich weiß, daß Gott als einem Geist damit nicht viel gewidmet wird, sondern mehr mit göttlichen und von oben herab geschmückten Tempeln des Herzens.* Unter allen Gebäuden würde er *ohnedem die wenigste Lust haben, prächtige Kirchen zu erbauen.* Die Begründung für diese bei einem Kirchbautheoretiker immerhin ungewöhnliche Einstellung formuliert er im Nachwort als äußerst scharfe Anklage gegen die verfaßte Kirche: *Wo solche Gebäude am prächtigsten stehen, pflegen der Greuel der Verwüstung am größten zu sein und die Tempel des Heiligen Geistes am seltensten oder verwüstetsten zu sein.*

Die innere Distanz Sturms zu seiner Arbeit war in seinem radikalen Pietismus begründet. Dieser ermöglichte es ihm aber offenbar, seinen Beruf mit äußerster wissenschaftlicher Akribie, emotionslos und sachlich auszuüben, – nach der Devise: Kirchen sind vollkommen überflüssig, aber wenn man sie baut, dann wenigstens zweckmäßig. Ein Beispiel dieser Einstellung unter den oberfränkischen Pfarrern ist der schon erwähnte Thurnauer Geistliche Georg Christoph Brendel. Das Gotteshaus der kleinen Residenzstadt war sein Werk. Seine Fertigstellung feierte der fromme Mann jedoch mit einer ausgesprochen *negativen* Festpredigt, einer *deutlichen Anweisung* nämlich, wie *die äußerlichen Kirchenhäuser zur Wiederaufrichtung des zerstörten Tempels Gottes im Herzen oder zum wahren Seelenheil der Menschen heilsamlich genützt und ohne Abgötterei gebraucht werden können.*

Auch nach Sturms Auffassung verhalten sich *die Schönheit des Herzenstempels* und die Pracht des Kirchengebäudes umgekehrt proportional. Er forderte daher für das protestantische Gotteshaus im Gegensatz zur katholischen Kirche äußerste Schlichtheit. Das Luthertum des 18. Jahrhunderts ist ihm hierin freilich ebensowenig wie in seinem pietistischen Spiritualismus gefolgt. Bei der Einweihung einer prachtvoll ausgestatteten Barockkirche sang man vielmehr:

> *Schätzt man den milden Gast,*
> *so wird mit allem Rechte*
> *der ihm bestimmte Platz*
> *bestmöglichst ausgezieret.*
> *Ein schlecht gebautes Haus*
> *bewohnen arme Knechte,*
> *des Königs Residenz*
> *wird kostbar ausgeführet.*

Die zweite Forderung Sturms betraf die Anordnung des Gestühls und der Emporen. Für die protestantische Kirche gilt: *Das Allervornehmste, was darinnen geschieht, ist das Predigen, bei dem alle Zeit eine große Menge des Volkes zusammenkommt, welche alle den Prediger nicht nur deutlich hören, sondern auch sehen wollen, dazu denn ordentliche Sitze nötig sind.* Das hier proklamierte Ideal einer Massenpredigtkirche ist vom Protestantismus des 18. Jahrhunderts weitgehend akzeptiert worden. Es hat – in der Dresdener Frauenkirche und im Hamburger Michel – zu bedeutenden Raumschöpfungen geführt, und wirkt auch in den lichten Sälen der Markgrafenkirchen nach. In der Anwesenheit einer *volkreichen Versammlung* erblickte die evangelische Frömmigkeit sowohl pietistischer wie aufklärerischer Prägung das deutliche Zeichen lebendiger Gottesverehrung.

Die dritte Forderung Sturms betraf Kanzel und Altar. Da *bei den Protestanten das Predigen obenan steht*, erweist sich die zentrale Stellung des Predigtstuhls als zweckmäßig. Die Kanzel kann vor dem Altar Aufstellung finden. Sie kann auch hinter dem Altar in der Achse des Kirchenraumes an der Wand hängen. Schließlich kann sie aber auch in den Altar hineingebaut werden. Tatsächlich erhob Sturm den Kanzelaltar zur Norm und beflügelte so auch Theorie und Praxis des Kirchbaus in seiner alten fränkischen Heimat. Denn der Ansbacher Baudirektor Steingruber und der Nürnberger Architekt Johann Jakob Schübler nahmen die Anregungen ihres Landsmannes auf. Sie lieferten immer neue Vorlagen und auf feinen Kupferstichblättern gearbeitete Entwürfe von Kanzelaltären, – teilweise originelle Variationen eines Themas, das die Zeit offenbar fesselte.

Der zur Monumentalität gesteigerte und den weiten Raum der Markgrafenkirchen beherrschende Kanzelaltar hätte freilich nicht eine derartige Verbreitung gefunden, wenn er nicht zutiefst Ausdruck der lutherischen Theologie und Frömmigkeit seiner Zeit gewesen wäre. Er ist nicht einfach als das Ergebnis reiner Zweckmäßigkeitsüberlegungen ein geistiges Kind der Aufklärung. Seine ikonographische Gestaltung und die zu seiner Einweihung gehaltenen Predigten beweisen das.

Das Bildprogramm der markgräflichen Kanzelaltäre ist sowohl umfangreich als auch thematisch verschieden. Gewisse Grundlinien sind jedoch deutlich zu erkennen, auch bei einem durchschnittlichen Werk wie dem Kanzelaltar in der Pfarrkirche von Eckersdorf bei Bayreuth. Der Altaraufbau von 1670 stammt aus der Kulmbacher Schule, ebenso die von Johann Georg Brenck gefertigte Kanzel. Erst nachträglich wurde sie an die Stelle einer Kreuzigungsgruppe in den Altar hineingebaut. Unmittelbar über dem Altartisch ist in der Predella eine Szene des Abendmahls zu erkennen. Vor den beiden gewundenen korinthischen Säulen stehen als Schnitzfiguren Mose und Johannes der Täufer. In den Nischen des Kanzelkorbs befinden sich zwischen den Säulchen die vier Evangelisten und der *salvator mundi*, der Heiland.

Der Kanzelaltar wird also im Luthertum klar in seiner doppelten Funktion gesehen: als Ort der Abendmahlsfeier und als Stätte der Wortverkündigung. In der Kirche zu Benk weisen darauf die beiden Schnitzfiguren hin, bei denen es sich in diesem Fall um den *Propheten* Mose und den *Priester* Aaron handelt. Oft stellen diese übergroßen Figuren auf der rechten und linken Seite des Kanzelaltars auch die beiden Apostelfürsten Paulus und Petrus dar, – so in Bindlach und Trebgast. Paulus galt im Luthertum als der vollmächtige Prediger der Rechtfertigungs- und Gnadenbotschaft; Petrus dagegen mit seinem Schlüssel wie schon in der mittelalterlichen Kirche als Verwalter der Absolution, die nach lutherischem Verständnis in der allgemeinen Beichte und beim Abendmahl zugesprochen wird.

Bei den großen Kanzelaltären dieser Zeit ist darüber hinaus ein regelrechtes Bildprogramm zu erkennen, – die Passion Christi etwa, die Verherrlichung des Herrn oder die aus der lutherischen Dogmatik bekannte Gegenüberstellung von Gesetzespredigt und Evangeliumsverkündigung. Wie auch immer diese bildhaft-programmatische Deutung des Kanzelaltars ausfällt, immer gipfelt sie in dem feinsinnigen Hinweis auf die doppelte Vergegenwärtigung Christi im Wort der Verkündung und im Mysterium des Abendmahls. Man spürt diesen Kanzelaltären noch die unmittelbare Freude derer an, die in ihnen die Einheit von Lehre und Sakrament so eindrucksvoll zum Ausdruck gebracht haben. Eine Inschrift verrät das:

Laß sein wie jetzt, laß unzertrennt
Herr, bei uns Wort und Sakrament!

Daß Wort und Sakrament unzertrennlich zusammengehören und doch nicht miteinander zu vermischen sind, sondern je auf einen besonderen göttlichen Auftrag zurückgehen, hatte sich als allgemeingültiges Dogma des Luthertums im 17. Jahrhundert herauskristallisiert. Martin Luther hatte als Mitte des Evangeliums die Vergebung bezeichnet. Sie wird in der Predigt öffentlich verkündigt; in den Sakramenten wird sie persönlich zugeeignet. Wort und Sakrament sind sozusagen die zwei Gestalten des einen Evangeliums. Wie schon Augustin hatte daher Luther das Sakrament als *verbum visibile*, als sichtbares Wort bezeichnet. Umgekehrt erhielt die Predigt bei ihm als *viva vox Evangelii*, als lebendige Stimme des Evangeliums quasi sakramentale Bedeutung. Predigt und Sakrament gelten also in ihrer geistigen Substanz als gleichwertig. Sie konstituieren, wie es in den lutherischen Bekenntnisschriften heißt, die christliche Gemeinde. Der Kanzelaltar in seiner spannungsvollen Einheit von Abendmahlstisch und Predigtstätte ist der künstlerische Ausdruck einer im damaligen Luthertum sehr lebendigen dogmatischen und liturgischen Erkenntnis. Von dieser Einstellung spricht ein Gedicht, das ein Kirchenvorsteher 1756 anläßlich der Einweihung eines neuen Kanzelaltars zu Papier brachte:

Zwei Höhen bahnen Dir ein höchst vergnügtes Leben,
da Kanzel und Altar, – sehr wertgeschätzt und fein,
den Herrn der Herrlichkeit dir zu genießen geben:
Dort meldet er sich an; hier kehrt er bei dir ein.
Gott läßt vom Predigtstuhl dich seine Weisheit lehren,
und bietet dir sich selbst auf offener Tafel an.
Bedenke, daß er dir nichts Heilsameres verehren
und nichts Erfreulicheres auf Erden gönnen kann.

Wort und Sakrament, am Altar ausgeteilt und auf der Kanzel verkündigt, werden hier tatsächlich gleichwertig als die zwei Dimensionen bezeichnet, in denen die Gemeinde die eine Gnade Gottes erfährt.
Dennoch stieß gerade diese Auffassung schon früh auf Widerspruch. Es gab konservative lutherische Kreise, die aufgrund einer sehr ausgeprägten Sakramentsfrömmigkeit der Abendmahlsfeier im gemeindlichen Leben einen höheren geistlichen Stellenwert zubilligen wollten als der Predigt. Sie empfanden Skrupel vor einer *Kanzel über dem Altar* und meinten, die *Heiligkeit des Altars sei, wegen des dabei administrierten hochwürdigen Abendmahls, weit größer als die Heiligkeit der Kanzel.* Die Konstruktion des Kanzelaltars widersprach hier der Hochachtung vor dem Mysterium des Abendmahls. Sehr drastisch formulierte das der liturgische Experte des orthodoxen Luthertums, Caspar Calvör. Er meinte, der Pfarrer *überrage* das hochwürdige Sakrament, *noch dazu meist mit schmutzigen Schuhen an den Füßen.* Die Freunde der neuen Mode nannten diese Ansicht *einen aus dem Papsttum übernommenen Brocken* und kämpften in zahlreichen Schriften für ihren Kanzelaltar. Spitzfindig fragten sie: *Wie kann eine Kanzel, auf welcher den Menschen der Weg zur Seligkeit gelehrt wird, den Altar verunehren, auf welchem keine Tanssubstantiation vorgeht, auch niemals vorgegangen? Es wird ja eben das Wort Gottes, so vor dem Altar verlesen worden, nochmals auf der Kanzel verlesen. Wie kann aber ein- und dasselbe Wort Gottes dem einen Ort mehr, dem anderen Ort weniger innerliche Heiligkeit mitteilen?*
Der Protest der Kanzelaltargegner war insofern nicht ganz unberechtigt, als seit Beginn des 18. Jahrhunderts die lutherische Sakramentspraxis abbröckelte. Die Predigt gewann jene dominierende Stellung im gottesdienstlichen Leben, die sie bis heute im Protestantismus beibehalten hat. Schuld an dieser Entwicklung waren der Pietismus und die Aufklärung, die beide, wenn auch aus unterschiedlichen Motiven heraus, die Bedeutung der Predigt im Unterschied zur Bedeutung der Sakramente stark unterstrichen. So heißt es zwar in einer Weihepredigt aus dem Jahre 1779: *Die Sakramente, dieses sichtbare Wort Gottes, haben einerlei Absicht mit der Predigt.* Wenige Zeilen später aber wird erklärt, sie seien *nur zur Verstärkung ihrer Wirkung da.* Wo die Aufklärung zum Siege kam, erlebte die Predigt eine noch viel ausgeprägtere Hochschätzung als *vernünftiger Unterricht zur Hebung der Moralität*; die Sakramente sanken hier nicht selten zur völligen Bedeutungslosigkeit herab. Diese Entwicklung lag aber ursprünglich gerade *nicht* im Interesse derer, die sich für die Verbreitung des Kanzelaltars im lutherischen Raum eingesetzt hatten. Immerhin wurde dessen Beliebtheit zweifellos auch durch die einseitige Ausrichtung der Aufklärungstheologie auf die Predigt gefördert.
Von daher ist auch der Protest des Neuluthertums im 19. Jahrhundert gegen den Kanzelaltar zu verstehen. Wilhelm Löhe aus dem mittelfränkischen Neuendettelsau schrieb im Hinblick auf die Markgrafenkirchen der Nachbarschaft mit ihren Kanzelaltären: *Es ist eine liturgische Sünde, die Kanzel in den Chor und über den Altar zu stellen. Sie sollte allerorten ausgerottet werden.* Zur selben Zeit mußte die oberfränkische Gemeinde Spielberg bei Rehau hart um die Erlaubnis zur Errichtung eines neuen Kanzelaltars kämpfen. Erst ein Bittgesuch an den König im fernen München führte zum Ziel. In einem behördlichen Schreiben dazu wurde jedoch resignierend festgestellt: *Dafür, daß die Kirche nach dem zuerst genehmigten Plan ohne Emporen und mit der Kanzel an der Seite an Erhabenheit, Würde und religiösem Ernst gewinnen sollte, hatten die guten Leute kein Verständnis.* Erst nach einer Zeit heißester Auseinandersetzungen um den Kanzelaltar in den letzten Jahrzehnten des 19. Jahrhunderts stellte das bayerische Kirchenregiment die Markgrafenkirchen mit ihrer Einrichtung per Erlaß unter seinen besonderen Schutz.
Die lutherische Markgrafenkirche ist weder mit der reformierten Predigtkirche noch mit der mittelalterlich-katholischen Sakralkirche zu vergleichen. Ihr beeindruckendstes Kennzeichen ist die Zweipoligkeit der Anlage. Der helle, saalartige Raum mit Emporenanlagen, Herrschaftsloge, Gestühl und Orgel weist diesen Kirchentyp

als Haus der Gemeinde aus. Der frei im Raum aufgestellte und prachtvoll ausgestaltete Kanzelaltar dagegen qualifiziert dieses Haus der Gemeinde als Ort der Vergegenwärtigung Christi. Wort und Sakrament leben *mitten* unter der Gemeinde und bleiben doch das Gegenüber der Gemeinde. In Anlehnung an die klassische Christologie der Kirchenväter ist man versucht zu sagen: Das Ewig-Göttliche begibt sich in das Weltlich-Zeitliche, ohne doch in ihm aufzugehen. Unzertrennbar aber auch unvermischt gehören Christus und seine Gemeinde zusammen.

Der Pietismus mit seiner subjektiven Frömmigkeit hätte diese Kirchbauten alleine nicht hervorbringen können. Auch die Aufklärung mit ihrer *vernunftsgemäßen* Einstellung wäre kaum in der Lage gewesen, derartig theologisch reflektierte Kirchenräume zu entwerfen. Allein die vielgeschmähte lutherische Orthodoxie besaß in ihrer spannungsvollen Lehre vom allgemeinen Priestertum aller Gläubigen und dem besonderen Amt der Verkündigung die geistlich-theologische Voraussetzung, um einen derartig überzeugenden Kirchentyp zu entwickeln. Diese Orthodoxie hatte sich freilich der Gefühlswelt des Pietismus und dem Zweckmäßigkeitsdenken der Aufklärung bereits geöffnet. So entstanden auf der Höhe des landesherrlichen Absolutismus und mit beeinflußt von mannigfaltigen Strömungen der Zeit die Markgrafenkirchen als der einzige Versuch des Luthertums, sich einen eigenständigen, dem Wesen der lutherischen Gemeinde entsprechenden gottesdienstlichen Raum zu schaffen. Wesentliche Erkenntnisse dieser kurzen aber intensiven Bauperiode im Ansbach-Kulmbach-Bayreuther Raum besitzen noch in der aktuellen Kirchbaudiskussion Gültigkeit.

So kann man nicht umhin, diesen Kleinodien protestantischen Kirchbaus höchstes Lob zu zollen. Mit Recht bemerkt ein Kenner und Liebhaber der Markgrafenkirchen des 18. Jahrhunderts: *Eine derartige Übereinstimmung von zeitgenössischem architektonischen Wollen und Erfordernissen der gottesdienstlichen Praxis hat es im lutherischen Kirchbau nie zuvor und nie danach gegeben.*

10. KAPITEL

Die Bemühungen der fränkischen Aufklärung um ein zeitgemäßes Christentum

Thomas Mann hat einmal gemeint, die Theologie habe sich allezeit freiwillig-unfreiwillig von den Strömungen der jeweiligen Epoche bestimmen lassen, habe immer *ein Kind ihrer Zeit sein wollen, obgleich die Zeiten ihr das in wachsendem Maße erschwerten und sie in den anachronistischen Winkel drängten.* Dieses bissige Wort eines noblen Kritikers kennzeichnet recht genau die Gefahr, in der sich das Christentum – nicht nur die wissenschaftliche Theologie, sondern auch die kirchliche Praxis und die private Frömmigkeit – zu allen Zeiten befindet. Es steht in Gefahr, sich in Abhängigkeit von den wechselnden Meinungen des Tages zu begeben und seinen Ursprung zu verleugnen. Auch in der Gegenwart wird die Kirche gerade von ihren Frömmsten vor jeder allzu eilfertigen *Anpassung an den Zeitgeist* gewarnt.

Die Freunde der Kirche und die *Gebildeten unter ihren Verächtern* übersehen dabei freilich, daß es dem dynamisch-missionarischen Wesen des Christentums widerspricht, sich grundsätzlich aus den Strömungen der jeweiligen Epoche herauszuhalten. Abgesehen von der Frage, inwieweit das überhaupt möglich ist –: ein unzeitgemäßes Christentum dürfte kaum attraktiver sein als ein angepaßtes. Die Geistesgeschichte des christlichen Abendlandes veranschaulicht ebenso wie die Missionsgeschichte in ihren verschiedenen Epochen deutlich, wie Christentum und Kultur voneinander abhängig sind: die Theologie von den Geistes- und Naturwissenschaften, die Kirche von der Gesellschaft, in der sie lebt, die Frömmigkeit vom herrschenden Zeitgeist – und umgekehrt. Der christliche Glaube muß sich jeweils neu im Gespräch mit seiner Zeit artikulieren, ohne sich dabei in seinem Wesen umstimmen zu lassen. Er muß sich anpassen, ohne sich aufzugeben. Um in seiner Zeit Bedeutung zu gewinnen, darf er auf zeitgemäße Profilierung nicht verzichten wollen.

Das Verhältnis von Christentum und Gesellschaft steht in der Gegenwart, die manche eine zweite und jetzt totale Aufklärung zu nennen pflegen, nicht das erstemal zur Diskussion. Es bestimmte die ganze Geschichte des Christentums, trat aber als Problem erstmals in der Aufklärung des 18. Jahrhunderts in das Bewußtsein vieler. Denn nun brach die geistige Einheit von *Offenbarung und Vernunft* auseinander, und damit war der gesamten Einheitskultur des christlichen Abendlandes zunächst einmal der Boden entzogen. Wie würde sich das Verhältnis neu bestimmen lassen? Würde sich das reformatorische Christentum nun nach seinem Austritt aus dem Mittelalter in die Neuzeit behaupten können? Auch das bayerische Luthertum nahm im Zeitalter der Aufklärung am Ringen um eine Antwort auf diese Frage teil.

Das Urteil der Nachgeborenen über die damaligen Bemühungen, den Glauben der Väter und den Geist der Zeit neu miteinander zu verbinden, fällt zwiespältig aus. Die bayerische Kirchengeschichtsschreibung älterer Zeit neigte dazu, die Aufklärung als die Epoche des *großen Abfalls* vom alten Glauben und als eine Zeit des *totalen Zerfalls der kirchlichen Sitte* und der *Auflösung der Lehrgrundlagen* des Christentums zu bezeichnen. Den Maßstab für dieses negative Urteil bildete ein intaktes Kirchentum, das es freilich so weder im 19. Jahrhundert noch zur Zeit der Orthodoxie oder der Reformation gegeben hat. Zugegeben: Die Anpassungsfreudigkeit von Theologie und Kirche an den Geist der Zeit ging im Jahrhundert der Aufklärung zu weit. Darüber sollten jedoch die wirklichen Verdienste um ein zeitgemäßes Christentum nicht übersehen werden. Auch wenn die Ergebnisse dieser Bemühungen heute kritisch gesehen und nicht übernommen werden können, stellten sie damals gegenüber der Orthodoxie einen Fortschritt dar, hinter den man nicht einfach zurückflüchten kann.

WENN GLAUBEN UND DENKEN SICH VEREINBAREN LASSEN

Die Erlanger Universität als Stätte der kirchlichen Aufklärung

Mit Festpredigten in der Neustädter Kirche, feierlichen Umzügen und ersten Promotionen – übrigens auch im Gotteshaus – beging Erlangen am 4. November 1743 die Eröffnung seiner Universität. Diese sollte nach dem Wunsch ihrer Gründer ganz dem *neuen Geist* der Aufklärung verpflichtet sein. Die Stiftungsurkunde hatte Markgraf Friedrich unterzeichnet. Für das religiöse Klima, das damals an den protestantischen Höfen aufkam, ist seine Entwicklung bezeichnend; Friedrich war in Genf Freimaurer geworden und gründete in seinem Residenzstädtchen Bayreuth sogar eine Loge, hielt jedoch für seine Untertanen streng an der Heiligung des Sonntags und dem pünktlichen Besuch der Gottesdienste fest. So glich seine Frömmigkeit der Einstellung Friedrichs des Großen von Preußen, mit dessen Schwester der Bayreuther Markgraf verheiratet war. Diese *Schöne Wilhelmine* vor allem hatte zielstrebig an der Verwirklichung des alten markgräflichen Traums von einer brandenburgischen Universität in Franken gearbeitet. Der erste Versuch in Bayreuth auf Kosten der kirchlichen Stiftungen war ein Jahr zuvor fehlgeschlagen. Nun zog man in die Gebäude der ehemaligen Ritterakademie ein.

Erster Direktor und zusammen mit Wilhelmine die Seele der neuen Universität wurde der wirkliche geheime Rat und Hofarzt Daniel Superville. Er war ganz ein Mann des *philosophischen Jahrhunderts*, französisch-holländischer Abstammung und von Haus aus calvinistisch, jetzt in Bayreuth aber in erster Linie gegen alles, was dem alten Kirchenglauben oder gar dem Pietismus zuneigte. Am Hof galt Johann Christoph Silchmüller als Freund pietistischer Frömmigkeit. Der *Bußkampf der Seelen*, wie ihn August Hermann Francke in Halle propagierte, lag ihm sehr am Herzen; er ließ in seinen Erbauungsstunden die *lustigen Lieder und hallischen Melodien*, die gefühlsbetonten Erweckungslieder also, singen und huldigte der Zinzendorf'schen Jesusmystik. Das alles schätzte der Hofarzt gar nicht. Mit Erfolg wußte er darum zu verhindern, daß Silchmüller und sein Stil nun in Erlangen Einzug hielten. Zwar sprach der Dekan der theologischen Fakultät in seiner Festrede am Eröffnungstag über die *Schranken der Vernunftsanwendung in der Auslegung der Bibel* und stellte sich damit als ein Vertreter des alten Glaubens vor. Doch die Statuten der neugegründeten Fakultät legten fest, daß die Herren Professoren jede Form von *Synkretismus und Pietismus von Herzen verabscheuen* müßten; eine entsprechende Warnung vor der heraufziehenden *vernünftigen Religion* hielt man dagegen für unnötig. Sehr bald hieß es denn auch von der neuen fränkischen Universität, eine *leise Bewegung nach der neuen Theologie* sei nicht zu verkennen.

Führend wurde die Erlanger Aufklärungstheologie erst nach 1770, als der gelehrte Georg Friedrich Seiler seine weitgefächerte Tätigkeit im akademischen und kirchlich-praktischen Raum zu entfalten begann. Das Urteil über diesen Mann schwankte allerdings schon unter seinen Zeitgenossen. Ein Kollege meinte, ihn ganz als den *Stolz der Orthodoxen* charakterisieren zu können; Seiler sei ein Mann, der *seufze und winsele über die einreissenden Irrtümer und verteidige allen Unsinn des Systems mit einer Dreistigkeit, die nichts Ähnliches hat*. Zugleich sei er jedoch *ein Meister in der Kunst, den Mantel nach dem Wind zu hängen*; bei allen Gelegenheiten mache er den Ketzern *Komplimente und Verbeugungen*, lobe ihren Scharfsinn und spiele überall den *sanften und toleranten Mann, der kein Wässerchen trüben kann*. Dieses scharfe Urteil über Seilers schillernde Position im Kampf der Geister ist zutreffend. Er wollte ein Vermittlungstheologe sein, – und zog sich dabei nicht selten den Zorn aus beiden Lagern zu.

Georg Friedrich Seiler (1733–1807) stammte aus dem kleinen markgräflichen Landstädtchen Creußen. Als er 1770 in Erlangen aufzog, hatte er ein theologisch philosophisches Studium, eine zweijährige Bildungsreise nach Tübingen und eine langjährige Gemeindetätigkeit im Coburg'schen hinter sich. Um den unglaublichen Umfang seiner literarischen Produktion und die weitreichende Wirkung seiner Erlanger Jahre zu verstehen, muß man sich einige Grundlinien seiner Theologie klarmachen.

In die Wissenschaftsgeschichte wird Seiler als ein Vertreter der sogenannten *Neologie* eingeordnet, als ein *Mann der kirchlichen Vermittlungsorthodoxie*. Das ist jedenfalls das Stichwort, das sich wie ein roter Faden durch sein Denken und Schreiben zieht: Vermittlung. Er will zwischen dem alten Glauben der Orthodoxie und den neuen geisteswissenschaftlichen Strömungen vermitteln, will eine vollkommene Harmonie zwischen Vernunft und Offenbarung, zwischen Denken und Glauben herstellen, will bis in die kirchliche Praxis hinein am Kompromiß zwischen Bekenntnis und Tradition einerseits und Zeitgeist und Fortschritt andererseits arbeiten. Das Ergebnis dieser Bemühungen ist ein *vernunftgemässes Christentum,* das nicht mehr auf Autorität, sondern auf Einsicht gründet. Seiler meint, es sei *die Pflicht und das Recht jedes vernünftigen Christen, frei zu denken, sich an kein Ansehen zu binden, die Hoffnung seiner Unsterblichkeit auf seine Einsicht und eigenen Glauben zu gründen und der Wahrheit nach seinen Gaben mit dem ihm möglichen Fleiß nachzuspüren.* Sein Ideal ist dementsprechend der *christliche Philosoph,* in dessen denkendem Glauben sich die Erkenntnis Gottes in Natur und Geschichte harmonisch mit der Botschaft Jesu vom Vater im Himmel verbindet. Eine unbedingte, gewissensmäßige Bindung der Geistlichen an schriftlich fixierte Bekenntnisse schätzt Seiler dementsprechend nicht. Ganz im Sinn der Aufklärung bilden für den Vater der neuen Erlanger Richtung Wissenschaft und Sittlichkeit ein untrennbares Ganzes. Denn *Gottes Ehre und die Glückseligkeit des Menschen* gehören zusammen, und durch einen tugendhaften Wandel dient der moderne Christ beidem.

Die klassischen Stichworte der deutschen Aufklärungstheologie – Gott, Tugend und Unsterblichkeit – fallen also bei Georg Friedrich Seiler häufig. Dennoch tut man Unrecht, wenn man ihn einfach als *Vater des Rationalismus in Franken* abqualifiziert. Die Vernunftsreligion und die Moral der Aufklärung sind nämlich für Seiler ohne die biblische Offenbarung undenkbar. Die vorchristliche Geschichte hat seiner Meinung nach eindeutig bewiesen, daß der Gebrauch der Vernunft allein die Menschheit *in ein fast unheilbares Verderben* führt. In der Auseinandersetzung mit Lessing etwa, dessen Interpretation der Geschichte als die große göttliche Erziehung des Menschengeschlechtes Seiler durchaus teilt, hält er diesem gegenüber an der Notwendigkeit einer besonderen göttlichen Offenbarung – eben in Christus – eisern fest. Daß *die Offenbarung dem menschlichen Geschlecht nichts gebe, worauf die menschliche Vernunft sich selbst überlassen nicht auch gekommen sein würde,* bezeichnet er kurz und bündig als falsch. Spottend fällt er über den aufklärerischen Philosophen her: *Der Stolze, der sich das eine Auge ausreißt und es Gott vor die Füße wirft, weil er sich einbildet, mit dem anderen noch helle genug sehen zu können und dann kühn sich auf die wilde See schwankender menschlicher Meinungen hinauswagt, ohne Ruder, ohne Steuermann, den ihm Gott in der Offenbarung darbietet!* Seiler selber ist also durchaus der Ansicht, daß das *helle* Licht der Vernunft der andauernden *Erleuchtung* durch den Geist Gottes bedürfe.

Daß Seiler den Glauben nicht einfach dem Denken preisgibt, zeigt sich in seinen Äußerungen zur Bedeutung Jesu. Das *stellvertretende Leiden des göttlichen Mittlers,* wie es die Bibel lehrt und Seiler als eine *wichtige Sache* akzeptiert wissen will, kann die *sich selbst überlassene Vernunft* seiner Meinung nach nicht verstehen. Ebenso differenziert äußert sich der Erlanger Theologe über die kirchlichen Bekenntnisse. Gewiß –: Der einzelne muß in ihnen das Wesentliche vom Zufälligen und Zeitbedingten unterscheiden. Die Kirche aber bedarf dringend einer dogmatischen Basis *gerade zu unseren Zeiten.* Und die *Confessio Augustana* des Luthertums hält Seiler im Ganzen für sehr gut; sie stimme mit der heiligen Schrift überein und bilde so eine Gewähr für die *Einigkeit im Wesentlichen des Glaubens.* Im schriftlichen Gespräch, das Seiler mit der Kant'schen Pflichtenlehre führt, wird schließlich auch deutlich, daß für ihn der christliche Glaube nicht einfach mit einer vernünftigen Moral identisch ist. Er meint, die *Liebe zu Gott und Jesus* müsse die Haupttriebfeder bleiben, die den Christen in Bewegung setzt. Die Pflicht – dieser *ruhige, kalte Gedanke* – packe den Menschen wohl nicht dort, wo er angesprochen werden müsse, *nämlich beim Herzen.* Hier deutet sich die für die aufklärerische Frömmigkeit so typische Verbindung von Rationalität und Gefühl an. Seiler mahnt immer wieder, den *Wert der Gefühle im Christentum ja nicht herabzusetzen;* beim alten Seiler finden sich sogar Gedanken, die schon an Schleiermacher erinnern. Jedenfalls lehnt Seiler die rein moralische Auslegung der heiligen Schrift durch den Königsberger Hofphilosophen der deutschen protestantischen Aufklärung von Anfang an scharf ab.

Diese Grundgedanken des führenden fränkisch-protestantischen Aufklärungstheologen zeigen: die *neue Richtung* baut auf den Gedanken der lutherischen Orthodoxie auf, von der sie die unverbrüchliche Geltung der Bibel und die grundsätzliche Unterordnung der Vernunft unter die Offenbarung übernimmt. Sie ist auch ohne den praktisch-moralischen Zug der pietistischen Frömmigkeit nicht zu verstehen. In ihrer Überzeugung von der Harmonie von Glauben und Denken erweist sie sich

Wertvollstes Erbe der deutschen Aufklärung bleibt der Toleranzgedanke, den dieser Stich verdeutlicht; er zeigt nebeneinander (von links nach rechts) einen Juden, einen orthodoxen Geistlichen, einen calvinistischen Prediger, einen katholischen Priester und einen lutherischen Pfarrer

allerdings als ganz dem Geist der Zeit verbunden. Seiler selber betrachtete seine Neuinterpretation des alten Glaubens geradezu als eine *Rettungsaktion für die Offenbarung*. Er meinte einmal, er habe sich *im Gewissen aufgefordert* gefühlt, die *Dunkelheiten* der Orthodoxie aufzugeben und einen *rechten Mittelweg* zu wählen, um dem *Abweg des reinen Rationalismus* wirksam begegnen und so dem *Zentrum* besser dienen zu können. Er wollte also nichts anderes als ein evangelischer Christ und Theologe für seine Zeit sein. Sein gebildetes Erlanger Bürgertum und seine Studenten haben ihm das abgenommen. Bis in seine persönliche Lebensführung hinein bemühte sich Seiler um eine echt christliche Frömmigkeit und eine zeitgemäße Lebensbejahung. Zwischen seinen Worten auf dem Katheder und auf der Kanzel – aber auch zwischen seinem Reden und Handeln – gab es keine Widersprüche. Dank seiner Menschenfreundlichkeit kamen die Erlanger sogar zu einer gesicherten Flußbadeanstalt, die ihnen ihr geschätzter Kirchenmann noch im hohen Alter verschaffte. Vermittlung, Liebe und Harmonie waren für einen so ernsthaften Mann wie Seiler mehr als Schlagworte eines theologischen Programms.

Seine größte Wirkung aber erzielte Seiler durch seine literarischen Arbeiten. Um seine zahlreichen volkspädagogischen, geistlichen, populärtheologischen und wissenschaftlichen Werke an den Mann zu bringen, gründete er sogar einen eigenen Verlag. Dieses Schrifttum nun förderte zweifellos die Entwicklung der radikalen Aufklärung in den kirchlichen Kreisen. Sein Verfasser konnte zwar nicht als konsequenter Rationalist gelten; aber wo die ergänzende und korrigierende Wirkung seiner Persönlichkeit fehlte, bestand durchaus die Möglichkeit, einzelne seiner Gedanken bewußt oder unbewußt im Sinne eines reinen Rationalismus mißzuverstehen oder weiterzuentwickeln.

IM STREIT UM EINE VERNÜNFTIGE GOTTESVEREHRUNG
Die Umgestaltung des kirchlichen Lebens im ausgehenden 18. Jahrhundert

Im Gegensatz zu England und Frankreich war die Aufklärung in Deutschland eine dezidierte geistige und theologische Bewegung. Sie entfaltete sich zunächst in den Hörsälen der Universitäten, auf den Kanzeln der städtischen Gotteshäuser und durch die literarische Produktion der Gelehrten. Erst langsam drang der neue Geist auch auf das Land vor, um nun allmählich das gesamte religiöse Leben umzugestalten. Das geschah dann allerdings in einer Weise, die die Veränderungen im Reformationszeitalter lediglich als leichte Retouschen an der spätmittelalterlichen Religiosität erscheinen läßt. Jetzt erst verlor das fränkische Luthertum seine mittelalterliche Kirchlichkeit. Man wird diese gewiß recht rigorose Reform jedoch nicht pauschal als Verrat am Luthertum der Väter abtun können. Manches, was die *bösen* aufklärerischen Kirchenmänner jetzt mit entschlossenem Mut abschafften, hatte sich schon im Zeitalter der Orthodoxie als äußerst problematisch erwiesen. Daß sie sich bei der Neugestaltung des kirchlichen Lebens von den Bedürfnissen ihrer Zeitgenossen und von ihrer eigenen Theologie leiten ließen, kann ihnen kaum zum Vorwurf gemacht werden. An einigen Punkten ging ihr Reformprogramm allerdings über das, was notwendig war, hinaus. Und hier konnte der Rationalismus späterer Jahre ansetzen, um in seinem Sinn am Ausverkauf des Christentums zu arbeiten.

Kaum eine Epoche der Kirchengeschichte hat sich so grundsätzlich und ausführlich mit den Fragen des gottesdienstlichen Lebens beschäftigt, wie gerade die Aufklärung. Mit ihrem Anliegen, die Menschheit dem Fortschritt entgegenzuführen und die Welt durch eine richtige Belehrung und Erziehung zu verbessern, fand sie im Gottesdienst mit der Predigt, der Liturgie und den Liedern ein geradezu ideales Experimentierfeld vor. Freilich nicht in *dem* Gottesdienst, wie er landauf landab in den fränkischen Gotteshäusern der beiden Markgrafschaften Ansbach und Bayreuth und den Stadtkirchen Nürnbergs gefeiert wurde. Hier galt noch überall die Brandenburg-Nürnbergische Kirchenordnung. Ein Mann wie Seiler dachte gar nicht daran, deren Konzeption der lutherischen Meßfeier grundsätzlich in Frage zu stellen. Er empfand es nur als unmöglich, im Kreis seiner gebildeten Erlanger Bürger die unverständliche Meßordnung weiter so zu befolgen und die alten Gebete weiter so abzulesen, als habe sich seit 1533 nichts geändert. Der Inhalt der Liturgie stand also für Seiler fest; er nahm jedoch im Interesse seines *Publikums* Anstoß an der Form und der Sprache. Beides muß verbessert werden, damit die *öffentliche Gottesverehrung* – wie der evangelische Gottesdienst nun heißt – auch tatsächlich sein Ziel erreicht: die *Aufklärung, Besserung und Beruhigung der Menschen.*

Für den Aufbau des Gottesdienstes verlangt der Chefliturgiker der bayerischen Aufklärung eine einsichtige, logisch nachvollziehbare Anordnung der Gedanken. Alles soll klar und einfach aufeinander folgen. Am besten ist jeder Hauptgottesdienst unter ein Thema zu stellen, denn *der große Haufe, sonderlich der größte Teil des weiblichen Geschlechtes und der gemeinen Handarbeiter* kann sich nicht an den dauernden Wechsel der liturgischen Stücke gewöhnen. Diese vorschnelle Rücksichtnahme Seilers auf die Unbeweglichkeit der Gottesdienstbesucher führte zu einer gewissen Eintönigkeit des evangelischen Gottesdienstes, die einzelne Gemeinden noch in der Gegenwart nicht überwunden haben. Andererseits plädierte der Liturgiker im Zeitalter der Empfindsamkeit durchaus dafür, daß der Gottesdienst ein Kunstwerk und die *öffentliche Andacht* erhebend sei. Die meisten Menschen seien doch *an das Sinnliche allzusehr gewöhnt, so daß eine gewisse äußerliche – mit Einschränkungen katholische – Feierlichkeit in der Gottesverehrung durchaus nötig sei.* Der alte Gottesdienst sei aber, *nach den Regeln des guten Geschmackes geprüft, nichts weniger, als eigentlich schön.*

Den heftigsten Anstoß nahm das neue Stilempfinden an der Sprache der herkömmlichen Gebete, Lieder und liturgischen Formeln. Seiler mußte einfach feststellen, daß die *Wörter ihre Würde verloren* haben, zuweilen auch ihren ursprünglichen Sinn und *in unseren Tagen bei vielen Christen widrige Empfindungen auch wohl fast Lachen* hervorrufen. Im Zeitalter eines großartigen Bildungsaufschwungs und eines ausgeprägten Sprachempfindens präsentiere sich die Kirche mit ihrer Liturgie als Hort von *übel gewählten Bildern, Plattheiten, Tändeleien und Derbheiten*. Das könne nicht länger so bleiben. Eine *gewisse Würde* der liturgischen Sprache abseits des Modejargons erscheint Seiler für eine richtige *herzerhebende Andacht mit hinreißendem Affekt* durchaus empfehlenswert; alle abgeschmackten und spielerischen Elemente aber müssen beseitigt werden.

Was Seiler also forderte, war der klar gegliederte, würdige, verständliche und zeitgemäße Gottesdienst, *frei von allzu vielen Zutaten, Wucherungen und Auswüchsen vulgärer und barock-gotischer Art*. Und diese Forderung erhob er nicht, weil er die Lehre der alten Kirchenordnung ablehnte, sondern weil seine Zeitgenossen Form und Sprache der alten Kirchenordnung ablehnten. Diese Intension der aufklärerischen Liturgiereform verdient alle Achtung. Daß nicht alle Ergebnisse auf die Dauer befriedigen konnten, hätte einen Mann wie Seiler am wenigsten gestört. Er meinte einmal realistisch und sehr selbstkritisch, nicht nur die lebendige Sprache ändere sich, sondern das *Menschengeschlecht liebt überhaupt die Veränderung*. Darum bliebe auch eine *von den gelehrten und gebildeten Männern ausgefertigte Liturgie dem folgenden Zeitalter nicht ganz angemessen*.

Daß der gebildetste fränkische Theologe der Professor Seiler in Erlangen war, hatte man am Ansbacher Hof bald erkannt. Markgraf Karl Alexander (1757–1791), der damals die beiden Fürstentümer Ansbach und Bayreuth in Personalunion regierte, ernannte ihn bereits 1774 zum Konsistorialrat des Bayreuther Konsistoriums und übertrug ihm die Oberaufsicht über das gesamte Schulwesen der Markgrafschaft. Nun eröffneten sich für den Kirchenmann neue und weitreichende Möglichkeiten, seine Ideen in den Gemeinden zu verwirklichen. Seiler überstürzte dabei nichts, ja er mußte von seinem Freund, dem Ansbacher Generalsuperintendenten Johann Junkheim, geradezu gedrängt werden, seine liturgischen Neuerungsbestrebungen endlich einmal zu Papier zu bringen. Auch als seine ersten *Versuche* vorlagen, pochte er nicht auf deren regierungsamtliche Freigabe. Er war sicher, daß die Zeit für ihn und seine Vorschläge arbeiten würde. In aller Ruhe arbeitete er – als der versierte Fachmann vom Ansbacher Konsistorium mehr oder weniger offiziell darum gebeten – an seiner *Allgemeinen Sammlung liturgischer Formulare*, die 1787 zu erscheinen begann. Die Kirchenführer zeigten sich von dieser neuen Agende sehr angetan, da Seiler *mit der größten Vorsicht und Behutsamkeit zu Werke* gegangen war und

In der Herausgabe zeitgemäßer Gebetbücher sah die Aufklärung eine ihrer wichtigsten Aufgaben

die dogmatisch relevanten Formeln bei Taufe und Abendmahl unangetastet gelassen hatte. Sie begrüßten es, daß den Geistlichen nun *Formulare zum Ablesen an die Hand gegeben würden, welche unseren Zeiten angemessen wären*. Dies sei es, *was der aufgeklärte Teil unseres Publikums schon lange wünscht und sich danach sehnt*. In seinem Gutachten lobte das Ansbacher Konsistorium Seiler als einen *aufgeklärten und dabei in dem besten Ruf der Orthodoxie stehenden Theologen* und pries seine Arbeit als einen *Schatz*, der zur Belebung der Andacht beitragen werde, im übrigen in *bequemen Lettern* gedruckt und außerdem *um einen sehr billigen Preis zu haben* sei.

Auf Grund dieser Empfehlungen wurde die neue *Seiler'sche Agende* sehr bald vom Markgrafen freigegeben; sie sollte abwechselnd mit den alten Ordnungen gebraucht werden. Ein Begleitschreiben der Bayreuther Kirchenbehörde nahm zwar noch einmal die alten gottesdienstlichen Ordnungen freundlich in Schutz, meinte aber, sie seien zu sehr *nach dem Geschmack und Zustand der (alten) Zeit* verfaßt; die *öffentlichen Gebeter* seien darüber hinaus *so bekannt* gewesen, daß keiner sie mehr mit Aufmerksamkeit und Andacht mitgebetet hätte.

Die Seiler'sche Liturgiereform in Ansbach und Bayreuth gelang tatsächlich vollständig. Noch vor der Jahrhundertwende befand sich auch die kleinste Gemeinde im Besitz der neuen Agenden, und ihr Verfasser konnte einem Freund stolz mitteilen, die *biederen Franken* würden sich *nicht leicht einer guten Sache hartnäckig widersetzen, wenn anders die, welche sie anführen, die rechte Art und Weise wählen*. Genau das war aber geschehen. Man hatte niemanden gedrängt, hatte auch die gute alte Kirchenordnung von 1533 nicht pauschal abgeurteilt und im übrigen die Liturgiereform durch flankierende Maßnahmen verschiedenster Art sinnvoll unterstützt. Denn während sich allmählich der Gottesdienst änderte, wurde ganz Franken unablässig von Erbauungsbüchern, Katechismen, Gebetssammlungen und allgemein verständlichen theologischen Traktaten des schreibfreudigen Seiler überschwemmt. Und selbstverständlich wurden auch die Gesangbücher schleunigst dem neuen Geist entsprechend revidiert.

Stärker noch als über die neue Liturgie drang der Geist der Aufklärung über diese neuen Gesangbücher in die Gemeinden. Denn sie dienten ja auch der privaten Erbauung, lagen also nicht in den Sakristeien, sondern wurden täglich zu Hause benutzt. Die Lieder begleiteten die Menschen als Gebete vom Aufgang der Sonne über die Mittagsstunde bis zur abendlichen Hausandacht. Es gab keinen Lebensbereich – keinen politischen, gesellschaftlichen, wirtschaftlichen oder privaten –, der nicht liturgisch im Rahmen des Kirchenliedes erfaßt gewesen wäre. So war das Gesangbuch auch umgekehrt ein getreues Spiegelbild der herrschenden Frömmigkeit, ja überhaupt des Lebensgefühls einer Epoche. Wie sich die Menschen zu ihrer Umwelt, zu sich selber und zu ihren Mitmenschen verhielten, was ihnen der Glaube bedeutete und was ihnen in ihrem Leben wichtig erschien – all das konnte man einst am Gesangbuch, an seinem Aufbau, seinem Inhalt und seiner Sprache ablesen.

Diese gesunde und selbstverständliche Wechselbeziehung zwischen dem lutherischen Franken und seinen lutherischen Gesangbüchern wurde mit Beginn der Aufklärung zerstört. Die Prediger der städtischen Gemeinden machten sich immer häufiger über die barocken und pietistischen Liedersammlungen mit den *unbiblischen, süßen, herrnhutischen Tändeleien, dem leeren Wortgeklingel, den Spielwerken und der oft bis nahe an den Unsinn grenzenden Phantasie* lustig. Die ländlichen Gemeinden dagegen konnten sich nicht mit den modernisierten Gesangbüchern anfreunden. Die neue Liturgie nahmen sie als Entscheidung ihrer Geistlichen hin. Ein neues Gesangbuch aber bedeutete quasi einen Eingriff in ihre Intimsphäre. Vor allem im Stadt- und Landgebiet Nürnberg gestaltete sich die Einführung des letzten reichsstädtischen und ersten aufklärerischen Gesangbuches 1791 zu einem zähen Kampf der Gemeinden gegen die *neumodischen Gesänge*.

Der Wunsch nach einem zeitgemäßen Gesangbuch ging in Nürnberg eindeutig von den Predigern aus. Der eine von ihnen, der Sudenprediger Georg Waldau, nahm als glühender Verehrer der Gellert'schen und Klopstock'schen Dichtungen vor allem an der poetischen und dogmatischen Qualität des alten, erst zehn Jahre zuvor eingeführten Gesangbuches Anstoß. Sein Kollege von St. Sebald meinte im Pfarrkonvent, das Nürnberger Gesangbuch sei wohl das *schlechteste unter allen,* und die Stadt geriete allmählich in einen schlimmen Ruf. Ein anderer bemängelte, daß die Leute *so viele verschiedene Gesangbücher haben und zu den Gottesdiensten mitnehmen müssen*. Der Rat der Stadt nahm die Unmutsäußerungen seiner Geistlichen gnädig auf. Er ermahnte allerdings die Herren, für ein neues Gesangbuch zu sorgen, das *alte, mitteljährige und junge Personen gleichermaßen zufriedenstellte*. Es dauerte dann freilich noch einige Jahre, bis einige *taugliche Subjecte* vom progressiven Kirchenpfleger, dem Freiherrn Paul Karl von Welser, mit den Vorarbeiten beauftragt werden konnten.

Die eigentliche Arbeit, das mühsame Aussuchen der Lieder aus einem runden Dutzend von Gesangbüchern aus ganz Deutschland und die Korrektur, besorgten die Nürnberger Prediger und einige Professoren der benachbarten Altdorfer Universität. Dort saß auch der Mann, der sich für die gesamte Planung des neuen Buches und seine dogmatische Konzeption verantwortlich wußte: der Theologieprofessor Christian Gottfried Jun-

Ein heftiger Gesangbuchkrieg entbrannte 1791 in den Nürnberger Landgemeinden, die ihre alten Tröster nicht gegen das neue Aufklärungsgesangbuch eintauschen wollten, von dem der Titelkupfer noch das beste war

ge, der sich, wie die meisten seiner Altdorfer Kollegen, ganz dem neuen aufklärerischen Christentum verschrieben hatte. Trotz der dominierenden Stellung Junges kann man im Blick auf das neue Gesangbuch von einem *Teamwork* der Nürnberg-Altdorfer Theologen sprechen. Das wußte wohl auch der Rat zu schätzen, denn ohne viel zu ändern wurde am Sonntag Estomihi 1791 das Arbeitsergebnis akzeptiert: Das *Neue Gesangbuch zur öffentlichen Erbauung und Privatandacht auf Befehl eines hochlöblichen Rats unter der Aufsicht und Prüfung der vordersten Theologen Nürnbergs den Reichsstadt-Nürnbergischen Gemeinden in der Stadt und auf dem Lande gewidmet.*

Schon vorher hatte Junge das Werk auf der Kanzel geradezu marktschreierisch angepriesen. Man habe *die alten, unbrauchbaren Lieder ausgelassen und die Arbeiten neuerer Dichter aufgenommen.* Unbrauchbar waren in den Augen der Gesangbuchmacher vor allem die Lieder Martin Luthers und Paul Gerhardts. Als *unwürdig* und *unrichtig* bezeichnete Junge ausdrücklich klassische Choräle wie *Ich steh an deiner Krippen hier* und *Ein Lämmlein geht* von Paul Gerhardt, Luthers *Christum wir sollen loben schon*, das Abendmahlslied *Schmücke dich, o liebe Seele* und Philipp Nikolais gewaltiges *Wie schön leuchtet der Morgenstern* – lauter Choräle, die heute zu den großen Schätzen des Kirchengesangs gezählt werden. Unter den 731 Liedern des neuen Nürnberger Gesangbuchs befanden sich ganze elf Lutherlieder. Nur vier hatte man unverändert in einen Anhang aufgenommen, die anderen waren bis zur Unkenntlichkeit verstümmelt worden. Paul Gerhardts Gesänge, von denen man ebenfalls nur elf für brauchbar hielt, hatten sich derartige *Verschlimmbesserungen* gefallen lassen müssen, daß man sie überhaupt nicht mehr wiedererkennen konnte. Die neueren Dichter dagegen mit ihren *vortrefflichen Liedern* lobte Junge in den höchsten Tönen. Sie würden die christlichen Wahrheiten *verständlich und rührend* zum Ausdruck bringen und seien bestens *zur Unterhaltung der öffentlichen Andacht* geeignet.

Die Frage an dieses für die kirchliche Aufklärung Frankens typische Gesangbuch, ob es die christliche Wahrheit überhaupt noch festgehalten hat, ist freilich nicht so einfach zu beantworten, wie bei Seilers Liturgiereform. Manche Form des Aberglaubens, eine pervertierte Blut- und Wundentheologie und allzu primitive Jenseitsvorstellungen hatte man ausgemerzt und dafür das Liebesgebot kräftig herausgestellt. Diese Tendenz des Nürnberger Aufklärungsgesangbuches ist positiv zu beurteilen. Stärker wiegen jedoch die eindeutigen Versuche, ganz bestimmte dogmatische Grundsätze des Christentums nicht nur stilistisch dem Zeitgeschmack anzupassen, sondern inhaltlich in Frage zu stellen. Mit den Passionsliedern war nämlich auch die ganze lutherisch-biblische Kreuzestheologie verschwunden; der Kreuzestod Jesu wurde jetzt nur mehr als *Exempel der Pflichterfüllung* besungen, wie überhaupt Jesus Christus zum besten *Tugendlehrer* zusammengestrichen worden war. Eine Strophe eines Passionsliedes lautete etwa:

> *Eitler Sinnlichkeiten Reize*
> *fesseln meine Seele nicht;*
> *mir wird unter deinem Kreuze*
> *leicht und süße jede Pflicht.*
> *Dein Exempel soll mich lehren*
> *Schwachen Hilfe zu gewähren,*
> *die Betrübten zu erfreu'n,*
> *der Verlass'nen Schutz zu sein.*

Auch die Lieder von der Unsterblichkeit der Seele waren nicht nur einfach neu, sondern mußten in einem evangelischen Gesangbuch ausgesprochen deplaciert wirken. Spöttisch fragte denn auch schon während der Entstehung des Buches ein Prediger bei der Kommission an, ob man zum neuen Gesangbuch nun auch eine neue Bibel erhalte.

Zu einer solch hintergründigen Anfrage waren die Gemeinden nicht fähig. Ihnen gefiel das neue Gesangbuch rein gefühlsmäßig nicht. Ihr Empfinden sagte ihnen, daß hier mit der neuen Form auch ein *anderes Evangelium* angeboten würde. Das war nicht mehr ihre Frömmigkeit, und so verweigerten die Gemeinden ihren Predigern und ihrem Rat die Gefolgschaft. Die Pfarrer in den Stadtkirchen bekamen das sehr bald und sehr deutlich zu spüren. Sie mußten sich beklagen, daß ihre Pfarrkinder *scharenweise* zu den Reformierten, ja sogar zu den Katholiken in die Karthäuserkirche liefen, wo man noch die schönen, alten Lieder sang. *Wie nachteilig, wie nachteilig für uns!* rief ein Geistlicher aus und meinte das ganz konkret: das *Schlüsselgeld* – die Einlagen in den Gottesdiensten – seien um die Hälfte zurückgegangen. Wer noch in die Kirchen komme, erscheine erst zur Predigt und verlasse sofort nach dem Amen wieder das Gotteshaus. Stelle man die Gemeindeglieder aber zur Rede, so hätten sie sich alle eine sehr praktische Ausrede zurechtgelegt. Sie erklärten, das neue Gesangbuch sei viel zu teuer. Für die augenblickliche Situation empfahlen die Prediger daher in einem Gutachten an den Rat, *Geduld und Nachsicht* zu üben und *nur nicht mit Gewissenszwang* vorzugehen.

Während sich die Stadtgemeinden nach und nach doch an das Aufklärungsgesangbuch gewöhnten, kam es in den zur freien Reichsstadt gehörenden Dorfgemeinden zu regelrechten Gesangbuchkriegen. Die Pfarrer von St. Leonhard und in Heroldsberg, Kalchreuth und Burgfarrnbach berichteten ihrer Obrigkeit jedenfalls, im Blick auf das neue Gesangbuch würden sie *leider tauben Ohren predigen*. Sie sprachen von einer *bedenklichen Gährung in vielen Gemütern* und von *offenen Widersetzlichkeiten* der Bauern. Diese kämen einfach nicht mehr zum Gottesdienst und zum Abendmahl und hätten gesagt, sie *würden auch keine Leich' mehr besingen*. Zu einem derartigen Komplott gegen die kirchliche Obrigkeit kam es in den Außendörfern von Burgfarrnbach. In der Pfarrei Igensdorf brach sogar die Revolution aus. Die Bauern in den Dörfern weigerten sich, die Gottesdienste zu besuchen und stellten auch ihre Zahlungen an den Pfarrer ein. Im Schulhaus hielten sie eigene Gottesdienste, und dabei sangen sie natürlich aus ihren alten vorrationalistischen Gesangbüchern. Ähnlich ging es in der *widerspenstigen, tollen, hartnäckigen Kirchengemeinde* Lonnerstadt zu und in der *Neuen Landschaft,* wo ebenfalls mehrere Dörfer zusammen eine Art *Notgemeinschaft Altes Gesangbuch* bildeten. Diese Aktionsgruppe legte durch einen Advokaten förmliche Beschwerde beim Rat ein, – sachlich und nüchtern. Ihr Protest gipfelte in der zweifellos richtigen Feststellung, die fränkischen Bauern hätten kein Bedürfnis und kein Geld für dies neue Gesangbuch und seien durch dessen rasche Einführung schlicht überfahren worden.

Der Rat gab sich überraschend einsichtig. Das neue Gesangbuch war ja auch tatsächlich weder von ihm so gewollt noch gar unter Beteiligung der Gemeinden entstanden. Es war ein Produkt der aufklärerischen Theologen in Altdorf und Nürnberg. So berechtigt die Forderungen der Gesangbuchreformer auch waren, – bei der Durchführung war man gescheitert. Man war von einem Extrem in das andere gefallen und hatte durch Maßlosigkeit in der Ausführung zerstört, was man grundsätzlich ganz richtig erkannt hatte. Dieses beflissen zeitgemäße Gesangbuch konnte darum nur so lange und soweit Bedeutung finden, wie der Geist der Zeit reichte. Nicht wenige Gemeinden kehrten in der Folgezeit unter stillschweigender Duldung der Obrigkeit wieder zu ihren *alten Tröstern* zurück. In einem Bauernlied aus dieser Zeit heißt es treffend:

Die Bauern sangen froh
»In dulci jubilo«,
als man die alten Lieder
hat vorgezogen wieder,
und lächelten nur so.

»Hans!« fing der eine an,
»Der ist ein braver Mann,
der, statt ein Buch zu kaufen,
zwanzig Bazen tut versaufen;
das heiß ich wohlgetan!

Eh' gäben wir nichts mehr
von unsren Gaben her,
eh' wir uns ließen zwingen,
ein neues Lied zu singen,
denn es geht gar zu schwer.«

Das Herumbasteln an Liturgie und Liedgut war nur ein Bestandteil einer groß angelegten Umgestaltung des gesamten kirchlichen Lebens am Ausgang des 18. Jahrhunderts. Auf Schritt und Tritt meinten die aufklärerischen Kirchenmänner nun feststellen zu müssen, daß es so wie bisher nicht mehr weitergehen könne. Außerhalb Frankens hörte man nicht auf, sich über die altfränkische Frömmigkeit im Geltungsbereich der Brandenburg-Nürnbergischen Kirchenordnung lustig zu machen. Als der Herausgeber der *Allgemeinen deutschen Bibliothek*,

Bauern Lied.
Die bauern sangen froh
In dulci jubilo
Als man die alten Lieder
Hat vorgezogen wieder
Und lächelten nur so:
2.
Hanß! fing der eine an,
Der ist ein braver Mann,
Der, statt ein buch zu kaufen
20 batzen thut versaufen
Das heiß ich wohlgethan.
3.
Eh gäben wir nichts mehr
Von unsern Gaben her
Eh wir uns ließen zwingen
Ein neues lied zu singen
Dan es geht gar zu schwer.

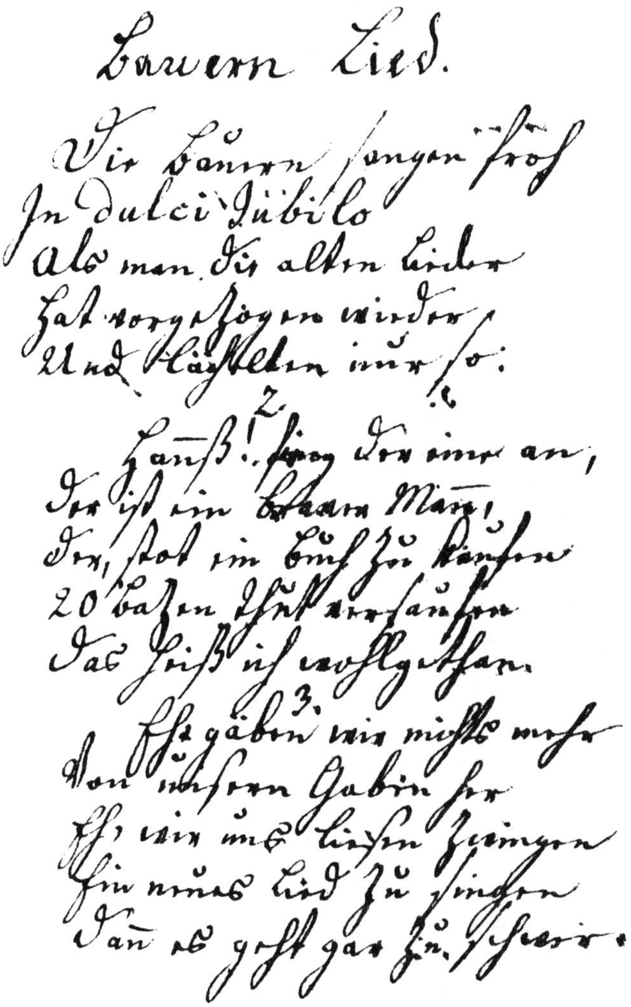

Handschriftlich aufgezeichnete Spottverse der Igensdorfer Bauern zu Ehren der alten Choräle

Friedrich Nicolai, zu Beginn der achtziger Jahre Nürnberg besuchte, veröffentlichte er anschließend einen recht kritischen Bericht über den *Religionszustand* an der Pegnitz. Er beklagte *die Menge der katholischen Zeremonien* und spöttelte: *Daß die Prediger bei der Predigt und beim heiligen Abendmahl Chorröcke, Meßgewänder und dergleichen tragen, möchte man noch hingehen lassen, weil im Grunde es gleichgültig ist, ob derjenige, der den Gottesdienst verrichtet, weiß, bunt oder schwarz gekleidet ist; und wenn man am hellen Tage Lichter ansteckt, so ist dies zwar ungereimt, aber wenigstens der Lichterzieher und der Küster haben einen Vorteil davon.*

Aber daß man Zeremonien beibehält, welche Zeit verderben und gar keinen, nicht einmal den kleinsten zufälligen Nutzen haben, ist unverzeihlich. Dahin gehört, daß noch täglich alle Morgen in allen Kirchen von den Predigern auf katholische Art Chor und nachmittags Vesper gehalten werden muß. Ähnlich aber um eine Nuance bissiger fiel die Kritik über das reichsstädtische Luthertum wenige Jahre später in der *Allgemeinen Literatur-Zeitung* aus. Noch würden täglich die Horengottesdienste lateinisch gesungen, – *und niemand leiht seine Ohren dazu.* Noch immer hielte man in den Gotteshäusern die Tagämter, – *und niemand bleibt zugegen.* Noch immer bete man das *Salve Regina* in der Marienkirche, – *aber keine Menschenseele werde dadurch erbaut.* Und dann die *mühlenräder-ähnlichen Halskrausen* und die altmodischen Lieder: *Noch herrscht in Nürnberg, zum Ärger aufgeklärter Priester und Laien, das mönchische Christentum.*

Diese Kritik war berechtigt, und nicht nur die Durchreisenden empfanden die Zustände als unerträglich. In der Markgrafschaft und in der freien Reichsstadt war die Reformation einst sehr vorsichtig eingeführt worden. Vor allem der Nürnberger Rat hatte darauf geachtet, daß die mittelalterlichen Sitten, wenn irgend möglich, weiter gepflegt würden. Interessanterweise tauchten nun zuerst genau dort Probleme auf, wo man auch schon im Reformationszeitalter Bedenken hatte: beim Exorzismus der Taufe, bei der Privatbeichte, bei den täglichen lateinischen Gottesdiensten und bei den liturgischen Gewändern. Hier verstand sich die Aufklärung mit einem gewissen Recht als Testamentsvollstrecker der Reformation, wie ja Luther überhaupt in dieser Zeit gerne als der große Befreier aus der geistigen Finsternis des Mittelalters und aus der dogmatischen Enge der katholischen Kirche gefeiert wurde. Andererseits gab man offen zu, daß *der so sehr in allen Städten erkaltende Religionseifer* den Abbau der kirchlichen Sitten vorantrieb.

Als erstes strich man in den Gotteshäusern Nürnbergs die Wochenfrühmessen, bei denen zum Schluß nur mehr der Geistliche mit einem Diakon allein lateinische Wechselgesänge ausgetauscht hatte. Jetzt sollte nur noch geläutet werden, damit *jeder Inwohner zum Aufstehen, zur Morgen- und Hausandacht, zum eigenen Gebet und zu seiner Arbeit ermuntert werde.* Eine zweite Änderung betraf die Taufordnung. Luther hatte in seinem deutschen Taufbüchlein von 1526 den altkirchlichen Exorzismus beibehalten und dabei war's auch im fränkischen Luthertum geblieben. Auch die Kinder evangelischer Eltern mußten sich also die Teufelsbeschwörung bei der Taufe gefallen lassen: *Fahr hin, du unreiner Geist! Ich beschwere dich, unreiner Geist, daß du ausfahrest und weichest von diesem Diener Jesu Christi!* Formeln, die irgendwie an eine leibliche Existenz des Teufels zu erinnern schienen, wurden jetzt als reinster Aberglaube empfunden. Daß die Aufklärer freilich nur den armen Teufel schlugen und in Wirklichkeit die christliche Lehre von der Sündhaftigkeit des Menschen *von Jugend an* meinten, wollte keiner gerne zugeben. Tatsächlich verbarg sich also – wie so oft in der Kirchengeschichte – unter dieser formalen Änderung eine nicht unwesentliche inhaltliche Verschiebung. Die hohen Herren im Ansbach'schen Kirchenregiment waren nicht so dumm, um das nicht zu erkennen. Jedenfalls baten sie um Streichung des Exorzismus *ganz in der Stille und ohne vorher gegen die Pfarrkinder öffentlich oder privatim davon zu reden.* Als der Teufel auch aus der Litanei verschwinden sollte, rührte sich immerhin leichter Widerspruch. Ein Bayreuther Konsistorialrat meinte spitz, am Ende werde man so *tolerant und complaissant gegen den Teufel,* daß man überhaupt nicht mehr gegen ihn beten dürfe: *Davor behüt uns, lieber Herre Gott!*

Zwei weitere einschneidende Maßnahmen hatten allerdings mit einem zeitgemäßen Christentum überhaupt nichts zu tun: Die Aufhebung der Apostel- und Marienfeiertage und die Abschaffung der Meßgewänder. Die markgräflichen, ritterschaftlichen und reichsstädtischen Obrigkeiten gaben offen zu, daß ihnen die altkirchlichen Heiligentage aus volkswirtschaftlichen und finanziellen Gründen höchst unangenehm waren. Nach und nach verlegte man sie fast alle auf den nächstliegenden Sonntag. Ähnliche Vorschläge hatte zwar schon Martin Luther gemacht, doch die Bauern ließen sich das jetzt nicht unwidersprochen gefallen. Sie schoben die ungünstige Witterung und die ausbrechende Maul- und Klauenseuche auf den Ärger der Apostel über die Lutherischen und besuchten an den abgeschafften Feiertagen desto eifriger die katholischen Gotteshäuser in der Nachbarschaft. Während sich die volkstümlichen Gebräuche an den alten Aposteltagen noch lange hielten, geriet die Welt der Heiligen im fränkischen Luthertum nun allmählich in Vergessenheit. Bitter klagte ein Pfarrer: *Die Perle im Kot – die Predigt und den Gottesdienst – nimmt man den Leuten, aber den Kot – den schändlichen Unfung und Greuel – läßt man ihnen.*

Einzug des Markgrafen Friedrich von Bayreuth in die von ihm 1743 gestiftete Universität Erlangen, deren evangelisch-theologische Fakultät seither in allen Epochen der fränkisch-bayerischen Kirchengeschichte eine bedeutsame Rolle spielte

Führender Vertreter der kirchlich gebundenen Aufklärung im ausgehenden 18. Jahrhundert war der Erlanger Professor Georg Friedrich Seiler. Durch seine zahlreichen erbaulichen, popularwissenschaftlichen und liturgischen Schriften gewann er großen Einfluß

Seiler lebt zu gegenwärtigen zeiten auf der Universitæt Erlangen und Schreibt uns die Nützbarste und begreiflichste Schriften in der Religion Iesu. Pflanzet den Garten des Herrn unerschrocken wieder alle Feinde

Einzelbeichte und Gesamtabsolution in einer Augsburger Kirche in der ersten Hälfte des 18. Jahrhunderts. Erst die Aufklärung schaffte die evangelische Beichte ab

Als den Lehrer über Gott, Tugend und Unsterblichkeit verstand das aufklärerische Christentum nicht nur den Pfarrer und Professor, sondern auch den weisen Lehrer Jesus

Grab-Schrifft
des Seeligen
Herrn Cantoris Freunds.

Es sang Herr Cantor Freund, recht als ein Virtuos
nach netter Kunst-Manier fürtreflich seine Psalmen;
Trug aber in der Gall, der Nieren und im Schos
ein grausams Dornen-Weh, jetzt trägt Er Freuden-Palmen:
Der Glaube war Sein Sieg, Sein Heyl die Lebens-Cron,
singt nach viel Angst-Geschrey nun stets den Jubel-Ton.

Die Leichenpredigt eines 1732 verstorbenen Kantors — verziert mit den herausoperierten Gallensteinen des Kirchenmusikers — ist ein originelles Beispiel für die Frömmigkeit der Aufklärung

Karl Heinrich Stephani, der Führer des Rationalismus in Bayern, war ein in seiner Weise bedeutsamer Pädagoge

Ein Rationalist reinsten Wassers, der schließlich die Theologie an den Nagel hängte und sein Glück als Kalter Wasserdoktor versuchte, war Eucharius Oertel

DIE
INDISCHE CHOLERA

EINZIG UND ALLEIN DURCH

KALTES WASSER

VERTILGBAR.

ALLEN REGIERUNGEN, ÄRZTEN UND NICHTÄRZTEN ZUR BEHERZIGUNG.

VOM

PROFESSOR DR. OERTEL IN ANSBACH.

ZWEITE VERBESSERTE AUFLAGE.

NÜRNBERG,
DRUCK UND VERLAG VON FRIEDRICH CAMPE.
1831.

Die liturgische Kleidung der lutherischen Kirche – hier die Tracht der Nürnberger Geistlichen – verschwand erst im Zeitalter der Aufklärung aus dem evangelischen Gottesdienst

Dieselbe Sparsamkeit, die als Argument bei der Reduzierung der kirchlichen Feiertage diente, mußte auch die Beseitigung der Meßgewänder rechtfertigen. Die Ansbacher und Bayreuther Konsistorien meinten, die jährliche Wäsche oder gar der Kauf neuer liturgischer Gewänder bereitete den Kirchenkassen *unnötige Kosten*. Einen Schritt weiter gingen die Nürnberger Ratsherren. Sie zogen die wertvollsten Meßgewänder ein und verkauften sie, um mit dem Erlös die steigenden Ausgaben für das kirchliche Leben zu bestreiten. Der Erlanger praktische Theologe Seiler machte zusätzlich ästhetische Gründe geltend. Er erklärte, das weiße Chorhemd nehme dem Geistlichen seine freie Gestalt, mache *den Schein seiner Arme um etwas kürzer* und *hindere ihn auch zuweilen in seinen Leibesbewegungen*. Die alten liturgischen Gewänder seien keinesfalls eine *geistliche Zierde*. Mit all diesen Argumenten bewiesen die kirchlichen und weltlichen Obrigkeiten nur, wie weit sich das Nützlichkeitsdenken der Aufklärung im fränkischen Luthertum bereits durchgesetzt hatte.

Eine weitere einschneidende Änderung des kirchlichen Lebens brachte die Aufklärung im Blick auf die Beichte. Martin Luther hatte bekanntlich zeit seines Lebens an der privaten Beichte vor einem Beichtvater und der Absolution unter Handauflegung festgehalten – *zur Beruhigung des Gewissens*. Er hatte freilich allen Formalismus und vor allem jeden Zwang in dieser Frage abgelehnt. In Nürnberg war es allerdings schon in der Reformation zu Auseinandersetzungen über die Privatbeichte gekommen. In einem Gutachten hatten die Wittenberger dem Nürnberger Theologen Andreas Osiander zwar bestätigt, daß die von ihm allein gewünschte Einzelbeichte *sehr christlich und tröstlich* sei, gleichzeitig aber darauf hingewiesen, daß *das Evangelium selbst eine allgemeine Absolution* sei und darum die allgemeine Bußfeier mit der Verkündigung der Vergebung nicht als unchristlich zu verurteilen sei. Praktisch eingeführt hatte sich dann aber im fränkischen Luthertum die private Beichte. Daß die Aufklärung schon früh an ihr heftigen Anstoß nahm, kann nicht verwundern. Denn im Zeitalter der lutherischen Orthodoxie war sie tatsächlich in einer Weise entartet, wie es einst bei der mittelalterlichen Bußpraxis sicher nicht schlimmer gewesen war.

In den Nürnberger Gemeinden, wo der Kampf um die Beichte in den letzten Jahren des 18. Jahrhunderts am heftigsten entbrannte, fand an den Samstagen am frühen Nachmittag die Beichtvesper statt. Nach der liturgischen Feier traten die Gemeindeglieder einzeln oder in der Familie an den offenen Beichtstuhl oder in die Sakristei. Jeder sprach dann die alte lutherische Beichtformel *Ich armer, elender, sündiger Mensch* ... und erhielt die Absolution. Anschließend hatte er das Beichtgeld einzulegen, das als ein Teil des Einkommens der Geistlichen galt. In der Praxis sah das alles längst nicht mehr *sehr christlich und tröstlich* aus. In der Stadt dauerte die Beichte oft mehrere Stunden, was zu *allerlei Ungehörigkeiten unter dem jungen Volk* führte. Wenn die Geistlichen sich von ihrem Beichtstuhl aus an ihre Beichtkinder wandten, entstand ein allgemeines *Zusammenschreien*. Die Beichte selber bestand lediglich im Ableiern der alten Formel. Die Geistlichen drohten zuweilen einzuschlafen, und die eigentliche Seelsorge und Unterweisung der Jugend kam zu kurz. Schließlich kämpfte jeder Pfarrer um seine Beichtkinder, denn es ging dabei ja auch, und keineswegs zuletzt, um das Geld.

Als Freiherr von Welser, ein *Freund der vernünftigen Gottesverehrung*, in Nürnberg das Amt des Kirchenpflegers übernahm, forderte er die Geistlichkeit sofort auf, *schickliche Vorschläge* zu unterbreiten, um diese Mißstände zu beseitigen. Die Prediger dachten jedoch gar nicht daran, sich von der *verfluchten Aufklärung* – der die meisten doch innerlich verbunden waren – ausgerechnet ihre einträgliche Privatbeichte nehmen zu lassen. Auf die zahlreichen langatmigen, hochtheologischen und seelsorgerlich abgestimmten Traktate der Nürnberger Geistlichen reagierte ein Kenner der kirchlichen Verhältnisse ausgesprochen sauer: *Es steckt unter dem Religionsmantel der Eigennutz versteckt. Das ist drollig. Man bezahlt, wenn man in die Komödie geht, und man muß auch bezahlen, wenn man Buße tut.*

Welser, der bei seiner *Reinigung der Kirche von den noch übrigen Schlacken* zunächst nicht weiterkam, fand das ganze keineswegs drollig. Er besorgte sich bei den aufgeklärten Theologieprofessoren in Altdorf ein Gutachten, das ganz nach seinem Wunsch ausfiel: die allgemeine Beichte sei dogmatisch einwandfrei, sie *steuere der Zeitvergeudung,* sei also somit vernünftig, und sie sei nicht *beleidigend für den Geschmack,* was man von der Praxis der Privatbeichte wohl kaum mit gutem Gewissen behaupten könne. Angesichts der Wissenschaftsgläubigkeit der Zeit und des Respekts vor den *Lehrern* war damit die Frage entschieden. 1791 konnte der Rat endlich *zur Beförderung reiner Gottesverehrung nach den Vorschriften des Stifters der christlichen Religion* in einem Erlaß die Einführung der allgemeinen Beichte festsetzen. Wer an der Privatbeichte trotz *gründlicher und liebreicher Belehrung* weiter festhalten wolle, möge dies tun. In der Stadt wollte das niemand; auch auf dem Land nahmen die meisten Gemeinden bald *an der so wohltätigen Veranstaltung* der allgemeinen Beichte gerne teil.

In der Markgrafschaft Ansbach-Bayreuth geriet die Privatbeichte in diesen Jahren ebenfalls sehr schnell in Vergessenheit. Das offizielle Luthertum selber hatte eine gute Sitte dem Mißbrauch und schließlich dem Verfall preisgegeben. Aus dem seelsorgerlichen Gespräch war ein Glaubensverhör und später ein kurzer Austausch von Formeln geworden. Eine wirklich geistliche Einrichtung war die Privatbeichte schon lange nicht mehr gewesen. Die Aufklärung vollzog also in diesem Fall nur eine Entscheidung, die die Orthodoxie schon lange vorbereitet hatte und die eigentlich längst fällig gewesen wäre – nicht nur aus vernünftigen, sondern in erster Linie aus geistlichen Gründen.

Ähnlich verhielt es sich mit der sogenannten Kirchenzucht, die im 18. Jahrhundert total zerfiel. Die Christenheit sah es eigentlich zu allen Zeiten als ihre legitime Aufgabe an, nicht nur die Vergebung zu verkünden, sondern auch durch bestimmte Strafmaßnahmen Ordnung in den eigenen Reihen zu halten. Im deutschen Luthertum beschränkte sich die Kirchenzucht allerdings von Anfang an ziemlich einseitig auf jenen Bereich, den

Der erhobene Zeigefinger ziert in einem Nürnberger Trauregister den Eintrag jener Paare, die wegen vorehelicher Beziehungen zur Strafe im Loch-Gefängnis getraut wurden

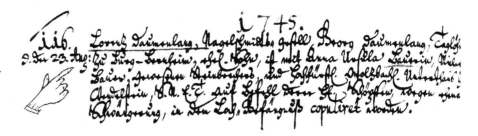

die Bibel *Hurerei und Unzucht* zu nennen pflegt. Wenn man in den alten Kirchenbüchern des Fürstentums Bayreuth blättert, muß man jedenfalls den Eindruck gewinnen, daß es für die fränkische Geistlichkeit zweihundert Jahre hindurch nur *eine* Sünde gab: die vor- und außerehelichen Beziehungen. Immer wieder vertrauten die Pfarrer dem geduldigen Papier ihren Zorn an und bereicherten die amtlichen Bücher durch sehr persönliche Notizen. So heißt es etwa bei der Taufe eines unehelichen Kindes: *Pfui doch! Gott schlage ihre Sünd!* Bei einer anderen Taufe bemerkt der Pfarrer, der Kindsvater sei nicht zur Taufe zugelassen worden. Bei Trauungen findet sich häufig der Hinweis, das Paar habe sich bereits *fleischlich vermischt*, sei von der Obrigkeit *abgestraft* worden und habe sich auch *mit der Kirche, welche es geärgert, wie billig und bräuchlich, versöhnen müssen*.

Im Laufe der Zeit hatten sich drei Stufen der *Versöhnung* herausgebildet. Die mildeste Strafe bestand in einer zeitweisen Verweigerung der Absolution und Zurückweisung vom heiligen Abendmahl. Mit ihr kam etwa ein Musiker davon, der gewagt hatte, irgendwo im Land am Bußtag zu pfeifen. Äußerst unangenehm für den Betroffenen war der *Akt öffentlicher Kirchenbuße* im Gottesdienst vor versammelter Gemeinde. Dann hatte der bußfertige Sünder während der Strafpredigt des Pfarrers draußen vor dem Altar zu knien. Anschließend trat der Geistliche an den Altar und hielt dem Sünder vor, daß *er den Allerhöchsten höchlich erzürnt, die christliche Gemeinde geärgert und sein Gewissen jämmerlich beschwert habe*. Nach dem Schuldbekenntnis und der Absolution durfte der *Fornicant* am Abendmahl teilnehmen, – als letzter allerdings und zur Erbauung der *verärgerten* Gemeinde kniend bis zum Schluß des Gottesdienstes. Dieser Prozedur mußten sich vor allem Ehebrecher und Dirnen unterziehen. Es kann kein Zweifel daran bestehen, daß die Kirchenzucht noch in der Mitte des 18. Jahrhunderts in dieser Weise praktiziert wurde; einige erhaltene *Verzeichnisse der Personen, die Kirchenbuße verrichtet und ausgestanden(!) haben*, beweisen das. Die dritte Stufe der Kirchenstrafe bestand darin, daß der Sünder dem weltlichen Arm der Gerechtigkeit ausgeliefert wurde, wobei sinnigerweise sofort hinzugefügt wurde, daß der Betreffende nach dem Tod *keines ehrlichen Begräbnisses gewürdigt werde*. Zu dieser Maßnahme griff das Konsistorium allerdings nur bei außergewöhnlich *halsstarrigen Verächtern des Wortes Gottes und des Abendmahls*.

Welche Probleme vor allem die öffentliche Kirchenbuße heraufbeschwor, macht das untertänige Schreiben eines Kasendorfer Hufschmieds deutlich. Er gesteht der markgräflichen Regierung, daß er sich *durch Antrieb des listigen Satans* vor anderthalb Jahren von einer ledigen Dirne *zu ihrem fleischlichen Willen habe leiten lassen*. Er habe vor dem *grundgütigen Gott so Tags als Nachts herzinnigst Abbitte getan* und sei entschlossen gewesen, sich nach der Beichte mit dem Abendmahl *christgewöhnlich versorgen zu lassen*. Doch der Herr Seelsorger habe auf der öffentlichen Kirchenbuße bestanden. Dies bedeute für ihn allerdings *einen nicht geringen Stoß*. Er wolle jetzt heiraten und hätte eine gute Stellung. Der Meister und die Braut würden ihn aber wohl davonjagen, wenn jetzt alles durch die Kirchenbuße bekannt würde. Der Hufschmied bat, daß er *selbige mit Geld redimieren dürfe*. Dieses Gesuch wurde tatsächlich genehmigt, und in der Folgezeit machte der Brauch Schule: man zahlte lieber, anstatt sich vor den Altar zu knien – eine Wiederbelebung des alten Ablaßhandels mitten im

Noch in der ersten Hälfte des 18. Jahrhunderts versuchte man in der Superintendentur Bayreuth an der Kirchenzucht festzuhalten, wie dieses Verzeichnis derer, die Kirchenbuße ausgestanden haben, zeigt

Schoß der Kirche Martin Luthers. Die Gebührensätze sind übrigens bekannt: der Akt der Kirchenbuße kostete vier Gulden, vom Strohkranz konnten sich bei der Trauung Jungfrauen, die es nicht mehr waren, für zwei Gulden freikaufen.

Zur selben Zeit saß die Mätresse des *wilden Markgrafen* Karl Wilhelm Friedrich von Brandenburg-Ansbach (1729–1757) mit ihren vier Kindern auf dem Schloß bei Haundorf und nahm als unbescholtene Freifrau von Falkenhausen am heiligen Abendmahl teil. Auch in Bayreuth dachte kein Konsistorialrat daran, dem obersten *Bischof*, Markgraf Friedrich, wegen seiner freigeistigen Weltanschauung Vorhaltungen zu machen. Das alles disqualifizierte die Zuchtmaßnahmen der lutherischen Kirche vollends. 1782 endlich wurde die *Kirchenbuße der Fornicanten ohne Einschränkung bei allen immediaten Untertanen abgeschafft*. Das war keine Schande, denn diese Art von Kirchenzucht war zutiefst unevangelisch. Die Aufklärung hat ihren Zerfall nicht erst in die Wege geleitet, sie hat ihn aber zweifellos mit ihrem feinen Empfinden für die Würde und Ehre jedes einzelnen Menschen beschleunigt.

Die Aufklärung zerstörte jedoch nicht nur alte Traditionen, sondern schuf auch – analog der von ihr praktizierten Liturgie- und Gesangbuchreform – neue kirchliche Sitte. Ein Erbe der Aufklärung, das sich noch heute größter Beliebtheit erfreut, ist die Feier der Konfirmation. Sie war im lutherischen Franken an sich nicht üblich; hier kannte man lediglich den Katechismusunterricht für das *junge Gesinde*. Ganz offensichtlich wurde die Konfirmation als ein besonders feierlicher erster Abendmahlsgang der Jugendlichen mit Gelübde und Einsegnung von den preußischen Offiziersfamilien eingeführt.

Noch lange bevor sich dieses Fest allmählich durchsetzte, ließen Markgraf Friedrich und Markgräfin Wilhelmine ihre Tochter Elisabeth Friederika im April 1748 in der Stadtkirche zu Bayreuth konfirmieren. Bei dieser *ersten Konfirmation* in Franken fragte der Oberhofprediger die Prinzessin, ob sie sich *zu dieser evangelisch-lutherischen Religion und anerkannten Wahrheit bekennen, ihren Lebenswandel nach selbiger führen und nicht davon abweichen, sondern dabei leben und sterben* wolle. Nach ihrem dreimaligen *Ja* wurde die vornehme Konfirmandin vom Herrn Superintendenten *unter Auflegung der Hand im Namen der heiligen Dreifaltigkeit bei Vergießung häufiger Tränen in der Evangelisch-Lutherischen Religion kniend konfirmiert und sodann der sollemne und wichtige Akt mit einem Gebet beschlossen* – und mit einem *Tedeum-laudamus* unter Trompeten- und Paukenschall, wie der Stadtkirchner gewissenhaft im Taufbuch notierte.

Diese *Sollemnität* war es vor allem, der die Konfirmation ihre zunehmende Beliebtheit zunächst in den Kreisen der aufgeklärten Geistlichkeit und dann auch in den Gemeinden verdankte. Denn die *Vernünftigkeit* war ja nur eine Seite der neuen Frömmigkeit und der ihr entsprechenden Art von *Gottesverehrung*. Die andere Seite war eine sentimentale Rührseligkeit, die bis an die Grenzen des Erträglichen reichte und diese in den gängigen Konfirmationsliedern zu Ehren der *gottgeweihten Seelen* und jungen *Engel* oft überschritten. Im übrigen ordnete sich das innige Lehrverhältnis von Konfirmand und Konfirmator vortrefflich in den neu erwachten pädagogischen Elan der Aufklärung ein. Mahnend hieß im Burghaslacher Konfirmationslied:

*Täuscht ja die Hand des Lehrers nicht,
der Euch oft warnte, eure Pflicht
doch ja nicht zu verletzen...*

Die erste Agende, die zwei Formulare für festliche Konfirmationen im neuen Stil enthielt, war Seilers Sammlung liturgischer Ordnungen. Er verstand die Feier nicht mehr nur als Zulassung zum Abendmahl, sondern als *Erneuerung oder vielmehr eigene förmliche Schließung des Taufbundes*. Mit der Einführung seiner milde-aufklärerischen Agende hatte sich auch die Konfirmation bis zum Beginn des 19. Jahrhunderts fast überall als eine sehr beliebte Sitte durchgesetzt.

Überblickt man den Versuch der fränkischen Aufklärung, das kirchliche Leben im Geist der neuen Zeit umzugestalten, so fällt das Urteil tatsächlich zwiespältig aus. Fest steht, daß das *vernünftige Christentum* in erster Linie das Christentum der Geistlichkeit war, das diese der Bevölkerung mit mehr oder weniger Geschick beizubringen trachtete. Deutlich ist ebenfalls, daß die Theologen unter der Führung Seilers dabei bemüht blieben, den Glauben der Väter mit den Erfordernissen der neuen Zeit in Einklang zu bringen, ohne dabei einen radikalen Bruch mit der Tradition zu vollziehen oder das Christentum im Rationalismus aufgehen zu lassen. Einiges, was dabei zu Fall kam, war schon längst zum Skandal geworden – die Privatbeichte etwa, die lateinischen Gottesdienste in Nürnberg und die Kirchenzucht. Hier hat die Aufklärung offenkundige Mißstände beseitigt. Anderes, was die Kirchenreformer teilweise recht radikal änderten, war zumindest in seiner Gestalt fragwürdig – die Liturgie, der Exorzismus und das barocke Gesangbuch. Bei den neuen Gesangbüchern erreichte die Anpassungsfreudigkeit allerdings bedenkliche Formen, und die Gemeinden reagierten zurückhaltend auf die dogmatischen Verdünnungstendenzen ihrer modernen Theologen. Auf manches schließlich, was die Vertreter einer *vernünftigen Gottesverehrung* den Gemeinden bescherten, hätten diese getrost verzichten können – auf die zeitgemäßen Lieder etwa und die Sentimentalität der Konfirmation, auf die Abschaffung der Aposteltage und das triste schwarze Gewand der Geistlichen. Wie so oft in der Kirchengeschichte war das Reformprogramm der Theoretiker auch diesmal weitaus besser als seine Verwirklichung in der Praxis.

VOM AUSVERKAUF DES EVANGELISCHEN GLAUBENS
Radikale Rationalisten am Rande der Kirche

Das vom offiziellen Luthertum propagierte zeitgemäße Christentum erschien freilich einer Reihe von Geistlichen noch nicht modern genug. Auf der Kanzel und in zahl-

Mit seinem Kirchgang eines vornehmen Paares *geißelte Daniel Chodowiecki unübertroffen die heuchlerische Frömmigkeit des ausgehenden 18. Jahrhunderts*

reichen Traktaten, in privaten Gesangbüchern und selbstverfaßten Agenden, die sie im herkömmlichen Goldeinband schamhaft vor den Augen der Gemeinde versteckten, vertraten diese Männer religiöse und moralische Banalitäten schlimmster Art. Unter dem Vorwand, die neue Einheit von *Christentum, Aufklärung und Menschenwohl* zu verwirklichen, führten sie den platten Rationalismus in die fränkischen Gemeinden ein. Neben den verantwortlichen Aufklärungstheologen gab es eine starke Gruppe von solchen Geistlichen, die *jede sogenannte offenbarte Religion für Lüge* erklärten. Ihnen standen die Konsistorialräte, Kirchenpfleger und Theologieprofessoren der gemäßigten Aufklärung mehr oder weniger hilflos gegenüber.

Die rationalistischen Predigten dieser Epoche stellen ein trauriges Kuriosum in der Verkündigungsgeschichte des christlichen Glaubens dar. So wurde gelegentlich an Neujahr auf der Kanzel über die Bedeutung der Träume gesprochen; ein anderer Prediger gab als Thema der Osteransprache das *Fest* an – *eine vollkommene Beruhigung, weil es alle Bedenklichkeit und Sorgen zerstreut, die unsere Ruhe stören können.* Zum Bußtag fragte ein Kanzelredner sein Publikum: *Was beruhigt den besser denkenden Christen bei dem überhandnehmenden Leichtsinn und Sittenverderben unserer Zeit?* Ein gewisser Georg Heinrich Lang behandelte auf der Kanzel einmal die *Pflicht des christlichen Menschenfreundes, anderen einen vergnüglichen Tag zu machen.* Beliebtes Thema der Weihnachtsansprachen waren im Anschluß an Ochs und Esel die *Methoden der Stallfütterung.* Die Bayreuther markgräfliche Regierung trug zu dieser Entwicklung kräftig bei; für den 17. Sonntag nach Trinitatis 1798 bestimmte sie den Predigttext:

Der Gerechte erbarmt sich seines Viehs,
aber das Herz der Gottlosen ist unbarmherzig.

Thema sollte die Werbung für ein Vorbeugungsmittel gegen Rinderpest sein. Diese *Landwirtschaftspredigten* erreichten eine gewisse Berühmtheit und hatten zweifellos eine nicht zu unterschätzende volkswirtschaftliche Bedeutung. Daß sie noch sonderlich viel mit der christlichen Verkündigung zu tun hatten, wird man schwerlich behaupten können.

Überhaupt hielten die rationalistischen Geistlichen offenbar mehr von der Landwirtschaft, der Politik, der Volksschulerziehung oder der Medizin als von der Verkündigung, dem Gebet und der Seelsorge. Da sie die Meinung vertraten, *daß die Menschen von Gott das Vermögen empfangen haben, sich hienieden schon zu wahren Engeln auszubilden,* sahen sie vor allem in der Erziehung ihre Aufgabe. Großen Einfluß gewann hier Georg Heinrich Lang, der *hochfürstliche Oetting-Oettingsche und Oetting-Wallensteinische Special-Superintendent* zu Hohenaltheim und spätere Thurn- und Taxissche Hofprediger mit seinem *Katechetischen Magazin.* Diese zwei Aufsatzbände enthielten unter anderem Grundsatzartikel über den *Versuch einer Moral für gebildete Jünglinge* und über einen *Unterricht in der Lehre des Christentums zur Beförderung gründlicher Beruhigung.* Sie boten den *Grundriß eines vernünftigen Religionsunterrichtes für gutgezogene Jünglinge* und verbreiteten eine *Biblische Geschichte nach Möglichkeit verkürzt.* In dieser Thematik ist unschwer das Selbstporträt des rationalistischen Christentums zu erkennen.

Es kann nicht bestritten werden, daß sich der Rationalismus mit seinem pädagogischen Optimismus auch Verdienste erwarb. Das wird deutlich an der letzten, großen Führergestalt der radikalen Aufklärung in Franken, dem königlich-bayerischen Schulrat und späteren Dekan von Gunzenhausen, Karl Heinrich Stephani (1761–1850). Er organisierte nicht nur das arg darniederliegende fränkische Schulwesen zu Beginn des 19. Jahrhunderts, sondern bemühte sich auch mit Erfolg um die Förderung der Lehrer und die Entwicklung neuer Lehrmethoden. Im Streben, das *Wohlsein der Menschheit* zu fördern und beseelt von einem grenzenlosen Glauben an den endgültigen Sieg der Vernunft, wirkte er unermüdlich und kämpferisch gegen alles Alte für seinen *neuen, freien Menschen.* Die theologische Grundlage des reformerischen Schul- und Kirchenmannes sah allerdings mehr als dürftig aus. Er hat sie dankenswerterweise selber einmal in einer Schrift zusammengefaßt, die den bezeichnenden Titel trägt: *Die Offenbarung durch die Vernunft als die einzige gewisse und völlig genügende Offenbarung – allen Freunden des Lichtes und eines vernünftigen Christentums gewidmet.* Gewiß: Ohne *Erkenntnis Gottes* erscheint auch Stephani die Erde als ein von der Sonne beschienener Friedhof. Aber diese Erkenntnis ist jedem möglich, wenn er nur ein wenig gutwillig seine Vernunft gebraucht. Von diesem Denkansatz her wird der ganze an der biblischen Offenbarung ausgerichtete Christusglaube als finsterster Aberglaube des Mittelalters für überflüssig erklärt und abgelehnt. Kein Wunder, daß Stephani trotz seines hohen Ansehens als Pädagoge schließlich 1834 als Dekan von Gunzenhausen gestürzt wurde – der prominenteste *Märtyrer* des Rationalismus in Bayern zu einer Zeit, als dieser schon längst verspielt hatte.

Zu den Originalen unter den rationalistischen Pfarrern des bayerischen Protestantismus gehörte Eucharius Oertel (1765–1850). Nachdem der Gesinnungsgenosse Stephanis aus dem Pfarramt in den Schuldienst in Ansbach und von dort wegen seiner Ansichten vorzeitig in den Ruhestand gewechselt war, startete er einen Großangriff auf das Luthertum. 1831 erschien seine *Kritik der Augsburgischen Konfession nebst Vorschlag zu einer neuen Konfession*. In der Einleitung fällt der stürmische Prediger mit beißendem Spott über die *Herren Irrationalisten* her, die es bequemer fänden, dort zu stehen, wo einst *Luthers einfältige Pfarrherren standen*. Interessant ist Oertels Pamphlet vor allem durch seine 28 neuen Konfessionsartikel. Diese bilden eine Persiflage des zentralen lutherischen Bekenntnisses und stellen so ein geradezu klassisches Dokument des primitiven Rationalismus dar.

In Analogie zum Aufbau der Augsburgischen Konfession von 1530 legt Oertel seinen Glauben folgendermaßen dar: Die heilige Schrift könne nicht die Grundlage des Christentums sein, sondern nur *in weiser Auswahl und durch Vernunftsgebrauch ausgelegt* für die Gegenwart Bedeutung gewinnen. Das Bekenntnis zu dem lieben Vater aller Menschen reiche aus und sei *weit tugendfördernder und trostreicher*, als die zänkische und unlogische Dreieinigkeitslehre. Jesu Lehre von der Nächstenliebe sei ebenfalls *weit menschlicher* als die Meinung, er sei Gottes Sohn. Das Dogma von der Erbsünde und vom unfreien Willen des Menschen müsse als finsterer Aberglaube schärfstens abgelehnt werden. Der Mensch sei von Natur aus vielmehr unverdorben, frei in allen seinen Entscheidungen, fähig zum Guten und vor allem erziehbar. Daß Gott dem Menschen um Christi Willen die Schuld vergebe, dürfe niemand glauben; dies sei eine leere Lehre, ein *helldunkles, mystisches Vertrauen* und *an sich doch unmöglich*. Paulus meine vielmehr mit seinem seligmachenden Glauben den *vernünftigen, tugendhaften Glauben nach den Grundsätzen Jesu*, also die moderne moralische Religion. Lediglich als *sinnliche Beförderungsmittel des Christentums* könnten die Sakramente verstanden werden. Sie seien nur geeignet, an die moralischen Wahrheiten der Religion *feierlich und lebhaft* zu erinnern. Die Taufe sei also nur eine *feierliche Einweihung in die christliche Religion,* das heilige Abendmahl eine Gedächtnisfeier, bei der selbstverständlich *kein wirklicher Genuß des wahren Leibes und Blutes Christi* stattfinde. Abschließend bezeichnet Oertel als das *reine Vernunftchristentum* die Lehrsätze von Gott und Vorsehung, Wahrheit, Tugend und Menschenliebe und von der Unsterblichkeit – *welches hinreichend ist*.

Der Schutzengel.

Einen billigen Triumph in Wort und Bild konnte der religiöse Kitsch in den zahlreichen rationalistischen Liedersammlungen der ausgehenden Aufklärungszeit feiern

Jedenfalls zeigt dieses Credo hinreichend, wie weit sich der Rationalismus zu Beginn des 19. Jahrhunderts vom Wesen des Christentums entfernt hatte, – wie deutlich er sich aber auch von der kirchlichen Aufklärung Seilers und seiner Freunde abhob. Eine Harmonie von Glauben und Denken wurde hier gar nicht mehr angestrebt. Der christliche Glaube hatte sich bei einem Mann wie Oertel tatsächlich in einem rigorosen Rationalismus, der übrigens keineswegs mehr zeitgemäß war, aufgelöst. Oertel wendete sich denn auch in der Folgezeit, wie viele seiner rationalistischen Kollegen, intensiver seinem Hobby zu – der Heilkraft des Wassers. Als *Kalter Wasserdoktor* erlangte er sogar noch ein wenig von dem Ruhm, der ihm als Theologe mit Recht verwehrt blieb. Am Ende glaubte er auch kaum mehr an Gott, sondern nur mehr daran, daß *man die indische Cholera einzig und allein durch kaltes, frisches Wasser von der Menschheit wegschwemmen und im Wasser völlig ersäufen kann.* Daß ihn die *Mehrheit der wasserscheuen und bier- und weinsinnigen Zeitgenossen* verspottete, ließ ihn nur immer fanatischer die Heilkraft des *allmächtigen Naturmittels* verteidigen. Schließlich schrieb er eine *Geschichte der Wasserheilkunde von Moses bis auf unsere Zeiten* und forderte die Obrigkeit auf, das Allheilmittel *befehlsweise in Anwendung bringen zu lassen.*

Die Kehrseite dieses pseudowissenschaftlichen Rationalismus war eine zunehmende Sentimentalität in der Frömmigkeit. Neben den offiziellen Gesangbüchern blühten die privaten Lieder- und Gebetssammlungen als eine religiöse Subkultur, deren Primitivität die von der protestantischen Aufklärung so gescholtene katholische Volksfrömmigkeit weit übertraf. Einen großen Einfluß gewann ein gewisser Johann Heinrich Witschel, der immerhin evangelischer Dekan im Rezatkreis war. Sein *Morgen- und Abendopfer in Gesängen,* das 1824 in Sulzbach im Druck erschien, schloß mit einem Hymnus, der in gelungener Weise Rührseligkeit und Gehaltlosigkeit des Rationalismus vereint:

Wir glauben an Gott den Vater
und lieben ihn, so viel das Herz vermag.
Wir glauben an die Ewigkeit der Freude
und harren still auf jenen Erntetag,
wo wir in süßer, namenloser Liebe
einander stammeln, wie uns Gott beglückt.
Und ewig, ewig sinken wir dem Vater,
dem unaussprechlich Milden, an die Brust.
Das Herz schlägt Ruhe. Alle Sterne blinken,
und liebend trinkt die Seele Himmelslust.
Der große Stifter schwingt die Siegesfahne.
Die Harfe klingt. Der Himmel ist entzückt.

Die Aufklärung hat erkannt, daß der alte Glaube in jeder Zeit neu interpretiert werden muß. Von den fränkischen Gemeinden wurden die Bemühungen der Kirchenmänner um ein zeitgemäßes und vernünftiges Christentum wohlwollend, aber wachsam und kritisch aufgenommen. Der platte Rationalismus eines Witschel und Oertel fand nur vereinzelt Anklang. Daß der Himmel über *diese* Form von Christentum *entzückt* war, glaubte im Ernst wohl nur eine Minderheit.

11. KAPITEL

Die Bedeutung der Glaubensflüchtlinge und Zuwanderer für den süddeutschen Protestantismus

Die inzwischen abgeklungenen Kirchenaustritte in den bayerischen Großstädten und Industriezentren veranlaßten besorgte Kirchenmänner im Jahre 1971 zu Recherchen. Eine Analyse ergab, daß sich ein großer Teil von ihnen erst in den letzten Jahren infolge des anhaltenden Nord-Südtrends in Bayern niedergelassen hatte. Ein zur Selbstkritik fähiger oberbayerischer Dekan soll daraufhin gemeint haben, es sei *diesmal wohl doch nicht ganz gelungen, die Zugereisten in die Gemeinden zu integrieren.* Das überrascht umso mehr, als der süddeutsche Protestantismus in seiner Vergangenheit mit problematischeren Bevölkerungsverschiebungen fertig geworden ist. Es gab eigentlich seit der Reformation kein Jahrhundert, in dem er nicht vor der Aufgabe stand, *ausländischen* Glaubensgenossen geistliche und materielle Hilfe, vielen sogar eine neue soziale und kirchliche Heimat gewähren zu müssen. Er hat diese Aufgabe in einer Weise bewältigt, die nicht nur der evangelischen Kirche selber, sondern dem ganzen Land zum Segen geworden ist.

Nach dem Zweiten Weltkrieg strömten Hunderttausende von Flüchtlingen aus Schlesien, Ostpreußen und Siebenbürgen in das Land zwischen Alpen und Main. Sie waren nicht um ihres Glaubens willen geflohen. Aber sie brachten ihre eigenen kirchlichen Sitten aus der alten Heimat mit. Mit ihnen integrierten sie sich in die bayerische Landeskirche, und es erblühte nicht selten neues geistliches Leben in den Gemeinden. Auch die große protestantische Einwanderung zu Beginn des 19. Jahrhunderts hatte keineswegs religiöse Ursachen. Und doch bedeutete es eine Wende für den ganzen bayerischen Protestantismus, als in München die erste evangelische Kurfürstin einzog und ihr die Pfälzer Kolonisten folgten, die in Oberbayern und entlang der Donau die ersten evangelischen Gemeinden seit der Reformation gründen durften. Vor einer schweren Entscheidung standen in der zweiten Hälfte des 17. Jahrhunderts die Ansbacher und Bayreuther Markgrafen. Die Protestanten Frankreichs wandten sich hilfesuchend an die Brandenburger. Nach anfänglichem Zögern nahm man die Glaubensflüchtlinge auf. Es entstanden neue evangelisch-reformierte Gemeinden, und die Hugenotten revanchierten sich für die Gastfreundschaft durch einen beachtenswerten Beitrag zu einem neuen wirtschaftlichen und kulturellen Aufschwung. In zwei großen Wellen brachen – man kann es wirklich kaum anders formulieren – die österreichischen Exulanten über Bayern, Schwaben und Franken herein. Die ganz Europa erschütternde Emigration der Salzburger Lutheraner in der ersten Hälfte des 18. Jahrhunderts gestaltete sich für die am Weg liegenden evangelischen Gemeinden nicht selten zu einer geistlichen Erweckung. Die meisten Salzburger Exulanten blieben freilich nicht in Bayern. Von bleibender Bedeutung wurde dagegen die erste Einwanderung österreichischer Glaubensflüchtlinge nach dem Dreißigjährigen Krieg. Mit Sack und Pack zogen damals Zehntausende von ober- und niederösterreichischen Protestanten nach Franken, um die im Krieg verödeten Gebiete wieder aufzubauen. Noch heute weisen zahlreiche Namen, die im fränkischen Luthertum einen guten Klang haben, unüberhörbar auf die erste große Einwanderungszeit zurück. Sie alle – die österreichischen Exulanten, die Hugenotten, die Pfälzer Kolonisten und die Flüchtlinge und Zugereisten des 20. Jahrhunderts – haben mit ihren Gaben das evangelische Leben südlich des Mains bis in die Gegenwart hinein bestimmt. Ihnen allen verdankt der bayerische Protestantismus seine besondere Prägung –: sein offizielles Bekenntnisbewußtsein ebenso wie seine tatsächliche geistige Offenheit und Vielfalt.

AUF DEM OCHSENWAGEN NACH FRANKEN
Die österreichischen Glaubensflüchtlinge nach dem Dreißigjährigen Krieg

In den Kirchenbüchern der evangelischen Gemeinden Frankens und Schwabens findet sich in den Jahrzehnten nach dem Dreißigjährigen Krieg häufig hinter den Namen von Getrauten, Verstorbenen oder Taufeltern die Bemerkung *aus dem Ländlein ob der Enns* oder kurz *aus dem Landl*. Schon lange weiß man, daß es sich bei diesen Gemeindegliedern um österreichische Exulanten handelt. Da das Land östlich von Inn und Salzach, das sogenannte Innviertel, erst als Folge des bayerischen Erbfolgekrieges 1779 an Österreich fiel, umfaßte Oberösterreich ein verhältnismäßig kleines Gebiet, und man nannte es gerne das *Ländlein* oder einfach das *Landl*. Hier war es vor allem das Mühlviertel nördlich von Linz, in dem das Luthertum festen Fuß gefaßt hatte. Das zweite Gebiet, das in der Reformationszeit geschlossen evangelisch wurde, war das weiter östlich in Niederösterreich gelegene Waldviertel.

Die Anfänge der Reformation in den österreichischen Erblanden ähneln denen in den deutschen Territorialstaaten. Die Beziehungen von Mensch zu Mensch förderten die Verbreitung der lutherischen Schriften, und herumreisende Prädikanten trugen das evangelische Gedankengut durch das ganze Land. Um die Mitte des 16. Jahrhunderts war vor allem der österreichische Adel fast ausnahmslos evangelisch. Das Motiv war freilich nicht bei allen eine klare evangelische Glaubensüberzeugung. Nicht selten war der Gegensatz zur alten Kirche auch im Haß auf das Priestertum, in der Gier nach kirchlichem Besitz oder im Drang nach einem zügellosen Privatleben begründet. Für viele bedeutete der Protestantismus auch nicht viel mehr als eine Ablehnung der habsburgischen Zentralgewalt. Die Führung des österreichischen Protestantismus lag freilich nicht in den Händen derartiger Herren, sondern bei geistlich und persönlich integeren Adeligen wie etwa Christoph Jörger auf Tollet bei Grießkirchen.

Der Adel in den habsburgischen Erblanden besaß von alters her außerordentliche Rechte und stellte daher eine Macht dar, mit der Erzherzog Ferdinand (1521–1564) während seiner ganzen Regierungszeit rechnen mußte. Die Städte und Märkte wollten hinter den Herren und Rittern nicht zurückstehen. Da auch die Klöster der alten Kirche mehr oder weniger evangelisch unterwandert wa-

In seinen Puppen versteckte dieser lutherische Prediger, als Gaukler verkleidet, die Hostien, wenn er sich auf Abendmahlsrundreise begab

ren, sah sich Ferdinand bei den Versammlungen der Landstände einer breiten protestantischen Mehrheit gegenüber. Diese verstand es äußerst geschickt, die permanente Angst des Habsburgers vor den Türken auszunützen. Immer wieder knüpften die evangelischen Stände die Bewilligung der dringend notwendigen Kriegsgelder an die Bedingung der freien evangelischen Religionsausübung. Ferdinands strenge Mandate gegen das Luthertum blieben so in der Praxis nahezu ohne jede Wirkung. *Der Türk' ist der Lutherischen Glück*, lautete dementsprechend eine damals weit verbreitete Redensart.

Es waren jedoch nicht nur die Türkengefahr und die Macht des Adels, welche die Ausbreitung der evangelischen Lehre im Zentrum des Habsburgerreiches förderten. Ferdinands Nachfolger Maximilian II. (1564–1576) neigte selber deutlich dem Protestantismus zu. Unter seiner Regierung erlebte der österreichische Protestantismus daher einen kaum vorstellbaren Aufschwung. In dem *Land unter der Enns* legte eine kaiserliche *Religionskonzession* 1568 fest, daß den Herren und Rittern das Augsburgische Bekenntnis *zugelassen und nachgesehen werde, bis etwa seine ewige göttliche Allmächtigkeit durch die ordentlichen und christlichen Mittel einen ganz allgemeinen Vergleich der Glaubenssachen im Heiligen Römischen Reich Deutscher Nation erlangt und getroffen oder aber ihre Majestät das angefangene Werk einer vollkommenen und gänzlichen Universalreligion zu gewünschter Vollendung bringen möge*. Um das Luthertum vor allen calvinistischen Tendenzen und den gerade in Österreich weit verbreiteten radikalen Ideen der Wiedertäufer frei zu halten, wurde in diesem Zusammenhang eine ordentliche *Christliche Kirchen-Agende* geschaffen. Ähnliche Zugeständnisse erbaten und erhielten die Herren und Ritter im *Land ob der Enns*, ja sogar in Wien durften Gottesdienste gehalten werden.

Nur einen Fehler hatte dieser österreichische Protestantismus, und der wurde ihm in den entscheidenden Jahren des 17. Jahrhunderts zum Verhängnis. Er hatte zwar im Volk Wurzeln geschlagen, ruhte aber vollständig auf den Schultern des im Ganzen höchst unsicheren Adels, dessen Glanzzeit sich dem Ende zuneigte; was ihm gänzlich fehlte, waren eine eigenständige Kirchenleitung und wenigstens ein einziger führender theologischer Kopf. Der *Bischof* und die *Kirchenleitung* der an sich nicht existenten evangelischen Kirche in Österreich saßen in Regensburg. Man kann sagen, daß die freie Reichsstadt ein halbes Jahrhundert hindurch in aller Öffentlichkeit die Patenschaft für das gesamte evangelische Österreich wahrnahm, – lange bevor sie für ein weiteres halbes Jahrhundert für die Salzburger die erste Station auf dem Weg in die Freiheit wurde.

Der Initiator und Organisator dieser ersten österreichisch-bayerischen Nachbarschaftshilfe war der Regensburger Superintendent Nikolaus Gallus (ca. 1516–1570). Über ihn rollten die lutherischen Katechismen, Gesangbücher und Predigtbände buchstäblich fässer- und tonnenweise die Donau hinab. Das Regensburger Konsistorium entwickelte sich dank seines Verantwortungsbewußtseins allmählich zu so etwas wie einer Pfarrer-Börse; aus ganz Deutschland forderte Gallus junge Theologen an und sammelte die ehemaligen katholischen Priester, um sie auszubilden, einem strengen Examen zu unterziehen und schließlich zu offiziellen Geistlichen der lutherischen Kirche zu ordinieren. Rund 200 Predigtamtskandidaten hat die Regensburger Kirche von 1555 bis in die Zeit Ferdinands II. hinein ausgebildet und auf Anfrage der österreichischen Protestanten hin ausgesandt. Die kirchenpolitischen Beratungen der evangelischen Stände im Linzer Landhaus wurden ebenfalls weithin von Regensburg aus gelenkt. Immer wenn Probleme auftauchten – und in dem ungeordneten Kirchenwesen war das täglich der Fall – wandte man sich ratsuchend an das Regensburger Konsistorium und seinen tatkräftigen Superintendenten. Da Nikolaus Gallus als einer der frühen Konfessionalisten ein streng-orthodoxes Luthertum vertrat, dabei aber mit großen organisatorischen und pädagogischen Gaben gesegnet war, hätte sich die evangelische Kirche Österreichs unter seiner geistlichen Schirmherrschaft möglicherweise doch noch fangen können. Als Kaiser Maximilian II. starb, war jedenfalls der Katholizismus *in die Winkel der Städte und in die Burgen einiger Herren zurückgedrängt* worden, wie es in einer Chronik heißt. Mehr als 600 evangelische Prediger amtierten in Ober- und Niederösterreich.

Der Umschwung begann 1576 mit dem Regierungsantritt Kaiser Rudolfs II., eines streng katholischen Mannes, dessen gegenreformatorische Einstellung allerdings durch seine Melancholie und seine Willensschwäche gelähmt blieb. Die Bauernunruhen in Ober- und Niederösterreich sowie die Auseinandersetzungen der Brüder Rudolf und Matthias zögerten die Katastrophe noch ein wenig hinaus. Ja, es kam noch einmal zu einer Blüte des evangelischen Lebens in diesem Gebiet, während Erzherzog Ferdinand II. in seinem Territorium in Kärnten und in der Steiermark bereits eifrig die Gegenreformation durchführte. 1619 trat Ferdinand II. die Regierung über das ganze Land an. Der bei den Ingolstädter Jesuiten erzogene Habsburger, dessen Mutter aus Bayern kam und der mit der Schwester Maximilians I. von Bayern verheiratet war, ließ keinen Zweifel daran, wie er zu regieren dachte. Seine Losung lautete: *Lieber über eine Wüste herrschen, lieber Wasser und Brot genießen, mit Weib und Kind betteln gehen und den Leib in Stücke hauen lassen, als die Ketzer dulden*. 1620 verweigerten die evangelischen Stände den Huldigungseid und paktierten mit den rebellierenden Böhmen. Da ging Ferdinand II. mit Gewalt gegen den Adel vor allem im Waldviertel vor. Zahlreiche Geschlechter mußten ihre Stammsitze verlassen und blieben für immer in der Fremde verschollen.

Nachdem der böhmische Aufstand niedergeschlagen war, wandte sich der Kaiser sofort dem *Landl* zu. Im Oktober 1624 wurde das erste kaiserliche Mandat mit Trompetenschall im ganzen oberösterreichischen Gebiet verkündet. Sein Inhalt war eindeutig. Binnen acht Tagen sollten alle evangelischen Pfarrer und Lehrer das *Landl* verlassen. Nicht weniger als 115 Pfarrer mußten mit ihren Familien fliehen. Das war hier wie auch andernorts der Beginn einer planvoll durchgeführten Rekatholisierung; als Auftakt wurden immer die Geistlichen vertrieben, um die Bevölkerung dann leichter beeinflussen zu können. Die evangelischen Bauern dachten jedoch gar nicht daran, die neuen *bösen, unexemplarischen und ungeschickten Priester* zu akzeptieren; sie boykottierten die Messen, besuchten aber eifrig die Schloßkapellen, denn dem ständischen Adel hatte Ferdinand II. noch einige Freiheiten eingeräumt. Als es auch damit vorbei war, versammelte man sich in den Häusern, um aus den dickleibigen Predigtbüchern vorzulesen und gemeinsam die lutherischen Choräle zu singen.

Um diesem Treiben ein Ende zu setzen, erließ Ferdinand II. 1625 ein weiteres *Reformationspatent*, das scharfe Bestimmungen enthielt: Alle Prädikaten und unkatholischen Schulmeister *bleiben abgeschafft;* Konventikel sind verboten; alle Postillen sind abzuliefern; Gottesdienstreisen ins Ausland werden unter Strafe gestellt; die Fastengebote sind einzuhalten und die Messen zu besuchen, und alle haben sich wieder an den Prozessionen zu beteiligen. Eine letzte Bestimmung wendet sich den *Halsstarrigen* zu. Sie haben bis Ostern kommenden Jahres Bedenkzeit. In dieser Frist können sie, wenn sie nicht zur Beichte gehen und wieder katholisch werden wollen, freiwillig auswandern. Nach diesem Zeitpunkt aber müssen alle Evangelischen das Land verlassen, wobei sie jetzt ein *Freigeld* zahlen müssen. Am einfachsten, da auch rechtlich abgesichert, konnten die kaiserlichen Religionskommissionen in den oberösterreichischen Städten vorgehen. Linz, Wels, Gmunden, Enns, Freistadt, Vöcklabruck und Eferding waren ja landesfürstliche Orte, in denen der Adel nichts zu bestimmen hatte. Den Anfang machten, wie immer in der Gegenreformation, die lutherischen Bücher, nach denen man die Häuser systematisch durchkämmte. Der Erfolg war überall beachtlich: in Steyr etwa sammelte die Kommission innerhalb von vier Tagen zwanzig große Wagen voll. Als die Einquartierung der Soldaten drohte, beugten sich viele Bürger der Gewalt. Andere versuchten, wenigstens den Termin der Auswanderung hinauszuschieben, um ihren Besitz in Ruhe verkaufen zu können. Einige wurden offenbar von Panik ergriffen; in einer zeitgenössischen Chronik heißt es: *Es sind schon etliche tausend Personen mit Weib und Kind davongelaufen und haben Haus und Hof samt allem Vorrat dahinter gelassen.* In manchen Städten verließen in den Jahren nach 1625 etwa die Hälfte der Bewohner ihre Heimat. Von 600 Bürgerhäusern des Städtchens Steyr waren um 1630 nur mehr 312 bewohnt, in Vöcklabruck standen alle Häuser bis auf sechzehn leer. Für die Wirtschaft des Landes war das ein unersetzbarer Verlust, denn die Exulanten gehörten zum tüchtigen, gesunden und arbeitsamen Teil der Bevölkerung.

Als die Kommissionen ihre Bekehrungsarbeit auch auf die Dörfer des Mühlviertels und das Gebiet südlich der Donau auszudehnen begannen, rebellierten die Bauern. Wie bei den Bauernunruhen in Schwaben und Thüringen hundert Jahre zuvor, war ihr Aufstand nicht nur religiös, sondern auch sozial bedingt. Sie glaubten, gegen die bayerische Unterdrückung und für ihren Kaiser in Wien zu kämpfen – für ihren Glauben und für ihre Freiheit. So lautete ihr Kampflied:

> *Mach uns, o lieber Herr Gott, frei!*
> *Weil's gilt die Seel' und auch das Gut,*
> *so soll's auch gelten Leib und Blut.*
> *O Herr, verleih uns Heldenmut!*
> *Es muß sein.*

Doch die Übermacht war zu groß. Im Khevenhüllerschen Herrschaftsgebiet mußten eines Tages 36 lutherische Bauern unter der Haushammer Linde paarweise um ihr Leben würfeln. Wer verlor, wurde an Ort und Stelle als Abschreckung aufgehängt. Dieses *Haushammer Blutgericht* führte im ganzen Hausruck- und Mühlviertel zu bewaffneten Kriegs- und Beutezügen der aufgebrachten Bauern. Wie jedoch schon in der Reformationszeit, wurden auch in diesem Fall die Bauern in einigen kurzen aber vernichtenden Kämpfen von den kaiserlichen und bayerischen Truppen geschlagen.

Nun wandte sich die Ferdinand'sche Gegenreformation

dem evangelischen Adel zu. Wenn man bedenkt, welcher Verlust den auf ihren Schlössern und Burgen residierenden Herren und Rittern drohte, versteht man, daß nicht wenige – verschreckt durch die harten Maßnahmen gegen Bürger und Bauern und durch große Versprechungen des Kaisers gelockt – zum Katholizismus zurückkehrten. Unter den führenden evangelischen Geschlechtern befanden sich allerdings viele, die sich von ihrem Besitz trennten und ihre angestammte Heimat verließen. Dabei kam es nicht selten zu tragischen Familienkonflikten.

Mit dem Dreißigjährigen Krieg und dem Westfälischen Frieden von 1648 zerschlugen sich auch die letzten Hoffnungen der Evangelischen im Habsburger Kernland. Denn die Friedensbestimmungen mit ihrem *Normaljahr 1624* konnten beim besten Willen von den im Untergrund lebenden letzten Protestanten nicht in Anspruch genommen werden; weder in diesem Jahr noch überhaupt irgendwann war das Luthertum offiziell anerkannt gewesen. Man hatte es lediglich geduldet, auch als sich 90 Prozent der Bevölkerung zu ihm bekannten. Es war eben eine Bewegung geblieben und hatte sich nie zu einer organisierten und akzeptierten Kirche entwickeln können.

Noch einmal griff daher der Kaiser in der zweiten Hälfte des 17. Jahrhunderts energisch durch. Ferdinand III. berief 1650 und 1652 erneut die gefürchteten Reformationskommissionen und stattete sie mit klaren Vollmachten aus. Besonders im Hausruck- und im Mühlviertel stießen die herumreisenden Kommissionen auf eine noch immer erstaunlich große Zahl von *Irrgläubern und Akatholiken*. Auch im Waldviertel in Niederösterreich war die Bevölkerung evangelisch geblieben, obwohl der lutherische Adel schon lange *ausgeschafft* und durch katholische Geschlechter ersetzt worden war. Da der Kaiser die leidige Angelegenheit jetzt endlich zum Abschluß gebracht haben wollte, ging er ausgesprochen gnädig vor. Alte, kranke und arme Protestanten, ja sogar die evangelischen Ehefrauen katholischer Männer durften bleiben. Die Gebühren für die Auswanderung wurden wesentlich herabgesetzt. Jugendlichen sollte es nun erlaubt sein, ihre Eltern in die Fremde zu begleiten, und auch minderjährige Kinder mußten nur *nach Möglichkeit* im Land bleiben. Natürlich *bequemten* sich jetzt viele zur katholischen Religion, wie der Sprachgebrauch damals lautete. Andere gingen in den Untergrund. Sie paßten sich äußerlich dem Katholizismus an, pflegten aber zuhause ihren evangelischen Glauben aus Predigtbänden und Liedbüchern weiter. Das ist die Geburtsstunde des österreichischen Geheimprotestantismus, der länger als ein Jahrhundert aus den Büchern lebte, die er unter dem Fußboden der Wohnstube, im Brotlaib oder in einem fest verpichten Fäßlein im nahen See versteckt hielt. Andererseits begann jetzt noch eine letzte, große Auswanderungswelle. Nicht überstürzt und noch nicht einmal mit Gewalt vertrieben – aber natürlich auch nicht freiwillig – verließen zahlreiche Familien ihre Heimat. In dem Revers, den jeder unterschreiben mußte, verpflichtete er sich, *aus allen kaiserlichen Landen zu reisen und in keinem derselben weiter, solange ich der katholischen Religion nicht zugetan sein werde, mich sehen zu lassen, sondern sofort in andere Länder zu gehen.*

Ungeachtet dieser harten Worte kann man die Ausweisung der österreichischen Protestanten nicht mit der bayerischen und würzburgischen Gegenreformation oder gar der Vertreibung der Deutschen aus Schlesien und Ostpreußen und der Unterdrückung der nordirischen Katholiken durch die Protestanten im 20. Jahrhundert vergleichen. Gegenüber den hier praktizierten Methoden der Gewaltanwendung erscheint die Umsiedlung der Österreicher als geradezu menschlich – wenn man von der Austreibung der lutherischen Geistlichen und Lehrer absieht. Sie zog sich über einen Zeitraum von nahezu siebzig Jahren hin und erfolgte in einzelnen Schüben, nie jedoch unter so dramatischen Umständen, wie es später bei den Salzburger Exulanten der Fall war. Diese frühen Exulanten durften ihren Besitz verkaufen, und in der Praxis konnten sie sich dazu auch Zeit lassen. Meist zogen die jungen Leute oder die Männer voraus und sondierten die Möglichkeit einer neuen Ansiedlung. Später kamen die Familien mit allem Hab und Gut nach. Die zehnprozentige Steuer war durchaus zu verkraften. Vor allem aber zogen die Exulanten – und das darf keinen Augenblick vergessen werden – nicht eigentlich *ins Elend*. Sie wurden im Gegenteil, wo immer sie sich niederlassen wollten, mit offenen Armen aufgenommen und brachten es in der Regel sehr rasch zu neuem Ansehen und Vermögen.

Das erste Ziel der österreichischen Glaubensflüchtlinge war die freie Reichsstadt Regensburg. Noch einmal bewies die Regensburger Kirche jetzt im 17. Jahrhundert, mit wie viel Recht man sie seit der Reformation als die Mutterkirche des österreichischen Protestantismus bezeichnet hatte. Schon um 1625 gehörten, wie alte Besitzlisten der Stadt ausweisen, mehr als 300 Häuser Fa-

Als Nachfolge Christi verstanden die ersten österreichischen Glaubensflüchtlinge im 17. Jahrhundert ihre Auswanderung nach Franken

milien, die aus dem *Land ob der Enns* zugezogen waren. Unter diesen Exulanten, die in der Donaustadt seßhaft wurden, befanden sich viele, deren Namen immer wieder im gesellschaftlichen, wirtschaftlichen und geistigen Leben der Stadt eine Rolle spielten. Im inneren Rat saßen Johannes Hueber aus Linz, der Handelsmann Joachim Kerscher aus Ischl und Martin Löschenkohl aus Steyr. Im Ganzen waren es elf Herren des inneren Rates, die aus Österreich stammten. Ein Kerschersohn brachte es viermal zum Kammerer und wurde Direktor des Almosenamtes. Ein Sohn der Eheleute Hannsemann aus dem österreichischen Köppach durchlief mehrere ehrenvolle Ämter, bis er schließlich die Position eines kaiserlich-majestätischen Rates erreicht hatte. Ein Hannsemann der nächsten Generation vertrat als Stadtkonsulent und Konsistorialrat die Donaustadt bei den Reichsversammlungen. Auch die Familien Glätzl, Feischel, Alkofer und Wider aus dem *Landl* stellten eine Reihe hervorragender Juristen und Theologen und waren so ziemlich in allen einflußreichen Ämtern Regensburgs vertreten. Mitglieder der Exulantenfamilie Barth brachten es sogar zum obersten Kriegsherrn der Stadt und zum Vorsitz im kirchlichen Konsistorium. Zu den Geschlechtern, die insgesamt vier Ratsherren stellten, gehörten die Gumpelzhaimer, Nachkommen eines um 1600 aus Linz geflüchteten Juristen. Da sich neben den Bürgern auch einige adelige Exulanten in Regensburg niederließen, wurden die Quartiere allmählich zu knapp. Auch die Gottesdienste reichten nicht mehr, so daß der Rat um der Flüchtlinge willen in zwei Kirchen Wochengottesdienste einrichtete. Im Jahre 1627 beschloß man sogar, ein weiteres evangelisches Gotteshaus zu bauen, die Dreieinigkeitskirche.

Nicht alle blieben jedoch in der Glaubensoase Regensburg. Viele Bauern und Handwerker, aber auch viele Bürger zogen weiter in das evangelische Franken und Schwaben. Die wohlhabenden und gebildeten Exulanten ließen sich im angesehenen Nürnberg nieder. In den Wirren des Dreißigjährigen Krieges schienen ihnen die Mauern der Stadt die beste Sicherheit zu bieten. Der

Rat seinerseits nahm gerne bei den begüterten Flüchtlingen Kriegsanleihen auf. Der Zuzug war bald so groß, daß um 1630 die Empore in der St. Lorenzkirche extra für die vornehmen Glaubensflüchtlinge erweitert werden mußte. Die waffenfähigen Söhne der Adelsfamilien traten in die Dienste Gustav-Adolfs oder besuchten die Universität im nahen Altdorf. Führer dieser österreichischen Adelsschicht in Nürnberg waren die Freiherren Hans Adam von Praunfalk und Gall von Racknitz aus der Steiermark sowie die Khevenhüller und Herberstein. Zahlreiche Epitaphien und Wappenschilde in der Wöhrder Bartholomäuskirche und im Gotteshaus auf dem St. Johannisfriedhof sind noch heute ein Hinweis auf den mächtigen Aufschwung, den das geistige Leben der Stadt durch seine adeligen Exulanten genommen hatte.

Nicht ganz so gut trafen es die *vertriebenen Pfarrherren und Schuldiener* in der neuen Heimat. Schon bei der Ausweisung war man mit ihnen nicht gerade rücksichtsvoll umgegangen. Viele von ihnen mußten nun lange durch das von Kriegswirren zerrissene Land ziehen, bis sie eine neue Stelle fanden und damit für sich und ihre Familien einen Unterhalt. Manche Pfarrei besitzt noch heute Quittungen über Unterstützungssummen, die sie durchreisenden *Pfarrern, so in Österreich vertrieben worden,* zuweilen auch nur noch deren Witwen zukommen ließ.

Was den Pfarrern den Neuanfang erschwerte, bedeutete allerdings für die geflohenen Bauern und Handwerker die große Chance: weite Landstriche im Schwäbischen und Mittelfränkischen waren durch den Dreißigjährigen Krieg verwüstet worden. Um 1634 wurden von den 421 zum Ansbacher St. Gumbertusstift gehörenden Gütern nur mehr 123 bewirtschaftet. Von einem guten Dutzend anderer fränkischer Stifte waren alle Höfe verödet. Ähnliches berichteten die markgräflichen Beamten von den staatlichen Höfen und Gütern; von 500 seien nur noch 150 übrig, der Rest sei *verstorben, verdorben und von beiden Armeen verderbt und vertrieben.* Auch in der Umgebung von Weißenburg lagen bis zu 78 Prozent des einst bebauten Landes brach und verlassen. Nicht anders war es im Ries. Die evangelischen Landesherren waren also an der Ansiedlung der österreichischen Exulanten geradezu brennend interessiert. Wer von ihnen auch nur ein bißchen Geld und einiges Geschick mitbrachte, hatte es leicht, in der Markgrafschaft Brandenburg-Ansbach oder in der Grafschaft Oettingen neu Fuß zu fassen. Und wer gar, wie einige Bauern aus dem Waldviertel, seine ganzen Viehherden herauftrieb, galt als begehrter Neusiedler.

Deutlich ist dabei zu erkennen, wie die Exulanten zwar in kleinen Gruppen im Frankenland eintrafen, aber doch keineswegs ziellos die Gegend durchstreiften. Sie steuerten meist bestimmte Orte oder Gegenden an, wo sie vorher durch ein Familienmitglied oder durch Freunde die Ansiedlungschancen erkundet hatten. Die ersten Einwanderer zogen dann Landsleute aus demselben Dorf oder zumindest der Nachbarschaft an. So war es in Westheim am Hahnenkamm, wo offenbar ein Bäcker namens Ettlein die Rolle des Wegweisers in die Gemeinden des Altmühltals und des Ries spielte. Die Glaubensflüchtlinge aus den Pfarreien Oberneukirchen und Zwettl im Mühlviertel ließen sich mit Vorliebe in der Gegend von Thalmässing nieder, die aus Pfarrkirchen im oberen Mühlviertel vor allem auf dem anschließenden Juragebiet um Nennslingen herum. In den Ansbacher Raum zogen die Protestanten aus dem oberösterreichischen Gramastetten, dem südlich der Donau gelegenen Vöcklabruck und den Ortschaften des Waldviertels in Niederösterreich.

In mühevoller Arbeit und nicht frei von Rückschlägen und Mißerfolgen entstanden so manche Ortschaften ganz neu und andere, die fast entvölkert waren, blühten wieder auf. Voller Freude und Stolz berichteten die Pfarrer in ihren Kirchenbüchern von den neuen Gemeindemitgliedern aus dem *Ländlein ob der Enns,* von dem sie kaum wußten, wo genau es lag und wie es eigentlich richtig geschrieben wurde – *Landl Lorenz* notierte ein des österreichischen Dialektes unkundiger Pfarrherr einmal in sein Kirchenbuch. Ein anderer, der von Pfofeld bei Gunzenhausen, kommentierte die erste Taufe im wieder besiedelten Rehenbühl geradezu enthusiastisch: *Deo gratia in omnibus! Der erste Mensch, der nach dem elenden und betrübten Kriegswesen zu Rehenbühl geboren, welches zuvor, solange ich hier bin, öd und wüst gelegen, auch wenig Häuser noch gestanden, jetzt aber von lauter Ländlern wieder besetzt worden.*

Zunächst heirateten die Exulanten noch unter sich und pflegten emsig die Beziehungen in die alte Heimat. Doch schon in der zweiten Generation muß der Verschmelzungsprozeß zwischen Einheimischen und Zugereisten nahezu abgeschlossen gewesen sein. Ein Blick in die Kirchenbücher zeigt, daß man um 1700 eifrig untereinander heiratete. Die Aufgabe, ein heruntergekommenes Land wieder aufzubauen, die gleiche soziale Stellung – in den Städten die Adeligen und die Bürger, auf dem Land die Bauern und Handwerker – sowie der gemeinsame lutherische Glaube ließen bei der Integration der Exulanten kaum Probleme aufkommen. Wie groß der tatsächliche Anteil der Glaubensflüchtlinge an der Gesamtbevölkerung gegen Ende des 17. Jahrhunderts war, läßt sich auf Grund der Kirchenbücher mit einiger Genauigkeit errechnen. Während in den Städten rund 20 Prozent der Bewohner seit 1600 zugewandert waren, gehörten in den ländlichen Gebieten der Markgrafschaft Brandenburg-Ansbach und der Oettinger Grafschaft bis zu 60 Prozent zu den Exulanten. Man rechnet daher, daß etwa ein Drittel der Gesamtbevölkerung in diesem Raum im Zuge der großen Umsiedlung aus Österreich nach Franken und Schwaben gekommen ist. Es gibt kaum eine fränkische Familie, die nicht unter ihren Ahnen über einige Exulanten des 17. Jahrhunderts verfügt. Der Anteil dieser Zuwanderer am wieder erblühenden wirtschaftlichen und geistlichen Leben Frankens kann tatsächlich kaum zu hoch veranschlagt werden. Heute erinnern nur mehr so *typisch fränkische* Familiennamen wie Erdmannsdörfer, Schönamsgruber, Mairhöfer, Bürckstümmer oder Vogelhuber an die ersten Glaubensflüchtlinge aus den Habsburger Erblanden.

EIN GANZES LAND ENTDECKT DIE NÄCHSTENLIEBE
Der Durchzug der Salzburger Exulanten im 18. Jahrhundert

Kein anderes religiöses Ereignis hat im Europa des 18. Jahrhunderts derartige Wogen geschlagen wie die Vertreibung der Lutheraner aus dem Salzburgischen. Der Eindruck dieser Emigranten hat die vorangegangene Umsiedlungsaktion fast ganz in Vergessenheit geraten lassen. Von dieser unterschied sich der Auszug der Berchtesgadener und Salzburger Exulanten allerdings auch erheblich. Die frühen Glaubensflüchtlinge kamen in einzelnen, kleinen Gruppen in einem Zeitraum von sieben Jahrzehnten. Sie ließen sich im schwäbisch-fränkischen Raum nieder, und die große Politik nahm sie nicht weiter zur Kenntnis. In den Grenzen der Zeit war ja auch alles leidlich ordentlich zugegangen. Die Austreibung der Salzburger dagegen vollzog sich in einigen spektakulären Aktionen innerhalb kürzester Zeit und unter Umständen, die von der ganzen damaligen Welt mit Empörung aufgenommen wurden. Sie wuchs sich zu einem politischen Skandal aus und führte gleichzeitig in weiten Kreisen des müde gewordenen Protestantismus zu einer geistlichen Erweckung. Bayern war für die meisten dieser Glaubensflüchtlinge nur eine Durchgangsstation auf dem beschwerlichen und langen Weg in eine neue Heimat – nach Ostpreußen und Litauen, Württemberg, Holland und Nordamerika. Aber hier fanden sie die erste entscheidende Hilfe. Und hier, in den Gemeinden entlang ihres Wanderweges, hinterließ ihr Schicksal erste und lang andauernde Eindrücke.

Das Fürstbistum Salzburg stellte von alters her ein eigenständiges Territorium dar. Es erstreckte sich bis weit in das heutige Oberbayern hinein und kam erst 1803 an Österreich. Hier und im benachbarten Gebiet des Fürstabtes von Berchtesgaden hattte das Luthertum, wie an vielen Orten des Alpenlandes, frühzeitig Eingang gefunden und sich allen Verfolgungen zum Trotz bis an die Wende des 17./18. Jahrhunderts erhalten. Mittelpunkt dieses im Verborgenen lebendigen Protestantismus waren der Dürnberg bei Hallein mit seinen Bergarbeitern und die Salzarbeiter und Holzschnitzer in der Umgebung von Berchtesgaden sowie die Bauern und Holzfäller im Deffreggental in Tirol. Nachts traf man sich in den Häusern oder auf versteckten Waldlichtungen, um miteinander aus den Predigtbänden zu lesen, die Lutherchoräle zu singen und zu beten. Die Bücher wurden wie kostbare Schätze vom Vater auf den Sohn vererbt. Auf den Geschäftsreisen, die der Salzhandel und der Holzschnitzvertrieb notwendig machten, ließen sich die Männer in Regensburg oder Nürnberg *lutherisch katechisieren,* um ihre Frömmigkeit zu vertiefen und die Freunde in den heimatlichen Tälern zu belehren und zu stärken. In nichts unterschied sich also diese evangelische Bewegung unter den Bauern, Handwerkern und Arbeitern von dem einst im benachbarten Bayern und Oberösterreich im 16. und 17. Jahrhundert praktizierten lutherischen Glauben.

Die Zeit der stillschweigenden Duldung ging zu Ende, als Maximilian Gandolf (1668–1687) die Regierung als Erzbischof von Salzburg antrat. Seine jesuitischen Späher entdeckten 1683 an der Südgrenze des Erzstiftes in einem kleinen Seitental des Iseltales ein ganzes Dorf heimlicher Lutheraner. Die sofort in das Tal entsandte Delegation von Kapuzinermönchen errreichte jedoch weder durch Predigten noch durch Drohungen, daß die

An die 20 000 Salzburger Exulanten verließen 1731—33 ihre Heimat und zogen durch Süddeutschland nach Preußen, Holland und Amerika

Auf sogenannten Schraubtalern hielten die Glaubensflüchtlinge ihr Schicksal fest. Die nebenstehenden Miniaturen zeigen die Salzburger in ihrer Tracht und ihre Teilnahme am kirchlichen Leben in Augsburg

Auslauf der protestantischen Bürger Wiens zur lutherischen Predigt nach Hernals vor den Toren der Stadt

Geistliches Zentrum des österreichischen Protestantismus waren im 16. und 17. Jahrhundert die Städte Regensburg und Nürnberg, wo die Prediger ausgebildet und die Gebetbücher gedruckt wurden

Reformierter Gottesdienst in Stein bei Nürnberg im Jahre 1670

Johannes Calvin, der Vater des reformierten Protestantismus, nach einer Skizze, die ein Student während der Vorlesung in sein Heft krizzelte

Kabinettsprediger Dr. Friedrich Ludwig Schmidt, der erste evangelische Geistliche in der Residenzstadt München

Die Franzosenkirche *in Erlangen im Mittelpunkt der quadratisch angelegten Hugenottensiedlung*

Markgraf Christian Ernst von Brandenburg-Bayreuth, der Gründer der Hugenottenstadt Christian-Erlang

Mit dem Einzug der evangelischen Prinzessin Karoline von Baden, der späteren ersten Königin von Bayern, in das Nymphenburger Schloß begann in München 1799 das Zeitalter der Toleranz

Das protestantische Vicariats-Gebäude in Feldkirchen.

Keine Kirche sondern nur ein Versammlungshaus — möglichst ohne Dachreiter — durften sich die evangelischen Pfälzer errichten, als sie sich zu Beginn des 19. Jahrhunderts in Oberbayern und im Donaumoos niederließen. Unter der Woche diente das protestantische Bethaus — wie hier in Feldkirchen bei München — als Schulhaus

Bauern von Deffreggen ihren Glauben aufgaben. Unter der Führung eines Bergmanns aus Dürnberg traten sie nun noch entschiedener auf. Dieser Mann hieß Joseph Schaitberger (1658–1733) und war zweifellos so etwas wie ein christliches Naturtalent. Schon seine Eltern, einfache Arbeiter wie er selber, waren gläubige Lutheraner gewesen. Als Bergknappe hatte der junge Schaitberger seinen Glauben durch den gründlichen Vergleich der beiden Katechismen von Martin Luther und Petrus Canisius vertieft. Darüberhinaus hatte er aber niemals irgendeine theologische oder auch nur lutherisch-kirchliche Schulung genossen. Allein die Beschäftigung mit der Bibel und dem gewiß nicht sehr breiten Angebot evangelischer Literatur hatte ihn zu einem unerschütterlichen, tiefgläubigen und dabei keineswegs streitsüchtigen Christenmenschen werden lassen. Schon früh galt er im ganzen Land als die Seele der evangelischen Bewegung. Als Laienprediger zog er heimlich durch die Täler und leitete die gottesdienstlichen Versammlungen seiner Freunde. Er war einer von ihnen und sprach ihre Sprache. Wie sie wurde er verfolgt. Aber wie keiner von ihnen konnte er frei predigen, die Bibel zitieren, Trost zusprechen und sogar vor den *Herren* auftreten und argumentieren.

Auch in der Bischofsresidenz wußte man sehr genau, wo der geistliche Vater der lutherischen Ketzer zu suchen war. Als daher die Bauern des Deffreggentals keine Anstalten machten, zur katholischen Kirche zurückzukehren, wurden Schaitberger und sein Freund Rupert Winter eines Abends in ihrem Haus am Dürnberg verhaftet. Im Burggefängnis auf der Festung Hohensalzburg versuchten zunächst zwei Kapuzinerpatres ihr Glück. Doch Schaitberger meinte später: *Die guten Väter haben mit uns wenig ausgerichtet, denn sie konnten unseren Glauben nicht umstoßen noch widerlegen.* Der Erzbischof griff dann zur List. Er erklärte, die rebellischen Protestanten würden keineswegs das im Reich anerkannte Luthertum, sondern höchst zweifelhafte und sektiererische Ideen vertreten. Doch Schaitberger war in der Lage, die Lehre Luthers eindeutig darzulegen. Ehrerbietig erklärte er dann: *Wir bekennen uns seit Jahren zur Augsburgischen Konfession. Wir üben keine Gewalt und kein Unrecht und sind auch getreue Untertanen seiner Gnaden, unseres Landesherren. Aber in Glaubenssachen müssen wir Gott mehr gehorchen als den Menschen.* Der Erzbischof versprach den beiden die Freiheit, wenn sie eine ordentliche Bekenntnisschrift ausarbeiten und sie ihm, versehen mit den Unterschriften aller Evangelischen, in zwei Monaten überreichen würden. Schaitberger war damit keineswegs überfordert; der Bergmann verfaßte ein beachtenswertes kleines Glaubensbekenntnis. Auch der Taktik Maximilian Gandolfs wich er nicht aus. Er überreichte die Unterschriftenliste und bat, ihn und seine Glaubensgenossen in aller Stille als evangelische Untertanen zu dulden.

Doch nun, da der Erzbischof die Namen der Ketzer besaß, ging er scharf gegen sie vor. Die evangelischen Bergarbeiter in Dürnberg erhielten Berufsverbot, den Bauern im Deffreggental wurden Soldaten in die Häuser geschickt, und eine geradezu groteske Jagd auf das lutherische Schrifttum setzte ein. Als alle Maßnahmen nichts nutzten, erließ der Erzbischof im November 1685 seinen berühmt-berüchtigten Ausweisungsbefehl. Innerhalb von sechs Wochen hatten die Lutheraner das Land zu verlassen. Ihr gesamter Besitz sollte eingezogen werden. Und ihre Kinder durften sie nicht mitnehmen. Mitten im grimmig kalten Winter schnürten daraufhin mehr als tausend Menschen ihre Bündel. Einige Frauen hatten sich nicht von ihren Kindern trennen können. Doch an der Grenze wurden die großen Tragkörbe inspiziert und die Säuglinge entdeckt. Es kam zu erschütternden Szenen, und einige der Frauen kehrten wieder um. An die 600 Kinder aber blieben zurück und wurden auf die katholischen Gehöfte verteilt.

Die meisten dieser ersten Salzburger Exulanten zogen nach Schwaben und Württemberg. Schaitberger, der sich selbstverständlich auch unter ihnen befand und seine Kinder hatte zurücklassen müssen, fand in Nürnberg eine neue Heimat. Hier entstand bald jenes schlichte Lied, das wie eine Fanfare den späteren Zügen der Salzburger voraneilte und als Choral der Exulanten in die Geschichte einging:

Trost-Lied eines Exulanten.

Im Thon: Ich danck dir schön/ durch deinen Sohn.
Oder: Hör/ liebe Seel/ dir rufft der HErr!

Ich bin ein armer Exulant/
 Also muß ich mich schreiben/
Man thut mich aus dem Vaterland/
 Um GOttes Wort vertreiben.

2. Doch weiß ich wohl/ HErr JEsu mein/
 Es ist dir auch so gangen/
Jetzt soll ich dein Nachfolger seyn/
 Machs/ HErr/ nach dem Verlangen.

3. Ein Pilgrim bin ich auch nunmehr/
 Muß reysen fremde Straßen/
Drum bitt ich dich/ mein GOtt und HErr!
 Du wolst mich nicht verlassen.

Der geistliche Vater des österreichischen Geheimprotestantismus war ein schlichter Bergmann: Joseph Schaitberger, der die Salzburger Exulanten noch im hohen Alter von seinem Exil in Nürnberg aus durch seine Schriften stärkte

Diese Behandlung Andersgläubiger fiel sogar aus dem Rahmen dessen, was sich in der Gegenreformation zugetragen hatte. Auch mit den Bestimmungen des Westfälischen Friedens konnten diese harten Maßnahmen nicht gedeckt werden. Als erster evangelischer Fürst erhob daher Friedrich Wilhelm von Brandenburg, der Große Kurfürst, energischen Protest beim Salzburger Erzbischof. Dieser verwies aber auf die vollendeten Tatsachen und hüllte sich im übrigen in Schweigen. Schon zwei Jahre später ließ er aber in den Ortschaften Schellenberg und Au im Berchtesgadener Land weitere Bücherrazzien und Glaubensverhöre durchführen.

Unter den milden Nachfolgern auf dem Stuhl des heiligen Rupertus konnten sich die zurückgebliebenen Protestanten erneut sammeln. Lieber als die Priester, deren Messen sie höchst unregelmäßig besuchten, hörten sie ihre Laienprediger. Unter diesen erfreute sich auch eine beherzte Landfrau aus Bischofswiesen, die *Grubentraudl*, großer Beliebtheit. Im Mittelpunkt der Erbauungs- und Gebetsstunden standen jetzt neben den Predigten die Sendschreiben und Schriften von Schaitberger. Nun erst, aus der Ferne, erwies sich der Dürnberger Bergarbeiter als der wirkliche geistliche Vater seiner evangelischen Salzburger. In Nürnberg mußte er, da er seinen alten Beruf nicht mehr ausüben konnte, ein recht bescheidenes Leben als Drahtzieher führen. Das hinderte ihn jedoch nicht daran, Bücher zu schreiben, die nicht nur seine Landsleute trösteten, sondern die in der ganzen Öffentlichkeit Aufmerksamkeit erregten und so erst die Augen aller auf das Schicksal der Salzburger lenkten. Schaitberger wagte es sogar dreimal, heimlich in die alte Heimat zu wandern, um seine Glaubensgenossen persönlich zum Aushalten zu ermuntern. Denn er war fest davon überzeugt, daß sie alle irgendwann einmal den Weg in die Fremde würden antreten müssen. So schrieb er in einem Brief: *Ach, liebe Brüder ich schreibe nicht darum, als wenn ich euch das liebe Vaterland nicht gönnen wollte in guten Tagen, sondern weil ich weiß aus Gottes Wort, daß ihr in großer Gefahr seid. Denn es trifft nicht den Leib, sondern die Ewigkeit und die Seligkeit. Ach, was sollte doch der liebe Gott denken, wenn wir schwachgläubigen Menschen um das liebe Wort Gottes willen nicht können ein Stücklein Erde verlassen, wo er ist zu uns auf Erden kommen aus lauter Lieb. O fürwahr, es ist keine Freude und geht nicht mit lachendem Mund zu, Kinder und Güter zu verlassen und das liebe Vaterland mit dem Rücken anzusehen. Dieweil es aber um das liebe Wort Gottes geschehen, so kann ja dagegen niemand streiten oder sich daran ärgern. Ihr auch nicht, liebe Freunde!*

Manche taten Schaitberger als frommen Schwärmer ab. Doch seine zahlreichen *Sendschreiben* über Fragen des Glaubens und Lebens, die er in die Täler seiner alten Heimat schickte, wurden bald gesammelt. Auf Veranlassung eines Nürnberger Geistlichen und mit Unterstützung zweier Kaufleute erschienen 1702 zwei Dutzend Traktate als *Evangelischer Sendbrief* im Druck. Wegen seiner volkstümlichen Sprache und tiefen Frömmigkeit gehörte das Werk bald auch in Franken zu den beliebtesten Andachtsbüchern und erlebte das ganze 18. Jahrhundert hindurch immer wieder neue Auflagen. Schaitberger wandte sich aber auch direkt an die Öffentlichkeit, – mit seinem *Kurzen, wahrhaftigen Bericht von der Salzburger Reformation, welche geschehen im Jahre Christi 1686, den vertriebenen Exulanten und deren Kindern zum Gedächtnis*. Und er verteidigte sich und seine Glaubensgenossen gegen den aus Salzburg lancierten Vorwurf, sektiererisch zu sein, in seinem *Kurzen und einfältigen Glaubensbekenntnis der vertriebenen Landsleute aus Salzburg*.

Diese ganzen seelsorgerlichen und apologetischen Schriften des schlichten Bergmanns ließen schon zu seinen Lebzeiten die Frage auftauchen, ob er sie wirklich allein geschrieben habe. Schaitberger hat das noch auf dem Sterbebett beschworen und tatsächlich gibt es für das gegenteilige Gerücht keinen einzigen Anhaltspunkt. Man wird es hinnehmen müssen, daß mitunter der *einfältige* Glaube eines einzelnen Geschichte macht.

Schaitberger hatte sich nicht getäuscht. Als 1727 Leopold Freiherr von Firmian an die Regierung kam, hatte für die Salzburger Protestanten die letzte Stunde geschlagen. Daß er die ganze Bevölkerung aus dem Land treiben wollte *und sollten Dornen und Disteln darin wachsen*, ist zweifellos ein Wort, das er so nicht gesprochen haben dürfte. Unbestreitbar aber gilt Leopold von Firmian als ein herrschsüchtiger und lebenslustiger Fürst, der sich nicht scheute, zusammen mit seinen jesuitischen Beratern die Proteste der halben Welt zu mißachten und sogar seinem Kaiser in Wien in den Rücken zu fallen.

Zunächst versuchte es der neue Fürstbischof mit Gewalt. Die Evangelischen kannten das: Einsammlung der Bücher, Geldstrafen, Einquartierung von Soldaten und Inhaftierung. In einer evangelischen Chronik heißt es dazu nur: *Aber alle Leiden stählten den Mut der armen Leu-*

Neu-vermehrter Evangelischer Send = Brief,

Darinnen vier und zwanzig nüzliche Büchlein enthalten,

Geschrieben an die Lands-Leute in Salzburg und andere gute Freund, dadurch dieselbigen zur christlichen Beständigkeit, in der evangelischen Glaubens-Lehr, Augspurgischer Confeßion, in ihrem Gewissen aufgemuntert werden,

Aus heiliger göttlicher Schrift zusammen getragen, und auf Begehren guter Freunde samt einem Anhang in Druck übergeben von einem Bekenner der Wahrheit um des evangelischen Glaubens willen vertriebenen Bergmann aus Salzburg

Joseph Schaitberger,

nebst einem kurz gefaßten Begrif von dessen Leben.
Luc. 22, 23. Wann du bekehret bist, so stärke auch deine Brüder.

REUTLINGEN, zu finden bei Joh. Jacob Fleischhauer. 1781.

Schaitbergers Send- und Trostbrief für die bedrängten Glaubensgenossen gehörte im 18. Jahrhundert zu den am meisten gelesenen Erbauungsschriften in Süddeutschland

te. Die friedlichen Salzburger, die fast vor aller Welt ehrerbietig den Hut zogen und ihrem Landesherrn die geforderten Huldigungen überreichlich zukommen ließen, erwiesen sich in der Religionsfrage als ausgesprochen hartnäckig. Die langjährige Betreuung durch Schaitberger und das Anwachsen der evangelischen Bewegung zu Beginn des 18. Jahrhunderts wirkte sich jetzt in einem erstaunlich freien Auftreten aus. Etwa dreihundert führende Männer der evangelischen Salzburger schlossen im August 1731 in Schwarzach einen feierlichen Vertrag, den *Salzbund*. Sie schworen, einander beizustehen und dem Luthertum in Tod und Leben die Treue zu halten. So gestärkt, scheuten sich die Protestanten nicht, dem Bischof die erbetenen Namenslisten auszuhändigen. Dessen Entsetzen war groß, – hatten sich doch 20 000 seiner Untertanen namentlich als lutherisch bezeichnet. Wenn man berücksichtigt, daß die Bevölkerungszahlen des 17. und 18. Jahrhunderts im Vergleich mit einer Statistik des 20. Jahrhunderts wesentlich niedriger ausfallen, kann man die Idee des Salzburger Fürstbischofs nur als wahnwitzig bezeichnen: Er erließ eine Verordnung, die einen großen Teil seiner besten Untertanen des Landes verwies. Ausgerechnet am Reformationstag 1731 veröffentlichte Leopold von Firmian dieses berüchtigte *Emigrationspatent*, das die Evangelischen als *Rebellen und Friedensstörer* abstempelte. Wer keinen Grundbesitz sein eigen nannte, hatte innerhalb von acht Tagen das Land zu verlassen. Haus- und Grundbesitzern wurde eine Frist von drei Monaten eingeräumt. Von den Kindern war diesmal allerdings nicht die Rede. Wieder mußten also die Evangelischen vor dem Einbruch des Winters zwischen Heimat und Glaubenstreue wählen. Sie schickten zwar Abgeordnete zu den protestantischen Ständen in Regensburg und zum Kaiser nach Wien. Wenn die Delegationen nicht schon gleich hinter Salzburg abgefangen wurden und ihr Ziel erreichten, bewirkten sie zwar warnende und drohende Worte, doch diese beeindruckten den selbstbewußten Herrn im Salzburger Palais nicht. Dieser sah sich freilich in der Erwartung, seine lutherischen Untertanen würden sich nun bekehren, enttäuscht. Einer nach dem anderen erklärte: *Können nicht, Euer Gnaden* oder: *Wagen es nicht* oder: *Wir getrauen uns nicht, in der römischen Kirche selig zu werden.*

Inzwischen hatten die Salzburger aber auch zwei Männer in das ferne Berlin geschickt. Dort prüfte man sie auf Herz und Nieren. Das Ergebnis fiel positiv aus; die Juristen überwanden ihre anfängliche Skepsis und erklärten dem König, es handle sich zweifellos um ehrbare, arbeitsame und gut lutherische Leute. Daraufhin ließ Friedrich Wilhelm I. von Preußen die Gesandten wissen, *wenngleich etliche Tausende in seine Lande kommen wollten, würde er sie alle aufnehmen, ihnen aus höchster Gnade, Liebe und Erbarmung Haus und Hof, Acker und Wiesen geben und ihnen als seinen Untertanen be-*

gegnen. Im Vertrauen auf diese Zusage und auf die Versprechungen aus dem näher gelegenen Regensburg fiel den Salzburger Protestanten die Entscheidung nun nicht allzu schwer.

Den Anfang machten die Bauern im Pongau. Als sie und die anderen Bauern aus den Alpentälern auf ihren Flößen die Salzach hinab fuhren, entdeckten die Dürnberger Bergarbeiter erneut ihr lutherisches Herz. Sie beantragten freiwillig bei der Regierung in Salzburg die Auswanderungsgenehmigung. Bei den Dürnbergern handelte es sich jedoch um qualifizierte Facharbeiter. Leopold von Firmian dachte gar nicht daran, auf diesen wichtigen Faktor seiner Wirtschafts- und Finanzpolitik zu verzichten. Jetzt zeigte sich jedoch, daß sich die Salzburger Lutheraner nicht nur treiben ließen, sondern selber ihr Schicksal in die Hand nehmen konnten. Sie traten in den Streik, verkauften ihren Besitz und besorgten sich die notwendigen Durchzugsgenehmigungen in Passau und München. Nach Holland wollten sie, und tatsächlich sicherte man ihnen von dort die Übernahme der Reisekosten zu. Alle religiösen Zugeständnisse, zu denen der erschrockene Firmian jetzt bereit war, kamen zu spät; die Dürnberger charterten Schiffe und fuhren von Hallein die Salzach und den Inn hinab nach Passau.

Das Verhalten der Dürnberger ermunterte die Geheimprotestanten im ganzen Berchtesgadener Land. Unter ihnen befanden sich vor allem viele Holzschnitzer, Drechsler und Rechenmacher. Um sie riß man sich im Ausland direkt: – die Nürnberger hätten sie gerne aufgenommen und die Holländer; auch der Preußenkönig lud sie ein und meinte spitz, Holland habe gar kein Holz. So entwickelte sich die Auswanderung innerhalb kürzester Zeit zu einer zwar mühevollen und verlustreichen aber keineswegs existenzgefährdenden Umsiedlungsaktion von europäischen Ausmaßen. Leidtragender war letztlich der Salzburger Fürstbischof selber.

In rund sieben großen Schüben durchzogen die 20 000 Exulanten in den Jahren 1731 bis 1733 das bayerische, schwäbische und fränkische Gebiet. Die Glaubensflüchtlinge erhofften Hilfe, aber sie fanden nicht weniger als enthusiastische Aufnahme. Sie hatten nichts zu bieten, aber wo man ihnen Herberge gab, hinterließen sie großen geistlichen Segen. Die einzelnen Züge wählten verschiedene Wege. Einige, die sich in Württemberg niederlassen wollten, passierten Nördlingen. Die vom Preußenkönig für das von der Pest entvölkerte ostpreußische Litauen angeworbenen Salzburger zogen über Pappenheim, Ansbach oder Gunzenhausen nach Nürnberg und weiter über Bamberg oder Bayreuth.

Die Dürnberger Bergarbeiter, deren Ziele in Holland und Preußen lagen, blieben erst einmal im Winter 1732 auf der zugefrorenen Donau stecken. In Nürnberg wurden sie noch vom alten Schaitberger begrüßt. Dort hatte man den verarmten Mann im Altersheim schon beinahe vergessen. Doch seine Landsleute holten ihn auf den Marktplatz und feierten ihn jubelnd als ihren treuen Helfer und Seelsorger. *Vater Schaitberger, segne uns!* riefen sie, um dann mit dem Segen dieses außergewöhnlichen Mannes weiterzuziehen. Während die Salzburger in Ostpreußen noch bis ins 20. Jahrhundert hinein ihre eigenen Kirchen und Schulen besaßen, verlor sich die Spur der Dürnberger auf der holländischen Insel Cardsand bald im Dunkel der Geschichte. Der Preußenkönig hatte wohl mit seinem Hinweis auf die allzu unterschiedlichen Lebens- und Arbeitsbedingungen recht gehabt. Ein anderer Treck aus Berchtesgaden, der unterwegs nach Hannoversch-Münden war, zog über Nürnberg und Marktbreit nach Norden; die letzten Züge berührten Rothenburg und Schweinfurt. Es gab also wirklich kaum einen Ort in Bayern, dessen Bewohner nichts mit den Salzburgern zu tun bekamen.

Diese meist 800 Mann starken Trecks wanderten durchaus geordnet durchs Land. An der Spitze marschierten die *Vorsteher* mit ihren mächtigen und noch lange aufbewahrten Heerführerstäben. Sie gaben die Richtung an und intonierten die Choräle, die während des Marsches gesungen wurden. Es folgten die Familien – die Männer in ihren Westen mit den Silberknöpfen und den runden Hüten mit den bunten Bändern, und die Frauen in den reich geschmückten Miedern und den weiten Röcken der Salzburger Tracht. Auf den Wagen mit dem Gepäck saßen die jüngsten Exulanten. Der Durchzug dieser Gruppen wurde von den kirchlichen und weltlichen Behörden genauestens geregelt. Nicht selten mußte die weltliche Obrigkeit allerdings dem Drängen der Bevölkerung nachgeben und die Glaubensflüchtlinge mehr, als ursprünglich vorgesehen, unterstützen. Der Nürnberger Rat etwa gedachte, die Dürnberger nur in seinem Landgebiet unterzubringen. Doch die Nürnberger ließen es sich nicht nehmen, diese *tapferen Menschen* in ihre Häuser einzuladen, und am Ende waren sogar zu wenig Exulanten da, um alle Angebote zu befriedigen. In jedem Ort, den die Züge berührten, wurden Sonderkollekten erhoben, um die Weiterreisenden mit *Zehrgeld* zu versorgen.

Vor allem die lutherische Geistlichkeit Frankens gestaltete das Auftreten der Glaubensgenossen zu eindrucksvollen religiösen Massenkundgebungen. Erste Versuche, den Glauben der Salzburger zu testen, hatten nämlich zu erstaunlichen Ergebnissen geführt. Ihre Führer kannten nicht nur einige Dutzend vielstrophiger Choräle auswendig, sondern konnten auch den ganzen Luther'schen Katechismus zitieren. Mit einiger Verwunderung und leicht beschämt notierten die fränkische Lutheraner, daß die Emigranten *im ganzen doch ein sehr sauberes und gleichförmiges Religionsbekenntnis sich bewahrt haben.* So wurden sie von den Vertretern des fränkischen Luthertums überall offiziell begrüßt – in Amtstracht auf festlichen Empfängen, unter dem Geläut aller Glocken und mit zahlreichen Begrüßungs- und Abschiedspredigten. Sie erhielten auch Katechismusunterricht, denn erstaunlicherweise befanden sich unter den Exulanten einige, die meinten, sie seien *an sich* noch katholisch. Man nahm ihnen die Beichte ab und feierte mit ihnen große Abendmahlsgottesdienste.

Man wandte sich aber auch in zahlreichen *Erweckungsreden* an die etablierten Gemeindeglieder – etwa im Stil des Marktbreiter Pfarrers, der seiner *wertesten Pfarrgemeinde* folgende Ansprache hielt: *Wenn ihr diese Fremdlinge, die aus einem ziemlich fernen Lande kommen, diese lieben Salzburger, diese neu hinzugetanen evangelischen Glaubensgenossen, allhier in unserem Gotteshaus vor Augen sehet und beherziget ihren ehemaligen und gegenwärtigen Zustand, ihren besonderen Glaubenseifer, ihre ungemeine Standhaftigkeit, ihre widrigen Begegnisse und Trübsale, ihren unerschrockenen Mut, ihren getrosten willigen Ausgang, ihren beschwerlichen Winterweg, ihren weiten Zug, ihre von Gott verschaffte Sicherheit, ihre Genießung aller Notdurft, ihre von einer weit entlegenen Nation rühmlich versprochene Versorgung und dergleichen; ja wenn ihr überlegt, wie schon viele Tausende dieser heilsbegierigen Emigranten, Reiche und Arme, Junge und Alte, Große und Kleine, Jünglinge und Jungfrauen, Kinder und Gesinde, nur um des göttlichen Wortes, nur um des wahren evangelischen Glaubens, nur um der ewigen Seligkeit willen, ihr lang gewesenes liebes Vaterland mit dem Rücken angesehen, und sich anderswohin gewendet, auch schon mehrenteils bequemes Unterkommen und die gesuchte Gewissensfreiheit da und dort gefunden haben: Ei, was denkt ihr bei solchem Allen? Wie sehet ihr das ganze Werk an, von welcherlei man in vorigen Zeiten kaum jemals gehöret? Fallen euch dabei nicht ein die Worte Davids? O meine Lieben, erkennet doch, daß der Herr seine Heiligen, seine Kinder und Freunde, wunderlich führt.*

Derartig anschauliche Predigten, die meist auch sofort in den Druck gegeben wurden, blieben natürlich nicht ohne Wirkung. Im ganzen Land kam es zu einem Aufschwung des kirchlichen Lebens und hier und dort zu einer regelrechten geistlichen Erweckung. Das war vor allem im Schwäbischen der Fall, wo in der Person des Augsburger Seniors Samuel Urlsperger der eigentliche Grund des unvorstellbaren Engagements zugunsten der Salzburger erkennbar wird: der milde lutherische Pietismus Hallischer Prägung. Dessen bedeutendster Vertreter in Bayern war der Leiter des Augsburger Kirchenwesens, der in den Jahren 1731 bis 1733 die gesamten protestantischen Hilfsmaßnahmen für die Exulanten organisierte und koordinierte.

Samuel Urlsperger (1685–1772), der Vater des berümten Gründers der Baseler Christentumsgesellschaft, war ein gebürtiger Württemberger; seine Familie stammte jedoch aus der Steiermark. Schon früh lernte der junge Theologe in Halle an der Saale den Gründer der dortigen Anstalten und Vater des Hallischen Pietismus, August Hermann Francke, kennen.

In Halle begegnete er auch einem recht eigenwilligen, schwärmerischen Mann, der jedoch sein Freund wurde und ihn geistlich stark beeinflußte. Dieser Mitarbeiter Franckes hieß Anton Wilhelm Böhme und war der Hofprediger des englischen Prinzgemahls. Durch die Freunde in Halle knüpfte der junge Urlsperger schon früh Beziehungen zu verschiedenen gräflichen und fürstlichen Familien, mit denen Francke in Kontakt stand. Er weilte einige Zeit in England und lernte dort das rührige angelsächsische Christentum kennen. Dann bereiste er die Höfe in Hannover und Berlin, korrespondierte mit dem dänischen König, der ein großer Förderer des Hallischen Pietismus war, und gewann einen der eifrigsten Pietisten an den deutschen Höfen, den Grafen Christian Ernst von Stolberg-Wernigerode zu seinem Freund. Nachdem der weitgereiste und gebildete Theologe seinen Posten als württembergischer Hofprediger wegen allzu offener Kritik am Karneval und am *französischen Lebensstil* eingebüßt hatte, ging er auf Anraten seines *Herzenspapa* Francke 1723 nach Augsburg. Francke kannte das Schwabenland von seiner Rundreise 1718, bei der er in Ulm, Nördlingen und Augsburg, aber auch in Mittelfranken zahlreiche Freunde gewonnen hatte.

Samuel Urlsperger, der Senior der Augsburger Kirche und Vertreter eines milde-lutherischen Pietismus, organisierte im 18. Jahrhundert eine weltweite Hilfsaktion für die aus dem Salzburgischen vertriebenen Protestanten

In Augsburg hatte Urlsperger zunächst wieder einen schweren Stand: die städtischen Geistlichen vermuteten in ihm einen Schwärmer. Doch Urlsperger vertrat einen eindeutig kirchlichen und lutherischen Pietismus, der ihn später zu einer deutlichen Ablehnung der Zinzendorf'schen Jesusmystik führte. Seine gelassene und freundliche Art und seine tolerante Einstellung auch gegenüber den Katholiken eroberten ihm, ebenso wie seine warmherzigen Predigten und seine praktische Fürsorge für die Waisen, bald die Herzen aller. In seiner Verkündigung drängte Urlsperger dabei von Anfang an entsprechend der Hallischen Tradition auf die persönliche Bekehrung und die Heiligung – darauf also, daß der einzelne Christ sich für Jesus Christus entscheidet und diesen Glauben in ganz konkreten Akten der Nächstenliebe unter Beweis stellt.

Das nächstliegende Objekt dieses pietistischen Heiligungsstrebens waren in jedem Fall die Armen, die Waisen und die Witwen – in Halle und auch für Urlsperger in Augsburg. Das liebste Kind dieses frommen Aktivismus aber waren die Heiden im fernen Indien und in Nordamerika, für deren Missionierung man eifrig predigte und spendete. Und jetzt fühlte sich der Pietismus erneut von Gott gerufen: an den Salzburger Exulanten wollte er sich und der Welt – und wohl auch Gott – beweisen, was ein erweckter, lebendiger Christusglaube vermag. Für Urlsperger jedenfalls bedeutete die den Salzburgern erwiesene Nächstenliebe die Bestätigung seiner ganzen Verkündigung. Ein halbes Jahrhundert lang wurde er so etwas wie der *Bischof der Salzburger in der Zerstreuung*. Die deutsche Exulantenfürsorge ist das Werk dieses einen württembergisch-schwäbischen Mannes und kann als eine der schönsten Früchte des Pietismus in Deutschland gelten.

Die Salzburger Auswanderer wußten offensichtlich, wo man sie mit offenen Armen aufnehmen würde. Hatten sie doch schon im zurückliegenden Jahrhundert heimlich immer wieder Stärkung und Hilfe aus den evangelischen Gebieten Süddeutschlands erfahren. Viele Züge wanderten darum jetzt entlang der Alpen durch das Allgäu nach Augsburg. Obwohl ihnen einzelne katholische Ratsmitglieder, etwa in Kaufbeuren, die Stadttore versperren wollten und das *Gesindel* fürchteten, kam es gerade in dieser Stadt sowie in Memmingen, Kempten und Nördlingen zu besonders auffallenden Demonstrationen der Gastfreundschaft. In einer der schwäbischen Stadtchroniken heißt es: *Die Erzählung der Emigranten ging allen so zu Herzen, daß die Bürger sie in ihre Häuser aufnahmen, auch die Hauptschar, der fünf Wägen mit Kranken und Kindern folgten, freundlich empfingen. Die Umstehenden konnten sich die Tränen nicht halten, als in buntem Gemisch Greise in weißen Haaren, Frauen, Männer und muntere Kinder vorbeizogen. Sie glichen aber in aller Not Triumphierenden und zogen wie die alten Märtyrer in sieghaftem Glauben ihres Weges.* Ausgerechnet am Silvesterabend des Jahres 1731 baten die ersten Wanderer vor den Toren Augsburgs um Einlaß. Die Stadträte zögerten auch hier zunächst, war doch das konfessionelle Klima in der alten Reichsstadt noch immer nicht frei von Spannungen. Doch Urlsperger ließ nicht locker. Diesen und jeden einzelnen der kommenden großen Trecks empfing er persönlich und kümmerte sich um das leibliche und geistliche Wohl der Emigranten. Später durften diese auch in den Häusern der Stadt aufgenommen werden. Urlsperger hielt ihnen in St. Anna Trostpredigten, wie sie wohl damals selten auf einer deutschen Kanzel zu hören waren. Unendlich viele Kupferstiche, bemalte Schraubtaler und bebilderte Broschüren veranschaulichen, was die Stadt Augsburg in diesen Jahren für die österreichischen Glaubensflüchtinge tat. Doch das alles blieb – trotz des ungewöhnlichen Umfanges – noch im Rahmen des in ganz Bayern Üblichen. Urlspergers Verdienst liegt darin, daß er über die momentan notwendige Hilfe hinaus weitreichende Hilfsmaßnahmen plante und unermüdlich an deren Realisierung arbeitete. Die fünfjährige Studienreise, die den jungen Urlsperger einst durch halb Europa geführt hatte, trug jetzt erst ihre Früchte. Zunächst einmal erkannte der Augsburger Senior, daß seinen Schützlingen nur geholfen werden konnte, wenn man die gesamte öffentliche Meinung über ihr Schicksal informierte. In Konsequenz dieser Erkenntnis baute sich Urlsperger so etwas wie ein Netz von Korrespondenten und Liebesagenten auf, die in allen wichtigen Städten für die Publizierung der Exulantenvorgänge sorgten. Er selber aber gab eine Veröffentlichung nach der anderen in den Druck. Sodann wurde Urlsperger klar, daß die Augsburger Kirche und die süddeutschen Gemeinden allein die finanzielle Belastung nicht würden tragen können. Sehr rasch sah er die Grenzen auch der engagiertesten Frömmigkeit.

So setzte er seine im ganzen Reich verstreuten Agenten ein, um eine *weltweite* Hilfsaktion zugunsten der Exulanten ins Leben zu rufen. Als Kontaktmann diente ihm dabei sein Freund, der fromme Graf Stolberg-Wernigerode. Immer wieder bat er ihn, *diese Sachen* dem dänischen König *beweglich vorzustellen: O daß doch, wie ich gepredigt in diesem neuen Kirchenjahr, die Waffen unseres Königs Jesu aller Orten siegen und sein Evangelium schnelle und große Progresse machen wolle.* Urlsperger wandte sich auch direkt an die dem Pietismus nahestehenden Höfe und pflegte vor allem mit den adeligen Damen eine ausgedehnte Korrespondenz. Hunderttausende von Gulden müssen in diesen Jahren durch die Kassen des rührigen Augsburgers geflossen sein. Es gab kaum einen Exulantenzug, der nicht schon in Regensburg mit Urlspergers Decken, Zehrgeldern, Wagen und Proviant rechnen konnte.

Doch Urlsperger ging noch einen Schritt weiter. Nicht für alle Schützlinge lag das Ziel bereits fest. Einige blieben ja auch, vor allem die Ledigen. Aber es gab immer Gruppen, die noch nicht genau wußten, wohin die Reise gehen sollte. Auf Grund seiner alten Beziehungen nach England bot nun eine englische philanthropische Gesellschaft dem menschenfreundlichen und inzwischen weltbekannten Senior von St. Anna ihre Hilfe an. Man suchte *gesunde, fromme und arbeitsame Menschen* zur Besiedlung einer neuen Kolonie in Pennsylvanien. Urlsperger erkannte die Chance und stellte sofort einige Gruppen Salzburger Exulanten zusammen. Bis in alle Einzelheiten organisierte er ihren Sprung über das große Wasser. Er gab ihnen auch gewissenhafte Pfarrer und Lehrer mit, so daß eine blühende Salzburger Siedlung mit dem frommen Namen *Eben-Ezer* entstand. Da Urlsperger nicht müde wurde, sich auch weiterhin um dieses *amerikanische Ackerwerk Gottes* zu kümmern, wurde die Umsiedlung kein Mißerfolg – zur Freude der englischen Obrigkeit und im Gegensatz zu manchen anderen Auswanderungsprojekten dieses Jahrhunderts.

Kein Wunder, daß Samuel Urlsperger, den die Augsburger einst so mißtrauisch empfangen hatten, in seinen letzten Lebensjahren von der Ehrerbietung und Liebe seiner Gemeinde, seiner Schützlinge und eines großen Freundeskreises getragen wurde. Joseph Schaitberger gilt mit Recht als der Vater der evangelischen Salzburger in ihrer alten Heimat. Dieser Mann aber wurde ihr Vater und Fürsorger auf dem beschwerlichen Weg in die neue Heimat. Eine tiefe Herzensfrömmigkeit, die Fähigkeit, in die Weite zu blicken, und große organisatorische Gaben haben ihn dazu befähigt. Dankbar rühmte der Sohn den Vater, als dieser im Alter von 87 Jahren *auf den Namen Jesu entschlief* im Auftrag der Salzburger Exulanten: *An ihm starb ein wahrer großer Mann, man mag dies Wort im natürlichen, politischen oder geistlichen Verstande nehmen.*

LUTHERISCHE TRÄNEN ÜBER DEN REFORMIERTEN ZUZUG
Die Niederlassung der Hugenotten in der Markgrafschaft Bayreuth

Schweizer Kaufleuten, Pfälzer Beamten und Nord-Süd-Wanderern vom fernen Niederrhein ist – wenn sie nach Bayern ziehen – nur selten bewußt, daß es hier auch reformierte Gemeinden gibt. Mit ihrer polizeilichen Anmeldung werden sie automatisch, wenn sie keinen Widerspruch einlegen, vom Calvinismus auf das Luthertum umgebucht. Die Evangelisch-Reformierte Kirche in Bayern ist von dieser Art innerprotestantischer Konfessionspolitik nicht sonderlich erbaut und bezeichnet sie abfällig als *Möbelwagenkonversion.* Tatsächlich aber will es ihr im 20. Jahrhundert nur mehr schwer gelingen, ihre Eigenständigkeit zu begründen und zu erhalten. Bis in das vergangene Jahrhundert hinein spielte allerdings der Protestantismus calvinistischer Prägung in Bayern eine beachtliche Rolle. Jede der heute noch bestehenden neun reformierten Gemeinden erinnert mit ihrer besonderen Tradition an diese große Vergangenheit. Das stattlichste Gotteshaus des bayerischen Calvinismus erhebt sich im Zentrum der Universitätsstadt Erlangen. Es steht am Hugenottenplatz und weist zurück auf die Zeit, in der die französischen Glaubensflüchtlinge in den Markgrafschaften Ansbach und Bayreuth Aufnahme und eine neue Heimat fanden.

Nirgendwo wurde der Protestantismus im romanischen Raum so freudig begrüßt wie in Frankreich. Die Lehre des Genfer Reformators Johannes Calvin (1509–1564) hatte noch vor dessen Tod fast alle Provinzen des Landes erobert. Da die Parole der Kronjuristen aber lautete: *Un roi, une loi, une foi* mußte sich der französische Calvinismus unausweichlich zu einer politisch oppositionellen Partei entwickeln.

Seine einzige Überlebenschance lag in der Eroberung der staatlichen Macht. Nur auf diesem Hintergrund sind die blutigen und wechselvollen konfessionellen Bürgerkriege des 16. Jahrhunderts zu verstehen.

Als die französische Krone 1589 an den Führer der Hugenotten, Heinrich von Navarra, überging, sah sich die protestantische Partei ihrem Ziel nahe. Doch Heinrich IV. glaubte, eine wirkliche Beruhigung nur erreichen zu können, wenn er zum Katholizismus konvertierte. Mit einem Schlag mußte nun der französische Protestantismus umdisponieren, um von seinem ehemaligen Kampf- und Glaubensgenossen wenigstens noch gewisse Rechte zu erlangen. Die adeligen Führer der Hugenotten erklärten dem König, daß *man sie als Christen, Franzosen und treue Untertanen ansehen möchte* und baten um zwei Dinge: *Die Religion, ohne welche Christen nicht wohl leben können, und die Gerechtigkeit, ohne welche es den Menschen überhaupt nicht möglich ist, zu bestehen.* Heinrich IV. ließ seine alten Freunde nicht im Stich. Das berühmte Edikt von Nantes räumte den Hugenotten 1598 weitreichende Privilegien ein. Kirchen dürfen sie sich bauen, und ihre alten *temples* müssen ihnen zurückgegeben werden. Überall, wo sie sich niederlassen, dürfen sie mit nur geringen Auflagen mehr oder weniger öffentlich Gottesdienste halten. Alle Schulen, Universitäten und Krankenhäuser stehen ihnen offen. Sie dürfen evangelische Literatur drucken, der König genehmigt den Gemeinden ein kirchliches Steuerrecht und zahlt sogar aus seiner Schatulle Zuschüsse für den Unterhalt der Geistlichen. Am ungewöhnlichsten aber ist das Zugeständnis von rund 200 *Sicherheitsplätzen,* an denen die Protestanten zu ihrem Schutz eigene Garnisonen unterhalten können.

Mit diesem königlichen Gesetz sicherte Heinrich IV. den Hugenotten nicht nur die fast vollständige bürgerliche Gleichberechtigung zu, sondern brach auch mit dem Prinzip des konfessionell einheitlichen Staates – ein halbes Jahrhundert vor dem Westfälischen Frieden in Deutschland! Im Schutz des Ediktes von Nantes erlebte der französische Calvinismus seine glanzvollste Epoche. Stolz berichtete einer seiner Führer: *Das Evangelium wird, nicht ohne Erfolg, frei gepredigt; man läßt uns Gerechtigkeit widerfahren und wenn Streitigkeiten entstehen, so hört man auf unsere Klagen, oft auch hilft man diesen ab.*

Dies alles änderte sich, als der Enkel Heinrichs IV. volljährig war und 1660 die Regierung übernahm. Der Absolutismus eines Ludwig XIV. konnte sich nicht mit dem Gedanken der Religionsverschiedenheit seiner Untertanen anfreunden. Eine straff organisierte reformierte Kirche mit ihren Gemeinden im ganzen Land und eine auch militärisch abgesicherte protestantische Adelspartei war er nicht gewillt hinzunehmen. 1663 begannen daher jene Verordnungen zu erscheinen, die das Edikt von Nantes systematisch untergruben und ein Recht nach dem anderen außer Kraft setzten. Die Geschichte dieser Unterdrückungsmaßnahmen ist oft geschrieben worden. Sie unterschied sich an einem wesentlichen Punkt von allem, was in der deutschen und österreichischen Gegenreformation üblich war. Während nämlich im Würzburgischen und in Bayern, im Salzburger Erzstift und in den Habsburger Erblanden die Auswanderung zwar teuer und leidvoll aber möglich und teilweise sogar erwünscht war, wurde sie im Frankreich Ludwigs XIV. zunächst streng verboten. Was den französischen Hugenotten passierte, kann man weder als eine Umsiedlungsaktion noch als Auswanderung oder Vertreibung bezeichnen; es war eine Flucht, bei der es um Leib und Leben ging. Denn wer sich bei der Flucht erwischen ließ, mußte mit schweren Strafen rechnen – die Männer mit lebenslanger Galeerenarbeit, die Frauen mit qualvoller Einkerkerung.

Im Oktober 1685 schließlich hob Ludwig XIV. das Edikt seines Großvaters auch offiziell auf. Nun setzte trotz des Auswanderungsverbots und der angedrohten Strafen im ganzen Land eine Fluchtwelle von ungeahntem Ausmaß ein. Neben den 600 reformierten Geistlichen, die zur Auswanderung gezwungen wurden, verließen Monat für Monat Zehntausende heimlich ihre Heimat. Man schätzt die *réfugiés* dieser Epoche auf mehr als eine halbe Million Menschen. So vernichtete Ludwig XIV. nicht nur eine blühende calvinistische Kirche; er verlor auch einen großen Teil derjenigen Untertanen, auf die er sich charakterlich und wirtschaftlich verlassen konnte. In mehr als einer Hinsicht arbeitete seine Verfolgung der Hugenotten der französischen Revolution vor.

Der Hauptstrom der Glaubensflüchtlinge ergoß sich in die Niederlande, die man *la grande arche des réfugiés* nannte. Die Protestanten im Osten und Süden Frankreichs wandten sich in die Schweiz, die bald kaum mehr in der Lage war, so vielen Menschen Aufnahme zu gewähren.

Unmittelbar nach der Aufhebung des Ediktes von Nantes erreichte die Einwanderung in Deutschland ihren Höhepunkt. Die Initiative zugunsten der fliehenden Hugenotten ergriffen unter den deutschen und evangelischen Fürsten Georg Wilhelm von Braunschweig-Lüneburg und der hessische Landgraf. Von bahnbrechender Bedeutung für die Ansiedlung der Hugenotten auch in Bayern wurde jedoch Friedrich Wilhelm von Brandenburg (1640–1688), der Große Kurfürst. Die Hohenzollern in Preußen bekannten sich ja selber zum Calvinismus, und in Berlin gab es schon eine kleine französische Flüchtlingsgemeinde. Im Potsdamer Edikt, das bereits zwei Monate nach der Annullierung des Ediktes von Nantes veröffentlicht wurde, versprach der Brandenburger allen denen freundliche Aufnahme, die *ihren Stab zu versetzen und aus dem Königreich Frankreich hinweg in andere Länder sich zu begeben veranlaßt sind.* Er wolle *diese intendierte Ausrottung des reinen Evangeliums* nicht stillschweigend hinnehmen, sondern sei bereit, die *große Not und Trübsal, womit es dem Allerhöchsten nach seinem allein weisen und unerforschlichen Rat gefallen, einen so ansehnlichen Teil seiner Kirche heimzusuchen, auf einige Weise erträglicher zu machen.* Dieses sehr deutliche Angebot verband der Kurfürst von Brandenburg mit großzügigen Privilegien; er und seine Berater erkannten sofort, was hier für ein wirtschaftliches und geistig-kulturelles Potential zu gewinnen war. Man braucht nur die Namen derer zu studieren, die bei der Gründung der preußischen Akademie der Wissenschaften Pate standen und die Armeen der Preußenkönige führten, um zu erkennen, wie wenig die Erwartungen des Großen Kurfürsten enttäuscht wurden. Dem Beispiele des Brandenburgers folgten nicht nur andere reformierte Herrscherhäuser in Deutschland, sondern auch zahlreiche lutherische Fürsten. Unter ihnen befand sich auch der Bayreuther Markgraf Christian Ernst und der Markgraf von Brandenburg-Ansbach. Ihrer Entscheidung für die Glaubensflüchtlinge verdanken die einst blühenden fränkischen Hugenottengemeinden ihre Entstehung: Erlangen und Bayreuth sowie Naila und Wilhelmsdorf im alten Fürstentum Bayreuth sowie Schwabach und Fürth im Ansbach'schen Gebiet.

Die Regierungszeit des Markgrafen Christian Ernst (1661–1712) gehört nicht unbedingt zu den glücklichen Epochen, die das Bayreuther Fürstentum erlebte. Da der begabte aber überaus sensible junge Prinz schon im Alter von sechs Jahren seine Eltern verlor, wurde der Chef des Hauses Brandenburg, der Große Kurfürst, sein Vormund. Um den jungen Erbprinzen stärker an die Berliner Politik zu binden, ließ dieser ihn in Halberstadt erziehen. Schon damals rührte sich in Bayreuth der konfessionelle lutherische Geist; man vermutete – möglicherweise nicht ganz zu Unrecht –, der zukünftige Landesherr sollte im reformierten Brandenburg für den Calvinismus gewonnen werden. Erst nachdem Christian Ernst trotz seiner Jugend mit dem Abendmahl nach lutherischem Ritus versehen worden war, entließen ihn die Hofgeistlichen schweren Herzens zu den *Ketzern.* Dort gewann der junge Prinz jedoch in seinem Religionslehrer ausgerechnet einen profilierten Lutheraner zum väterlichen Freund, der ihm später allerdings noch manchen Ärger bescherte. Christian Ernst holte sich nämlich diesen Kaspar Lilien an seinen Hof. Vor allem in den Fragen der Hugenottenansiedlung kam es immer wieder zum Streit zwischen dem Markgrafen und seinem Hoftheologen. Trotzdem wurde Lilien geadelt und avancierte zum Generalsuperintendenten und wirklichen Geheimrat. In dieser Position bestimmte Kaspar von Lilien mit seinem starken Luthertum für zwei Jahrzehnte bis zu seinem Tod 1687 die Kirchen- und Kulturpolitik im Fürstentum.

Nach einem glanzvoll abgeschlossenen Studium in Straßburg absolvierte der junge Erbprinz zunächst die übliche Kavalierstour, um sich dann am Dresdner Hof, ganz im Sinne der traditionellen Familienpolitik der fränkischen Hohenzollern, seine Frau zu holen. Nach der Thronbesteigung widmete sich Christian Ernst energisch den Regierungsgeschäften. Schulen wurden gebaut, unter anderem das noch heute bestehende *Christian Ernestinum* in Bayreuth. Eine straff geleitete Finanzwirtschaft räumte mit dem *altväterlichen Schuldenwerk* auf. Und auch in der Erfüllung seiner Christenpflicht als ein lutherischer Landesherr ging der junge Herrscher seinen Untertanen voran. Persönlich hörte Christian Ernst die Probepredigten seiner Geistlichen ab und versuchte durch staatliche Verordnungen das Fluchen seiner Landeskinder und die Entheiligung des Sonntags einzudämmen.

Allmählich traten jedoch die negativen Charaktereigenschaften des Markgrafen in den Vordergrund. Er war ehrgeizig, geltungsbedürftig und standesbewußt, und die Verwaltung seines kleinen Territoriums wollte ihn nicht mehr befriedigen. Schon während seiner Ausbildung hatte der junge Prinz eine ausgesprochene Vorliebe für die Errichtung von Befestigungsanlagen und für militärische Planspiele gehabt. Aus dieser Freude am Militärwesen heraus und im Verlangen nach kriegerischem Ruhm – *darauf stehet meine Ehr' und Reputation* – baute er sich immer stärkere Truppen auf und stellte sich mit ihnen in den Dienst der preußischen und habsburgischen Großmachtpolitik. Damit isolierte er sich nicht nur von dem gesamten fränkischen Kreis, der sich in die Politik der europäischen Mächte nicht hineinziehen lassen wollte.

Er stürzte sein Land auch erneut in erhebliche Schulden und überließ die Verwaltung während seiner häufigen Abwesenheit auf den Kriegsschauplätzen im Westen und Südosten des Reiches seinen Beamten und vor allem seiner zweiten Frau, der württembergischen Prinzessin Sophie Luise. Diese nahm ihre Aufgabe nicht ohne Geschick und Verständnis wahr. Sie konnte aber nicht verhindern, daß die Bayreuther *Opfer für das Reich* und die Unsummen, die Christian Ernst für Bauten und Repräsentationen, für seine Hunde und seine prächtige Leibgarde sowie für Diamanten und Jagdschlößchen ausgab, das Land an den Rand des Ruins brachten. Kein Wunder, daß sein Leben in einem Fiasko endete; die nicht weniger ehrgeizige Sophie Luise riß die Regierung mehr oder weniger an sich, und als von den militärischen Erfolgen nur noch die Schulden übrig blieben, drohte sogar die Entmündigung. Zutiefst verletzt und gebrochen in seinem Stolz und seinem Ehrgefühl zog sich Christian Ernst in seine Lieblingsschöpfung Erlangen zurück. Es war die Tragik seines Lebens, daß ihn niemand rechtzeitig zu einer größeren Distanzierung vom Kaiser und vom großen Verwandten in Berlin ermuntert hatte.

Die einzige positive Frucht der Bindung an den brandenburgischen Kurfürsten stellte das Engagement des Markgrafen für die französischen Hugenotten dar.

Mit Recht erzählen die Straßenzüge und Plätze rund um das stattliche reformierte Gotteshaus Erlangens noch heute von dieser einen Tat des Markgrafen, die sowohl den calvinistischen Glaubensflüchtlingen wie den fürstlichen Untertanen zum Segen wurde.

Schon 1681 baten die ersten Hugenotten um die Erlaubnis, sich in der Markgrafschaft niederlassen zu dürfen. Christian Ernst holte bei seinem lutherischen Konsistorium ein Gutachten ein. Es fiel prompt negativ aus, und der Markgraf lehnte die Bitte ab. Unmittelbar nach der Aufhebung des Ediktes von Nantes traf in Bayreuth ein erneutes Gesuch ein. Es klang jetzt dringlicher und drängender. Konsistorialpräsident Kaspar von Lilien winkte wieder ab, – es sei denn, die Calvinisten würden offiziell zum Luthertum übertreten. Doch diesmal kümmerte sich Christian Ernst nicht um den Einspruch seiner Kirche, sondern orientierte sich an der Entscheidung des Vetters in Brandenburg. Im Dezember 1685 erschien eine Deklaration, in der *allen französischen und anderen Reformierten* eine ganze Reihe von Rechten und Privilegien eingeräumt wurde. So sollten die Glaubensflüchtlinge von zahlreichen Abgaben befreit sein. Außerdem versprach das Gesetz verbilligten Boden, zinslose Überbrückungsdarlehen und kostenloses Baumaterial. Im übrigen genehmigte es den Reformierten die Einrichtung eigener Gotteshäuser und an den Orten, wo sie sich niederlassen würden, die ungestörte Praktizierung ihrer Religion. Sie durften ihre eigenen Pfarrer wählen und ihr Geld selbständig verwalten. Ein späterer Historiker meinte mit Recht: *Diese Privilegien atmen recht modernen Geist, den Geist der Religions- und Gewissensfreiheit.*

Juristisch betrachtet bedeutete das die Einräumung eines staatskirchlichen Sonderrechtes. Denn einerseits konnten die reformierten Gemeinden sich relativ selbständig organisieren und waren vor allem den staatskirchlichen lutherischen Organen nicht unterstellt. Andererseits betrachtete sich doch der lutherische Landesherr als *summus episcopus* auch seiner neuen calvinistischen Untertanen. Auf Grund der Bestimmungen des Westfälischen Friedens besaß der Landesherr die Erlaubnis, neben der amtlich eingeführten Staatsreligion auch eine andere unter den drei offiziell anerkannten Konfessionen zuzulassen. So entwickelte sich die reformierte Kirche in der Markgrafschaft und später in Bayern nicht als Freikirche, sondern als kleine Staatskirche.

Im Hintergrund der Einladung an die französischen Glaubensflüchtlinge standen auch bei Christian Ernst zweifellos wirtschafts- und bevölkerungspolitische Überlegungen. Auch er wollte seinem noch immer schwer darniederliegenden Land in kommerzieller und industrieller Hinsicht versierte Menschen zuführen, die Handel und Wandel zu beleben versprachen. Man darf diese merkantilistischen Motive allerdings nicht überschätzen. Dem Markgrafen in Bayreuth können ebensowenig wie seinem Verwandten in Ansbach das tiefe Mitleid mit den Flüchtlingen und die ehrliche Bewunderung für ihre Überzeugungstreue abgesprochen werden. Ganz eindeutig klingt das aus den Worten heraus, mit denen Christian Ernst 1685 seine Entscheidung begründete: *Wir sind bewogen worden von den aus Frankreich exulierenden Reformierten, – welchen ohnedem als Nächsten und Mitchristen in allen Dingen nach Erheischung göttlichen Wortes und Ermahnung unseres allerteuersten Heilandes, daß, was man wolle, daß die Leute einem tun, man ihnen wieder tun, und was man wolle, daß einem die Leute nicht tun, man ihnen auch nicht tun solle, alle christliche Liebesbezeugung zu erweisen man schuldig ist – ihnen auf ihr flehentliches Ansuchen eine häusliche*

Niederlassung in etlichen unserer Ämter zu gestatten . . . Diese etwas geschraubt klingende christliche Argumentation konnte freilich die Vertreter der lutherischen Staatskirche sowenig überzeugen, wie die wirtschaftspolitischen Erwägungen ihrer Obrigkeit. Mit einer *Weitläufigen und mit sieben Beilagen verstärkten Anschuldigungs- und Remonstrationsschrift* protestierte das lutherische Konsistorium 1687 gegen die seiner Meinung nach allzu großzügigen Privilegien. Dieser Protest eines um Bekenntnis und Position besorgten orthodoxen Luthertums nahm stellenweise groteske Formen an. In einer Petition gegen die ketzerischen Zugereisten heißt es etwa, die lutherischen Geistlichen seien *alle insgesamt und jeder absonderlich über alle Maßen betrübt, confundieret und bestürzt.* Man habe *viele Nächte schlaflos hingebracht und manche Zähren vergossen.* Was keiner je zu erleben hoffte, sei nun urplötzlich und ganz unvermutet eingetreten, daß nämlich *neben der reinen evangelischen lutherischen und allein seligmachenden Glaubenslehre eine andere irrige, in Gottes Wort und unseren symbolischen Büchern verworfene und verdammliche Religion geduldet und eingeführt werde.* Den Ansbacher Kirchenmännern gelang es immerhin, die calvinistischen Flüchtlinge von der Residenzstadt fernzuhalten und nach Schwabach zu verdrängen. Christian Ernst ließ sich jedoch diesmal nicht von den Theologen in seinen Entscheidungen beeinflussen. Im Gegenteil: Er verbannte den Sprecher der Lutheraner, Geheimrat von Zieritz, auf die Plassenburg in Kulmbach und baute seinen Hugenotten eine neue, prächtige Stadt, die bald seine Lieblingsstadt wurde.

Im Mai 1686 kamen die ersten *réfugiés* in dem mittelalterlichen Städtchen Erlangen an, der heutigen Altstadt. Unter ihnen befand sich auch der erste Geistliche der französisch-reformierten Gemeinde Erlangens, Jacques Papon aus den Waldensertälern von Piemont. Die Mehrzahl dieser Emigranten waren Kaufleute, Fabrikanten, Handwerker und Arbeiter. Bauern gehörten kaum zu ihnen. Als nach und nach immer größere Gruppen von Hugenotten eintrafen, entstand am Hof bald der Plan, diese Zugereisten geschlossen anzusiedeln. So wurde südlich des alten Erlangen in den sich nach Nürnberg erstreckenden Wald hinein die neue Stadt gebaut. Ihr lag der Plan der französischen Stadt Vitry zugrunde, den der markgräfliche Oberbaumeister Johann Moritz Richter später wegen der zuziehenden Pfälzer erweiterte. Dieses *Neu-Erlang*, das ab 1701 den Namen seines Grün-

Die Arche, Symbol der Bewahrung, ziert noch heute das Kirchensiegel der reformierten Gemeinde in Erlangen

ders *Christian-Erlang* trug, entstand nach dem Vorbild anderer Barockstädte dieser Epoche als sogenannte Reißbrettstadt. Ihr Grundriß glich einem Rechteck mit einer exakt rechtwinkligen Straßenführung zu beiden Seiten der Nord-Süd-Achse. An zwei weiträumigen Plätzen errichtete man die Repräsentativ-Bauten, den französischen *temple*, den der Markgraf *en pur don* – auf eigene Kosten – bauen ließ, und das Schloß nach den Plänen des Architekten Antonio della Porta. Von dieser interessanten Stadtanlage im französisch-barocken Stil ist heute freilich nicht mehr allzu viel übrig geblieben.

Gleichzeitig mit den ersten Straßenzügen wurde auch der Grundstein für die Kirche – eben den *temple* – am heutigen Hugenottenplatz gelegt. Diese Feier, zu der extra ein Regiment nach Erlangen abkommandiert wurde, gestaltete sich zu einer machtvollen Glaubenskundgebung, kombiniert aus Psalmengesang und Kanonendonner. Der Elan ließ freilich bald nach – sowohl beim Kirchenbau wie bei der Fertigstellung von *Christian-Erlang.* Der Staat, der Markgraf und die *réfugiés* selber hatten sich wohl finanziell übernommen. Erst nach sieben Jahren konnte das architektonisch reizvolle Gotteshaus, das allerdings viel zu groß geplant worden war, eingeweiht werden. Von außen erinnert das breite Kirchenhaus mit dem hohen, abgesetzten Dach und dem später hochgezogenen Turm an ein Schiff. Die Wetterfahne stellt eine vergoldete Taube mit einem Ölzweig im Schnabel dar. Damit weist das Gotteshaus auf die Arche Noahs hin,

323

die immer wieder in den alten französischen Kirchensiegeln auftaucht. Sie galt den Hugenotten als Symbol ihres Schicksals: eine durch die Stürme der Verfolgung hindurch gerettete Gemeinde, die nun Frieden und eine neue Heimat gefunden hatte.

Die französische Kolonie entwickelte sich zu einem relativ eigenständigen Gemeinwesen. Die wirtschaftlichen Erwartungen, die man an die Ansiedlung der Hugenotten geknüpft hatte, erfüllten sich durchaus. Die Kaufleute und Handwerker ließen Erlangen kraft ihres Könnens und ihres zähen Fleißes sehr bald zu einer betriebsamen und geachteten Stadt werden. Sie führten auch zahlreiche Neuerungen und Verbesserungen im fränkischen Wirtschaftsleben ein. Verschiedene Berufszweige brachten die Hugenotten überhaupt erst mit und entwickelten sie in Erlangen zu einer Blüte, die das ganze 18. und 19. Jahrhundert andauerte: Hutmanufakturen, Strumpfwirkereien, Weißgerbereien, Handschuhfabrikationen, Kammachereien und die Gobelinmanufaktur. Vor allem hoben die neuen Untertanen die bei der Regierung sehr geschätzen Tugenden des Arbeitseifers und der Sparsamkeit. Das geschah keineswegs aus Dankbarkeit, sondern war eine direkte Folge des reformierten Christentums, das in der zielbewußten Arbeit eine Bewährung des Glaubens sah und – allem Luxus feind – zur Sparsamkeit und Kapitalbildung neigte. Dieser Geist der Pflichterfüllung und der Sparsamkeit – um nicht zu sagen des Geizes – prägte das Erlanger Bürgertum über die französische Kolonie hinaus und bis in das 20. Jahrhundert hinein.

Natürlich tauchten aber auch sehr früh ernste Probleme auf. Die heißblütigen Südfranzosen vertrugen sich keineswegs mit den ebenfalls calvinistischen Pfälzern, die um 1695 vor den Raubkriegen des *allerchristlichsten* Ludwig XIV. flüchten mußten. Diese durften sich auch in *Christian-Erlang* niederlassen, gründeten aber 1703 eine eigene deutsch-reformierte Gemeinde. Zum Streit mit den Lutheranern kamen nun noch die permanenten Reibereien zwischen diesen beiden Pfarrgemeinden hinzu. Die französische Kolonie verfügte schon 1686 neben dem Waldenser Pfarrer Papon über zwei weitere Geistliche aus der Dauphiné, den streitbaren Theologieprofessor St. Esprit Tholozan und den Pastor Jean Bonnet, der später die Hugenottengemeinde in Wilhelmsdorf betreute. Entsprechend der *Discipline des Eglises Reformées de France* bildeten diese drei ein Presbyterium. Das geschah in der Weise, daß alle Hausväter der Kolo-

Die französische Sprache bestimmte bis ins 19. Jahrhundert das gottesdienstliche Leben der Hugenottengemeinden

nie zwölf Kirchenälteste wählten, die nicht nur das kirchliche Leben regelten und die Gelder verwalteten, sondern auch streng auf Zucht und Ordnung achteten.

Die gottesdienstlichen Versammlungen der reformierten Gemeinden unterschieden sich äußerlich sehr von den lutherischen Gottesdiensten. Der *culte* der Franzosen dauerte oft länger als zwei Stunden. Er wurde vom *chantre*, dem Kantor und Lektor, mit der Verlesung des alttestamentlichen Gesetzes und dem Gesang einiger Psalmen eröffnet. Die deutsche Gemeinde hielt sich im wesentlichen an die ebenfalls schlichte Liturgie der kurpfälzischen Kirchenordnung. Gesungen wurden die gereimten französischen *Psaumes,* in der deutschen Gemeinde nach reformierten Liederbüchern, die häufig wechselten. Das Abendmahl feierte man nur viermal im Jahr. Es wurde allerdings sehr ernst genommen. Wer teilnehmen wollte, hatte sich am Vortag im Pfarrhaus zu melden und erhielt dort eine Abendmahlsmarke. Diese prägte das Presbyterium selber, und ohne sie wurde niemand zum Abendmahl zugelassen.

In die Frühzeit der Erlanger reformierten Gemeinde fällt auch ein bemerkenswerter aber völlig fehlgeschlagener Unionsversuch. Ihn unternahm die dritte Gemahlin von Christian Ernst, Markgräfin Elisabeth Sophia 1709 auf dem Boden ihrer Hofkirche. Sie nutzte die Spannungen zwischen den beiden Pfarreien aus und bot den Deutschen an, abwechselnd mit den Lutheranern in ihrer *Concordienkirche* Gottesdienste zu halten – *zur Beförderung der Uniformität in dem äußerlichen Gottesdienst zwischen beiderseits protestantischen Religionsverwandten.* Obwohl es sich kaum um eine echte Union der beiden evangelischen Konfessionen handelte, weigerten sich die Reformierten energisch, in ein Gotteshaus einzuziehen, das *einen Altar und andere unreformierte Dinge* hatte. Um das zu rechtfertigen, bemühte man sogar die Heidelberger und Züricher Gesinnungsfreunde um ein Gutachten. Der Wille zur Distanzierung von den *Religionsverwandten* war zweifellos bei den Calvinisten genau so ausgeprägt, wie bei den Lutheranern. Erst im Zeitalter der Aufklärung, als sich die Geistlichen beider Konfessionen auch in Erlangen auf ein Minimal-Christentum beschränkten, ergab sich eine freilich recht fragwürdige gemeinsame Basis. Heute bildet die seit 1922 vereinigte reformierte Gemeinde Erlangens mit ihren rund 1000 Mitgliedern und der eigenen reformierten Professur innerhalb der theologischen Fakultät der Universität den Mittelpunkt der kleinen selbständigen Evangelisch-Reformierten Kirche in Bayern.

Zu dieser Kirche gehören heute acht weitere Gemeinden, die teilweise wesentlich älteren Ursprungs und soziologisch anders strukturiert sind. Während die kleinen Hugenottenpfarreien in Wilhelmsdorf und Naila im Laufe der Jahrhunderte eingingen und die Schwabacher Gemeinde mit ihrem schmucken Kirchlein an der Boxlohe nur noch als Filiale von Nürnberg existiert, konnte sich die calvinistische Einwanderungsgemeinde in der Residenzstadt Bayreuth bis in die Gegenwart hinein halten.

Die Nürnberger Gemeinde dagegen entstand früher und unabhängig von den französischen Glaubensflüchtlingen. Ihre Anfänge reichen in das 16. Jahrhundert zurück, als sich in der freien Reichsstadt zahlreiche niederländische Kaufleute, Juweliere, Bankiers und Handwerker – unter ihnen in erster Linie Goldschmiede, Seidenfärber und Tuchmacher – niederließen. Später zogen auch Calvinisten aus der Oberpfalz in Nürnberg zu, so daß es 1650 zur offiziellen Gründung einer Gemeinde kam. Nach der anfänglichen Förderung durch die Stadt machten sich die Reformierten bald unentbehrlich, ja im 17. und 18. Jahrhundert bildeten sie das wirtschaftliche und finanzielle Rückgrat Nürnbergs. Der Rat mußte also immer wieder auch auf ihre religiösen Wünsche eingehen. Das fiel ihm, bedrängt von der lutherischen Stadtgeistlichkeit, nicht leicht. Der Fürsprache und Finanzhilfe des Großen Kurfürsten verdankte es die Gemeinde schließlich, daß sie sich 1660 ein stattliches Bethaus errichten konnte – in Stein allerdings, vor den Toren der Stadt. Erst im Jahre 1800 sprach man den Reformierten eines der zahlreichen mittelalterlichen Gotteshäuser innerhalb der Stadtmauern zu: die St. Marthakirche. Indem man aus ihr rigoros alle spätgotischen Altäre hinauswarf, gestaltete man sie zu einer schlichten reformierten Predigtkirche um, wogegen allerdings die gotische Hallenkirche mit ihrem Chorraum noch heute in aller Stille protestiert.

Ein Kuriosum besonderer Art stellen die beiden ältesten reformierten Gemeinden in Bayern dar. Sie liegen – in doppelter Diaspora zwischen Katholiken und Lutheranern – im Allgäu. Mit der Zähigkeit schwäbischer Bauern haben die drei Dörfer Herbishofen, Theinselberg und Grönenbach in der Nähe von Memmingen seit 1559 an ihrem zwinglianisch-schweizerischen Bekenntnis festgehalten – die letzten Zeugen für den Einfluß der Schweizer Reformation, unter dem im 16. Jahrhundert ganz Oberdeutschland stand. Noch heute wird in den Dorfkirchen dieser Gemeinden nach dem Züricher Gesangbuch gesungen – allen Katholiken, Lutheranern und anderen Reformierten zum Trotz – vierstimmig, machtvoll und des Anhörens wert. Berücksichtigt man noch Marienheim im Donaumoos, wo sich die Pfälzer Invasion des 19. Jahrhunderts niedergeschlagen hat, so wird die ganze Vielschichtigkeit der kleinen reformierten Kirche Bayerns deutlich. Auch sie ist ein Bestandteil des bayerischen Protestantismus. Und nur in ihr lebt noch heute die große Tradition der Hugenotten des 17. Jahrhunderts weiter.

EIN WITTELSBACHER REVIDIERT DIE GEGENREFORMATION
Karoline von Baden und die Ansiedlung der Pfälzer in Oberbayern

Einigermaßen verwundert notierte ein um 1800 nach Neuötting und Traunstein verschlagener evangelischer Feldprediger die Ansicht des *gutmütigen Volkes* über sich und seinesgleichen: *Nicht wenige halten dafür, die Protestanten seien anders gestaltet.* Mit Befremden habe man an ihm festgestellt, *daß sie im Äußeren keine abweichenden Körperformen* besitzen. Die Unkenntnis nicht nur über den Körperbau der Protestanten, sondern über das Wesen des evangelischen Glaubens überhaupt hing mit einer 200 Jahre hindurch konsequent verfolgten Religionspolitik zusammen. Das Kurfürstentum Bayern hatte fertig gebracht, was kein evangelisches Land je erstrebt und kein anderes katholisches Territorium je erreicht hatte: sich bis 1800 konfessionell ungemischt zu halten. Dieses Jahr markiert allerdings die entscheidende Wende in der Geschichte des bayerischen Protestantismus. Denn nun tauchen – zunächst geduldet, dann eingeladen, gefördert und schließlich sogar geachtet – die ersten evangelischen Christen auf. Das beginnt im Umkreis des Hofes und unter den Beamten und Gewerbetreibenden der Residenzstadt München und setzt sich in der Ansiedlung pfälzischer Kolonisten in Oberbayern fort.

Diese friedliche Invasion vom Rhein unterschied sich äußerlich betrachtet wesentlich von den protestantischen Einwanderungen und Durchzügen vergangener Zeiten. Ihren Hintergrund bildete nicht mehr die gegenreformatorische Verfolgung Andersgläubiger, sondern umgekehrt der Toleranzgedanke der Aufklärung, der nun auch Bayern eroberte. So ist der Neuanfang evangelischen Lebens zwischen Donau und Alpenland eingebettet in die Entstehungsgeschichte des modernen Staates Bayern. An ihm war das Haus Wittelsbach diesmal aktiv beteiligt. Die eigentlichen Träger dieses erwachenden evangelischen Lebens im katholischen Bayern aber waren die zugereisten Badenser und Pfälzer. Mit ihren besonderen religiösen Traditionen prägten sie die im Entstehen begriffene protestantische Gesamtgemeinde im Königreich Bayern – und zwar stärker, als es in der Gegenwart die wenigen reformierten Gemeinden und das konfessionell profilierte Luthertum vermuten lassen.

Der Tod des Kurfürsten Karl Theodor, von seinen Untertanen nicht gerade bedauert, brach dem neuen Geist in Bayern die Bahn. Jubelnd begrüßten die Münchner im Februar 1799 seinen Nachfolger aus der Wittelsbacher Nebenlinie Zweibrücken-Birkenfeld, den neuen Kurfürsten und späteren ersten König von Bayern, Max Joseph. Die jugendliche und bildhübsche Gemahlin, die an seiner Seite im Nymphenburger Schloß Einzug hielt, stammte vom badischen Hof in Karlsruhe. Wie die erste Frau von Max Joseph war auch Karoline Wilhelmine von Baden evangelisch. Niemand dachte jedoch jetzt mehr daran, ihre Konversion zum Katholizismus zu fordern. Im Gegenteil: Max Joseph hatte ihr im Ehevertrag nicht nur das *Privatexercitium ihrer Religion* und eine stattliche Anzahl evangelischer Hofdamen zugebilligt, sondern der Kurfürstin auch einen eigenen Beichtvater genehmigt. Er hieß Ludwig Friedrich Schmidt und zog im Gefolge seines prominenten Gemeindegliedes als erster evangelischer Geistlicher seit der Reformationszeit in München ein.

Die dritte und für die schrittweise Einführung des Protestantismus wohl maßgebliche Persönlichkeit brachte der neue Landesherr ebenfalls aus Zweibrücken mit. Der Freiherr und spätere Graf Maximilian von Montgelas war freilich in München kein Unbekannter. Er hatte schon unter Karl Theodor in bayerischen Diensten gestanden, dann aber als Illuminat und Vertreter allzu freigeistiger Ideen seinen Abschied nehmen müssen. Karoline, Schmidt und Montgelas – in all ihrer Verschiedenheit doch typische Vertreter der neuen Zeit – waren dazu berufen und zweifellos auch bestens dafür geeignet, um in den Jahren des Umbruchs den Grundstein für die evangelische Kirche in Bayern zu legen.

Dr. Ludwig Friedrich Schmidt (1765-1857), ein badischer Pfarrerssohn, hatte sich schon auf seinen früheren Stellen als ein excellenter Verwaltungsfachmann von ausgesprochen friedfertigem Charakter erwiesen. In Birkenfeld, wo er das Gotteshaus mit dem katholischen Kollegen teilen mußte, hatte er das Wort geprägt, man könne in beiden Konfessionen *ein ehrlicher Mensch und ein guter Christ* sein. Da er sich gerne als ein *Feind des Stockluthertums* bezeichnete, gab es für ihn auch niemals irgendwelche Probleme im Zusammenleben mit reformierten Christen. Im Rahmen des in der ganzen Kirche herrschenden Rationalismus war Schmidt doch das, was man damals *positiv gläubig* zu nennen pflegte. Und er war ungemein gebildet; auf seinem Schreibtisch lagen neben den theologischen Büchern auch Werke der Ma-

Der erste evangelische Gottesdienst in der bayerischen Residenzstadt fand im Frühsommer des Jahres 1799 in einem Saal des Nymphenburger Schlosses statt

thematik und Physik sowie die Schriften der Antike. Gegen Ende seines Lebens äußerte sich Schmidt einmal über seine Frömmigkeit mit den Worten: *Mein Christenglauben ist, wie ich hoffen darf, ein vernünftiger und so fest begründeter, daß er durch Spott nicht beschämt, und durch die hohe Weisheit, die sich jetzt breit macht, nicht erschüttert werden kann.*
Möglicherweise waren die Blicke Montgelas' und seines Herrn nicht nur der Kurfürstin zuliebe, sondern aus eigenen, staatspolitischen Erwägungen heraus auf diesen Mann gefallen. Denn Schmidt mußte als der geradezu ideale Partner bei der Einführung der Toleranz und dem Aufbau eines aufgeklärten, vernünftigen Staatswesens erscheinen: von Herzen fromm und allseitig gebildet, frei von persönlicher Eitelkeit und konfessionellem Fanatismus, überaus diskret, juristisch geschult und dazu noch ein Kanzelredner von Format. Der Badenser enttäuschte die Bayern denn auch keineswegs.

Maximilian von Montgelas stammte aus einer alten französisch-savoyischen Adelsfamilie. Er war natürlich nicht evangelisch, ja ihm ging überhaupt jedes Verständnis für die zentralen Gedanken des christlichen Glaubens ab. Mit Leib und Seele und vor allem mit der ganzen Schärfe seines Verstandes war Montgelas Politiker. Als *wirklicher geheimer Staats- und Konferenzminister* lag die Leitung der gesamten bayerischen Politik nach dem Regierungsantritt von Max Joseph in seinen Händen. Mit einer Zielstrebigkeit, wie sie nur bei den ganz großen Staatenbauern des 18. und 19. Jahrhunderts begegnet, ging er an die Verwirklichung seiner Idee vom neuen, durchrationalisierten und funktionierenden Staat – eine Idee, für die er alles Gewachsene und Gewordene rücksichtslos zum Opfer forderte. Christentum und Kirche hatten in seiner Staatsidee durchaus Platz; das Christentum, sofern es die Moral der Untertanen garantierte, und die Kirchen, so weit sie sich zur Erziehung dieser Untertanen gebrauchen ließen. Praktisch bedeutete das die Unterordnung der Kirchen unter das Wohl des Staates und damit unter die Organe der Regierung. So kam es zu einer empfindlichen Machtbeschränkung des Katholizismus und schließlich zu äußerst brutalen Säkularisierungsmaßnahmen. Auch die protestantische Kirche geriet von Anfang an im neuen bayerischen Staat in eine verhängnisvolle Abhängigkeit von der Obrigkeit, was im 19. Jahrhundert immer wieder zu heftigen Auseinandersetzungen führte. Dennoch darf nicht übersehen werden, daß Montgelas' politische Konzeption dem Protestantismus überhaupt erst die Möglichkeit eröffnete, sich zu entfalten und innerhalb bestimmter Grenzen zu organisieren. Daß Schmidt diese Pläne und die Rolle, die ihm bei deren Realisierung zugedacht war, nicht durchschaut hätte, ist angesichts seines überaus abgewogenen Verhaltens kaum anzunehmen. Die Kurfürstin dagegen hatte für derartige Gedankengänge nicht das geringste Interesse.

Karolines Glaube läßt sich überhaupt nicht in kirchen- und konfessionspolitischen Kategorien erfassen. Auch von der *neuen Mode* der Aufklärung war er kaum berührt. Karoline war in einer niemals ernsthaft in Frage gestellten Weise *fromm* – und zwar im besten Sinne des Wortes. Sie las in ihren Andachtsbüchern, liebte die Predigt des Wortes Gottes und hielt sich treu zum Abendmahl. Diese verinnerlichte Frömmigkeit äußerte sich jedoch in einem sehr konkreten Lebensstil. Sie, die niemals daran dachte, zu konvertieren, konnte sich doch in echte katholische Frömmigkeit hineinfühlen – so sehr, daß sie in den letzten Lebensjahren ihre treusten Freundinnen unter den Nonnen rund um den Tegernsee besaß. Daneben sprach sich bald im ganzen Land herum, daß Karoline als echte Landesmutter ein Herz für alle Nöte hatte, die an sie herangetragen wurden. Sie ließ keinen Brief unbeantwortet, ohne Rücksicht auf die Konfessionszugehörigkeit des Schreibers, und sie schlug keine Bitte um Geld oder Fürsprache ab, so niedrig auch der soziale Stand des Antragstellers war. Bis in den entferntesten Winkel des Landes kannte man bald den Spruch, der liebevoller als jede Leichenpredigt den Ruhm der ersten evangelischen Herrscherin Bayerns verkündete:

Steht dir die Not bis obenhin,
so gehst du zu der Karolin!

Der Politiker Montgelas und der Theologe Schmidt etablierten den Protestantismus zu Beginn des 19. Jahrhunderts in München und Oberbayern. Dessen Seele aber war eine Frau, deren Glaubenstreue, Toleranz und Nächstenliebe den Protestantismus in weiten Kreisen der Bevölkerung in einem neuen Licht erscheinen ließ.

Am 12. Mai 1799 hielt Schmidt in einem Saal des Nymphenburger Schlosses den ersten evangelischen Gottesdienst. Als Thema der Predigt diente das Psalmwort: *Der Vogel hat ein Haus gefunden, und die Schwalbe ihr Nest: deine Altäre, Herr Zebaoth.* Die Personalgemeinde bestand jedoch zunächst nur aus der Kurfürstin und den rund 150 evangelischen Hofangestellten. Der Gottesdienst hatte rein privaten Charakter, so wie ja auch Schmidt lediglich als *Kabinettsprediger* galt.

Sehr richtig bemerkte er später rückblickend: *Meine Anstellung bei der Kurfürstin wurde ganz persönlich betrachtet; ich war ihr Beichtvater, und ihr Gottesdienst war Privatgottesdienst.* In der Praxis spielte jedoch der private Charakter des Karolin'schen *Religionsexercitiums* dank einer klugen Bestimmung des weitsichtigen Montgelas kaum eine Rolle. Es sollte nämlich allen Protestanten gestattet sein, an diesen Veranstaltungen sozusagen als Gast teilzunehmen. Die neugierigen Münchner strömten daraufhin bald in Scharen zu den Predigten Schmidts. Jedenfalls wurde dem in Freising residierenden Fürstbischof schon sehr früh gemeldet, daß *bei den Predigten des obenerwähnten Kabinettspredigers immer mehrere Katholiken zugegen sein sollen.*

Doch das war erst der Anfang. Innerhalb eines knappen Jahres gelang es dem Geschick des wendigen Pfarrers, die halböffentlichen Andachtsübungen seines vornehmen Beichtkindes in einen öffentlichen Gemeindegottesdienst für alle Protestanten umzufunktionieren, dafür eine regelrechte Hofkirche zu erhalten und so im Schatten der Residenz drei Jahre vor Erlaß des bayerischen Religionsediktes den Grund für die evangelische Pfarrei München zu legen. Am 2. April 1800 erhielt der zugereiste Schmidt seine Ernennungsurkunde als *besonderer Kabinettsprediger unserer Frau Gemahlin Liebden.* Das Dekret trug die Unterschrift des Grafen Montgelas. Es war nämlich nicht vom geistlichen, sondern vom auswärtigen Departement ausgestellt worden, da *dieser ganze Gottesdienst zur Zeit keine legale Existenz habe und haben dürfe.*

Auch die Rechte, die dem Kabinettsprediger bereits vor seiner Anstellung eingeräumt worden waren, bewegten sich am Rande der Legalität. Schmidt hatte im Sommer 1799 in kluger Abgewogenheit um eine genaue Instruktion über seine Befugnisse gebeten. Als Antwort darauf war ihm im Januar 1800 durch ein Reskript die Ausübung nahezu aller kirchlichen Funktionen gestattet worden. Charakteristisch für die Taktik jener Monate ist allerdings eine handschriftliche Bemerkung zu dieser Instruktion: Der Pfarrer sei zu informieren, der *Sache aber überhaupt keine unnötige Publizität zu erteilen*. Das Reskript genehmigte den privaten Religionsunterricht und die Hauskommunion. Schmidt durfte *Kinder von beiderseits protestantischen Eltern geboren in der Wohnung ihrer Eltern taufen* – natürlich nur *in aller Stille*. Die Taufen waren im übrigen dem *ordentlichen Pfarrer* anzuzeigen. Im Taufbuch der Hofgemeinde wird die erste durch Schmidt vollzogene evangelische Taufe unter dem 1. April 1800 registriert. Immerhin: Von den Stolgebühren sollte den katholischen Geistlichen, wie der Kurfürst verordnet hatte, *nichts entgehen*.

Eine ähnliche Kompromißlösung fand man für die Beerdigungen. Bisher war ein verstorbener Protestant schlicht *sine lux et crux* bestattet worden. Bei einem *Protestanten von Rang* wurde der *Kadaver* nach alter Hofetikette *seinen Konfessionsverwandten nach Augsburg abgeschickt*. Nunmehr durfte Schmidt die verstorbenen Protestanten zu Grabe geleiten – aber *ohne äußerliches Zeichen seines Amtes*.

Gestattet wurde dem Kabinettsprediger ebenfalls, *protestantische Brautpaare privatim zu copulieren*. Mischehen dagegen sollte er nur mit ausdrücklicher Genehmigung des Kurfürsten einsegnen dürfen. Von der ersten Trauung dieser Art wurde etwas säuerlich nach Freising gemeldet: *Gestern ist die Meßnertochter von Altenhof mit dem protestantischen Kantor des protestantischen Bethauses in der Residenz vom protestantischen Kabinettsprediger auf Befehl Serenissimi copuliert worden*.

Ein Anliegen Schmidts schien freilich zunächst auf Schwierigkeiten zu stoßen: die öffentliche Abendmahlsfeier. Hierzu heißt es in der Instruktion vom Januar 1800: *... können wir nur der protestantischen Hofdienerschaft unserer Frau Gemahlin den Empfang des Abendmahls im Hofgottesdienst bewilligen. Die übrigen sollen es ohne äußerliche Feierlichkeit und in aller Stille in ihren Häusern empfangen*. Diesmal reagierte Schmidt schnell und energischer, als es seiner Natur entsprach. In einer Eingabe wies er darauf hin, *daß auch das limitierteste protestantische Religionsexercitium die Abendmahlshandlung als eine essentiale in sich schließen* müsse – und im übrigen habe er als einziger Pfarrer gar nicht die Zeit, pro Jahr 2000 Privatkommunionen zu reichen. Das brachte die Hofjuristen in einige Verlegenheit. Sie wiesen den Schmidt'schen Ausdruck einer *protestantischen Hofgemeinde* energisch zurück und sprachen statt dessen von einem *ausgedehnteren Hausgottesdienst*. Schließlich gestattete man doch allen Münchner Protestanten die Teilnahme an den Abendmahlsfeiern der Hofgottesdienste. Zur Kontrolle wurde allerdings die Ausgabe von Eintrittskarten verlangt.

Theoretisch galten alle Protestanten weiterhin als Glieder ihrer katholischen Pfarrei. Hier wurden ihre Amtshandlungen registriert und hier hatten sie ihre Gebühren zu entrichten. Sie hatten aber das Recht, sich vom Kabinettsprediger der Kurfürstin privat geistlich bedienen zu lassen. Dieses Recht war im Frühling 1800 durch eine Reihe von Verordnungen derart ausgebaut worden, daß man in der Praxis von der Existenz einer protestantischen Gemeinde sprechen kann.

Da Schmidt immer wieder moniert hatte, daß die Gottesdiensträume im Nymphenburger Schloß *unwürdig und zu klein* sein, wurde bereits am Palmsonntag desselben Jahres *mit einer ganz außerordentlichen Feierlichkeit* eine neu geschaffene Gottesdienststätte eingeweiht. Dieses Bethaus – später ohne Skrupel *Hofkirche* genannt – lag zwischen dem Brunnen- und dem Küchenhof. Der österreichische Gesandte berichtet, man habe das Ballhaus dazu umgebaut. Der rechteckige Raum faßte immerhin 900 Personen. Zum Eröffnungsgottesdienst, dem der Kurfürst im *Oratorio Serenissimo* beiwohnte, wurde *fast die ganze Hofmusik beordert*. Der Chronist erwähnt besonders die *vom Volk gesungenen Lobpsalmen*. Der *Herr Diacon Schmidt* – wie der Kabinettsprediger etwas despektierlich genannt wird – *soll in einer stattlichen Rede der göttlichen Vorsehung und dem weisen Verhalten Serenissimi großes Lob gesprochen haben*. Tatsächlich hat Schmidt in seiner Weihepredigt *von der großen Wohltat brüderlicher Duldung und der Religions- und Gewissensfreiheit* gesprochen und den Münchner Hof als Begründer der Toleranz gerühmt.

Am Gründonnerstag und den folgenden Osterfeiertagen fanden in der neuen Hofkirche die ersten öffentlichen Abendmahlsgottesdienste statt. Innerprotestantische Lehrdifferenzen kannten Schmidt und seine Gemeinde nicht. Er selber und die Kurfürstin waren lutherisch; ein gutes Drittel der aus Baden und der Pfalz zugereisten Gemeinde bezeichnete sich jedoch als reformiert. Der großzügige Kabinettsprediger hatte sich bereit erklärt, das Abendmahl wechselweise nach lutherischem und nach reformiertem Ritus zu feiern. Aber die Reformierten winkten ab und erklärten, *sich in allem zu den Lutherischen halten zu wollen.*

Die Korrespondenz zwischen dem Freisinger Fürstbischof und seinen Münchner Pfarreien zeigt, daß die katholische Geistlichkeit über diese Entwicklung um den *Pastor, welcher unter den Männern und Weibern am Hof Protektion hat,* nicht sehr erfreut war. In einer Eingabe an den Fürstbischof Josef Konrad heißt es: *Diese Einführung des protestantischen Gottesdienstes ist eine in dem bis dahin immer katholischen Bayern ganz unerwartete Erscheinung; sie geht über die Grenzen eines bloßen Privatgottesdienstes schon weit hinaus und ist daher, auch in Hinsicht auf die zu befürchtenden Folgen, sehr bedenklich.* Die Privatandacht der Kurfürstin – *besonders wenn man die Weise der bisherigen Ausführung betrachtet* – deute doch einigermaßen auf ein *publicum Exercitium* hin. Mit Rücksicht auf den *gütigen Anteil,* den der Kurfürst persönlich an der Entwicklung genommen habe, wird der Fürstbischof allerdings gebeten, *mit all' nötiger Vorsicht und Mäßigung zu Werke zu gehen.*

Josef Konrad tat das im Sommer desselben Jahres. In einem *Pro memoria* an die bayerische Regierung wies er geschickt auf die juristischen Unklarheiten hin: ... *daß Serenissimus doch niemalen ein öffentliches Exercitium des protestantischen Gottesdienstes beabsichtigen und selbst den protestantischen Kabinettsprediger deshalb keine jura parochalia zueignen lassen wollen.* Da bei der förmlichen Zulassung der protestantischen Religion *Gewissensunruhe und Ängstlichkeit des guten und zuverlässigen Bürgers* entstehen könne, sei es *notwendig, alles solches öffentliches Exercitium bestimmend zu vermeiden.* Der Protest nutzte nichts mehr. Sonderlich energisch war er sowieso nicht vorgetragen worden. Dem Fürstbischof legten die ersten Anzeichen der nahenden Säkularisation eine vorsichtige Sprache nahe, und die bayerische Regierung hatte alle Hände voll zu tun, um im großen Spiel der Kräfte zwischen Österreich und Frankreich nicht ganz aufgerieben zu werden.

Wichtiger noch als die Sammlung der ersten evangelischen Gemeinde in der Residenzstadt wurden für die weitere Entwicklung des bayerischen Protestantismus eine Reihe von Erlassen, die es den *Akatholiken* erlaubten, sich in Bayern niederzulassen, Grundbesitz zu erwerben und Geschäfte zu eröffnen. Das geschah zunächst in aller Heimlichkeit durch Sondergenehmigungen, die die Regierung für einzelne Fälle in der Oberpfalz erteilte. Im November desselben entscheidenden Jahres 1800 wurde nun dieses neue Recht *auf sämtliche heroberen Staaten* – also auf das ganze Land – ausgedehnt. Wörtlich hieß es in diesem Reskript: *Die Meinung, daß die katholische Religionsgemeinschaft eine wesentliche Bedingung der Ansäßigmachung in Bayern sei, sei irrig und nachteilig für Industrie und Kultur des Landes und sei weder in der Reichs- noch in der Landesverfassung begründet.* Offenbar fürchtete Montgelas den Einspruch der Salzburger und Freisinger Bischöfe sowie der Landstände, denn zunächst wurde dieser Erlaß nicht veröffentlicht. Aber eine derartige interne Dienstanweisung konnte natürlich nicht lange geheim bleiben. Schon im nächsten Jahr kam es – natürlich in der Residenzstadt – zur Machtprobe.

Anlaß war ein Gesuch des Weinwirtes und Pferdehändlers Johann Balthasar Michel aus Mannheim an den Rat der Stadt München. Er bat um das Bürgerrecht sowie die Genehmigung zur Heirat und zum Kauf eines Hauses, das ihm der Weinwirt Rasp in der Rosengasse bereits versprochen hatte. Rasp teilte dem Rat den beabsichtigten Verkauf mit und meinte, der Umstand, daß Michel nicht katholisch sei, fiele ja wohl jetzt nicht mehr ins Gewicht. Der Rat wollte der Entscheidung ausweichen und übergab die heikle Angelegenheit den Landständen. Die Landschaft erklärte den Novembererlaß, vom dem sie jetzt erst offiziell erfuhr, kurz entschlossen für ungültig. Im Nu war der Konflikt, den die Regierung hatte vermeiden wollen, da: der aufgeklärte, absolutistische Staat war auf den Widerstand der alten Ständeordnung gestoßen, – der neue Toleranzgedanke hatte noch einmal, zum letzten Mal, die Idee von der reinen Katholizität Bayerns beschworen.

Doch der Kurfürst – genauer gesagt Montgelas – war nicht bereit, in diesem Präzedenzfall nachzugeben. Aus dem Nymphenburger Schloß erreichte den Rat ein überaus scharfes, fürstliches Machtwort: *Nach reiflicher Überlegung und mit der Gewißheit, daß das Recht auf meiner Seite ist, befehle ich hiermit meinem Stadtmagistrat, spätestens morgen abend um 6 Uhr dem Handelsmann Michel aus Mannheim das Bürgerrecht zu erteilen, widrigenfalls ich mich genötigt sehen würde, die strengsten*

Handschreiben des Kurfürsten Max Joseph, mit dem die Münchner Stadtväter zur Aufnahme des ersten evangelischen Bürgers verpflichtet wurden

Mittel zu ergreifen. Der Rat gehorchte und bekam ein genau so deutliches Lobschreiben seines Kurfürsten. Er hat seine Entscheidung nie bereuen müssen. Der Geschäftsmann vom Rhein brachte es in München zu Wohlstand und Ansehen. Treu hielt sich der reformierte Christ zur Gemeinde Schmidts. Sein Grabstein auf dem alten südlichen Friedhof rühmt ihn als den ersten Protestanten, dem Bayern das Bürgerrecht verlieh und stellt lakonisch fest: *... und er war dieser Ehre wert.*
Wie hatte sich die Lage gegenüber der Reformationszeit geändert! Im 16. Jahrhundert war der Rat von seinem Herzog gezwungen worden, die lutherischen Bürger hinzurichten oder zu vertreiben. Im 19. Jahrhundert war es der Kurfürst, der gegen den Willen des Rates und der Stände dem ersten protestantischen Bürger in München sein Recht zukommen ließ. Auch wenn der Rat dem Weinwirt Michel eine ganz außergewöhnlich hohe Rechnung für die Gnade des Bürgerrechtes zuschickte – die Auseinandersetzung hatte sich gelohnt und der Weg für weitere Protestanten war freigekämpft worden. Am 10. Januar 1803 erschien schließlich das bayerische Religionsedikt, das alle bisherigen Erlasse zusammenfassend grundsätzlich allen christlichen Untertanen die gleichen bürgerlichen Rechte zusprach. Damit hatten sich Max Joseph und Montgelas endlich die rechtliche Basis geschaffen, auf der der Zuzug auch protestantischer Neubürger möglich war. Im Ministerium Montgelas lagen weitere konkrete Pläne fertig in der Schublade. Ein Mitarbeiter Montgelas' hatte nämlich vorgeschlagen, das Donaumoos und die Moorgründe bei Dachau und Rosenheim mit Zugereisten zu besiedeln, – mit arbeitsamen Bauern und Handwerkern aus der Pfalz.
Der Zug der auswanderungslustigen und landwirtschaftlich tüchtigen Pfälzer nach Altbayern war nur ein Teil der großen Wanderbewegung dieser Jahrzehnte. Überall bemühten sich verantwortliche Fürsten um die Ansiedlung neuer, tüchtiger Untertanen, die unkultiviertes Gebiet bearbeiten und dünn besiedelte Landstriche bevölkern sollten. Das ganze Jahrhundert hindurch war man gewandert: von Salzburg nach Ostpreußen und Holland, von Württemberg in die Habsburgische Batschka und zur Regierungszeit Maria Theresias nach Siebenbürgen. Nach den Pfälzern machten sich um die Mitte des 19. Jahrhunderts zahlreiche fränkische Bauernsöhne auf den Weg nach Nordamerika. Gegenüber diesen Umsiedlungsaktionen stellte der 14tägige Zug mit dem Ochsenwagen vom Rhein in die altbayerischen Möser einen Katzensprung dar. Die französische Besatzung verlei-

Daß von einem hochedl- und wohl-
weisen löblichen Magistrat der hiesigen
Haupt- und Residenzstadt Vorzeiger dieß
Johann Balthasar Michl von Mannheim *[handwritten]*

nach *[handwritten]* gestellt gehorsamen Ansuchen als hiesiger
Bürger, und *[handwritten]*

gnädig großgünstig an- und aufgenommen, dagegen aber
von *[handwritten]* zu nachbe-
nannten Amte, weil er *6000 f* *[handwritten]*

zum Bürgerrecht *300* fl. — kr. — pf., Ristgeld
150 fl. — kr. — pf., Zunftgeld *13* fl. *42* kr.
— pf., Scheingeld — fl. *50* kr. — pf., und für
dem Stadtkammer- und Stadtsteuerdiener *1* fl. *45* kr.
— pf., ~~zusammen also~~ *[handwritten]*

richtig und baar erleget worden: solches wirdet gefertigter
hiemit bescheint. Actum den *20.* *7br.* *1801*

Id est: *470* fl. *7* kr. *1* pf.

Churfl. Haupt- und Residenzstadt München Kammer.

Nicht gerade billig war die Bürgerrechtsurkunde, die Münchens erster protestantischer Bürger Johann Balthasar Michel im Sommer 1801 nach längeren Verhandlungen vom Stadtrat ausgehändigt bekam

dete den evangelischen Pfälzern das Leben derart, daß diese gern das Angebot von Max Joseph annahmen. Dessen Liebenswürdigkeit und Menschlichkeit war ihnen bekannt, ebenso die Tatsache, daß die Bodenpreise in Bayern wesentlich niedriger waren als in der Pfalz. Schließlich blieben ja die Pfälzer auch bei diesem Umzug sozusagen im eigenen Land. Sie konnten – mit einem Wort – nur gewinnen, und das Risiko war kaum der Rede wert.

Die Pfälzer Einwanderung setzte, gesteuert von der Regierung, zwischen 1801 und 1803 ein und dauerte bis in die Mitte des Jahrhunderts. Um den *fleißigen Anbauern* den Start zu erleichtern, wurde ihnen das Land unentgeltlich überlassen; man bewilligte ihnen sogar kostenlos Baumaterial, günstige Anleihen, volle Religionsfreiheit und in den Anfangsjahren als außergewöhnliches Entgegenkommen Befreiung vom Militärdienst. Eine der ersten Ansiedlungen und die älteste protestantische Pfarrei überhaupt in Oberbayern wurde Großkarolinenfeld bei Rosenheim, das seinen Namen der Kurfürstin verdankt, die den evangelischen Pfälzern dort 1804 *einen schönen, neuen aus Silber und Kupferkomposition bestehenden vergoldeten Kelch* stiftete. Weitere Kolonien der *Überrheiner*, wie man die Pfälzer bald in Altbayern nannte, entstanden im Umkreis von München – in Perlach, Feldkirchen und Trudering – sowie Kemmoden, Oberallershausen und Lanzenried im Dachauer Land. Ein drittes Kolonisationsgebiet war das Donaumoos mit den neuen Ortschaften Untermaxfeld, Brunnenreuth, Karlshuld, Marienheim und Ludwigsmoos.

Die Siedler gehörten allen drei Konfessionen an, wollten allerdings vom versöhnlichen Klima in der Residenzstadt nicht viel wissen. Es kam zu teilweise heftigen Auseinandersetzungen zwischen Katholiken und Protestanten einerseits, Lutheranern und Reformierten andererseits. Sogar die ganz und gar friedliebenden mennonitischen Bauern, die sich hinter Dachau ansiedelten, wurden in diese Streitigkeiten hineingezogen. Diese Mennoniten, stille und sittenstrenge Nachkommen der alten Wiedertäufer, legten sich auf dem Hügel von Eichstock einen Friedhof mit einem Bethaus an. In der ältesten Donausiedlung in Untermaxfeld entzündeten sich die Auseinandersetzungen an einigen von den Lutheranern gestifteten Messingleuchtern. Die Unterscheidungslehren zwischen Reformierten und Lutheranern hatten sich im Zeitalter der Aufklärung bei den schlichten Pfälzer Siedlern mehr oder weniger auf die Verwendung der Altarkerzen reduziert. Die für den Pfarrer lebensgefährliche Schlägerei vor der Kirchentür und die permanenten Streitereien konnten nur dadurch beendet werden, daß die Reformierten auszogen und sich in Marienheim eine eigene, bis heute bestehende reformierte Pfarrei gründeten.

Man muß überhaupt sagen: Trotz der günstigen Voraussetzungen vollzog sich die Ansiedlung der Pfälzer Bauern keineswegs so reibungslos wie der Zuzug der badischen und pfälzischen Hofdamen, Beamten und Kaufleute in die Residenzstadt. Die Kolonisation bedeutete ein hartes Stück Arbeit, und wie so oft bei derartigen Siedlungsaktionen schafften nicht alle den Sprung zu neuem Wohlstand. Ein Beispiel für das durchaus zwiespältige Unternehmen der bayerischen Regierung ist die frühe Geschichte Großkarolinenfelds.

Im März 1802 erging eine kurfürstliche Verordnung, daß auf den 3600 Tagwerk Moosgründen zwischen Aibling und Rosenheim *rheinpfälzische und überrheinische Kolonisten* angesiedelt werden sollten. Obwohl den Siedlern grundsätzlich auch die religiöse Betreuung versprochen worden war, fehlte der Regierung auf einmal das Geld. In einer alten Chronik heißt es: *Weder die Katholiken noch die Reformierten und Lutheraner erhielten bei der Gründung Kirchen oder Geistliche,* – und man muß ergänzen, sie bekamen auch keine Schulräume und Lehrer. Einmal im Jahr reiste der Kabinettsprediger aus München an, um zu predigen und das heilige Abendmahl auszuteilen. Die Taufen, Beerdigungen und Trauungen nahm ein benachbarter katholischer Vikar vor, wobei er sich aller *anstößigen Zeremonien* enthielt. Der Rosenheimer Dechant fand diese Lösung ganz annehmbar, denn *es würde immer noch ein größeres Übel sein, wenn die Protestanten veranlaßt würden, auch noch einen eigenen Pastor herbeizurufen und solchen mitten unter uns katholischen Pfarrern wirken zu lassen.* Dennoch baten die evangelischen Familien die Regierung dringend, ihnen einen Lehrer und einen Geistlichen zu entsenden. Schmidt befürwortete dieses Gesuch und wies geschickt darauf hin, daß die Kinder in Großkarolinenfeld *roh und unwissend* aufwüchsen und die Alten *nicht von der besten Moralität* seien. 1804 zog dann endlich der erste Pfarrer und Lehrer, ein Schwabe namens Elias Merkle, auf. Er hielt es freilich nicht lange aus; schon zwei Jahre später folgte mit David Haug der nächste Pfarrer und Lehrer, dessen Schulsaal sich am Sonntag für ein paar Stunden in einen Betsaal verwandelte.

Das älteste evangelische Gotteshaus Münchens ist heute das vor den Toren der Stadt gelegene kleine Kirchlein in Perlach. Der Ort wurde – wie Großkarolinenfeld und die Gemeinden im Donaumoos – zu Beginn des 19. Jahrhunderts von Pfälzer Siedlern gegründet

Die Großkarolinenfelder Pfarrchronik freilich ist voller Klagen über die Pfarrkinder. Sie verlangen, daß der Pfarrer die Kirche auskehrt, und zanken sich, ob die Reformierten oder die Lutheraner zuerst bei der Kommunion an der Reihe sind. Und sie beachten die Predigt überhaupt nicht: *Da zeigt sich eine solche Kette von Raub, Diebstahl und Betrug, von List und Übervorteilung, Intrigen der häßlichsten, gemeinsten Art, eine solche schauerliche Verachtung der Kinder gegen ihre alten Eltern, der Männer gegen ihre Weiber, der Weiber gegen ihre Kinder, eine solche bodenlose Tiefe der Hurerei und Unzucht, ein solcher Greuel an Meineiden, heimlichen Mordtaten und Brandstiftungen, ein solcher Mangel an Sittenreinheit und Sinn für Wahrheit und Rechtlichkeit, für Keuschheit und Mäßigkeit, und an allen bürgerlichen Tugenden, daß man mit Schauern an die Ewigkeit der meisten Kolonisten denken kann.* Ob die Verhältnisse tatsächlich derartig miserabel waren, wie es der Lasterkatalog des enttäuschten Geistlichen scheinen läßt, muß bezweifelt werden. Immerhin hielt es Haug eine Reihe von Jahren unter diesen so *bösen Leuten* aus. Doch auch sein Nachfolger, Pfarrer Stephan Tretzel, den die Kirchenleitung als *sehr besonnen und vorsichtig* und als eifrigen Botaniker charakterisierte, mußte immer wieder bewegt Klage über die Zustände in Großkarolinenfeld führen.

Als die streitsüchtigen Protestanten schließlich im Bau einer Kirche eine gemeinsam zu bewältigende Aufgabe entdeckt hatten, trat eine gewisse Beruhigung der Gemüter ein. Bei der Einweihung 1822 reichten die Reformierten, die Dreiviertel der Gemeinde ausmachten, den Lutheranern sogar die Hand zur Versöhnung. Die beiden Gruppen traten offiziell der in der Rheinpfalz proklamierten Union zwischen den beiden evangelischen Konfessionen bei, und ein königlich-bayerischer Erlaß bestätigte der Pfarrei Großkarolinenfeld diesen neuen unierten Bekenntnisstand. Ausgerechnet sie, die einander wegen der Abendmahlsliturgie oft beinahe erschlagen hätten, bastelten sich eine Kompromißliturgie zusammen und feierten so bis in das 20. Jahrhundert hinein pfälzisch-schlicht und ohne Kerzen die Eucharistie – die einzige offiziell unierte Gemeinde, die es je in Bayern gab. Es dauerte freilich noch Jahrzehnte, bis sich die Geste am Altar in einem brüderlichen Zusammenleben und gegen Mitte des vorigen Jahrhunderts auch in allgemein ordentlichen Verhältnissen in Großkarolinenfeld auswirkte. Die Nachfahren der Pfälzer Siedler in den Kolonistengemeinden Oberbayerns blicken heute nachsichtig auf das vorige Jahrhundert zurück, denn sie wissen, mit welchen äußeren Schwierigkeiten ihre Väter einst zu kämpfen hatten. Ja, sie sind mitunter sogar ein bißchen stolz darauf, daß es diesen überwiegend reformierten Pfälzern gelungen ist, sich in einem katholischen Land und in einer lutherischen Kirche zu behaupten. So gehören die Pfälzer Siedler des 19. Jahrhunderts und die ersten zugewanderten Protestanten Münchens in den großen Kreis der Zugereisten und Durchwanderer evangelischen Glaubens, die in Bayern Hilfe und Heimat fanden – neben den Hugenotten des 17. Jahrhunderts, den Salzburger Exulanten des 18. Jahrhunderts und den österreichischen Glaubensflüchtlingen aus dem Zeitalter der Gegenreformation.

12. KAPITEL

Das 19. Jahrhundert:
Von der protestantischen Gesamtgemeinde zur lutherischen Kirche

In der neuen Verfassung, die Bayerns Lutheraner unlängst für ihre Kirche zusammenbastelten, heißt es in einem der ersten Artikel: *Die Evangelisch-Lutherische Kirche in Bayern, ihre Kirchengemeinden, ihre Gesamtkirchengemeinden, ihre Dekanatsbezirke und ihre sonstigen Körperschaften, ihre Anstalten und Stiftungen sowie ihre Ämter, Werke und Dienste bilden eine innere und äußere Einheit.* Dieses Selbstporträt in gehobenem Juristendeutsch überrascht durch seinen lakonischen Hinweis auf die *innere und äußere Einheit* der bayerischen Landeskirche. Kann eine Kirche – welcher Konfession und auf welcher Ebene auch immer – heute noch so ungebrochen von ihrer geistlichen Einheit sprechen und also den nicht zu leugnenden Pluralismus der religiösen Meinungen unberücksichtigt lassen? Wenn eine Landeskirche im deutschen Protestantismus das mit einem gewissen Recht tatsächlich kann, dann die bayerische. Denn sie wird auch von ihren Schwesterkirchen innerhalb der evangelischen Christenheit Deutschlands mit einigem Respekt als eine geschlossene und starke Landeskirche angesehen, deren Voten nicht gut überhört werden können.

Die Vermutung liegt nahe, daß diese *innere und äußere Einheit* der bayerischen lutherischen Landeskirche in einer vielhundertjährigen Geschichte gewachsen ist. Das aber ist das zweite überraschende Ergebnis, wenn man über das Image dieser Kirche ein wenig meditiert: Sie verfügt keineswegs über eine Vergangenheit, die den Anspruch auf eine regionale und geistige Geschlossenheit in der Gegenwart rechtfertigen könnte. Was diese Kirche heute sein möchte, ist sie erst in den letzten 175 Jahren allmählich und unter teilweise harten Auseinandersetzungen geworden. Genau genommen hat das viel geschmähte 19. Jahrhundert die evangelische Kirche in Bayern geformt. Sie entstand zusammen mit dem neuzeitlichen bayerischen Staat in der Zeit der Napoleonischen Kriege. Damals wurden die unzähligen evangelischen Kirchenwesen in den neuerworbenen Gebieten einfach verwaltungsmäßig zusammengefaßt. Diese *protestantische Gesamtgemeinde im Königreich Bayern* glich freilich eher einem untergeordneten staatlichen Behördenapparat als einer Kirche. Von einer äußeren Einheit konnte man kaum sprechen. Die geistige Einheit bestand höchstens negativ in den Nachwirkungen der Aufklärung.

Das war also der Anfang zu Beginn des 19. Jahrhunderts: ein regional zersplitterter, staatlich verwalteter und in seinem Bekenntnisbewußtsein verwässerter Protestantismus. Wie ist aus diesem nicht gerade attraktiven Gebilde die bayerische evangelische Kirche des 20. Jahrhunderts geworden – ein regional geschlossenes und übersichtlich gegliedertes Kirchenwesen, das dem Staat in freier Partnerschaft gegenübersteht und sein wiederentdecktes Luthertum über die Maßen ernst nimmt?

NAPOLEON WAR AUCH DARAN SCHULD
Die Gründung der protestantischen Gesamtgemeinde unter Montgelas

Als der preußische Minister Karl August von Hardenberg in den Jahren 1790 bis 1798 die Grenzregulierung in den *preußischen Kolonien* Ansbach und Bayreuth in Angriff nahm, stöhnte er einmal über die umständliche Wegroute. Er habe bei diesen Exkursionen nicht nur die Territorien der freien Reichsstadt Nürnberg und des Hochstiftes Bamberg, sondern noch eine ganze Reihe anderer Landesgrenzen umfahren müssen. Er nennt die Grafschaften Castell und Schwarzenberg, die Reichsstadt Windsheim, die Grafschaft Limpurg-Speckfeld, das Bistum Würzburg, die Reichsstadt Rothenburg, das Fürstentum Hohenlohe, die Reichsstädte Schwäbisch Hall und Dinkelsbühl, die Fürstpropstei Ellwangen, die Fürstentümer Oettingen und Pfalz-Neuburg, die Grafschaft Pappenheim, das Bistum Eichstätt, die bayerische Oberpfalz und die Gebiete des Deutschen Ritterordens und

der Reichsritterschaft. Dieses Gewirr von markgräflichen und adeligen, geistlichen und reichsstädtischen Territorien in Franken steht beispielhaft für den *Fleckerlteppich-Charakter* des Heiligen Römischen Reiches Deutscher Nation am Vorabend seines Untergangs.
In ihn hineingeflochten war auch das Kurfürstentum Bayern, in dem 1799 Max IV. Joseph aus der Wittelsbacher Seitenlinie Pfalz-Zweibrücken-Birkenfeld die Regierung angetreten hatte. Sollte dieses Bayern nicht, wie die fränkischen und schwäbischen Kleinstaaten mit ihrem reichsstädtischen Schlendrian und ihrem degenerierten höfischen Leben, zur bloßen Provinz herabsinken, mußte es sich auf eine eigene Politik besinnen. Es galt, sich von dem verhängnisvollen Bündnis mit Österreich zu befreien und ein Arrangement mit Frankreich zu finden. Ganz klar erkannte das Maximilian von Montgelas, in dem der Kurfürst in dieser Zeit der gewaltigen Erschütterungen einen klarsichtigen Realpolitiker von Format besaß. Die Rechnung Montgelas' ging auf, denn Bayern gehörte beim Reichsdeputationshauptschluß 1803 in Regensburg zu den am meisten begünstigten Ländern. Es wuchs weit in den fränkischen und schwäbischen Raum hinein; ein völlig neuer Staat entstand, das neue Königreich, der spätere Freistaat. Und Montgelas sah es als seine Lebensaufgabe an, aus diesem Chaos von 90 Kleinstaaten das neue Bayern zu bauen.
Dabei tauchte auch das konfessionelle Problem auf. Denn bis 1799 war Bayern entsprechend dem Bekenntnis des Hauses Wittelsbach ein katholisches Land. Unter den Neuerwerbungen zu Beginn des 19. Jahrhunderts befanden sich nun Gebiete, deren Bewohner seit den Tagen der Reformation evangelisch waren. Und das waren gar nicht wenige; 1816, als die Erwerbspolitik Montgelas' abgeschlossen war, lebten im rechtsrheinischen Bayern neben 2,3 Millionen Katholiken immerhin 750 000 Protestanten. Sie verteilten sich freilich auf ebenfalls rund 90 Kirchenwesen, die bis dahin völlig unabhängig voneinander im süddeutschen Raum existiert hatten. Neben den großen traditionsreichen Landeskirchen in den ehemaligen markgräflichen Gebieten Frankens, die rund 450 Pfarreien zählten, gab es etwa 160 reichsstädtische evangelische Gemeinden und weitere 200 gräfliche und ritterschaftliche Pfarreien, von denen sich selten mehr als ein Dutzend in einer Hand befanden. Was diesen Protestantismus einte, war theoretisch das Bekenntnis zum Luthertum und praktisch die Aufklärung, die das kirchliche und religiöse Leben prägte. Ansonsten besaß jedes dieser Kirchenwesen ein eigenes Gesangbuch – der Stolz jeder noch so kleinen evangelischen Herrschaft –, eine eigene Verfassung, besondere liturgische Traditionen und einen speziellen Katechismus.
Die Regierung Montgelas sah sich nun vor eine doppelte Aufgabe gestellt. Einmal mußte sie dem Protestantismus staatsrechtlich eine Existenzmöglichkeit schaffen und damit die altbayerische Religionspolitik revidieren. Und zum andern mußte sie die evangelischen Territorialkirchen in eine neue Landeskirche integrieren. Daß beides gelang und eine Basis entstand, auf der sich im Verlauf der nächsten hundert Jahre die Evangelisch-Lutherische Kirche entwickeln konnte, verdankt diese Kirche dem Geist der von ihr so oft verachteten Aufklärung. Für Montgelas, einen Aufklärer reinsten Wassers, galten beim Aufbau des neuen Staates die Prinzipien der Toleranz und der Glaubensfreiheit. Das neue Bayern sollte ein *paritätischer* Staat sein, in dem auch für das reiche geisteswissenschaftliche und kulturelle Leben des Protestantismus Platz sein mußte. An dieser Entwicklung war auch Max IV. Joseph persönlich interessiert, denn seine Gemahlin Karoline war und blieb evangelisch.
Rückblickend ist deutlich zu erkennen, wie diplomatisch die Regierung Montgelas vorging, um der Parität in Bayern zum Sieg zu verhelfen. Das tolerante Entgegenkommen einzelnen Protestanten gegenüber wurde 1801 von einem kurfürstlichen Reskript abgelöst, das grundsätzlich den *Altkatholiken* die Niederlassung in Bayern erlaubte. Als sich Widerspruch erhob, wurde im Fall des Münchner Weinwirts Michel ein Exempel statuiert. Montgelas' Juristen wurden nicht müde, die neue Linie rechtlich abzusichern, und die publizistische Verbreitung aller protestanten-freundlichen Erlasse dieser Jahre ähnelt schon einer gezielten Meinungsbildung seitens der Regierung. Noch bevor die Regensburger Verhandlungen über die Neugliederung des alten Reiches abgeschlossen waren, veröffentlichte Max IV. Joseph am 10. Januar 1803 das bayerische Religionsedikt. Es sicherte allen im Reich anerkannten Konfessionen – den Katholiken, den Lutheranern und den Reformierten – die freie Religionsausübung zu. Niemand sollte mehr wegen seines Glaubens benachteiligt sein.
Auch die Integration der evangelischen Territorialkirchen in eine neue Landeskirche betrachtete Montgelas auf Grund seiner Staatsidee als Aufgabe der Regierung. 1807 empfingen alle kirchlichen Dienststellen eine könig-

liche Entschließung, die eine *Beschreibung des gesamten Kirchenwesens* verlangte. Diese erste umfassende Bestandsaufnahme in Form einer Umfrage hatte Friedrich Immanuel Niethammer ausgearbeitet. In der Begründung dazu erklärte der nunmehrige König Max I., er beabsichtige, *die sämtlichen evangelischen Kirchengemeinden sowohl unserer älteren Staaten als der durch die neuen Friedensschlüsse unserem Königreich einverleibten Provinzen und Gebietsteile zu einer evangelischen Gesamtgemeinde zu konstituieren und denselben eine neue gemeinschaftliche Kirchenverfassung zu geben, welche sowohl dem gegenwärtigen Zustand der religiösen Bildung überhaupt entsprechen als auch das vorzüglichste aus den bisherigen verschiedenen Verfassungen und Gebräuchen unserer einzelnen evangelischen Gemeinden in sich vereinigen soll.* Nachdem das Königreich 1808 durch das *Organische Edikt* zu einer geschlossenen Verwaltungseinheit gelangt war, wurde noch im selben Jahr eine *Sektion der kirchlichen Gegenstände* ins Leben gerufen. Sie unterstand direkt dem Innenministerium, das der allgewaltige Montgelas, der zum Schluß auf drei Ministerstühlen saß, mitverwaltete. An der Spitze dieser Sektion stand zunächst ein katholischer Jurist, der zusammen mit drei und später vier evangelischen Männern das *Generalkonsistorium für die Gesamtgemeinde der im Reich öffentlich recipierten protestantischen Konfessionen* bildete. Genau ein Jahr später erschien die von Niethammer ausgearbeitete Konsistorialordnung. Verfassungsrechtlich war damit in den Jahren 1808/1809 die evangelische Landeskirche Bayerns geboren.

Der entscheidende kirchliche Mann dieser Zeit war Friedrich Immanuel Niethammer (1766–1848). Der württembergische Stiftler und spätere Professor für Philosophie in Jena war ein enger Freund Montgelas'. Dieser hatte ihn 1804 für sein Experiment einer Umgestaltung der Würzburger Universität gewonnen, bei der alle konfessionellen Schranken fallen sollten. Später holte er den Bamberger Konsistorialrat nach München, wo der Protestant Niethammer im Innenministerium die schwierige Aufgabe übernahm, das höhere Schulwesen in einer von der Kirche völlig freien Weise zu reformieren. Sein Name ist noch heute in der Geschichte der Pädagogik unvergessen. Die Tragik des hochbegabten Mannes lag darin, daß er alles, was er auf dem Erziehungssektor leistete, nur als eine Übergangstätigkeit verstand. Sein eigentliches Ziel war die Leitung der sich formierenden protestantischen Kirche. Im entscheidenden Augenblick aber wurden ihm im Generalkonsistorium andere Männer vor die Nase gesetzt. Montgelas wollte seinen kampflustigen Schulreformer nicht gleichzeitig zum ersten Repräsentanten des bayerischen Protestantismus bestellen. Niethammer entwickelte sich später aus einem Liebhaber der Klassik und der Aufklärung immer klarer zu einem lutherisch bestimmten Erweckungstheologen. So zeichnete sich schon in seinem Werdegang der Weg der bayerischen Landeskirche ab. Die Enttäuschung von 1808 konnte der fromme und vom Ehrgeiz nicht freie Mann allerdings nie verwinden.

Im Hintergrund der Zurücksetzung Niethammers stand zweifellos auch die Rücksicht, die Montgelas auf die stärker werdende Opposition der katholischen Intelligenz in der Residenzstadt nehmen mußte. Niethammer gehörte nämlich zu jenem Kreis prominenter Geisteswissenschaftler, die Montgelas zu Beginn des 19. Jahrhunderts nach München berufen hatte. Die interessanteste Gestalt unter diesen *norddeutschen Gelehrten* war der Philosoph, Goethefreund und Akademiepräsident Friedrich Heinrich Jacobi. Er, der als junger Mann mit streng katholischen Kreisen und gleichzeitig mit Reimarus und Lessing befreundet sein konnte und der neben Goethe auch mit einem Kreis frommer Elberfelder Pietisten engen Kontakt pflegte, vereinigte nun auch in seinem Haus sehr unterschiedliche Menschen. Niethammer gehörte zu dieser Tischrunde und dessen bester Freund, der Philologe und Theologe Friedrich Wilhelm Thiersch, – aber auch Niethammers grimmiger Gegner in der Schulfrage, Kajetan von Weiller. Neben Niethammer stand Friedrich Roth, der später eine bedeutende, wenn auch nicht ausschließlich ruhmvolle Rolle als Präsident des protestantischen Oberkonsistoriums spielen sollte und der seine umfassende klassische Bildung ebenfalls Jacobi verdankte. Der genialste und wohl auch unbeherrschteste unter den *ausländischen Berufenen* in Bayern war der Jurist Anselm Feuerbach, Jenenser wie so viele dieser *Nordlichter,* und im permanenten Kleinkrieg mit den bayerischen Kollegen in Landshut und München liegend. Daß er unter den prominenten Protestanten zu den regelmäßigen Kirchgängern gehörte, wird man bezweifeln dürfen. Immerhin bezog der brillante Jurist doch mehrmals gutachtlich zugunsten seiner Kirche Stellung.

Diese protestantische Gelehrtenwelt in der Residenzstadt verstand sich selber als geistige Elite und machte daraus auch kein Hehl. So erregte sie schon früh den Ärger bayerisch-katholischer Kreise, als deren Mittelpunkt sich allmählich der Oberbibliothekar Freiherr von Aretin herauskristallisierte. Es kam zu Beschimpfungen, allerlei Pamphleten und sogar Prozessen. Am 23. April 1810 wurde die Öffentlichkeit durch ein handgemaltes Plakat davon unterrichtet, daß *die Herren Jacobi, Feuerbach, Schlichtegroll, Jacobs, Breyer, Niethammer, Hamberger und Thiersch zwischen heute und dem 1. Mai an Mausgift krepieren werden*. Niethammer erhielt als *Haupturheber des hereindringenden Luthertums* noch eine besondere Warnung, – was den leicht erregbaren Mann veranlaßte, fortan von *Bavaria* nur noch als von *Barbaria* zu sprechen. Die *Aretin'schen Händel* endeten tatsächlich in einer für die Gelehrtenwelt ungewöhnlichen Weise. Eines Abends erhielt Thiersch einen Dolch in den Nacken. Er kam zwar mit dem Leben davon, aber das Attentat wurde nie aufgeklärt.

Ungeachtet dieser massiven Proteste und auch nicht wesentlich berührt vom Sturz Montgelas' im Jahr 1817, vollzog sich der weitere Ausbau der *protestantischen Gesamtgemeinde im Königreich Bayern*. 1818 erschien die neue Verfassung mit dem Religionsedikt. Dessen Anlage bildeten das Konkordat und das sogenannte Protestantenedikt. Es brachte die endgültige Verfassung der jungen Kirche, die freilich erst ab 1824 die – wie der König meinte – *passendere und würdigere* Bezeichnung *Protestantische Kirche* führen durfte. An der Spitze der Kirche standen ein Oberkonsistorium in München und drei ihm unterstellte Konsistorien in Ansbach und Bayreuth sowie in Speyer für die linksrheinische Pfalz. Ziemlich genau hundert Jahre blieb nun die Kirchenverfassung ein Stück der bayerischen Staatsverfassung. In der Praxis bedeutete dies, daß alle Angelegenheiten dieser Kirche weder von den Pfarrern noch gar unter Beteiligung der Gemeinden, sondern in den Münchner Ministerien entschieden wurden. Die Freiheit, die die Aufklärung gebracht hatte, war mit der Abhängigkeit vom Staat recht teuer bezahlt worden.

Das Leben dieser jungen Staatskirche war vom Geist der Aufklärung bestimmt. In den führenden protestantischen Kreisen Münchens huldigte man allerdings kaum derart rationalistischen Ideen, wie sie noch immer der fränkische Kreisschulrat und Dekan Karl Heinrich Stephani vertrat. In der Begegnung mit dem *Philosoph des Glaubens* Jacobi und mit der Welt der Klassik und des deutschen Idealismus hatte die protestantische Prominenz Münchens den extremen Vernunftsglauben längst überwunden. Auch der eigentlich führende Kirchenmann in

Sorge für Leben und Gesundheit.

Mel. Wer nur den lieben Gott ꝛc.

587. Des Leibes warten und ihn nähren, dieß ist, o Schöpfer, meine Pflicht; durch eigne Schuld ihn zu zerstören, verbietet mir dein Unterricht. O stehe mir mit Weisheit bei, daß diese Pflicht mir heilig sey!

2. Sollt' ich, o Herr, nicht theuer schätzen, was deine Hand mir anvertraut? den wundervollen Bau verletzen, den du, mein Schöpfer, selbst erbaut? Weß ist mein Leib? Er ist ja dein; wie dürft' ich sein Zerstörer seyn?

3. Ihn zu erhalten, zu beschützen, gibst du mit milder Vaterhand die Mittel uns, daß wir sie nützen, und zum Gebrauch gibst du Verstand. Dir ist die Sorge nicht zu klein; wie sollte sie denn uns es seyn?

4. Gesunde Glieder, muntre Kräfte sind mehr als alle Schätze werth. Wie leiden des Berufs Geschäfte, wenn Krankheit unsern Leib beschwert! Ist nicht der Erde größtes Gut Gesundheit und ein froher Muth?

5. D'rum gib, daß ich mit Sorgfalt meide, was meines Körpers Wohlseyn stört; daß nicht, wenn ich je Schmerzen leide, mein Geist den innern Vorwurf hört: du selbst bist Störer deiner Ruh'; du selbst zogst dir dein Leiden zu!

Sogar die Notwendigkeit der Körperpflege meinte das mildeaufklärerische Gesangbuch von 1814/15 besingen zu müssen

der Residenzstadt, der Kabinettsprediger der Königin Karoline, galt als ein solider evangelischer Mann, dessen aufklärerische Ader sich nur positiv in Toleranz und Friedfertigkeit bemerkbar machte.

Ein Licht auf die innere Einstellung des Kabinettspredigers Dr. Ludwig Friedrich Schmidt wirft das neue Gesangbuch von 1814/15. Angesichts der prägenden Kraft, die das Gesangbuch immer und überall auf die evangelische Frömmigkeit ausübte und im Blick auf die mehr als 30 offiziellen und ungezählten privaten Liedersammlungen, die im Königreich 1806 benutzt wurden, erschien die Herausgabe eines neuen Einheitsgesangbuches die wichtigste Aufgabe zu sein. Montgelas regte entsprechende

Vorarbeiten schon früh an. Zum federführenden Mann in der Gesangbuchkommission entwickelte sich bald der Münchner Kabinettsprediger, der sich auch den Kopf über grundsätzliche Fragen zerbrach. Recht vernünftig klingt das Ergebnis, zu dem er dabei kommt: *Ein Gesangbuch ist nicht nur für die gemeinschaftliche Gottesverehrung, sondern auch für die Privat-Erbauung bestimmt, und ist in letzter Hinsicht ein Hauptbuch, und oft das einzige für den gemeinen Mann. Es muß daher für beide Zwecke hinreichen.* Das Resultat derartiger Überlegungen war allerdings wieder nur ein Gesangbuch, das im Aufbau und in der Auswahl der Lieder seinen rationalistischen Vorgängern verpflichtet war. Das war wohl auch der Grund, warum es sich nie recht einbürgerte. Die traditionell-kirchlichen Christen in den ländlichen Gebieten, die nur schwach vom Geist der Aufklärung berührt waren, blieben lieber bei ihren frommen Lieder- und Gebetbüchern, den *alten Tröstern*. Das gebildete Bürgertum jedoch begann sich bereits wieder von der Aufklärung abzuwenden. So kam das erste gemeinsame Gesangbuch für die einen noch immer zu früh, während es für die anderen bereits beim Erscheinen überholt war. An einem wesentlichen Punkt zeigt sich aber, daß das ablehnende Urteil der Zeitgenossen nicht ganz berechtigt war. Schmidt hatte nämlich nicht nur die groben Geschmacklosigkeiten des Rationalismus vermieden, sondern ostentativ auch 17 Lieder Martin Luthers in sein Werk aufgenommen, und zwar ohne sie zu *verbessern*, was zweifellos ein Novum darstellte.

Auch in der eigentlich konfessionellen Frage, die man weithin als im Sinne der Aufklärung gelöst betrachtete, deutete sich die spätere Entwicklung der Landeskirche an. Schmidt und sein Beichtkind am königlichen Hof waren lutherisch, unter den Pfälzern überwog dagegen die calvinistische Tradition. Derartige Unterschiede interessierten naturgemäß zu Beginn des 19. Jahrhunderts niemanden, auch den Kabinettsprediger nicht. Der fragte die Kommunikanten einfach, ob sie das Abendmahl lutherisch oder reformiert empfangen wollten, er könnte es so oder so halten. Draußen im Land machten es sich die Geistlichen noch leichter; bei Reformierten strichen sie kurz entschlossen in der traditionellen Spendeformel: *Nimm hin, das ist der wahre Leib – das wahre Blut ... das wahr* – eine Praxis, die die Nachwelt zu bösen Meditationen veranlassen könnte. Damals war man's jedoch zufrieden, denn man wollte weder zu lutherisch noch so richtig reformiert, sondern eben *protestantisch* sein.

Protestantisch war der Sammelbegriff für Lutheraner und Reformierte, im Grunde genommen sogar für alle *Akatholiken*. Denn ganz im Sinne der Aufklärung war ein Protestant im Bayern des beginnenden 19. Jahrhunderts in erster Linie einmal kein Katholik. Der Begriff des *Protestantischen* stand für das Einfache, Klare, Nüchterne und Unverschnörkelte im Gegensatz zu allem barocken Überschwang in Frömmigkeit, Sitte und Kunst, – meinten jedenfalls die Träger dieses Namens. Zum Wesen der protestantischen Kirche gehörte es nach Ansicht der Ansbacher Generalsynode von 1823, daß sie *alle vorzugsweise auf Sinnenreize gerichtete Anordnungen verschmäht*. Die Aufgabe dieser Kirche hatte der Rationalismus in einer volkspädagogisch möglichst wirksamen Verbreitung der Kant'schen Moral- und Pflichtenlehre gesehen. So wurde der Protestantismus vor allem auch als eine *moralische Erscheinung* verstanden. Der letzte große Rationalist des 19. Jahrhunderts, der Gunzenhauser Dekan Stephani, konnte ganz in diesem Sinn erklären, die protestantische Kirche habe *das von Christo dem Sohne Gottes gestiftete Reich der Wahrheit, Tugend und Bruderliebe zum Heile der Menschheit zu erhalten und zu befördern*. Diese Kirche aber war die vom Staat errichtete und verwaltete *protestantische Gesamtgemeinde*. Man muß diese Verwendung des Begriffes *protestantisch* kennen, um zu verstehen, warum die heutige Evangelisch-Lutherische Kirche so allergisch auf ihn reagiert. Sie möchte nicht mehr als moralische Anstalt ohne ein klares Bekenntnis, als staatshörig und antikatholisch mißverstanden werden. Denn sie hat sich bewußt von ihrer aufklärerischen Vergangenheit losgesagt.

Die Anfänge dazu wurden freilich schon damals gemacht. Denn während sich die Theologen noch weithin unbefangen als *protestantisch* bezeichneten, arbeiteten die katholischen Staatsjuristen stellenweise mit der alten, im Westfälischen Friedensschluß von 1648 begründeten Dreigliederung der Konfessionen. Spätestens bei der Union der Reformierten mit den Lutheranern, die 1817 in der bayerischen Pfalz mit großem Enthusiasmus durchgeführt wurde, mußte sich auch der Protestantismus im rechtsrheinischen Bayern klar darüber werden, wie er sich selber geistlich verstehen wollte. Dieser Klärungsprozeß, den der Staat der Kirche nicht abnehmen konnte und durfte, dauerte einige Jahrzehnte an. Dabei zeigte sich zunächst, daß im rechtsrheinischen Bayern eine Union überflüssig war. Es gab hier nur eine Handvoll reformierter Gemeinden, die sich mehr oder weniger bereitwillig vom königlichen Oberkonsistorium mitverwalten ließen. Dieses setzte so *protestantisch* gleich *lutherisch* und forderte 1823 die Beibehaltung des Kleinen Katechismus von Martin Luther *als die in allen evangelisch-lutherischen Gemeinden angenommene Grundlage des öffentlichen Religionsunterrichtes.*

So bildete sich allmählich die Überzeugung heraus, daß die Lehre der jungen Landeskirche evangelisch-lutherisch sei – dem Evangelium entsprechend und unterschieden vom katholischen Dogma –, die Kirche selber aber protestantisch – also Lutheraner, Reformierte und Pfälzer Unierte in einer gemeinsamen Verwaltung umfassend. Viel mehr als eine formale Klärung bedeutete diese Differenzierung allerdings nicht. Die bayerische protestantische Kirche hatte ihre äußere Form gefunden, beziehungsweise von Staat Montgelas' angepaßt bekommen. Innerlich glich sie jedoch einer sterbenden Kirche, der auch die Kräfte des Idealismus und der Romantik kaum zu neuem Leben verhelfen konnten.

NEUES LEBEN BEGINNT SICH ZU REGEN
Das Ende der Aufklärung im Zeitalter des Idealismus und der religiösen Erweckung

Die Erneuerung der protestantischen Kirche kam selbständig und unbeachtet und aus einer Ecke, wo sie niemand vermutet hätte, in Form einer religiösen Erweckung. Diese brach so elementar auf, daß die in ihrer äußeren Gestalt vom Rationalismus geformte Landeskirche ihren inneren Gehalt zunächst dieser Erweckungsbewegung verdankte.

Ausgehend von den aus dem österreichischen Zillertal geflohenen Protestanten entstand während des 18. Jahrhunderts im katholischen Allgäu eine vertiefte innerliche Frömmigkeitsbewegung, die wesentlich evangelisch bestimmt war. Führer dieser Bewegung waren Martin Boos, der von seiner Kirche hart verfolgt wurde, und Johannes Goßner, der später konvertierte und in Berlin eine weitverzweigte Missionsarbeit ins Leben rief. Diese Männer und ihre Freunde waren alle Schüler des edlen und frommen Michael Sailer, des späteren Bischofs von Regensburg. In ihren Erbauungsstunden trafen sich Katholiken, Lutheraner und Mitglieder der alten pietistischen Kreise. Diese Erweckung ähnelte in ihrer bekenntnismäßigen Einstellung durchaus der Aufklärung. Man

Der Führer der bayerischen Erweckungsbewegung, Christian Krafft, Professor und Prediger in Erlangen

wußte sich im Wesentlichen verbunden und betrachtete die herkömmlichen Konfessionsgrenzen als unwichtig: *Es war damals alles eins – Herrnhuter, Pietisten, Lutheraner, Reformierte, Katholiken waren einmütig beieinander und freuten sich in ihrem einigen Herrn und Erbarmer. Es war wirklich eine schöne Zeit des wiedergekehrten Glaubens.* Im Unterschied zur Aufklärung dachte jedoch niemand an eine offizielle Vereinigung der Kirchen. Man kannte die Grenzen; aber man konnte sich *über die Zäune die Hände reichen, von einer Gnadensonne in beiden Gärten angeschienen.*

Sehr bald fanden diese erweckten Kreise im Raum von Nürnberg und Erlangen Gesinnungsfreunde. Hier kam es unter den Professoren und Studenten der Universität zu einer akademischen Erweckung ganz großen Stils. Die Studenten staunten nicht schlecht, als ihnen der Naturwissenschaftler Gotthilf Heinrich Schubert im Kolleg erklärte, *er würde seine Schüler gar vieles lehren, was zu wissen gut sei; doch würde er von jedem Punkte seines Lehrkreises eine Linie ziehen nach der lebendigen Mitte, die alles rechte Erkennen tragen müsse, auf Christus und sein Heil.* Kam Schubert noch stark von der Romantik und der Identitätsphilosophie Schellings her, so vertraten andere Professoren auf dem Katheder und in den häuslichen Gesprächsrunden mit ihren Studenten einen ganz verinnerlichten Glauben, der aus der persönlichen Erfahrung der Erlösung durch Jesus Christus lebte.

Im Mittelpunkt dieser Erweckung unter den Intellektuellen der kleinen Universitätsstadt standen der Orientalist Arnold Kanne, der Naturwissenschaftler Karl von Raumer und der reformierte Professor und Prediger Christian Krafft. Vor allem Kraffts Vorlesungen übten eine geradezu revolutionierende Wirkung auf die Studenten aus. In die Gemeinden drang von diesem neuen Geist, der auf dem Gebiet der Heidenmission und der Armenpflege sofort konkrete Formen annahm, zunächst wenig. Aber nahezu alle Männer, die in den kommenden Kampfjahren das Schicksal der jungen bayerischen Landeskirche mitbestimmen sollten, empfingen in ihrer Erlanger Studienzeit im Kreis der Erweckten wesentliche Impulse: die Theologen Wilhelm Löhe, Heinrich Puchta und Johann Christian Konrad Hofmann ebenso wie die Juristen Hermann Freiherr von Rotenhan, Georg Friedrich Puchta und Julius Stahl.

Angeregt durch die neue Frömmigkeit der Professoren erlebten auch *Männer der alten Kirche* wenn nicht eine Erweckung, so doch eine entscheidende Wandlung ihrer theologischen Ansichten. Höchst kritisch äußerte sich etwa der Pfarrer Heinrich Bomhard anläßlich seiner Ordination. Seine theologischen Lehrer hätten Göttliches und Menschliches durcheinandergebracht, um *schier nichts mehr heilig, unverletzt und unbefleckt zu lassen*. Die theologische Welt am Ausgang der Aufklärung habe ein *Bild des Aufruhrs, der Zerrissenheit und des Durcheinander* geboten. *Zorn und Ekel* habe alle diejenigen gepackt, die von *solcher Ruchlosigkeit* noch nicht ganz verdorben gewesen seien. So sei auch er zum alten, biblischen Glauben zurückgekehrt.

Heinrich Bomhard und sein Bruder August sowie der Ansbacher Pfarrer Lehmus bemächtigten sich 1826 des *Korrespondenzblattes*. Ein Windsbacher Geistlicher hatte es kurz zuvor in der Absicht gegründet, dem Glauben der Väter treu zu bleiben, aber der Auseinandersetzung mit dem Rationalismus aus dem Weg zu gehen. Nun aber wurde es durch den Feuergeist der Pfarrerbrüder Bomhard und den Glaubensmut des Ansbacher Stadtpfarrers zu einem Kampfblatt der neuen Bewegung. So hieß es, die Wahrheit könne nur ans Licht gefördert werden, wenn Widerspruch gegen die Unwahrheit erhoben würde. *Bei Wetterbemerkungen und Bierbeurteilungen kann man etwa dem anderen seine Meinung ruhig lassen; aber bei dem, wodurch Gottes Reich soll befördert werden, kann der, welcher das ernstlich will, keine falsche Behauptung hören, ohne zu widersprechen,* – darum tritt der Opponent auf. Im Gegensatz zum frühen Stil der Erlanger Erweckung erkannten diese Opponenten, daß eine geistliche Profilierung der Landeskirche nicht ohne den Kampf gegen die letzten Vertreter der Aufklärung zu gewinnen sei. Der letzte große Rationalist alten Schlages saß noch immer in Gunzenhausen. Gegen ihn, Heinrich Stephani, zog das *Korrespondenzblatt* nun zu Felde, und zwar in einer Schärfe, wie man das seit der Reformationszeit nicht mehr gehört hatte. Man fühlte sich als *Lützows wilde, verwegene Jagd im Befreiungskrieg der evangelischen Kirche*. Diese Art der Auseinandersetzung streifte wohl gelegentlich die Grenze des gesellschaftlich Erlaubten. Sie versöhnte aber immer wieder durch tiefen Ernst und eine Überfülle an Geist und Witz, an wirklicher Glaubensfreude und hinreißender Sprachgewalt.

Schönstes Beispiel dieses Stils ist August Bomhards Aufsatz *Das hintere Gesicht,* in dem sich der Verfasser mit dem Vorwurf des *Mystizismus* auseinandersetzt: *Man sagte mir: Arndt ist ein Mystiker. Da las ich den Arndt. Und ich fand ihn tief wie die Abgründe des Meeres, reich wie die Goldminen und Diamantengruben der Neuen Welt, blühend wie der holde Mai, lieblich wie eine Rose in Saron, fromm wie ein rechter Christ. Da dachte ich: Schmach über die Unverständigen, die uns eine der herrlichsten Zierden der deutschen Gottesgelehrtheit verunehren wollen! Man sagte mir: Scriver ist ein Mystiker. Da las ich den Scriver. Und ich fand einen Prediger, wie mir unter den neueren noch keiner vorgekommen ist – lichtvoll wie die Alpengipfel beim Aufgang der Sonne in ihrer Pracht, scharf wie das Schwert Gideons, süß wie Honig und Honigseim, mild wie eine Frühlingsau im Mondschimmer, fruchtbar wie ein von Gott gesegneter Garten, christlich wie ein Apostel. Und viele berühmte Prediger dieser heutigen Zeit erschienen mir neben dem alten wie der Dornstrauch neben der Zeder Gottes oder doch wie das arme Dorfkirchtürmlein neben dem Straßburger Münster.*

Die Kraft lag bei dem Neuen; Stephani versuchte sein Glück noch mit einem Gegenblatt, das freilich nach zwei Jahren sein Erscheinen einstellen mußte. Dann meldete er sich mit anonymen Pamphleten zu Wort, von denen eins den Titel trug *Die Mystiker als die nichtswürdigsten Menschen angeklagt von Christoph Freimund, Pfarrer in Wermutshausen.* Das *Korrespondenzblatt* erhob jedoch schon 1832 so schwere Anklagen gegen den immer gereizter reagierenden rationalistischen Schul- und Kirchenmann, daß das Ministerium einschritt. Es bestand

Familienbild von Friedrich Wilhelm Doppelmayr, Pfarrersohn aus Nähermemmingen im Allgäu, Rechtsrat, Landrichter in Starnberg und später Bürgermeister von Nördlingen. Der Vater selber, ein renomierter Sonntagsmaler, hat auf ihm 1831 die Aussegnung seines vierzehnjährigen Sohnes Wilhelm in einem Raum des alten Nördlinger Kanzleigebäudes festgehalten — ein farbiges Dokument des Biedermeier-Interieur und der protestantischen Frömmigkeit zu Beginn des 19. Jahrhunderts

Die unter König Ludwig I. errichtete erste protestantische Kirche Münchens

Keine Bedeutung im rechtsrheinischen Bayern gewann die Union zwischen Lutheranern und Reformierten, die 1817 in der bayerischen Pfalz mit Enthusiasmus gefeiert wurde

Martin Luther unter dem Weihnachtsbaum (!) mit Hausfreund Melanchthon, Äpfeln, Bierkrug, Laute, Käthe und Kindern — so stellte sich die Romantik die Reformation vor

Die Himmelfahrt Christi von Fritz von Uhde, der sich in seinem religiösen Werk um eine soziale und gesellschaftsbezogene Interpretation des Evangeliums bemühte

Die inzwischen beseitigte neugotische Kanzel der St. Sebalduskirche in Nürnberg, auf der zu Beginn dieses Jahrhunderts die liberalen Prediger Geyer und Rittelmeyer standen. Ihr Gegner im Kirchenregiment war Hermann Bezzel, dessen Frömmigkeit die bayerische Landeskirche nachhaltig prägte

Die Männer, die dem bayerischen Protestantismus des 19. Jahrhunderts sein Profil gaben:

Friedrich Immanuel Niethammer (1766—1848) Pädagoge

Adolf von Harleß (1806—1879) Theologe

Friedrich Roth (1780—1852) Jurist

auf einer Untersuchung des Falles *Stephani* durch das Oberkonsistorium. Diese endete mit der Entlassung Stephanis. Der Rationalismus hatte seine letzte Schlacht verloren.

Diese Entscheidung hing auch mit der Entwicklung in der Residenzstadt und im Oberkonsistorium zusammen. Von der Erweckung war in München nicht viel zu spüren. Aber Niethammer hatte sich schon früh durch seine persönliche und philosophische Freundschaft mit Schelling vom Rationalismus und Skeptizismus seiner Jugendjahre gelöst. Im Kreis um Jacobi war er seinem schwäbischen Landsmann Friedrich Roth nähergetreten und durch ihn auf Luther gestoßen.

Friedrich Roth (1780–1852), der spätere Präsident des Oberkonsistoriums, gilt als eine der umstrittensten Persönlichkeiten des bayerischen Protestantismus im 19. Jahrhundert. Sein vielschichtiges Wesen war voll von Gegensätzlichkeiten, und das Urteil schon der Zeitgenossen über ihn schwankte. Der württembergische Jurist wurde frühzeitig als ausgezeichneter *Finanzer* gerühmt und 1810 als Oberfinanzrat nach München berufen. Hier betrieb er neben seiner Büroarbeit, die ihn nie ausfüllen konnte, mit großem Ernst und unermüdlichem Fleiß seine wissenschaftlichen Studien. Als Autodidakt brachte er es zu beträchtlichem Ansehen als Altphilologe, Historiker und Pädagoge, so daß Leopold von Ranke einmal von ihm sagen konnte, er sei für sich selber eine ganze Akademie. Durch seine Freundschaft zu Friedrich Heinrich Jacobi, dem Roth viel von seiner geistigen Entwicklung verdankte, lernte er auch die Ideen Hamanns kennen. Johann Georg Hamann gehörte im 18. Jahrhundert zu den wenigen wirklichen Kennern Martin Luthers. Als Roth sich nun anschickte, die Werke Hamanns herauszugeben, begann er gleichzeitig, sich mit dem Werk Martin Luthers intensiver zu beschäftigen. 1815 erschien bereits der erste Band einer Auswahl von Lutherschriften. Er war nicht für Theologen, sondern für interessierte Laien bestimmt und stellte den Reformator erstmals nicht als Aufklärer und deutschen Helden vor, sondern als Prediger des Evangeliums von der Rechtfertigung aus Gnaden.

Auf eine sehr persönliche Weise und fern aller konfessionellen Enge hatte sich so der württembergische Jurist zehn Jahre bevor er in die Spitzenposition des bayerischen Protestantismus aufrückte, zu einem Lutheraner entwickelt. Zusammen mit seinem Freund Niethammer gab Roth zum Reformationsjubiläum 1817 eine Sammlung von Lutherworten heraus, die sicher in weite Kreise hinein wirkte; die Schriften und Gedanken des Reformators waren ja in beiden Konfessionen weithin unbekannt, und ein Büchlein wie *Luthers Weisheit* stellte durchaus eine Neuheit auf dem Büchermarkt Bayerns dar.

Friedrich Roth, der einst mit Selbstmord gedroht hatte, falls er im Tübinger Stift würde Theologie studieren müssen, hatte sich schon vor seiner Münchner Zeit in Nürnberg dem neu erwachenden Glauben zugewandt. Er las nun in der Bibel, bezeichnete sich selber als *gläubig* und vertrat den Standpunkt, die *Geheimnisse des Christentums* stünden an einem Ort, den das Denken nicht erreichen könne; sie müßten geglaubt, könnten nicht begriffen werden. Seinem Tagebuch vertraute er einmal an: *Alle Religion und Theologie ohne Mystik ist der lächerlichste Unsinn*. Diese die Aufklärung überwindende Frömmigkeit sowie seine Vorliebe für Sonnenaufgänge, Blumen und gute Weine machen den späteren Oberkonsistorialpräsidenten zu einer sympathischen Erscheinung.

Schon früh zeigten sich bei Roth allerdings auch Charaktereigenschaften, die ihn nicht gerade für sein hohes Amt prädestinierten. So konnte es der ehrgeizige Mann nie ganz überwinden, daß man ihm in Stuttgart nicht *die große Verantwortung* des Kirchenpräsidenten angetragen hatte. Mit großer Befriedigung – und mit *anbetender Bewunderung Gottes* natürlich – nahm er dementsprechend 1828 seinen Ruf an die Spitze der königlich-protestantischen Kirchenverwaltung auf. König Ludwig I. kannte wohl seine ausgeprägte monarchische Treue und seine übergroße Bereitschaft zum Nachgeben. Beides hatte Roth verschiedentlich unter Beweis gestellt. Für sein Bemühen um Zurückhaltung ist nichts bezeichnender als die Tatsache, daß sein Name bei den *Aretin'schen Händeln* nie fiel und der Umstand, daß nicht wenige Beamte erst bei seiner Ernennung zum Oberkonsistorialpräsidenten erstaunt registrierten, daß ihr Kollege evangelisch war. Eine kämpferische Natur war der Jurist und Privatgelehrte also nicht. Aber immerhin leitete mit ihm ein gläubiger Christ und ein bewährter Verwaltungsbeamter die protestantische Kirche.

Zwei Jahre nach Roths Amtsantritt im Oberkonsistorium berief der König einen weiteren Mann der neuen kirchlichen Linie in die Residenzstadt. Er ernannte den Nürnberger Pfarrer Christian Friedrich Boeckh zum Dekan von München. Ludwig I. hatte Boeckh bei einer Parade als excellenten Prediger kennengelernt. Auch er hatte in Nürnberg eine Metamorphose vom Rationalisten zum Bibeltheologen durchgemacht und genoß das Vertrauen der erweckten Kreise Nürnbergs, die in ihm jetzt einen Gesinnungsgenossen am Sitz der Kirchenleitung besaßen. So drängte also die Entwicklung auch in München immer deutlicher über den Rationalismus der Jahrhundertwende und die schöngeistige Religiosität der gebildeten protestantischen Kreise hinaus.

Die Anfangsjahre der Regierung Ludwig I. bedeuten für den bayerischen Protestantismus die Endphase einer mehr als dreißigjährigen Toleranz. Sozusagen als Abschluß dieser Epoche konnte 1833 in München die erste evangelische Kirche eingeweiht werden. Ihre Entstehungsgeschichte läßt freilich schon etwas von den Auseinandersetzungen der kommenden Jahre ahnen. Bereits 1826 gehörten rund 6000 evangelische Christen zur Münchner Pfarrei. Für sie war die Hofkirche wirklich zu klein. Immer wieder wiesen die Geistlichen darauf hin, daß ja die *drei Kirchengesellschaften* Anspruch auf die *öffentliche Gottesverehrung* hätten und der Staat ihnen daher die geeigneten Räume zur Verfügung stellen müsse. Sie wurden auch nicht müde, in ihren Eingaben anschaulich die Enge in der Hofkirche zu schildern; am Karfreitag etwa *erreichte die Entheiligung einen hohen Grad*, wenn die Kommunikanten zum Altar drängten. Auch die Notwendigkeit eines Pfarrhauses wußte man mit eindringlichen Worten zu begründen. Weil man nicht wisse, wo der protestantische Geistliche wohne, kämen die *armen Kranken* in Gefahr, ohne den Trost der Religion zu sterben – *vielleicht in dem bitteren Gefühl, daß nur da, wo die oberste Leitung des protestantischen Kirchenwesens ist, die evangelischen Christen ohne Sakrament verscheiden müssen.*

Schon 1806 hatte Max Joseph der Gemeinde die alte Salvatorkirche zugesprochen. Es wurde fünfzehn Jahre später sogar für deren Umbau gesammelt. Aber die Pläne zerschlugen sich immer wieder. Ein neues Gotteshaus sollte gebaut werden. Doch es dauerte jahrelang, bis für die Kirche ein Bauplatz gefunden war – vor der Stadtmauer in der Nähe des Karlstors. Nach dem Tode Max I. erreichten den neuen König immer unterwürfigere und schmeichlerische Petitionen für den Bau einer protestantischen Kirche. Das Oberkonsistorium meinte, *daß dieser Bau als ein unvergängliches Denkmal der hohen Liberalität Eurer königlichen Majestät den Glanz an höchst dero glorreichen Regierung verherrlichen werde.* Aber Ludwig I. hatte andere Bauinteressen. Schwierigkeiten machte auch der Bauplan. Zahlreiche Entwürfe wurden ausgearbeitet, begutachtet, liegengelassen und verworfen – zum Schluß auch der des Architekten Leo von Klenze. Dessen Verwirklichung erschien dem König zu teuer. Dann waren da noch die herrlichen Pappeln, von denen sich der König so schwer trennen konnte.

Im Sommer 1827 genehmigte Ludwig I. dann doch den neuen Plan des königlichen Baurats Johann Nepomuk Pertsch. Nach ihm sollte das Gotteshaus einem Rundbau gleichen. Schon die Grundsteinlegung mußte die Gemeinde, wie ihr Pfarrer später klagte, *im Herzen* feiern, da das öffentliche Festprogramm von der Obrigkeit empfindlich zusammengestrichen worden war. Während der Bauzeit gab es dann nichts wie Ärger – über das Geld, das nicht reichte, die Kompetenzabgrenzung zwischen den verschiedenen kirchlichen und staatlichen Stellen und die Aufstellung von Kanzel, Altar und Orgel. Erst am 25. August 1833 konnte die erste evangelische Kirche Münchens als Kathedralkirche des bayerischen Protestantismus eingeweiht werden. Im Festzug befanden sich auch der greise Kabinettsprediger Schmidt und die alte Königinwitwe Karoline. Die Zeit hatte sich freilich geändert: König Ludwig I. nahm, obwohl er in München weilte, nicht an der Einweihung des Gotteshauses teil.

HIER STEHE ICH, ICH KANN NICHT ANDERS
Die Kampfjahre des bayerischen Protestantismus unter dem Ministerium Abel

Weder der Krieg noch die Baumaßnahmen der letzten Jahre haben der Stadt München jenen charakteristischen Stempel nehmen können, den einst der letzte unumschränkte König Bayerns vor mehr als hundert Jahren seiner Residenzstadt aufdrückte. Schon bevor Ludwig I. im Oktober 1825 die Regierungsgeschäfte übernahm, ahnte man am Hof, daß das Kunstinteresse des jungen Wittelsbachers zu einer neuen Blüte des architektonischen, künstlerischen und auch wirtschaftlichen Lebens führen würde. Ab 1828 entstanden dann in einem Tempo ohnegleichen jene Bauten, die bis heute den Ruhm Ludwig I. in München verkünden. Schöpfer dieser Werke waren vor allem Leo von Klenze, Friedrich Gärtner und Georg Friedrich Ziebland. Auch die bildende Kunst, die Malerei, die Porträtkunst und die Genremalerei erlebten unter diesem König, der nach Weimar reiste, um

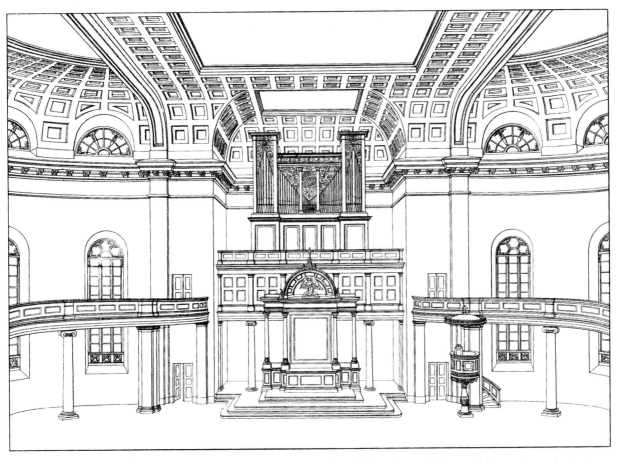

Der Innenraum der ersten protestantischen Kirche in München, die nach den Plänen des Baurats Johann Nepomuk Pertsch als Rundbau an der Sonnenstraße entstand

den alten Goethe zu sprechen, und selber Gedichte zu Papier brachte, eine neue Blüte. Mehr als irgendein anderer Herrscher hat Ludwig I. für die künstlerische Entwicklung seines Landes und seiner Residenzstadt getan. Die Bedeutung dieses Wittelsbachers erschöpft sich freilich darin nicht. Durch die Verlegung der bayerischen Universität von Landshut nach München, die fast einer Neugründung gleichkam, nahm das ganze geistige Leben einen neuen Aufschwung.

Auch die innenpolitischen Verhältnisse und die Staatsfinanzen erlebten zunächst nach dem Regierungsantritt Ludwigs I. eine Gesundung. Er führte eine rigorose Verwaltungsvereinfachung durch und schuf mit einer äußerst sparsamen Finanzpolitik die Grundlage für seine großzügige Kunstpflege. Als ein Mann von unglaublicher geistiger Weite umfaßte er in seinem Gestaltungswillen auch die wirtschaftliche Entwicklung. Kanäle wurden gebaut, und die erste Eisenbahn zwischen Nürnberg und Fürth, von wo aus sie ihren Siegeszug durch Deutschland antrat. Diesem Deutschland, dem Reich, wußte sich Ludwig I. durchaus verbunden. Das beweist der allgemeine deutsche Zollverein von 1834, der die innerdeutschen Zollbeschränkungen weitgehend abbaute und dessen Zustandekommen dem bayerischen König zu verdanken ist. Dem geschichtlichen Sinn und der romantischen Neigung des Königs entsprach die Förderung, die er dem Katholizismus angedeihen ließ und die anfangs keineswegs anti-evangelisch ausgerichtet war. Zahlreiche Klöster wurden neu gegründet, und in die altehrwürdigen Abteien zogen wieder Nonnen und Mönche ein. Ludwig I. verstand dieses Entgegenkommen als eine notwendige Wiedergutmachung des Unrechts bei den Klosteraufhebungen in der Säkularisation.

Alle diese hervorragenden Eigenschaften und Leistungen Lugdwigs I. mußten ins Gedächtnis gerufen werden, weil der bayerische Protestantismus in dieser glanzvollen Epoche seine schwerste Zeit im 19. Jahrhundert, seine *Kampfjahre* zu bestehen hatte. Den unbestreitbaren Verdiensten Ludwigs I. auf vielen Gebieten steht nämlich sein Versagen auf einem Gebiet gegenüber. Unter seiner Regierung wurde die evangelische Kirche in Bayern in einer Weise bedrängt, wie es eigentlich nach der Aufklärung hätte kaum mehr möglich sein können. Man muß allerdings sofort hinzufügen: diese Religionspolitik war nicht in erster Linie religiös begründet, war doch auch Ludwigs Gemahlin Therese eine evangelische sächsische Prinzessin. Zu den geistigen Kräften, auf die der König sein Vertrauen setzte, gehörte zwar von Anfang an der katholische Glaube. Aber die Grundlehren des Katholizismus hatte der junge Kronprinz einst in Landshut von dem friedfertigen Theologen Johann Michael Sailer empfangen, dem geistigen Vater der katholischen Erweckungsbewegung der Jahrhundertwende. Unter diesen Voraussetzungen hätte der neu erwachte kämpferische Katholizismus in Ludwig I. normalerweise keine Unterstützung finden können. Es waren andere, nicht so sehr religiöse, als vielmehr politische und konfessionspolitische Gründe, die Ludwig I. in die Arme des *Ultramontanismus* trieben, so daß sein Kampf gegen den Liberalismus auch die protestantische Kirche traf.

Zunächst löste die französische Julirevolution 1830 beim bayerischen König einen Schock aus. Als in den Weihnachtstagen die Studenten auf Münchens Straßen Unruhe verbreiteten und 1831 die Taktlosigkeiten und scharfen Angriffe der Linksliberalen im Landtag überhandnahmen, rückte der ängstlicher werdende Ludwig I. immer deutlicher vom Liberalismus ab. Immerhin sollte sein Minister Eduard von Schenk unter Anklage gestellt werden. Er begann um seinen Thron zu fürchten und schaute sich nach Kreisen um, die sich der Bewahrung des Alten verpflichtet hatten. Er fand sie in den konservativ-katholischen Gruppierungen, den *Ultramontanen*, die sich um Joseph Görres, den Naturphilosophen Franz Baader, Ignaz Döllinger und den Mediziner Johann Nepomuk Ringseis sammelten und sich in den *Historisch-politischen Blättern* ein schlagkräftiges Kampfblatt schufen. Indem der König so seine bisherigen Grundsätze weitgehend über Bord warf, löste er sich innerlich auch vom Katholizismus Sailers und seiner Freunde, ohne sich dessen bewußt zu werden. Sailer und seine gleichgesinnten Nachfolger auf dem Regensburger Bischofsstuhl verloren an Einfluß; die von ihnen als *Curialisten und Jung-Vaticanisten,* mitunter sogar als *römische Sturmböcke* apostrophierten bischöflichen Kollegen dagegen gaben nun den Ton an.

Von entscheidender Bedeutung für die weitere Entwicklung wurde das Jahr 1837. Ebenso wie der bayerische König bedauerte, daß sein Land nicht mehr rein katholisch war, nahm der preußische König an der Ausbreitung des Katholizismus in seinem Ländern Anstoß. Als sich der Kölner Erzbischof Droste zu Vischering der neuen Mischehen-Gesetzgebung widersetzte, ließ ihn Friedrich Wilhelm II. kurzerhand verhaften. Das katholische Bayern fühlte sich durch diesen Affront zutiefst getroffen. Ludwig I. betrachtete sich als neuen Maximilian I., der die Interessen des Katholizismus zu wahren habe. Und selbstverständlich bekam die evangelische Kirche in Bayern die Reaktion des bayerischen Katholizismus sehr bald und sehr direkt zu spüren. Im selben Jahr übernahm nämlich der Hesse Karl von Abel das Innenministerium, in dem er die Behandlung aller kirchlichen Angelegenheiten maßgeblich beeinflussen konnte. Abel, der ursprünglich durchaus liberal gesonnen war, hatte sich nach dem Tod seiner ersten Frau und unter dem Einfluß seiner zweiten Frau zu einem strengen Katholiken entwickelt. Als ein bürokratischer Absolutist stand er ganz auf dem Boden des Staatskirchentums. So hatte auch die katholische Kirche nicht selten über Eingriffe seines Ministeriums zu klagen. Einen großen Teil seiner Energie setzte der glänzende Jurist allerdings im Kampf um die Zurückdrängung des Protestantismus ein. Dazu gab es verschiedene Möglichkeiten.

Zunächst verweigerte das Ministerium seine Zustimmung zur Errichtung neuer Seelsorgestellen in Oberbayern. Neben den Pfarreien München, Großkarolinenfeld und Ingolstadt gab es nur noch in Kemmoden, Oberallershausen und Feldkirchen für die zugereisten Pfälzer Kolonistenfamilien einen Vikar. Neue geistliche Zentren wären vor allem hier notwendig gewesen, da der Zuzug evangelischer Beamter und Offiziere weiter anhielt. Abel verlangte eine Sicherheit, daß die für den Unterhalt eines Geistlichen erforderlichen Mittel aufgebracht werden könnten. Er verlangte sogar, daß diese Mittel bereits bei der Gründung der Pfarrstelle für alle Zukunft vorhanden seien. Das galt auch für die katholische Kirche, traf aber naturgemäß den Protestantismus wesentlich härter. Daß zunächst nur ein Vikar angestellt wurde, lehnte er ebenfalls ab – mit dem Hinweis auf *die Würde der Sache*! Ein Pfarrer mußte es sein, und außerdem noch ein *niederer Kirchendiener*. Doch das kam natürlich zu teuer. Dieselbe Taktik wandte das Ministerium Abel bei der Errichtung neuer kirchlicher Gebäude an. Sie hätten ebenfalls *der Heiligkeit und Würde ihrer Bestimmung* zu entsprechen!

Auch bei den Gottesdiensten im oberbayerischen Diasporagebiet besaß das Innenministerium die Möglichkeit einzugreifen, denn Ort und Zeit für jeden evangelischen Gottesdienst mußten immer wieder neu genehmigt werden. Kurzfristig konnten so die Gottesdienste etwa in Landshut und Neuburg verboten werden. Daß Abel sich bei entsprechenden Verordnungen der Rückendeckung des Königs sicher sein konnte, beweist dessen kurze Bemerkung: *Immer weiter wollen die Protestanten ihre Gottesdienste im alten Bayern verbreiten; niemand zwingt die wenigen, in Landshut zu wohnen.*

Ein Beispiel dieser Repressalien Abels ist die frühe Geschichte der Pfälzer Kolonistengemeinde in Perlach vor den Toren Münchens. Nachdem es den Perlacher Bauern in jahrelangen Kämpfen nicht gelungen war, eine eigene Kirche und einen Geistlichen zu erhalten, stellten sie sich schließlich einen Lehrer an, der als Predigtamtskandidat auch Gottesdienste hielt. Sofort teilte ihnen Abel mit: *Jeder pfarrliche Gottesdienst, der nicht in der betreffenden Pfarrkirche vorgenommen wird, ist ein außerordentlicher und kann nur durch Hinzutreten einer königlichen Bewilligung zu einem ordentlichen werden.* Die Perlacher Gottesdienste seien *gesetzwidrig* und ab sofort zu unterlassen. Erst nach mehr als zehnjährigen Verhandlungen, als Abels Stern bereits im Sinken war, kamen die Kolonisten, denen man einst bei der Ansiedlung *freie Religionsausübung* versprochen hatte, zu ihrem Recht.

Ein weites Feld, auf dem Abel das Recht der evangelischen Christen zugunsten des katholischen Kirchenrechts beschneiden konnte, war das Gebiet der konfessionell gemischten Ehe und der religiösen Kindererziehung. Münchens protestantische Gemeinde bestand überwiegend aus Militär, Kolonisten und Dienstboten. Dreiviertel der evangelischen Christen lebten in einer Mischehe. Sie hatten fast alle bei der Eheschließung versprechen müssen, ihre Kinder katholisch taufen und erziehen zu las-

Die Einweihung der protestantischen Kirche in Perlach

nebst einer

kurzen geschichtlichen Mittheilung

über die

Verhältnisse der dortigen protest. Gemeinde.

(Mit einer perspektivischen Ansicht der Kirche.)

Viel konfessionspolitischer Streit ging 1849 der Einweihung des protestantischen Kirchleins in Perlach voraus

sen. Das Oberkonsistorium wies in einer Beschwerde an das Innenministerium verärgert darauf hin, es bestehe *die begründete Vermutung, daß den Protestanten die Ansässigmachung und Verehelichung auf alle Weise erschwert und bei gemischten Ehen in der Regel nur dann gestattet werde, wenn man wisse, daß alle Kinder katholisch werden.* Vor allem auch in der heiklen Frage der Wiedertrauung Geschiedener stellte sich Abel auf den Standpunkt des katholischen Kirchenrechts.

Aufsehen in einer breiteren Öffentlichkeit erregten schließlich die sich in der Abel'schen Ära häufenden und meist recht plötzlichen Konversionen protestantischer Jugendlicher zum Katholizismus. Im Mittelpunkt dieser Auseinandersetzungen standen das Erziehungsinstitut der *Englischen Fräulein* in Nymphenburg und die Landesblindenanstalt. Hier kam es immer wieder zu Übertritten *unmündiger Zöglinge*, was das Oberkonsistorium zu scharfen Eingaben veranlaßte, die aber, da sie immer nur nachträglich erfolgen konnten, meist wirkungslos blieben. Im Fall der Landesblindenanstalt griff Abel immerhin schließlich mit Schärfe durch und verhinderte so eine weitere Verbreitung der dort geübten Praxis. Überblickt man freilich Abels Tätigkeit im ganzen, so wird man sagen müssen: Die Maßnahmen des Innenministeriums waren zweifellos darauf aus, den in den Jahren der Toleranz in Oberbayern gewachsenen Protestantismus wieder zurückzudrängen.

Den Höhepunkt dieser Bedrückung bildete die 1838 erlassene Kniebeugeorder König Ludwigs I. Sie entwickelte sich zu einem jahrelangen Streit, der das ganze Land bewegte und schließlich den König und seinen Minister das erste Mal zum Einlenken zwang. Diese Order stammte nicht eigentlich von Abel; der König hatte sie sich selber ausgedacht. Man sagt, er sei tief beeindruckt gewesen von dem Schauspiel bei der Einweihung einer neuen Kirche in Algerien. Auf ein kurzes Befehlswort hin seien dort bei der Feldmesse Hunderte von Soldaten *wie ein Mann* auf die Knie gesunken. Ludwigs I. romantische Ader fand an dieser Vorstellung großen Gefallen. Er erinnerte sich daran, daß das Niederknien auch im katholischen Altbayern bis 1803 üblich gewesen war. Und da es ihm immer schwergefallen war, sich in die Vorstellungswelt Andersgläubiger hineinzuversetzen, erließ er kurzentschlossen eine entsprechende Kriegsministerialorder, *daß bei katholischen Militärgottesdiensten während der Wandlung und beim Segen wieder niedergekniet werden solle. Das gleiche habe zu geschehen bei der Fronleichnamsprozession und auf der Wache, wenn das Hochwürdigste vorbeigetragen wird.* Das Kommando lautete: *Aufs Knie!* und galt für alle Angehörigen der Infanterie, ohne Rücksicht auf deren konfessionelle Einstellung.

Dieser Erlaß entsprach ganz dem Bild, das sich Ludwig I. von seinem Staat machen wollte, er kam jedoch vierzig Jahre zu spät und stellte praktisch eine geistliche Vergewaltigung der evangelischen Soldaten dar. Das Niederknien konnte ja schwerlich, wie es nachträglich versucht wurde, als bloße *Salutation* interpretiert werden. Es war im Sinne der katholischen Kirche eindeutig eine *Adoration*. Dies aber war für einen Protestanten auf Grund seiner religiösen Überzeugung tatsächlich unmöglich.

Bei der Parade anläßlich des königlichen Geburtstages kam es in München prompt zu ersten peinlich-erheiternden Zwischenfällen. Einzelne evangelische Soldaten brachten den Mut auf stehen zu bleiben und damit einer militärischen Anordnung den Gehorsam zu verweigern. Das Beispiel machte Schule: Auf dem Lechfeld leisteten zwei Generäle dem Kommando keine Folge, und in Ingolstadt konterte ein schlichter Bürger die Aufforderung seines Hauptmanns: *Buchbinder, hock dich!* mit den Worten: *Der Buchbinder hockt sich nicht!* Besonders das Regensburger Landwehrregiment erwies sich als ausgesprochen widerspenstig. Kaum vier Wochen nach Erlaß der Order begann man daher bereits hier und dort, sie zu umgehen. Man zog zu *heiklen* Paraden nur mehr katholische Soldaten zum Dienst heran oder erlaubte den protestantischen Landwehrleuten vor Betreten des katholischen Gotteshauses aus der Reihe zu treten. Als sich jedoch die Beschwerden und Eingaben von allen Seiten häuften, wurde die Angelegenheit für den König und das Ministerium eine Prestigefrage.

Erst Ende Dezember – vier Monate nach dem Erlaß der Kniebeugeorder – bequemte sich das protestantische Oberkonsistorium zu einem grundsätzlichen Protest. Er fiel freilich weder flammend, noch auch nur besonders energisch aus; er war einfach richtig und im ganzen flau. Höchst devot baten die Kirchenmänner, *gänzlich für alle Fälle die Protestanten der gesamten Armee von der Kniebeugung zu entbinden*. Sie erhielten freilich nur eine scharfe Absage Abels und mußten sich außerdem die Aufforderung gefallen lassen, die protestantischen Soldaten gefälligst zum Gehorsam zu ermahnen. Man verfaßte noch weitere recht untertänige Eingaben und reichte auch eine Petition des Pfarrers von Großkarolinenfeld weiter, doch blieb alles ohne Erfolg. Der Kolonistenpfarrer hatte zwar ausführlich dargelegt, warum ein Protestant in diesem Fall *eigentlich* nicht gehorchen dürfe. Dann aber schrieb der obrigkeitshörige Geistliche: *Würde der Unterzeichnete von einem seiner Gemeindeangehörigen in dieser Sache angegangen, so wüßte er keinen anderen Rat zu geben als den, der Gewalt zu weichen, das ist, eine der eigenen Überzeugung widerstrebende Handlung zu verrichten, darum, weil sie von der weltlichen Gewalt rücksichtslos geboten wird.* Der Hinweis auf das Pauluswort von der Obrigkeit, der jedermann untertan zu sein habe, konnte natürlich in der Stellungnahme eines Lutheraners nicht fehlen.

Dieses Schreiben, das genau der Einstellung der Spitzenprotestanten entsprach, macht das ganze Dilemma deutlich, in dem sich das Oberkonsistorium jetzt befand.

Denn dessen Präsident Friedrich von Roth, vom König inzwischen mit Orden und Adel ausgezeichnet, war zwar zweifellos ein gelehrter und frommer Jurist; ein Kämpfer aber war er nicht. Als Ludwig I. seinen Bruder in Nürnberg kennenlernte, sagte er zu diesem bezeichnenderweise: *Wenn Sie so brav sind wie ihr Bruder, so sind Sie recht brav, denn er ist sehr brav.* Genauso erschien das Verhalten Roths in der Kniebeugefrage bereits zahlreichen seiner Zeitgenossen: brav, ängstlich, obrigkeitshörig. Enttäuscht schrieb Niethammer über seinen alten Freund: *Ein Präsident, herrisch, gewalttätig und feige bis zur Schmach.* Noch härter fiel das Urteil des preußischen Gesandten aus, der seine Anklagen gegen Roth in einem Bericht für Berlin so zusammenfaßte: *Ängstlichkeit, Nachgiebigkeit, um sich bei der Regierung angenehm zu machen, Passivität, wenig Takt gegenüber der Kirche, so eifrig in der Vertretung der Interessen des Königs, daß er die Interessen der protestantischen Kirche nicht verteidigt. Er falle dem Oberkonsistorium durch seine Lauheit, Schwäche und Geschmeidigkeit in den Rücken.* So berechtigt diese Klagen auch sind – man darf nicht vergessen, daß die alt und milde gewordenen Kirchenmänner der Gewalt Abels einfach nicht gewachsen und im übrigen dem Innenministerium direkt unterstellt waren. Roth selber gab einmal offen zu, es sei ihm unvorstellbar, *ein von der Regierung verliehenes Amt gegen sie zu gebrauchen.* Jedenfalls zog es das Oberkonsistorium vor, nach dem anfänglichen Notenwechsel für drei Jahre Ruhe zu bewahren.

Während die Kirchenleitung durch ihr Schweigen die unrühmliche lutherische Liaison von Thron und Altar erneut unter Beweis stellte, schlug die Kniebeugefrage im ganzen Land hohe Wogen. Als der Theologe Adolf von Harleß 1839 als Vertreter der Erlanger Universität in den Landtag gewählt wurde, kam das Problem in die politische Arena. Harleß veranlaßte eine von 40 Abgeordneten unterzeichnete *Allleruntertänigste Bitte und Vorstellung um allergnädigste Abhilfe mehrerer Beschwerden der Protestanten in Bayern.* Dieses *Manuskript* versichert zwar eingangs sehr devot, die Glaubens- und Gewissensfreiheit der Untertanen seien für Majestät immer *Heiligtümer und Gegenstände der zartesten und zugleich kräftigsten Fürsorge* gewesen. Anschließend folgen jedoch sehr detaillierte, harte und in Beilagen begründete Anklagen und Bitten. Sie betreffen genau die drei Hauptprobleme der Abel'schen Religionspolitik: *Die Kniebeugung der Protestanten vor dem Venerabile,*

Die Kniebeugung der Protestanten

vor dem

Sanctissimum der katholischen Kirche

in dem bayerischen Heere

und

in der bayerischen Landwehr.

Materialien

zur Beurtheilung dieser Angelegenheit vom Standpunkte der Glaubenslehre, des Staatsrechts und der Geschichte.

Mit 12 Beilagen.

Mit allen Mitteln der Publizistik wurde der konfessionelle Streit um die Kniebeugungsorder Ludwigs I. in Bayern geführt

die Übung des protestantischen Kultus und das Verfahren bei gemischten Ehen. Zu den Unterzeichnern dieser Beschwerdeschrift gehörten neben den Theologen von Harleß und Boeckh auch der später zum Präsidenten des Landtags gewählte Freiherr Hermann von Rotenhan. Der eifrigste Kämpfer in den Reihen der protestantischen Prominenz Bayerns wurde jedoch Friedrich Karl Graf von Giech. Der mittelfränkische Regierungspräsident stellte aus Protest sein Amt zur Verfügung und verfaßte in seiner Freizeit eine Kampfschrift über *die Kniebeugung der Protestanten vor dem Sanctissimum der katholischen Kirche in dem bayerischen Heer und der bayerischen Landwehr.* Diese Veröffentlichung, 1841 anonym in Ulm erschienen und nur die erste vom zahlreichen weiteren literarischen Voten zum Kniebeugestreit, erregte weit über Bayern hinaus Aufmerksamkeit. Aus der romantischen Idee Ludwigs I. war nun ein reichsweiter Konfessionsskandal geworden; der von Preußen entfachte Kölner Kirchenstreit hatte in Bayern sein (un-)rühmliches Gegenstück gefunden. Nun wagte sich auch ein evangelischer Pfarrer namens Wilhelm Redenbacher mit dem Druck eines Vortrages an die Öffentlichkeit. Er bezeichnete das Niederknien vor dem Allerheiligsten kurz und bündig als *Abgötterei*. Ganz offen rief er die evangelischen Soldaten zur Gehorsamsverweigerung auf. Beides konnte sich der König selbstverständlich nicht gefallen lassen; Redenbacher wurde *wegen Aufreizung des Militärs* und wegen *Verbrechens der Störung der öffentlichen Ruhe durch Mißbrauch der Religion* zu einem Jahr Gefängnis verurteilt, allerdings sofort begnadigt. Er mußte jedoch Bayern verlassen. *Ein König weicht nicht!*, erklärte Ludwig I., und trotzig verweigerte er der bereits fertiggestellten Lutherbüste die Aufstellung in der von Leo von Klenze über der Donau errichteten Walhalla-Ruhmesstätte.

Die *Ultramontanen* gewährten dem König und seinem Innenminister Abel die erhoffte Rückendeckung. Als die protestantischen Streitschriften die Runde machten und die außerbayerische Presse den *Fall Redenbacher* kräftig ausschlachtete, griffen auch Döllinger und seine Freunde zur Feder. Dabei kam es zu einer so grotesken Frage wie: *Ist der Soldat in Reih und Glied bezüglich seines militärischen Dienstes mehr als eine abzufeuernde Kanone?* und zur Antwort darauf: So wenig wie diese sich weigern könne, zur Verherrlichung des Festes zu ertönen, so wenig dürfe jener sich weigern, die Knie zu beugen.

Es gab freilich auch im bayerischen Katholizismus andere Stimmen. Die Schüler Sailers, besonders der Nachfolger des großen Ökumenikers auf dem Regensburger Bischofsstuhl, Franz Xaver Schwäbel, und dessen Generalvikar Melchior von Diepenbrock, sahen im Protestantismus die *gemeinsamen Grundlagen des Christentums*. Unermüdlich riefen sie zur *Verständigung in der Liebe* auf und prägten jenen Satz, um dessen Realisierung sich die beiden Kirchen erst nach mehr als hundert Jahren bemühten: *Nur in der Verständigung ist Einigung möglich, nur in der Einigung Heil*. Diepenbrock warnte die *Ultramontanen*, die Wunde der Trennung durch *leidenschaftlichen Streit und geifernden Hader* zu vergiften. Im Kniebeugestreit meinte er, es sei unbegreiflich, wie man eine schlichte Rechtsfrage so verzerren und hochspielen könne. Ja, der katholische Theologe erklärte sogar wörtlich: *Ich habe mich von Anfang an für das volle Begründetsein der protestantischen Beschwerde ausgesprochen*.

Zur Jahreswende 1844/45 spitzte sich die Lage bedenklich zu. An die hundert Anträge kirchlicher Gremien wegen Verletzung evangelischer Rechte lagen bei den Konsistorien in Ansbach und Bayreuth vor. Adolf von Harleß, dessen erneute Wahl in den Landtag so gut wie sicher war und dessen offenes Auftreten die Regierung fürchtete, hatte als Konsistorialrat nach Bayreuth abgeschoben werden sollen. Doch der Theologe nahm einen Ruf an die Leipziger Universität an und verabschiedete sich mit einem unerhört offenen Brief – nicht von Ludwig I., sondern vom Kronprinz Maximilian. Er meint, ein ehrenwerter Mann müsse bei der momentanen Zusammensetzung der Kirchenleitung in diesem Gremium entweder *eine Null* bleiben oder seine Ehre verlieren. Der *schwebende Stand der kirchlichen Frage* sei im übrigen derart, daß man sich in Bayern nur mehr kirchlich engagieren könne, *wenn man mit Verletzung des Gewissens sich zum Vollstrecker von Maßnahmen hergibt, welche wider die Rechte, die Freiheiten, das Bekenntnis streiten*. Abschließend bittet Harleß, ihm den *schmerzlichen Nachweis* für diese Behauptung *gnädigst zu erlassen*.

Als nun der Kronprinz und auch Prinz Luitpold im Staatsrat zum Einlenken rieten und sogar ein persönlicher Bittbrief vom allertreusten Roth eintraf, erfolgte im Dezember 1845 die endgültige Aufhebung der Kniebeugeorder. Sieben Jahre lang hatte das Problem den bayerischen Staat bewegt; nun endlich konnten sich Öffentlichkeit und Landtag anderen Problemen – der Bierpreisfrage etwa und allgemein der Verteuerung der Grundnahrungsmittel – zuwenden. Als unmittelbare Folge des Kniebeugestreites wurden 1846 dem Abel'schen Ministerium die gesamten kirchlichen Angelegenheiten entzogen und zum 1. Januar des folgenden Jahres ein eigenes Kultusministerium errichtet, dem nun das protestantische Oberkonsistorium unterstand. Diese Entscheidung ist dem König, der Gehorsam gewohnt und vom Erfolg verwöhnt war, sicher nicht leichtgefallen. Sie hatte sich jedoch schon in den letzten Jahren angebahnt, als Ludwig I. die Kirchenpolitik Karl von Abels kritischer zu sehen begann.

Der unmittelbare Anlaß zu einer ersten vorsichtigen Distanzierung des Königs von Abel bildete im Jahr 1841 ein Kabinettstück ultramontaner Protestantenfeindlichkeit, das Ludwig I. unmittelbar persönlich treffen und verletzen mußte.

Im November dieses Jahres stirbt die Stiefmutter Ludwigs I., die Königinwitwe Karoline, tief betrauert von

Die antiklerikale Polemik des 19. Jahrhunderts ging nicht von den reformatorischen Kreisen aus. Diese hatten allerdings im Revolutionsjahr 1848 auch keine Veranlassung zur Schadenfreude; die bald einsetzende Restauration traf auch die Nachkommen Luthers und Melanchthons

allen Untertanen, die dieser evangelischen Frau eine verdiente Liebe entgegengebracht haben. Niemand zweifelt daran, daß ihre Beisetzung entsprechend der Sitte der Zeit ein *Akt der Ehrung für die edle Tote sein* wird. Als sich der greise Kabinettsprediger Schmidt zusammen mit der evangelischen Geistlichkeit Münchens anschickt, das *schwerste Geschäft* seines Lebens zu absolvieren, erlebt der Trauerzug vor den Toren der Theatinerkirche eine böse Überraschung. Der gesamte katholische Klerus des Kollegiatstiftes ist in *weltlicher Kleidung* erschienen, – auf Anordnung des Erzbischofs, wie es später heißt. Nach der Einsegnung vor dem Kirchenportal müssen die evangelischen Geistlichen von der Bildfläche verschwinden; der Sarg wird von der katholischen Geistlichkeit übernommen. Auch Schmidt darf sein Beichtkind nicht auf dem letzten Weg begleiten. Im Inneren des Gotteshauses brennt keine einzige Kerze. Ohne die üblichen Totengesänge, ohne jedes Gebet wird der Sarg in die Gruft getragen und dort abgestellt. Entsetzt schreibt der österreichische Gesandte in München – seinen sonstigen Äußerungen nach zu urteilen gewiß kein Freund der Protestanten – nach Wien: *Die ganze Beerdigung hat an die obskurantesten Zeiten erinnert; denn die arme Leiche ist an der ihr bestimmten Ruhestätte so empfangen worden, als hätte der Bannfluch auf ihr gelastet.* Der Trauergottesdienst am nächsten Tag trägt denselben Charakter. Ihn hat der geistliche Rat Hauber zu halten, der der Verstorbenen als Beichtvater ihrer katholischen Hofdamen freundschaftlich verbunden war. Der arme Mann tut sich unendlich schwer: von der Kleidung bis zum verbotenen Gebet soll unterstrichen werden, daß es sich nicht um einen Gottesdienst handelt.

Daß der Zeremonienmeister des Hofes für all das nicht verantwortlich gemacht werden kann, beweist seine empörte schriftliche Rechtfertigung. Als *gläubiger Katholik und ehrlicher Freund des Königs* läßt er Ludwig I. wissen, dies alles sei gegen seinen Willen von der Geistlichkeit so arrangiert worden und hinter allem stecke die ultramontane Partei. In diesem Benehmen *breche sich der heftigste Geist der Absonderung und Geringschätzung anderer Konfessionen mit allen Mitteln Bahn.* Die zahlreichen Proteste im ganzen Land scheinen ihre Wirkung nicht verfehlt zu haben. Die Vorbereitungen für die Beisetzung des Herzens der Königin nimmt Ludwig I. jedenfalls selber in die Hand – mit der Drohung, er werde den katholischen Geistlichen notfalls eigenhändig die liturgischen Gewänder anziehen. Diesmal verlaufen die Zeremonien denn auch in der üblichen Form, so daß die alten Trauer- und Auferstehungsgesänge schließlich doch noch im Gedenken an die erste evangelische Königin Bayerns erklingen.

Es kann kein Zweifel darüber bestehen, daß Ludwig I. durch diese Vorfälle beim Tod seiner Stiefmutter hellsichtig zu werden begann. Enttäuscht ließ er Abel wissen, das Benehmen der katholischen Kirche sei doch *über alles Maß übertrieben* gewesen. Und scharf erinnerte der König seinen Minister – und wohl auch sich selber – an andere, bessere Zeiten und jenen katholischen Bischof, der sich einst bemüht hatte, den jungen Prinzen im ökumenischen Geist zu erziehen: *Es ist Zeit, daß die Übertreibungen aufhören. Eine jede trägt den Keim des Todes in sich. Wird übertrieben, so wird das Gute zumeist mit dem Übertriebenen gestürzt. Dies soll beherzigt, christliche Liebe nicht beiseite gesetzt, im Geiste Sailers, des echt Apostolischen, gehandelt werden.* Und um keine Mißverständnisse über die veränderte Situation aufkommen zu lassen, fügte Ludwig I. hinzu: *Dies ist kein Privatbrief, sondern bei den Akten soll dieses Schreiben aufbewahrt und gehandelt nach ihm werden.*

Es liegt eine tiefe Tragik in der Tatsache, daß ausgerechnet die Beisetzung der Königinwitwe Karoline einen Sturm konfessioneller Kämpfe entfachte. Es ist jedoch nicht zu übersehen, daß diese Frau so über ihr Leben hinaus noch in ihrem Tod dem König und ihrer Kirche einen Dienst erwies. Karoline von Bayern, der unmittelbare Einwirkungen auf die Regierungsgrundsätze Ludwigs I. versagt gewesen waren, trug nun mittelbar dazu bei, daß in dem flammenden Fanatismus der vierziger Jahre der Geist der Toleranz nicht ganz in Vergessenheit geriet. So wirkte ihre *armselige Beisetzung* tiefer, als es ein pompöses Staatsbegräbnis je vermocht hätte.

Für den bayerischen Protestantismus brachten die Kampfjahre unter Abel eine Stärkung des konfessionellen Bewußtseins. Den Sieg über die Kniebeugeorder und damit über eine von vornherein zum Scheitern verurteilte, weil durch die Zeit überholte Kirchenpolitik hatte allerdings nicht die Kirchenleitung errungen. Wie es sich für den Protestantismus gehörte, war die Entscheidung an der Basis gefallen: bei den einfachen Soldaten, die stehen blieben, bei den Abgeordneten, die auf die Barrikaden gingen und bei den Laien und Pfarrern, die sich publizistisch für ihre Kirche einsetzten. Der blasse Begriff des *Protestantischen* begann sich in dieser Auseinandersetzung für viele evangelische Christen erneut mit Inhalt zu füllen. In Adolf von Harleß war auch schon jener Mann in Erscheinung getreten, der die protestantische Kirche weiter auf diesem Weg zur inneren Einigung und zu einem vertieften Luthertum führen sollte. Das Stichwort der kommenden Jahre hatte Harleß bereits in seinem Brief an den Kronprinzen genannt: das Bekenntnis.

ALTE BEKENNTNISSE FEIERN IHR COMEBACK
Der Sieg des konfessionellen Luthertums in Theologie und Kirche

Dem *neuen Geist der Aufklärung* sollte die Universität Erlangen nach dem Willen ihrer markgräflichen Stifter verpflichtet sein, als sie 1743 mit einem pompösen Festakt eingeweiht wurde. Diese hätten es sich wohl nicht träumen lassen, daß ausgerechnet Erlangen knapp hundert Jahre später zum Ausgangs- und Kristallisationspunkt einer streng-lutherischen Erneuerung des gesamten bayerisch-fränkischen Protestantismus werden würde. Tatsächlich stellt die sogenannte *Erlanger Theologie* einen besonderen Markstein auf dem Weg von der protestantischen Gesamtgemeinde zur lutherischen Landeskirche dar. Ihr verdankt das Luthertum in Bayern seinen Sieg im 19. Jahrhundert.

Das ist auch in anderer Hinsicht mehr als beachtlich. Denn wohl in keiner späteren Epoche der evangelischen Theologie- und Kirchengeschichte wirkte die wissenschaftliche Arbeit einer theologischen Fakultät so unmittelbar in das Leben der Kirche und ihrer Gemeinden hinein, wie in der Blütezeit der Erlanger Theologie von 1840 bis 1875. Der später bisweilen zu beobachtende Dissensus zwischen Universitätstheologie und Gemeindefrömmigkeit war dieser Zeit fremd. Die Vertreter der Erlanger Theologie dozierten nicht nur auf dem Katheder sondern standen persönlich unmittelbar im Verkündigungsdienst der Gemeinden. Die Verbindung von Theorie und Praxis bedeutete den Erlangern ein Programm, an dessen Verwirklichung eine ganze Generation mit Erfolg arbeitete. Die Kehrseite der proklamierten *kirchlichen Theologie* aber war natürlich eine theologische, und das hieß nun in Erlangen bald: eine lutherisch-theologisch profilierte Kirche. In der Person des Theologieprofessors und späteren Oberkonsistorialpräsidenten Adolf von Harleß (1806–1879) ist diese Konzeption und ihre Bedeutung für den bayerischen Protestantismus klar erkennbar. Man kann deshalb mit Recht auch von einer *Ära Harleß* reden, in der die bayerische Landeskirche ihre lutherische Prägung erhielt.

Will man die Entstehung dieser Erlanger Theologie verstehen, so stößt man zunächst auf die Erweckung, die in den zwanziger Jahren des vorigen Jahrhunderts das geistige und religiöse Klima im Nürnberg-Erlanger Raum bestimmte. Obwohl die Erlanger Theologie ohne diese vorangegangene Frömmigkeitsbewegung kaum eine solche Breitenwirkung erzielt hätte, stieß der junge Harleß jedoch nicht eigentlich über sie zum Theologiestudium. Als er 1823 in Erlangen aufkreuzte – der Enkel eines bekannten Philologen, musikbegeistert und mit einem poetischen und romantischen Zug ausgestattet – wollte er Altphilologie studieren. Die Gotteswissenschaft interessierte ihn überhaupt nicht. Erst als ihn weder die Philologie noch ein Abstecher in die Jurisprudenz befriedigte, sah er sich bei den Theologen um. Die Erlanger einschließlich des alle Welt faszinierenden Krafft sagten ihm jedoch nicht sonderlich zu. So ging er nach Halle. Hier eigentlich erst erfuhr der junge Theologe die *zerschmetternde Gewalt* des Wortes Gottes und fand in dem Professor Friedrich August Tholuck einen verständnisvollen Seelsorger. Von ihm sagte er später: *Ich danke ihm, menschlich geredet, die Freiheit, meinen Weg eben nicht bloß nach dem Weg anderer Menschen einzurichten.*

In Halle begann für Harleß ein völlig neues Leben. Er entdeckte die Literatur der antiken Welt, vertiefte sich in die Gedanken der alten Kirchenväter und arbeitete unter der stillen Führung des erwecklichen Tholuck am Neuen Testament. Als er dann eines Tages die lutherischen Bekenntnisschriften in die Hand nahm, erkannte er, ähnlich wie Wilhelm Löhe, daß sein *neuer* Glaube den *alten* Bekenntnissen entsprach. Mit *Überraschung und Rührung* stellte er fest, daß deren Inhalt *dem konform sei, wessen ich aus der Erfahrung des Glaubens gewiß geworden war*. Die Bekenntnisprägung der bayerischen Landeskirche begann also mit einer sehr persönlichen Wiederentdeckung des lutherischen Bekenntnisses durch einzelne Theologen des 19. Jahrhunderts, – sie war nicht etwa das Ergebnis einer kirchenamtlichen Willenserklärung. Was Harleß ebenso wie seinen Jugendfreund Löhe am lutherischen Bekenntnis faszinierte, war die Lehre von der Rechtfertigung des Menschen nicht durch seine Leistung sondern durch die Verdienste Christi. Das offene Wort der Bekenntnisse über das Ausmaß der menschlichen Verschuldung und die Größe der göttlichen Gnade bedeutete Harleß, Löhe und allen Vertretern des *Neuluthertums* die Bestätigung ihrer Glaubenserfahrung. Mit der Kirche, die sich dieser Lehre verpflichtet wußte, fühlte man sich fortan *inniglich verbunden.*

Umgekehrt wußte man sich schon sehr bald dazu berufen, in der Kirche dem Bekenntnis zu der Stellung zu verhelfen, die ihm gebührte. Harleß vertrat schon sehr früh dieses Ideal der am Bekenntnis orientierten Kirche. Ganz im Sinne der lutherischen Orthodoxie konnte er sagen, die *rechte Lehre des Evangeliums* müsse für die Kirche *eines ihrer wesentlichen Kennzeichen* sein. Man könne der Kirche auf die Dauer nicht angehören, ohne ihr Bekenntnis zu teilen; dessen Bezeugung im privaten, kirchlichen und öffentlichen Leben sei *in größerem und geringerem Umfang die Pflicht aller*. Mit dieser Überzeugung kehrte Adolf von Harleß 1828 nach Erlangen zurück und wurde hier der Begründer der kirchlich-lutherischen Erlanger Theologie.

Die Anziehungskraft, die die kleine Universitätsstadt bald auf den theologischen Nachwuchs nicht nur Bayerns ausübte, war jedoch nicht in der Person von Harleß allein begründet. Neben ihm und nach seinem Wechsel in den Kirchendienst wirkte eine Reihe gleichgesinnter Professoren in der theologischen Fakultät. So entwickelte sich die Erlanger Theologie zu einem geistigen *Teamwork*, was auch im 19. Jahrhundert durchaus etwas Ungewöhnliches darstellte. Mit Harleß war der Neudrossenfelder Pfarrerssohn Wilhelm Höfling (1802–1853) an die Fakultät gekommen. Wichtig für das sich formierende landeskirchliche Luthertum wurde Höfling durch seine liturgischen Studien und durch seine Auffassung vom geistlichen Amt, – ein Problem, das um die Mitte des Jahrhunderts das Luthertum in Deutschland und Nordamerika intensiv beschäftigte.

Den besonderen Charakter der Erlanger Fakultät prägte aber Johann Christian Konrad Hofmann (1810–1877), der zweifellos als einer der bedeutendsten lutherischen Theologen des vorigen Jahrhunderts auch innerhalb der geschlossenen Erlanger Theologie eine besondere Stellung inne hatte. Sein Denken kreiste um zwei Pole. Der eine war seine persönliche Glaubenserfahrung, die ihn erklären ließ: *Ich, der Christ, bin mir, dem Theologen, eigenster Stoff der Wissenschaft.* Der andere Pol bildete die in der Bibel enthüllte Heilsgeschichte Gottes, die ihn zu einem neuen organischen Verständnis von *Verheißung und Erfüllung* führte. Seine von geschichtsphilosophischen Spekulationen nicht freie Theologie und vor allem seine Versöhnungslehre stießen auch auf Widerspruch. Doch das störte ihn nicht, da er gleichzeitig erlebte, wie die Pfarrerschaft in Bayern alle Veröffentlichungen der neuen Erlanger Schule begeistert aufnahm. Hofmann meinte – ganz im Sinn der Erlanger Theologie – es läge ihm *blutwenig daran, was die Gelehrten dazu sagen, aber sehr viel, ob sie der Kirche zu Nutzen kommen.*

Auch unter den Studenten erfreute sich Hofmanns scharfsinnig-wissenschaftliche und zugleich erwecklich-biblistische Methode, den christlichen Glauben zu interpretieren, immer größerer Beliebtheit. Unter ihm wurde Erlangen so etwas wie ein Geheimtip in den Kreisen der Theologiestudenten; im Wintersemester 1860 hatten sich 309 Studenten immatrikuliert, von denen mehr als die Hälfte *Ausländer* waren. Hofmann stöhnte, er müsse in die Aula umziehen, da er im überfüllten Vorlesungssaal kaum auf das Katheder gelangen könne. Und noch 1880 meinte ein junger Chemiker resigniert, alle übrigen Fakultäten seien in Erlangen wohl nur ein Anhängsel der theologischen Fakultät. Nicht nur im Blick auf die Zahlen dürfte er damit das Richtige getroffen haben. Der unkonventionellen theologischen Arbeit Hofmanns entsprach sein ungewöhnliches politisches Engagement. Der Führer der neuen bayerischen Theologie kämpfte nämlich im Landtag *als ein Mann liberaler Richtung* in den Reihen der Fortschrittspartei. Zu ihr zog ihn nicht nur seine Leidenschaft für ein großes Deutschland, sondern auch seine Ablehnung des *christlichen Staates*. Als einer der ganz wenigen lutherischen Theologen des 19. Jahrhunderts sah Hofmann die kommende Trennung von Staat und Kirche. Er begrüßte sie als eine notwendige Entwicklung und als eigentliche Konsequenz der biblischen Auffassung von der Kirche. In diesem Sinn arbeitete er im Landtag an einer Reform des Eherechts und der sozialen Gesetzgebung mit und kämpfte in der Kulturpolitik für die *weltliche Volksschule*, – was ihm freilich den Zorn des Oberkonsistoriums und seines alten Gesinnungsgenossen Adolf von Harleß eintrug. Ein ungewöhnlicher Theologe also, neben dem die weiteren und späteren Vertreter der Erlanger Theologie sich doch ein wenig kleinformatiger ausnehmen: der streng-lutherische Dogmatiker Gottfried Thomasius (1802–1875), der mehr erwecklich-pietistische Reinhold Frank (1827–1894), der Lutherforscher Theodosius Harnack (1817–1889) und der Harleßschüler Gerhard von Zezschwitz (1825–1886).

Ihnen allen ging es – wie der Titel einer klassischen Selbstdarstellung der Erlanger Theologie aus der Feder von Thomasius lautet – um das *Wiedererwachen des evangelischen Lebens in der lutherischen Kirche Bayerns.* Trotz des konservativen Gepräges dieser Theologie stellte sie, wie gerade Hofmann deutlich macht, nicht einfach eine Rückkehr zur altlutherischen Orthodoxie dar. In ihrem Subjektivismus und mit ihrer starken Aufnahme idealistisch-philosophischer Motive erweist sie sich freilich auch – und wie könnte es anders sein? – als dem Zeitgeist verhaftet.

Diese neue Richtung schuf sich schon 1838 ein publizistisches Sprachrohr, das den bezeichnenden Titel *Protestantismus und Kirche* führte. In der ersten Nummer der neuen Zeitschrift proklamierte Harleß das kirchliche Programm der Erlanger Theologie. Er wendet sich hier gegen einen Protestantismus, der nichts von der Kirche wissen will, der Privatsysteme verfaßt und sich von der Kirche trennt, der *in den armen Gemeinden jede Tages-*

Joseph und seine Brüder aus der Bilderbibel des Julius Schnorr von Carolsfeld. Der von König Ludwig I. nach München berufene und hoch geschätzte Künstler bestimmte durch seine religiösen Bilder die evangelische Frömmigkeit bis in das 20. Jahrhundert hinein

meinung, jede Privatmeinung, von antievangelischen Lügen ganz zu schweigen, einführt. Er bezeichnet ihn sogar als einen *Zersetzungsprozeß*, der letztlich zur *Selbstzerstörung* des Christentums führe. Mit diesem Plädoyer für die Kirche erteilten die Erlanger dem von der Aufklärung geprägten Vulgärprotestantismus eine endgültige Absage. Anderseits wendet sich Harleß in diesem programmatischen Aufsatz gegen eine Kirche, die nichts vom Protestantismus wissen will, die sich also anschickt, vor dem geistig und politisch erstarkten Katholizismus in die Knie zu gehen. Er fordert nicht den Konfessionskrieg, aber er setzt sich für eine klare konfessionelle Überzeugung ein, denn *protestantisch ist der Glaube nur in der Einheit seines Bekenntnisses mit der Re-*

formation. In Konsequenz dieser Harleß'schen Ausführungen ergab sich als Richtlinie für die folgenden Jahrzehnte die Devise: Der bayerische Protestantismus ist lutherisch und kirchlich, und sofern er das noch nicht ist, hat er es zu werden.

Der direkte Einfluß dieses Erlanger Neuluthertums auf die Kirchenleitung begann freilich erst, als Adolf von Harleß von der Universitätslaufbahn weg an die Spitze des bayerischen Oberkonsistoriums berufen wurde. Dem waren die Unruhen des Revolutionsjahres 1848 vorausgegangen, im Verlauf derer der alte Oberkonsistorialpräsident Friedrich Roth aus dem Amt gedrängt worden war.

Unmittelbarer Anlaß zu der Berufung von Harleß, der nach dem Kniebeugestreit Bayern verlassen hatte und in Sachsen eine Professur wahrnahm, war der Kampf Wilhelm Löhes um das lutherische Bekenntnis, der die ganze Kirche erschütterte und König Maximilian II. aus verschiedenen Gründen höchst ungelegen kam. Der Neuendettelsauer Dorfpfarrer drängte auf einen radikalen Bruch mit allem Bestehenden und eine kirchliche Neubildung, die im Grunde das Ende der Volkskirche bedeutet hätte. Sein Programm ließ an Eindeutigkeit nichts zu wünschen übrig: sofortige Beseitigung des königlichen Summepiskopats, bedingungslose Festlegung aller Geistlichen auf das lutherische Bekenntnis, strikte Trennung von allen reformierten und unierten Christen und Gemeinden, sofortiges Verbot des rationalistischen Gesangbuches von 1815 und strenge Kirchenzuchtmaßnahmen gegen alle Geistlichen und Laien, die 1848 von Nürnberg aus den Sturz Roths betrieben hatten. In diesem Sinn legten Löhe und seine Freunde der Generalsynode 1849 einige sehr konkrete Anträge vor. Diese glichen allerdings eher einem Ultimatum als einem realistischen Reformprogramm. Löhe erhoffte sich ja auch bereits nichts mehr von der Kirche; er wollte sie verlassen: *Ich meinerseits finde die kirchlichen Zustände allenthalben faul; allenthalben bricht's. Ich meinerseits will, wenn die Generalsynode sich wider gerechte Forderungen sträubt, tun, was, wie mir dämmert, schon längst das Rechte gewesen wäre.*

Die Kirchenversammlung, die immerhin zur Hälfte aus Laien bestand, fand Löhes Forderungen nicht gerechtfertigt, mochte zumindest diesen Kurs ins Ghetto nicht mitsegeln. Sie bekannte sich andererseits eindeutig zum Luthertum. Während daher die Erlanger Theologen gerade diese Tagung als einen großen Fortschritt lobten, zerriß Löhe sie in einer äußerst scharfen Veröffentlichung förmlich in der Luft. In dieser gespannten Situation beging das Münchner Oberkonsistorium einen taktischen Fehler nach dem anderen, so daß der *Fall Löhe* bald weit über Bayern hinaus Aufsehen erregte. Das aber war Maximilian II. gar nicht recht, da es seine außenpolitischen Pläne störte. Der König hatte die Idee von drei großen politischen Blöcken entwickelt: Österreich, Preußen und die übrigen kleineren deutschen Staaten unter der Führung Bayerns. Diese übrigen deutschen Kleinstaaten aber waren meist evangelisch; in Hessen und Mecklenburg etwa stand die lutherische Entwicklung der protestantischen Kirche Bayerns in hohem Ansehen. Die Ausdehnung des innerkirchlichen Streites oder gar eine Separation Löhes und seiner Freunde mußte also auch aus politischen Gründen verhindert werden.

Da erinnerte sich Max II. an Harleß, von dem er während des Kniebeugestreites durchaus einen guten Eindruck gewonnen hatte. Harleß war bereits von kirchlichen Kreisen in Bayern um Vermittlung gebeten worden, hatte aber mit den Worten abgelehnt: *Es könnte allenfalls nur einer auf mich hören, der König; aber ich weiß nicht, ob ich es versuchen soll.* Dieser eine rührte sich nun und bat in Leipzig um Rat. Harleß nannte das später *ein wunderbares Verhängnis Gottes.* Er ließ den König in aller Offenheit wissen, *daß das bayerische Oberkonsistorium alles verderbe.* Daraufhin schlug Ministerpräsident von der Pfordten dem König vor, Adolf von Harleß als neuen Präsidenten des Oberkonsistoriums nach München zu rufen. Ludwig von der Pfordten gehörte zu den führenden Männern des bayerischen Protestantismus und war der erste evangelische Christ, der als Ministerpräsident an der Spitze des bayerischen Staates stand, – länger als ein Jahrzehnt übrigens. Im Kniebeugestreit hatte er noch, als *Ultraprotestant* beschimpft, neben Rotenhan, Giech und Harleß gegen das Ministerium Abel gekämpft. So hatte sich die konfessionspolitische Situation in Bayern innerhalb weniger Jahre geändert!

Von der Pfordten gelang es tatsächlich, alle Bedenken gegen die Berufung eines Theologen aus dem Weg zu räumen. Zwar zögerte Harleß noch, seinen reichen Wirkungskreis in Sachsen zu verlassen. Doch die Liebe zu seiner Heimatkirche und ein persönliches Handschreiben der evangelischen Königin Marie bewogen ihn 1852 schließlich, Katheder und Kanzel in Dresden gegen den Stuhl des Oberkonsistorialpräsidenten in München einzutauschen. Damit lag die Führung des bayerischen Protestantismus erstmals in den Händen eines Mannes von bewußt kirchlicher und lutherischer Gesinnung. Die *Ära Harleß* begann, und was in der Theologie seinen Anfang genommen hatte, konnte nun in der Kirche seine Fortsetzung finden.

Die Bekenntniskämpfer um Löhe atmeten auf und steckten in ihren Forderungen zurück. Alle Welt wußte ja, daß Löhe und Harleß von Jugend an befreundet waren. Der neue Präsident sah es auch als seine erste wichtige Aufgabe an, Löhe in der Landeskirche zu halten. Sehr bald stellte sich dabei freilich heraus, daß Harleß viele Ideen Löhes nicht teilen konnte, – etwa dessen überspitzte Auffassung vom *heiligen Amt des Pfarrers* und dessen scharfe Zurückweisung aller Nicht-Lutheraner vom Abendmahl. Harleß erklärte, er halte *diese ganze Art von prickelnder Unruhe, eine neue Kirche machen zu wollen, für ein Fieberprodukt der Zeit, nicht für eine Geburt aus Gott*.

Die innere Weiterentwicklung wurde zu Beginn der neuen Ära durch zwei Umstände begünstigt. Zunächst verselbständigte sich die protestantische Kirche in der linksrheinischen Pfalz. Die Pfälzer Gemeinden und ihre Geistlichen standen der Konfessionalisierung und Kirchwerdung im rechtsrheinischen Bayern schon lange skeptisch gegenüber. Man hatte ja die Union durchgeführt, man hielt mehr oder weniger stolz am alten Rationalismus fest, und man argwöhnte, die Herren in München wollten die Pfalz *lutherisch machen*. 1849 nun wurde die Situation in der Weise bereinigt, daß die Pfälzer mit ihrem Konsistorium in Speyer direkt dem Kultusministerium unterstellt wurden. Das war allen Beteiligten recht.

Nun forderten auch die wenigen reformierten Gemeinden rechts des Rheins mehr Selbständigkeit. Von einer Union mit den offensichtlich immer lutherischer werdenden Lutheranern hielten sie gar nichts. 1852 genehmigte ihnen daher der König ein eigenes *Moderamen* – wie die Leitung der reformierten Kirche in Bayern noch heute heißt – und eine Synode. Auch das konnte dem Oberkonsistorium nur recht sein. Als Konsequenz dieser beiden Entscheidungen erschien prompt ein Erlaß über eine neue innerkirchliche Sprachregelung: Niemand solle in Zukunft mehr von *unserer Kirche, unserer evangelischen Kirche* oder gar *unserer heiligen evangelischen Kirche* sprechen dürfen; man sei jetzt *evangelisch-lutherische Kirche*.

Mit derartigen Deklamationen wollte sich ein Mann wie Harleß natürlich nicht zufrieden geben, – vom Löhekreis gar nicht zu reden. Er drängte auf konkrete Entscheidungen im Sinn dieser Erklärung. Ein weiterer wesentlicher Schritt auf dem Weg zur inneren Ausgestaltung der lutherischen Kirche Bayerns war daher die erste Generalsynode, die Adolf von Harleß 1853 in Bayreuth leitete. Sie machte deutlich, in wie starkem Maß die Entwicklung dieser Jahre durch die Persönlichkeit dieses einen Mannes bestimmt wurde. Der neue Oberkonsistorialpräsident gewann durch sein klares Auftreten und sein persönliches Entgegenkommen die Zustimmung, ja Begeisterung weiter Kreise. Die Synode arbeitete in einem ganz neuen Geist der Verantwortung und der Einmütigkeit. Kein Wunder, daß die Realisierung verschiedener Pläne, die teilweise dreißig Jahre lang verschleppt worden waren, nun mit Schwung in Angriff genommen wurde. Bezeichnend für den neuen Kurs waren die ersten Entscheidungen. Sie betrafen ein neues Gesangbuch und eine neue Gottesdienstordnung. Daß das Wesen einer Kirche davon abhängt, wie in ihren Gemeinden und Familien gesungen, gebetet und gefeiert wird, war nun wieder jedermann ganz klar.

Bereits mit der Einführung des ersten Einheitsgesangbuches 1815 hatte die Kritik an dieser Liedersammlung angesetzt. Äußerlich gesehen war es ein ganz hübsches Büchlein – mit Goldschnitt, Kupferstichen und genau 775 Chorälen. Nach Form und Inhalt vertraten freilich viele Lieder einen süßlich-banalen Moralismus schlimmer Art. Die Gemeindeglieder beschwerten sich bei den Pfarrern, die Geistlichen beim zuständigen Konsistorium und dieses beim Oberkonsistorium und der Generalsynode: Lieder, die *allen christlichen Gehalts entbehren, gereimte Prosa, langweiliges Moralgefasel* enthielte dieses Gesangbuch. Vermißt wurde dagegen eine größere Anzahl der *unveränderten, vorzugsweise alten, echt kirchlichen Lieder*, der reformatorischen *Kernlieder* evangelischen Glaubens. Der gute Zustand der vielen erhaltenen Gesangbücher dieser Ausgabe spricht tatsächlich nicht gerade für deren Beliebtheit und eifrige Benutzung. Es ist jedoch bezeichnend für die innere Lage der protestantischen Kirche in der ersten Hälfte des 19. Jahrhunderts, daß alle Bemühungen um eine Revision, einen Anhang, ein Schulgesangbuch oder gleich eine ganz neue Choralsammlung im Sande verliefen.

Erst einer Kommission, die 1845 ins Leben gerufen wurde, sollte mehr Erfolg beschieden sein. Zu ihr gehörten

363

der spätere Oberkonsistorialrat Karl Heinrich August Burger (1805–1884) und der sensible, poetisch begabte, aber kränkliche Pfarrer Heinrich Puchta (1808–1858). Der zehnjährigen, mühsamen Arbeit vor allem dieser beiden Männer verdankt das neue Gesangbuch von 1854 sein Entstehen. Als es eingeführt wurde, gehörte es für Jahrzehnte zum Besten, was der große deutsche Gesangbuchmarkt vorzuweisen hatte. Denn es enthielt eine ganze Reihe von klassischen Chorälen eines Martin Luther, Johannes Heermann und Paul Gerhardt in ihrer ursprünglichen Fassung samt den dazu gehörigen und rhythmisch gereinigten Melodien. Für die Qualität dieses Gesangbuches spricht nicht nur die spontane Akklamation, mit der es die Generalsynode schließlich nach den Voten von Harleß und Burger akzeptierte, sondern auch die beachtliche Tatsache, daß Bayerns evangelische Christen mit diesem Buch immerhin ein rundes Jahrhundert lebten.

Hand in Hand mit der Gesangbuchrevision ging die Reform des gottesdienstlichen Lebens. Der frühere Erlanger Professor Wilhelm Höfling legte eine neue Ordnung für den Gottesdienst an Sonn- und Feiertagen und die Abendmahlsfeier vor. Höflings Werk war eine überaus fleißige Arbeit. Sie entsprach insofern ganz dem *neuen* Trend, als sie ebenfalls durchweg auf die *alten* gottesdienstlichen Formulare etwa der Brandenburg-Nürnbergischen Kirchenordnung zurückgriff. Die für die Geschichte der bayerischen Kirche so entscheidende Generalsynode von 1853 nahm diese Gottesdienstordnung, in der sich der ganze liturgische Reichtum des Luthertums niedergeschlagen hatte, an. Sie verbot außerdem die Benutzung der aufklärerischen Kirchenagenden und empfahl, die neuen Ordnungen für Taufe, Trauung und Beerdigung zu erproben.

Drei Jahre später veröffentlichte Oberkonsistorialrat Christian Friedrich Boeckh seinen *Agendenkern*. Als er später überarbeitet in zwei stattlichen Bänden noch einmal vorgelegt wurde, meinte der inzwischen pensionierte Kirchenmann vorsichtig, es handle sich nur um einen *Privatbeitrag*. Es sei allerdings selbstverständlich, daß eine Agende *auf dem kirchlichen Bekenntnis ruhen und dasselbe zum vollen Ausdruck bringen muß*. Im Blick auf die *häufig hervortretende Abneigung* gegen die liturgisch reich ausgestalteten lutherischen Gottesdienste unterstrich Boeckh ausdrücklich die *Freiheit der Wahl* und versicherte, die Herausgabe der Agende sei keineswegs von oben veranlaßt worden. Mit diesem Vorwort nahm Boeckh Bezug auf die zurückliegenden Kämpfe, die 1856 beim Erscheinen seines *Agendenkerns* die gesamte Landeskirche erschüttert hatten. Dieser sogenannte *Agendensturm* gefährdete nicht nur die Position Adolf von Harleß', sondern die ganze, gerade mühsam errungende Einheit der lutherischen Kirche Bayerns. Er war andererseits eine Reaktion, die eigentlich nicht ausbleiben konnte. Denn die in ihrer Diktion harten reformatorischen Choräle, die reiche gesungene Liturgie und die archaisierenden Gebete, die alte Taufform mit *Kreuz an Stirn und Brust* und die an ein *Hochamt* erinnernden Abendmahlsgesänge – das alles erschien den bayerischen Durchschnittsprotestanten nun wieder zuviel Luthertum und Liturgie.

Hinzu kamen weitere Erlasse und Verordnungen des Oberkonsistoriums, die aufhorchen ließen. Als Antwort auf die scharfen Bestimmungen der katholischen Kirche für konfessionell gemischte Ehen wollte nun auch das Oberkonsistorium die evangelische Trauung nur gestatten, wenn die evangelische Taufe und Erziehung der Kinder garantiert würde. Auch die Praxis der Wiedertrauung Geschiedener sollte strenger gehandhabt werden. Nicht nur liberale Protestanten mußten das als einen fundamentalen Verstoß gegen die evangelische Freiheit empfinden. Einige andere Verordnungen an die Pfarrer bemühten sich, die letzten Reste von Kirchenzucht zu neuem Leben zu erwecken. So sollten in Zukunft *offenkundige Verächter der Kirche* nicht mehr Pate sein dürfen und nicht mit dem Segen der Kirche zu Grabe getragen werden. *Gefallene Brautpaare* sollten *ohne Gepränge* – also in einer Art Trauung zweiter Klasse – eingesegnet werden. Im übrigen wurde die persönliche Anmeldung aller Brautpaare beim Pfarrer verlangt. Eröffnet wurde diese Reihe kirchenamtlicher Verlautbarungen mit einer *Ordnung des Beichtstuhls*. Sie empfahl die Pflege der privaten Beichte, wo sie noch besteht. An einer Stelle sprach sie von der allgemeinen Beichte, die die Einzelbeichte ersetzen könnte, *solange sie noch nicht besteht*. Mußte man aus dieser Formulierung nicht entnehmen, daß die Wiedereinführung der Privatbeichte geplant sei?

Als dieses Bündel von Erlassen in der Öffentlichkeit bekannt wurde, brach der Sturm los. Die fränkische Presse griff die Stichworte: Liturgie – Kirchenzucht – Beichte auf und hatte auch sofort das einprägsame Schlagwort parat: *Harleß will uns katholisch machen*. Eine Nürnberger Tageszeitung organisierte eine Unterschriftenak-

tion gegen Harleß und sein Oberkonsistorium; andere Städte wollten nicht nachstehen, und auch in den bäuerlichen Gemeinden erhob sich Widerspruch. Die Feinde Harleß' in der Regierung benutzten den Erlaß über die bekenntnisverschiedenen Ehen geschickt, um einen Keil zwischen Harleß und den König zu treiben. Harleß mußte erkennen: *Der König war wirklich verletzt und verhetzt.*
Der von der protestantischen Presse lancierte Vorwurf der Rekatholisierung konnte Harleß natürlich nicht treffen. Gemeint war damit auch eigentlich etwas anderes. Das Oberkonsistorium schickte sich nämlich mit diesen neuen gottesdienstlichen Ordnungen und kirchenamtlichen Erlassen an, die praktischen Konsequenzen aus dem wieder entdeckten Luthertum zu ziehen. Man wollte nicht den Weg Löhes in die Freikirche gehen. Aber man konnte auch nicht übersehen, daß zwischen der gemeindlichen Praxis und dem kirchlichen Bekenntnis noch ein gewaltiger Unterschied bestand. Das Kirchenregiment hatte sich allerdings in der Beurteilung der allgemeinen religiösen Lage in den Gemeinden gründlich verschätzt. Der Geist des alten Rationalismus, der im Revolutionsjahr 1848 in Nürnberg wieder aufgelebt war, hatte nun im Liberalismus des Bürgertums eine Fortsetzung gefunden. Und dieser großstädtische bürgerliche Protestantismus war nicht bereit, den Weg der Verkirchlichung und Konfessionalisierung widerspruchslos mitzugehen. Es zeigte sich jetzt, daß die lutherische Erweckung und Erneuerung der vergangenen Jahrzehnte weithin eine Bewegung unter Theologen geblieben war und nur kleinere Kreise im bayerischen Protestantismus erreicht hatte.

Sehr richtig meinte der Ministerpräsident von der Pfordten zu dem arg bedrängten Harleß: *Ein schwacher Magen verträgt nur tropfenweise Medizin. Im Bezug auf Bekenntnis und kirchliches Leben aber hat unser philosophisches Zeitalter sehr schwache Mägen.* Genau hier lag der Fehler des Oberkonsistoriums: es hatte die Gemeinden und Pfarrer mit der neuen Entwicklung nicht rechtzeitig und ausreichend vertraut gemacht, sondern seine Entscheidungen innerhalb kürzester Zeit und in einer recht autoritären Art und Weise getroffen. Der König stellte sich zwar schließlich in einem gerecht urteilenden Handschreiben hinter Harleß, und auch die Generalsynoden standen treu zu ihrem Oberkonsistorialpräsidenten. Doch das Kirchenregiment sah sich an einigen Punkten zum Nachgeben gezwungen. Vor allem die obli-

I.
Ordnung und Form des Hauptgottesdienstes an Sonn- und Festtagen.

1. Erste oder ordentliche Form.

A. Wenn **Communion** stattfindet.

(Gesang eines Anfangsliedes, während dessen der Geistliche an den Altar tritt und in Wechselwirkung mit der Gemeinde den Introitus (Eingang) sammt dem Gloria patri (Ehre sei dem Vater) in folgender Weise singt:)

1. Introitus mit dem Gloria patri (Ehre sei dem Vater.)

Der Geistliche (gegen den Altar.)

1. Gott sei uns gnä-dig und barm — — her-zig,
2. Er las-se uns Sein Antlitz leuch-ten,
3. Es seg-ne uns Gott, unser Gott.

Gemeinde.

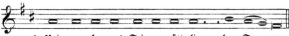

1. Und ge-be uns Sei-nen gött-li-chen Se-gen.
2. Daß wir auf Er-den er-ken-nen Seine We-ge.
3. Es seg-ne uns Gott, und ge-be uns Seinen Frie-den.

Eine neue, liturgisch reich ausgestaltete Agende förderte nach 1850 das Wiedererstarken des Luthertums in den Gemeinden

gatorische Einführung des liturgisch reich ausgestalteten Sonntagsgottesdienstes mußte rückgängig gemacht werden.

Die Bedeutung dieses *Agendensturms* für die Entwicklung des bayerischen Protestantismus kann kaum überschätzt werden. Nur vordergründig betrachtet ging es in ihm um Fragen des gottesdienstlichen Lebens. In Wirklichkeit war er der entscheidende Kampf zwischen dem neuerwachten bekenntnisbewußten Luthertum einerseits und dem alten aufklärerischen und neuen liberalen Protestantismus andererseits. Seine unmittelbare Fortsetzung fand dieser Kampf in den schulpolitischen Auseinandersetzungen der sechziger Jahre. Der neugegründete Lehrerverein und die liberalen Kreise in Bayern drängten auf die Beseitigung der geistlichen Schulaufsicht und die Einführung der Gemeinschaftsschulen. Davon wollte Harleß jedoch gar nichts wissen. Scharf stellte er sich gegen die liberale Regierung des Königs und wurde als

Erzreaktionär nun endgültig abgestempelt, – zuletzt ein einsamer Mann in München. In wenig vornehmer Form schickte ihn König Ludwig II. schließlich 1879 in den Ruhestand.

So hatte unter Adolf von Harleß und mit Hilfe der Erlanger Theologie das Luthertum über den Protestantismus gesiegt. Aus der *protestantischen Gesamtgemeinde* Montgelas' war in der Harleß'schen Ära endgültig die *Evangelisch-Lutherische Kirche* geworden. Die Kirche hatte sich auf ihr ureigenstes Wesen besonnen – ihr Bekenntnis und die sich aus ihm ergebenden Konsequenzen. Darüber war das Gespräch mit der Gesellschaft und deren Problemen allerdings zum Erliegen gekommen. Der bayerische Protestantismus hatte seine Einheit und sein lutherisches Bekenntnis gewonnen. Das war notwendig gewesen und gut. Aber er hatte dabei seine gesellschaftspolitische Bedeutung und viele evangelische Christen verloren. Und das wäre nicht unbedingt notwendig gewesen.

Zu denen, die zwar keineswegs für das Christentum *verloren* waren, sich aber doch von der so kirchlich gewordenen Kirche innerlich zurückzogen, gehörten nicht wenige Gelehrte, Offiziere, Künstler und Beamte aus dem Norden Deutschlands. Es waren dies gebildete Kreise in der Residenzstadt, die ihr religiöses Leben mehr oder weniger abseits des lutherischen Konfessionalismus zu führen gedachten. Im künstlerischen Werk Uhdes gewann diese Religiosität über die Jahrhundertwende und über die Grenzen Bayerns hinaus großen Einfluß auf weite Kreise des Protestantismus.

Fritz von Uhde (1848–1911), der Sohn eines sächsischen protestantischen Konsistorialpräsidenten, stammte aus einer streng gläubigen Familie. Ihr verdankte er seine Vorstellung von einem praxisbezogenen Christentum und seine solide Kenntnis der gesamten Bibel. Nachdem der junge Gardeoffizier lange gebraucht hatte, um seine Berufung zum Künstler zu erkennen, kam er 1877 das erste Mal nach München. Aber erst nach einem Parisaufenthalt ließ er sich hier nieder, um in der Residenzstadt und in seinem Landhaus am Starnberger See seinen Wirkungskreis und seine neue, eigentliche Heimat zu finden. Was der Freund Max Liebermanns und der Mitbegründer der Münchner Sezession an religiösen Werken schuf, kam einer Revolution auf dem Gebiet der christlichen Kunst gleich. Die Themen dieser Gemälde holte sich Uhde aus den Evangelien und aus entlegenen Teilen des Alten Testaments. Dabei entstanden religiöse Bilder ohne jeglichen überirdischen Glanz. Uhde ließ den *Heiland,* wie man damals mit Vorliebe sagte, in das Arbeitermilieu eingehen; wie ein Wanderprediger oder Arbeiterpriester bewegte er sich in der Welt der Bauern und Handwerker, in den Hütten der Ärmsten und im Kreis der Kinder sowie in der harten Welt des Industrieproletariats. Diese Verbindung von Naturalismus und religiöser Welt stellte ein Programm dar. Unerbittlich wurde hier eine von der Verbürgerlichung bedrohte Kirche nach ihrer sozialen Mitverantwortung gefragt. Aber auch gegen die aufkommende materialistische Verflachung sollte ein Mahnmal errichtet werden.

1884 erschien das erste der großen religiösen Bilder Uhdes, die *Segnung der Kinder,* bei der dem Künstler der Religionsunterricht in einer oberbayerischen Dorfschulklasse als Anschauung gedient hatte. Hier und vor allem bei Uhdes Abendmahlsgemälde rief die Christusdarstellung den heftigsten Widerspruch der Geistlichen hervor. Das beeinträchtigte den Ruhm Uhdes kaum. Bei seinen späteren Gemälden paßte der Künstler seinen Heiland allerdings wieder mehr der herrschenden Christusvorstellung an; die *Himmelfahrt Christi* etwa in der Sendlinger Kirche in München zeigt einen lichtverklärten Christus, bei dem nur mehr die zurückbleibenden Apostel an die gestalterische Kraft des Impressionismus erinnern. Das religiöse Werk Uhdes in München macht aber deutlich, wie sich im bayerischen Protestantismus der Jahrhundertwende auch abseits des Luthertums lebendige Frömmigkeit zu artikulieren verstand.

EIN HIRTENBRIEF
GEGEN ZWEI STARPREDIGER
Die Auseinandersetzung der evangelisch-lutherischen Kirche mit dem Liberalismus

Im Sommer des Jahres 1881 saß ein gewisser Pfarrer Glaser in seinem Pfarrhaus zu Greiselbach und setzte ein Urlaubsgesuch an das Konsistorium in Ansbach auf. Die Dorfmonotonie täte ihm gar nicht gut und nach 13 Jahren würde er das *geneigte konsistoriale Augenmerk* auf seine Person lenken, die von einem *mehr denn nur ernsten leiblichen Leiden belastet* sei. Er gedächte, zu seinem Schwager nach Roth am Sande zu wandern – *nicht sowohl, um dort Studien über die Natur des Sandes zu machen, vielmehr um allda im Schatten der Gastfreundschaft mich ein wenig für meinen Pilgerlauf zu erbauen.* Schon der ehrwürdige Kirchenvater Tertullian habe be-

Noch heute schmückt den Kopf des Rothenburger Sonntagsblattes *diese Idylle evangelischer Frömmigkeit aus dem 19. Jahrhundert*

merkt, der Mensch sei eine Lyra; von Zeit zu Zeit sei wohl eine *Neubesaitung der Menschlyra* notwendig. So bäte er also untertänigst um Reiseerlaubnis – *im Hinblick auf die uralte Erfahrungstatsache, daß hienieden bisweilen eine zeitweise Ausspannung aus Beruf und Tagwerk für neue Erfrischung der physischen und geistigen Menschennatur nur heilsam ist.*
Dieses originelle Schreiben eines fränkischen Dorfpfarrers – das übrigens nicht nur zum Urlaub, sondern auch zu einem ernsten Tadel führte – gäbe ein gutes Kapitel in jenen idyllischen Büchern ab, die am Ausgang des 19. Jahrhunderts unter dem Titel *Aus dem Leben eines Landgeistlichen* in allen deutschen Regionen erschienen. Doch die Dorfidylle jener Jahre trügt. Eine neugegründete Zeitschrift um die Jahrhundertwende spricht von *gewaltigen und drohenden Strömen der Verwüstung.* Das, was da so gewaltig drohte, war neben der unübersehbaren Entkirchlichung in den neuen Industriezentren der neu erstarkte *Ultramontanismus* katholisch-konservativer Kreise. In seinen Filserbriefen lieh auch Ludwig Thoma diesen Kreisen seine Stimme, wenn er die Lutheraner mit den Mohammedanern verglich und schrieb: *Es giebt ferschidene Rähligionen, wo mahn aber plos lachen muhs, indem es keine Rähligionen nicht sind, sontern käzerische. Zum beischpiel die luuderische. Es giebt auch Tierken, wo einer glich ein Duzend Weiber haben derf ...* Noch immer aber entzündete sich der Ärger über die Protestanten an der Überheblichkeit mancher zugereister Gebildeter, denn *die brofesser auf der Unifersatet sind meischtens Breißen;* sie sind darum meist auch evangelisch ... *wodurch mahn ahles weis und nichz mehr zu sahgen ist.* Auch in Würzburg mußte sich der bayerische Protestantismus in diesen Jahren wacker um die Ehre Luthers und der lutherischen Kirche streiten. Dieser permanente konfessionelle Hader brachte es mit sich, daß die offizielle Kirche von der gleichzeitig fortschreitenden Entfremdung ihrer gebildeten Bürger und der Arbeiterschaft kaum Notiz nahm.
Hinzu kam der andauernde innere Streit um die Geltung des lutherischen Bekenntnisses. Diese Gefahr einer Spaltung der evangelisch-lutherischen Kirche verdrängte zu Beginn des 20. Jahrhunderts allmählich die beiden anderen Probleme rechts und links außen. Denn noch einmal, und jetzt vorerst zum letztenmal, unternahm

der Liberalismus den kühnen Versuch, sich in der lutherischen Landeskirche zu behaupten. Doch das bayerische Luthertum, das nun am Abschluß seiner hundertjährigen Entwicklungsgeschichte sogar einen geistigen Führer von bischöflicher Qualität besaß, mochte theologische Nonkonformisten nicht mehr dulden. Hermann Bezzel, Christian Geyer und Friedrich Rittelmeyer hießen die drei Männer, die im Mittelpunkt der Auseinandersetzungen standen, in denen nun die evangelisch-lutherische Kirche in Bayern wenige Jahre vor ihrer Entlassung aus der staatlichen Bevormundung noch einmal um ihr Image und Wesen rang.

Naturgemäß spürte man vom theologischen Liberalismus der Jahrhundertwende in Bayern erst verspätet etwas. Als der Berliner Theologe Adolf von Harnack 1900 seine Vorlegungsreihe über *Das Wesen des Christentums* im Druck erscheinen ließ, empfand die in Erlangen geschulte bayerische Pfarrerschaft dieses grundlegende Dokument eines neuen, freieren und überkonfessionellen Protestantismus durchweg als schockierend. Ein alter Kämpfer aus den Reihen der bekenntnisbewußten Lutheraner verfaßte schnell ein Gegenpamphlet, das freilich durch seine persönliche Polemik der Landeskirche mehr schadete als nutzte. Verschiedene Pfarrkapitel hatten es dann sehr eilig, das *moderne Evangelium* aus Berlin zu verdammen; es sei erstens *ein gefälschtes*, zweitens *gar nichts Neues* und drittens für die Kirche der Gegenwart *gefährlich*. Auch die ländlichen Geistlichen, die noch nie etwas von Harnack gelesen hatten, unterschrieben eifrig Protestresolutionen gegen die *moderne Theologie*. Man drängte sogar die Generalsynode, gegen Harnack Stellung zu beziehen. Doch das Kirchenparlament reagierte salomonisch, – um es positiv zu formulieren. Es erklärte mit Pathos, ohne den Namen Harnack zu nennen, daß es *nach wie vor auf dem Grunde der heiligen Schrift und des Bekenntnisses unserer teueren evangelisch-lutherischen Kirche steht und auf diesem Grunde mit Gottes Hilfe allezeit zu bleiben gedenkt.*

Mit dieser Taktik war es jedoch zu Ende, als sich in Bayern selber der Liberalismus zu rühren begann. Ein knappes Jahr nach dieser offiziellen Standortbestimmung nahmen in Nürnberg, wo die Entkirchlichung am weitesten fortgeschritten war, zwei Prediger ihren Dienst auf, die im Laufe eines Jahrzehnts einen Umschwung des gesamten religiösen Lebens der Stadt bewirkten: Dr. Christian Geyer (1862–1929) wurde Hauptprediger an St. Sebald und Dr. Friedrich Rittelmeyer (1872–1938) erhielt eine Pfarrstelle an der Heilig-Geist-Kirche. Diese beiden Theologen standen fachwissenschaftlich und was ihre Allgemeinbildung betraf auf der Höhe ihrer Zeit und waren ihren Nürnberger Kollegen haushoch überlegen. Geyer vor allem, ein *Genie der Empfänglichkeit,* konnte auf den Gebieten der Pädagogik und Geschichte, der Philosophie, der Kunst und der Musik als ein Fachmann gelten.

Während sich die allgemeine Pfarrkonferenz darüber stritt, ob der Name Goethes überhaupt auf der Kanzel fallen dürfe und dreiteilige Dispositionen für trockene, orthodoxe Sonntagspredigten entwarf, entwickelten sich Geyer und Rittelmeyer zu hinreißenden Starpredigern. Das aufgeklärte Bildungsbürgertum, das sich schon längst von seiner Kirche abgeschrieben glaubte, begann aufzuhorchen. Hatte man nicht dauernd, freilich vergeblich, gefordert: *Die Kirchen mögen solche Einrichtungen schaffen, daß auch der gebildete, der vergeistigte Mensch an ihrem Leben und Walten sich erbauen könnte?* Die Predigten Geyers und Rittelmeyers wurden solche *Einrichtungen*. Man ging wieder zur Kanzel – und das in der Stadt, in der man sich jahrzehntelang nicht mit dem Gesangbuch auf der Straße hatte sehen lassen können. Das war ungewohnt – auch für Geyers originellen Kirchner, der sich beschwerte, weil er auf einmal das Gotteshaus so viel putzen mußte. Aus diesen Predigthörern, oft Tausenden, entstand eine Personalgemeinde, die in den Auseinandersetzungen um ihre Prediger bald zu einer Schicksalsgemeinschaft, zu einer *festlichen Geistesgemeinschaft*, zusammenwuchs. Rittelmeyer meinte später: *Fast an den Augen konnte man schon erkennen, wer dazugehörte.*

Auch zur Arbeiterschaft knüpften die beiden Geistlichen neue Beziehungen. Geyer hielt Vorträge im evangelischen Arbeiterverein. Und Rittelmeyer suchte den Kontakt zu den Kreisen um den freireligiösen Kämpfer Eugen Wolfsdorf. Was kein Geistlicher Nürnbergs je gewagt hatte, riskierten die beiden Freunde: sie tauchten in dessen antikirchlichen Versammlungen auf und suchten den Kampf mit jenem Mann, der gesagt hatte, er könne den Gottesglauben bei jedem Kind ausrotten *promt wie bei einer Zahnoperation*. Der äußerliche Erfolg dieser Bemühungen war natürlich nicht sofort greifbar, obwohl auch er nicht fehlte: nach einiger Zeit verloren Wolfsdorfs Hetztiraden ihre Anziehungskraft, und sein Verein brach auseinander. Wichtiger war jedoch, daß das Christentum wieder interessant erschien, und daß der evangelischen Kirche wieder so etwas wie Achtung und Anerkennung entgegengebracht wurde.

Was an der Verkündigung der beiden Männer eine ganze Stadt fazinierte, war zunächst einmal deren Stil. Die liberalen Theologen machten aus ihrer Abneigung gegen den archaisierenden lutherischen Gottesdienst, die Formelsprache der Gebete und die dogmatisch verengte Textpredigt kein Hehl. Zum Ärger ihrer Kollegen kündigten sie selten einen Bibeltext, dagegen immer ein Predigtthema an. Dieses wurde dann ohne Pathos, liebenswürdig und geistreich und nicht ohne Humor auf der Kanzel abgehandelt. Vor allem Geyer verfügte über die Gabe, anschaulich und gewinnend zu predigen. Das andere, was bei den *Liberalen* beeindruckte, war ihre Wahrhaftigkeit. Geyer und Rittelmeyer setzten es als selbstverständlich voraus, daß ihre Zuhörer allen biblischen Wundergeschichten gegenüber mißtrauisch waren. Stillschweigend oder sogar ausdrücklich erkannten sie diese Bedenken an. Und sie versuchten, *den tieferen Sinn* der alten Erzählungen zu erheben. Von den sogenannten *Heilstatsachen*, an die man eben *glauben* müsse, hielten sie nicht viel. Die Auferstehung Jesu etwa war für sie ein *Wirklichkeitsbild dessen, was sich keimhaft in der eigenen Seele begibt*. Rittelmeyer konnte sagen: *Ostern ist eine ganz innerlich errungene Überzeugung. Eine Ahnung voller Hoffnung und Sieg. Die Einzelheiten der Berichte sind nicht das Wesentliche. Gott lebt in uns. Eine klare und feierliche Gewißheit breitet sich über die ganze Seele aus. Sie leuchtet auch voll Verheißung hinaus in die Außenwelt. So stehen wir im dicken Materialismus der Zeit. So verkünden wir einer erdgebundenen Menschheit den Auferstandenen, mit manchem Vorbehalt gegenüber früherer Gläubigkeit, aber in sicherer Siegeszuversicht.*

Das war tatsächlich ein neuer Stil auf der Kanzel. Während die Laien ihn dankbar begrüßten, bliesen die Wächter der Rechtgläubigkeit allerdings zum Angriff. Den Anlaß dazu bildete ein Predigtband mit dem programmatischen Titel *Gott und die Seele*, den die beiden Freunde 1906 in den Druck gehen ließen. Der Führer der bayerischen Gemeinschaftsbewegung, Pfarrer Dr. Karl Eichhorn in Ansbach, kanzelte das Predigtbuch seiner freigeistigen Kollegen als ein Dokument des *Halbglaubens* ab. Im selben Augenblick verlangte ein junger, stürmischer Vikar in einer kirchlichen Zeitschrift die völlige Bekenntnisfreiheit für alle bayerischen Geistlichen.

Obwohl das nicht ganz im Sinne der beiden Nürnberger Prediger war, erhob sich nun doch im ganzen Land der Vorwurf gegen sie, das lutherische Bekenntnis verleugnet zu haben. Das *Korrespondenzblatt* der bayerischen Theologen wurde vor allem der Ort dieser literarischen Fehde. Dabei tauchten Probleme auf, die bisher außerhalb des Gesichtskreises der bekenntnistreuen aber biederen Geistlichkeit gelegen hatten – Fragen erkenntnistheoretischer Natur etwa, das Recht psychologischer Interpretation biblischer Wahrheiten, die Bedeutung des religiösen Erlebnisses für den Glauben und das Verständnis des Menschen Jesus. Rund hundert jüngere Geistliche vertraten in dieser Auseinandersetzung das liberale Ideengut Harnacks, Geyers und Rittelmeyers.

Wie so oft unter den Theologen wurde der Streit allerdings bald persönlich, und da Geyer und Rittelmeyer von Natur aus liebenswürdig waren, blieb es den *Positiven* überlassen, in ihrer Zeitschrift Gift und Galle gegen die *Modernen* zu verspritzen. Die Nürnberger Pfarrer handelten zwar einen geistlichen Waffenstillstand aus, doch die streng orthodoxe Partei beschimpfte diese Versuche der brüderlichen Einigung als *Leimtopfversammlungen* und blies weiter zum Sturm gegen die *falschen Propheten*. Schließlich erreichte es ein orthodox-lutherischer *Ansbacher Ausschuß* unter der Leitung des Erlanger Dekans Nägelsbach, daß Geyer seine leitenden Ämter in der sozialen Arbeit der Kirche niederlegen mußte. Zu diesem Kreis gehörte auch der damalige Rektor des Neuendettelsauer Mutterhauses, Hermann Bezzel. Er plädierte für Treue zum alten Glauben aber doch auch für Selbstkritik auf positiver Seite und gab die Parole aus: *Persönliche Irenik bei sachlicher Polemik*. Genau das blieb auch seine Devise, als er 1909 zum Oberkonsistorialpräsidenten ernannt wurde und das Ringen weiterführte.

Hermann Bezzel (1861–1917) ist der letzte große lutherische Kirchenmann des 19. Jahrhunderts, der dem bayerischen Protestantismus des 20. Jahrhunderts den Stempel seiner Frömmigkeit aufdrückte. In ihm fand die ganze vorangegangene Entwicklung einen folgerichtigen Abschluß. Denn Bezzel verstand sich nicht mehr als ein Beamter des Staates, wie einst die Männer um Montgelas; er war kein Jurist mehr wie Roth und noch nicht einmal in erster Linie ein lutherischer Theologe wie Harleß. Er wollte ausschließlich seiner Kirche dienen, und so wurde er in der Kette der Oberkonsistorialpräsidenten nach den Juristen und Theologen der erste lutherische Bischof Bayerns, ohne freilich diesen Titel je offiziell in Anspruch genommen zu haben. Dieses Selbstverständnis gab der Auseinandersetzung mit Geyer und Rittelmeyer eine besondere Note; sie erfolgte nicht nur auf der Ebene kirchenregimentlicher Erlasse und in den Spalten der Tagespresse. Es war in erster Linie ein geistliches Ringen zwischen ebenbürtigen Gegnern, das sich in langen nächtlichen Gesprächen und unter dem Einsatz der ganzen Persönlichkeit vollzog.

Hermann Bezzel, dessen Vorfahren zu den österreichischen Exulanten gehörten, stammte aus einer kinderreichen Pfarrersfamilie im mittelfränkischen Wald bei Gunzenhausen. Dieses kirchliche Franken – in der Frömmigkeit seiner Mutter lebendig und später mitgestaltet von Bezzel im Löhe'schen Neuendettelsau – blieb seine geistliche Heimat, außerhalb der er sich sein Leben nicht vorstellen konnte. Später in München nahm das auch äußerlich zuweilen groteske Formen an. Wenn ihn dann die Sehnsucht nach Franken packte, fuhr er mitunter in aller Frühe zu seinem persönlichen Beichtvater nach Ansbach, um wenige Stunden später wieder in München an seinem Schreibtisch zu sitzen. Franken – das war für Bezzel Ansbach, die *schönste Stadt der Welt*. Das war Neuendettelsau, dessen Münchner Diakonissen ihm das Leben in der kühlen Residenzstadt wenigstens einigermaßen erträglich erscheinen ließen. Das waren seine Ahnen, die sich selbstverständlich fast alle im Dienst der Kirche verzehrt hatten. Und das war Erlangen mit den Nachwehen der lutherischen Erweckungstheologie, die der junge Student dort noch kennengelernt hatte. In Franken hatte sein Vater gewirkt, von dem er ein geradezu preußisches Pflichtbewußtsein und eine gewisse Neigung zu zornigen Ausbrüchen geerbt hatte. Und dort lag das Grab seiner früh verstorbenen Mutter, das Bezzels Frömmigkeit schon als junger Mann einen eschatologischen Zug, einen *Hang zur Ewigkeit*, vermittelte.

Geyer meinte später im Blick auf seinen einstigen Schulfreund und späteren Gegner: *Sein langer schwarzer Rock behagt mir nicht, und noch weniger das Pathos, mit dem er zu sprechen pflegte.* Man habe zwar das *Du* der Schulzeit beibehalten und einander *freundlich, aber nicht freundschaftlich* gegrüßt, doch beides in dem immer deutlicher werdenden Bewußtsein, *Bürger zweier verschiedener Welten* zu sein. Rittelmeyers Verhältnis zu Bezzel, der diesen einen *verspäteten Dominikaner* zu nennen pflegte, war zweifellos von Anfang an noch wesentlich unterkühlter. Die geschlossene kirchliche Welt eines Bezzel hatte nichts gemeinsam mit dem weiträumigen, geistigen Parkett, auf dem sich Männer wie Geyer und Rittelmeyer elegant bewegten. Selbst die gemeinsame *Leidenschaft für Jesus* mußte sich hier in sehr unterschiedlichen, wenn nicht sogar gegensätzlichen Formen darstellen.

Als der geistliche Streit zwischen konservativ und liberal vor seinem Höhepunkt stand, mußte 1909 die Stelle des Oberkonsistorialpräsidenten vom Kultusministerium neu besetzt werden. Prinzregent Luitpold und seine Berater standen vor der schweren Aufgabe, entweder einen profilieren Vertreter einer der beiden extremen Richtungen oder einen farblosen Mann der Mitte wählen zu müssen. Sie entschieden sich für den Neuendettelsauer Rektor Hermann Bezzel und damit ganz offen für den bekenntnisbewußten Lutheraner. Das konnte nur eine Verschärfung der innerprotestantischen Auseinandersetzungen bedeuten. Unter ihr litt Bezzel am meisten, denn *an dem Dilemma zwischen persönlicher Hochschätzung und innerer Trennung um des Gewissen willen verblutet die Seele.*

Schwerzen Herzens machte sich Bezzel einen Monat nach seinem Amtsantritt auf den Weg zu seiner ersten Generalsynode als Leiter des Kirchenregiments. Man verlangte dort in *dramatischen Ausschußsitzungen* die Absetzung der liberalen Geistlichen. Bezzel mußte darauf hinweisen, daß dies unmöglich sei; er habe den Prinzregenten in dieser Frage konsultiert. Dieser – immer noch der *oberste Bischof* der protestantischen Kirche in Bayern – habe ihn belehrt, katholische Geistliche müßten selbstverständlich streng dem Dogma gehorchen, seiner Meinung nach würden aber die Protestanten seit alters her den Grundsatz der Gewissensfreiheit vertreten. Es dürfe also kein Zwang angewendet werden, und er, der Prinzregent, würde niemals seine Unterschrift unter eine Entlassung der Nürnberger Prediger setzen. So hielt der katholische Wittelsbacher seine lutherische Kirche dazu an, mit ihren Liberalen weiter zu leben und zu sprechen. Die Generalsynode erklärte daraufhin nur, sie hege das Vertrauen, das *hohe Kirchenregiment* werde für die *gedeihliche und dem Bekenntnis der Kirche entsprechende Handhabung des Wortes* Sorge tragen. Bezzel empfand das als einen persönlichen Auftrag an seine Adresse und bemühte sich unablässig um das Gespräch

Der Präsident
des
Protestantischen Oberkonsistoriums.

Hochzuehrende Väter und Brüder,

ich darf in dieser ernsten Zeit ein Wort an Sie richten, dessen treue Meinung Gott nicht ganz ungesegnet lassen wolle.

Wie ernst und bewegt unsre Zeit ist, wissen wir alle. Die Unkirchlichkeit und willentliche Abwendung von den Lebenskräften des Evangeliums nimmt zu, die rühmliche Kirchlichkeit namentlich unsrer ländlichen Bevölkerung kann nicht ganz trösten, da wir wissen, welch starke Schatten auch auf diesem lichten Bilde ruhen. Mit großem Eifer gehen die Sekten vor, um der krankenden Kirche Schaden und Abbruch zu tun, und die in manchen Gegenden mit heilsamem und heiligem Ernste einsetzende Gemeinschaftsbewegung ist nicht immer gerecht genug, das vorhandene Gute anzuerkennen noch barmherzig genug, Leid und Schuld der Kirche mit ihr zu tragen und an ihr zu bessern. Durch die Reihen unsrer vornehmsten Mithelfer, der Lehrer, geht oft ein abschreckend kalter Zug der Verstimmung gegen Schriftwort und Schriftglauben; viele tüchtige, treffliche Männer stehen ablehnend zur Seite.

Was aber am meisten ängstet und bedrückt, ist die Gegensätzlichkeit unter den Trägern des geistlichen Amtes, die doch auf Ein Bekenntnis sich verpflichtet haben. Zwar Gegen-

Der Hirtenbrief Hermann Bezzels vom Frühjahr 1910 gegen die Vertreter des theologisch-kirchlichen Liberalismus in Nürnberg

mit den jungen Geistlichen. Seinem Tagebuch vertraute er auch den Eindruck dieser Gespräche an: *Ach, ich verstehe die neue Theologie gar nicht.* Das war ein ehrlicher Stoßseufzer.

Wie ernst Bezzel seine bischöfliche Aufgabe nahm, zeigt eine für einen Oberkonsistorialpräsidenten alter Schule ganz ungewöhnliche Geste. Eines Tages reiste er nach Nürnberg, um in einem persönlichen Gespräch Geyer und Rittelmeyer für seine geliebte lutherische Kirche zu erhalten. In diesem Nachtgespräch legte zunächst Rittelmeyer seinen Standpunkt dar. Er meinte, dieser sei *der höhere gegenüber der alten Kirchenlehre.* Was man früher dogmatisch genommen habe, verstünde man jetzt biblisch-lebendig; was die Orthodoxie historisch aufgefaßt habe, interpretiere man jetzt psychologisch, und was die Bekenntnisschriften in juristischen Kategorien über Christi Opfertod gesagt hätten, deute man nun lieber ethisch. Als Rittelmeyer ergänzend hinzufügte, wesentliche Geschichten in der Bibel seien lediglich *Abbildungen von Vorgängen in der Menschenseele,* sah Bezzel die Grundlagen des christlichen Glaubens wanken, trommelte erregt auf dem Tisch herum, wandte sich ab – und weinte. Das sei, meinte er, der Anfang vom Ende.

Wenn man zu zweifeln anfange, könne man gleich ein Atheist werden. Nun griff Geyer ein. Er erklärte, es sei wirklich wichtiger, daß *eine Wahrheit eine ewig gültige Wahrheit für die Menschen ist, als daß sie einmal eine historische Tatsache war.* Doch Bezzel hielt an seinem starren Schriftprinzip fest und rief aus: *Wenn mir der Apostel Paulus sagt, die Dreieinigkeit besteht aus vier Personen, dann besteht sie für mich aus vier Personen.* Interessant ist, daß sowohl Geyer wie Rittelmeyer später in ihren Lebenserinnerungen nicht ohne Hochachtung von dieser Begegnung mit Bezzel sprachen. Jetzt waren sie sogar bereit, in dem *sturen Buchstabenglauben* Bezzels eine notwendige Warnung vor ungeschichtlichem Denken zu sehen. *Wir hatten Recht, – allein wir gingen zu weit,* meinte Geyer. Dasselbe wird man auch von Bezzel sagen müssen. Damals sah das jedoch keine Seite, und so trennte man sich schweren Herzens, ohne eine Einigung gefunden zu haben.

Nach diesem Gespräch wandte sich Bezzel im vollen Bewußtsein seiner bischöflichen Verantwortung in einem persönlichen Rundschreiben an die *hoch zu ehrenden Väter und Brüder,* also an alle Geistlichen seiner bayerischen Landeskirche. Schon die Tatsache eines solchen

Hirtenbriefes war neu und erregte ungeheures Aufsehen. Ein protestantisches Oberkonsistorium pflegte die Geistlichkeit mit Erlassen und Verordnungen einzudecken; ein geistliches Wort seines Präsidenten erschien nicht wenigen ausgesprochen *katholisch*. Größeres Aufsehen verursachte allerdings noch der Inhalt des Bezzel-Briefes, denn er bedeutete eine klare Absage an die Liberalen. Rittelmeyer und Geyer beantworteten ihn denn auch *in größter Verehrung* aber klar und ablehnend.

Zunächst meint Bezzel, *Gegensätzlichkeiten* und *Mannigfaltigkeiten der Predigtweise* habe es immer in der Landeskirche gegeben. Die Liberalen stimmen zu: *In aufrichtiger Pietät gegen das religiöse Erbe der Vergangenheit* würden auch sie sich lediglich bemühen, das *religiöse Erbe der Väter im Geiste unserer Zeit neu zu erfassen und in der Sprache unserer Zeit neu zu verkündigen*. Der *Hirtenbrief* meint dann allerdings kritisch, es habe früher im Gegensatz zu jetzt ein einigendes Band gegeben – die Treue gegen den Glauben der Väter, die Ehrerbietung gegen die heilige Schrift sowie die *Willigkeit, Bedenken und Zweifel im würdigen Trotze niederzuringen*. Diese Aufforderung, alle kritische Reflexion der christlichen Tradition zu unterlassen und alle Probleme einfach zu verdrängen, wird von Geyer und Rittelmeyer natürlich scharf zurückgewiesen. Könnte sich dieser Trotz nicht sehr leicht gegen Gott selbst richten, der umgekehrt das geistige Ringen vom Menschen erwarte? Bezzel erklärt sodann *mit aller Bestimmtheit*, von einer Gleichberechtigung der Richtungen könne jetzt nicht mehr die Rede sein. Dabei beruft er sich auf sein Gewissen und das Ordinationsgelübde. Die Nürnberger Prediger reagieren ausgesprochen scharf und fragen, ob der Herr Oberkonsistorialpräsident denn die Ordinationsformel kenne? Die *milde bayerische Verpflichtungsformel* stelle *die Bibel über das Bekenntnis und das Evangelium über die Bibel*. Man könne also wohl kaum diejenigen als *treuebrüchig* bezeichnen, die sich nach bestem Gewissen und Wissen um das Verständnis des Evangeliums so abmühen, wie sie. Als Begründung für sein Urteil weist Bezzel auf das Christusbekenntnis hin. Ein Christ müsse *vor dem erhöhten Jesus die Knie beugen und ihn als Herren anbeten* können. Die *andere Richtung* verweigere aber beides und stünde damit außerhalb der Kirche. Das ist eine jener knappen Bekenntnisformeln, die fromme Christenmenschen zu allen Zeiten schätzen, um den vermeintlichen Gegner in Verlegenheit zu bringen. Mit Recht fragen Geyer und Rittelmeyer zurück, ob man glaube, mit dieser Alternative ihre Stellung zu Jesus *entsprechend und erschöpfend* charakterisiert zu haben? *Wenn ER in unserer Seele lebendig ist als der, in dem Gott seine menschliche Wirklichkeit gefunden hat und der Mensch seine göttliche Wahrheit – ist dies zu wenig Ehre für ihn?* Abschließend wird Bezzel in seinem *Hirtenbrief* außerordentlich deutlich. Er wolle sich, meint er, zwar weiterhin der *Befragung* und Belehrung der Brüder widmen, aber auch den Ernst des Handelns, wenn dazu die Stunde gekommen ist, nicht versäumen. Die Nürnberger verstehen diese Drohung durchaus, sehen dieser Stunde jedoch *mit ruhiger Entschlossenheit* entgegen. Freiwillig jedenfalls würden sie nicht gehen; man müsse sie schon mit Gewalt von sich stoßen und dafür die Verantwortung vor Gott und der Christenheit übernehmen.

Interessanter als alle literarischen Nachhutgefechte über Form, Veröffentlichungsmodus und Inhalt des *Hirtenbriefes* ist dieser selber zusammen mit der würdigen Antwort der Betroffenen. Dabei sollte man die schwachen Stellen, die beide Dokumente enthalten, nicht überbewerten. Denn dieser Briefwechsel ist von bleibender Bedeutung, weil er überaus klar die beiden Positionen charakterisiert: das kirchliche Luthertum Bezzels, das sich nun im bayerischen Protestantismus endgültig durchsetzte, und das sich dem Zeitgeist weit öffnende Christentum liberaler Prägung, wie es die Nürnberger Prediger eindrucksvoll vertraten. Wer diese Dokumente nach sechzig Jahren studiert, wird nicht nur von der ernsthaften Argumentation auf beiden Seiten beeindruckt und darum in seinem Urteil zurückhaltend sein. Er wird auch mit einiger Überraschung feststellen, daß die Fragestellung von einst einer gewissen Aktualität nicht entbehrt.

Das kirchenamtliche bayerische Luthertum der Gegenwart ist zwar nicht identisch mit jenem Bekenntnisbewußtsein Bezzels, dem geistige Enge schwer abzusprechen ist. Auch die gegenwärtige moderne Theologie ist, was immer man unter ihr versteht, zumindest von der individualistischen Religiosität und dem Psychologismus des alten Liberalismus frei. Dennoch ist auch der bayerische Protestantismus in der zweiten Hälfte des 20. Jahrhunderts vom Gegensatz zwischen konservativ und liberal bestimmt.

Bezzel und auch dem bekenntnisbewußten Luthertum

heute geht es um die Bewahrung der *reinen Lehre.* Sie gilt als das geistig-geistliche Rückgrat der Kirche in den Auseinandersetzungen, denen sich die Kirche nicht entziehen kann. Es ist hier doch wohl richtig erkannt, daß dem Glauben, sofern er am Evangelium von Christus orientiert bleiben will, eine geschichtliche Dimension eignet. Daß sich die Kirche darum auch immer *konservativ* – bewahrend also – geben muß, sollte nicht bestritten werden. Geyer, Rittelmeyer und den *Modernen* einst und heute geht es dagegen in erster Linie um die Bewährung des Glaubens angesichts der Herausforderungen der jeweiligen Gegenwart. In ihrem Bemühen, dem Zeitgenossen die Bedeutung des Evangeliums von Christus klarzumachen, sind sie offen für die Sprach- und Vorstellungswelt der Adressaten ihrer Verkündigung. Hier ist doch wohl auch etwas richtig erkannt – die Notwendigkeit nämlich, das Alte und Bewahrte immer wieder neu zu sagen und der Bewährungsprobe auszusetzen. Daß die Kirche darum im Gespräch mit der Gesellschaft, in der sie lebt, auch offen und beweglich bleiben muß – eben *liberal* – sollte also ebenfalls nicht bestritten werden. Unter allen gesellschaftlichen Gruppen könnte es sich im Grunde genommen nur die Kirche leisten, beides zu gleich zu sein: konservativ und liberal. Es macht die Tragik Bezzels und seiner Gegner aus, daß sie sehr wohl ahnten, wie sie einander als notwendige Ergänzung brauchten, und daß sie doch keinen Modus des Zusammenlebens fanden.

Der Kampf wurde freilich damals auch nicht eigentlich zu Ende geführt. Man vertagte sich, und der Erste Weltkrieg brach das Gespräch abrupt ab. Rittelmeyer bewarb sich um die Stelle eines Hauptpredigers an der traditionsreichen St. Lorenzkirche. Er wurde jedoch abgelehnt, was in Nürnberg zu erneuten Unruhen führte. Schließlich verließ er 1916 mehr oder weniger freiwillig die Stadt seines Erfolgs; in Berlin wandte er sich immer mehr der Theosophie und der Anthroposophie Rudolf Steiners zu, um später die *Christengemeinschaft* als die höchste, Katholizismus und Protestantismus überwindende Stufe der Religion zu gründen. Geyer dagegen ging diesen Weg nicht mit. Er blieb der bayerischen Landeskirche verbunden, mußte allerdings erleben, wie das liberaltheologische Ideengut in den Wirren des Ersten Weltkrieges einen großen Teil seiner Anziehungskraft einbüßte. So wandte er sich gegen Lebensende wieder mehr dem Glauben seiner Kirche zu, die auch niemals mehr ernsthaft daran dachte, sich von ihm zu trennen. Bezzel konnte dem bayerischen Luthertum nur noch wenige Jahre dienen; er starb in einer Sommernacht des Jahres 1917 mit der Bitte um Vergebung – wie er es sich wohl immer gewünscht hatte unter den Gebeten einiger seiner Neuendettelsauer Diakonissen. In den Grenzen, die ihm gesteckt waren, war er ein Mann von großer persönlicher Ausstrahlungskraft und tiefer Frömmigkeit. Mit der ganzen Glut seines Herzens liebte er – und zwar in dieser Reihenfolge – Jesus, seine Kirche und deren Bekenntnis. So darf er mit einigem Recht als der erste Bischof dieser Kirche bezeichnet werden.

Unter Hermann Bezzel fand die über einhundertjährige Entwicklung der protestantischen Gesamtgemeinde zur Evangelisch-Lutherischen Kirche in Bayern ihren Abschluß. Denn als er starb, hatte diese Kirche gefunden, worum sie solange gerungen hatte: ihre äußere und innere Einheit. Auch was sie niemals gewagt hatte zu erbitten, fiel ihr bereits ein Jahr nach Bezzels Tod als ein Geschenk des Himmels in den Schoß: die Befreiung aus den Fesseln des Staates. Seit diesen entscheidungsvollen Jahren hat die bayerische Landeskirche ihr Image nicht wesentlich geändert. Die Gegner dieser Kirche in den nördlichen Gefilden Deutschlands beklagen ihre konservative Haltung in allen Fragen, die das lutherische Bekenntnis betreffen. Ihre Freunde leugnen das keineswegs, aber sie rühmen auch den durchaus liberalen Alltag im protestantischen Bayern des 20. Jahrhunderts.

13. KAPITEL

Wilhelm Löhe
Ein Dorfpfarrer zwischen Restauration und Rebellion

Als Wilhelm Löhe acht Jahre alt war, starb sein Vater. An der Beerdigung, so erzählt Löhe später in seinen Kindheitserinnerungen, habe er im schwarzen Frack mit kurzen Hosen und langen Strümpfen teilgenommen. Während der langen Ansprache des Dekans sei er vor Schmerz beinahe laut schreiend in die offene Grube hinabgesprungen. Als aber alles vorbei war, habe er seine große Leichenbrezel aus der Tasche gezogen, und nur der Kirchner habe den Buben daran gehindert, noch auf dem Friedhof kräftig zuzubeißen. Diese Episode beschließt Wilhelm Löhe mit der tiefsinnigen Bemerkung: *Ein solches Widerspiel war je und je in mir.*
Tatsächlich erscheint das Wesen dieses Mannes von Gegensätzen so geprägt zu sein, daß den Nachgeborenen, ebenso wie schon den Zeitgenossen, eine Beurteilung dieser spannungsreichen Persönlichkeit schwerfällt. Mehr als die Hälfte seiner Lebenszeit verbrachte Löhe in dem unscheinbaren Neuendettelsau – und doch wird der Name dieses mittelfränkischen Dorfes noch heute dank seiner Aktivität in drei Kontinenten mit Hochachtung genannt. Keiner hat so wie er das bayerische Luthertum des 19. und 20. Jahrhunderts geprägt – und doch hätte er mehrmals um ein Haar diese seine lutherische Kirche verlassen. Den einen ist er bis heute als lutherischer Konfessionalist höchst fragwürdig – andere gibt es, und gab es schon zu seinen Lebzeiten, die ihn katholisierender Tendenzen bezichtigen. Nicht viele Kirchenmänner begrüßten wie Löhe die Revolution von 1848 hoffnungsvoll. Und doch hatte er für die Industrialisierungsprobleme seiner Zeit kaum Verständnis. Karl von Hase, der große Kirchengeschichtler des 19. Jahrhunderts, tat ihn als borniert und fanatisch ab. Ein anderer Theologe, Hermann Bezzel, sah in ihm eine *durch Gnade verklärte Natur.* Die Bundespost gab zum Gedenken an seinen 100. Todestag eine Briefmarke heraus, die zwei Schwestern des Neuendettelsauer Mutterhauses zeigt. Und doch beabsichtigte der *Vater der Diakonissen* zunächst alles andere als die Gründung von Anstalten. Das *Widerspiel* in ihm war tatsächlich sehr groß, und das Urteil über ihn bleibt gespalten.
Dennoch ist die bayerische Landeskirche in ihrem diakonisch-missionarischen Einsatz, mit ihrem liturgischen und sakramentalen Leben, aber auch mit ihrem außerhalb Bayerns zuweilen als penetrant empfundenen Luthertum nicht ohne diese Gestalt der Kirchengeschichte zu verstehen. Sein Weg von der Erweckung zum bewußten Luthertum, sein Werk der äußeren und inneren Mission in Neuendettelsau und sein Wesen als Lehrer und Seelsorger der Kirche drückten dem bayerisch-fränkischen Protestantismus im vergangenen Jahrhundert einen bleibenden Stempel auf.

VON DER ERWECKUNG ZUM KONFESSIONELLEN LUTHERTUM

Das Fürth, in dem Johann Konrad Wilhelm Löhe am 21. Februar 1808 geboren wurde, war eine arbeitsame aber eng gewordene Fabrikstadt, seit 1806 bayerisch und geprägt vom Geist des Rationalismus. Dennoch hing Löhe zeit seines Lebens an seiner Heimatstadt. Seinem Vater, einem *Spezerei- und Großsalzhändler* ging es nicht gerade schlecht. Trotzdem war er nicht sehr erbaut von dem Wunsch seines kleinen Sohnes, später einmal ein teures Theologiestudium zu absolvieren. Doch für Löhe war es eigentlich immer selbstverständlich, daß er einmal Pfarrer werden würde. Der Einfluß seiner frommen Mutter sowie der Gottesdienste und Abendmahlsfeiern, die er regelmäßig in der Fürther St. Michaelskirche besuchte, hatten ihre Wirkung auf das Gemüt des empfindsamen Buben nicht verfehlt. Jene gewisse Strenge, die der Löhe'schen Frömmigkeit immer anhaftete, ist dabei schon an dem jungen Lateinschüler zu beobachten. So gewöhnte er es sich in Fürth an, diejenigen Honoratioren der Stadt, die seiner Meinung nach nicht gläubig waren, nicht zu grüßen. Er hielt es für seine Pflicht, diesen Bürgern seiner Heimatstadt, auch wenn er sie sehr wohl kannte, seine Verachtung zu zeigen. Später besuchte Löhe das Melanchthongymnasium am Egidienberg im benachbarten Nürnberg. Dort wirkte zu seiner Zeit ein weiser Pädagoge, ein Bruder des Oberkonsistorialpräsidenten Friedrich Roth. Dieser Rektor Karl Ludwig Roth verstand es, dem schüchternen und sensiblen jungen Mann, der für Jean Paul schwärmte aber die römischen und griechischen Klassiker mit ihren *liderlichen Göttern* verabscheute, mit Takt und Liebe zu begegnen. So war die *unruhige und dürstende Seele* schon etwas zur Ruhe gekommen, als Wilhelm Löhe 1826 in Erlangen mit dem Theologiestudium begann. Die Erlanger Universität, einst als Stätte der Aufklärung gegründet, war inzwischen zum Mittel- und Ausgangspunkt einer evangelischen Erweckungsbewegung geworden, die freilich ihre Wurzeln in der Romantik und im deutschen Idealismus nicht verleugnen konnte. Ihre Träger, die bald die väterlichen Freunde des jungen Theologiestudenten wurden und auch in den späteren Jahren blieben, waren die beiden Professoren Christian Krafft (1784–1845) und Karl von Raumer (1783–1865). Der Naturwissenschaftler Raumer hatte vorher in Breslau und Halle gelehrt und war durch die Lektüre von Augustins *Bekenntnissen* zu einem lebendigen Christusglauben gekommen. Sein offenes Haus, in dem über alle Neuerscheinungen auf dem Gebiet der Theologie, Philosophie, Literatur und Musik diskutiert wurde, wirkte außerordentlich anziehend auf die gesamte studentische Jugend. Die führende Persönlichkeit dieser professoral-studentischen Erweckungsbewegung in Erlangen war jedoch der Pfarrer der evangelisch-reformierten Gemeinde und Professor der Theologie, Christian Krafft. Dieser hatte sich schon vor seiner Berufung in die Universitätsstadt aus einem rationalistischen Theologen alter Schule in einen gläubigen Biblizisten und supranaturalistischen Erweckungsprediger verwandelt, – nicht zuletzt unter dem Einfluß seiner Begegnung mit der katholischen Erweckungsbewegung des Allgäus. Er lebte nun ganz aus der persönlichen Erfahrung der Erlösung durch Jesus Christus. Auch seine Lehrtätigkeit stand im Zeichen der Verkündigung dieses Glaubenserlebnisses. Er machte aus dem Katheder eine Kanzel – und konnte erleben, wie die Studentenschaft, der öden Gelehrsamkeit des Rationalismus müde geworden, diese persönlich engagierte Lehr- und Verkündigungstätigkeit ihres Professors mit begeisterter Anhänglichkeit honorierte. Der junge Wilhelm Löhe geriet ganz in den Bann dieses Mannes. Sehr anschaulich berichtet er einmal von der Art und Weise dieser neuen Frömmigkeit: *Er kam, und sein Kolleg begann: Geheiligt werde dein Name! Gleich von vornherein sprach er mit tiefer Rührung über die Wichtigkeit dieses Kollegs für ihn und tat die Gründe dar, warum er es lese. Die Zeit, welche voll ungöttlichen Treibens ist, der Hinblick auf uns, einst Lehrer und Bewahrer der göttlichen Geheimnisse, und die Wichtigkeit unseres Amtes, die Aufgabe selbst: den Grund des Glaubens in wissenschaftlichen Vorträgen darzustellen, endlich seine Person – hier füllten sich seine Augen mit Tränen – nicht wert aller Barmherzigkeit und Treue ... Nun folgten unter Tränen die demütigsten Selbstbekenntnisse über die äussere und innere Führung seines Geistes zu dem Stande, auf dem er jetzt steht, die Beschreibung seiner Entfremdung vom wahren Leben in Gott und Christo, sein Glaubenskampf, der ja keinem erspart wird, der Friede, von dem niemand weiß, ausser wer ihn empfunden habe, sein Gebet: Herr, du hast mich erlöst, du treuer Gott!, sein Amen unter Freudentränen, wie ich's nie gehört ...* In dieser Beschreibung Löhes sind unschwer die wesentlichen Elemente der spezifisch pietistisch-gefühlvollen Frömmigkeit und Erfahrungstheologie aller Zeiten zu erkennen. Bei einem Professor der Gotteswissenschaft war das alles jedoch neu und wirkte geradezu faszinierend. Neben diesem Mann mußten die anderen Lehrstuhlinhaber als *glaubenslose Professoren* wirken. Eine ganze Generation von Theologen und Juristen, die später in der lutherischen Landeskirche eine erhebliche Rolle spielen sollte, stand damals unter dem Einfluß des reformierten Erlanger Theologen.

Auch Wilhelm Löhe erlebte in seiner Begegnung mit diesem Kreis zwar keine eigentliche Bekehrung aber doch eine Vertiefung und Verinnerlichung seines Glaubens. Er sagte später: *Obwohl bei Gottes Wort aufgezogen und von Gottes Gnade nie verlassen, danke ich doch, menschlich zu reden, mein geistliches Leben einem reformierten Lehrer. Eben derselbe, dem ich jetzt noch in herzlicher Liebe anhänge, hat, ohne es zu wissen, meine Liebe zur lutherischen Kirche großgezogen, da ich sie von Kindesbeinen an in mir trug.* Es blieb Löhes feste Überzeugung, daß man Theologie nicht lernen kann, *sie wird nur erfahren.*

Seine Ausrichtung auf den persönlichen Glauben und die Praktizierung dieses Glaubens in der Gemeinschaft der Gleichgesinnten kennzeichnete auch Löhes Studienaufenthalt in Berlin. Unter den dortigen Professoren interessierten ihn vor allem der Hofprediger und Professor für praktische Theologie, Gerhard Friedrich Strauß, der über pastorale Katechetik las, sowie der strenge Lutheraner Ernst Wilhelm Hengstenberg, dessen berühmt-berüchtigte *Evangelische Kirchenzeitung* der Student schon von Franken her kannte. Bei den Vorlesungen des Philosophen Hegel hospitierte er nur und kritzelte offenherzig in sein Tagebuch: *Nichts verstanden oder nichts zu verstehen.* Sonntags hörte er dagegen nicht selten drei bis vier Predigten, und ein Mann wie Friedrich Schleiermacher (1768–1834) schnitt dabei in seinem Urteil nicht schlecht ab. Schon während der Studienzeit zeichnete sich so der Schwerpunkt seiner späteren Tätigkeit ab: ein Mann der Kirche wollte er sein, ein Prediger und Praktiker des Evangeliums, nicht unbedingt und in erster Linie ein gelehrter Theologe und Wissenschaftler.

Ob Löhe schon im unierten Berlin den *Lutheraner* in sich entdeckt hat, mag dahingestellt bleiben. Jedenfalls ist zu beobachten, wie er seit dieser Zeit immer häufiger von der Kirche und dabei immer prononcierter von der *lutherischen Partikularkirche* und ihren Bekenntnissen sprach. Durch sehr unterschiedliche Umstände bedingt bekam die bayerische Erweckungsbewegung in diesen Jahren immer deutlicher einen kirchlichen, ja geradezu einen konfessionell-lutherischen Anstrich, und Wilhelm Löhe trug zu dieser Entwicklung wesentlich bei. Zunächst machte es ihm noch gar nichts aus, in der reformierten Gemeinde Kraffts in Erlangen zu predigen. Während seiner Kandidatenzeit, als er nahezu ein rundes Dutzend von Vikarsstellen und Vertretungen inne hatte, half er auch bedenkenlos an der Nürnberger reformierten Kirche St. Martha aus. Doch schon in seiner Examenspredigt in Ansbach vertrat Löhe sehr präzise den Standpunkt der orthodox-lutherischen Rechtfertigungslehre. Er erklärte, der Mensch sei durch und durch ein Sünder, und nur die *fremde, zugerechnete Gerechtigkeit Jesu Christi* könne ihn retten. Die Herren von der Kirchenleitung fanden das zwar etwas arg *herrnhutisch* und *mystisch*, in jedem Fall ungewöhnlich, konnten aber nicht umhin, den jungen Kandidaten bestens zu qualifizieren. Im folgenden Jahr wurde Löhe zum Pfarrer ordiniert. Sein persönlicher Eintrag in das Ordinationsbuch ist aufschlußreich. Er meint, es fehle gegenwärtig nicht an Leuten, die sich ordinieren ließen, obwohl sie vom *evangelischen Glauben und Leben* abgefallen seien.

Er seinerseits wolle darum betonen: *Das Augsburger Bekenntnis ist – wenn mir Kleinem dies Wort verstattet ist – auch mein Bekenntnis.* Auch die übrigen Bekenntnisschriften der evangelisch-lutherischen Kirche, wie sie im Konkordienbuch zusammengefaßt seien, betrachte er als Richtschnur. *Die wahre Lehre will ich, so mir Gott hilft, predigen und nicht verschweigen.*

Das Ringen um die Wahrheit der Lehre hatte also den jungen, schwärmerisch-erweckten Geistlichen erfaßt. Und dabei war er zu der Erkenntnis gekommen, daß seine persönliche Glaubenserfahrung mit der alten Rechtfertigungslehre seiner Kirche übereinstimmte. Ganz neu entdeckte er nun für sich die Bekenntnisschriften und die Theologie der lutherischen Orthodoxie, jenes gewaltige Lehrgebäude, das einst Männer wie Matthias Flacius Illyricus, Leonhard Hütter (Hutterus), Johann Gerhard und David Hollaz im 16. und 17. Jahrhundert errichtet hatten und das noch Theologiestudenten um die Mitte des 20. Jahrhunderts Hochachtung und Entsetzen einflößt. Löhe bekannte später selber, daß er von seiner religiösen Erfahrung zunächst auf die Väter der lutherischen Orthodoxie, von ihnen auf die klassischen Bekenntnisse des Luthertums und erst dann – sozusagen bei der Probe aufs Exempel – zur heiligen Schrift selber vorgestoßen sei. *Die Tradition war mir eher klar als die Schrift; das Licht der Kirche leitete mich zum Brunnen der Wahrheit.* Dieser Satz muß jedem Kenner des Katholizismus ausgesprochen bekannt vorkommen.

Daß jedoch Löhe damals wie auch später nicht ernsthaft daran dachte, und auch nie daran denken konnte, zu konvertieren, beweist sein erstes großes und aufsehenerregendes Werk, das 1844 entstand. Es trug den Titel *Drei Bücher von der Kirche.* Erstmals seit der Auflösung des Kirchenbegriffs im alten Pietismus und in der Aufklärung wagt es hier ein evangelischer Theologe, ein Loblied auf die Kirche anzustimmen. Er tut das in Anknüpfung an Schleiermachers Erfahrung der religiösen Gemeinschaft und in der begeisterten Sprache der Spätromantik: *Daß ich nicht allein bin, daß ich nicht allein walle, daß mit mir zugleich eine Gemeinde Gottes durch das Jammertal pilgert, ist mir ein so erfreuender, heimatlicher Gedanke. Mitten in der öden Wüste dieses Lebens kann mir schon dieser Gedanke alles Leid in Vergessenheit bringen.* Die Kirche ist nun aber nicht bloß eine gedankliche, sondern eine geschichtliche Größe – *der große Gedanke, der noch in der Erfüllung ist, das Werk Gottes in der letzten Stunde der Welt.* Dieser schönste Lieblingsgedanke des Herrn, in welchem sich seine eigene Menschenliebe und die Liebe zu seinem Sohn mit enthülltem Antlitz zeigt, realisiert sich in der konkreten Gestalt der Kirche. Löhe hält nichts von dem Rückzug auf eine *unsichtbare Kirche*; das Wort Gottes, das die Kirche konstituiert und in dem die universale Kirche ihre Einheit hat, drängt immer neu auf die Sichtbarkeit der Kirche. Wie Leib und Seele so sind die unsichtbare und die sichtbare Kirche eins. Darum: *Wie einer zur Kirche steht, so steht er zu Gott*. Den im Pietismus und in der Aufklärung praktizierten Rückzug auf die Innerlichkeit verwirft Löhe als *geistliche Utopie*, und zweifellos hätte derselbe Vorwurf auch dem heute propagierten *Christentum ohne Kirche* gegolten. Der Mann, der im eigenen Leben erfahren hatte, wie die Gemeinschaft der Brüder und die Bekenntnisse der Väter ihn zum Glauben geführt hatten, hielt zeit seines Lebens an der Bedeutung der Kirche für die christliche Existenz des einzelnen fest. Wie schwer dieses Bekenntnis zur sichtbaren Kirche werden kann, ahnte wohl Löhe damals schon; er meint, sie als *Garten alles Guten* bezeichnen zu können, fügt aber ehrlicherweise hinzu: *trotz der Mühe und des Kummers, welche man mit ihrem Unkraut hat*. So *katholisch* das alles anmuten mag – die *Drei Bücher von der Kirche* gipfeln in einer scharfen Absage an den Katholizismus und einem immer deutlicher hervortretenden Bekenntnis zur Kirche der lutherischen Reformation. Die *Partikularkirche, welcher man den Preis der meisten Wahrheit zuerkennt, ist Königin unter allen, ist Braut des Herrn*. Und das ist für Löhe die lutherische Kirche, *denn das hat noch nie jemand bewiesen, daß unsere Bekenntnisse auch nur in einem einzigen Punkte irren*. Mögen alle anderen Kirchen auch Wahrheiten haben – vor allem im Blick auf die katholische Kirche will Löhe das gar nicht leugnen – sie, die lutherische Kirche ist für ihn die *Brunnenstube der Wahrheit*, denn sie hat die rechte Lehre bewahrt und kann so als die einigende Mitte der Konfessionen bezeichnet werden.

Trotz dieser gewaltigen Aussagen ist Löhe nicht blind für die kirchliche Wirklichkeit. Er sieht die Schäden seiner Kirche überdeutlich. Sie ist eben *vollendet in der Lehre* aber noch *unvollendet in den Folgen der Lehre*,

Das Confitentenbüchlein von Kirchenlamitz im Jahre 1832, in dem die Beichtgelder verzeichnet wurden. Löhe vermerkt den Anstieg der Kommunikantenzahl

das heißt im Leben. Obwohl Löhe später nicht mehr so ganz davon überzeugt war, daß die Lehrbildung des Luthertums abgeschlossen sei und selber an einigen Stellen in überaus bedenklicher Richtung über die geltenden Bekenntnisse hinausdrängte, ist dieser Satz doch für sein ganzes Wirken kennzeichnend. Aus der Lehre muß Leben entstehen, die Predigt der Nächstenliebe muß zur Praxis in der Mission und der Diakonie der Kirche führen, die formale Bekenntnisbindung muß sich in einer bekenntnisbewußten Haltung niederschlagen – das war Löhes Anliegen.

Schon frühzeitig warnte man in Fürth davor, den *meschuggenen Kandidaten* auf die Kanzel zu lassen. Als *Mystiker* war er bald im ganzen fränkischen Land bekannt *wie die Pest*. Kein Wunder, daß es bald zum Streit um seine Person in der Öffentlichkeit und zum Zusammenstoß mit einem Kirchenregiment kam, das dem Staatskirchentum des 19. Jahrhunderts keine Absage erteilen konnte und in seiner Mehrheit auch gar nicht wollte.

Die erste Auseinandersetzung dieser Art erfolgte im oberfränkischen Kirchenlamitz. Zunächst konnte der junge Vikar hier ungestört in seinem erwecklichen Sinn wirken. Er gründete einen Bibelverein und brachte es durch seine Predigten tatsächlich zu einer Erneuerung des geistlichen Lebens in der Gemeinde. Auch der Jugend gefiel der neue Stil durchaus und sie versammelte sich im Pfarrhaus zu besonderen Erbauungsstunden. Nun war das aber zu einer Zeit, in der die Regierung hinter jeder außergewöhnlichen Zusammenkunft politische Gefahr, und das Konsistorium hinter jeder Bibelstunde drohende Separation vermutete. Die Gegner Löhes – unter den Honoratioren vor allem der Landrichter und zwei Lehrer – erstatteten also wegen dieser *aussergewöhnlichen Erbauungsstunden* Anzeige und beschwerten sich darüber, daß des Vikars *vorzüglichstes Streben dahin gehe, die Mitglieder der Kirchengemeinde zum Bibellesen aufzufordern und dieselben von allen weltlichen Vergnügungen abzuhalten*. Tatsächlich entließ das Bayreuther Konsistorium Löhe 1834 weil *das Treiben dieses jungen Geistlichen in der Gemeinde Kirchenlamitz und in der ganzen Umgebung solches Aufsehen gemacht und so großen Anstoß erregt hat, daß selbst die weltlichen Behörden ihre Aufmerksamkeit darauf gerichtet haben*. Der Präsident des Oberkonsistoriums in München, Friedrich Roth, teilte diese Angst vor den *weltlichen Behörden* allerdings diesmal nicht. Er nahm Löhe nicht nur in Schutz, sondern erteilte dem Dekan in Wunsiedel eine ernsthafte Rüge.

Auch in Nürnberg, wo Löhe nun als Pfarrverweser an der Egidienkirche wirkte, schieden sich bald die Geister. Sein dortiger Aufenthalt wurde zweifellos zu einem Höhepunkt in seiner ganzen Laufbahn als Prediger. Er verstand es, sowohl die einfachen Kreise der Bevölkerung als auch angesehene Bürger durch die Macht seines Glaubens und das Pathos seiner Predigten zu überzeugen. Sein alter Rektor und Freund meinte einmal, er würde auf die anderen Geistlichen der Stadt direkt eine *elektrisierende Wirkung* ausüben, so daß sie *auch anders predigen als sonst*. Während so sein Freundeskreis wuchs, sah sich der Magistrat der Stadt veranlaßt, beim Ansbacher Konsistorium Beschwerde über seine allzu offene Predigtweise einzulegen. Aber diesmal deckte das Kirchenregiment seinen Geistlichen und wies darauf hin, daß sich Löhe *eines zahlreichen Kirchenbesuches erfreue und doch in Nürnberg in besonderer Achtung stehe*.

Als Löhe das dritte Mal unliebsam auffiel, ging es nicht mehr nur um seine Verkündigung. Dieser Konflikt stellte die ganze staatskirchliche Struktur der Kirche in Frage und veranlaßte den Lutheraner Löhe zu geradezu revolutionären Gedankengängen. Der *Fall* ereignete sich im mittelfränkischen Merkendorf, wo Löhe wieder einmal *verweste*. Er weigerte sich hier strikt, einen *wegen gar nichts* geschiedenen Mann mit einer zweiten Frau kirchlich zu trauen. Das war insofern keineswegs nur ein innerkirchliches Problem, als der Pfarrer ja damals im Rahmen der staatlichen Ehegesetzgebung die Funktion eines Standesbeamten inne hatte. Mit seiner Weigerung bezog er Stellung gegen die Kompetenz der weltlichen Ehegesetzgebung für die kirchliche Trauung – im Grunde genommen also gegen die Verbindung von Staat und Kirche überhaupt. Die besorgte Kirchenleitung erkannte denn auch sofort die grundsätzliche Bedeutung dieses Ungehorsams und reagierte ausgesprochen hart. Das Schreiben offenbart allerdings auch die ganze Misere der unglücklichen Liaison von Thron und Altar. Einer-

Psalmwort mit der Unterschrift Löhes

seits wird anerkannt, daß *Ehescheidungen einen unverkennbar nachteiligen Einfluß auf die Sittlichkeit und Religiosität ausüben* und insbesondere der vorliegende Fall *in kirchlicher Beziehung* höchst bedauerlich erscheinen muß. Andererseits habe der Herr Vikar *gemäß des dem Staate geleisteten Diensteides* die Trauung vollziehen müssen. Da er diese *heilige Amtspflicht* nicht befolgt habe, sei er der Obrigkeit, der man untertan sein müsse, ungehorsam geworden und habe so nicht nur den Eid, sondern auch ein göttliches Gebot verletzt.

Dieser Konflikt wurde gelöst, indem ein Nachbarpfarrer die Trauung hielt. Bei einem ähnlichen Fall später wurde Löhe tatsächlich vorübergehend abgesetzt. Das Ganze war jedoch ein Prinzipienstreit, in dem Löhe Ansichten vertrat, die damals als revolutionär empfunden werden mußten und sich einhundert Jahre nach seinem Tod immer noch nicht realisiert haben. Löhe forderte nämlich nicht weniger als die totale Trennung von Staat und Kirche — um der Kirche willen, die ihre spezifische Aufgabe hat und darum auch ihre eigene Ordnung haben muß. Je länger je klarer sah er die Schäden einer vom Staat abhängigen Kirche und kämpfte gegen alles, was man Staats- oder Volkskirchentum nennen kann. Dabei scheute er sich nicht, die ganze kirchengeschichtliche Entwicklung seit Konstantin dem Großen — und vor allem das protestantische Landeskirchentum — als eine Fehlentwicklung zu bezeichnen. So kristallisierte sich in seinem Denken immer deutlicher die *Freiwilligkeitskirche* heraus, eine *wahrhaftige Gemeinschaft der Gläubigen* als die einzig biblisch legitime Existenzform der Kirche. *Ewig im ganzen, wechselnd in betreff der einzelnen Bestandteile, gedeiht die Kirche schwerlich recht, wenn nicht die Möglichkeit freiesten Ab- und Zuzugs (!), ja die Notwendigkeit dieser Freiheit erkannt und zur Anerkennung gebracht wird.* Daß die Kirche unter derartigen Verhältnissen zu einer Minderheit in der Gesellschaft zusammenschrumpfen würde, sah Löhe ganz klar; auch das schien ihm dem Wesen der christlichen Gemeinde in dieser Welt zu entsprechen. In diesem Sinn schrieb er im Revolutionsjahr 1848 an seinen alten Freund Karl von Raumer: *Wenn die Kirche in unserer Zeit ist, was sie sein kann und zum Heile der Welt sein soll, so ist sie eine sehr kleine Minorität. Sie wird keine Macht, wenn sie nicht klein wird. Was nicht intensiv ist, ist nicht extensiv.*

Mit diesem positiven Programm einer sich gesundschrumpfenden Kirche verband sich naturgemäß ein

Verfügung des königlichen Oberkonsistoriums gegen Löhe, der sich geweigert hatte, einen Geschiedenen zu trauen

scharfes und klares Urteil über den restaurativen Staat. Es verwundert deshalb gar nicht, daß dieser lutherische Kirchenmann mit einigen Hoffnungen auf die Stürme der Revolutionsjahre schaute, in denen er den Zusammenbruch des alten Staatskirchentums ersehnte. Er meinte: *Die Gottlosen werden die Verhältnisse zerstören und die Fessel zerschlagen, in welche die Kirche von den Fürsten geschlagen ist; eher kann es zu keinem Neubau kommen.* Als die Revolution ausbrach, rief er: *Nun geschieht das erstere; Gott verleihe das Zweite.* Dieses

Zweite trat freilich nicht ein. Es entstand ein neues und noch engeres Bündnis zwischen politischen und kirchlicher Autorität, und Löhe wandte sich resigniert von den Gottlosen ab, von denen er so viel erhofft hatte und die ihm nun doch *zu gottlos* erschienen.

Seit 1837 hatte Wilhelm Löhe ein neues Wirkungsfeld gefunden: das kleine Dorf Neuendettelsau im Ansbach'schen, unweit der alten Abtei Heilsbronn. *Nicht tot möchte ich in dem Neste sein*, hatte er bei seinem Aufzug gesagt, aber später gewann er das *platte Land* und sein *armes Dettelsau* so lieb wie einst seine Heimatstadt Fürth. Ein paar Mal interessierte sich Löhe später für Pfarrstellen in der Stadt und meldete sich nach Augsburg, an die Nürnberger St. Lorenzkirche und natürlich auch einmal nach Fürth. Doch seine Bewerbungen führten nie zum Ziel, und der alte Rektor Roth wird wohl recht haben, wenn er einmal meinte, die *gebietenden Herren* fürchteten sich *vor einem, der uns könnte bekehren wollen*. So blieb Löhe also in Neuendettelsau, um von hier aus das deutsche Luthertum des 19. Jahrhunderts in Bewegung zu bringen und den Namen dieses Dorfes über die Weltmeere zu tragen, so daß man Briefe adressieren konnte an *Nürnberg bei Neuendettelsau*. Ganz *intensiv* wollte er hier wirken – nach seinen eigenen Worten – und doch ganz *extensiv*.

NEUENDETTELSAU ALS ZENTRUM DER ÄUSSEREN UND INNEREN MISSION

Das liebste Kind der Erweckung war zu allen Zeiten die Heidenmission. Denn in der Verkündigung der christlichen Botschaft unter nichtchristlichen Völkern schien am deutlichsten die ursprüngliche verwandelnde und erneuernde Kraft des Evangeliums erkennbar zu sein. Noch gab es in Bayern keine eigene Missionsanstalt. Doch im ganzen Land gab es Missionskränzchen, die im Zuge der Erweckung neu aufblühten und mit ihrem Sammeln und Spenden und Stricken und Beten die alten, im Pietismus wurzelnden Missionsanstalten unterstützten. Wilhelm Löhe hatte den Missionsgedanken schon in besonderen Vorlesungen seines geistlichen Vaters Krafft und in dessen Missionsverein in Erlangen kennengelernt. Die Gründung eines derartigen Kreises und die Propaganda für den Missionsgedanken in der Predigt gehörte von Anfang an sozusagen zum Konzept, das Löhe in jeder Gemeinde, der er als Vikar zugewiesen wurde, zu realisieren versuchte. In Nürnberg ging aus seiner Tätigkeit der Zentralmissionsverein hervor. Es störte Löhe dabei allerdings in zunehmendem Maß, daß die hauptsächlich von Bayern unterstützte *Baseler Mission* nicht lutherisch genug war. Dort vertrat man die im Blick auf die Missionsfelder recht einleuchtende Ansicht, man wolle das allen Kirchen gemeinsame Glaubensgut und nicht die einzelnen Unterscheidungslehren weitergeben. Löhe bezeichnete das abfällig als kirchlichen Indifferentismus und forderte in Eingaben an das Oberkonsistorium die Gründung einer lutherischen Missionsanstalt. Genehmigt wurde 1843 zu Löhes großer Enttäuschung nur ein *Protestantischer Missionsverein*, doch gelang es ihm und seinen Freunden bald, diesem ein lutherisch-konfessionelles Gepräge zu geben. Das gesammelte Geld mußte man freilich immer noch nach auswärts verschicken, jetzt vor allem nach Dresden in die Kassen der späteren *Leipziger Mission*.

1841 las der Neuendettelsauer Dorfpfarrer eines Tages den Hilferuf des deutsch-amerikanischen Pastors Wyneken, in dem dieser die sozialen und seelischen Nöte der nach Nordamerika ausgewanderten Deutschen schilderte. Oft kamen sie einzeln in das weite, fremde Land und fanden dort weder Pfarrer noch Lehrer ihrer Kirche vor. Nicht wenige von ihnen verfielen dem Unglauben, verkamen sittlich oder wanderten zu den Sekten ab. Löhe fühlte sich durch diesen Appell unmittelbar angesprochen, zumal die Auswanderungswelle auch die Dörfer seiner fränkischen Heimat erfaßt hatte. Er fragte: *Sollen wir zusehen, wie unsere Glaubensgenossen aus Mangel an Hirten verführt werden?* So sandte er den Aufruf sofort an seinen Freund Johann Friedrich Wucherer in Nördlingen, der ihn in seinem *Sonntagsblatt* abdruckte. Seine Hoffnung wurde tatsächlich nicht enttäuscht; es meldeten sich zwei junge Männer, die bereit waren, sich von Löhe ausbilden und nach Nordamerika aussenden zu lassen. Schon ein Jahr später konnte er sie als eine ersten *Nothelfer* über den Ozean schicken. Löhe war sich jedoch klar darüber, daß nicht er allein, sondern die ganze Kirche diese kirchliche Auslandsarbeit tragen mußte. Er gewann seinen alten Freund Friedrich Bauer, der in Nürnberg die Geistlichen für Nordamerika auszubilden begann und ab 1853 in einer ehemaligen Wirtschaft in Neuendettelsau den Grund für die spätere Missionsanstalt legte.

Es ist erstaunlich, was für ein Echo der Löhe'sche Aufruf weit über den fränkischen Raum hinaus fand. In den

Bescheiden waren die Anfänge der Diakonissenanstalt in Neuendettelsau, die heute zu den umfangreichsten Einrichtungen der Inneren Mission *in Bayern zählt*

Wilhelm Löhe, Dorfpfarrer und Diakonissenvater, Seelsorger und Streittheologe des bayerischen Luthertums um die Mitte des vorigen Jahrhunderts

Johann Flierl, der erste Neuendettelsauer Missionar in Neu-Guinea, im Kreis einiger Papuas

Aus kleinen Anfängen ist heute eine blühende Eingeborenenkirche entstanden, die selber im Inneren der Insel vor Australien missioniert und große Tauffeste veranstaltet

ersten Jahrzehnten nach der Gründung des Missionshauses wurden dort Männer aus ganz Deutschland, aber auch aus Polen, Rußland, Bessarabien und Ungarn ausgebildet. Das Gros der jungen Männer kam natürlich aus den fränkischen Dörfern. Das hatte nicht nur religiöse, sondern auch soziale Gründe. Denn hier wurde den Söhnen der kinderreichen Bauernfamilien die Möglichkeit zu einem anderen Beruf und zu einem interessanten Leben geboten. In unermüdlichen Anstrengungen gelang es Löhe, im ganzen deutschen Luthertum die Verantwortung für diese Arbeit zu wecken. Im größeren Kreis wurden dann auch weitergehende Pläne zur Versorgung der auswandernden Deutschen erörtert. Grundsätzlich sah Löhe in der Auswanderung nach Nordamerika eine reelle Chance. *Viele Tausende von armen Deutschen verfallen daheim dem Proletariat*, meinte er einmal im Blick auf die Probleme der beginnenden Industrialisierung. Wenn man für eine geordnete Übersiedlung sorgen würde, fänden sicher viele Auswanderer in den USA *ein hinreichendes Auskommen*. Als Konsequenz dieser Überlegungen wurde ein Darlehensfond für Auswanderer gegründet. Löhe verfaßte Gebets- und Andachtsbücher für die Auswanderer und gab ihnen seine selbstverfaßte *Agende für christliche Gemeinden des lutherischen Bekenntnisses* mit auf den Weg.

Entscheidender und hilfreicher aber war die Zusammenfassung der einzelnen Auswanderer zu geschlossenen und starken Gruppen. Diesen Gemeinden stellte Löhe Pastoren und Lehrer an die Seite, die dafür sorgten, daß sich die Auswanderer in Nordamerika geschlossen ansiedelten. So entstanden in den vierziger Jahren des vorigen Jahrhunderts im Staate Michigan die Orte Frankenmut, Frankentrost, Frankenlust und Frankenhilfe. Fahnen und Bilder in der ehrwürdigen Kirche von Roßtal in Mittelfranken zeigen, wie die Verbindungen in die alte Heimat noch heute lebendig sind und gepflegt werden. Die meisten dieser lutherischen Gemeinden schlossen sich der Missouri-Synode und vor allem der Iowa-Synode an, die heute in der *Amerikanischen Lutherischen Kirche* weiterlebt. Es waren vor allem die Gemeinden dieser Kirche, denen 1945 das zerstörte Deutschland die *Care-Pakete* und damit die erste große Hilfe nach dem Zusammenbruch verdankte.

Aus der kirchlichen Auswandererarbeit Löhes erwuchsen – für ihn selbstverständlich – die ersten Anfänge einer bayerischen Missionsarbeit. Seiner Meinung nach sollte jede einzelne christliche Gemeinde ein *missionarisches Werkzeug Gottes* sein. Nicht die Kirchenleitung und keine besondere Missionsgesellschaft, ja nicht einmal der Pfarrer in seinem Amt, sondern die ganze Kirche in jeder ihrer Gemeinden ist für die Weitergabe des Evangeliums verantwortlich. *Die Kirche, die Gemeinde der Heiligen, ist die größte aller Gesellschaften, sie hat Befehl und Verheißung zur Mission vom Herrn. Alle Glieder der Kirche sind eben, weil sie diese sind, von Rechts wegen Teilnehmer an der Heidenmission.* Diese Einheit von Kirche und Mission immer wieder zu betonen, wird Löhe in zahlreichen Schriften nicht müde. Man kann geradezu sagen, daß die Mission für ihn ein unaufgebbares Wesensmerkmal der Kirche ist; die Mission ist *die eine Kirche Gottes in ihrer Bewegung*. In der Praxis sieht das so aus, daß jeder einzelne Christ ein Missionar ist und eigentlich gar keiner besonderen Ausbildung bedarf. *Ach, wenn alle die, welche unter den Heiden leben, täten, was sie könnten, um den Heiden das Evangelium bekannt zu machen, es würde bald anders werden und die gerechte Klage, daß nicht genug zum Heil der Heiden geschähe, würde verstummen.*

In diesem Sinn betrachtete Wilhelm Löhe die Auswanderungsgemeinden in Nordamerika als den legitimen Ausgangspunkt der Heidenmission. Von irgendwohin gesandten einzelnen Missionaren oder Schwestern wollte er zunächst nichts wissen. Hier war eine christliche Gemeinde, die im Umgang mit den Nichtchristen ihrer nächsten Umgebung das Evangelium weiterzusagen und die Gemeinschaft unter diesem Evangelium *demonstrativ* vorzuleben hatte. So entstand aus der Mitte dieser Gemeinden heraus die Indianermission; an den Kolonistengemeinden *sollten die Indianer mit Augen schauen, wie schön und gut es bei Jesus ist*. Sie sahen freilich bald auch anderes bei den Christen, und es ist zuzugeben, daß dieser Versuch Löhes nach anfänglichen Erfolgen scheiterte. Diese Idee der *Kolonialmission* war sicher an der spontanen Ausbreitung des Urchristentums orientiert. Aber Löhe hatte wieder einmal zu hoch gegriffen; die unsicheren, sittlich bedrohten und um ihre Existenz kämpfenden Kolonistengemeinden, die aus volkskirchlichen Verhältnissen in Mittelfranken kamen, waren eben nicht jene Idealgemeinden voller missionarischem Elan, die sich der Neuendettelsauer Dorfpfarrer wünschte.

Nachdem diese Missionsarbeit in den beginnenden Indianerkriegen 1864 endgültig zusammengebrochen war, betrat sehr bald der erste Neuendettelsauer Prediger den

Der erste Brief des Neuendettelsauer Missionars Johann Flierl nach seiner Landung auf der Südseeinsel Neu-Guinea

Boden Australiens. Auch hier stand zunächst die Betreuung deutscher evangelischer Auswanderer im Vordergrund. Der aus ihr hervorgehenden Heidenmission sollte dann aber mehr Segen beschieden sein als dem ersten Versuch unter den Indianern; aus ihr entstand eine der größten lutherischen Missionskirchen überhaupt.

Als Vater dieser *Evangelisch-Lutherischen Kirche in Neu-Guinea* gilt Johann Flierl (1858–1947). Er stammte aus dem kleinen oberpfälzischen Dörfchen Buchhof und war 1878, also bereits nach Löhes Tod, zu den Eingeborenen im Inneren Australiens gesandt worden. Sein eigentlicher Wunsch aber war, unter den Papuas auf der Australien im Norden vorgelagerten Insel Neu-Guinea das Evangelium zu verkünden. Die Frage, wie er schließlich dahin gekommen sei, pflegte Flierl später mit der Bemerkung zu beantworten, Bismarck habe ihn nach Neu-Guinea gesetzt. Dieser Hinweis auf die deutsche Kolonialpolitik in der zweiten Hälfte des vorigen Jahrhunderts ist nicht ganz falsch, auch wenn er heute in den Missionsanstalten nicht mehr gerne gehört wird. Daß die Neuendettelsauer Mission unter den Ureinwohnern dieser unwegsamen Insel mit der Mission beginnen konnte, verdankte sie tatsächlich dem Umstand, daß die Nordostecke Neu-Guineas 1884 als *Kaiser-Wilhelm-Land* in deutsche Hände kam. Unter unvorstellbaren Schwierigkeiten und vielen Rückschlägen bauten Flierl und seine Mitarbeiter eine Mission auf; erst dreizehn Jahre nach der Landung fanden 1899 die ersten beiden Heidentaufen statt. Der eigentliche Durchbruch unter den Papuas gelang jedoch erst, als der Missionar Christian Keyßer (1876–1962) von der Einzelbekehrung zur Gruppenbekehrung überging. In anhaltendem Studium der Sprache, der religiösen Vorstellungen und des sozialen Verhaltens der Urbevölkerung hatte er festgestellt, daß die Papuas nicht als Individualisten, sondern im Kreis der Großfamilie, des Dorfes und des Stammes existieren.

Aus dieser Missionsarbeit unter den einst als *Menschenfressern* bekannten Papuas hat sich eine heute selbständige Eingeborenenkirche mit rund 350000 Mitgliedern entwickelt. Sie verfügt über ein ausgebautes Bildungswesen, ein bodenständiges Liedgut und einen großen Stamm eingeborener Evangelisten und Pastoren. Der Einbruch der Zivilisation geht freilich auch in Neu-Guinea nicht spurlos an den jungen Christengemeinden vorüber. Noch immer sind darum Neuendettelsauer Missionare als Berater in dieser bayerischen *Tochterkirche* tätig, und die ganze Landeskirche weiß sich heute der Papua-Kirche auf Neu-Guinea partnerschaftlich verbunden.

Die von Wilhelm Löhe begonnene Betreuung der Auslandsdeutschen hat sich nach seinem Tod noch in eine dritte Richtung ausgeweitet. 1897 zogen die ersten in Neuendettelsau ausgebildeten Pfarrer den in die Urwälder Brasiliens ausgewanderten Deutschen nach. Die Nachfahren dieser Kolonistengemeinden gehören heute zu einer großen lutherischen Kirche in Brasilien, die freilich auch in der Gegenwart noch auf die Unterstützung des deutschen Protestantismus angewiesen ist. Rund 40

Pfarrer aus dem Neuendettelsauer Missions- und Diasporaseminar stehen heute im Dienst dieser inzwischen in Brasilien verwurzelten Kirche. So haben die Ideen des mittelfränkischen Dorfpfarrers letztlich doch zum Segen vieler gezündet, wenn auch anders, als es Löhe sich ursprünglich gedacht hatte.

Ähnlich ist es Löhe mit seinem zweiten großen Werk gegangen, dem Neuendettelsauer Diakonissenmutterhaus und seinen Heimen, Schulen und Krankenhäusern. Was heute als das größte Arbeitsgebiet der *Inneren Mission* in Bayern das Gedächtnis seines Namens wach hält, war ebenfalls von Löhe ursprünglich anders geplant. Wer sein Konzept von kirchlicher Sozialarbeit verstehen will, muß bei der Gemeindediakonie einsetzen. Genauso wie die Mission in der Gemeinde verankert sein muß, soll auch die Diakonie Sache jeder einzelnen Gemeinde sein. Löhe beruft sich auf die Verhältnisse der frühen Christengemeinden, wobei er auch hier zweifellos idealisiert; die Urgemeinde war für ihn eine *Liebesgemeinschaft im Zeitlichen*, welche sich *durch fröhliches Aufopfern der irdischen Güter zum Besten der Brüder* auszeichnete. Dieses altkirchlich-urchristliche Bewußtsein für *die heilige Armenpflege* wollte Löhe neu erwecken. Selbstverständlich gab es schon hier und da in den Gemeinden eine kirchliche Armenpflege. Löhes väterliche Freunde, die Professoren Krafft und von Raumer, hatten in Erlangen und Nürnberg *Rettungsanstalten* ins Leben gerufen. Doch Löhe wollte mehr; er wollte eine diakonische Kirche, – solche Gemeinden also, die die Predigt von der Nächstenliebe in die Praxis der Diakonie umsetzen.

Darum waren er und seine Freunde auch gar nicht so begeistert, als Johann Hinrich Wichern (1808–1881), der *Herold der Inneren Mission*, 1849 auf einer Rundreise in Bayern um Verständnis und Unterstützung für die soziale Arbeit der Kirche warb. Zunächst war Wichern natürlich ein Mann der Union und kein Lutheraner. Mehr noch störte Löhe allerdings das Wichern'sche Konzept. Wichern dachte nämlich an freie, neben der Kirche existierende soziale Vereine als Träger der evangelischen Diakonie. Löhe war, wie er offen sagte, kein Freund von Vereinen; er stellte Wichern seine *lutherische Konzeption* gegenüber: *Nicht Dienst neben der Kirche, sondern Dienst der Kirche für die Kirche*. Als darum unmittelbar nach Wicherns Visite 1849 in Gunzenhausen die *Gesellschaft für Innere Mission im Sinn der lutherischen Kirche* gegründet wurde, war das Ziel klar: Es sollte der *Sinn*

Diaconissen-Anstalt München.

Haushaltungs-Schule

In diese Schule werden brave Mädchen evangelischer Confession im Alter von 14–16 Jahren aufgenommen. Dieselben haben zwei Jahre in der Anstalt zu verbleiben und ein monatliches, vorauszubezahlendes Kostgeld von Mk. 10.– zu entrichten.

Die Schülerinen sollen alle Hausarbeiten gründlich erlernen und müssen sich dementsprechend allen vorkommenden Arbeiten, als Bedienung der Damen des Hauses, Waschen und Bügeln u. s. w. unterziehen. Im letzten Vierteljahre kommen dieselben an den Herd.

Von Handarbeiten sollen die Mädchen lernen: „ein Hemd zuschneiden, mit der Hand schön nähen, ordentlich stricken, stopfen, flicken und Namen einsticken"; feinere Handarbeiten sind nur in der Weihnachtszeit erlaubt.

Mitzubringen sind:
6 Hemden,
   ordentliche Unterröcke,
2 waschbare Kleider zur Arbeit,
1 Sonntagskleid,
   ordentliche, feste Arbeitsschürzen,
   baumwollene und wollene Strümpfe,
   Stiefel,
1 Paar Hausschuhe,
12 Taschentücher,
6 Handtücher,
   Regenschirm,
   Gesangbuch, Bibel, Katechismus,
   Heimathschein.

Information über die Haushaltungsschule der Diakonissenanstalt in München, einem Ableger des Neuendettelsauer Mutterhauses

für das weibliche Dienen in den Gemeinden gefördert werden.

Was Löhe dann 1854 bewog, in seinem Dorf ein Diakonissenhaus zu gründen, erklärte er so: Überall auf den Dörfern finde man *solche weibliche Personen, die sich der Kranken und Elenden mehr als andere annehmen*.

Es fehle ihnen allerdings die richtige Ausbildung. *Viele von diesen Frauenspersonen würden biblische Diakonissen sein, wenn man sich ihrer annehmen und ihnen die rechte Ausbildung geben möchte.* Auch im *Mittelstande* gäbe es viele *geistig begabte Frauenspersonen*, deren Gaben ungenutzt blieben. Löhe sah – um die Mitte des vorigen Jahrhunderts! – ganz klar, daß den Töchtern der kinderreichen Familien kaum eine Möglichkeit der Ausbildung und Berufsausübung gegeben war. Diese Beobachtung auf seinen Dörfern verband sich mit der theologisch begründeten Forderung nach einer diakonischen Gemeinde. Als Konzept für seine Arbeit ergab sich daraus einerseits die *Erweckung des Sinnes für den Dienst der leidenden Menschheit in der lutherischen Bevölkerung Bayerns, namentlich in dem weiblichen Teil derselben,* und andererseits die *christliche Bildung des weiblichen Mittelstandes, namentlich auf dem platten Lande.* Diakonie und Erziehung bestimmten also von Anfang an das Neuendettelsauer Programm.

Dabei sollte das 1854 im Gasthaus *Zur Sonne* gegründete Diakonissenhaus lediglich eine Art Ausbildungsstätte sein; die Schwestern sollten dann, losgelöst vom Mutterhaus, selbständig in ihren Gemeinden wirken. Mit der ihm eigenen Klarheit und Nüchternheit stellte Löhe freilich schon drei Jahre später fest, daß es so nicht ging. Nicht zu Unrecht führte er das Scheitern seines Vorhabens auf die innere Verfassung der Gemeinden zurück; auch sie, die fränkischen Dorfgemeinden, waren ebenso wie die Auswanderungsgemeinden, keine idealen *Liebesgemeinschaften*, wie sie sich Löhe vorstellte. Gewiß: *Wir sind keine Freunde von Vereinen,* betonte er noch einmal. Aber die Realität zwang Löhe nun doch dazu, der Konzeption Wicherns näher zu treten: *Weil unsere Kirche so gar nicht ist, was sie soll, nötigt sie ihre bessren Glieder, in ihr zu Kreisen und Vereinen provisorisch zusammenzutreten. Solang die Kirche einen Schlaf der Sünde schläft oder krankt, finden christliche Vereine in diesem Zustand der Kirche eine gewisse Berechtigung.* So entstand also das Diakonissenmutterhaus, das sich in den ersten Jahren seines Bestehens sofort eines kaum vorstellbaren Zulaufs erfreuen konnte. Mit einer *Blödenanstalt* fing die praktische Liebestätigkeit an; bald kam ein Krankenhaus hinzu, eine höhere Mädchenschule, ein *Rettungshaus* für Mädchen und in Polsingen eine Anstalt für Knaben. Die Schwesternschaft gab sich unter der patriarchalischen Leitung Löhes eine strenge Ordnung und entwickelte sich immer mehr zu jener *Lebens- und Liebesgemeinschaft,* die ihr Gründer in seiner bayerischen Landeskirche so oft vergeblich gesucht hatte. Der Geist, aus dem heraus die Neuendettelsauer Diakonissen hundert Jahre hindurch im fränkisch-bayerischen Protestantismus wirkten, spricht aus dem Leitwort, das ihnen ihr geistlicher Vater mitgab:

Was will ich? Dienen will ich.
Wem will ich dienen?
Dem Herrn in seinen Elenden und Armen.
Und was ist mein Lohn?
Ich diene weder um Lohn noch um Dank,
sondern aus Dank und Liebe.
Mein Lohn ist, daß ich darf.
Und wenn ich dabei umkomme?
Komme ich um, so komme ich um,
sprach Esther, die doch Ihn nicht kannte,
dem zu Liebe ich umkäme,
und der mich nicht umkommen läßt.
Und wenn ich dabei alt werde?
So wird mein Herz grünen wie ein Palmbaum,
und der Herr wird mich sättigen
mit Gnade und Erbarmen.
Ich gehe hin mit Frieden und sorge nichts.

Heute stellen die Neuendettelsauer Anstalten mit ihren 2800 Mitarbeitern das größte Werk kirchlicher Sozialarbeit im süddeutschen Raum dar. Das einst verträumte Dorf beherbergt neben dem Mutterhaus und der großen Anstaltskirche zahlreiche Alten-, Kinder- und Pflegeheime, ein Krankenhaus sowie mehrere Schulen, Internate und Ausbildungsstätten für soziale Berufe. Auch außerhalb von Neuendettelsau kann man den Schwestern in ganz Bayern begegnen – in städtischen Krankenhäusern, in rund 65 evangelischen Kindergärten, Horten und Kinderheimen, in mehr als 40 Altersheimen, im Beratungs- und Sozialdienst der Städte und in Schüler- und Studentenwohnheimen. Mehr als 1700 geistig behinderte und physisch kranke Jugendliche und Erwachsene werden heute von Löhes Schwestern betreut und gefördert. Und an die 90 Diakonissen sind noch immer in den Städten und Dörfern Tag für Tag unterwegs, um als Gemeindeschwestern die Kranken im Haus zu pflegen. Dabei hat sich allerdings das Verhältnis in den letzten Jahren zusehends verschoben. In seiner Blütezeit zählte das Mutterhaus mehr als 1800 eingesegnete Diakonissen, die getreu dem ursprünglichen Wahl- und Leitspruch den

Elenden und Armen dienen und dabei auf Ehe und Gehalt verzichten wollten. Heute stehen neben den 855 Diakonissen und den rund 200 nach Tarif bezahlten Verbandsschwestern sowie den 50 Diakonen genau 1350 freie Mitarbeiter, die das diakonische Werk Wilhelm Löhes mittragen.

Immer wieder hat Löhe freilich auch später daran erinnert, daß *eigentlich* etwas anderes notwendiger gewesen wäre: *Man könnte sich denken, daß die Anstalt gar nicht entstanden wäre, der Verein für weibliche Diakonie aber so um sich gegriffen hätte, daß eine Anstalt, wie die Diakonissenanstalt, gar nicht nötig geworden wäre. Wenn es dahin gekommen wäre, daß der Funke, der sich hier entzündete, sich zündend im ganzen Land verbreitet hätte, ein Feuer der Liebe und der Barmherzigkeit unser Volk ergriffen und umfaßt hätte, wäre das in der Tat nicht weit mehr gewesen? Wenn es so gekommen wäre, wie wir es gewollt haben, würde man überall in den mannigfaltigsten Formen sich zu Werken der Liebe und der Barmherzigkeit vereinigt haben, und man würde sich leicht haben trösten können, wenn nirgends ein Diakonissenhaus entstanden wäre, dagegen aber allenthalben mit Lust und Eifer das geschehen wäre, was Gott in Christus gefallen hätte.* Wer die gegenwärtige Krise der Mutterhausdiakonie in der evangelischen Kirche kennt, spürt die Aktualität dieser Worte.

Die Situation der Frau in der Gesellschaft hat sich grundlegend gewandelt. Die Neuendettelsauer Diakonissenschaft hat seit Jahren kaum mehr einen Zugang. Die weißen Hauben und die liebenswerten fränkischen Bauerntöchter in ihrer dunklen Tracht und ihrem altmodischen Kruzifix vor der Brust werden seltener im Straßenbild der bayerischen Städte und Dörfer. In Anknüpfung an Gedanken Löhes rief daher 1954 der damalige Rektor Dr. Hermann Dietzfelbinger die berufstätigen jungen Mädchen und Frauen auf, ein Jahr – ein *diakonisches Jahr* – für den Dienst am Nächsten zu opfern. Mehr als 1000 dieser *diakonischen Helferinnen* – Sekretärinnen, Verkäuferinnen und Angestellte – sind inzwischen diesem Ruf gefolgt. Einige von ihnen haben sogar Freude an dieser Arbeit gefunden und auf einen sozialen Beruf umgesattelt. Nüchtern sieht aber der derzeitige Rektor der Neuendettelsauer Schwesternschaft in die Zukunft: *Ob die Mutterhäuser die siebziger Jahre überdauern, ist sehr fraglich, aber der Auftrag Christi an seine Kirche wird bleiben. Dienstgruppen mit innerer und äußerer Freiheit werden der Kirche auch künftig nötig sein. Die Menschen, die sich dazu bereit finden, haben Distanz und innere Gelassenheit zu bewahren. Sie müssen sich als Dienstgemeinschaft zeitgemäß darstellen. Sie müssen zuerst fragen, wo ihre Aufgaben sind, und nicht, wie sie ihr Mutterhaus erhalten können.*

Ist so nach mehr als hundertjähriger segensreicher Tätigkeit die klassische Mutterhausdiakonie des 19. Jahrhunderts in Frage gestellt, so gewinnt Löhes ursprüngliches Konzept der Gemeindediakonie erneut an Bedeutung. Es wird für die Zukunft der Kirche wichtig sein, daß jede Gemeinde ihre eigene soziale Verantwortung ernst nimmt, von der Löhe einmal in seinem Tagebuch meinte: *Anstaltlich braucht sie nicht zu sein, aber gemeindlich.*

EIN UMSTRITTENER LEHRER, PRIESTER UND SEELSORGER SEINER KIRCHE

Was nicht intensiv ist, ist nicht extensiv. Dieser Satz Löhes gilt auch für sein Werk. Die Mitte dieser weitverzweigten und immer weiter wachsenden Arbeit war das geistliche Leben dieses Mannes und seiner Gemeinde im Dorf und später unter den Diakonissen. Man muß noch präziser sagen: der Gottesdienst, und zwar das gefeierte und erlebte reiche gottesdienstliche Leben der alten lutherischen Kirche war Ausgangspunkt und Quellort all dessen, was noch heute an seine Tätigkeit erinnert. In einem unbedingten Sinn gehörten für ihn zusammen, was nur allzu oft im Christentum auseinanderzufallen droht: Predigt und Praxis, Feier und Anbetung einerseits und Mission und Diakonie andererseits. In der alten Christenheit hatte man von der Trias *martyria* (Bekenntnis, Mission), *diakonie* (Dienst) und *leiturgia* (Gotteslob) gesprochen. Um die Verwirklichung dieser drei Gedanken ging es Wilhelm Löhe. Wir würden heute sagen: Das soziale und missionarische Engagement der christlichen Gemeinde in der Gesellschaft und ihre sonntägliche Feier des Gottesdienstes sind miteinander verzahnt und in ihrer Lebendigkeit aufeinander angewiesen. Ausgehend von dieser biblischen Erkenntnis begann Löhe, als er 1837 in Neuendettelsau als Pfarrer einzog, sofort mit dem geistlichen Gemeindeaufbau, in dessen Mitte der Gottesdienst mit Predigt, Liturgie und Feier des

> **Wie wir handeln und wandeln sollen im Hause Gottes, in der Gemeinde des lebendigen Gottes, das wißen wir nun wohl. — Du aber, o HErr, erbarme Dich unser und vergib uns Allen unsre Sünde und Missethat, damit wir wider Dich und Dein heiliges Wort und Amt gesündigt haben. Gib aber uns, Deinen Knechten allen, große Kraft und stärk in uns Dein Leben, daß wir Alle, fertig und an Deinen gestiefelt, zu treiben das Evangelium des Friedens, dahin gehen in Geduld mit unserm Samenwurf und arbeiten und warten auf die köstliche Frucht der Erden!**
> **Amen.**

Aus einer Gebetssammlung Wilhelm Löhes

Abendmahls stand. Wer Löhes Persönlichkeit verstehen will, muß hier im Zentrum seines Wesens ansetzen.
Da der Dorfpfarrer inzwischen zu den angesehensten – und umstrittensten – Pfarrern in Bayern zählte, saßen oft Professoren und Studenten aus Erlangen sowie seine gebildeten Freunde aus Nürnberg, die zu Fuß den ganzen Samstag nach Neuendettelsau gewandert waren, unter seiner Kanzel. Auch durchreisende Norddeutsche, in Erlangen auf *den gewaltigen Mann in Neuendettelsau* aufmerksam gemacht, erschienen als Gast im Dorfpfarrhaus. Ihnen verdanken wir anschauliche Berichte von der Gemeindearbeit Löhes.
Ein Besucher erzählt einmal von einem Gottesdienst, *in welchem er, wie er öfter tat, seine Gemeinde in der Predigt in verschiedenen Vorhaltungen schalt.* Hinterher habe Löhe allerdings zu seinen Besuchern geäußert, ganz so schlecht seien seine Bauern doch nicht, er könnte auch anders predigen. Daß er sich mit seiner Gemeinde in der Seelsorge zunächst schwer tat, leugnete er später nicht. *Meine Dettelsauer verstehen zwar nicht gut zu leben, aber gut zu sterben,* sagte er einmal. Um die Sterbenden kümmerte sich dieser Mann allerdings in einer derart priesterlichen Weise, daß auch die Lebenden bald begriffen, was sie für einen begnadeten Seelsorger bekommen hatten. Willig lernten sie die Liturgie, so daß die auswärtigen Besucher, auch wenn sie aus reformierten oder rationalistischen Gefilden kamen, den *prächtigen Gesang der Bauern und der Diakonissen* neidvoll bestaunten. Auch die Dettelsauer und keineswegs erst die Diakonissen ließen sich überzeugen, daß die Privatbeichte eine gute Einrichtung sei; in Scharen strömten sie in ihr Pfarrhaus, um die Beichte abzulegen und kniend den Segen ihres Hirten zu empfangen. Als es zum Krach mit dem Kirchenregiment wegen einer weiteren Trauung von zwei Geschiedenen kam, stand die ganze Gemeinde wie ein Mann hinter Löhe und hieß die Kirchenzucht ihres Pfarrers richtig und gut.
Immer wieder kommen die Besucher Neuendettelsaus jedoch auf die Gottesdienste in der Dorfkirche zu sprechen. Ist es der Prediger, der sein Handwerk so gut versteht? *Für jeden Gedanken stand ihm der Ausdruck zu Gebot. Er konnte volkstümlich reden bis zum Derben, ohne platt zu werden, und konnte sich bis zu den höchsten Höhen erheben. Besonders an den hohen Festen war seine Rede mehr Gesang und Lobpreis als Lehre. Mit der Predigt regierte er seine Gemeinde, wie es sein soll.* Ist es die Persönlichkeit, die fasziniert? *Seine ziemlich untersetzte und doch imposante Erscheinung, seine gewaltige Stimme, an deren Pathos man sich im ersten Augenblick nicht gleich gewöhnen kann, machen einen gewaltigen Eindruck. Dieser mächtigen Persönlichkeit verdankt er alles, was er wirkt.* Ist es der Liturg, der die Gottesdienstbesucher in seinen Bann schlägt? *Wenn er mitten unter seiner Gemeinde an den Altar trat, sah man deutlich: Hier ist das Lebenselement dieses Mannes; hier ist er in seinem Eigensten. Darum vermochte er auch mühelos und ungesucht die ganze Versammlung zu derselben weihevollen Andacht zu stimmen, mochte er nun die alten, herrlichen Gebete der Agende gebrauchen oder bei Gelegenheit in freien Gebeten seine Seele vor Gott ausschütten.* Oder ist es der Priester, der bewußt eine ungewohnte lutherische Sakramentsfrömmigkeit pflegt? *Nicht in mechanischem Formdienst, sondern mit der ganzen Beteiligung seines Herzens trat er in das Heiligtum, wo Menschensünde ewig in das tiefste Meer unendlichen Erbarmens und Vergebens geworfen wird;* denn das war in seinen Augen wesenhaftes Sakrament, heiliger Leib und heiliges Blut, die er unter Brot und Wein armen Sündern zur Vergebung reichen sollte.
Alle diese Urteile lassen erkennen, wie ernst Wilhelm Löhe sein Amt in der Gemeinde nahm, in die es ihn nun einmal verschlagen hatte. Sie machen freilich auch deutlich, daß er diese Gemeinde wie ein Kirchenfürst patriarchalisch regierte. Mancher Besucher gab offen zu, daß er sich in der Nähe dieser zwingenden Persönlichkeit

nicht frei fühle. Und eine spätere Oberin des Diakonissenmutterhauses, Therese Stählin, konnte einmal den bezeichnenden Seufzer nicht unterdrücken: *Er hat großartig regiert, zu großartig für die meisten von uns.* So kann Löhe wohl in seiner seelsorgerlichen und priesterlichen Ernsthaftigkeit, nicht aber mit dem Stil seiner Amtstätigkeit ein Leitbild für den evangelischen Geistlichen um die Mitte des 20. Jahrhunderts sein.

Nach der Gründung des Mutterhauses sah sich Löhe der Verwirklichung seines Ideals von Kirche einen Schritt näher gekommen. Zweifellos muß das Entstehen der Schwesternschaft auch unter diesem Gesichtspunkt gesehen werden. Nirgendwo in der Landeskirche hatte er jene missionarisch-diakonisch-liturgische Gemeinde lutherischer Prägung gefunden, die er in seinen Schriften immer wieder propagiert hatte. Die Diakonissenanstalt sollte sie nun werden, eine *stille Bruderkirche,* die *dorngekrönte Braut Christi.* Er sagte einmal: *Wenn man wissen will, was wir eigentlich wollen, so muß man die Diakonissenanstalt ansehen – nur daß man nicht bloß an Schwestern denken müßte. Wir wollten eine apostolischepiskopale Brüderkirche. Das Luthertum ist uns nicht Parteisache. Worin wir aus voller Seele lutherisch sind, das ist das Sakrament und die Lehre von der Rechtfertigung. Eine Fortbildung des Luthertums zu einer apostolisch-episkopalen Brüderkirche – das ist's, was wir im letzten Grunde wollten.* Diese Sätze sind schon im Rückblick auf Löhes schwere Auseinandersetzungen mit seinem Kirchenregiment formuliert worden. Sie zeigen freilich auch, wie Löhe trotz seiner Abhängigkeit von der altlutherischen Orthodoxie allmählich über das Luthertum der Bekenntnisschriften hinausdrängte.

Jetzt konnte der als strenger Konfessionalist in die Kirchengeschichte eingegangene Lutheraner sogar sagen, die Bekenntnisse sprächen *von sich selbst weitaus bescheidener, als manche ihrer Vertreter in der gegenwärtigen und der früheren Zeit* – und heute, wird man in seinem Sinn ergänzen können. Immer häufiger äußerte sich der älter werdende Löhe über eine *Fortbildung* und *Weiterentwicklung* der lutherischen Lehre. Ungeachtet seines Kampfes um die Geltung des lutherischen Bekenntnisses in seiner Landeskirche nahm Löhe für sich selber jetzt das Recht in Anspruch, diese alten Bekenntnisse in seiner Weise neu zu interpretieren und zu ergänzen. Denn *wer sein will, der muß werden. Und wer nicht immerdar im Werden bleibt, der hört auf zu sein.* Löhe bezog diesen, von Luther übernommenen Gedanken nicht nur auf sich persönlich, sondern auch auf die Kirche und ihre Lehre. War die Privatbeichte, die Löhe einführte, immerhin im Luthertum noch lange nach der Reformationszeit praktiziert worden, so stellte doch die Einführung der Krankenölung eine gewisse Neuerung dar. In seinem 1860 erschienenen Traktat *Rosenmonate heiliger Frauen* vertrat Löhe dann eine Werk- und Entsagungslehre, die sich nach Ansicht vieler seiner Freunde mehr mit der alten Mönchsideologie als mit der lutherischen Rechtfertigungslehre vertrug. Auch die in den Bekenntnisschriften ausdrücklich abgelehnte Anschauung von einer zweimaligen Wiederkunft Christi – in der Theologie allgemein als Chiliasmus bekannt – verkündigte er nun auf der Kanzel.

Schon Löhes Verständnis von der Kirche und vom *heiligen Amt* des Pfarrers waren nicht frei von schwärmerischen Gedanken. Jetzt entwickelte sich seine Auffassung vom Abendmahl in einer für die evangelische Kirche nicht ungefährlichen Weise weiter. Das Sakrament des Altars wurde immer eindeutiger der eigentliche Mittelpunkt seines Denkens und Lebens. Für ihn stand nun fest, daß es *der Aus- und Eingangspunkt nicht bloß alles kirchlichen, sondern auch alles christlichen Lebens* sein müsse. Denn das Abendmahl und nicht die Verkündigung *bildet, erhält, fördert und vollendet die Gemeinde, wenn es erfaßt, gereicht und gebraucht wird, wie es sein soll.* Niemand wird verkennen können, daß Löhe mit dieser *lutherischen Sakramentsfrömmigkeit* das Image der bayerischen Landeskirche bis in die Gegenwart hinein geprägt hat – und das nicht zu ihrem Schaden. Aber bei Löhe war diese warmherzige Abendmahlsfrömmigkeit mit einer scharfen Absage an alle nichtlutherische Abendmahlslehre und Sakramentspraxis verbunden. Das betraf naturgemäß weniger den Katholizismus, dem sich Löhe in diesen Fragen durchaus verbunden wußte, als die reformierte Kirche und vor allem die preußische Union. Die Calvinisten galten Löhe auf Grund einer höchst eigenwilligen Sicht der Kirchengeschichte als die *Mutter aller Sekten,* und für die unierten Kirchen mit ihrer Vielzahl von Bekenntnissen hatte der Lutheraner immer aufs neue nur beißenden Spott übrig. Einer *protestantischen Allerweltskirche* stellte er die *lutherische Brüderunität aller Lande* gegenüber. Deswegen galt Löhe und seinen Freunden die *gemischte Abendmahlsgemeinschaft,* die hie und da in der Landeskirche – vor allem in Oberbayern – praktiziert wurde, als ein Stein des Anstoßes, der unbedingt beseitigt werden mußte. In einer Eingabe an das Oberkonsistorium verlangten sie 1850 die strikte Trennung der Reformierten von den Lutheranern in Bayern. Als nicht sofort eine Antwort aus München erfolgte, versteifte sich der Löhekreis. Friedrich Bauer forderte in Nürnberg dazu auf, alle lutherischen Soldaten, die etwa in der Pfalz an unierten Abendmahlsfeiern teilgenommen hatten, in ihren bayerischen Heimatgemeinden in Kirchenzucht zu nehmen und vom Abendmahl auszuschließen. Und Löhe trug sich jetzt ernsthaft mit dem Gedanken, aus der Landeskirche auszuscheiden und – entsprechend den schlesischen Altlutheranern – eine eigene und selbständige lutherische Kirche zu gründen. Gerade der altlutherische Kampfgenosse Löhes in Schlesien, Pfarrer Gustav Kellner, riet jedoch dem streitbaren Neuendettelsauer Dorfpfarrer dringend ab, die um ihre innere Gestalt ringende bayerische Landeskirche freiwillig zu verlassen. Löhe gab sich dann mit der amtlichen Erklärung des Münchner Oberkonsistoriums, die Landeskirche diesseits des Rheins habe doch eindeutig lutherischen Charakter, zufrieden. Allerdings erklärte er, seiner Sache ganz sicher, mit allen denen keine Gemeinschaft mehr zu haben, die irgendwie in *Abendmahlsgemeinschaft* verwickelt seien. Das wurde schon damals von vielen seiner alten Freunde als eine Art Exkommunikation aller Andersdenkenden verstanden und abgelehnt.

Man muß diese Kämpfe um die Mitte des vorigen Jahrhunderts kennen, um die noch heute bei einer Minderheit der bayerischen Pfarrerschaft vorhandenen Reserven gegen die Abendmahlsgemeinschaft innerhalb der *Evangelischen Kirche in Deutschland* verstehen zu können. Die Einseitigkeit der Löhe'schen Abendmahlslehre und die Schärfe des Kampfes gegen die Abendmahlsgemeinschaft hat sich die bayerische Landeskirche schon im 19. Jahrhundert nicht zu eigen machen können. Sie hat aber in der Auseinandersetzung mit einem ihrer schwierigsten Dorfpfarrer ihr Luthertum neu entdeckt und so einen Weg aus dem Rationalismus heraus gefunden.

Wilhelm Löhe in den Grenzen seiner Zeit sehen heißt zuzugeben, daß vieles in seinem Denken und Handeln restaurative und romantisch-idealistische Züge trägt. Seine Auffassung vom Amt der Pfarrers, seine Einstellung zur Frau – *ein selbständiges Weib ist von vorneherein ein widerwärtiges* – und sein Sakramentalismus können nicht einfach übernommen werden. Sein Desinteresse an den mit der Industrialisierung und Technisierung zusammenhängenden Problemen des 19. Jahrhunderts und seine Hilflosigkeit gegenüber der Entkirchlichung der Arbeiter sind kritisch zu sehen. Und doch vertrat Wilhelm Löhe auch geradezu revolutionäre Ideen, die noch nach hundert Jahren als Impulse für zeitgemäßes Christentum ihre Berechtigung haben und unter Beweis stellen. Die Erkenntnis, daß die Mission eine Angelegenheit der ganzen Kirche ist, findet eigentlich erst in der Gegenwart ihren sichtbaren und organisatorischen Niederschlag in der Integration der bisher selbständigen Missionsgesellschaften in das Ganze der Kirche. Jetzt, wo sich das Ende der traditionellen Mutterhausdiakonie abzeichnet, gewinnt auch Löhes ursprüngliches Konzept von der diakonischen Gemeinde neue Aktualität. Darüber hinaus kann die von ihm proklamierte und praktizierte Einheit von Diakonie und Liturgie den Protestantismus der Gegenwart von der falschen Alternative *Verkündigung oder Sozialarbeit* bewahren. Mit besonderem Interesse wird der Zeitgenosse schließlich Löhes Äußerungen über das Verhältnis von Staat und Kirche zur Kenntnis nehmen. Im Zerbrechen der alten, volkskirchlichen Strukturen nicht nur in der DDR, sondern auch in den urbanen Zentren der Bundesrepublik werden die christlichen Gemeinden kleiner. Von Löhe kann die evangelische Christenheit des 20. Jahrhunderts den Mut lernen, diese Minderheitssituation anzunehmen, ohne sich ins fromme Ghetto zurückzuziehen. Selbst der lutherische Konfessionalismus Löhes enthält in seinem Kern doch die richtige Erkenntnis, daß sich die Kirche über das, was sie meint als Evangelium verkündigen zu müssen, klar sein muß, um in der geistigen Auseinandersetzung mit den Weltanschauungen ihrer Umgebung bestehen zu können. Dabei kann gerade die Berufung auf den Lutheraner Löhe das Luthertum vor einer allzu starren Fixierung auf die Bekenntnisschriften bewahren.

So war dieser Mann, der *ganz antik und ganz modern* sein wollte, tatsächlich beides: orthodox und restaurativ, aber auch fortschrittlich und voller revolutionärer Ideen. Als Wilhelm Löhe am 2. Januar 1872 starb, erbat er sich eine sogenannte *Diakonissenleiche*. Ohne Ansprachen wurde er so unter den Gebeten und Gesängen einer unübersehbaren Menschenmenge auf dem stillen Dorffriedhof von Neuendettelsau beigesetzt. Auf seinem Grabstein steht: *Ich glaube eine Gemeinschaft der Heiligen, Vergebung der Sünden, Auferstehung des Fleisches und ein ewiges Leben.* Kein anderer Satz des christlichen Credo umschreibt besser das Wesen und die Bedeutung dieses Mannes.

14. KAPITEL

Der Kampf um Bekenntnis, Recht und Freiheit der bayerischen Landeskirche im Dritten Reich

Als sich die führenden Vertreter der evangelischen Christenheit Deutschlands nach dem Zusammenbruch der nationalsozialistischen Gewaltherrschaft im Sommer 1945 im hessischen Städtchen Treysa trafen, glich auch die *Deutsche Evangelische Kirche* von 1933 einer Ruine, an deren Wiederaufbau nicht zu denken war. Daß *ein neuer Anfang gemacht werden* sollte, wurde als Überzeugung aller noch im Herbst desselben Jahres in Stuttgart den Abgesandten der Ökumene versichert. Diese *Stuttgarter Erklärung* gab auch der Hoffnung Ausdruck, daß *durch den gemeinsamen Dienst der Kirchen dem Geist der Gewalt und der Vergeltung, der heute von neuem mächtig werden will, in aller Welt gesteuert werde und der Geist des Friedens und der Liebe zur Herrschaft komme.* Den Kernsatz dieser Erklärung aber bildete ein Schuldbekenntnis, das der neugebildete Rat der *Evangelischen Kirche in Deutschland im Namen der ganzen Kirche* vor den anderen christlichen Kirchen der Ökumene ablegte: *Wir klagen uns an, daß wir nicht mutiger bekannt, nicht treuer gebetet, nicht fröhlicher geglaubt und nicht brennender geliebt haben.*

Nicht wenige haben später in diesen Worten das politische Bekenntnis einer Kollektivschuld des deutschen Volkes sehen wollen. In Wirklichkeit war es das mutige Eingeständnis eigenen Versagens, die hoffnungsvolle Bitte, wieder in die Gemeinschaft der Ökumene aufgenommen zu werden und der Ausdruck des entschlossenen Willens, auf den Trümmern des Dritten Reiches gemeinsam am Neubau der Kirche zu arbeiten. Es war also ein geistliches Wort unter Brüdern und kein politisches Votum an die Adresse der Weltöffentlichkeit.

Unterzeichnet hatten diese Erklärung Männer, die von 1933 bis 1945 eine durchaus unterschiedliche Position in der Auseinandersetzung des Christentums mit der nationalsozialistischen Weltanschauung bezogen hatten. Da standen die Namen von Martin Niemöller, der soeben erst aus dem Konzentrationslager in Dachau befreit worden war, und der seiner Freunde Hans Asmussen und Gustav Heinemann von der Bekennenden Kirche. Der Generalsuperintendent und neue Bischof von Berlin-Brandenburg, Otto Dibelius, sowie der große Mann der Ökumene, Hanns Lilje, hatten unterschrieben. Aber auch die Bischöfe von Bayern und Württemberg, Hans Meiser und Theophil Wurm, die das angeschlagene Schiff ihrer Kirche doch einigermaßen unversehrt durch die Stürme des Dritten Reiches gesteuert hatten, fehlten nicht im Kreis der Unterzeichner dieses Stuttgarter Schuldbekenntnisses.

Inzwischen ist diese Garde der großen, alten Männer aus der Zeit des Kirchenkampfes abgetreten. Ob die Chance der *Stunde Null* wirklich genützt und der Vorsatz eines Neuanfangs tatsächlich realisiert worden ist, wird man heute mit Recht fragen können. Stärker als es die Kirchenmänner der Nachkriegszeit wahrhaben wollten, war auch der kirchliche Wiederaufbau der fünfziger und sechziger Jahre vom Geist der Restauration bestimmt und orientiert an der konfessionell geprägten, gesunden Volks- und Landeskirche alter Zeit. Mag also die Stuttgarter Erklärung nicht ganz gehalten haben, was sie versprochen hatte, so behält sie doch ihre bleibende Bedeutung für die Beurteilung derjenigen Auseinandersetzungen zwischen der evangelischen Kirche und dem nationalsozialistischen Regime, die wir heute den Kirchenkampf zu nennen pflegen. Sie macht es unmöglich, diese Epoche der jüngsten Kirchengeschichte zu heroisieren. Gerade auch der Weg der bayerischen lutherischen Landeskirche, deren Auseinanderbrechen Bischof Hans Meiser zu verhindern wußte, war nicht frei von Fehlentscheidungen und Versäumnissen.

DIE AUSGANGSPOSITION: LUTHERISCH UND NATIONAL

Die bayerische Landeskirche brachte aus ihrer Vergangenheit für die 1933 beginnende Auseinandersetzung mit dem Nationalsozialismus positive und negative Voraussetzungen mit. Bis zum Sturz der Wittelsbacher war der katholische König der *oberste Bischof* der protestantischen Kirche Bayerns gewesen. Dieser fiel 1918 das Geschenk der Selbständigkeit ziemlich unvermutet in den Schoß. Lange dauerten die Diskussionen um eine eigene Verfassung, und erst 1924 wurde mit dem Freistaat Bayern ein Staatsvertrag abgeschlossen. Die Leitung der Kirche lag nun in den Händen der Synode, die zu zwei Dritteln aus Laien bestand, des Kirchenpräsidenten und späteren Bischofs sowie des Landeskirchenrats, der sich in München etablierte, um sein Ohr am Pulsschlag der Landespolitik und der staatlichen Verwaltung zu haben. Nur fünfzehn Jahre hatte dieses Kirchengebilde Zeit, um sich in ein staatsfreies und unabhängiges kirchliches Handeln einzugewöhnen.

Im Gegensatz zu anderen Landeskirchen bot die Pfarrerschaft dieser Kirche schon in den zwanziger Jahren ein relativ einheitliches Bild. Vor dem Ersten Weltkrieg hatten die harten Kämpfe zwischen den *Liberalen* und den *Positiven* vor allem im Nürnberger Raum zeitweise den Gedanken einer Spaltung aufkommen lassen. Doch im Ersten Weltkrieg mußte die Generation der liberalen Pfarrer eine derartig starke Erschütterung ihrer optimistischen Gläubigkeit hinnehmen, daß nunmehr die Epoche des liberalen Kulturprotestantismus in Bayern zu Ende war. Es war in erster Linie diese *Frontgeneration*, die nun neu nach dem biblisch begründeten, reformatorischen Glauben zu fragen begann. Die Generation der Pfarrer, die nach dem Krieg das Theologiestudium aufnahm, kam von der Jugendbewegung her. Sie wurde geprägt durch den Biblizismus eines Adolf Schlatter und Karl Heim und durch die erneute Hinwendung zur Reformation und den Bekenntnisschriften der lutherischen Kirche. Man sprach von einer *Lutherrenaissance*, als deren Vater Karl Holl galt, und von einer neuen bekenntnisbestimmten Dogmatik, die in dem Erlanger Paul Althaus ihren markantesten Vertreter besaß. Auch die Spuren der Erweckungsbewegung waren noch nicht ganz verwischt.

Ein besonderes Erlebnis für die jüngere Pfarrergeneration stellte die Begegnung mit dem größten Theologen des 20. Jahrhunderts, mit dem Schweizer Karl Barth dar. 1919 und 1922 erschien sein grundlegender und alle bisherige Theologie auf den Kopf stellender Kommentar zum Römerbrief. Er proklamierte in grandioser Einseitigkeit Christus als das Zentrum des Christentums und wurde auch in Bayern von vielen als *ein letzter Halt,* *von dem aus der Kampf mit dem Leben neu aufgenommen werden konnte,* begrüßt. Daß es Karl Barth nie so recht zum *offiziell zugelassenen* Theologen der Landeskirche brachte, lag mit an seinem reformierten Taufschein. Doch auch lutherisch gefiltert führten seine Gedanken in der Pfarrerschaft so etwas wie eine theologische Erweckung herbei. Aus ihr ging später die *Pfarrerbruderschaft* hervor, die nach 1933 die Kirchenpolitik ihres Bischofs zwar unterstützte, aber auch äußerst kritisch unter die Lupe nahm.

Auf diese Weise war die Geistlichkeit der bayerischen Landeskirche für die kommenden Kämpfe gut präpariert. Es gab Gruppierungen in ihr, aber keine sich ausschließenden Gegensätze. Man war sich in den zentralen Fragen der Verkündigung und in der Hochschätzung des lutherischen Bekenntnisses einig. Freilich fehlte der bayerischen Pfarrerschaft fast völlig die ökumenische oder auch nur gesamtdeutsche Weite. Man sah in erster Linie diese Landeskirche, und was jenseits deren Grenzen sich ereignete, erschien relativ unwichtig. Diese Enge sollte im Kirchenkampf zumindest für die außerbayerischen Landeskirchen problematisch werden.

Als geradezu verhängnisvoll mußte sich aber der traditionelle Nationalismus des deutschen evangelischen Pfarrhauses auf den Kirchenkampf auswirken. Die Verbindung von Thron und Altar war zwar 1918 offiziell aufgelöst worden, aber niemand hatte es für nötig befunden, das Verhältnis von Staat und Kirche theologisch neu zu durchdenken. Luthers Obrigkeitsbegriff wurde weitgehend unreflektiert auch auf den neuen Staat übertragen. Ein bayerischer Pfarrer schilderte die Vorstellungen von Deutschland, die vor der Machtergreifung Hitlers das Denken seiner Kollegen bestimmten, so: *Deutschland – das waren die Gaue deutscher Zunge von der Maas bis an die Memel, das Land der guten Sitten und der Frömmigkeit, das Land der Tapferkeit und der Treue, der Tüchtigkeit und Redlichkeit, das Land der mittelalterlichen Kaiserherrlichkeit, die an welscher Tücke zerbrochen war, das Land Martin Luthers und der Reformation, das Land der Dichter und Musiker, der Denker und Forscher, das inmitten einer Welt voll Neidern und Hassern gut daran tat, den Helm fester zu binden.* Die Stimmung auch in der bayerischen Pfarrerschaft reichte von *Bethlehem bis Potsdam*, und die Folge dieser theologischen Synthese von Gott und Vaterland war eine weit verbreitete Obrigkeitshörigkeit.

Hinzu kam, daß die Pfarrerschaft des alten *Reichskreises*

Das Glücklichsein in des Hirten Arm *und den* frommen Dienst wahrer Muttertreue *sollte diese Bibelillustration Rudolf Schäfers veranschaulichen. Die Versuche, den Nazarener-Christus des 19. Jahrhunderts zu überwinden, führten zunächst selten über eine volkstümliche Eindeutschung hinaus*

Franken sich politisch im katholischen Bayern nie so ganz zu Hause fühlen konnte und daher für den *Reichsgedanken* durchaus aufgeschlossen war. Auch die lutherische Theologie an der Erlanger Universität war in den zwanziger Jahren bis in die Zeit des beginnenden Kirchenkampfes hinein nicht frei von deutsch-nationaler Überfremdung. Die völkische Bewegung fand gerade in den beiden profiliertesten Theologen des bayerischen Luthertums anfangs verständnisvolle Fürsprecher. So konnte Paul Althaus von der *Heiligkeit des Volks als einer uns fordernden Ordnung* sprechen, und der Erlanger Professor für Systematische Theologie, Werner Elert, sogar den Pazifismus als einen *gemeinnützigen Verein zur Verhütung des Soldatentodes* abqualifizieren. Unter diesen Gesichtspunkten war die Pfarrerschaft trotz ihrer bekenntnismäßig und biblisch fundierten Theologie für die auf sie zukommende weltanschaulich-politische Auseinandersetzung nicht gut vorbereitet.

Die Gemeinden der bayerischen Landeskirche boten ein getreues Abbild ihrer Geistlichkeit. Der Kleine Katechismus Martin Luthers, das Gesangbuch von 1854, das nicht schlecht, und seine Neubearbeitung von 1928, die ausgesprochen gelungen war, sowie die gemeinsame Gottesdienstordnung von 1856 hatten durchaus eine geistliche Einheit in den einst so unterschiedlichen Gemeinden wachsen lassen. Innerhalb dieser Einheit deuteten sich aber bereits – vom Kirchenregiment nicht rechtzeitig und deutlich genug erkannt – neue Differenzierungen an. Zwar bestimmten noch immer die gut kirchlichen Bauerngemeinden Mittelfrankens das Bild dieser Kirche. Doch in den Kleinstädten lebte man weithin nur von einem *Wer-nur-den-lieben-Gott-läßt-walten-Christentum*. Vollends das großstädtische Bürgertum war eher liberal und national als lutherisch-kirchlich eingestellt. Die Arbeiterschaft stand der Kirche nach wie vor fern, ohne wirklich kirchenfeindlich zu sein. Und auch die Lehrerschaft, die die Zeiten der geistlichen Schulaufsicht noch immer nicht ganz vergessen hatte, verhielt sich reserviert. Die Kirchenleitung saß in München. Aber die anfälligen protestantischen Städte und Kleinstädte lagen in Franken. Dort freilich waren auch die bekenntnistreuen evangelischen Bauern zu Hause. Und sie erwiesen sich bald als das geistige Rückgrat der bayerischen Landeskirche in einem Kampf, den diese nicht gesucht hatte, sondern der ihr aufgezwungen worden war.

ERSTE ERFOLGE UND EIN JÄHES ENDE
Die Deutschen Christen im Jahr 1933

Die nationalsozialistische Bewegung wurde nach den unsicheren Jahren der Weimarer Republik von weiten Kreisen auch innerhalb der Kirche aufrichtig begrüßt. Vor allem die in der Volksmission und der *Inneren Mission* engagierten Pfarrer zeigten sich für die Werbung der neuen Partei um die Kirche sehr aufgeschlossen. Vertrat doch diese Partei in ihrem Programm ein *positives Christentum* sowie die *Freiheit aller religiöser Bekenntnisse* – allerdings mit dem einschränkenden Zusatz *soweit sie nicht gegen das Sittlichkeits- und Moralgefühl der germanischen Rasse verstoßen*. Nur sehr wenige hatten diesen Artikel so genau meditiert wie der Erlanger Theologe Hermann Sasse, der schon vor der Machtergreifung jede Diskussion der Kirche mit dieser Partei für *unmöglich* hielt und das auch offen aussprach. Allerdings hatten auch die Deutschen Christen zu diesem Zeitpunkt in Bayern noch keinen Anhang gefunden. Das Kirchenregiment verhielt sich abwartend und ermahnte die Pfarrer zur parteipolitischen Neutralität.

Als sich jedoch Hitler nach dem *Tag von Potsdam* in seiner Rede zum Ermächtigungsgesetz an *einem aufrichtigen Zusammenleben zwischen Staat und Kirche* sehr interessiert zeigte, die Kirchen als *wichtigste Faktoren zur Erhaltung unseres Volkstums* lobte und *in Schule und Erziehung den christlichen Konfessionen den ihnen zustehenden Einfluß* zugestand, blieb die Huldigung des neuen Regimes aus München nicht aus. *Mit Dank und Freude* nahm der Landeskirchenrat wahr, wie *der neue Staat der Gotteslästerung wehrt, der Unsittlichkeit zu Leibe geht, Zucht und Ordnung mit starker Hand aufrichtet, wie er zur Gottesfurcht ruft, die Ehe heilig gehalten und die Jugend christlich erzogen wissen will, wie er der Väter Tat wieder zu Ehren bringt und heiße Liebe zu Volk und Vaterland nicht mehr verfemt*. Man dokumentierte diese Einstellung auch nach außen: Die Glocken wurden geläutet und die kirchlichen Gebäude beflaggt. Das alles entsprach genau der Erwartung, die weite Kreise der Bevölkerung der neuen Regierung entgegenbrachten. Ein Nürnberger Christenmensch protestierte allerdings trotzdem beim Landeskirchenrat gegen diese kirchlichen Aktionen anläßlich eines politischen Ereignisses. Er wurde von Meiser brieflich mit dem Hinweis auf die *völlig ungeklärte Lage* und die Praxis in der guten alten Zeit vor 1918 beruhigt.

Immerhin ahnte man zumindest in der Kirche, daß die Zukunft Probleme bringen könnte. Der greise Kirchenpräsident Friedrich Veit jedenfalls stellte sein Amt zur Verfügung. Überall in der Landeskirche erscholl der Ruf nach einem neuen starken Mann. Der Pfarrerverein gar *hungerte* nach *klarer, fester Führung*. Und die außerordentliche Synode, die im Mai die Spitzenposition der bayerischen Landeskirche neu zu besetzen hatte, wählte nicht nur den besonnenen und bekenntnisbewußten Oberkirchenrat Hans Meiser, sondern machte aus dem verdächtig demokratisch klingenden Kirchenpräsidenten einen Landesbischof und stattete diesen sogar noch mit besonderen Vollmachten aus. Hans Meiser (1881–1956) stammte aus einer alteingesessenen national-liberalen Nürnberger Kaufmannsfamilie. Vom theologischen Liberalismus seiner Heimatstadt war er allerdings gänzlich unberührt geblieben; Hermann Bezzel und die alte Erlanger Theologie hatten einen nachhaltigen Einfluß auf ihn ausgeübt. Immer wieder bezeichnete Meiser diese Männer des 19. Jahrhunderts – Adolf von Harleß, Johann Christian Konrad Hofmann, Gottfried Thomasius und Reinhold Frank – als *kraftvolle Zeugengestalten* seiner Kirche. Sie waren die Väter jener erwecklichen und streng kirchlichen lutherischen Theologie, in der auch er sich wohl fühlte. Meiser hatte die Arbeit der *Inneren Mission* kennengelernt, vorübergehend an der Sendlinger Himmelfahrtskirche in München gewirkt und dann als erster Rektor dem neugegründeten Predigerseminar in Nürnberg vorgestanden.

Analog dem Ermächtigungsgesetz des Reichstages für Hitler verabschiedete die Bayreuther Landessynode 1933 unmittelbar nach der Wahl ein kirchliches Ermächtigungsgesetz für den neuen Landesbischof. Nach diesem Gesetz konnte Meiser praktisch unumschränkt und unkontrollierbar regieren; der kirchliche Parlamentarismus war einem autoritären Bischofsregiment gewichen. Die bayerische Kirche war die erste deutsche Landeskirche, die auf diese durchaus legale Weise das Führerprinzip im Raum der Kirche praktizierte. Mit dem biblischen und evangelischen Gemeindeverständnis war das keineswegs zu vereinbaren. Es ist kaum vorstellbar, was passiert wäre, wenn ein theologisch labiler Mann an die Spitze der Landeskirche getreten wäre. Aber die Synode hatte dieses Gesetz ja sozusagen speziell für den neuen Bischof Hans Meiser zusammengebastelt. In seinen Händen sollte es sich in den schweren Jahren des Kirchenkampfes, wenn blitzschnelle Entscheidungen gefordert waren, tatsächlich als eine Hilfe erweisen.

Der Festgottesdienst zur Amtseinführung des neuen Landesbischofs gestaltete sich zu einer augenfälligen Demonstration der ungetrübten Freundschaft des Regimes mit der Kirche. Er fand im Juni in der Hauptkirche des evangelischen Franken, in St. Lorenz zu Nürnberg statt. Männer des Staates, der Partei und der Stadt erwiesen dem Bischof die Ehre, und im Gotteshaus selber wimmelte es von feldgrauen, braunen und schwarzen Uniformen. Anschließend fand im Rathaussaal ein Staatsakt für die Männer der Kirche statt, umrahmt von SA, SS, HJ und BdM. Das Liebeswerben der Partei um die Kirche zeigte sich noch einmal in vollster Entfaltung. In Wirklichkeit arbeitete der Nationalsozialismus zu diesem Zeitpunkt bereits intensiv am Aufbau jener Gruppe, mit deren Hilfe er die evangelischen Landeskirchen zu unterwandern und gleichzuschalten beabsichtigte: den Deutschen Christen.

> Der Heiland anerkennt also die Pflichten, die ein jeder Mensch seinem Staate, seiner Nation, seinem Volke gegenüber hat! Der nationalsozialistische Grundsatz „Gemeinnutz geht vor Eigennutz" ist in der Tat nichts anderes als die praktisch-politische Verwirklichung der reinen Liebes- und Sittenlehre, die der Heiland den Menschen gebracht hat. Die Ehe hat er ebenso wie der Nationalsozialismus es tut, als die Grundlage des praktisch-sittlichen Lebens anerkannt. Der Heiland ist in der Tat der erste und größte Nationalsozialist aller Zeiten, ebenso wie er der erste und größte Antisemit aller Zeiten war und ist!
>
> Nicht das geringste hat der Heiland davon gelehrt, daß er gekommen sei, um uns durch seinen angeblichen Sühnetod von der Sünde zu erlösen und uns dadurch mit Gott wieder auszusöhnen. Das ist eine jüdische Wahnlehre, die erst durch den Juden und Rabbiner Paulus in das Christentum hineingetragen worden ist.

Extreme Vertreter der Deutschen Christen, die Jesus als den größten Nationalsozialisten aller Zeiten verkündeten, konnten sich im bayerischen Luthertum nicht halten

Diese Gruppe war 1932 aus Anlaß der Wahlen zur preußischen Generalsynode als Zusammenschluß von nationalsozialistischen Pfarrern und Laien entstanden. Zu ihren Gründern zählten auch zwei ehemalige Geistliche der bayerischen Landeskirche, die beiden Pfarrer Siegfried Leffler und Julius Leutheuser, die später ins Thüringische abwanderten. Ihr Ziel war es, vom *Standpunkt des Christentums aus für den Sieg der nationalsozialistischen Bewegung* zu kämpfen. Was sie freilich unter Christentum verstanden, war in Wirklichkeit die Synthese eines allgemeinen Gottesglaubens mit der Blut- und-Boden-Ideologie des Nationalsozialismus. Das zeigte sich deutlich an der Umfunktionierung des alten christlichen Glaubensbekenntnisses. Das Bekenntnis zu Gott dem Vater wurde zu einem nichtssagenden Gerede vom *Herrn der Völker* und von der *Vorsehung* verwässert; neben das Christusbekenntnis trat Adolf Hitler, der als *Gottgesandter* und *Vermittler* zu Christus enthusiastisch gefeiert wurde; und aus der *Gemeinschaft der Heiligen* wurde die Volksgemeinschaft der aufrechten Deutschen, aus der *Auferstehung der Toten* der *Auferstehungsweg der deutschen Nation*. Die neue Dreieinigkeit hieß Gott, Führer und Volk. Diese Vermischung nationalsozialistischen Gedankengutes und religiös schwärmerischer Ideen war mit dem christlichen Glauben und den kirchlichen Bekenntnissen schlechterdings unvereinbar. In dieser eindeutig häretischen Art entwickelten sich in der Folgezeit vor allem die Deutschen Christen in Thüringen; ihre Gesinnungsgenossen in Bayern waren zu einem derartig offenkundigen Abfall vom Christentum nur in Ausnahmefällen zu bewegen.

Das erklärte Ziel aller Deutschen Christen war – entsprechend der gängigen Parole: eine Partei, ein Führer, ein Volk – die *eine* nationale Reichskirche. Eine Reichstagung, die im April in Berlin ganz im Stil eines Parteitages aufgezogen wurde, formulierte die Stichworte: Gleichschaltung, Führerprinzip, Reichskirche, Artgemäßheit. Den Führer dieser Reichskirche präsentierte Adolf Hitler persönlich in der Person des Wehrkreispfarrers Ludwig Müller (1883–1945). Diesen kannte er von seinen Besuchen in Königsberg, wo er bei Müller zu wohnen pflegte, und im Grunde genommen war Müller der einzige evangelische Geistliche, dem Hitler je persönlich näher getreten war. Müller galt als Mann, der sich auf dem Parkett der Casinos elegant bewegen und vor Soldaten kernig predigen konnte. Gutmütig war er im Grunde genommen auch, doch kein Mann von Charakter. Geistlichen oder gar theologischen Tiefgang besaß er vollends nicht, und kein Mensch im ganzen evangelischen Deutschland wäre jemals auf den Gedanken gekommen, ihn an die Spitze einer zu gründenden Reichskirche zu berufen. Doch Ludwig Müller war der Freund und der Vertrauensmann Hitlers und als solcher der Favorit der Deutschen Christen.

Die Kirchenleitungen – voller Angst davor, daß ihnen das Gesetz des Handelns entgleiten oder genommen werden könnte – bereiteten in aller Eile die Gründung der Reichskirche vor. Auch die Bayern beteiligten sich daran *mit aufrichtiger Freude*. Nur Karl Barth spöttelte über die Reichskirche: *Schon der Name dieses verheissenen Kindleins...* Als sich die Kirchenbauer jedoch im Kloster Loccum an den Beratungstisch setzten, nahm auch Ludwig Müller voller Erwartungen und ausgestattet mit der Vollmacht des Führers in ihrem Kreis Platz. Ende Mai sollte bereits in Eisenach die Wahl des *Reibi* stattfinden, und Müller präsentierte sich den Brüdern in einer Wahlrede für sich selbst als der beste Kandidat.

Die Mehrzahl der Kirchenmänner richtete jedoch ihren Blick auf einen Mann, der zwar noch niemals kirchenleitende Funktionen ausgeübt hatte, der aber der Liebe und des Vertrauens der ganzen evangelischen Christenheit sicher sein konnte. Man dachte an den Leiter der Betheler Anstalten, Pastor Friedrich von Bodelschwingh. Unter den bayerischen Theologen befanden sich nicht wenige, die ihrem Landesbischof ein Votum für Bodelschwingh nahelegten. Professor Althaus intervenierte in diesem Sinn, auch Theodor Heckel, der Leiter des kirchlichen Außenamtes und Walter Künneth, der von der Apologetischen Zentrale in Berlin-Spandau aus die geistig-weltanschauliche Auseinandersetzung mit dem Nationalsozialismus koordinierte. Doch Landesbischof Hans Meiser hatte sich für Ludwig Müller und gegen Bodelschwingh entschieden. Zweimal – im Mai in Eisenach und später bei der Nationalsynode in Wittenberg – gab er ihm seine Stimme. Die Gründe für diese Entscheidung sind letztlich ungeklärt geblieben. Es war keine geistliche, sondern eine taktische Entscheidung, und durch sie hat sich der bayerische Landesbischof zweifellos mitschuldig gemacht am weiteren Aufstieg der Deutschen Christen und ihrem Machtzuwachs auch in Bayern. Es soll freilich nicht verschwiegen werden, daß Meiser später, und zwar nicht erst nach 1945, seine damalige Unterstützung Müllers als einen seiner größten kirchenpolitischen Mißgriffe bezeichnet hat. In Eisenach hatte Bodelschwingh übrigens noch gesiegt. Doch dem massierten Auftreten der Deutschen Christen den ganzen Sommer über konnten sich die Kirchenführer im Herbst in Wittenberg nicht mehr länger entziehen. Bodelschwingh, ein stiller Mann und nicht für kirchenpolitische Kämpfe geschaffen, trat resigniert zurück; der Weg für den Vertrauensmann Hitlers war frei.

Die Deutschen Christen entwickelten den Sommer über auch in Bayern eine rege Tätigkeit. München und Nürnberg waren ihre Hauptangriffsziele. Im Juli organisierten sie auf dem Hauptmarkt in Nürnberg eine der größten religiösen Versammlungen, die die Stadt jemals in ihren Mauern gesehen hat. Rund 20 000 Menschen nahmen an der Kundgebung teil, in deren Mittelpunkt das großartige Einigungswerk des deutschen Protestantismus stand, das als Verdienst Ludwig Müllers gepriesen wurde. Es sollte, wie es in einer Festrede hieß, dazu dienen, *dem deutschen Volk den unentwegten Glauben an die Mithilfe Gottes am großen Aufbauwerk des genialen Führers Adolf Hitler zu geben.* Der nationalsozialistische Pfarrer Wolf Meyer aus Würzburg-Heidingsfeld und der führende Geistliche der Deutschen Christen, Joachim Hossenfelder, ergriffen das Wort, und mit dem obligatorischen Horst-Wessel-Lied schloß das religiöse Spektakel, als dessen Ergebnis sich weitere Nürnberger Pfarrer den Deutschen Christen anschlossen.

Die nächste Schlacht, die es nun zu gewinnen galt, waren die kurzfristig durch die Reichsregierung angeordneten Kirchenwahlen. Obwohl diese Wahlen offiziell *frei von jedem Druck der Partei* bleiben sollten, scheute die fränkische Gauleitung nicht vor massiver Einflußnahme auf die Wahllisten zurück. Unmittelbar vor der Wahl im Juli 1933 gab Hitler auch seine oft bekundete Nichteinmischung in kirchliche Angelegenheiten auf. Er übergab der Presse einen Brief an Ludwig Müller, in dem er ihm und den Deutschen Christen für alle Mitarbeit dankte und ihnen sein *besonderes Vertrauen* für alle Zukunft zusicherte. Damit nicht genug, bestellte er die unzuverlässigen Kirchenführer aus München, Hannover und Oldenburg nach Bayreuth, wo er sich wie üblich zu den Festspielen aufhielt, und warnte sie vor jeder Opposition. In der Nacht vor der Wahl schließlich wurde über alle Rundfunksender ein Aufruf Hitlers verlesen, in dem er unmißverständlich aufforderte, diejenigen Kräfte zu wählen, *die in den Deutschen Christen bewußt auf den Boden des nationalsozialistischen Staates getreten sind*. Landesbischof Meiser, der den Wortlaut dieser Rede einige Stunden vorher kennengelernt hatte, versuchte noch, die Verlesung zu verhindern. Das gelang natürlich nicht. Den Mut zu einer Gegenerklärung fand er allerdings auch nicht.

Das Wahlergebnis fiel eindeutig und niederschmetternd für die *alten* Kirchen aus. Mehr als 70 Prozent in Deutschland hatten für die Deutschen Christen gestimmt. In Bayern sah es nicht ganz so trostlos aus. Zwar waren in der Hälfte aller Gemeinden Einheitslisten aufgestellt worden, und meistens hatten die Ortsgruppen der Partei die Mehrheitsverhältnisse in den neuen Kirchenvorständen bestimmt. Aber die Pfarrer hatten doch bei der Aufstellung der Listen kräftig mitgemischt und solche Nationalsozialisten vorgeschoben, die sich bisher in der kirchlichen Arbeit engagiert und bewährt hatten. Nach diesem Wahlsieg begannen sich die Deutschen Christen zunächst im fränkischen Raum zu organisieren. Als ihre Führer und als Verkünder eines *siegreichen nordischen Gottesglaubens* traten jetzt vor allem drei Pfarrer in Erscheinung: Wolf Meyer aus Würzburg-Heidingsfeld, der freilich schon im November zu den radikalen Thüringer Deutschen Christen abwanderte, der Landesleiter Friedrich Klein aus Grafengehaig und Hans Gollwitzer in Mühldorf.

Auf der Landessynode im Herbst 1933 kam es zur ersten großen Auseinandersetzung. Meiser verzichtete zwar auf eine offene Absage an die Deutschen Christen, da er sie unbedingt in der Gemeinschaft und unter der Kontrolle der Landeskirche behalten wollte. Aber er stellte drei eindeutige Forderungen: Es dürfe unter keinen Umständen am *Glauben der Väter* und am lutherischen Be-

War Jesus Jude?

Ein Nachweis auf Grund der Geschichte Galiläas, der Zeugnisse der Evangelien und Jesu eigener Lehre.

Von

Dr. phil. nat. Artur Dinter.

Propagandaschrift aus den Kreisen der Deutschen Christen

kenntnis gerüttelt werden. *Die zweite Bedingung, die ich stellen muß, ist die, daß die Glaubensbewegung bei uns als eine innerkirchliche, volksmissionarische Bewegung geführt wird, und daß sie sich nicht in das Fahrwasser einer kirchenpolitischen Machtbewegung treiben läßt.* Abschließend bestand der Bischof auf einer *Unterstellung* der Bewegung unter seine Führung. Erstaunlicherweise stimmten die Abgeordneten der Deutschen Christen diesen Bedingungen zu. Damit hatten sie sich von der radikaleren Richtung in Berlin und Thüringen gelöst. Die Auseinandersetzung mit ihnen war dadurch freilich nicht leichter geworden, denn die Beschwörung des lutherischen Bekenntnisses täuschte eine in Verkündigung und Glauben tatsächlich nicht vorhandene Einmütigkeit vor.

Unerwartete Unterstützung fanden die Deutschen Christen in diesen Monaten in der Erlanger Theologen-Fakultät. Einer ihrer Programmpunkte war ja die Einführung des Arierparagraphen in allen Landeskirchen. Um die *deutsche Art zu bewahren*, sollten auch in der Kirche keine Geistlichen mehr ihren Dienst ausüben dürfen, deren arische Abstammung nicht erwiesen war. Während die Marburger Theologen – unter ihnen auch der später vom bayerischen Luthertum so arg als *moderner Theologe* gescholtene Rudolf Bultmann – sofort erklärten, ein derartiges Gesetz sei mit dem christlichen Glauben unvereinbar, blieb es den Erlanger Lutheranern Paul Althaus (1888–1966) und Werner Elert (1885–1954) vorbehalten, die deutschchristliche Ideologie zu stützen. Mit Hilfe biologistischer, gesellschaftlicher und wohl auch einiger theologischer Gedanken konstruierten sie eine *gewisse Differenzierung* der Menschen vor Gott, um nach längeren gewundenen Ausführungen zu dem klaren Ergebnis zu gelangen: *Die Kirche muß daher die Zurückhaltung ihrer Judenchristen von den Ämtern fordern.*

Während die bayerischen Deutschen Christen weiter eifrig Ortsgruppen zu gründen versuchten, fand in Berlin ein Ereignis statt, das mit einem Schlag die Bewegung demaskierte und bei nicht wenigen Pfarrern, die mit dem Nationalsozialismus geliebäugelt hatten, eine Kehrtwendung hervorrief. Bei der berüchtigten Kundgebung im Berliner Sportpalast sollte am 13. November *der Kampfgeist der Bewegung wieder entzündet werden.* Vor mehr als 20 000 Menschen, unter denen sich fast die gesamte deutsch-christliche Kirchenprominenz befand, referierte ein gewisser Studienrat Dr. Reinhold Krause über die *völkische Sendung Luthers.* Er forderte dabei die Befreiung des Gottesdienstes von allem *Undeutschen und Bekenntnismäßigen* sowie die Ablehnung der *Minderwertigkeitstheologie des Rabbiners Paulus* und die Verwerfung des alten Testaments *mit seiner jüdischen Lohnmoral und seinen Viehhändler- und Zuhältergeschichten.*

Dieser ungeheuerliche Angriff auf die Grundlagen des christlichen Glaubens konnte in Bayern schon deswegen nicht stillschweigend übergangen werden, weil ja diesmal ausdrücklich auch das Bekenntnis angegriffen worden war. Landesbischof Meiser zögerte keinen Augenblick, Protest einzulegen, und suchte sich dafür sogar einen recht öffentlichkeitswirksamen Moment aus. In Anwesenheit des bayerischen Ministerpräsidenten Ludwig Siebert stand Meiser bei einer großen Lutherfeier in München am Tag nach dem Sportpalastspektakel auf, da er *um des Gewissens willen nicht schweigen* könne. Die Berliner Äußerungen stellten eine *unerhörte Erschütterung der bekenntnismäßigen Grundlagen unserer Kirche* dar und müßten *mit aller Entschiedenheit öffentlich zurückgewiesen werden.* Und nun erwies sich Meiser tatsächlich als ein *Wächter und Haushalter* der Kirche. In sichtbarer Erschütterung appellierte er an die Anwesenden und die ganze Christenheit Deutschlands: *Ich rufe alle treu lutherisch Gesinnten innerhalb unserer Reichskirche zu einem flammenden Protest auf! Ich rufe Sie alle dazu auf: Wir wollen uns fest um unser lutherisches Bekenntnis scharen! Nie haben Schwankende und Zweifelnde der Welt genützt! Gerade auch in der Kirche brauchen wir Menschen, die den Mut haben, Ja zu sagen.*

Wir wissen, daß unter Berufung auf das Bekenntnis manche notwendige Entscheidung in Bayern umgangen wurde und Meiser nicht immer so klar und mutig zu reden wagte. Um so mehr verdient es dieser Protest, in den Annalen des Kirchenkampfes festgehalten zu werden. Denn der Aufruf Meisers verbreitete sich in Windeseile im ganzen Land; unterschriftlich bekannten sich bis auf ein Dutzend alle Pfarrer der Landeskirche zu ihrem Bischof, und die Glaubensbewegung der Deutschen Christen beschloß ihre Selbstauflösung, da sie sich mit den Berliner Vorgängen nicht identifizieren und die Geschlossenheit der bayerischen Landeskirche erhalten wissen wollte. Viele Pfarrer sahen jetzt den inneren Gegensatz der nationalsozialistischen Weltanschauung zum christlichen Glauben und zogen sich von der Bewegung zurück. Ihre radikalen Vertreter wanderten nach Norden ab. Die ganze Landeskirche war aufgewacht. So war der erste Versuch, die Kirche durch die willigen Werkzeuge der Partei zu unterwandern, in Bayern fehlgeschlagen. Eine zweite Phase des *heißen Krieges* mußte beginnen.

EINE VOLKSKIRCHE KÄMPFT FÜR IHREN BISCHOF
Der mißglückte Einbruchsversuch der Hitler'schen Reichskirche in Bayern

Meiser und die lutherischen Bischöfe Theophil Wurm (1868–1953) von Württemberg und August Marahrens (1875–1950) von Hannover gingen nach dem Sportpalastskandal weiter. Sie forderten vom Reichsbischof die sofortige Entlassung Hossenfelders, der für die Kundgebung veranwortlich gewesen war, und eine generelle Distanzierung Müllers von den Deutschen Christen. Außerdem verlangten sie, daß in den sogenannten *zerstörten Kirchen,* in denen die Deutschen Christen das

Hans Meiser — Bischof der bayerischen Landeskirche zur Zeit des Nationalsozialismus und in den Jahren des Wiederaufbaus

Als Meiser 1934 unter Hausarrest gestellt wurde brach in den Gemeinden ein Sturm der Empörung los. Im Hof des Landeskirchenrates versammelten sich die Gläubigen mit ihrem Bischof zu Gottesdiensten

Der einzige bayerische evangelische Geistliche, der in KZ-Haft genommen wurde, war Vikar Karl Steinbauer, der hinter Gittern diese Zeichnung seines Kirchleins in Penzberg anfertigte

Als ein Zeichen für die in Christus geschehene Versöhnung wurde 1967 im ehemaligen Konzentrationslager Dachau die von Helmut Striffler entworfene Versöhnungskirche eingeweiht

Mit einem festlichen Gottesdienst wurde 1933 die Hundertjahrfeier der Münchner Matthäuskirche begangen (im Festzug von links nach rechts: Langenfass, Baum, Meiser, Sammetreuther, Veit, Knappe)

Fünf Jahre später wurde die renovierte Mutterkirche des oberbayerischen Protestantismus auf Befehl der Gauleitung gesprengt

Regiment an sich gerissen und sich im kirchlichen Untergrund bekennende Gemeinden gebildet hatten, die rechtliche Ordnung unverzüglich wieder hergestellt würde. Meiser drohte sogar, den Reichsbischof fallen zu lassen. Doch Müller baute im Vertrauen auf sein Ansehen bei den Führern des Staates und der Partei sein autokratisches Regime weiter aus. Er gliederte in einem Vertrag mit dem Reichsjugendführer Baldur von Schirach trotz des Protestes der Bischöfe die evangelischen Jugendverbände korporativ in die Hitlerjugend ein. Anfang Januar 1934 erließ *Ludwig der Verzweifelte* – wie man Müller unter den Pfarrern jetzt nannte – seinen berüchtigten *Maulkorberlaß*, mit dem er wieder eigenmächtig jegliche Erörterung der kirchlichen Auseinandersetzungen in Gotteshäusern, Gemeinderäumen und Publikationsorganen untersagte und Übertretungen dieser Anordnung mit Amtsenthebung bedrohte. Damit nicht genug, setzte er sogar den eben erst zurückgezogenen und heiß umstrittenen Arierparagraphen erneut in Kraft.
Die Bischöfe der *intakten* Kirchen protestierten gegen diese Rechtsverletzungen. Martin Niemöller aber und seine Freunde im *Pfarrernotbund*, zu dem sich inzwischen schon mehr als 6000 Geistliche vorwiegend aus den *zerstörten* Landeskirchen zusammengeschlossen hatten, sahen tiefer und sprachen Müller jede rechtliche und geistliche Autorität ab. In einer Kanzelerklärung erhoben sie *vor Gott und der Gemeinde Klage und Anklage dahin, daß der Reichsbischof ernstlich denen Gewalt androht, die um ihres Gewissens und um der Gemeinde willen zu der gegenwärtigen Not der Kirche nicht schweigen können.* Meiser und andere Kirchenführer der *intakten* Landeskirchen verbaten, daß diese Kanzelerklärung verlesen wurde. Sie wollten dem *Reibi* noch einmal eine Chance einräumen, übersahen aber, daß sie sich auf diese Weise von den bedrängten Pfarrern des *Notbundes* distanzierten. Vor allem die verfolgten Pfarrer in Preußen kamen sich als *vollkommen verraten* vor. Ein Vertreter der Bekennenden Kirche notierte in sein Tagebuch: *Bischöfe anscheinend etwas weich in ihrer Haltung.* Dieser Eindruck war in den *zerstörten* Landeskirchen allgemein verbreitet, auch wenn Meiser immer wieder betonte, es habe sich *grundsätzlich* an dem guten Verhältnis zwischen dem *Pfarrernotbund* und den Bischöfen der lutherischen Kirchen nichts geändert. Gemeinsam wandten sich schließlich alle nicht zu den Deutschen Christen gehörenden Kirchenführer in einer Denkschrift an den greisen Reichspräsidenten Paul von Hindenburg und an Adolf Hitler. In ihr bezeichneten sie den Reichsbischof als untragbar und seinen Rücktritt als notwendig. Anders könne es nicht zum Frieden in der *Deutschen Evangelischen Kirche* kommen.

Am 25. Januar 1934 fand daraufhin jener dramatische und denkwürdige Empfang bei Hitler, Göring und Reichsinnenminister Frick statt, der mit einem totalen Sieg Hitlers und der Stärkung Müllers endete. Geladen waren alle führenden Kirchenmänner, – der Reichsbischof also und seine Leute, die lutherischen Bischöfe und Martin Niemöller als Sprecher der radikalen Opposition. Hermann Göring spielte zum Einstieg der Verhandlungen ein Telefongespräch Niemöllers vor, das er hatte abhören lassen, und in dem sich der temperamentvolle Kämpfer Niemöller Walter Künneth gegenüber zu einigen despektierlichen Äußerungen über Hitler hatte hinreißen lassen. Hitler, dem das sehr gelegen kam, brüllte los, er werde keine Rebellion dulden. Niemöller trat sofort vor, bekannte sich zu diesem Telefonat und schilderte in aller Klarheit und Ausführlichkeit die Lage der Kirche. Dabei kam es zu einem heftigen Wortwechsel zwischen den beiden so gegensätzlichen Männern. Niemöller versicherte, alle seien doch im Grunde genommen vom Dritten Reich begeistert. Doch Hitler konterte:

Amtsblatt
für die Evangelisch-Lutherische Kirche in Bayern rechts des Rheins.
Amtlich herausgegeben vom Evangelisch-Lutherischen Landeskirchenrat in München.

| München | Nr. 1 | 9. Januar 1934 |

Bekanntmachungen.

Nr. 133.

Betreff: Die Verordnung des Reichsbischofs vom 4. 1. 34 über die Wiederherstellung geordneter Zustände in der Deutschen Evangelischen Kirche.

Gegen die Verordnung des Herrn Reichsbischofs vom 4. 1. 1934 betreffend die Wiederherstellung geordneter Zustände in der Deutschen Evangelischen Kirche haben wir Rechtsverwahrung bei der Reichskirchenregierung eingelegt. Der Vollzug der genannten Verordnung bleibt für die bayerische Landeskirche bis auf weiteres ausgesetzt.

München, den 8. Januar 1934.
Evang.-Luth. Landeskirchenrat.
J. V.: **Böhner.**

Der Kampf der bayerischen Landeskirche gegen die Reichskirche schlug sich auch im offiziellen Amtsblatt nieder

Das Dritte Reich habe ich gebaut, kümmern Sie sich um Ihre Predigten. Jedenfalls war das ein schlechter Start, um Müller zu entmachten. Auf die Frage hin, was die Herren denn eigentlich gegen den Reichsbischof hätten, wagte keiner mehr den Mund aufzumachen. Hitler warf nun den Kirchenführern vor, sie hätten diesen ja selber gewählt und müßten ihn darum jetzt auch akzeptieren. Er drohte, die Staatszuschüsse für die Kirchen zu streichen, was die ganze Versorgung der Geistlichen und ihrer Familien gefährdet hätte. Und schließlich appellierte er an ihr Verantwortungsbewußtsein, – was würde denn das Ausland denken, wenn die Einheit des deutschen Volkes von der Kirche gesprengt würde. Alle Kirchenführer, auch die Vertreter der Bekenntnisfront, brachen zusammen und gelobten dem Führer neue Treue.

Zwei Tage später trafen die Kirchenführer – unter ihnen Meiser, Wurm und Marahrens – mit dem Reichsbischof zusammen. Die deutschchristliche Kirchenpresse hatte den Kanzlerempfang bereits ausführlich als Sieg Müllers gefeiert. Die lutherischen Bischöfe dagegen waren konsterniert und wirkten bei der Verhandlung mit Müller und seinem Anhang ausgesprochen niedergeschlagen. Der Reichsbischof nützte die Gunst der Stunde, hielt eine lange Rede, in der er auch einige Versprechungen abgab, und formulierte eine Presse- und Rundfunkerklärung, mit der sich die Bischöfe einverstanden erklärten. Darin hieß es, daß sich alle *unter dem Eindruck der großen Stunde mit dem Herrn Reichskanzler* nunmehr *geschlossen hinter den Herrn Reichsbischof* stellten. Alle seien gewillt, seine Maßnahmen durchzuführen und die kirchenpolitische Opposition gegen sie zu verhindern sowie *die Autorität des Reichsbischofs zu festigen*. Hitler, für den das eine reine Prestigefrage war, erfreute sich am *peinlichen Zusammensinken der Brüder* und *ahmte die salbungsvollen Redensarten Niemöllers nach*, wie einer seiner ständigen Begleiter später berichtete.

Zweifellos zählen diese Audienz und vor allem die anschließende Rundfunkerklärung zu den unerfreulichsten Ereignissen in den ganzen Kirchenkampfjahren. In völliger Verkennung der Lage hatte sich die Führungsschicht des deutschen Protestantismus aus Angst und um der Staatsraison willen hinter einen unchristlichen Bischof gestellt. Die bitterste Frucht des alten lutherischen Obrigkeitsdenkens war herangereift. Denn die Presseerklärung stellte tatsächlich eine Unterwerfung unter Müller dar. Alles, was vorher gesagt und geschrieben worden war, wurde mit Schweigen zugedeckt, und die gefährdeten Brüder in der Bekennenden Kirche, die man vorher noch so brüderlich begrüßt hatte, wurden preisgegeben. Diese in aller Eile entstandene Erklärung war die Kapitulation der Bischöfe vor dem Reichsbischof, eine Unterstützung von Staat und Partei und ein Verrat am Pfarrernotbund. So jedenfalls empfanden es zweifellos zu Recht Niemöller und seine Freunde. Bischof Wurm meinte später in seiner Biographie, er habe sofort empfunden, daß die Kirchenführer *zu weit gegangen waren*. Auch Meiser muß sein Versagen gesehen haben. Bereits am nächsten Tag schränkte er Müller gegenüber seine Erklärung ein. Der Gedanke, vom Bischofsamt zurückzutreten, bewegte ihn offenbar ernsthaft. Anläßlich seines Berichtes vor dem Landessynodalausschuß kam es bei dem sonst so beherrschten Mann zu leidenschaftlichen Ausrufen mit erstickter Stimme.

Auch vor der Pfarrerschaft rechtfertigte Meiser sein Verhalten: Man habe doch den Versprechungen Müllers vertrauen, ihm sozusagen eine letze Chance einräumen müssen. Die Mehrzahl der damals in Nürnberg versammelten 600 bis 800 Geistlichen nahm Meiser das ab. Nur einer stand auf, der junge Vikar Karl Steinbauer aus dem oberbayerischen Penzberg, der später für seine Überzeugung sogar als einziger bayerischer Pfarrer in das Konzentrationslager gehen mußte. In einer unerhört scharfen Rede warf er seinem Bischof Verrat auf der ganzen Linie vor. Wer einen offenkundig häretischen Bischof an die Spitze der Kirche berufe, versündige sich am Bekenntnis. Wer die in Not geratenen und abgesetzten Brüder der Bekennenden Kirche in den Händen Müllers lasse, zerstöre die kirchliche Gemeinschaft. Und wer sich gar durch eine angedrohte Finanzsperre einschüchtern ließe, rechne überhaupt nicht mehr mit dem eigentlichen Führer der Kirche, dem alle Gewalt im Himmel und auf der Erde gegeben sei. Hitler habe mit Recht den Eindruck gewinnen müssen: *Was muß die Kirche Kümmerliches, Erbärmliches, Altersschwaches, Totes sein, wenn ihre Führer sich so erbärmlich und jämmerlich für diese Sache einzusetzen verstehen.* Abschließend rief Steinbauer, bevor ihm das Wort entzogen wurde: *Der Bischof hat mein Vertrauen verloren. Er hat das Bekenntnis, die Kirche, Christus verleugnet und den Männern des Staates das Christus-Zeugnis nicht gegönnt. Diesen Schritt darf die Kirche nicht mitmachen, sonst wird die Kirche der Häresie schuldig.* Diese Attacke hatte natürlich ein Nachspiel. Steinbauer mußte seine Stellungnahme im Landeskirchenrat schriftlich abgeben, wobei ihn Hermann Dietzfelbinger, der spätere Nachfolger Meisers, begleitete und unterstützte. Kurze Zeit später wurde er versetzt. Nur wenige verstanden damals im behutsam taktierenden Bayern diese radikale Stimme, die an die Wahrhaftigkeit eines Dietrich Bonhoeffer und an den Kampfgeist eines Martin Niemöller erinnert.

Der Angriff kann seine Wirkung auf Meiser nicht ganz verfehlt haben. Bereits Anfang März klagte Meiser anläßlich einer Audienz bei Hitler erneut über den nicht mehr länger zu ertragenden *Reibi*. Am 13. März hieß es in einem Rundschreiben Meisers an seine Pfarrer: *Wir mußten einsehen, daß wir falsch gehandelt haben und können uns nicht mehr an die damalige Erklärung gebunden betrachten.* Ende des Monats richtete Meiser an alle Gemeinden ein *klärendes, richtungsweisendes Wort*, in dem er offen eingestand, daß das Opfer vom Januar umsonst gewesen sei und der *Kampf um das wahre Wesen der Kirche* jetzt wohl auch die bayerischen Gemeinden und ihre Geistlichen *vor die Pflicht des Bekennens* stellen werde. Er forderte daher von allen Christen bedingungslose Hingabe an das Wort Gottes und letzten persönlichen Einsatz. Diese Äußerungen des bayerischen Landesbischofs wurden auch in den Kreisen des *Pfarrernotbundes* mit Erleichterung als eine öffentliche Zurücknahme der allzu eilfertigen Unterwerfungserklärung begrüßt.

Dem Reichsbischof hatte die Regierung für seine rechtswidrigen Eingliederungsmaßnahmen einen rücksichtslosen und ehrgeizigen Nationalsozialisten, den *Rechtswalter* August Jäger an die Seite gestellt. Dieser Sohn eines hessischen Konsistorialrats war Landgerichtsrat in Wiesbaden gewesen, hatte es aber nach der Machtergreifung verstanden, sich ins preußische Kultusministerium einzudrängen und von dort aus die Schlüsselstellung in der *Deutschen Evangelischen Kirche* zu erobern. Bischof Otto Dibelius, der von ihm als Generalsuperintendent abgesetzt worden war, konnte ihn einmal als einen Mann beschreiben, der *den Geist des nationalsozialistischen Staates in Reinkultur* darstellte. Tatsächlich war Jäger überhaupt kein Christ, sondern ein Mensch von eiserner Stirn und rücksichtsloser Sturheit, der auch völlig erlogene Berichte erstatten konnte und seine Macht, so lange sie ihm Hitler beließ, skrupellos gegen die renitenten Kirchenführer ausspielte.

Als Jäger im April beschloß, den Widerstand in Süddeutschland zu brechen, rückten die bayerische und württembergische Kirche noch enger zusammen. Im Namen der beiden Landeskirchen sowie der freien Bekenntnissynoden von Westfalen und Rheinland und zahlreicher Bekenntnisgemeinden in ganz Deutschland verlas Landesbischof Meiser am 22. April im Ulmer Münster eine denkwürdige Erklärung. In ihr wurden in aller Öffentlichkeit die Fronten zwischen der Reichskirchenregierung Müller-Jäger und der Bekenntnisfront klar abgesteckt. Hier fiel zum ersten Mal das schwerwiegende Wort, daß sich die *Bekenntnisgemeinschaft der Deutschen Evangelischen Kirche* als die rechtmäßige evangelische Kirche in Deutschland verstehe. Am selben Tag erschien eine literarische Abrechnung mit der *falschen Lehre der Deutschen Christen* aus der Feder des Münchner Pfarrers Julius Sammetreuther. Und schon einen Monat später trat in Barmen die erste Bekenntnissynode zusammen, an der auch Abgesandte aus der bayerischen Landeskirche teilnahmen.

Die Barmer Synode ist mit Recht als die *Stunde der Wahrheit* in die Geschichte des Kirchenkampfes eingegangen. Gemeinsam stießen auf ihr Reformierte, Lutheraner und Unierte, Abgesandte der *intakten* Kirchen und Vertreter der freien Bekenntnisgemeinden erstmals seit der Reformationszeit zu einem neuen aktuellen Bekenntnis vor, das nicht mehr in der Erörterung von Rechtsfragen steckenblieb, sondern eine wirkliche *theologische Erklärung* darstellte. Klipp und klar wurde hier von der Christusoffenbarung ausgehend Stellung gegen die deutschchristliche Häresie bezogen und das positive Bekenntnis des Glaubens durch konkrete Verwerfungen ergänzt. Die erste These lautete wörtlich: *Jesus Christus,*

Bekennende Kirche

JULIUS SAMMETREUTHER

Die falsche Lehre der „Deutschen Christen"

Kampfschrift eines Münchner Pfarrers aus dem Jahre 1934

wie er uns in der heiligen Schrift bezeugt wird, ist das eine Wort Gottes, das wir zu hören, dem wir im Leben und im Sterben zu vertrauen und zu gehorchen haben. Wir verwerfen die falsche Lehre, als könne und müsse die Kirche als Quelle ihrer Verkündigung ausser und neben diesem einen Worte Gottes auch noch andere Ereignisse und Mächte, Gestalten und Wahrheiten als Gottes Offenbarung anerkennen. War in Ulm die rechtliche, so war nun in Barmen auch die geistlich-theologische Abgrenzung erfolgt.

Die Mehrzahl der bayerischen Pfarrer und der kirchenleitenden Persönlichkeiten stellte sich damals hinter dieses neue Bekenntnis der Kirche. Das fiel einigen nicht ganz leicht, da es doch nur allzu deutlich die Züge Karl Barths trug und dieser leider reformiert war. Diesen Umstand nützten nun in Bayern die erneut sich formierenden Deutschen Christen aus. Die ihrer Meinung nach in Barmen zu kurz gekommene *genuin lutherische Stimme* wurde schriftlich im *Ansbacher Ratschlag* fixiert. Dieses Dokument basiert auf der Theologie des Erlangers Paul Althaus. Es stellt neben die Offenbarung Gottes in Christus die sogenannte *Uroffenbarung*. Praktisch bedeutet das, daß die *natürlichen Ordnungen* – die Volksgemeinschaft etwa, die Rasse und die jeweilige Obrigkeit – für den Christen dieselbe Autorität besitzen wie Jesus Christus. Von der möglichen Pervertierung aller dieser Ordnungen und Strukturen wird mit keinem Wort gesprochen. Im Gegenteil: Um nur ja richtig verstanden zu werden, schließt der *Ansbacher Ratschlag* mit einem Dank an Gott für den *Führer als frommen und getreuen Oberherrn* und für den NS-Staat als ein *gut Regiment, ein Regiment mit Zucht und Ehre*.

Als Wortführer der neuen Clique nationalsozialistischer Pfarrer unterzeichnete der Direktor der Bruckberger Anstalten der *Inneren Mission*, Pfarrer Hans Sommerer, der sich zusammen mit den Nürnberger Pfarrern der *Inneren Mission*, Hans Baumgärtner und Kurt Halbach, allmählich zu den führenden Deutschen Christen in Bayern entwickelte. Unter dem verhängnisvollen *Ansbacher Ratschlag* standen auch die Namen der beiden Erlanger Theologen Paul Althaus und Werner Elert. Obwohl die Professoren betonten, sie wollten damit in keiner Weise für die Deutschen Christen optieren, mußten sie doch bald erkennen, daß dieses Dokument als theologisch-lutherische Rechtfertigung des emotionalen Nationalismus und – noch schlimmer – des völkischen Reichskirchentums angesehen wurde. Sie zogen daraufhin tatsächlich ihre Unterschriften wieder zurück. Das Unglück war freilich geschehen: die Deutschen Christen in Bayern fühlten sich bestärkt und setzten ihren Kampf mit neuem Elan fort.

Dabei zeichnete sich immer deutlicher ab, daß sie sich jetzt nicht mehr, wie noch im Jahr zuvor, als innerkirchliche Opposition verstanden. Sie standen jetzt vielmehr in offener Rebellion gegen Landesbischof Meiser, arbeiteten auf seine Absetzung hin und betrachteten die Reichskirchenregierung von Müller-Jäger als ihre eigentliche kirchliche Obrigkeit. Obwohl sich die Landessynode im August noch einmal deutlich hinter die Meiser'sche Kirchenpolitik stellte und die Eingliederung der bayerischen Landeskirche unter Hinweis auf *die völlig unmögliche Haltung der derzeitigen Reichskirchenregierung* ablehnte, setzte im September ein regelrechtes Kesseltreiben gegen Meiser ein. Anläßlich des Reichsparteitages in Nürnberg erscholl das erste Mal der Ruf nach dem Rücktritt des Landesbischofs. Die NS-Pfarrer begannen, Material gegen die Kirchenleitung zu sammeln und dem Reichsbischof sowie den Parteistellen zu übersenden, damit – wie einer von ihnen schrieb – *endlich einmal der schwarzen Front in Bayern die Spitze abgebrochen und den Bekenntnisbrüdern ihre Tarnung abgerissen wird.* Ein anderer schrieb nach Berlin, man könne sich gar nicht vorstellen, was die reichsbischöflichen Pfarrer in Bayern alles zu leiden hätten; man *lechze nach der Erlösungsstunde*.

Vorbereitet durch eine derartige Wühlarbeit, erfolgte am 15. September in Nürnberg der Generalangriff gegen Hans Meiser. Den Auftakt besorgte die offizielle Parteipresse Frankens. An diesem Tag erschien in der *Fränkischen Tageszeitung*, einer Gründung des Gauleiters und berüchtigten Antisemiten Julius Streicher, in großer Aufmachung ein unglaublich wüster und primitiver Artikel gegen den Landesbischof. Sein Verfasser war der Reichstagsabgeordnete Karl Holz, stellvertretender Gauleiter der NSDAP in Franken.

Unter der Überschrift *Fort mit Landesbischof D. Meiser* hieß es in den Schlagzeilen: *Er ist treulos und wortbrüchig – Er handelt volksverräterisch – Er bringt die evangelische Kirche in Verruf*. Im einzelnen beklagte sich der Verfasser dann über das *offene und geheime Wühlen gegen Staat und nationalsozialistische Weltanschauung*. Ein Teil der Geistlichen komme nur noch zusammen, um gegen die Regierung zu schimpfen und zu stänkern. Man behaupte sogar, in Deutschland könne

Fort mit Landesbischof D. Meiser!

Er ist treulos und wortbrüchig – Er handelt volksverräterisch – Er bringt die evangelische Kirche in Verruf

Das Organ der fränkischen Gauleitung, Julius Streichers Fränkische Tageszeitung, eröffnete im September 1934 die Hetzkampagne gegen Landesbischof Meiser und druckte den Artikel des Parteigenossen Karl Holz zwei Tage später noch einmal als Extra-Blatt

man nicht mehr die Wahrheit hören, darum müsse man ausländische Zeitungen lesen. Es müsse jedem *anständigen Christen* die Schamröte ins Gesicht treiben, wenn man bedenke, daß für derartige unwürdige Versammlungen geweihte Räume mißbraucht würden. Nach diesen allgemeinen Attacken auf die *landesverräterische Gesinnung* der evangelischen Geistlichkeit fährt Holz wörtlich fort: *Der Schuldige an diesen Zuständen ist der Landesbischof D. Meiser. Er ist der Haupthetzer. Jeder ehrliebende, charakterfeste deutsche Mann kann ihm nur mit Verachtung begegnen.* Ausführlich wird nun die Erklärung vom Januar zitiert, in der Meiser Hitler und Müller ein *Treuebekenntnis* gegeben habe. Daneben stellt Holz die offizielle Absage der Bekenntnisgemeinschaft, um dann zu erklären: *Er ist treulos. Er ist wortbrüchig. Er ist unchristlich. Er hat volksverräterisch gehandelt. Er hat gehandelt wie Judas Ischariot. Dieser verriet seinen Herrrn und Meister mit einem Kuß, Landesbischof D. Meiser verriet seinen Führer mit einem Händedruck.* Abschließend fordert Holz die *sofortige Entfernung des wortbrüchigen und treulosen Landesbischofs* und spricht Müller die *unbedingte Autorität über die gesamte evangelische Kirche Deutschlands* zu.

Daß es sich bei diesem Artikel um eine gezielte und offizielle Aktion handelte, bewies allein schon der Verfasser und das Blatt, in dem er schrieb. Noch deutlicher wurde das einige Tage später, als über Nacht rote Plakate in der ganzen Stadt angebracht wurden, die ebenfalls die Aufschrift trugen: *Fort mit Landesbischof Meiser.* Schließlich wurde der Holz'sche Artikel noch als Flugblatt nachgedruckt und verteilt.

Diesmal erkannte das bekenntnisbewußte und Meisertreue Nürnberg, daß der Kampf nicht zu umgehen war. Noch am selben Tag schickte das evangelische Männerwerk ein Protesttelegramm an Ministerpräsident Siebert. Die Pfarrer versammelten sich und bestimmten eine Delegation, die unverzüglich mit dem Nürnberger Polizeipräsidenten Dr. Martin verhandeln sollte. Zu dieser Abordnung gehörte selbstverständlich der Führer des kirchlichen Widerstandes in der fränkischen Metropole, der Direktor des Predigerseminars und spätere Kreisdekan Julius Schieder. Kurz vor Mitternacht trafen die Geistlichen im *Deutschen Hof* mit dem Polizeipräsidenten und mit Karl Holz zusammen. Man forderte die Zurückziehung des Plakates. Doch Holz entgegnete: *Die Pfarrer sind auf unserer Seite; ganz wenige Pfaffen denken anders; sie werden an die Laterne gehängt.* Die Beschwerde und die zahlreichen anderen Proteste im Land hatten immerhin den Erfolg, daß die Plakate überklebt wurden und Holz eine polizeiliche Verwarnung hinnehmen mußte. Die Erregung in den Gottesdiensten am 16. September war groß, vor allem, als die Geistlichen in allen Kirchen ein schriftlich aufgesetztes Treuebekenntnis zum Landesbischof verlasen.

Die Deutschen Christen gedachten jedoch, die Chance zu nutzen; sofort für Montag setzten sie eine Massenkundgebung auf dem Hauptmarkt, dem *Adolf-Hitler-Platz*, an. Im Predigerseminar, das sich unter seinem Rektor und dem Inspektor Kurt Frör immer mehr zu einem Aktionszentrum der bekennenden Gemeinden entwickelte, bereitete man sofort Gegenmaßnahmen vor. Der Versuch, die deutschchristliche Kundgebung polizeilich verbieten zu lassen, schlug fehl. Die Genehmigung zu einer Bekenntniskundgebung wurde auch nicht erteilt. Aber man hatte ja die großen Gotteshäuser der Innenstadt. So radelten die Kandidaten des Predigerseminars durch die Straßen und forderten alle treuen Gemeindeglieder auf, sich am Abend auf dem Hauptmarkt einzufinden. Ein Telefonanruf nach München lautete: *Onkel Hans soll sofort nach Nürnberg kommen.* Hans Meiser hatte schon am Vortag in der überfüllten Matthäuskirche gepredigt. Nun fuhr er tatsächlich in die *Höhle des Löwen*, um es hier in Nürnberg zur Kraftprobe kommen zu lassen.

Inzwischen hatten sich Tausende auf dem Hauptmarkt eingefunden. Die überwiegende Mehrheit zog unter Führung der Geistlichen in die Gotteshäuser weiter, – die riesige St. Lorenzkirche füllte sich, die Heilig-Geist-Kirche und die Egidienkirche. Etwas verspätet erschien schließlich Meiser, nacheinander in allen drei Kirchen. Er nahm offen zu allen Vorwürfen Stellung; man kann sagen: ruhig und würdig, wie es seiner Art entsprach. Dann ermahnte er die Gemeinde, jetzt erst recht in Geduld und Treue auszuhalten, denn eine *neue Lutherzeit* sei angebrochen. Damit war aber die Menge offenbar nicht zufrieden. Sie suchte nach einer Möglichkeit, dem Bischof ihre Treue zu versichern. Als daher der Landesbischof das Gotteshaus verließ, geschah etwas, was wohl nur aus der Situation dieser Zeit heraus zu verstehen ist: die Menge erhob die Hand zum *deutschen Gruß* und brach in den begeisterten Ruf *Heil Meiser!* aus. Immer wieder wurde der Bischof, wenn er später in Nürnberg erschien, auf diese Weise begrüßt.

Natürlich zeichnete sich in den Bekenntnisgottesdiensten, die nun im ganzen Land schlagartig einsetzten, in den Treuegelöbnissen der Pfarrer und am deutlichsten in diesem Gruß ein Personenkult ab, der zweifellos unevangelisch war. Diese Zuspitzung des Kampfes auf die Stellung zum Bischof war schon mit dem kirchlichen Ermächtigungsgesetz vorbereitet worden. Sie wurde immer deutlicher das Kennzeichen des bayerischen Kirchenkampfes. Und sie war keineswegs ungefährlich, denn durch sie reduzierte sich die notwendige geistig-geistliche Auseinandersetzung des christlichen Glaubens mit der nationalsozialistischen Weltanschauung für nicht wenige auf die Alternative *Meiser-Müller*. Andererseits steckt gerade in dem ungewöhnlichen Gruß *Heil Meiser!* ein kaum zu überbietender Affront gegen Hitler und das ganze NS-Regime. Jeder, der in diesen Ruf einstimmte, mußte sich dessen bewußt sein.

Alle Bekenntnisgottesdienste dieser Tage – in Nürnberg, München, Augsburg und Memmingen – gestalteten sich in dieser Weise zu wahren Huldigungsfeiern für Meiser. Er zog predigend von einer großen Kirche zur anderen, vom Bodensee bis über den Main. Gerade die gefährdeten Orte wie Ansbach und Gunzenhausen ließ er dabei nicht aus. Seine Ansprachen standen meist unter einem Bibelwort aus dem Philipperbrief: *Steht fest in einem Geist und laßt euch nicht schrecken.* Und das Kirchenvolk, das gewiß die Tragweite der Auseinandersetzungen nicht immer begriff, stellte sich in seiner überwältigenden Mehrheit hinter seinen Bischof. In begeisterten Heil-Ovationen und im Absingen des Lutherliedes *Ein' feste Burg ist unser Gott* tat es seine Einstellung kund. Die Institution der Volkskirche konnte einen triumphalen Erfolg buchen, und die Deutschen Christen sowie ihre Hintermänner in der Partei blickten erschrocken nach Bayern, wo *so etwas* möglich war.

Die Nürnberger Ereignisse sollten jedoch nur das Vorspiel sein. Schärfer als je zuvor gingen jetzt der *Nationalsozialistische evangelische Pfarrerbund und die Deutschen Christen gegen den Landesbischof vor. Im Büro der Reichskirchenregierung in Berlin häuften sich die Briefe deutschchristlicher Pfarrer und treuer Nationalsozialisten, die sich über die *Seelenknechtung durch Meiser* beschwerten. Ein ehemaliger Ansbacher Pfarrer, der aber inzwischen nach Berlin verzogen war, weil er *als Nationalsozialist und Christ die schandbaren Verhältnisse dort* nicht mehr hatte ertragen können, ließ Müller wissen, er erhalte *täglich Notschreie* aus seiner alten Heimat; vielen Pfarrern und Laien sei *fast das Herz zerbrochen* wegen der Beleidigungen, die sich die *allerchristlichsten Volks- und Vaterlandsverräter tagtäglich zuschulden kommen lassen*. Er bitte jetzt, *mit harter Barmherzigkeit – wie Luther sagt – in diese Hölle hineinzufahren*. Auch andere mittelfränkische Pfarrer forderten die Reichskirchenregierung immer unverhohlener zu einem gewaltsamen Eingreifen auf. Sie boten sich als Denunzianten an: *Unser Material steht jederzeit zur Verfügung*. Und sie bewarben sich bereits um die frei werdenden Posten: *Heute möchte ich mich dem Herrn Reichsbischof in besonderer Weise zur Verfügung stellen*.

Am 20. Oktober feierte Ludwig Müller im Berliner Dom seine offizielle Inthronisation als Reichsbischof. Die bayerische Kirchenleitung war nicht vertreten. Dafür hatte Meiser einen *Glückwunsch* geschickt, den wohl noch nie ein Bischof zu seiner Weihe von einem Kollegen empfangen hat. Dieser *offene Brief* faßte noch einmal alle Beschwerden gegen das Müller-Jäger-Regime zusammen. Er war in einer geradezu feierlich-liturgischen Form abgefaßt und näherte sich so dem Stil der altkirchlichen Ketzerverdammung. *Sind Sie bereit, wie es einem lutherischen Bischof geziemt, mit allem Nachdruck dafür einzutreten, daß die bewußt zerstörte Ehre deutscher evangelischer Bischöfe und Kirchenmänner voll wiederhergestellt wird, daß die deutsche Öffentlichkeit die wahren Tatbestände unverkürzt und unverschleiert erfährt und daß alle unwahren Behauptungen unverzüglich zurückgenommen werden? Sind Sie bereit, so wie es einem lutherischen Bischof geziemt, mit Wort und Tat Zeugnis abzulegen gegen den unchristlichen und widerchristlichen Geist, der gegen die Kirche des reinen Evangeliums aufsteht und unser Volk, das dem Christentum seit dem Eintritt in seine große Geschichte verbunden ist, zerstören will?*

Mit diesem Gruß zur Bischofseinführung hatten sich die

Evangelische Kundgebung

am Mittwoch, 4. April, abends 7½ Uhr in der Matthäuskirche, abends 8 Uhr in der Lukaskirche

"Bekennende Kirche"

Es werden sprechen:

Pfarrer Lic. Dr. Beckmann aus Düsseldorf
Herr Landesbischof D. Meiser

Gesangbücher mitbringen! Evangelische kommt in Scharen!

Die Evang. Luth. Pfarrämter Münchens

In überfüllten Bekenntnisgottesdiensten stellten sich Bayerns evangelische Gemeinden im Kirchenkampf hinter ihren Bischof

Bayern den unversöhnlichen Haß Müllers und seines *Rechtswalters* Jäger zugezogen. Das Schicksal des Bischofs und seiner Kirchenleitung schien besiegelt; bereits eine Woche später traf sich Jäger mit dem bayerischen Innenminister, dem Münchner Gauleiter Adolf Wagner sowie den Vertretern der politischen Polizei im *Braunen Haus* in München, um die gewaltsame Absetzung Meisers und der Kirchenleitung in die Wege zu leiten.

Am Mittag des 11. Oktobers erscheint dann der *Rechtswalter* des Reichsbischofs im Dienstgebäude des Landeskirchenrats hinter dem heutigen Königsplatz. Mitgebracht hat er einige Männer der Berliner politischen Polizei und zwei ganz eifrige NS-Theologen, den Konsistorialpräsidenten Paul Walzer und den sächsischen Oberlandeskirchenrat Dr. Klemich. Der Landesbischof ist nicht anwesend. So treibt Jäger die Oberkirchenräte in den Sitzungssaal – *wie eine Hammelherde*, meinte später einer der Beteiligten –, um ihnen zu erklären, daß sie alle abgesetzt seien. Dabei kommt es zu turbulenten Szenen. Oberkirchenrat Thomas Breit entrüstet sich über den rüden Tonfall und wird von Jäger angeschrien: *Ich bin hier ihr Vorgesetzter*. Als er daraufhin weitere Verhandlungen ablehnt, ruft Jäger: *Dem Zustand der Meuterei und Rebellion muß ein Ende gemacht werden!* Dann teilt er den Herren mit, sie dürften ihre Wohnungen nicht verlassen und hätten Redeverbot. Anschließend spricht er eine ganze Reihe weiterer Beurlaubungen aus, die nicht nur die Leiter des Nürnberger Predigerseminars betreffen, sondern auch den Oberkirchenrat Maximilian von Ammon, der bereits vor anderthalb Jahren verstorben ist.

Auch die Beamten und Angestellten des Landeskirchenrats, die man zunächst drei Stunden eingesperrt hatte, werden von Jäger neu verpflichtet. Die vier, die sich weigern, können sich als entlassen betrachten. Die Chronik vermeldet, daß Pfarrer Sommerer die Versammlung mit einem Gebet beschließt! Noch am Nachmittag zerteilt Jäger die bayerische Landeskirche in zwei Kirchengebiete, für die er sofort *geistliche Kommissare* einsetzt. Das Kirchengebiet Altbayern, zu dem Ober- und Niederbayern sowie Schwaben und die Oberpfalz gehören, erhält in dem verdienten nationalsozialistischen Pfarrer Hans Gollwitzer aus Mühldorf einen neuen Bischof; *geistlicher Kommissar* für Franken wird – wie von ihm erhofft – der Bruckberger Pfarrer Hans Sommerer. Damit keine Probleme auftauchen, beordert Jäger noch einige weitere deutschchristlichen Theologen aus dem Reichskirchenamt in Berlin nach München.

Es sollte aber doch Probleme geben, denn Jäger hatte die kirchliche Situation in Bayern, ebenso wie in Württemberg, falsch eigeschätzt.

In München verbreitet sich die Kunde vom Einbruch der Reichskirche wie ein Lauffeuer. Gegen 20 Uhr haben sich Tausende in der Matthäuskirche und auf dem Vorplatz eingefunden. Landesbischof Meiser betritt die Kanzel und predigt über das Wort des Hebräerbriefes: *Wir aber sind nicht von denen, die da weichen und verdammt werden, sondern von denen, die da glauben und ihre Seele erretten.* Er protestiert *gegen Gewalt und Unrecht* und verspricht, das ihm von der Kirche übertragene bischöfliche Amt nicht niederzulegen. Dann ruft er die Gemeinde zum Gebet auf und bittet um ihre Hilfe: *Von dir, Gemeinde, wird jetzt die Tat der Treue gefordert.* In unvorstellbarer Erregung und Begeisterung empfängt die Menge den Bischof vor dem Gotteshaus mit ihren Heilrufen und ihren Sprechchören: *Festbleiben, festbleiben.* Als das Überfallkommando naht und Meiser um Ordnung bittet, stimmt die Gemeinde das Bekenntnislied aus den Kampfjahren der bayerischen Gegenreformation an:

> *Erhalt uns, Herr, bei deinem Wort*
> *und steure deiner Feinde Mord,*
> *die Jesum Christum, deinen Sohn,*
> *wollen stürzen von deinem Thron.*

Der Landesbischof unterschrieb die ihm vorgelegte Absetzungsurkunde nicht und wurde unter Hausarrest gestellt.

Die Deutschen Christen in Bayern aber atmeten auf. Überall versuchten sie nun sofort, die Schlüsselpositionen zu besetzen. In Ansbach erschien beim Kreisdekan Georg Kern der nationalsozialistische Pfarrer Gottfried Fuchs und bat um Schlüssel und Amtssiegel. Als sich der wackere Kreisdekan weigerte, kursierte bald in der Stadt der Vers:

> *Fuchs, du hast das Amt gestohlen,*
> *das ist gar nicht schwer.*
> *Jäger hat es dir befohlen;*
> *Kern gibt es nicht her.*

Naturgemäß spitzte sich die Situation in Nürnberg besonders zu. Hier erschienen wenige Tage nach der *Machtübernahme* der neue Frankenbischof und der wohl gefährlichste unter Bayerns deutschchristlichen Pfarrern, Dr. Ludwig Beer aus Eibach, auf dem Dekanat, um den greisen Dekan Erhard Weigel abzusetzen. Am selben Tag bemächtigten sich Pfarrer Halbach und einer der deutschchristlichen Vikare Nürnbergs des Predigerseminars.

Die ernsten Wortwechsel und die erschütternden Szenen, die sich dabei abspielten, werden eigentlich nur durch den Skandal übertroffen, der sich am 21. Oktober in Nürnberg-Maxfeld zutrug. Als neuer Geistlicher der Gemeinde war hierher Pfarrer Heinrich Schick aus Rothenburg berufen worden. Während er in der Lutherkapelle seinen ersten Gottesdienst hielt, erschien der *geistliche Kommissar* Sommerer mit seinen Anhängern im Gotteshaus. Schick stand am Altar, Sommerer stieg auf die Kanzel und erklärte: *Ich halte hier den Gottesdienst. Ich verweise Pfarrer Schick in die Sakristei.* Dieser sagte, er sei vom Kirchenvorstand als Pfarrer akzeptiert und vom Landeskirchenrat ordentlich berufen und weigere sich, den Platz zu räumen. Es kam zu Tumulten und sogar Tätlichkeiten im Gotteshaus, bei denen sich, wie es später hieß, die Frauen aus der bischöflichen Gefolgschaft am schlimmsten gebärdeten. Die Ortsgemeinde verteidigte jedoch ihren neuen Pfarrer, und Sommerer mußte sich schließlich auf den Vorplatz zurückziehen. Die Sache hatte ein gerichtliches Nachspiel – nicht das letzte, das der Einbruch der Deutschen Christen in Bayern mit sich brachte – doch das Verfahren wegen Hausfriedensbruch wurde schließlich eingestellt.

Während die reichskirchlichen Kommissare und ihre Helfer ihre Stellungen emsig ausbauten und mit einigen schnell erlassenen Kirchengesetzen rechtlich abzusichern versuchten, ging durch die Gemeinden auch außerhalb Bayerns ein Sturm der Entrüstung. Das Müller-Jäger-Regime hatte sich mit diesem Akt brutaler Gewalt endgültig entlarvt. Als ersten Gruß der Verbundenheit erreichte den inhaftierten Meiser ein flammender Protest des Bruderrates der Bekennenden Kirche: *Wir klagen an! In der Kirche, die sich nach dem Evangelium nennt, ist das Evangelium außer Kraft gesetzt. Willkür und Verlogenheit sind in ihr zur Herrschaft gelangt. Die Reichskirchenregierung vergewaltigt ein rechtmäßiges Kirchenregiment und eine gläubige Kirche mit allen ihren Gemeinden und braucht hierzu polizeiliche Gewalt; aber sie redet vom Frieden ... Herr, mach uns frei.* Die sofort nach Berlin-Dahlem einberufene zweite Bekenntnissynode exkommunizierte den Reichsbischof. Sie rief das kirchliche Notrecht aus und setzte eine neue *Vorläufige Kirchenleitung der Deutschen Evangelischen Kirche* ein. Es sollte niemals vergessen werden, daß die Bekennende Kirche in dieser Stunde geschlossen hinter der bayerischen Landeskirche stand.

In Bayern selber wurde manchem Pfarrer jetzt endgültig klar, was auf dem Spiele stand. Der Rektor der Neuendettelsauer Diakonissenanstalt, Hans Laurer, der 1933 noch wie ein Rohr im Wind hin- und hergeschwankt war, erklärte seinem alten Mitarbeiter Sommerer nun, er kenne keinen *Frankenbischof* und beurlaubte ihn als Leiter der Bruckberger Anstalten. Rund 1250 von 1400 bayerischen Pfarrern versicherten dem Landesbischof erneut unter Hinweis auf ihr Ordinationsgelübde die Treue. Auch die theologische Fakultät der Erlanger Universität, deren theologischer Zick-Zack-Kurs die Verwirrung doch mitverursacht hatte, protestierte jetzt geschlossen beim Reichsstatthalter Ritter von Epp gegen Maßnahmen, die die *Bruderliebe*, die *Treue* und die *Wahrhaftigkeit* so offenkundig verletzten.

Die eigentlichen Träger des Widerstandes wurden aber nun für alle erkennbar die Gemeinden. Im ganzen Land fanden außerordentliche Buß- und Bittgottesdienste statt, bei denen die Altäre schwarz verkleidet und die Kerzen *zum Zeichen der Trauer und Scham* ausgelöscht wurden. Auch den frommen Humor entdeckte man neu. Der 91. Psalm *Wer unter dem Schirm des Höchsten sitzt ...* avancierte zum gern zitierten Bibelwort; einer seiner Verse enthielt die Verheißung: *Er er-*

Verordnung

zur Sicherung der Durchführung der Verfassung und der Kirchengesetze der Deutschen Evangelischen Kirche in der Evangelisch-Lutherischen Landeskirche in Bayern rechts des Rheins.
Vom 11. Oktober 1934.

Der Landesbischof der Evangelisch-Lutherischen Landeskirche in Bayern rechts des Rheins weigert sich, Gesetze der Deutschen Evangelischen Kirche, die gemäß der Verfassung der Deutschen Evangelischen Kirche rechtmäßig beschlossen sind, und Anordnungen der Leitung der Deutschen Evangelischen Kirche, die gesetzmäßig erlassen sind, durchzuführen. Er fordert auch die ihm unterstellten Geistlichen zum Ungehorsam gegen die Gesetze und die Leitung der Deutschen Evangelischen Kirche auf.

Zur Sicherung der Verfassung der Deutschen Evangelischen Kirche und zur Herstellung der Ordnung in der Evangelisch-Lutherischen Landeskirche in Bayern rechts des Rheins ist daher eine sofortige Maßnahme erforderlich. Ich verordne deshalb auf Grund des Artikels 6 Absatz 1 der Verfassung der Deutschen Evangelischen Kirche:

§ 1.
Der Landesbischof D. Meiser wird mit sofortiger Wirkung abberufen.

§ 2.
Die Befugnisse des Landesbischofs der Evangelisch-Lutherischen Landeskirche in Bayern rechts des Rheins werden bis auf weiteres durch Kommissare ausgeübt, die der Reichsbischof ernennt.

§ 3.
Diese Verordnung tritt mit dem heutigen Tage in Kraft.
Berlin, den 11. Oktober 1934.
Der Reichsbischof
gez. Ludwig Müller.
gez. Jäger.

Genau drei Wochen dauerte das Kirchenregiment, das Reichsbischof Müller nach einem gewaltsamen Einbruch im Münchner Landeskirchenrat für Bayern etablierte

rettet dich vom Strick des Jägers und von der schädlichen Pestilenz. Unterschriftensammlungen mit dem Ziel, jetzt auch in Bayern eine illegale Bekenntniskirche auszurufen, kursierten. Inzwischen trafen – dem Stil der Zeit entsprechend – Kinderabordnungen bei Meiser ein, um ihm die Grüße seiner Gemeinden zu überbringen. Der Leiter der Nürnberger Männerarbeit, Ingenieur Dr. Wolfgang Rohde, organisierte einen ganzen Sonderzug. Mit ihm fuhren 800 Nürnberger nach München, um dort in der Matthäuskirche ein *Pray-in* und anschließend vor der Wohnung des Landesbischofs ein aufsehenerregendes *Sing-in* zu veranstalten. Als bekannt wurde, daß

Meiser noch nicht einmal die Gottesdienste besuchen durfte, zogen die Münchner Protestanten nach den allgemeinen Gottesdiensten in die Arcisstraße. Im Hof des Landeskirchenrats feierte die große Gemeinde dann mit ihrem Bischof und für ihn einen zweiten Gottesdienst. Meiser selber bat seine Gemeinde, nur darauf zu achten, daß der Kampf *als ein geistlicher Kampf allezeit mit geistlichen Waffen geführt wird.*

Welche Macht in einem geistlichen und mutigen Wort stecken kann, bewiesen in diesen Tagen die fränkischen Bauern. In den Dekanaten Ansbach, Rothenburg, Feuchtwangen und Uffenheim – im Kerngebiet des evangelischen Franken also – bildeten die Bauern eine Delegation, die zusammen mit den Pfarrern Julius Schieder und Heinrich Koch *rauf nach München* fahren sollte. In München eingetroffen, beschloß man, daß die Pfarrer schweigen und die achtzehn Bauern reden sollten.

Zunächst marschierte die Delegation zum Reichsstatthalter. Mit bewegten und ungelenken Worten erklärte einer der Bauern: *Zwölf Generationen lang sitzen wir auf unserem Hof und noch niemals sind wir Lumpen an unserem Glauben geworden. Wenn ihr uns die Kirche nehmt, dann ist uns unsere Scholle, unsere Heimat und unser Vaterland nichts mehr wert.* Teilnehmer berichteten später, dem Ritter von Epp seien bei diesem Votum die Tränen in die Augen getreten. Zur Überraschung der Deputation erklärte er, von der Verhaftung Meisers offiziell nichts zu wissen. Tatsächlich war der Reichsstatthalter an dem Komplott nicht beteiligt worden, da bekannt war, daß er derartige Gewaltmaßnahmen ablehnen würde.

Ähnlich verlief die Audienz beim bayerischen Ministerpräsidenten. Ludwig Siebert versprach, sich für die sofortige Freilassung des Landesbischofs einzusetzen. Angesichts des Bekenntnisses der Bauern brach es plötzlich aus ihm raus: *Und wenn die Welt voll Teufel wär', es soll uns doch gelingen.*

Weniger erfolgreich fielen die Besuche im Kultusministerium und im *Braunen Haus* aus. Der militärische Berater Hitlers äußerte sich gar nicht. Ein Staatssekretär des Kulturministeriums dagegen zeigte sich über die Aufsässigkeit der Bauern empört und schrie, sie seien Separatisten. Die Bauern, nicht auf den Mund gefallen, riefen: *Wir haben euch gewählt, und jetzt laßt ihr uns im Stich. Das werden wir in Franken erzählen, wie es hier in München wirklich aussieht.* Eine größere Delegation reiste sogar nach Berlin und sprach bei dem gefürchteten Major Hermann von Detten vor. Dieser Mann, der an den Aktionen der Reichskirchenregierung maßgeblich beteiligt war, meinte beruhigend, es werde sich schon die Spreu vom Weizen trennen. Dieses landwirtschaftliche Gleichnis kam den mittelfränkischen Bauern sehr gelegen: *Wenn die Deutschen Christen und der Reichsbischof die Spreu sind und wir der Weizen, dann wollen wir damit gerne zufrieden sein.* Sichtbaren Erfolg hatten diese Protestgänge, wie es zunächst schien, nicht. Doch dieser Eindruck täuscht. Vor allem die Münchner Abordnung hatte auf den Reichsstatthalter und den Ministerpräsidenten einen tiefen Eindruck gemacht.

Unmittelbar nach den Audienzen setzte hinter den Kulissen eine rege diplomatische Aktivität ein. Ritter von Epp und Ministerpräsident Siebert stellten fest, daß sie bei der Verhaftung Meisers und der Besetzung des Landeskirchenrats geradezu übergangen worden waren. Das Ganze stellte sich den Bayern als eine Berliner Aktion dar. Im übrigen zeigte sich jetzt bei den Verhandlungen und Telefonaten das gesamte Durcheinander von Staat und Partei; niemand wußte eigentlich so recht, wer was veranlaßt hatte. Siebert hatte bereits in der vergangenen Zeit kaum ein Hehl daraus gemacht, daß er die bayerische Landeskirche und deren Bischof nicht fallenlassen würde. Er ließ sich auch jetzt nicht von Rudolf Hess, dem Stellvertreter des Führers, und von Reichsinnenminister Frick abweisen, sondern bestand auf einer sofortigen Regelung der *Kirchenangelegenheit.* Ritter von Epp war die Bauerndelegation so nahe gegangen, daß er offen erklärte, man müsse mit einem großen Aufstand in der ganzen evangelischen Kirche rechnen, was der Partei nur schaden könne. In der Umgebung Hitlers sah man immer deutlicher, daß der leidige Kirchenstreit keineswegs mehr eine innerkirchliche oder nur deutsche Angelegenheit war; die ausländische Presse, vor der sich das NS-Regime ja immer fürchtete, begann, über die bayerischen Kämpfe zu berichten, und die Angelegenheit drohte politisch brisant zu werden. Hitler selber mußte schließlich eingeschaltet werden.

Der Führer hatte schon längst das Interesse an einer ihm ergebenen Reichskirche verloren. Es war der größte Fehler des Müller-Jäger-Regimes gewesen, in einem Augenblick in Bayern zuzuschlagen, wo sowohl der Reichsbischof als auch sein *Rechtswalter* Jäger bei Hitler längst ausgespielt hatten. Die Reaktion in Bayern brachte das Faß zum Überlaufen; Hitler sagte einen vorgesehenen

Empfang für den Reichsbischof und seine Clique buchstäblich in letzter Minute ab. Am 26. Oktober wurden die Bischöfe Meiser in München und Wurm in Stuttgart entlassen; am Abend desselben Tages gab Müller in Berlin den Rücktritt Jägers bekannt, – in Wirklichkeit seine Abberufung, genauer gesagt: seinen Sturz. Wenige Tage später gewährte Hitler sogar den drei lutherischen Bischöfen von Hannover, Württemberg und Bayern eine Audienz. Dabei erklärte er ihnen in aller Deutlichkeit, er betrachte seinen Versuch, eine nationale Reichskirche zu etablieren, als gescheitert; in Zukunft könnten die Kirchen machen, was sie wollten. Damit war die Macht Müllers faktisch gebrochen; der Kirchenkampf trat in eine neue Phase.

Nach dieser Klarstellung zögerte Meiser keinen Augenblick, in Bayern wieder Ordnung zu schaffen. Er informierte die staatlichen Stellen, und dann zog die gesamte alte Garde unter dem Schutz der Kandidaten des Münchner Predigerseminars wieder in das Dienstgebäude des Landeskirchenrates ein. Man hatte sich dafür den Allerheiligentag ausgesucht, der auch für die Statthalter der Reichskirche in München ein Feiertag war. Bereits am nächsten Tag wandte sich Landesbischof Meiser in einer Kundgebung an die Gemeinden. Er erklärte, die Kirchenleitung werde ihr Amt nun wieder *aufs neue* nach der alten Ordnung ausüben. Mit warmen Worten dankte er den Gemeinden für ihre Treue: *Was in diesen Wochen an Liebe zur Kirche, an Treue gegen das Erbe der Väter und an freudigem Bekennermut offenbar geworden ist, wird unvergessen sein. Die nachfolgenden Geschlechter werden sich daran aufrichten.*

Meiser hatte allen Grund, seinen Gemeinden zu danken. Es steht außer Zweifel, daß der Protest der bekennenden Gemeinden und der Delegationen der fränkischen Bauern den Sieg im Sturmjahr 1934 errungen haben. Meisers Ziel war die Erhaltung der Volkskirche, und in der entscheidenden Stunde hat diese Volkskirche ihren Bischof gehalten. Damit war der Kirchenkampf in Bayern entschieden. Der Einbruch der Reichskirchenregierung und die Herrschaft der Deutschen Christen war durch diesen Eklat ein für alle Mal abgewehrt und unmöglich geworden. Bayern gehörte in der Folgezeit zusammen mit Württemberg und Hannover zu den drei sogenannten *intakten* lutherischen Landeskirchen.

Einen Augenblick – nämlich nach dem Sturz Jägers und der Rückkehr Meisers – hatten die evangelischen Kirchenführer möglicherweise die Chance, den Reichsbischof endgültig abzusetzen und einen neuen, starken Mann, ausgestattet mit Vollmacht und mit einem wirklich geistlich fundierten Team, an die Spitze der *Deutschen Evangelischen Kirche* zu berufen. Die Wahrscheinlichkeit ist groß, daß Hitler nach seinem Ärger mit Müller und den Bayern eine allgemeine Abrechnung der Bekennenden Kirche mit den deutschchristlichen Kirchenregierungen und Bischöfen nicht gewaltsam unterbunden hätte. Doch die lutherischen Bischöfe und die Bekenntnissynoden sahen diese Chance nicht, oder brachten zumindest nicht die Kraft zum gemeinsamen Handeln auf. Der landeskirchliche Partikularismus und das konfessionelle Bewußtsein waren noch immer nicht gebrochen; jeder dachte zunächst einmal daran, seine eigenen Schäfchen in Sicherheit zu bringen.

TAKTIK UM EINER INTAKTEN LANDESKIRCHE WILLEN

Der weitere Weg des bayerischen Luthertums zwischen Widerstand und Ergebung

Das stürmische Jahr 1934 hatte in Bayern die Fronten geklärt. Es hatte auch auf der Reichsebene klargestellt, daß dem Regime nicht mehr an einer geeinten und deutschchristlich geprägten evangelischen Kirche gelegen war. Damit war der Kirchenkampf allerdings keineswegs beendet. Er trat jetzt lediglich in ein neues Stadium ein. War bisher das Bestreben darauf gerichtet gewesen, die Landeskirchen mit Hilfe nationalsozialistischer

Die sogenannte Rote Karte, mit der sich die Freunde der Bekenntnisgemeinschaft auf Glaubensbekenntnis und kirchliche Ordnung des bayerischen Luthertums verpflichteten

Geistlicher gleichzuschalten, so gingen Staat und Partei nunmehr offener dazu über, die Kirchen überhaupt ganz auszuschalten. Man nannte das die *Entkonfessionalisierung* des öffentlichen Lebens. Dieses lautlose, aber permanente Zurückdrängen kirchlichen Einflusses aus Jugendarbeit, Schule, Rundfunk und Presse war nicht selten verbunden mit direkten Angriffen der Partei auf die Kirchen. Es war für die Gemeinden im Land nicht immer leicht, diese Form der Auseinandersetzung zu durchschauen. Die Kirchenleitung auch in Bayern mußte daher weitgehend auf die 1934 so imponierende Schützenhilfe aus den Gemeinden verzichten.

Dabei wurde die Auseinandersetzung für die Kirchenleitung nach 1934 nur immer vielschichtiger. Sie vollzog sich im Grunde genommen auf drei verschiedenen Ebenen. Einmal gab es ja in der bayerischen Landeskirche nun eine Reihe von Geistlichen, die beim Einbruch Jägers offen mit dem Reichskirchenregiment paktiert hatten. Was sollte mit ihnen und mit den anderen deutschchristlich eingestellten Kreisen der Landeskirche geschehen? Das war eine Frage der innerkirchlichen Disziplin. Das Kampfjahr 1934 hatte aber zu einem tiefen Riß zwischen den Kirchenführern der *intakten* Landeskirchen einerseits und den Bruderräten in den *zerstörten* Landeskirchen andererseits geführt. Würde es nun gelingen, die Einheit der Bekennenden Kirche wiederherzustellen und das angeschlagene Schiff der *Deutschen Evangelischen Kirche* wieder flottzumachen? Das war sozusagen der kirchenpolitische Aspekt der kommenden Auseinandersetzung. Schließlich nahmen seit 1935 die direkten Angriffe der nationalsozialistischen Weltanschauung, der Partei und des Staates auf das Christentum zu. Wie stellte sich die bayerische Landeskirche zu diesem Propagandafeldzug gegen die Kirchen? Das war eine Frage des geistigen Standvermögens.

Nach einer Liste Meisers handelte es sich um 57 Pfarrer der bayerischen Landeskirche – bei rund 1400 –, die *abgefallen* waren, unter ihnen auch zwei Dekane. Es war klar, daß eine *Säuberung* stattfinden mußte, damit die angeblich *intakte* Landeskirche tatsächlich ihre innere Geschlossenheit wiederfinden und die Einheit gewahrt bleiben konnte. Die Landeskirche scheute in dieser Situation jedoch davor zurück, den deutschchristlichen Pfarrern Irrlehre vorzuwerfen und ihnen in diesem Sinn ein Lehrzuchtverfahren an den Hals zu hängen. Das hatte verschiedene Gründe.

Einmal hatten sich die bayerischen reichskirchlichen Pfarrer in ihrer Verkündigung auf der Kanzel immer zurückgehalten und abgesichert. Nur einige von ihnen hatten schriftlich ausgesprochene Häresien vertreten. Daß sie sich als Nationalsozialisten und Anhänger Müllers bekannt und das Treueversprechen gegenüber ihrem Landesbischof gebrochen hatten, konnte man schwer in aller Öffentlichkeit als Irrlehre – als Verstoß gegen die Bibel und das lutherische Bekenntnis – darstellen.

Zum anderen hatte sich zwar die Kirchenleitung in der bisherigen Auseinandersetzung des öfteren auf *Schrift und Bekenntnis* berufen. In Wahrheit war jedoch jede wirklich geistige Auseinandersetzung in Bayern – im Gegensatz zu den Kreisen um Karl Barth, Martin Niemöller und Dietrich Bonhoeffer – bisher vermieden worden. Man hatte den Kampf gegen Müller und sein Regiment weitgehend auf der Ebene des Kirchenrechts geführt. So fehlte auch jetzt zweifellos der Mut, die geistlich-theologische Frage endlich aufzurollen und zu klären – und dazu hätte es in einem Verfahren wegen Irrlehre ja kommen müssen. Man klammerte also die Bekenntnisfrage aus – für eine Kirche, die sich fortwährend auf das Bekenntnis berief, zwar unlogisch, aber unkomplizierter und vor allem ungefährlicher.

So brauchte sich also keiner der *geistlichen Kommissare* oder deutschchristlichen Pfarrer wegen Irrlehre zu verantworten. Man griff statt dessen auf die Möglichkeit von Disziplinar- und Verwaltungsverfahren zurück. Diese waren einfacher durchzuführen, da sich Verstöße gegen die kirchliche Verfassung leichter nachweisen lassen als solche gegen das kirchliche Glaubensbekenntnis. Peinlich ist nur, daß die deutschchristlichen Bischöfe in den *zerstörten* Landeskirchen mit demselben Formalismus der Disziplinargesetze gegen die bekenntnistreuen Geistlichen vorgingen. Die *Pfarrerbruderschaft* in Bayern bestand denn auch auf einem härteren Kurs gegenüber den deutschchristlichen Geistlichen. Doch Meiser beharrte auf dem Standpunkt: *Wir werden sie nicht am Ruder haben wollen, aber doch auch nicht einfach über Bord werfen wollen.*

In diesem Wort wird der tiefere Grund für die nachsichtige Haltung Meisers gegen seine Deutschen Christen sichtbar. Eine harte Abrechnung hätte er als ausgesprochen unchristlich empfunden; er war bereit, den irrenden Brüdern zu vergeben und auf die Einsicht und Umkehr jedes einzelnen zu hoffen – mitunter auch dann noch, wenn es längst nichts mehr zu hoffen gab. Er meinte, man müsse versuchen, sie *anzuziehen, zu gewin-*

nen und zu überzeugen als solche, die mit uns der Vergebung bedürfen. Diese vergebende Liebe – verstärkt durch die permanente Angst vor einem Schisma der bayerischen Landeskirche – behielten Meiser und sein Kirchenregiment im Grunde genommen die ganzen folgenden Jahre hindurch bei. Immerhin: die *geistlichen Kommissare* des Jäger'schen Interims, Sommerer und Gollwitzer, und Pfarrer Baumgärtner wurden entlassen. Auch Pfarrer Dr. Beer erhielt vom geistlichen Gericht den Bescheid, seine Vernehmung habe *einen derartigen Tiefstand der Gesinnung und einen Grad von innerer Unwahrhaftigkeit* zu Tage gefördert, daß er schlechterdings als Geistlicher *untragbar* sei. Beer erkannte jedoch seine Suspendierung vom Amt nicht an. Er schrieb nach Berlin, er denke gar nicht daran, sich *mundtot machen zu lassen*. So sah sich die Kirchenleitung gezwungen, die Gerichte zu Hilfe zu rufen, um in den Besitz von Pfarrhaus und Kirche in Eibach zu kommen. Doch auch das schlug fehl; Beer blieb und baute Eibach in den folgenden Jahren zu so etwas wie einer Traditionskirche der Deutschen Christen in Bayern aus.

Im Vertrauen auf die christliche Geduld und Langmut der Kirchenleitung in München formierten sich nun die deutschchristlichen Pfarrer als Ableger der Berliner Reichskirchenregierung in Nürnberg und Mittelfranken neu. Man wählte Pfarrer Hans Baumgärtner zum neuen Landesleiter in Bayern. Die Parole lautete jetzt eindeutig: *Wir kämpfen weiter wie bisher. Auf Verhandlungen lassen wir uns nicht ein. Es geht aufs Ganze und auch ums Ganze*. In zahlreichen Versammlungen tauchten immer weiter die alten Sprüche auf: *Glücklich unser deutsches Volk, dem der von Gott gegebene Führer die Zeit gedeutet hat* und: *Die Stunde ist da, aufzustehen vom Schlaf* und: *Lutherglaube und nationalsozialistische Haltung gehören zusammen*. Die Agitation der Deutschen Christen erstreckte sich bald auch auf Bayreuth, wo 1936 die erste eigenständige deutschchristliche Konfirmation stattfand, und auf das Coburger Gebiet, das sich wegen seiner alten Verbundenheit zu Thüringen für die *Missionsarbeit* Baumgärtners besonders anbot. 1935 gründete man in München einen *Untergau Hochland*; hier erwies sich der ehemalige *geistliche Kommissar*, Pfarrer Hans Gollwitzer in Mühldorf, als ein unverbesserlicher Nationalsozialist, der überhaupt nicht daran dachte, sich der Meiser'schen Kirchenleitung unterzuordnen. Auch im Schwäbischen faßten die Deutschen Christen Fuß. In der nordwestlichen Ecke der Landeskirche bildete Heiligenstadt mit seinem Pfarrer Heinrich Daum ein Zentrum.

Immer häufiger forderten nun die deutschchristlichen Geistlichen Gotteshäuser, die ihnen allein zur Verfügung stehen sollten. In Hersbruck, Bayreuth und Gunzenhausen, wo sich einzelne Kirchen im Besitz der Stadt und nicht der Kirchengemeinde befanden, gelang ihnen das auch. Zu Weihnachten 1935 war Meiser sogar bereit, erstmals offiziell deutschchristlichen Pfarrern Kanzeln in Bayern zur Verfügung zu stellen – ein Entgegenkommen, das in weiten Kreisen der kirchlichen Bevölkerung einiges Erstaunen hervorrief.

Die Deutschen Christen hatten in anderen Landeskirchen zum größten Teil längst abgewirtschaftet. In Bayern erlebten sie nun dank der Unentschlossenheit der Kirchenleitung zwar keinen *frühlingsähnlichen Aufbruch*, wie Baumgärtner überschwenglich nach Berlin berichtete, aber doch einen gewissen Aufschwung. Zwar wurde die *Bekenntnisgemeinschaft* mit ihren roten Mitgliedskarten weiter ausgebaut und eine beabsichtigte Frankenfahrt Müllers im letzten Augenblick mit Erfolg verhindert. Doch die Kirchenleitung zeigte sich zu immer neuen Verhandlungen mit ihren Deutschen Christen und zu Kompromissen bereit. Die klare Linie, die man einst beim Einbruch Jägers verfolgt hatte, hielt man nun in der Auseinandersetzung mit seinen geistlichen Nachfahren nicht durch. Ziel war jetzt die Wiedereingliederung der deutschchristlichen Pfarrer, und das oberste Gebot lautete daher *Vergebung und Versöhnung*. Nur so glaubten Meiser und seine Berater die drohende Einsetzung eines reichskirchlichen Ausschusses für Bayern und die Spaltung der ganzen Kirche verhindern zu können.

Während sich die Kirchenleitung um *Befriedung* bemühte und dabei erleben mußte, daß die Bewegung als ganze immer klarer gegen sie Stellung bezog, kam es innerhalb der bayerischen Deutschen Christen – womit Meiser schon immer gerechnet hatte – zu ernsthaften Zerwürfnissen. Die gemäßigten orientierten sich an Berlin. Die radikalen schwenkten zu den Thüringer Deutschen Christen über; sie erklärten, festbleiben zu wollen *und wenn die Welt voll Meiser wär'*. Einige zeigten sich in persönlichen Gesprächen mit dem Bischof zu einer Einigung bereit. So schloß die Landeskirche während des Krieges trotz der Radikalisierung der Bewegung einen Burgfrieden. Dr. Beer wanderte 1940 endgültig aus Bayern aus, und Pfarrer Baumgärtner zog sich zu Beginn der vierziger

Jahre von den Deutschen Christen zurück, bevor er als ein nervlich zerrütteter Mann 1943 seinem Leben ein Ende setzte.

In den Gemeinden und in der *Pfarrerbruderschaft* sowie natürlich in den Kreisen der bekennenden Gemeinden und Pfarrer außerhalb Bayerns hatte man nur wenig Verständnis für die zurückhaltende Art und Weise, in der die bayerische Kirchenleitung mit ihren Deutschen Christen umging. Diese Kritik ist sicher nicht unberechtigt; man darf freilich auch nicht übersehen, daß es Landesbischof Meiser, unabhängig von aller Taktik um der geschlossenen Landeskirche willen, ein ernsthaftes seelsorgerliches Bedürfnis war, mit jedem einzelnen verirrten Pfarrer in Kontakt zu bleiben und ihn so vielleicht doch noch vor dem Absturz in die NS-Ideologie zu bewahren.

Die deutschchristliche Bewegung in Bayern ruhte von Anfang an nicht nur auf den Schultern überzeugter Nationalsozialisten einerseits und reichskirchlicher Lutheraner andererseits. Der dritte Stützpunkt der Deutschen Christen war schon vor 1933 und bis in die Stunde des Zusammenbruchs 1945 hinein das Diakonissenhaus *Hensoltshöhe* im mittelfränkischen Gunzenhausen. Das Kuriosum, daß gerade diejenigen, die sich als *entschiedene Christen* zu bezeichnen pflegen, so früh und so lange auch entschiedene Nationalsozialisten waren, läßt sich nur theologiegeschichtlich erklären.

In zahlreichen evangelischen Gemeinden bilden die Erweckten und Bekehrten, die sich in Haus- und Bibelkreisen auch außerhalb der Gottesdienste sammeln, eine Art Kerngemeinde. Ihrer Einsatzbereitschaft verdanken die Gemeinden nicht selten wesentliche Impulse; ihr Frömmigkeitsstil dagegen ist nicht jedermanns Sache. Das Verhältnis dieser *Gemeinschaftskreise* zur bayerischen Landeskirche und deren Geistlichen war niemals ohne Spannungen. Während sich die Landeskirche immer als Volkskirche verstanden hat, drängen die Gemeinschaftskreise auf eine möglichst saubere Trennung der Spreu vom Weizen. Sie fordern – selbstverständlich in Abstufungen – die Distanzierung von der bösen Welt und die Sammlung der Bekehrten zur weiteren *Seelenrettung und Seelenpflege*. Ihre Losung lautet daher: *In der Kirche, wenn möglich für die Kirche, aber nicht unter der Kirche*. In Bayern gab und gibt es hauptsächlich zwei solche pietistische Gruppierungen. Zu den *Vereinigten Gemeinschaftsverbänden* gehören vor allem die altpietistischen Versammlungen im Ansbach-Hof-Bayreuther Raum. Diese Gruppe, die sich der Landeskirche immer eng verbunden wußte, reihte sich in den schweren Jahren 1933 und 1934 in die Bekenntnisfront ein und stand auf Seiten Meisers. Sie identifizierte das Christentum nicht mit der NS-Ideologie, vermied aber auch die offene geistige Auseinandersetzung.

Der *Hensoltshöher Gemeinschaftsverband* dagegen, entstanden aus der Arbeit des ostdeutschen Pfarrers Theophil Krawielitzki (1866–1942), war schon immer sehr auf sein Eigenleben bedacht und fühlte sich der Institution der verfaßten Kirche gegenüber unabhängig. Zu Beginn der dreißiger Jahre kam es im Dekanat Gunzenhausen sogar zu scharfen Vorwürfen der Pfarrer gegen die Schwestern und Prediger des Gemeinschaftsverbandes, da man – nicht ganz zu Unrecht – in der *Hensoltshöhe* ein Konkurrenzunternehmen zum nahe gelegenen Diakonissenmutterhaus Neuendettelsau erblickte. Ein Kenner dieser Auseinandersetzungen meint, für die Gemeinschaftsbewegung, die von der *Hensoltshöhe* und vom württembergischen Liebenzell aus im westlichen Franken agierte, sei *die Kirche kaum etwas anderes als ein Missionsgebiet, die kirchliche Ordnung eine lästige, nur notgedrungen anerkannte Schranke für die Reich-Gottes-Arbeit und der Pfarrer allzuhäufig ein unbekehrter Mietling* gewesen.

Nach der Machtübernahme nun ging die *Hensoltshöhe*, die die NSDAP von Anfang an freudig begrüßt und unterstützt hatte, mit fliegenden Fahnen zur Partei und den Deutschen Christen über. Rektor Erich Keupp und seine Oberin versicherten wiederholt, daß sie dem Nationalsozialismus *tief innerlich verbunden* seien und sprachen nur ganz gelegentlich von einigen wenigen *Mängeln im Heiligungsleben*. Man schloß sich freiwillig der NS-Schwesternschaft an und rief alle Diakonissen zur Mitgliedschaft in der Partei und ihren Nebenorganisationen auf. Man lud sogar den fränkischen Gauleiter Julius Streicher, der durch seine Hetzkampagnen gegen das Alte Testament und das Abendmahl in der ganzen Kirche berüchtigt und gefürchtet war, auf die *Hensoltshöhe* ein und feierte 1935 das 25jährige Jubiläum *in tief innerlich-christlicher, echt nationalsozialistischer Weise*.

Im Kampfjahr 1934 versprach die Leitung der *Hensoltshöhe* zwar, sich in den Kirchenstreit nicht mehr einzumischen. Praktisch aber unterstützte sie immer augenfälliger das Reichskirchenregiment Müllers in Berlin und die Agitation der bayerischen Deutschen Christen. Rektor Keupp scheute sogar nicht vor dem Versuch zurück,

Meiser persönlich für die deutschchristliche Weltanschauung zu gewinnen. Als das nicht gelang, beteiligte er sich an dem Versuch mittelfränkischer deutschchristlicher Kreise, mit Hilfe der Gauleitung bei der Landesregierung ein Redeverbot für den Bischof zu bewirken. Noch im Dezember 1934 – also nach der allgemeinen Demaskierung des Müller-Jäger-Regimes – stellte sich Keupp gegen seine Landeskirche und vor den *Reibi.* Der Bekenntnisfront warf er vor, sie *organisiere den Widerstand in den Gemeinden gegen die nach dem Willen des Führers des Reiches entstandene, neu eingesetzte Reichskirche.* Die Dachorganisation, der *Deutsche Gemeinschafts-Diakonie-Verband* unter Leitung von Pastor Krawielitzki, distanzierte sich ebenfalls von allen anderen Gemeinschaftskreisen, die sich durchweg zur Bekenntnisfront hielten. In Eibach und zahlreichen anderen Gemeinden der Landeskirche entwickelten sich dementsprechend die Hensoltshöher Diakonissen zum geistlichen Stoßtrupp der Deutschen Christen. Daß nicht alle Gemeindegruppen im Land diesen radikalen Kurs mitsteuerten, muß allerdings auch erwähnt werden. Aufs Ganze gesehen meinten jedoch die staatlichen Stellen immer wieder darauf hinweisen zu können, die *Hensoltshöhe* habe *eine ganz andere Stellung zur NSDAP eingenommen als die meisten christlichen Vereinigungen.*

Problematisch und nur schwer verständlich erscheint im Rückblick, daß Rektor Keupp und seine frommen Hensoltshöher Schwestern auch dann noch dem Nationalsozialismus die Treue bewahrten, als dieser sich anschickte, ihnen ihre gesamte christliche Bildungsarbeit zu zerschlagen und das Spiel der Deutschen Christen längst überall durchschaut worden war. Diese politische Instinktlosigkeit hat ihre tieferen Ursachen in der Ablehnung einer im Dogma fixierten und wissenschaftlich begründbaren Theologie. Diese Ablehnung ist bis heute in den pietistischen Kreisen innerhalb des Protestantismus verbreitet. Als Konsequenz dieser Feindschaft gegen Wissenschaft und Theologie, Universität und kirchliche Institution entstand eine eigene, betont unwissenschaftliche und – wie das Verhalten der *Hensoltshöhe* im Dritten Reich zeigt – miserable Theologie. Mit ihr konnte man in der geforderten Auseinandersetzung noch weniger bestehen als das konfessionelle Luthertum, dem das lutherische Bekenntnis immerhin gewisse Schranken setzte.

Ein wesentliches Kennzeichen dieser Mini-Theologie ist die Begrenzung der christlichen Verkündigung auf die

An die Zuordnung der beiden Kreuze glaubten in Bayern nur wenige Pfarrer und Kirchenvorsteher

Zone der Innerlichkeit. Es geht um Einzelbekehrung und Einzelrettung, was wesentlich als ein Vorgang in der Seele jedes einzelnen verstanden wird. Gesellschaftliche und soziologische Gegebenheiten kommen so gar nicht ins Blickfeld. Damit hängt zusammen, daß dieser Pietismus die strikte Trennung der Gemeinschaft der Bekehrten von der Welt fordert. Diese Welt erscheint pauschal als *böse.* Ein wie auch immer geartetes positives Verhältnis zu ihr ist undenkbar. Kriterien für eine politische Ethik sind daher vollkommen überflüssig. Das Interesse an gesellschaftlichen Fragen und die Information über politische Zusammenhänge sind in den Kreisen der Gemeinschaftsbewegung durchweg äußerst gering. Genau das war in den Entscheidungsjahren die Chance des Nationalsozialismus auf der *Hensoltshöhe.* Man hatte hier seit eh und je *an sich* ganz unpolitisch gedacht. Nun stand auf einmal eine Partei im Blickpunkt der Öffentlichkeit, die – wenn auch aus anderen Motiven heraus – zum Kampf gegen den Bolschewismus und für sittliche Zucht aufrief. Zumindest an diesen beiden Punkten glaubte man, zustimmen zu müssen. An den Deutschen Christen faszinierte darüber hinaus der volksmissionarische Elan; sie erschienen als die *Vorstufe einer geistlichen Erweckung.* Um des großen Zieles willen, *Seelen für Jesus* zu retten, hängte man sich – ohne Übung in der weltanschaulich-politischen Auseinandersetzung und darum unreflektiert – an die herrschende Partei und ihre Männer in der Kirche. Dabei übersah man, daß ein unpolitisches Christentum und eine theologie- und denkfeindliche Kirche schon häufiger in der Praxis eine höchst anfällige Theologie und eine schlimme Politik betrieben haben.

Landesbischof Meiser mußte sich bis Kriegsende mit diesen Gegnern im eigenen Haus herumschlagen. Als die Amerikaner einmarschierten, verlangte er den sofortigen Rücktritt des Rektors und der Oberin. Die Nachfolger legten ein offenes Schuldbekenntnis ab und gliederten sich und ihre gesamte Arbeit jetzt fester in die bayerische Landeskirche ein. 1949 fuhr Meiser persönlich auf die *Hensoltshöhe,* um die Aussöhnung auch nach außen hin zu demonstrieren. Heute ist das Diakonissenmutterhaus, das bis vor kurzem im Gegensatz zu Neuendettelsau nicht über mangelnden Nachwuchs klagen mußte, mit seinen diakonischen Einrichtungen und dem Einsatz seiner Schwestern im ganzen Land aus dem bayerisch-fränkischen Protestantismus nicht mehr wegzudenken.

Die bayerische Landeskirche hatte nach 1934 nicht nur das eigene Haus in Ordnung zu halten, sondern auch an der *Deutschen Evangelischen Kirche* weiter mitzubauen. Dabei brachen gewisse Spannungen, die in den beiden Kampfjahren in den Hintergrund getreten waren, mit Gewalt neu auf. Auf der Ebene des Reiches standen sich ja durchaus unterschiedliche kirchliche Gruppierungen gegenüber.

Es gab noch immer die Deutschen Christen in all ihren Schattierungen, die in mehreren Kirchenleitungen hinter den Schreibtischen saßen und das Bischofskreuz trugen. In diesen *zerstörten* Landeskirchen existierten illegale Bruderräte, die einen schweren Kampf zu führen hatten. Die Bruderräte vor allem aus den unierten Landeskirchen standen geschlossen hinter der theologischen Erklärung von Barmen und suchten die offene geistige Auseinandersetzung. Ganz anders war die Situation in den *intakten* Landeskirchen Hannover, Württemberg und Bayern, wo es den Bischöfen vor allem darum ging, den Bestand an gemeindlichem Leben zu sichern und das Auseinanderfallen zu verhindern. Hinzu kam, daß bei den Lutheranern die dogmatischen Bedenken gegen die Barmer Erklärung anhielten und man hier nicht bereit war, den Staat und die ihn tragende Partei bis hin zur Gefährdung der kirchlichen und persönlichen Existenz zu kritisieren. Immerhin überwanden die Kirchenführer 1935 noch einmal alle diese internen Schwierigkeiten. Sie setzten die *Vorläufige Kirchenleitung der Deutschen Evangelischen Kirche* ein, in der neben Vertretern der Bekennenden Kirche auch der lutherische Bischof von Hannover und der bayerische Oberkirchenrat Thomas Breit saßen. Auch die dritte Bekenntnissynode im Juni desselben Jahres in Augsburg diente noch einmal dem Versuch, zu einer tieferen Einigung zu gelangen.

Erstaunlicherweise griff Hitler nun noch einmal in den *Kirchenstreit* ein. Er berief Hanns Kerrl in ein neues Reichsministerium für kirchliche Angelegenheiten; der Jurist sollte als *Treuhänder* die Einheit der *Deutschen Evangelischen Kirche* sichern. Zunächst mußte er diese allerdings erst einmal herstellen. Sein Plan war, die Radikalen von rechts bei den Deutschen Christen und links in der Bekennenden Kirche auszuschalten und mit den gemäßigten Vertretern dieser beiden gegnerischen Gruppen sowie den Neutralen und den lutherischen Bischöfen eine tragfähige neue Kirchenleitung zu bilden. In dem damals über siebzigjährigen ehemaligen Generalsuperintendenten Wilhelm Zoellner fand Kerrl sogar einen würdigen Mann der alten Garde als Vorsitzenden seines *Reichskirchenausschusses.* Aber abgesehen davon, daß sich die Radikalen nicht so einfach übergehen ließen, barg dieser Versuch ein grundsätzliches Problem. Entsprechend ihrer Einstellung zur Obrigkeit des Dritten Reiches dachten nämlich zahlreiche Bruderräte in den *zerstörten* Landeskirchen gar nicht daran, einen vom Staat eingesetzten Treuhänder zu akzeptieren. Ihrer Meinung nach hatte Zoellner, der zweifellos als ein theologisch versierter und geschätzter Kirchenmann gelten konnte, den Auftrag zur Neuordnung der Kirche aus falschen Händen empfangen. Sie erklärten, wer ihn und die Befriedungsversuche seines Ausschusses unterstütze, erkenne damit grundsätzlich das Recht des Staates an, die Kirche durch einen seiner Minister regieren zu lassen. Die lutherischen Bischöfe, die ja schon immer weniger grundsätzlich als pragmatisch dachten und entschieden, waren zusammen mit einigen anderen Bruderräten bereit, die Ordnungsbemühungen Zoellners zu akzeptieren. Sie erklärten: *Wir stehen mit dem Reichskirchenausschuß hinter dem Führer im Lebenskampf des deutschen Volkes gegen den Bolschewismus.* Das bedeutete den Bruch der Bekennenden Kirche.

Auch in Bayern erhob sich gegen diese Taktik heftiger Widerspruch. Im Januar 1936 erreichte den *Hochwürdigsten Herrn Landesbischof* ein Schreiben voller *Sorgen und Bedenken* sowie eine ausführliche Stellungnahme, in der die enge Bindung der Landeskirche an den Reichskirchenminister und seinen Ausschuß sowie die Distanzierung von weiten Teilen der Bekennenden Kirche hart kritisiert wurden. Zu den Unterzeichnern dieser Dokumente gehörten neben Paul Schattenmann und dem späteren Theologieprofessor Karl Gerhard Steck, der damals an einem illegalen Predigerseminar der Bekennenden Kirche lehrte, auch Leonhard Henninger, Karl Steinbauer, Walter Fürst, Kurt Horn und Georg Lanzenstiel. Sehr deutlich wird Meiser in diesen beachtenswerten Dokumenten aus dem bayerischen Kirchenkampf daran erinnert, daß der beste Dienst der Kirche an der Welt *in der unbedingten Wahrhaftigkeit den Mächten unserer Zeit gegenüber* besteht. Der Staat dürfe darüber nicht im unklaren gelassen werden. Dieser Dienst könne aber nur so geschehen, daß *die Kirche nicht mehr um sich und ihren Bestand, ihre Ordnung und ihre Ehre, ihre Wohlfahrt und ihre Zukunft streitet*. Mit diesen Stichworten werden die wesentlichen Motive der Meiser'schen Kirchenkampfkonzeption nicht nur aufgenommen, sondern gleichzeitig auch deutlich zurückgewiesen. Die Anklage läßt an Deutlichkeit nichts zu wünschen übrig. Die bayerische Kirchenleitung habe sich mit dem Kerrl'schen Kirchenausschuß arrangiert. Das sei völlig unverständlich, da auf diese Weise *eines der kostbarsten Geschenke der jüngsten Vergangenheit aufs Spiel gesetzt* würde, nämlich *die wirkliche, gewachsene, segensreiche Einheit und Gemeinschaft der Bekennenden Kirche*. Das sei unlogisch, da die Kirchenleitung doch in der Auseinandersetzung mit dem Müller-Jäger-Regime deutlich gemacht habe, daß ein *staatliches oder halbstaatliches Kirchenregiment untragbar sei*. Es sei auch unbrüderlich, auf Kosten der Brüder in den *zerstörten* Landeskirchen einen faulen Frieden zu schließen; diese müßten mit Recht *über den landeskirchlichen Partikularismus ehrlich empört* sein. Und diese Haltung sei theologisch bedenklich, denn man müsse nun die *sehr ernste Frage* stellen, ob die Einsichten von Barmen und Dahlem überhaupt jemals wirklich akzeptiert worden seien. Kurzum, – die durchweg jungen Geistlichen der Pfarrbruderschaft erklärten ihrem Bischof, daß sie diese Entwicklung *nicht als Tat des geforderten Gehorsams ansehen können*.

Es wird hier deutlich, daß man schwerlich von einer *intakten* Landeskirche sprechen kann. Neben der breiten, taktierenden Mitte gab es unter den Pfarrern nicht nur die agile Gruppe der Deutschen Christen, sondern auch eine kleine, aber sehr klarsichtige Gruppe entschieden bekennender Pfarrer, die die Theologie Karl Barths als Hilfe für die geforderte und von der Kirchenleitung immer wieder vertagte geistliche Auseinandersetzung betrachtete.

Ungeachtet derartiger Warnungen ließen es die lutherischen Bischöfe unter Führung von Meiser und Wurm bei der vierten und letzten Bekenntnissynode im Februar 1936 in Bad Oeynhausen zum endgültigen Bruch kommen. Die *Vorläufige Kirchenleitung* trat zurück, und die Lutheraner bildeten bereits einen Monat später einen eigenen *Lutherischen Rat,* der den Dahlemern gegenüber eine eigene Politik zu verfolgen gedachte. Die *Jungen* der Bekennenden Kirche in Bayern pflegten ihn den *Lutherischen Verrat* zu nennen. Die Einigung aller kirchlichen Kräfte war fehlgeschlagen, und zwar auch durch die Schuld der bayerischen Kirchenleitung. So fand der in den nächsten Jahren zunehmende antichristliche und neuheidnische Sturm einen konfessionell zersplitterten und zu keiner gemeinsamen Abwehr mehr fähigen Protestantismus vor.

Daß Meiser die *bedrängten Brüder in der Bekennenden Kirche* nicht aus dem Auge verlor, wurde 1937 klar, als er kurzentschlossen ein halbes Dutzend bayerischer Pfarrer nach Ostpreußen schickte. Sie sollten dort in den Gemeinden der Bekennenden Kirche *geistliche Waffenhilfe* leisten.

Wie tief andererseits der Riß ging und wie gefährlich sich die offizielle Trennung von der Bekennenden Kirche auch auf Bayern auswirken sollte, zeigten die Jahre 1938 und 1939. Im September 1938 veröffentlichte die Bekennende Kirche eine Gebetsliturgie, die aus der Feder des Lutheraners Hans Asmussen stammte. Während Hitlers Panzereinheiten durch Berlin marschierten, forderte sie die Gemeinden mit einem ungewöhnlich mutigen Schuldbekenntnis auf, um die Abwendung der Kriegsgefahr zu beten. In dieser Liturgie wurde an keiner Stelle um den Sieg gebetet, sondern darum, daß der Versuchung zu Haß und Rache widerstanden werden möchte. Ja, es fehlte auch nicht die Fürbitte für all die Menschen, in deren Land der Krieg hineingetragen würde. Das war ein geistliches Wort, wie es noch nie zuvor im deutschen Protestantismus bei drohender Kriegsgefahr laut geworden war. Die Empörung ließ nicht lange auf

Evang.-Luth.Landeskirchenrat   München, den 29.Sept. 1939
Nr. 10895

An alle Pfarrämter

Betreff: Kanzelabkündigung.

    Wir bringen unseren Geistlichen die uns von der Deutschen Evangelischen Kirchenkanzlei heute zugeleitete Kanzelabkündigung aus Anlaß des siegreich abgeschlossenen Abwehrkampfes in Polen zur Kenntnis.
    Die Verlesung hat am Erntedankfest zu erfolgen, sofern diese Mitteilung rechtzeitig eintrifft.

    In tiefer Demut und Dankbarkeit beugen wir uns am heutigen Erntedankfest vor der Güte und Freundlichkeit unseres Gottes: Wieder hat Er Flur und Feld gesegnet, daß wir eine reiche Ernte in den Scheunen bergen durften; Wieder hat Er Seine Verheissung an uns wahr gemacht, daß Er uns Speise geben wird zu seiner Zeit.
    Aber der Gott, der die Geschicke der Völker lenkt, hat unser deutsches Volk in diesem Jahr noch mit einer anderen, nicht weniger reichen Ernte gesegnet. Der Kampf auf den polnischen Schlachtfeldern ist, wie unsere Heeresberichte in diesen Tagen mit Stolz feststellen konnten, beendet, unsere deutschen Brüder und Schwestern in Polen sind von allen Schrecken und Bedrängnissen des Leibes und der Seele erlöst, die sie lange Jahre hindurch und besonders in den letzten Monaten ertragen mußten. Wie könnten wir Gott dafür genugsam danken!
    Wir danken Ihm, daß Er unsern Waffen einen schnellen Sieg gegeben hat. Wir danken Ihm, daß uralter deutscher Boden zum Vaterland heimkehren durfte und unsere deutschen Brüder nunmehr frei und in ihrer Zunge Gott im Himmel Lieder singen können.
    Wir danken Ihm, daß jahrzehnte altes Unrecht durch das Geschenk seiner Gnade zerbrochen und die Bahn freigemacht ist für eine neue Ordnung der Völker, für einen Frieden der Ehre und Gerechtigkeit.
    Und mit dem Dank gegen Gott verbinden wir den Dank gegen alle, die in wenigen Wochen eine solche gewaltige Wende heraufgeführt haben: gegen den Führer und seine Generale, gegen unsere tapferen Soldaten auf dem Lande, zu Wasser und in der Luft, die freudig ihr Leben für das Vaterland eingesetzt haben.
    Wir loben Dich droben, Du Lenker der Schlachten,
    und flehen, mögst stehen uns fernerhin bei.

                      D. Meiser

Die reiche Ernte auf den Schlachtfeldern Polens wollte der Evangelisch-Lutherische Landeskirchenrat am Erntedankfest 1939 auf den Kanzeln Bayerns mit Lob und Dank bedacht wissen

sich warten. Zusammen mit Kerrl sprach das publizistische Organ der SS von *landesverräterischem Tun in geistlichem Gewand* und forderte harte Bestrafung der Verantwortlichen. Die drei führenden lutherischen Bischöfe wurden wieder einmal nach Berlin zitiert. Und wieder fielen sie um. Schriftlich erklärten sie, daß sie die Gebetsliturgie *aus religiösen und vaterländischen Gründen mißbilligen, die darin zum Ausdruck kommende Haltung auf das schärfste verurteilen* und daß sie sich *von den für diese Kundgebung verantwortlichen Persönlichkeiten trennen*.

Das war offener Verrat der alten, treuen Kampfgenossen in der Bekennenden Kirche – ganz abgesehen davon, daß hier noch einmal jene gefährliche lutherische Ethik zu Tage trat, die besser Kriege rechtfertigen als für den Frieden beten kann. Otto Dibelius berichtete später, er habe Meiser, Wurm und Marahrens abends im Hotel besucht – *alle drei das leibhaftige schlechte Gewissen*. Auch diesmal rückten Meiser und Wurm später von ihrer Unterschrift wieder ab. Der württembergische Bischof sparte nach dem Krieg nicht mit Selbstkritik; er meinte, das sei eine Stunde gewesen, in der *die Macht der Finsternis größer war als die des Lichtes*. Es ist jedoch nicht zu übersehen, daß die lutherischen Bischöfe in mehreren derartigen Entscheidungen in Berlin immer erneut im Finstern tappten und zu Fall kamen.

Ein Jahr später paßte sich die bayerische Kirchenleitung erneut der von Staat, Partei und Deutschen Christen geforderten Diktion an. Sie druckte nicht nur den Aufruf der *Deutschen Evangelischen Kirche* zum Kriegsbeginn nach, sondern verfaßte in derselben Tonlage im September 1939 eine eigene Erklärung. Nach dem Dank für die diesjährige Ernte heißt es im Blick auf den Polenfeldzug: *Aber der Gott, der die Geschicke der Völker lenkt, hat unser deutsches Volk in diesem Jahr noch mit einer anderen, nicht weniger reichen Ernte gesegnet.* Weiter dankt der Landeskirchenrat Gott für den schnellen Sieg und dafür, daß *uralter deutscher Boden zum Vaterland heimkehren durfte*. Nun sei *jahrzehntealtes Unrecht* durch Gottes Gnade zerbrochen worden. *Mit dem Dank gegen Gott verbinden wir den Dank gegen alle, die in wenigen Wochen eine solch gewaltige Wende heraufgeführt haben: gegen den Führer und seine Generale* sowie die *tapferen Soldaten*. Diese Erklärung Meisers zum Krieg – und es ist nicht bei dieser einen geblieben – markiert überdeutlich die Unbrauchbarkeit der traditionellen lutherischen Staatsethik in der Auseinandersetzung mit den totalitären Staaten des 20. Jahrhunderts.

Die Absonderung der Lutheraner 1936 führte dazu, daß diesen in den kommenden Jahren, wenn sie meinten, ein Wort zur politischen Lage sprechen zu müssen, die kritische Stimme der Bekennenden Kirche bei der Niederschrift fehlte. In der Gebetsliturgie der Bekennenden Kirche dagegen liegt die Geburtsstunde eines neuen Verantwortungsbewußtseins der Kirche für den Frieden, das nach dem Zusammenbruch und bis in die Gegenwart hinein zu einer universalen ökumenischen Friedensarbeit führte. Auch das deutsche Luthertum begann nach 1945, Konsequenzen aus dem nicht bewältigten Kirchenkampf zu ziehen. Eine sah Meiser ganz klar: den notwendigen Zusammenschluß aller lutherischen Landeskirchen in der *Vereinigten Evangelisch-Lutherischen Kirche in Deutschland* (VELKD), die 1948 gegründet wurde und als deren Vater der bayerische Bischof gilt. Eine andere Konsequenz wurde möglicherweise außerhalb des Freistaates schneller und klarer erkannt: die Neuordnung des deutschen Protestantismus in einer allen landeskirchlichen Partikularismus überwindenden einen evangelischen Kirche in Deutschland. Die bayerischen Lutheraner hatten 1945 ihre Hemmungen vor der brüderlichen Integration noch nicht ganz überwunden. Um so mehr Beachtung verdient die Tatsache, daß Meiser seine Landeskirche trotz mancher Widersprüche auch in seiner eigenen Brust 1948 voll in die neue *Evangelische Kirche in Deutschland* eingliederte. So konnten die geistlichen Früchte aus der Zeit des Kirchenkampfes doch noch reifen.

Nachdem der Versuch Hitlers, die evangelischen Kirchen in einer deutschchristlich geführten Reichskirche gleichzuschalten, 1934 mißlungen war und auch weitere staatliche *Befriedungsmaßnahmen* nicht zu dem gewünschten Ziel führten, begann der direkte aber verborgene Kampf des Nationalsozialismus gegen die Kirche. Dieser Kampf

Nr. 186 II P/39.

Geheime Staatspolizei
Staatspolizeistelle Nürnberg - Fürth

Nürnberg 1, Mühlhof 210
Fernsprecher: Nr. 25541 und 23741
Postscheckkonto Nürnberg Nr. 25696

Nürnberg, den 16. Januar 1939.

An
Herrn Pfarrer Helmut K e r n

N ü r n b e r g
Hummelsteinerweg 100.

Amt für Volksmission
Eingelaufen 20. JAN. 1938
Tgb. Nr. 148 Anl. Z.:
Erledigt:

Betrifft: Verbot jeglicher schriftstellerischer Betätigung.
Vorgang: ./.

Namens des Geheimen Staatspolizeiamts Berlin und im Einverständnis mit dem Herrn Reichsminister für Volksaufklärung und Propaganda und dem Herrn Reichs- und Preuß. Minister für die kirchlichen Angelegenheiten wird Ihnen auf Grund des § 1 der VO. vom 28.2.33 bis auf weiteres jegliche schriftstellerische Betätigung verboten. Das Verbot wurde notwendig wegen des mehrfachen staatsabträglichen Inhalts Ihres Schrifttums.

Mit Schreibverbot ging die Gestapo gegen den Sonderbeauftragten für Volksmission, Pfarrer Helmut Kern, vor, der die Bekenntnisgottesdienste organisiert hatte

wurde unter dem Schlagwort einer *Entkonfessionalisierung* des öffentlichen Lebens geführt.
Erster Angriffspunkt waren die Bekenntnisschulen, die sowohl im evangelischen Franken als auch im katholischen Bayern sowie in den konfessionell gemischten Gebieten die Regel waren. Die Deutschen Christen Bayerns stellten sich sofort auf die Seite der Partei, die mit einem Aufruf für die christliche Gemeinschaftsschule entsprechend dem Motto *Ein Führer – ein Volk – eine Schule* an die Öffentlichkeit trat. Obwohl die evangelischen Geistlichen etwa in Nürnberg dem Prädikat *christlich* nicht mehr trauten und energisch gegen die Simultanschule agierten, bewirkte der von Staat und Partei geführte Propagandafeldzug schon in den Jahren 1933 bis 1935 einen langsamen aber stetigen Rückgang der Schülerzahlen bei den evangelischen und katholischen Schulen. Die Gemeinden sahen diese Entwicklung nicht ohne Beunruhigung. In Eingaben wurde der Landeskirchenrat ersucht, *umgehend alle Schritte zu unternehmen, die der Aufrechterhaltung des Bestandes der Bekenntnisschulen dienlich sind*. In einem dieser Briefe an die Kirchenleitung wurde ausdrücklich auf Hitlers Zusicherung von 1933 hingewiesen. Damals hatte der Führer erklärt, er werde *in Schule und Erziehung den christlichen Konfessionen den ihnen zukommenden Einfluß einräumen und sicherstellen*. Wie diese hintergründige Formulierung tatsächlich von Anfang an gemeint war, begann man jetzt allmählich zu ahnen. Im Winterhalbjahr 1935

wurde der Kampf forciert. Ein halbes Jahr später trugen zahlreiche Lehrer auf Grund höchst unklarer Elternabstimmungen den Behörden die *Wünsche der Bevölkerung* vor: Die Umwandlung der Bekenntnisschulen in Gemeinschaftsschulen. Auch wo es sich nachweislich um Manipulationen des Elternwillens handelte, wurde diesen *Wünschen* sofort entsprochen. Bei den letzten Bekenntnisschulen verzichteten die Schulbehörden schließlich ganz auf derartige Kundgebungen der Eltern. Man muß diesen kurzen aber brutalen Kampf des Nationalsozialismus gegen die traditionelle bayerische Konfessionsschule kennen, um das zähe Festhalten der beiden Kirchen an ihren erneut etablierten Bekenntnisschulen dreißig Jahre später wenigstens zu verstehen.
Der Religionsunterricht blieb zunächst noch erhalten. Ende November 1938 begann man jedoch die Lehrer aufzufordern, den Religionsunterricht *freiwillig* niederzulegen. Die Lehrerschaft in dem von Julius Streicher geführten Gau gehorchte bis auf wenige Ausnahmen. Da den Geistlichen immer häufiger die Erlaubnis, den Religionsunterricht zu erteilen, entzogen wurde, fiel nicht selten die gesamte evangelische Unterweisung aus. In den Oberschulen reduzierte man den Religionsunterricht 1941 schließlich auf eine Stunde in der Woche nur für die unteren Klassen und in den Fortbildungs- (Berufs-)schulen entfiel er ganz.
Die Partei wollte jedoch nicht nur die Schule, sondern die gesamte Erziehungsarbeit der Jugend in ihre Hände nehmen. Sie konnte deshalb keine eigenständige kirchliche Jugendarbeit neben den Jugendorganisationen der Partei und des Staates dulden. Schon 1933 hatte Reichsbischof Müller die evangelischen Jugendverbände geschlossen der Hitler-Jugend angegliedert. Eine Zeitlang konnten sich die kirchlichen Jugendgruppen trotzdem ein gewisses Eigenleben leisten. Immerhin blieben vor Kriegsbeginn *geschlossene Lager zu rein religiösen Zwecken* erlaubt; die ergänzende Interpretation *Bibelarbeit ohne sportliche Betätigung* beschnitt diese Möglichkeit evangelischer Jugendarbeit allerdings von vorneherein erheblich. Im Hochland-Lager der Hitler-Jugend in Oberbayern durfte das evangelische Pfarramt Bad Tölz sogar sonntags Gottesdienste im Freien halten, und der Gebietsführer wies seine HJ-Führer in mehreren Verordnungen 1934 und 1935 an, den Besuch dieser Gottesdienste nicht zu verhindern, sondern dafür die *notwendige Freizeit* einzuräumen.
Während sich also die Hitler-Jugend Bayerns zunächst noch christlich und kirchenfreundlich gab, propagierten die Behörden in Staat und Partei bereits den schärferen Kurs. So forderte der Regierungspräsident von Niederbayern und der Oberpfalz im Sommer 1935 seine Beamten und Angestellten auf, ihre Kinder sofort aus den konfessionellen Jugendverbänden herauszunehmen. Die Geistlichen würden immer noch nicht über eine *positive Einstellung Staat und Führer gegenüber* verfügen. Beamte und Angestellte seien aber Diener des Staates. *Ihre Kinder können unter solchen Verhältnissen nur in der Staatsjugend erfaßt werden, nicht aber in Organisationen, deren geistige Führung in offener oder versteckter Weise gegen diesen Staat arbeitet.* In geradezu diskriminierender Weise wurden die Amtsvorstände dienstlich verpflichtet, alle Untergebenen zu melden, deren Kinder noch in einer kirchlichen Jugendgruppe seien.
Hatte sich der Nationalsozialismus einst über die Deutschen Christen um eine Verbindung mit dem Christentum bemüht, so häuften sich nun die Anweisungen von Staat und Partei, jeden Kontakt mit den Kirchen zu vermeiden. In den Jahren 1936 und 1937 erreichte die Zahl der Kirchenaustritte eine für Bayern ungewohnte Höhe. Es waren diesmal nicht die Arbeiter, sondern die Beamten, die auf den Druck der Partei hin ihre Kirche verließen. Eine andere Verordnung untersagte nationalsozialistischen Posaunenbläsern, in den Gottesdiensten zu spielen. Bürgermeister wurden darauf hingewiesen, daß sich ihr Amt nicht mit der Zugehörigkeit zur Bekenntnisfront verbinden lasse. Ab 1937 tauchte im fränkischen Raum bei den Beerdigungsfeiern das Problem auf, wie die christliche Verkündigung am Grab mit dem Erscheinen von SA und SS-Formationen zu vereinbaren sei. Der Landeskirchenrat mochte gegen die Uniformen natürlich nichts einwenden, bestand jedoch auf einer erkennbaren Trennung der kirchlichen Handlung von der weltlichen oder weltanschaulich bestimmten Feier. Ein Gruppenbefehl legte jedoch Ende des Jahres für die SA und SS fest, daß die uniformierten Kameraden erst nach Abschluß der gottesdienstlichen Feier auftreten dürfen. So kam es zu grotesken Doppelbeerdigungen: vormittags eine kirchliche Trauerfeier mit Pfarrer und Angehörigen, abends am Grab eine Feier der nationalsozialistischen Verbände im neuen Stil. Entsprechend der allgemeinen Praxis totalitärer Staaten versuchte auch der Nationalsozialismus, die traditionellen kirchlichen Sitten wie Taufe, Konfirmation und Trauung durch neue, weihevolle Riten zu ersetzen. Die neuheidnischen Konfirma-

> ### Abbruch der St. Matthäus-Kirche
>
> Im Zuge des Neuausbaues der Hauptstadt der Bewegung ergibt sich die Notwendigkeit, die evangelische St. Matthäus-Kirche in der Sonnenstraße abzubrechen.
>
> Nach einer eingehenden Rücksprache zwischen Gauleiter Staatsminister Adolf Wagner und dem Landesbischof D. Meiser wurden im gegenseitigen Einverständnis alle damit zusammenhängenden Fragen geklärt. Der evangelischen Gemeinde St. Matthäus wird bis auf weiteres zur Ausübung des Gottesdienstes der sogenannte Weiße Saal im Polizeipräsidium, der entsprechend würdig ausgestaltet wird, zur Verfügung gestellt.
>
> Die Abbrucharbeiten sind bereits im Gange.

Mit kurzen Notizen wurde 1938 Münchens Bevölkerung nachträglich über den Abbruch der Synagoge und der Matthäuskirche informiert

tionen allerdings und die *germanischen Hochzeiten* mit ihren das Eddalied behandelnden Weihereden fanden jedoch in Bayern keine nennenswerte Resonanz.

Von den meisten dieser antikirchlichen Maßnahmen – wozu ab 1939 auch die Weigerung der Finanzämter kam, wie bisher die Kirchensteuer gegen einen geringen Anteil von ihr einzuziehen – wurde in der Öffentlichkeit kaum etwas bekannt. Man wollte, wie es in einem geheimen Erlaß aus dem Führerhauptquartier hieß, alles vermeiden, was geeignet wäre, eine *unnötige Beunruhigung der Bevölkerung oder eine internationale Hetze auszulösen*. Für viele Verbote, die Kirchenneubauten, Glockenläuten, christliche Pressearbeit, gottesdienstliche Sendungen im Rundfunk, Bekanntgabe der Gottesdienstzeiten in der Tagespresse und Enteignung der kirchlichen Kindergärten betrafen, konnte man sich in den Kriegsjahren immer irgendwie auf die besondere Notsituation berufen. Im übrigen gehörten die *politisch-konfessionellen Angelegenheiten*, wie Reichsleiter Martin Bormann in einem Geheimerlaß erklärte, zu den Problemen, die *gegenwärtig* nicht geregelt werden müßten. Wie sie nach dem *Endsieg* geregelt werden sollten, darüber konnte eigentlich seit 1935 bei keinem Kirchenführer mehr ein Zweifel bestehen. Das Ziel des Nationalsozialismus wird klar erkennbar in den gesetzlichen Regelungen für die Kirchen im besetzten Warthegau, die freilich nie vollständig realisiert wurden. Diese Bestimmungen sollten den Kirchen nahezu alle geltenden Rechte nehmen und sie geistig und organisatorisch endgültig der Vernichtung preisgeben.

Einmal wurde dieses letzte Ziel auch in Bayern für jedermann erkennbar. Der Abbruch der Münchner Matthäuskirche im Sommer 1938 war eine kirchenfeindliche Aktion, die sich vor den Augen der gesamten Öffentlichkeit vollzog und einen Proteststurm hervorrief, der in Berlin erneut mit einiger Sorge registriert wurde. Die *protestantische Kirche an der Sonnenstraße*, wie die Münchner die älteste evangelische Kirche ihrer Stadt zu nennen pflegten, war weit über die Grenzen der Landeshauptstadt hinaus bekannt. Sie war gewiß keine architektonische Schönheit. Aber ebenso gewiß war sie kein Verkehrshindernis, wie der gefürchtete Gauleiter von München, Innenminister Adolf Wagner behauptete. Für die gesamte bayerische Kirche galt dieses Gotteshaus mit Recht als Wahrzeichen des zu Beginn des 19. Jahrhunderts in Bayern endgültig akzeptierten Protestantismus. Unter den Wittelsbachern war diese Kirche für die protestantischen Untertanen 1833 gebaut worden, und die erste evangelische Königin Bayerns war hier geistlich beheimatet gewesen. Im Bewußtsein der evangelischen und der katholischen Bürger Münchens hatte der Rundbau zwischen Stachus und Sendlinger-Tor-Platz einen ungewöhnlich hohen geistigen Stellenwert.

Noch 1933 war das Gotteshaus zur Jahrhundertfeier gründlich renoviert worden. Nun sollte es innerhalb von vier Wochen gesprengt werden. Gauleiter Wagner meinte, der Kirchenvorstand und Landesbischof Meiser würden doch *dem großen Werk des Führers dieses Opfer bringen* und nicht hinter der israelitischen Kultusgemeinde zurückstehen, die erst vor wenigen Tagen dem Abbruch der Synagoge *freiwillig* zugestimmt habe. Meiser stimmte schließlich auch genauso freiwillig zu. In ergreifenden Gottesdiensten, die sich bis Mitternacht hinzogen, nahm Münchens evangelische Bevölkerung, unmittelbar bevor die Sprengkommandos anrückten, von ihrer Mutterkirche Abschied. Feierlich erklärte Kreisdekan Oskar Daumiller: *Ich nehme die Bibel von diesem Altar, aber Gottes Wort soll in unseren Herzen lebendig bleiben. Ich nehme diese Gefäße, mit denen wir das heilige Sakrament gefeiert haben, aber aus Christi Gemeinschaft soll uns niemand lösen. Und ich lösche die Lichter, aber er selbst, das Licht der Welt, wird uns in Ewigkeit leuchten.* Die Trümmer der Matthäuskirche, die nicht hätten sein müssen, waren ein Vorzeichen der Trümmer, in die während der Kriegsjahre ganze Stadtviertel in Nürnberg und München mit ihren Gotteshäusern sanken.

Während sich die große Auseinandersetzung zwischen Christentum und Nationalsozialismus in den offiziellen Verlautbarungen der Landeskirche kaum niederschlug, konnte den aufmerksamen Lesern der kirchlichen Presse nicht verborgen bleiben, was in diesem Kampf auf dem Spiel stand. Das *Evangelische Gemeindeblatt* mit seinen verschiedenen Ausgaben und andere kirchliche Zeitschriften mußten erst 1940 ihr Erscheinen einstellen. Wer heute einen Jahrgang des Gemeindeblattes für die Dekanate München II, Rosenheim und Neuburg an der Donau durchblättert, kann nur staunen über die offene und doch geschickte Art, in der hier Stellung bezogen wurde. Natürlich tauchen auch immer Artikel und Informationen über die *Taktiken des Bolschewismus* auf. Ein Aufsatz des Bischofs von Hannover, Marahrens, versichert gut lutherisch: *Wer für Gottes Ehre ficht, kann nicht wider die Ehre der Obrigkeit streiten.* Auch Artikel der dem völkischen Gedankengut herzlich verbundenen Neuendettelsauer Missionsgesellschaft fehlen keineswegs. Aber schon bei der Abhandlung des beliebten Themas *Große Deutsche* kann man – was Auswahl und Akzentsetzung betrifft – bemerkenswerte Abweichungen vom Üblichen registrieren: Bismarcks und Hindenburgs Frömmigkeit werden ausführlich gewürdigt, Lebensbilder von Bach, Händel und Schütz füllen einige Nummern, und eine Abhandlung ist beispielhaften *Soldaten, die Christen waren* gewidmet. Der Kampf gegen die Deutschen Christen, das Berliner Reichskirchenregiment und vor allem die neuheidnische Ideologie des Nationalsozialismus wird sogar in aller Breite und Eindeutigkeit geführt. Dabei kommen die Gegner auffallend ausführlich zu Wort; einige kurze Fragen, zuweilen auch ironische Glossen oder schlicht ein Zitat aus dem Neuen Testament oder Luthers Katechismus machen dann jedoch blitzartig klar, wo sich hier die Irrlehre eingenistet hat.

Sehr gewissenhaft wird Alfred Rosenbergs *Mythus des 20. Jahrhunderts* den Lesern des Kirchenblattes, kritisch kommentiert natürlich, vorgestellt. Es wird betont darauf hingewiesen, daß die Partei dieses Werk nach anfänglichem Zögern als eine private Arbeit des nordischarischen Reichsleiters hingestellt hat. Und dann erfolgt eine ganze Nummer hindurch die theologische Abrechnung mit diesem Werk, die auf Walter Künneths mutiger *Antwort auf den Mythos* basiert und in dem Satz gipfelt, daß *der nordische Mythus heidnisch und nicht christlich ist*. Kein Wunder, daß eine derartige Kirchenpresse schließlich wegen Papiermangels einging. Die Lektüre der Gemeindeblätter aus den Kirchenkampfjahren zeigt jedenfalls, daß man auf dieser Ebene den Ernst des Kampfes erkannt hatte und die geistige Auseinandersetzung nicht scheute.

KRITIK UND KONSEQUENZEN

Die Zeit wäre reif für ein abschließendes Urteil über den bayerischen Kirchenkampf. Aber keiner wagt es zu fällen. Die Verantwortlichen von einst sind gestorben. Das Votum der *Jungen* aus den dreißiger Jahren fällt, sofern diese nun im kirchlichen Establishment nachgerückt sind, milde aus. Für die heranwachsende Generation sind die Kampfjahre längst Geschichte geworden, dargeboten in den Erzählungen der Väter und den verstaubten Akten der Archive.

Die Auseinandersetzung der Kirche mit dem NS-Staat führte zweifellos zu einigen Erkenntnissen von bleibender Bedeutung. Das Jahr 1934 brachte eine Demonstration der lebendigen volkskirchlichen Frömmigkeit des bayerisch-fränkischen Luthertums. Die folgenden Jahre aber mit ihrer Kirchenaustrittsbewegung im Bürgertum zeigten die ganze Brüchigkeit der volkskirchlichen Struktur. Die äußere Bedrohung bewirkte in den Gemeinden so etwas wie eine innere Besinnung. Die Predigt, die Fürbitte und die Gemeinschaft im Sakrament des Abendmahls wurden an vielen Orten neu entdeckt. Zahlreiche Christen erkannten, daß die Gemeinschaft in der Kirche nicht einfach identisch ist mit einer Dorf- oder Volksgemeinschaft. Sie muß bewußt gesucht und verantwortet werden. Daß die Kirche ihre Angelegenheiten selber regeln muß und ein staatliches Kirchenregiment prinzipiell nicht anerkennen kann, war ebenfalls eine Erkenntnis, zu der sich die Bayern in den Auseinandersetzungen mit den Berlinern allmählich durchrangen. Auch der Klimawechsel zwischen den beiden großen Konfessionen hat im Dritten Reich – in der gemeinsamen Leidenszeit evangelischer und katholischer Geistlicher im Konzentrationslager Dachau und anderswo – begonnen. Die kleinen Siege und die heilsamen Erkenntnisse, aber auch die großen Versäumnisse und Niederlagen haben den Weg der Christenheit im Nachkriegsdeutschland wesentlich bestimmt. Dabei ist der besondere Charakter des bayerischen Kirchenkampfes immer spürbar geblieben.

Wesen und Verlauf des Kirchenkampfes in Bayern wurden durch die Persönlichkeit Hans Meisers geprägt. Auf Grund des kirchlichen Ermächtigungsgesetzes von 1933 wußte er sich für die Entscheidungen, die getroffen werden mußten, direkt verantwortlich. Stärker, als das in anderen Landeskirchen der Fall war, bestimmten daher seine theologischen Auffassungen von der Kirche und ihrem Verhältnis zur Obrigkeit die bayerische Position im Kirchenkampf. Meiser agierte in seiner Landeskirche tatsächlich – man denke nur an die geforderten persönlichen Treuegelöbnisse – wie ein Führer und galt darüber hinaus als Sprecher des deutschen Luthertums. In den Reihen der radikalen Opposition verfügten auch Männer wie Niemöller, Asmussen oder der in der Schweiz lebende Karl Barth nicht über eine vergleichbare kirchliche Autorität. Diese setzte Meiser ein, um seine Landeskirche im Bund mit den anderen beiden *intakten* lutherischen Kirchen vor dem Einbruch der Reichskirchenvertreter und dem daraus notwendig sich ergebenden Zerfall zu bewahren. Seiner Meinung nach konnte eine geschlossene große Kirche dem Hitlerregime auf die Dauer gesehen gefährlicher werden und im Krieg ihren Dienst in der Bevölkerung besser ausrichten, als die in der Illegalität operierenden und die Gemeinden überfordernden Bekenntnispfarrer in den *zerstörten* Landeskirchen. Das war keineswegs eine Erkenntnis des Glaubens, sondern das Ergebnis taktischer Überlegungen.

Meiser hat aufs Ganze gesehen sein Ziel erreicht. Er selber hat freilich schon erkannt, daß der Preis, den er dafür zahlen mußte, sehr hoch war. Die nachfolgende Generation wird an diese Erkenntnis anknüpfen und urteilen müssen: der Preis war tatsächlich zu hoch. Es gab Situationen, in denen Meiser und seine lutherischen Kollegen schlicht erpreßt wurden. In diesen Stunden – den Empfängen bei Hitler und den Verhandlungen mit dem Reichsbischof – fehlte ihnen einfach der *Mut* des Glaubens. Es gab aber im bayerischen Kirchenkampf auch andere Momente, in denen die *Erkenntnis* des Glaubens fehlte, und diese waren weitaus tragischer. Die Gutachten einzelner Erlanger Professoren und die durchaus freiwilligen und überflüssigen Erklärungen der Kirchenleitung zum Kriegsbeginn und zum Polenfeldzug sowie den Wehrmachtserfolgen an der Westfront sind genau so wie der Enthusiasmus auf der *Hensoltshöhe* Ausdruck einer schlechten Theologie.

Meiser war freilich alles andere als ein theologischer Denker. Er war ein Mann der Kirche, der Praxis also und vor allem auch der Verwaltung. Vereinfacht kann man sagen: er lebte für die Kirche, ihr Bekenntnis und ihr Recht. Die Kirche – das war für diesen Mann eine sehr konkrete Größe. Dazu gehörten die ehrwürdigen Gotteshäuser seiner Heimatstadt Nürnberg und die frommen fränkischen Bauern. Sie umfaßte die Pfarrer und deren Frauen und Kinder. Der einfache Gottesdienst in der Diaspora gehörte ebenso dazu wie die festlich gesungene Abendmahlsliturgie, das alte lutherische Bekenntnis genauso wie eine penible Verwaltung.

Von dieser Kirche konnte Meiser in einer Weise reden, wie man es seit Wilhelm Löhe nicht mehr im bayerischen Protestantismus gehört hatte: *Ich bekenne, daß ich meine Kirche liebe. Ich sage nicht bloß: ich schätze sie, ich achte sie, ich ehre sie. Ich tue das auch. Aber das alles ist noch viel zu wenig. Es ist viel zu kalt. Ich liebe meine Kirche. Mein Herz gehört ihr. Es ist das Glück meines Lebens, daß ich ihr dienen darf.* Der Lutheraner Meiser konnte sogar gut katholisch von seiner lutherischen Kirche als seiner *geistlichen Mutter* sprechen, als der *Heimat der Seele*. Ihre Gottesdienste, ihre Sprache, ihre Ordnungen und der Kreis ihrer Feste – *wenn ich durch sie hindurchwandere, dann wird mir heimatlich zu Mute.* Als Grund dieser Begeisterung für die Kirche wies Meiser immer auf den *Schatz* dieser seiner Kirche hin, das lutherische Bekenntnis, die *lautere Lehre des Evangeliums.* Dieses Bekenntnis zur Rechtfertigung des Menschen allein aus Gnade und um Christi willen stand für ihn zeit seines Lebens diskussionslos fest. Das war Meisers Stärke, denn gegen die dogmatischen Häresien der Deutschen Christen oder gar der neuheidnischen Ideologie des Nationalsozialismus war er tatsächlich immun.

In dieser engen Bindung an das in grauer Vorzeit fixierte, überlieferte und ohne viel Reflexion akzeptierte Bekenntnis lag aber auch die Schwäche Meisers. Denn in der Auseinandersetzung, die Meiser nicht gesucht hatte, wäre eine Aktualisierung des Bekenntnisses, ein geistlich-theologischer Denkprozeß notwendig gewesen. In Barmen wagte der deutsche Protestantismus diesen Schritt zu einem neuen Bekenntnis. Doch Meiser und den meisten bayerischen Lutheranern schien dieses Unternehmen zu gewagt. Erst wer das alte Bekenntnis direkt angriff – die Gottessohnschaft Christi, das Alte Testament und das Abendmahl etwa – bekam es mit Meiser zu tun. Aber nur wenige taten das so direkt. Im Vorhof des Bekenntnisses jedoch war für Meiser ein weites Feld, auf dem man sich mit den Mächten der Zeit – um der Reinheit des Innenhofes willen – arrangieren konnte.

Dabei erwies sich zwar nicht das lutherische Bekenntnis aber doch eine im deutschen Luthertum verwurzelte Tradition als ausgesprochen unheilvoll. In Meiser lebte ein tiefgegründeter Respekt vor den Organen der Obrigkeit und eine geradezu verzweifelte Angst, die Staatsautorität zu zerstören. An diesem Punkt unterschied er sich nicht nur von Martin Niemöller und Dietrich Bonhoeffer, die zum Widerstand gegen den NS-Staat bereit waren, sondern auch von dezidierten Lutheranern wie Hans Asmussen und Hans-Joachim Iwand.

Selbst andere Vertreter der alten Kirche, wie der Berliner Generalsuperintendent Otto Dibelius und Meisers Nachbarbischof Theophil Wurm standen dieser ausgeprägten Variante lutherischer Obrigkeitstreue einigermaßen verständnislos gegenüber. Meiser befand sich in einer Tradition, die es ihm schwer, wenn nicht sogar unmöglich machte, gegen das Hitler-Regime offen zu opponieren.

Diese Tradition reicht vom landesherrlichen Kirchenregiment der Reformationszeit und dem Staatskirchentum des Absolutismus über den Nationalismus des 19. Jahrhunderts und einzelne Voten Hermann Bezzels im Ersten Weltkrieg bis in das Gehorsamsdenken des Dritten Reiches hinein. Generationen hindurch gab sich das deutsche Luthertum zufrieden, wenn die christliche Obrigkeit Gottesdienst und Gläubigkeit, Bekenntnis und Caritas unangetastet ließ. Dafür war es bereit, dem Kaiser zu geben, was des Kaisers ist, – und in der Praxis auch zuweilen mehr als das. Es verzichtete darauf, die jeweilige Obrigkeit an den Maßstäben zu messen, die ihm im Evangelium gegeben waren. Und es konnte nur schwer begreifen, daß eine offenkundig unchristliche und totalitäre Staatsführung des 20. Jahrhunderts nicht identisch ist mit dem väterlich-frommen Regiment eines Markgrafen Georg oder eines Kurfürsten Friedrich des Weisen. So überließ das Luthertum auch das NS-Regime sich selber und stärkte es sogar gelegentlich durch seinen Applaus.

Kein geringerer als Gustav Heinemann hat anläßlich eines Reformationsjubiläums diese mißverstandene *Zwei-Reiche-Lehre* Martin Luthers in der Öffentlichkeit kritisch unter die Lupe genommen. Der einstige Kämpfer aus den Reihen der Bekennenden Kirche besaß dazu zweifellos die geistliche Legitimität. Sein Appell an das Luthertum, auch *in politischen Fragen die Freiheit eines Christenmenschen in Anspruch zu nehmen und Gehorsam gegen Gottes Wort auch im politischen Handeln zu üben*, löste bei einigen der so Angesprochenen Befremden aus. Der Nachfolger Hans Meisers allerdings enthielt sich eines Kommentars zu diesem ungewohnten Rat eines Staatsmannes an die Kirche. Möglicherweise hat man in Bayern verstanden, daß dieses Votum nicht nur eine Kritik auch des Kirchenkampfes sein wollte, sondern in erster Linie die Bitte an das Luthertum, sein Verhältnis zum Staat neu zu formulieren. Daß die sogenannte *unpolitische* Kirche, die sich auf ihr Bekenntnis zurückzieht, eine obrigkeitstreue und damit gerade eine *eminent politische* Kirche ist, gehört zu den ständig zu bedenkenden Erfahrungen aus dem bayerischen Kirchenkampf.

Das neue Verhältnis des Luthertums zu Staat und Gesellschaft wird sich nach den Erfahrungen dieser Zeit weder als gehorsame Unterordnung noch als gesellschaftspolitische Abstinenz, sondern als kritische Solidarität darstellen müssen.

15. KAPITEL

Evangelisches Leben
im Zeichen des Wiederaufbaus nach 1945

Mit Interesse – und zwar mit Zustimmung und mit Kritik – reagierte die kirchliche Öffentlichkeit zu Beginn des Jahres 1971 auf eine Analyse der religiösen Situation in der Bundesrepublik, die Landesbischof D. Hermann Dietzfelbinger verschiedentlich vortrug. Bayerns evangelischer Bischof, seit 1967 auch Ratsvorsitzender der *Evangelischen Kirche in Deutschland*, meinte, die Christenheit in Deutschland stünde *heute in einem Glaubenskampf, in einem Kirchenkampf, gegenüber dem der Kirchenkampf des Dritten Reiches ein Vorhutgefecht war*. Im Blick auf das ehemalige Konzentrationslager in Dachau und die Hinrichtungsstätte eines Dietrich Bonhoeffer im oberpfälzischen Flossenbürg – zwei Erinnerungen an die nationalsozialistische Gewaltherrschaft in Bayern – wurde dieser bischöfliche Vergleich mancherorts als ein wenig zu kühn empfunden. Dennoch enthält er im Kern eine richtige Erkenntnis, die zu verdrängen auch dem bayerischen Luthertum nicht guttäte. Dietzfelbinger wollte von der *Auseinandersetzung des christlichen Glaubens mit der Ideologie der säkularen Gesellschaft* sprechen. Daß Kämpfe um Recht und Bekenntnis gegen einen klar zu erkennenden Gegner leichter zu führen sind als ein bis in die Wurzeln des Glaubens reichendes geistliches Ringen, das gerade auch die Gemüter innerhalb der Kirchenmauern bewegt, dürfte kaum zu bestreiten sein. In dieser Auseinandersetzung aber befindet sich der Protestantismus seit dem Ausgang der sechziger Jahre in verstärktem Maß. Auch das Luthertum südlich der Mainlinie ist gefragt, wie es mit seinem alten Bekenntnis auf die Herausforderungen einer neuen Zeit zu reagieren gedenkt.

Nach dem Zusammenbruch von 1945 gehörten die Kirchen zu den wenigen gesellschaftlichen Gruppen, denen nahezu uneingeschränkter Kredit entgegengebracht wurde – von der Bevölkerung ebenso, wie von den Besatzungsmächten. Das erste große Problem, das die bayerische Landeskirche zu bewältigen hatte, war die Integration der Flüchtlinge und Heimatvertriebenen. Erwartet wurden Verständnis und Hilfe, materielle Unterstützung und geistlicher Zuspruch. Man wird rückblickend sagen können, daß das bayerisch-fränkische Luthertum diese Bewährungsprobe – aufs Ganze gesehen – bestanden hat.

Eng mit dieser Aufgabe verbunden war nach der Währungsreform von 1948 der äußere Wiederaufbau. Zahlreiche Gotteshäuser waren zerstört, und überall in einst fast ausschließlich katholischen Gebieten waren neue evangelische Flüchtlingsgemeinden entstanden. Später kamen die Gemeinden an den Rändern der Großstädte in Nürnberg und München hinzu. So avancierte die Landeskirche im Schlepptau des wirtschaftlichen Aufschwungs der fünfziger und sechziger Jahre zu einer der großen Bauherrinnen des Landes. Als freilich die grundsätzliche Diskussion über Sinn und Unsinn des Kirchenbaus gerade einsetzte, begann die Kirchenbauwelle der Nachkriegszeit bereits wieder auszulaufen.

Hand in Hand mit dem äußeren Wiederaufbau ging der innere Ausbau des kirchlichen Lebens im bayerischen Luthertum. Die Einführung eines neuen Gesangbuches und einer neuen Gottesdienstordnung trug noch ausgesprochen restaurative Züge. Doch andere alte und neue Formen einer übergemeindlichen kirchlichen Arbeit erwiesen sich als überaus hilfreich für das Leben einer christlichen Gemeinde inmitten der pluralistischen Gesellschaft. Man war in der Öffentlichkeit bereit, diesen Beitrag der Kirche zum Wiederaufbau mit Wohlwollen zu honorieren – zunächst jedenfalls. Das änderte sich jedoch mit dem Beginn der siebziger Jahre. Seitdem sieht sich die Kirche zunehmender Kritik ausgesetzt. Fünfundzwanzig Jahre nach dem Ende des Zweiten Weltkrieges hat ein neuer Zeitabschnitt begonnen – auch für den bayerischen Protestantismus. Das in aller Nüchternheit einmal festzustellen, war wohl der Wunsch des bayerischen Landesbischofs, als er vom *Zeitalter des Glaubenskampfes* sprach.

OSTBAYERNS EVANGELISCHE FLÜCHTLINGSDIASPORA

Wir wurden von den Geschehnissen getrieben, immer weiter ins Ungewisse. Wir wanderten Hunderte von Kilometern, von Ort zu Ort, immer Richtung Westen. Wir waren müde und elend. Wir haben gehungert und haben kein Geld gehabt, aber wir gingen weiter. Wir sahen uns nicht mehr nach einer Kirche um, wir flehten aber zu Gott um Kraft. Mit diesen Worten beschreibt ein Heimatvertriebener die Monate der Flucht im Jahr 1945. Nach Westen – für fast zwei Millionen Menschen bedeutete das Bayern. Denn so groß war 1950 der Anteil der Heimatvertriebenen an der Gesamtbevölkerung Bayerns.

Als die Flüchtlinge 1945 Welle auf Welle in Niederbayern und in der Oberpfalz einströmten, hatten bereits andere Zugereiste hier Fuß gefaßt. Da waren die Evakuierten aus den Großstädten Nord- und Westdeutschlands und die Kinder und Jugendlichen in den *Kinderlandverschickungslagern*. Seit 1939 waren auch immer häufiger Umsiedler aus den volksdeutschen Gebieten in Südosteuropa und aus dem Baltikum aufgetaucht. Dann kamen die großen Flüchtlingstrecks derer an, die vor den herannahenden sowjetischen Armeen mit Koffern und Rucksäcken die Flucht ergriffen hatten. Nach dem Potsdamer Abkommen vom 2. August 1945 schließlich erfolgten die Vertreibungen aus Polen, Ungarn und der Tschechoslowakei, die im Abkommen der Siegermächte so freundlich als *Überführungen* umschrieben wurden. Mehr als ein viertel Jahrhundert hat die Erinnerungen an die Stationen der damaligen Leidenswege bei den Betroffenen nicht verblassen lassen. In Gesprächen taucht das alles immer wieder auf: der Bahnhof, auf dem sich Tausende von Menschen drängen, der vollgestopfte Güterzug, die alten Menschen, die – irre geworden – am Wegrand stehenbleiben, die Kinder, die verhungert sind und schnell in einer Schonung beerdigt werden, das Rasseln der Planwagen und die erste Tasse warmen Kaffees.

Wer damals angekommen war und das Schlimmste hinter sich hatte, atmete erst einmal auf. Doch die schwere Zeit war mit dem Betreten bayerischen Bodens noch nicht abgeschlossen. Für kurze oder längere Zeit mußten die Flüchtlinge sich mit Massenlagern zufriedengeben. Erst langsam nahm die allmächtige Flüchtlingskommission ihre Arbeit auf und verteilte die Heimatvertriebenen auf die Ortschaften und Höfe. Aber dort wurden die unfreiwilligen Gäste nicht selten als fremd und als eine unbequeme Einquartierung empfunden. Die Zukunft war allen unklar: Würde man nicht doch über kurz oder lang zurückkehren können, oder würde man am Ende hier bleiben müssen? Es gab ein Flüchtlingsgesetz. Das bestimmte immerhin, daß alle Flüchtlinge *alsbald angemessen unterzubringen* seien. Die Ausführungsbestimmungen definierten sogar, welche vorläufige Unterkunft in dieser Situation als *menschenwürdig* angesehen werden könne. Sie müsse, so hieß es da, *Koch- und Beheizungsmöglichkeit sowie das Notwendigste an Mobiliar, wie Betten, Tisch, Stühle und Schränke enthalten;* die sanitären Verhältnisse sollten die gleichen sein, wie für die Quartiergeber; die Mitbenutzung von Gas und Strom und das freie Betreten der Wohnräume mußte gewährleistet sein. Das waren klare Bestimmungen im schönsten Amtsdeutsch. Doch die Verhältnisse waren nicht selten stärker.

Ostbayern galt bis weit in die Nachkriegszeit hinein als ein industriell wenig entwickeltes Gebiet. Bestimmend war hier das niederbayerische Bauernland mit seiner Agrarstruktur und das Notstandsgebiet des bayerischen und oberpfälzischen Waldes. Es gab hier nur wenig Arbeitsmöglichkeit für die Zugereisten. Resigniert heißt es in einem Bericht über die ersten Monate in dem fremden Land: *Wir sanken auf die Kulturstufe der Sammler herab.* Die einheimische Bevölkerung erwartete zwar die Mitarbeit in der Landwirtschaft. Doch nicht alle Flüchtlinge waren dazu geeignet. Andere, die einst selber große Höfe in den ehemaligen deutschen Ostgebieten besessen hatten, mochten nicht gerne die Arbeit von Knechten verrichten. Man mußte auf engem Raum zusammenleben; die unterschiedlichen Lebensgewohnheiten wurden erkennbar, man verstand einander schon rein sprachlich schlecht. Alle waren mit den Nerven am Ende, und über allen lag die große Unsicherheit, die jede weiterreichende Planung sinnlos erscheinen ließ. So brachen die Spannungen zwischen den Einheimischen und den Flüchtlingen auf. Man wird dies heute verstehen müssen, denn die Begegnung vollzog sich unter den denkbar schwierigsten Umständen.

Es ist nicht zu leugnen, daß die konfessionelle Problematik die Lage nicht gerade entschärfte. Ein hoher Prozentsatz der Flüchtlinge war evangelisch. Die Zahl der bayerischen Protestanten insgesamt stieg mit einem Schlag von 1,7 Millionen auf 2,4 Millionen. Um 1950

Amtsblatt

für die Evangelisch-Lutherische Kirche in Bayern rechts des Rheins

Amtlich herausgegeben vom Evangelisch-Lutherischen Landeskirchenrat in München, z. Z. in Ansbach

25. September 1945

Bekanntmachungen.

Nr. 1490.

Betreff: Aufnahme in die evang.-luth. Kirche.

Die Zahl der Gesuche um Wiederaufnahme in die evang.-luth. Kirche hat in den letzten Wochen sehr stark zugenommen. Es ist nötig, daß in dieser Frage im Bereich unserer Landeskirche möglichst einheitlich gehandelt wird. Wir geben deshalb eine Zusammenfassung der einschlägigen Vorschriften, sowie der zu beachtenden Gesichtspunkte und ersuchen unsere Geistlichen, mit aller Klarheit sich darnach zu richten.

Der Wiedereintritt der zur Zeit des Nationalsozialismus Abgefallenen stellte die Kirche 1945 vor eine schwierige geistliche Entscheidung

war jeder dritte evangelische Christ in Bayern ein Heimatvertriebener oder Zugereister. Die evangelischen Flüchtlinge der ersten Jahre aber wurden vor allem in Gegenden angesiedelt, in denen der Protestantismus bisher fast gar keine Rolle gespielt hatte. Die alte evangelische Diaspora im Gebiet der drei katholischen Diözesen Regensburg, Passau und Freising war recht unterschiedlicher Art gewesen. Im nördlichen Teil, in der Oberpfalz, fanden die evangelischen Heimatvertriebenen wenigstens einige alte evangelische Pfarreien vor. Auch im südlichen Teil existierten einzelne protestantische Gemeinden, die im 19. Jahrhundert entstanden waren. Anders lagen die Verhältnisse im mittleren Teil dieses Gebietes, – in Niederbayern also und in der südöstlichen Oberpfalz. Hier gab es fast keine evangelischen Christen. Und hier entstand nun die eigentliche *Flüchtlingdiaspora* – in den heutigen evangelisch-lutherischen Dekanaten Cham, Landshut, Passau und Regensburg. Auf 300 000 schätzte man damals – wohl etwas zu hoch gegriffen – die Evangelischen in diesem Gebiet. In Niederbayern hatte der Anteil der Protestanten an der Gesamtbevölkerung noch 1939 nur 1,6 Prozent betragen, in der Oberpfalz immerhin 9,6 Prozent. Nun stieg er auf 12,2 beziehungsweise 14,5 Prozent an.

Bisher gab es allerdings nur in einigen zentral gelegenen Orten evangelische Gemeinden. So mußten also die meist älteren evangelischen Pfarrer und ihre heimatvertriebenen Kollegen weit durchs Land reisen, um die in der Zerstreuung wohnenden Gemeindeglieder zu sammeln. Diese Diasporalage der ostbayerischen Gemeinden verlangte von manchem Pfarrer den Radius eines Handelsvertreters. Die durchschnittliche Größe einer traditionellen fränkischen lutherischen Pfarrei etwa betrug 16 Quadratkilometer; in der Regensburger Diaspora aber hatte ein Pfarrer im Durchschnitt eine Pfarrei von 126 Quadratkilometern zu betreuen. Einer der Diasporapfarrer der Nachkriegszeit meint rückblickend, er habe *das ganze Pfarramt im Rucksack gehabt*: Bibel, Talar, Kruzifix und Abendmahlsgeräte. In Schaftstiefeln sei er von Ort zu Ort gezogen und habe so auch vor den kleinen Gemeinden gepredigt. Einige Pfarrer besaßen sogar ein Fahrrad, und ganz wenigen Glücklichen war es gelungen, sich ein altes *Nazi-Krad* zu organisieren. So war – wie es in einem anderen Pfarrbericht aus dieser

Zeit heißt – die Sache des Wortes Gottes *eine Sache der Schuhe und der Schuhsohlen, der Fahrradschläuche, der Bereifung und des Treibstoffes* geworden.

Irgendwo an einem Baum oder einem Haus hing zuweilen ein Zettel, der einen evangelischen Gottesdienst ankündigte. Dann traf man sich neben den Särgen in der eiskalten Friedhofskapelle. Man zwängte sich in die Schulbänke der Erstkläßler. Man feierte das Abendmahl unter der Faschingsdekoration in einem Wirtshaussaal. Oder man versammelte sich zum Gebet und zur Predigt um den Nebenaltar einer großen katholischen Pfarrkirche. Dies vor allem war durchaus nicht selten der Fall. In Niederbayern wurden in den Nachkriegsjahren 200 katholische Kirchen und Kapellen für den evangelischen Gottesdienst zur Verfügung gestellt, in der Oberpfalz immerhin 70 und in Bayern insgesamt nicht weniger als 650. So selbstverständlich das im Zeitalter der Ökumene in der zweiten Hälfte des 20. Jahrhunderts erscheint, – im katholischen Niederbayern und in der Oberpfalz der vorkonziliaren Zeit war das eine außergewöhnliche Geste.

Die gemeinsame Benutzung der Kirchen wurde tatsächlich von allen Beteiligten als ein erregendes Erlebnis empfunden. Sie stellt so etwas wie ein erstes ökumenisches Zeichen an der Basis dar. Denn bisher hatten die Einheimischen kaum je Evangelische zu Gesicht bekommen. Auch die protestantischen Heimatvertriebenen stammten meist aus geschlossen evangelischen Gebieten; der bayerische Katholizismus und seine Mentalität waren ihnen fremd. Die Heimatvertriebenen konnten gar nicht, selbst wenn sie gewollt hätten, jeden Sonntag einen Gottesdienst ihrer Konfession besuchen. Auf den für Protestanten naheliegenden Gedanken, daß auch Laien Gottesdienste halten können, kamen die Heimatvertriebenen interessanterweise selten. So fragten die Einheimischen, die den regelmäßigen Kirchgang gewohnt waren, skeptisch, ob denn die Flüchtlinge überhaupt richtige Christen seien. Umgekehrt meinten die Flüchtlinge oft, die ihnen entgegengebrachte Nächstenliebe hielte sich doch sehr in Grenzen. Und so fragten sie ihrerseits kritisch zurück, wie es denn mit dem Glauben ihrer Gastgeber praktisch bestellt sei. Auch die Theologen auf beiden Seiten hatten ihre Probleme. Würden nicht durch die Mitbenutzung der katholischen Gotteshäuser neue Simultanverhältnisse entstehen, – jetzt, wo man gerade dabei war, die letzten und so unerquicklichen Simultaneen in der Oberpfalz im leidlichen Frieden aufzulösen?

Und mußte man eigentlich das Allerheiligste aus der Kirche entfernen, wenn das kleine Häuflein der Protestanten für eine Stunde einzog? Beide Seiten machten in diesen Jahren einen schmerzhaften Lernprozeß durch. Allmählich führten gerade die gemeinsame Benutzung der Gotteshäuser und die persönliche Bruderschaft unter den Geistlichen der beiden Konfessionen zu einem kirchlichen Klimawandel. Daß sich der lutherische Geistliche bei seinem katholischen Kollegen den Meßwein *auslieh* und daß der katholische Pfarrer seinen Kreuzträger und die Ministranten für die evangelische Beerdigung abkommandierte, blieb nicht unbeachtet.

Diese Beerdigungen vor allem entwickelten sich in der Flüchtlingsdiaspora zu Vorformen der heutigen ökumenischen Wortgottesdienste. Denn hier begegneten die Einheimischen der öffentlichen evangelischen Verkündigung, die in der Form der sogenannten *Flüchtlingspredigten* nicht nur den unmittelbar Betroffenen unter die Haut ging. Hier sahen sie auch, daß die Protestanten durchaus ihr Vaterunser und ihr Glaubensbekenntnis kannten. Und hier erlebten sie, wie die Andersgläubigen ihre Verstorbenen ebenfalls *im Namen des Vaters und des Sohnes und des Heiligen Geistes* zur letzten Ruhe einsegneten. Auch die evangelischen Christen lernten die katholische Frömmigkeit verstehen und mitunter sogar schätzen. Ein Flüchtling, der lange Jahre in Niederbayern lebte, meint heute, er werde die Gebete, die seine Wirtin Tag für Tag gesprochen habe, wohl bis an sein Lebensende nicht mehr vergessen: *Wir haben gegenseitig viel voneinander gelernt.*

Das Kirchenregiment im fernen München erkannte unmittelbar nach dem Zusammenbruch die große Aufgabe in der ostbayerischen Diaspora. Zunächst galt es, die materielle Hilfe für die Heimatvertriebenen zu organisieren und zu koordinieren. Sofort nach Kriegsende wurde in Regensburg ein örtliches Hilfswerk geschaffen. Schon einige Monate später wurden überall im Land Außenstationen aufgebaut. Einmal in der Woche war *Hilfswerktag* – meist gekoppelt mit dem Gottesdienst. Aufgabe dieser Stellen war es, in Zusammenarbeit mit der *Inneren Mission* die Spenden zu verteilen, die aus der Ökumene eingingen. Nicht wenige dieser Pakete aus der Schweiz und aus den USA trugen die Aufschrift *In the name of Christ* und wollten also als ein Zeichen der weltweiten christlichen Solidarität verstanden werden. *Im Sommer sah ich von der Kanzel oft auf eine recht amerikanisch herausgeputzte Sonntagsgemeinde herunter,*

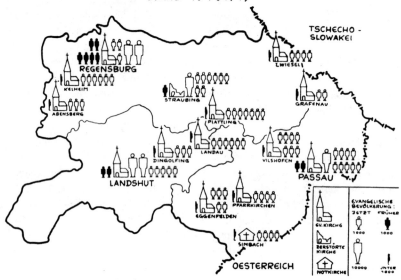

Die evangelische Flüchtlingsdiaspora in Niederbayern. Heute gibt es in den drei Dekanaten Regensburg, Passau und Landshut 48 Kirchengemeinden mit 64 Gemeindepfarrstellen bei rund 111 000 Protestanten

schrieb ein Geistlicher im Rückblick auf diese *Care-Paket-Zeit*.
Angesichts der allgemeinen Not gründete Landesbischof Hans Meiser noch im Jahr 1945 das *Evangelische Hilfswerk* und rief die Christenheit in Bayern zur Selbsthilfe auf. Sehr drastisch hieß es in seinem Appell: *Soll dies das Ende sein, daß der Menschen Leichname liegen wie der Mist auf der Straße und wie die Garben hinter dem Schnitter, die niemand sammelt? Nimmermehr! Lazarus liegt vor der Tür! Wenn je, dann ist in dieser Stunde der Kirche aufgetragen, zu verstehen, daß ihre Botschaft von der christlichen Liebe nicht Schall und Rauch, sondern Tat und Wahrheit ist. Unser ganzes Christentum müßte der Welt zum Gespött werden, wenn der kalten, dunklen Flut des Elends nicht ein warmer Strom des Erbarmens begegnete.* Der Aufruf hatte einen ungewöhnlichen Erfolg. Von August 1945 bis April 1946 gingen allein in Bayern Geld- und Sachspenden im Wert von 12 Millionen Mark ein. In Zusammenarbeit mit dem Hilfswerk entwickelte sich bald auch eine umfassende Arbeits-, Wohnungs- und Lehrstellenvermittlung. Gelöst wurde die Existenzkrise der Flüchtlinge allerdings erst durch die Währungsreform im Jahr 1948 und den dann folgenden wirtschaftlichen Aufschwung, der zahlreiche Heimatvertriebene weiter in die schwäbischen und rheinischen Industriezentren führte.
Ein ebenso großes Problem stellte für die bayerische Kirchenleitung die sogenannte *geistliche Versorgung* in der ausgedehnten Diaspora dar. Vor dem Krieg hatte es im Gebiet des späteren Kirchenkreises Regensburg etwa 70 evangelische Geistliche gegeben. 1948 zählte man in Niederbayern und der Oberpfalz mehr als 150 lutherische Pfarrer. Die Eingliederung der *Ostpfarrer* hatte sich naturgemäß nicht ganz ohne Schwierigkeiten vollzogen. Schließlich stammten die meisten von ihnen ja aus unierten Kirchen. Die bayerische Landeskirche benötigte ihren Dienst natürlich dringend. Aber zunächst wollte sie sie nur als *Amtsaushilfen* aufnehmen. Und so

fragten einzelne unter ihnen: *Wie sollen die evangelischen Heimatvertriebenen künftighin im Bereich der Landeskirche leben? Sollen sie einfach in ihr aufgehen oder – gegensätzlich – sich zu eigenen Gemeinden, einer eigenen Kirche sammeln und konstituieren?* Zur Gründung einer separaten Flüchtlingskirche kam es schließlich nicht. Die Heimatvertriebenen und ihre Pfarrer durften ihre heimatliche Liturgie beibehalten und gliederten sich allmählich in die bayerische Landeskirche ein. Zum Gelingen dieser Integration trug Landesbischof Hans Meiser mit seinem persönlichen Einsatz viel bei. Auf zahlreichen Rundreisen kreuz und quer durch die ostbayerische Flüchtlingsdiaspora besuchte er seine neuen Gemeinden. Zu Tausenden strömten die Flüchtlinge zu diesen Versammlungen, in denen der weißhaarige, väterlich-freundlich redende Mann sich ihnen als ihr Bischof vorstellte und ihnen Mut und Trost zusprach: *Denen, die Gott lieben, müssen alle Dinge zum Besten dienen. Wir fühlen mit euch, wir fühlen uns als eure Brüder und Schwestern, und wir möchten euch, soviel an unserer Kraft liegt, eine neue Heimat schenken.* Meiser verstand es auch, das angeschlagene Selbstbewußtsein seiner Gläubigen mit dem Hinweis auf die Geschichte der Väter zu heben. Er sprach zu den Heimatvertriebenen vom Schicksal der Hugenotten und der österreichischen Glaubensflüchtlinge und deren Anteil am wirtschaftlichen Aufschwung ihrer neuen Heimat: *Auch wir erwarten etwas von euch. Wir möchten durch euch gesegnet werden, so wie von diesen Menschen, die einst reichen Gottessegen in Haus und Herz, in Volk und Kirche getragen haben.*

Neben die materielle und geistliche Hilfe trat später auch der rechtlich-organisatorische Ausbau des evangelischen Kirchenwesens in Niederbayern und der Oberpfalz. Obwohl nach der Währungsreform vor allem die jungen Familien wieder abzogen, entstanden doch im ganzen Gebiet evangelische Pfarreien und kleine Gotteshäuser. Insgesamt wurden in den Nachkriegsjahren in Ostbayern 50 evangelische Kirchengemeinden neu gegründet und mehr als 80 Kirchen und Kapellen gebaut. 1951 schließlich errichtete die Synode der Evangelisch-Lutherischen Kirche in Bayern einen fünften Kirchenkreis, dessen Leiter als Kreisdekan seinen Sitz in Regensburg nahm. Damit trug sie auch verwaltungsmäßig der Bedeutung Rechnung, die das größte evangelische Diasporagebiet bis heute für die bayerische Landeskirche hat. Denn niemand wird heute bezweifeln, daß der

Das Kronenkreuz, *Symbol evangelischer Diakonie*

Wunsch Meisers in Erfüllung gegangen ist. Wie die Glaubensflüchtlinge und Zugereisten vergangener Jahrhunderte haben auch die Heimatvertriebenen und Flüchtlinge nach dem Zweiten Weltkrieg im bayerischen Luthertum eine neue geistliche und kirchliche Heimat gefunden. Die Geschichte ist inzwischen über die turbulenten und notvollen Jahre des Anfangs hinweggegangen. Dennoch denken manche der ehemaligen Flüchtlinge heute mit einer gewissen Wehmut an diese Bewährungszeit des Glaubens zurück, in der sie sich – wie es einer von ihnen rückblickend formuliert – dem *Wesentlichen und dem Frieden Gottes irgendwie nahe gefühlt haben.*

DIE DISKUSSION ÜBER DEN KIRCHBAU

In den Wiesen hinter dem Tegernsee liegt zu Füßen des Wallbergs die kleine Auferstehungskirche von Rottach-Egern. Mit ihrem spitzen Dachreiter auf dem tief heruntergezogenen Dach und den schmalen Fensternischen in den festen, weißen Mauern gleicht diese Kirche einem Bergvogel, der sich hier niedergelassen hat und seine

Jungen schützend um sich sammelt. Nicht alle evangelischen Kirchen, die nach dem Zweiten Weltkrieg entlang der Alpen entstanden, sind so reizvoll in die Landschaft hineinkomponiert worden, wie dieses Gotteshaus, das 1955 eingeweiht wurde.

In den Dachflächen, bei den Wänden, im Grundriß und in der ganzen Raumkonzeption dominiert das Dreieck. Der Architekt sprach seinerzeit vom *Symbol des Dreieinigen Gottes*, und das bedeutete ihm mehr als ein rational durchdachtes Gestaltungsprinzip. Die Bankreihen, in drei Blöcken um den Taufstein angeordnet, sind doch nicht auf diesen, sondern auf den Altarbereich ausgerichtet. So erhält das an sich gleichseitige Dreieck des Kirchengrundrisses eine klare Zielrichtung. Die Gänge führen ins Zentrum, wo der Taufstein steht, und dieser verweist in die Spitze, wo Altar und Kanzel Aufstellung gefunden haben. Dieser Raumgestaltung liegt eine geistliche Erkenntnis zu Grunde, die jeder Besucher unbewußt erfaßt und im Gang durch das Gotteshaus selber mitvollzieht. Wer die Kirche betritt, geht auf den Taufstein zu, wo er unwillkürlich das erste Mal stehenbleibt und den Raum auf sich wirken läßt. Mit der Taufe aber wird der Christ in die christliche Gemeinde aufgenommen. Er befindet sich nun in ihrer Mitte, und mit ihr wendet er sich dem Altarbereich zu, – der Kanzel als dem Ort der Verkündigung und dem Altar als der Stätte der Mahlfeier.

Das ganze Gotteshaus steht freilich unter der Ausdruckskraft der farbigen Glasfenster. In ihnen vollzieht sich noch einmal eine Deutung des Gottesdienstes. An der rechten Wand schreiten in zwei hohen Fenstern die Frauen am Ostermorgen zum Grab. Sie folgen in ihrer Bewegung der Gemeinde, wenn sich diese am Sonntagmorgen versammelt, um den Gottesdienst zu feiern. Das Ziel der Frauen ist das Grab, das in einem breiten Fenster über dem Altar dargestellt ist. Über ihm erhebt sich der lebendige Christus – überlebensgroß, göttlich und voller Leuchtkraft. Die Engel in zwei weiteren Glasfenstern verkündigen die Nachricht, daß er lebt; die Symbole der vier Evangelisten in einem weiteren Rundfenster weisen auf die christliche Predigt hin, in der die Auferstehung heute Wirklichkeit wird. Diese Glasarbeiten sind nicht einfach Fenster, ja nicht einmal nur Hinweis auf den Namen dieses Gotteshauses. Sie sind Bestandteil der Architektur und in ihrem Bildprogramm und in ihrer Ausführung Deutung des Raumes und des Geschehnisses, das sich in ihm vollzieht.

Im Schatten dieser Kirche, die so stark vom Glauben an die Auferstehung geprägt ist, hat ihr Erbauer sein Grab gefunden: Olaf Gulbransson, der bedeutendste unter den Kirchbauarchitekten der Nachkriegsära, dessen kleine Kirchen im Alpenvorland heute zu den Kunstschätzen des bayerischen Luthertums zählen.

Der Bau einer Kirche war in den ersten zwei Jahrzehnten nach dem Zusammenbruch ein Problem, das sich Architekten, Geistlichen und Künstlern nicht gerade selten stellte. Man hat gesagt, es seien in diesem Zeitraum mehr Gotteshäuser in Deutschland gebaut worden, als in den vier Jahrhunderten seit der Reformation. Für Bayern kann das zweifellos nicht gelten. Dennoch erlebte der bayerische Protestantismus in diesen zwanzig Jahren eine Kirchbauwelle von ungewohntem Ausmaß. Mehr als 400 Kirchen und Kapellen sind in diesen zwei Jahrzehnten errichtet worden, – die Gemeindezentren, Kindergärten und Pfarrhäuser nicht einmal mitgerechnet. Die sachlich begründbare Kritik an einzelnen Ergebnissen dieses Kirchbaubooms ist heute bereits erheblich. Stärker wiegt allerdings die grundsätzliche Frage, ob es notwendig und sinnvoll war, diese Gotteshäuser zu bauen. Wer diese Frage heute verneint, muß sich an die Ausgangslage 1945 erinnern lassen.

Ein erster Schwerpunkt der Bautätigkeit lag nach der Währungsreform in den Städten. Zahlreiche alte Gotteshäuser in den Zentren der Großstädte waren ganz oder erheblich zerstört worden. Die Kunstschätze – etwa der Nürnberger Hauptkirchen St. Lorenz und St. Sebald – waren ausgelagert und gerettet worden. Nun stand man vor dem Problem des Wiederaufbaus. Im Falle dieser Kunstdenkmäler hatte auch der Staat ein Interesse daran und sparte nicht mit der finanziellen Unterstützung. Für die Architekten bot der Wiederaufbau insofern einen besonderen Reiz, als bei den alten Barockkirchen – St. Egidien in Nürnberg und St. Stephan in Würzburg etwa – nicht einfach an eine Kopie der vernichteten Stuckarbeiten und Deckengemälde gedacht werden konnte. Diese Gotteshäuser mußten in wesentlich einfacherer Gestalt neu erstehen. Wirklich unrentable, überdimensional große Sakralbauten entsanden nur vereinzelt neu: die Matthäuskirche in München etwa, die der Staat der Kirche als Ersatz für das alte

Auch das kirchliche Leben vollzog sich nach dem Zusammenbruch in Baracken, wie hier im Gebiet der niederbayerischen Flüchtlingsdiaspora in Rötz

Die Organistin

Eine Mädchenklasse der Nürnberger Wilhelm-Löhe-Schule malte 1967 unter Anleitung ihres Kunsterziehers die neuerbaute Landshuter Auferstehungskirche aus. Die Stillung des Sturms *stammt von der damals 13jährigen Dorothea Lagois*

In der 1961 eingeweihten evangelischen Kirche in Burgkirchen an der Alz haben sich die Architektur Olaf Gulbranssons und das Wandgemälde Hubert Distlers zu einem eindrucksvollen Gesamtkunstwerk vereint

Der Bergwelt angepaßt hat der Architekt Gustav Gsaenger die kleine Kirche zum guten Hirten in der Ramsau bei Berchtesgaden

*Christus, der gute Hirte,
Bronzestatue von Heinrich Kirchner*

Der überlebensgroße Bronze-Christus von Fritz Koenig über dem Altar der evangelischen Kirche in Bogen, dem die gottesdienstliche Gemeinde zunächst nicht nur mit Freude und Verständnis begegnete

Der Erzbischof von München und Freising, Julius Kardinal Döpfner, und der Landesbischof der Evangelisch-Lutherischen Kirche in Bayern, Hermann Dietzfelbinger, bei einem ökumenischen Wortgottesdienst in der neuen Matthäuskirche in München

gesprengte Gotteshaus hinter den Sendlinger-Tor-Platz stellte. Alle diese großen Kirchen sind heute für die schrumpfenden City-Gemeinden in den bayerischen Großstädten eine nicht geringe Belastung, auch wenn sie als Räume für zentrale Veranstaltungen und Konzerte noch immer eine gewisse Bedeutung haben. Aber hat man das 1945 wissen können, und hätte man die ehrwürdigen gotischen und barocken Kirchen der Väter tatsächlich dem totalen Verfall preisgeben sollen?

Einen zweiten Schwerpunkt bildete die Diaspora. Überall in den einst fast geschlossen katholischen Gebieten Bayerns entstanden nach dem Zusammenbruch kleine evangelische Gemeinden. Zunächst begnügten sich diese Protestanten in der Zerstreuung mit dem Gastrecht in den katholischen Kirchen. Später stellte man ihnen kleine Notkirchen hin – Baracken, die die Ökumene gestiftet hatte, oder eine der originellen Kleinkirchen Otto Bartnings. Diese genormten Notkirchen waren äußerst sparsam konstruiert und gefielen den Gemeinden nicht schlecht; das Landesamt für Denkmalspflege freilich meinte zuweilen, daß sie nicht in das Landschaftsbild passen. Wäre es nicht ein Akt der geistlichen Lieblosigkeit gewesen, wenn die Kirchenleitung es nicht als ihre Aufgabe betrachtet hätte, diesen in vieler Hinsicht *unterentwickelten* Diasporagemeinden zu einem eigenen geistlichen Zentrum zu verhelfen? Für sie, die alles verloren hatten, bedeutete ein eigenes kleines Kirchlein mehr als nur ein Versammlungsraum für den Gottesdienst. Später tauchten die Touristen in den großen oberbayerischen Ferienzentren auf. Auch sie hielten Ausschau nach einem evangelischen Gottesdienst. So entstand im Laufe eines Jahrzehnts entlang der Alpen und in Oberbayern eine Kette kleiner, aber sehenswerter evangelischer Kirchen: die Kapelle in Lenggries (Franz Gürtner, 1954) die Auferstehungskirche in Oberaudorf im Inntal (Franz Lichtblau, 1958), die Kreuzkirche im Kleinwalsertal (Gustav Gsaenger, 1953) und die Kirchen von Olaf Gulbransson in Schliersee (1954), Taufkirchen (1958), Burgkirchen an der Alz (1961), Neufahrn bei Freising (1961) und Rottach-Egern.

Der dritte Schwerpunkt des evangelisch-kirchlichen Baueifers lag – vor allem in den letzten Jahren der nun ausgelaufenen Kirchenbauwelle – an den Rändern der Großstädte. Hier, in den neuen Trabantenstädten, entstanden neue Gemeinden, denen man die alten Gotteshäuser aus den Stadtzentren leider nicht einfach nachtragen konnte. Diese Gemeinden brauchten Kirchen, und

Skizze der Kapernaumkirche in der Münchner Stadtrandsiedlung am Lerchenauer See, die 1968 nach den Plänen des Architekten Reinhard Riemerschmid als ein bergendes Zelt errichtet wurde

so baute man sie eben. Daß sie auch anderes brauchten – und dies möglicherweise sogar nötiger –, hörten die Architekten nicht gerne und erkannten die kirchlichen Bauherren erst spät. Jedenfalls hatte es das *Gemeindezentrum* schwer, sich bei den Planungsarbeiten durchzusetzen. Zu sehr hingen die Männer der Kirche, die Künstler und gerade auch die Städteplaner an dem dominierenden Sakralbau und – noch wichtiger – dem markanten, aber teuer und überflüssig gewordenen Kirchturm.

Immerhin: Die Notwendigkeit, Kirchen und Gemeindezentren zu errichten, wurde dort nicht grundsätzlich bestritten, wo die Planung sinnvoll erschien und die Ausführung als gelungen empfunden werden konnte. Das aber war zweifellos nicht überall der Fall. Schon Olaf Gulbransson stand den Kirchen, die da landauf, landab wie Pilze aus dem Boden schossen, kritisch gegenüber. Er fragte, ob sie mehr seien *als ein Ausdruck unserer hemmungslosen Selbstdarstellung, ein Bild unserer Originalitätssucht, ein Zeugnis des aufstrebenden Reichtums unseres Wunderlandes, ein Noch-Besser, Noch-Mehr,*

Noch-Moderner. Seiner Meinung nach sollte ein Gotteshaus der *gebaute Ausdruck* dessen sein, was sich in ihm ereignet.

In dieser Weise über den Sinn des Kirchenbaus nachzudenken – dafür hatte man freilich in der Eile, mit der man sich ans Bauen machte, kaum mehr Zeit. So entstanden nicht selten reine Zweckbauten, in denen es die Gemeinden heute bereits friert. Bei diesen Bauten *stimmte* alles: es gab einen Mittelgang und rechts und links zwei Blöcke von Bankreihen, die die Gottesdienstbesucher in Reih und Glied auf den Altarbereich ausrichteten. Dieser lag an der Stirnseite des rechteckigen Raumes, leicht erhöht, ausgestattet mit einem Tisch, rechts der Kanzel und links dem Taufstein sowie einem Gemälde oder einer Plastik über dem Altar. Im Rücken der Gemeinde befand sich auf der Empore die Orgel, und das einzige, was zuweilen wechselte, war die Ausführung der Lampen. Ein emsiger, aber phantasieloser Kirchenbaumeister bedachte die bayerische Landeshauptstadt in wenigen Jahren mit einem runden Dutzend derartiger *Sakralbauten*.

Dagegen hatte Olaf Gulbransson immer wieder darauf hingewiesen, daß bei einem Kirchbau das Zweckmäßigkeitsdenken nicht alles sein dürfe. Das Bild, der Raum in seiner innenarchitektonischen Gestaltung, der Lichteinfall, die Anordnung der Prinzipalstärke und des Gestühls, der Klang, ja sogar der Geruch des Materials und das Tastgefühl – ein sensibler und künstlerischer Mann wie Olaf Gulbransson wußte, daß dies alles zusammen erst die *Wirkung* und die Aussagekraft eines Kirchenraumes ausmachen. Seine Kirchen aber sollten eine Aussagekraft haben, sollten *wirken* – auf den ganzen Menschen – und so die Wirkung der Verkündigung unterstreichen, ja selber teilhaben an dem, was sich in ihnen ereignet. Gulbransson hatte tatsächlich das, was er bei seinen Kollegen zuweilen zu vermissen glaubte: ein Bild von dem, was Kirche zu sein habe. Um die Realisierung dieses Bildes ging es ihm bei jedem Bau, den er neu in Angriff nahm.

Seine Idee vom evangelischen Kirchenbau war denkbar einfach. Es sollte zur Übereinstimmung kommen zwischen dem Geschehen, das sich in diesem zu bauenden Raum vollzieht, und dem Raum in allen seinen architektonischen und künstlerischen Einzelheiten. Alles Überflüssige wollte er dabei weglassen und nur *in größter Einfachheit und mit den verständlichsten Mitteln* den Raum schaffen *wie zwei Hände, die sich schützend um*

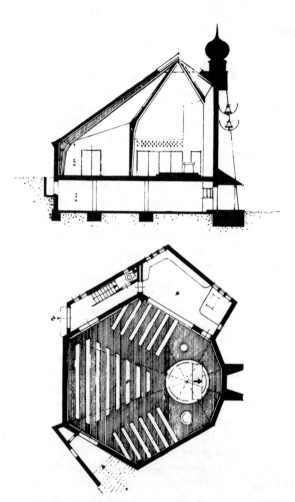

Olaf Gulbranssons Entwürfe für die Christuskirche am Schliersee

die Gemeinde legen. Dies also war seine Zielvorstellung vom Kirchbau, und er konnte sehr pointiert sagen: *Er soll nicht repräsentieren. Er soll tragen, schützen, sammeln. Er soll selbst das tun, was in ihm geschieht.* Daß diese Zielvorstellung von den Erlebnissen der Kriegsjahre und der unmittelbaren Nachkriegszeit geprägt ist, ist ebenso deutlich, wie der hohe geistliche Anspruch, unter den sich dieser Mann stellte.

Als der 45jährige Künstler im Sommer 1961 bei einem unverschuldeten Autounfall ums Leben kam, hatte er neun Kirchen gebaut; weitere zehn befanden sich im Bau und elf waren immerhin so weit geplant, daß sie von seinen Mitarbeitern fertiggestellt werden konnten. In allen diesen Gotteshäusern hat sich Olaf Gulbransson um die Verwirklichung seiner Gedanken bemüht. Die Besucher dieser Kleinodien der Kirchbaukunst empfinden noch heute trotz aller Kritik am Kirchbau, daß ihm das wie kaum einem anderen Künstler dieser Jahre gelungen ist.

Gulbranssons Kirchen – von außen oft als schützendes Zelt empfunden, und innen als bergende Höhle wirkend – wollten sakrale Räume sein. Die Entwicklung ging über diese Konzeption hinaus – nicht nur über den Triumphbau aus Stahl und Beton, sondern über den Sakralraum überhaupt. Schon bald wurde im evangelischen Kirchbau der Kultraum – das Gotteshaus also, das allein der liturgischen Feier in der herkömmlichen Form dient – in Frage gestellt. Der Kirchbau geriet in eine Krise. Lange bevor eine kritische Öffentlichkeit fragte, ob man weiter Kirchen bauen *solle*, stellten die Architekten fest, daß man kaum mehr Kirchen bauen *könne*. Auch ein Architekt wie Franz Gürtner, dem 1969 mit dem Bau der Auferstehungskirche in Pfronten ein recht beachtlicher Kirchenneubau gelang, machte sich mit Skrupeln an die Arbeit. Er meinte: *Heute vor die Aufgabe eines Kirchenbaus gestellt, blickt der Architekt mit Wehmut zurück auf die großen Meister der Geschichte, die, getragen von der abendländischen Christenheit, die frohe Botschaft Gestalt werden ließen.*

Die Unsicherheit erwuchs nicht nur angesichts der Leistungen vergangener Zeiten. Sie hatte ihre respektable Ursache in einer sich verändernden Auffassung vom Wesen und von der Aufgabe der Kirche in der Gesellschaft. Dietrich Bonhoeffer hatte der evangelischen Christenheit als Vermächtnis seines Lebens das Konzept von einer *Kirche für andere* hinterlassen. Die Kirche sei, so hatte der Märtyrer der Widerstandsbewegung im Dritten Reich erklärt, nur dann in Wahrheit Kirche Jesu Christi, wenn sie für andere Menschen da sei. *Sie muß an den weltlichen Aufgaben des menschlichen Gemeinschaftslebens teilnehmen, nicht herrschend, sondern helfend und dienend.* Gegenüber den introvertierenden Tendenzen der ersten Nachkriegsjahre und dem Bedürfnis nach monumentaler Repräsentation stellte diese Definition von Kirche zweifellos einen Fortschritt dar. Aus der Meditation über das biblisch begründete Schlagwort von der *Kirche für die Welt* ergaben sich eine Reihe von Folgerungen für den Lebensvollzug einer christlichen Gemeinde in der zweiten Hälfte des 20. Jahrhunderts. Diese schließlich mußten zwangsläufig zu Konsequenzen im Kirchbau führen. Man entdeckte nun, daß dem *anderen,* der *Welt,* nicht einfach mit einem Kultraum und mit liturgischen Feiern gedient und geholfen wird. Wenn die Kirche weiter Häuser bauen wollte, dann mußten es solche sein, die für das vielgestaltige Zusammenleben der Menschen etwas austragen. So entstanden – vor allem in den Trabantenstädten Münchens und Nürnbergs – neue, groß angelegte kirchliche Lebens- und Kommunikationszentren.

Diese *Gemeindezentren* wurden erst – wie etwa in Nürnberg-Langwasser – nach exakten Bedarfsanalysen und der Ausarbeitung umfangreicher Raumprogramme geplant. Sie umfaßten dann Jugend- und Clubräume, einen Feierhof für Freiluftveranstaltungen und ein Sozialzentrum mit Beratungsstellen, eine Kinderkrippe und einen Kindergarten, ja mitunter sogar ein kleines Altersheim und ein Ladenzentrum. In Langwasser sollte dieses Projekt in städtebaulich ansprechender Weise um eine Art Fußgängerzone gelagert werden. Die eigenwillige, aber durchaus in die Zukunft weisende Planung erschien den kirchlichen Oberbehörden jedoch nicht nur zu teuer, sondern vor allem zu ungewohnt. Wenn jetzt nach vierjähriger Verzögerung der erste Spatenstich getan wird, ist von der ursprünglichen großzügigen Planung manches Originelle dem amtlichen Rotstift zum Opfer gefallen.

Zu allen Gemeindezentren gehörte zunächst auch noch der große Kirchenraum und – als *städtebauliche Dominante* – der repräsentative Glocken- und Kirchturm. Beispiele dafür sind in München die evangelischen Zentren in Fürstenried und am Hasenbergl. Doch sehr bald verschoben sich die Schwerpunkte. Der Kirchturm schrumpfte allmählich zu einem unscheinbaren Glockenträger zusammen und wurde schließlich gegen Ende der sechziger Jahre von einem bayerischen Oberkirchenrat offiziell für tot erklärt. Und auch die Kirchen fielen kleiner aus, so daß man jetzt bescheidener von einem *gottesdienstlichen Versammlungsraum* sprach.

Am Ende dieser Entwicklung stand die Forderung nach der Aufgabe auch dieses Kirchenraums; verschiedentlich wurde bei Kirchbautagungen als Mittelpunkt des Gemeindezentrums der *Mehrzweckraum* proklamiert. Das Experiment, dort Gottesdienst zu feiern, wo zu anderen Stunden Partys der Jugend und Tischtennisturniere stattfinden, wurde in der bayerischen Landeskirche allerdings nicht riskiert. Den Grund für diese Zurückhaltung bildete nicht nur die konservative Grundstimmung bayerischer Frömmigkeit. Man erkannte vielmehr: Der *andere*, dem die Kirche helfen will, besteht ja nicht nur aus materiellen Bedürfnissen, die die Kirche durch einen breit gefächerten psychologisch, medizinisch und gesellschaftspolitisch abgesicherten Sozialservice zu befriedigen hätte. Dieser *moderne Mensch* besitzt – was eine Zeit lang übersehen wurde – durchaus das, was Psychologie und Theologie altmodisch die *Seele* zu nennen pflegen. Ist es nicht die bleibende Aufgabe der Kirche, den Menschen hier im Innersten seines Wesens anzusprechen und ihm Schutz und Stille, die Möglichkeit zur Meditation und zum Gebet, das Erlebnis der Gemeinschaft und die Verkündigung des Evangeliums zu gewähren? Die Faszination, die von den Gotteshäusern Olaf Gulbranssons ausgeht, weist ebenso wie die Frustration der Gemeinden in ihren nüchtern-sachlichen Betonkirchen unüberhörbar auf eine Fehlkalkulation nicht etwa nur der Architekten, sondern auch der Kirchenmänner hin.

Erst in der allerjüngsten Vergangenheit hat die Kirche ihre Verantwortung für das *menschliche Bauen* entdeckt – für Räume also, in denen es sich aufatmen läßt und die fröhlich machen. Zu den Architekten, die unerbittlich und geradezu penetrant für den *humanen Städtebau und Kirchenbau* plädieren, gehört der Münchner Theodor Henzler. Seine Gotteshäuser – im oberfränkischen Burghaig und in Glonn bei München etwa – lassen die Kulthöhle ebenso wie den Repräsentationsbau hinter sich. Die lichten, freundlichen Innenhofkirchen strahlen eine Mischung von japanischer Gartenhausatmosphäre und mittelalterlicher Klosterhofstimmung aus. Sie öffnen sich der Landschaft und dem Leben, das sie umgibt. Aber sie führen doch zur Konzentration. Eine *meditative, kreative und kommunikative Raumlandschaft* nennt Henzler seine Versuche, auf dem Felde des Kirchbaus der *Menschenfreundlichkeit Gottes* erlebbaren Ausdruck zu verleihen.

Auch Henzler hält ein *Kirchenzentrum ohne soziale Dienste* für einen *Fremdkörper in einer Stadtlandschaft*. Er sieht den Menschen freilich in seiner Einheit von Geist und Körper. Diesem Menschen in der Welt einen *heilen Wohnort* anzubieten, bezeichnet er als die eigentliche Aufgabe eines Architekten. Dem entspricht die Aufgabe eines Kirchbauarchitekten. Denn als ein Abbild der zu erarbeitenden besseren, menschlicheren Welt versteht Henzler das Gotteshaus der evangelischen Gemeinde. Ohne Frage ordnet sich diese Konzeption würdig in die Reihe der Vorstellungen ein, die vergangene Jahrhunderte vom Kirchbau hatten. Die Begegnung mit einem derartig *menschlichen Gotteshaus* ist momentan noch selten; wo sie stattfindet, wird sich die Frage nach Sinn und Unsinn des Kirchbaus von selber erledigen.

SAMMLUNG UND SENDUNG DER GEMEINDE

Als der Deutsche Evangelische Kirchentag 1963 in Dortmund zu Gast war, bot das Programm auch etwas so Ausgefallenes wie ein Kirchentagkabarett an. Das Ensemble der munteren Frommen war aus Bayern angereist. Unter Berufung auf Martin Luther behauptete es: *Mit unsrer Pracht ist nichts getan*, und es nahm besonders die kirchliche Anpassungsfreudigkeit jener Jahre aufs Korn. So hieß es in einem Song:

> *Modern, modern, modern!*
> *Wir haben stets die neuste Form,*
> *doch keinen Inhalt.*

Das bezog sich keineswegs nur auf den Kirchbau. Der Protestantismus ließ sich auch im Leben seiner Gemeinden und beim Bau der Kirche in der Gesellschaft einige neue Formen einfallen. Um so dringender erhob sich die Frage nach dem Wesen der Kirche und dem Inhalt ihres Auftrages. Diese Frage wurde in den letzten Jahren eher noch deutlicher gestellt: Wozu ist die Kirche eigentlich da?

Auf ökumenischen Konferenzen um ein kurzes Porträt des süddeutschen Luthertums gebeten, pflegen bayerische Kirchenmänner – nach einigen Verbeugungen vor der altkirchlichen Tradition und einem Hinweis auf Wilhelm Löhe – gerne mit drei Stichworten zu reagieren. Sie erklären, der *Auftrag der Kirche in der sich verändernden Welt* bestünde nach wie vor in der *leiturgia* – dem Gottesdienst also – in der *diakonia*, der praktizierten Nächstenliebe – und in der *martyria* – dem Zeugnis des christlichen Glaubens in der Öffentlichkeit. Weder das Alter dieser Formel noch eben ihre Formelhaftigkeit sprechen unbedingt gegen die Möglichkeit, mit diesen drei Stichworten das evangelische Leben in Bayern zu umschreiben. Man wird dabei je nach Temperament und Frömmigkeit die Akzente unterschiedlich setzen. Wenn man freilich dem bayerischen Luthertum gerecht werden will, wird man immer die Zusammengehörigkeit von

Den unsicher gewordenen und in sich verschlossenen Menschen trifft der Ruf Christi in ein neues Leben. Der 1963 von dem in München lebenden Künstler Walter Habdank geschaffene Holzschnitt zeigt den Zöllner Zachäus in seinem Baumhaus

GLAUBE UND LIEBE IST DAS GANZE WESEN EINES CHRISTEN · DURCH DEN GLAUBEN LÄSST ER SICH WOHLTUN VON GOTT · DURCH DIE LIEBE TUT ER WOHL DEN MENSCHEN · MARTIN LUTHER

Um die notwendige Zuordnung von Glaube und Liebe, von Gottesdienst und sozialem Engagement, von Meditation und Aktivität, ringt die evangelische Christenheit der Gegenwart in Bayern und in der Ökumene

Gottesdienst, Caritas und Zeugnis – von Sammlung um die Verkündigung und Sendung in die Gesellschaft – im Auge behalten müssen.

Schon in den Kriegsjahren hatte in zahlreichen Gemeinden eine intensive Besinnung über Wesen und Gestalt des evangelischen Gottesdienstes eingesetzt. Nach 1945 nahm die liturgische Erneuerung im Rahmen der *Vereinigten Evangelisch-Lutherischen Kirche in Deutschland* überregionale und konkrete Formen an. Es entstanden neue Ordnungen für alle gottesdienstlichen Handlungen. Das Kennzeichen dieser Erneuerung war ihr ausgesprochen restaurativer Charakter: das *Neuste* war das *Alte* aus der Reformationszeit und das *ganz Alte* aus den Zeiten der Gregorianik. Die Synode als Vertretung aller evangelisch-lutherischen Gemeinden in Bayern nahm auf ihrer Tagung im Frühjahr 1958 in Regensburg diese *neue Agende* an. In den meisten evangelischen Gotteshäusern südlich der Mainlinie üben sich nun die Gemeinden in der neuen-alten Ordnung; sie hat zweifellos Stil, setzt aber musikalisches Empfinden und liturgisches Wohlwollen voraus.

Ähnlich verhält es sich mit dem allgemeinen evangelischen Gesangbuch, das bereits ein Jahr zuvor in Bayern eingeführt wurde. Es ist das erste Gesang- und Gebetbuch, das wirklich in ganz Deutschland benutzt wird. Aber auch in ihm haben die archaisierenden Tendenzen der deutschen Chefliturgen der Nachkriegszeit ihren Niederschlag gefunden. So konnte es nicht ausbleiben, daß vor allem die jüngere Generation an Liturgie und Gesangbuch Anstoß nahm.

Überall im Land wurden daher in den sechziger Jahren *Jugendgottesdienste* und *Gottesdienste in neuer Form* angekündigt. Dabei fanden auch neue Stilelemente wie Film, Spiel und moderne Rhythmik Verwendung, und die Presse freute sich, wenn sie berichten konnte: *Orgel muß dem Saxophon weichen*. In den Predigten dieser gottesdienstlichen Veranstaltungen wurden heiße Eisen angepackt und heftig diskutiert. Die kirchliche Obrigkeit reagierte abwartend-tolerant: *Der Bemühung um neue Weisen des Gottesdienstes, um zeitnahe Gestaltung der Gebete möchte man gerne zustimmen, wenn nur die Substanz des Evangeliums bleibt.* Es ist eine große Verarmung, wenn die Anbetung und das Lob Gottes verschwindet und wenn die Fürbitte ärmer wird. Die sogenannten *Kerngemeinden* verhielten sich jedoch reserviert, und so erlahmte der neuartige liturgische Eifer in den kirchlichen Jugendgruppen bald. Andererseits fanden auch jene Kreise, die sich für die Pflege eines reichen liturgischen Lebens einsetzten, in den protestantischen Gemeinden Bayerns kaum nennenswerte Resonanz; während der Katholizismus eine Art von liturgischer Revolution erlebte, gaben sich die evangelischen Gemeinden in allen Fragen, die den Gottesdienst betreffen, ausgesprochen unbeweglich. Seit 1970 nimmt allerdings auch im evangelischen Süddeutschland das Interesse am gottesdienstlichen Leben ab. Nüchtern stellte Landesbischof Dietzfelbinger fest: *Aufs Ganze der Landeskirche blickend muß man sagen, daß die Zahl der Menschen, die vom Gottesdienst wie vom Dienst der Kirche überhaupt enttäuscht sind, zuzunehmen scheint.*

Das geistliche Profil der bayerischen Pfarrerschaft ist heute nicht weniger differenziert, als zur Zeit der Jahrhundertwende, als die Auseinandersetzung zwischen Luthertum und Liberalismus die Landeskirche bewegte. In zahlreichen Bruderschaften, Arbeitsgemeinschaften und Vereinigungen haben sich die Geistlichen der unterschiedlichen theologischen Richtungen zusammengefunden. Es wird auch weiterhin ganz munter gezankt und vereinzelt an der Rechtgläubigkeit der Brüder links oder rechts gezweifelt. Doch extrem progressive Geistliche fühlten sich im milde-lutherischen Klima des evangelischen Bayern nie lange wohl und wanderten meist in liberalere Gegenden ab. So wird in der Gegenwart auf Bayerns protestantischen Kanzeln zwar kürzer als früher aber aufs Ganze gesehen recht einheitlich lutherisch gepredigt. Einen wesentlichen Beitrag dazu leisten die drei theologischen Ausbildungsstätten: die ehrwürdige Erlanger Fakultät, die nach dem Zweiten Weltkrieg neu errichtete Kirchliche Hochschule in Neuendettelsau und die erst 1967/68 neu gegründete evangelisch-theologische Fakultät an der Maximiliansuniversität in München, die ihr Entstehen weniger den Bemühungen des Kultusministeriums und der Kirchenleitung als dem Eifer eines engagierten Laien und Zahnmediziners verdankt.

Während sich die Pflege von Liturgie und Dogma beim bayerischen Normalprotestanten keiner besonderen Wertschätzung erfreut, wird die christliche Sozialarbeit nach wie vor erwartet. *Christlicher Lebenswandel und die Betreuung Hilfsbedürftiger* werden immer wieder bei

Im Rahmen themabezogener Jugendgottesdienste wird auch die Verwendung neuer Stilmittel im Gottesdienst versucht

Umfragen als die wichtigsten Aufgaben eines evangelischen Christen bezeichnet. Auch von der Kirche wird gefordert, daß sie sich der *Alten, Kranken und Zukurzgekommenen* annimmt.

An erster Stelle im Bereich der diakonischen Arbeit des bayerischen Protestantismus stehen nach wie vor die alten Diakonissenmutterhäuser und die evangelischen Schwestern- und Bruderschaften –: in Neuendettelsau und Augsburg, auf der *Hensoltshöhe* bei Gunzenhausen und in Puschendorf sowie in der Rummelsberger Diakonenanstalt. Auch neue Schwesternschaften entstanden nach dem Krieg – in Ottobrunn und in Stockdorf bei München. In Marktheidenfeld am Main fanden die Diakonissen aus Breslau eine neue geistliche Heimat. Und auf dem Wildenberg oberhalb der oberfränkischen Kleinstadt Selbitz entstand ein Ordenshaus, von dem aus die

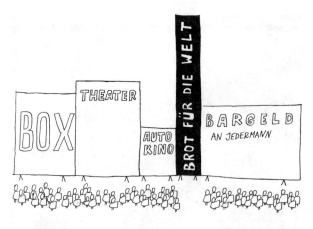

Entgegen der Vermutung dieser Karikatur Ivan Steigers ist das Interesse an der kirchlichen Entwicklungshilfe in den evangelischen Gemeinden Bayerns recht groß

Christusbruderschaft als eine Art evangelischer Orden eine segensreiche Tätigkeit entfaltet. Unter den evangelischen Freikirchen widmete sich vor allem die Evangelisch-methodistische Kirche der Krankenpflege; in Nürnberg zählt ihre Klinik *Martha-Maria* mit ihren freundlich-schwäbelnden Schwestern zu den beliebtesten Krankenhäusern der Stadt. Der Initiative von engagierten Laien verdankt das *Collegium Augustinum* in München sein Entstehen. Im Jahre 1954 gegründet, umfaßt es heute eine Reihe von Wohnstiften, Kliniken und Ausbildungsstätten auch außerhalb Bayerns. Alle diese sozialen Aktivitäten des bayerischen Protestantismus sind im *Diakonischen Werk* zusammengeschlossen oder arbeiten doch eng mit ihm zusammen.

Neben diese *klassische Diakonie* in Heimen, Krankenhäusern und Anstalten treten in zunehmendem Maß neue Formen praktizierter Nächstenliebe, in denen das Christentum versucht, seine Mitverantwortung für ein menschlicheres Zusammenleben in der Gesellschaft wahrzunehmen. So ist etwa die Nummer der Telefonseelsorge in den bayerischen Großstädten für immer mehr Menschen eine letzte Chance geworden. Die sozialen Beratungsdienste sind aus der kirchlichen Arbeit in den urbanen Zentren nicht mehr wegzudenken. Und eine so traditionsreiche Einrichtung wie die Bahnhofsmission erlebt unter dem Ansturm der Gastarbeiterfamilien auf dem Münchner Hauptbahnhof eine neue, ungeahnte Hochkonjunktur, die an Phantasie und Einsatzbereitschaft einige Anforderungen stellt.

Daß die evangelische Christenheit allmählich auch in globalen Maßstäben zu denken beginnt, zeigt sich alle Jahre wieder, wenn es an den Litfaßsäulen, auf den Bildschirmen und von den Kanzeln herab tönt: Mehr *Brot für die Welt*. Rund 3,5 Millionen Mark steuern Bayerns evangelische Christen durchschnittlich pro Jahr an freiwilligen Spenden für die kirchliche Entwicklungshilfe bei. Ein gewisser Bewußtseinswandel ist hier nicht zu übersehen; noch vor einem Jahrzehnt wäre jeder Gemeinde eine weitere Pfeife an der Orgel wichtiger gewesen, als ein *Brunnen für Obervolta* oder eine *Kuh für Leguruki*.

Gewandelt hat sich aber vor allem die Art und Weise, in der der bayerische Protestantismus von seinem Glauben in der Öffentlichkeit Zeugnis ablegt. Diese Öffentlichkeit war bis in das beginnende 20. Jahrhundert hinein weitgehend katholisch bestimmt. Dementsprechend gab sich das bayerische Luthertum stellenweise bis in die Nachkriegszeit hinein ausgesprochen kämpferisch-protestantisch: man rang um seine Rechte, mit zäher Ausdauer vor allem auf dem Felde der Schulpolitik. Seit dem zweiten Vatikanischen Konzil hat sich das Klima zwischen den beiden großen Kirchen geändert.

Von grundlegender Bedeutung nicht nur für die christliche Erziehung in den Schulen wurden einige *Leitsätze für den Unterricht und die Erziehung nach gemeinsamen Grundsätzen der christlichen Bekenntnisse*, die der römisch-katholische Kardinal und der evangelisch-lutherische Landesbischof 1967 vorlegten. Dietzfelbinger und Döpfner wiesen darin auf den Glauben an den Dreieinigen Gott als gemeinsame Grundlage einer christlichen Erziehung hin und führten dann ergänzend aus: *Als Basis erachten wir die der ganzen Christenheit gegebene Bibel mit den Zehn Geboten und dem Vaterunser, das Apostolische und das Nizänische Glaubensbekenntnis. Die eine Taufe verbindet Lehrer und Schüler verschiedener Konfessionen mit Christus als dem gemeinsamen Herrn und Heiland. Viele Lieder und Gebete werden heute von Christen verschiedener Bekenntnisse gemeinsam gesungen und gebetet.* Als Konsequenz ergaben sich in den christlichen Gemeinschaftsschulen, die nun eingeführt wurden und den Streit um die Bekenntnisschule beendeten, gemeinsame Andachten und zuweilen auch ökumenische Schulgottesdienste.

Ausdruck des neuen Verhältnisses zwischen den Konfessionen sind auch die *ökumenischen Wortgottesdienste*, die alljährlich im Januar und in der Woche vor Pfingsten in zahlreichen Gemeinden und Pfarreien stattfinden. Während man sich so in zentralen Fragen näher gekommen ist, zeigte sich im Raum der gesellschaftspolitischen Diskussion, daß nicht alle Protestanten gewillt sind, um der Ökumene willen die gewohnte evangelische Freiheit aufzugeben; ein gemeinsames Wort Döpfners und Dietzfelbingers zum Problem der Strafrechtsreform etwa fand im evangelischen Lager nicht nur Zustimmung.

Bereits in den ersten Jahren nach der Währungsreform nahm das christliche Zeugnis auch neue institutionelle Formen an. In den Räumen des Tutzinger Schlosses am Starnberger See baute die Evangelische Akademie ihre Arbeit auf. Etwas feierlich und umständlich hieß es in der Gründungsurkunde, die Akademie solle *die Grundfragen des öffentlichen und privaten Lebens in reformatorischem Verständnis der Heiligen Schrift auf Tagungen in gemeinsamen Bemühungen von Geistlichen und Laien neu durchdringen und klären*. In der Praxis entwickelten sich die Tagungen der Akademie in den zurückliegenden zwei Jahrzehnten zu einem viel beachteten Begegnungsforum aller gesellschaftlich relevanten Gruppen. Ebenso wurde die kirchliche Bildungsarbeit nach dem Zusammenbruch neu aufgebaut. Es entstanden zwei kirchliche Volkshochschulen auf dem mittelfränkischen Hesselberg und in den Wäldern des Fichtelgebirges in Alexandersbad. In München und Nürnberg schufen sich die Gemeinden Bildungszentren. Die evangelische Pressearbeit wurde neu aufgebaut, und besondere Teams von Geistlichen und Laien kümmern sich heute um die Kontakte der Kirche zum Handwerk und zur Industriewelt. Im Freizeitraum schließlich operiert munter und phantasievoll die Campingseelsorge.

Hinter diesen Bemühungen um ein zeitgemäßes Christuszeugnis steht für einen Mann wie Landesbischof Dietzfelbinger die Erkenntnis, daß der Glaube *Gestalt gewinnen will* – nicht nur in der Liturgie, dem *gebeteten Dogma*, und nicht nur in der amtlichen Diakonie, sondern *bis in die Frömmigkeit, bis in das Ethos, bis in die politischen Dimension, bis in das gesamte Lebensgefühl hinein*.

Der bayerische Protestantismus der siebziger Jahre hat Teil an dem gewaltigen geistigen und gesellschaftlichen Umbruch der Gegenwart. Man wird nicht ausgerechnet von ihm erwarten dürfen, daß er den Weg in eine gute Zukunft kennt. Man wird allerdings von ihm erwarten können, daß er die Erfahrungen, aus denen er kommt, in das geistige Ringen der Gegenwart einbringt und daß er offen ist für die Entscheidungen, die die Zukunft von ihm fordern wird. Die Formen der kirchlichen Arbeit und der persönlichen Frömmigkeit waren im bayerischen Luthertum immer im Fluß und werden sich auch weiter wandeln. Fest steht allein der Auftrag, um dessen Verwirklichung sich jede Generation neu bemühen muß: der Welt das Christusereignis als die sie verwandelnde und erneuernde Kraft aus Gott zu bezeugen.

Zu den Liedern, die das bayerische Luthertum der deutschen evangelischen Christenheit geschenkt hat, gehört auch der Choral des in Hersbruck bei Nürnberg geborenen Nikolaus Selnecker. Sein Lied *Ach bleib bei uns, Herr Jesus Christ* dürfte seit dem ausgehenden 16. Jahrhundert in kaum einem evangelischen Gesangbuch gefehlt haben. In einer der Strophen ist geradezu klassisch umschrieben, wovon und wofür die Kirche lebt – die *eine, heilige, katholische und apostolische Kirche*, als deren Teil sich der bayerische Protestantismus immer verstanden hat:

> *Erhalt uns nur bei deinem Wort,*
> *und wehr des Teufels Trug und Mord.*
> *Gib deiner Kirche Gnad und Huld,*
> *Fried', Einigkeit, Mut und Geduld.*

Nachwort

Wer aus Norddeutschland kommend für immer oder vorübergehend seinen Wohnsitz in bayerischen Gefilden nimmt, wird damit rechnen müssen, daß ihn irgendwann einmal die Frage alter Freunde trifft – zuweilen sogar mit einem Anflug von Mitleid –, wie er sich denn *da unten* fühle – er, der Protestant, in Bayern, das doch *so katholisch* sei. Der Hinweis auf die Statistik, nach der sich immerhin mehr als ein Viertel aller Bewohner des Freistaates Bayern als evangelisch bezeichnen, löst zumeist Überraschung aus. Denn noch immer gilt Bayern außerhalb seiner Grenzen als ein katholisches Land.

Die große Bedeutung des Katholizismus für Kunst, Kultur und Lebensgefühl auch im modernen Bayern liegt auf der Hand. Dennoch ist nicht zu leugnen, daß auch der evangelische Glaube seit den Tagen der Reformation in der Geistes- und Frömmigkeitsgeschichte Süddeutschlands eine nicht unwesentliche Rolle gespielt hat. Aus dieser Geschichte des Protestantismus im bayerisch-fränkischen Raum möchte das vorliegende Buch in Wort und Bild ein wenig erzählen.

Von Anfang an war dabei nicht an eine zusammenhängende, alle Regionen und alle Epochen der geschichtlichen Entwicklung umfassende wissenschaftliche Arbeit gedacht. Das Ziel war bescheidener. In einzelnen, in sich geschlossenen Kapiteln sollten die – wie der Verfasser allerdings meint wesentlichen – Entwicklungsphasen und Ereigniszusammenhänge dargestellt werden. Ein Lesebuch sollte also entstehen, gewiß auf gründlichem Quellenstudium beruhend, aber doch allgemeinverständlich abgefaßt. Die Auswahl und Zusammenstellung der nun vorliegenden fünfzehn Kapitel erfolgte freilich so, daß zumindest in den Umrissen ein Gesamtbild des süddeutschen Protestantismus in Vergangenheit und Gegenwart erkennbar wird. Zu diesem Protestantismus gehört allerdings nicht nur das Luthertum, wie es sich zu Beginn des 19. Jahrhunderts in der bayerischen Landeskirche endgültig formierte. Auch der Calvinismus, die pietistische und evangelisch-freikirchliche Frömmigkeit sowie der breite Strom liberaler Religiosität sind Bestandteil des Protestantismus in Bayern.

Eine Gesamtdarstellung der Geschichte des evangelischen Lebens in Bayern fehlt bisher. Seit dem ausgehenden 19. Jahrhundert gibt es jedoch so etwas wie eine bayerische evangelische Kirchengeschichtsforschung. Sie ist eng verbunden mit den Namen von Theodor Kolde, Karl Schornbaum und Matthias Simon. Dank der Initiative dieser Männer liegt jetzt eine Fülle von Quellensammlungen, Einzelarbeiten der Orts- und Regionalkirchengeschichte und wissenschaftlichen Monographien vor. Die *Beiträge zur bayerischen Kirchengeschichte* und als ihre Nachfolgerin die *Zeitschrift für bayerische Kirchengeschichte* bieten den Ertrag dieser mehr als 75jährigen historischen Forschung. Mit seinem zweibändigen Werk einer evangelischen Kirchengeschichte Bayerns hat Matthias Simon die wohl umfangreichste Stoffsammlung vorgelegt. Das vorliegende Werk baut auf dieser umfassenden Arbeit auf und ist all denen dankbar verpflichtet, die sie getragen und vorangetrieben haben.

Der Bildteil dieses Lese- und Bilderbuches ist dabei keineswegs als ein Zugeständnis an eine lesemüde Generation gedacht. Die Illustrationen ergänzen den Textteil vielmehr in der Weise, daß sie Schwerpunkte setzen, zusammenfassen und weiterführen und so – für sich betrachtet – durchaus ein zusammenhängendes Bild vom süddeutschen Protestantismus in seiner 450jährigen Entwicklung entwerfen. Das Titelbild kann darüber hinaus als Hinweis auf eine sehr spezifische Eigenart des süddeutschen Luthertums in Vergangenheit und Gegenwart verstanden werden. Denn die Hochschätzung des Abendmahls als einer wesentlichen Lebensäußerung der christlichen Gemeinde kennzeichnet nicht nur die Auseinandersetzungen im Reformationszeitalter und die Frömmigkeit des Neuluthertums im vorigen Jahrhundert. Die Pflege der sakramentalen Spiritualität betrachten auch heute weite Kreise in der evangelisch-lutherischen Kirche Bayerns als einen wichtigen Beitrag speziell des süddeutschen Luthertums zur Erneuerung des geistlichen Lebens der evangelischen Christenheit in Deutschland. Auch die Zusammenstellung des Bildteiles wäre nicht ohne die Beratung zahlreicher älterer und junger, fachkundiger Freunde möglich gewesen. Ich danke Herrn Pfarrer Georg Kuhr vom Verein für bayerische Kirchengeschichte und Herrn Dr. Fritz Zink vom Germanischen Nationalmuseum in Nürnberg für ihre Hilfe sowie Herrn Gerd Drahn, München, der die Herstellung des Titels, der Karte und des Layouts besorgt hat.

An einem Sommersonntag vor rund 175 Jahren fand im Nymphenburger Schloß der erste evangelische Gottesdienst in der damaligen Residenz- und heutigen Landeshauptstadt Bayerns statt. Dieses Ereignis dokumentiert den Willen des Protestantismus, das gesellschaftliche, kulturelle und geistige Leben in dem neuen Staat Bayern mit zu tragen und mit zu verantworten. Es ist auch heute die Aufgabe der evangelischen Christenheit, sich – weltoffen und bekenntnisbewußt zugleich – am *Zeitgespräch der Gesellschaft* zu beteiligen. Als ein Partner unter anderen hat sie hier mit ihrem spezifischen Beitrag an der Lösung der Probleme mitzuarbeiten, die diese Gesellschaft als Ganzes berühren. Den Protestanten, die dies heute im überschaubaren Raum der evangelischen Gemeinde im Schatten des Nymphenburger Schlosses versuchen, sei dieses Buch in dankbarer Verbundenheit gewidmet.

München, am Tag des Erzengels Michael, im September 1972

Claus-Jürgen Roepke

Zeittafel

1517	Veröffentlichung der 95 Thesen Martin Luthers
1518	Begegnung Luthers mit Cajetan in Augsburg
1519	Wallfahrt zur *Schönen Maria* in Regensburg Erster Druck einer Lutherschrift in München Disputation zwischen Eck und Luther in Leipzig
1520	Erscheinen von Luthers Reformationsschriften Bannandrohungsbulle gegen Luther und seine Anhänger
1521	Wormser Edikt
1522	Erste deutsche evangelische Meßordnung in Nördlingen Beginn der Reformation in der Grafschaft Wertheim Erstes bayerisches Religionsmandat
1523	Beginn der Reformation Ulrich Zwinglis in der Schweiz
1524	Beginn der Reformation in Weißenburg Großer Ansbacher Ratschlag Erstes deutsches evangelisches Gesangbuch in Nürnberg Zweites bayerisches Religionsmandat Regensburger Bündnis der katholischen Parteien
1525	Torgauer Bund der protestantischen Parteien Reformation in Nürnberg und Windsheim Bauernunruhen in Franken und Schwaben
1524/25	Reformation in den schwäbischen Reichsstädten
1528	Regierungsantritt Georgs des Frommen und Beginn der Reformation in der Markgrafschaft Ansbach-Kulmbach
1528/29	Erste Visitation der Reichsstadt Nürnberg und der Markgrafschaft Ansbach-Kulmbach
1529	Erste evangelische Kirchenordnung in der Grafschaft Wertheim Zweiter Speyerer Reichstag Marburger Religionsgespräch zwischen den Lutheranern und den Schweizer Reformatoren
1530	Augsburger Reichstag mit Vortrag der *Confessio Augustana* Luther auf der Veste Coburg Tod Willibald Pirckheimers
1531	Einführung der Reformation in Ulm Schmalkaldischer Bund (evangelisch) Tod Ulrich Zwinglis
1532	Nürnberger Anstand (Waffenstillstand)
1533	Brandenburg-Nürnbergische Kirchenordnung
1533/34	Reformation in Dinkelsbühl
1534	Reformation in Württemberg Tod Lazarus Spenglers
1536	Reformation in Genf durch Johannes Calvin Tod des Erasmus von Rotterdam
1539	Reformation in der Grafschaft Oettingen
1541	Regensburger Religionsgespräch der Vermittlungstheologen
1542	Reformation in Regensburg
1542/43	Reformation in Schweinfurt Reformation in Pfalz-Neuburg
1543	Agendbüchlein des Veit Dietrich in Nürnberg Endgültige Durchführung der Reformation in Nördlingen

1544	Reformation in Rothenburg, in der Grafschaft Rieneck und in der Grafschaft Henneberg
1545	Reformation in Donauwörth
1545/46	Reformation in der Grafschaft Castell
1545–63	Konzil von Trient
1546	Tod Martin Luthers
1546/47	Schmalkaldischer Krieg
1548	Augsburger Interim Andreas Osiander verläßt Nürnberg
1549	Einzug der Jesuiten in Ingolstadt
1552	Fürstenverschwörung und Passauer Vertrag
1555	Augsburger Religionsfriede
1556–59	Einführung des Luthertums in der Oberpfalz durch Ottheinrich
1559	Gründung der reformierten Gemeinden Herbishofen, Theinselberg und Grönenbach im Allgäu
1560	Tod Philipp Melanchthons
1561	Reformation in der Grafschaft Wolfstein
1563	Reformation in der Grafschaft Ortenburg Kurpfälzische Kirchenordnung Heidelberger Katechismus (reformiert)
1563/64	Sogenannte Adelsverschwörung im Herzogtum Bayern
1564	Tod Johannes Calvins
1566	Rekatholisierung der oberbayerischen Grafschaft Haag
1566/67	Einführung des Calvinismus in der Oberpfalz durch Friedrich III.
1568	Religionskonzession für die Protestanten in Nieder- und Oberösterreich
1571	Abschluß der Gegenreformation im Herzogtum Bayern
1576	Wiedereinführung des Luthertums in der Oberpfalz durch Ludwig VI.
1583	Wiedereinführung des Calvinismus in der Oberpfalz Rekatholisierung der oberbayerischen Herrschaft Hohenwaldeck
1585	Beginn der Gegenreformation im Hochstift Würzburg
1597	Regierungsantritt Maximilians I. von Bayern
1598	Edikt von Nantes zugunsten der Hugenotten
1607	Reichsacht über Donauwörth und Rekatholisierung
1608	Union (evangelisch)
1609	Liga (katholisch)
1613	Übertritt Wolfgang-Wilhelms von Pfalz-Neuburg zum Katholizismus
1615–20	Rekatholisierung der Pfalz-Neuburg
1620	Schlacht am *Weißen Berg* und Ende der Union
1621–28	Rekatholisierung der Oberpfalz
1628	Die Oberpfalz fällt an Bayern
1629	Restitutionsedikt zugunsten der Katholiken Gegenreformation in Kitzingen Vernichtung des evangelischen Kirchenwesens in Augsburg
1632	Gustav-Adolf von Schweden in Süddeutschland
1634	Schlacht bei Nördlingen und Ende der Schwedenherrschaft
1648	Westfälischer Friede
1651–54	Auswanderung österreichischer Protestanten nach Franken
1653/63	Simultaneum im Gebiet von Sulzbach, Weiden und Parkstein in der Oberpfalz
1685/86	Auswanderung der Dürnberger und Berchtesgadener Protestanten
1685	Aufhebung des Ediktes von Nantes
1686/87	Hugenottenansiedlung in den Markgrafschaften Ansbach und Bayreuth

1704–20	Obrigkeitliche Maßnahmen gegen den Pietismus	1805	Grafschaft Ortenburg kommt an Bayern
1718	August Hermann Franckes Reise durch Süddeutschland	1806	Erhebung Bayerns zum Königreich Das ehemalige Fürstentum Ansbach sowie Nürnberg und andere evangelische Territorien kommen an Bayern
1722	Samuel Urlsperger Senior in Augsburg	1808/09	Konstituierung der *protestantischen Gesamtgemeinde im Königreich Bayern*
1727	Johann Christoph Silchmüller Hofprediger in Bayreuth	1810	Das ehemalige Fürstentum Bayreuth und Regensburg kommen an Bayern
1731/33	Salzburger Exulanten-Durchzug	1815	Einführung des neuen Einheitsgesangbuchs
1733	Erste Konfirmation in Bayreuth	1817/18	Christian Krafft Professor und Prediger in Erlangen
1735	Regierungsantritt von Markgraf Friedrich und Markgräfin Wilhelmine von Bayreuth	1818	Bayerische Verfassung mit dem Religionsedikt sowie im Anhang dem Konkordat und dem Protestantenedikt Schaffung eines protestantischen Oberkonsistoriums in München Union zwischen Lutheranern und Reformierten in der Rheinpfalz
1740	Die evangelische Grafschaft Wolfstein fällt an Bayern		
1740–60	Blütezeit des Markgrafenstils		
1743	Gründung der Universität Erlangen		
1770	Georg Friedrich Seiler Professor in Erlangen		
1787/90	Einführung der Aufklärungsagende in Franken Abschaffung der Privatbeichte in Franken	1833	Einweihung der ersten protestantischen Kirche in München
1791	Einführung des Nürnberger Aufklärungsgesangbuchs Die Fürstentümer Brandenburg-Ansbach-Bayreuth kommen an Preußen	1837	Wilhelm Löhe in Neuendettelsau
		1838	Kniebeugeorder König Ludwigs I.
1796	Beginn der Besiedlung des Donaumooses durch Pfälzer Kolonisten	1841	Tod der Königinwitwe Karoline von Bayern Verpflichtung der Geistlichen auf das lutherische Bekenntnis
1799	Regierungsantritt Max I. Josephs Karoline von Baden erste evangelische Herrscherin Bayerns Friedrich Ludwig Schmidt Kabinettsprediger in München Erster protestantischer Gottesdienst im Schloß Nymphenburg	1842	Verbot des Gustav-Adolf-Vereins in Bayern
		1841/45	Beginn der Auswanderer-Seelsorge Wilhelm Löhes Johann Christian Konrad Hofmann Professor in Erlangen
		1848	Generalsynode in Ansbach Protestantischer Reiseprediger für Oberbayern eingesetzt Gründung der Gesellschaft für Innere Mission im Sinne der lutherischen Kirche
1801	Johann Balthasar Michel erster protestantischer Bürger in München		
1802	Gründung der Kolonistengemeinde Großkarolinenfeld	1852	Adolf von Harleß Oberkonsistorialpräsident
1803	Reichsdeputationshauptschluß Zahlreiche evangelische Reichsstädte kommen an Bayern Bayerisches Religionsedikt	1854	Einführung eines neuen Gesangbuchs Freigabe neuer lutherischer Gottesdienstordnungen Gründung des Diakonissenmutterhauses in Neuendettelsau

1886	Beginn der Neuendettelsauer Missionsarbeit in Neuguinea
1902	Christian Geyer und Friedrich Rittelmeyer Prediger in Nürnberg
1909	Hermann Bezzel Oberkonsistorialpräsident
1910	Hirtenbrief Bezzels gegen die liberalen Theologen
1912	Erlaß einer staatlichen Kirchengemeindeordnung
1917	Friedrich Veit Oberkonsistorial- und später Kirchenpräsident
1918	Novemberrevolution Aufhebung der geistlichen Schulaufsicht Trennung von Staat und Kirche
1919	Karl Barths Kommentar zum Römerbrief
1920/21	Neue Verfassung der Evangelisch-Lutherischen Kirche in Bayern rechts des Rheins
1921	Eingliederung der Coburgischen Kirche in die bayerische Landeskirche
1924	Vertrag zwischen dem Freistaat Bayern und der bayerischen Landeskirche
1933	Außerordentliche Landessynode in Bayreuth mit Wahl von Hans Meiser zum Landesbischof Gründung der Deutschen Evangelischen Kirche Allgemeine Kirchenwahlen Vordringen der Deutschen Christen Wahl Ludwig Müllers zum Reichsbischof Sportpalastskandal und Protest Meisers
1934	Empfang der Kirchenführer bei Hitler Ulmer Erklärung gegen die Reichskirche Erste Bekenntnissynode in Barmen Gescheiterter Einbruchversuch der Reichskirche in Bayern Zweite Bekenntnissynode in Dahlem
1935	Dritte Bekenntnissynode in Augsburg Bildung eines Reichskirchenausschusses
1935/36	Kampf gegen die Bekenntnisschulen
1936	Kirchenaustrittswelle Vierte Bekenntnissynode in Bad Oeynhausen Spaltung der Bekennenden Kirche
1938	Abbruch der Matthäuskirche in München
1939	Kanzelwort des Landeskirchenrats zum Polenfeldzug
1940/41	Verbot der kirchlichen Presse
1941	Einlieferung Martin Niemöllers in das KZ Dachau
1945	Ermordung Dietrich Bonhoeffers in Flossenbürg/Opf.
1945	Niederbayerische Flüchtlingsdiaspora Gründung des Hilfswerkes
1948	Anschluß der bayerischen Landeskirche an die neugegründete *Evangelische Kirche in Deutschland* (EKD) Gründung der *Vereinigten Evangelisch-Lutherischen Kirche in Deutschland* (VELKD)
1951	Errichtung des fünften Kirchenkreises Regensburg
1955	Wahl Hermann Dietzfelbingers zum Landesbischof
1957	Einführung des neuen evangelischen Kirchengesangbuchs
1959	Deutscher Evangelischer Kirchentag in München
1966	Umwandlung der Bekenntnisschulen in christliche Gemeinschaftsschulen
1967	Landesbischof Dietzfelbinger Vorsitzender des Rates der EKD
1967/68	Errichtung einer evangelisch-theologischen Fakultät an der Münchner Universität
1971	Ökumenisches Pfingsttreffen in Augsburg
1972	Neue Verfassung der bayerischen Landeskirche

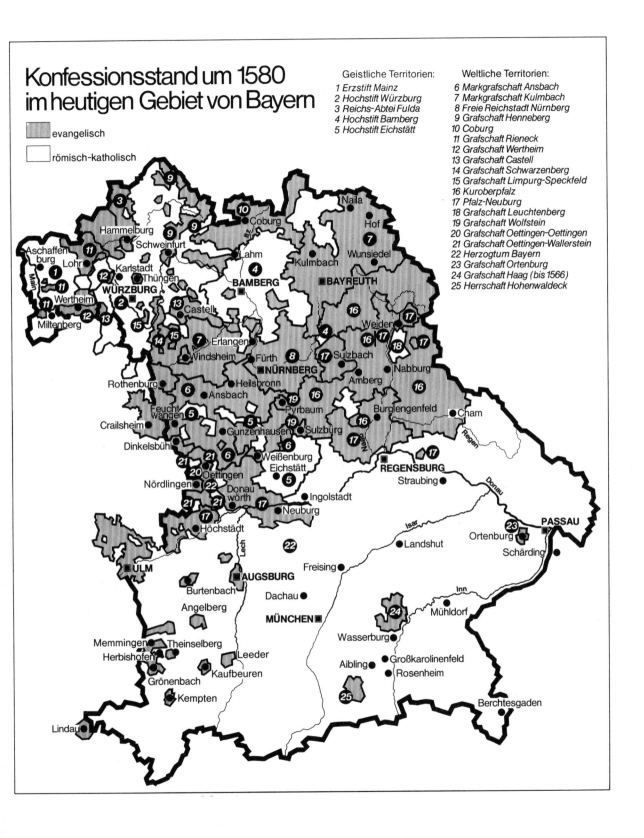

Literaturhinweise

Die folgenden Literaturhinweise beziehen sich auf Quellensammlungen und ältere Standardwerke sowie weiterführende Einzel- und Gesamtdarstellungen. Leicht zugängliche und allgemein verständlich abgefaßte Veröffentlichungen sowie Taschenbücher sind durch ein * gekennzeichnet.

ALAND, KURT: *Hilfsbuch zum Lutherstudium.* 3. Aufl. Witten 1970

ALT, KARL: *Reformation und Gegenreformation in der freien Reichsstadt Kaufbeuren.* München 1932

ALTHAUS, PAUL: *Die Theologie Martin Luthers.* 2. Aufl. Gütersloh 1963

ALTHAUS, PAUL: *Die Ethik Martin Luthers.* Gütersloh 1965

ARNOLD, CARL FRANKLIN: *Vertreibung der Salzburger Protestanten und ihre Aufnahme bei den Glaubensgenossen.* Leipzig 1900

*BAHR, HANS-ECKEHARD (Herausgeber): *Kirchen in nachsakraler Zeit.* Hamburg 1968

BAIER, HELMUT: *Die Deutschen Christen im Rahmen des bayerischen Kirchenkampfes.* Nürnberg 1968

BAIER, HELMUT, und HENN, ERNST: *Chronologie des bayerischen Kirchenkampfes 1933–1945.* Nürnberg 1969

*BAINTON, ROLAND H.: *Martin Luther.* 6. Aufl. Göttingen 1967

BAUERREISS, ROMUALD: *Kirchengeschichte Bayerns.* Augsburg Band 6 1965, Band 7 1970

BAUM, KARL: *Die Matthäuskirche.* München 1933

BAUM, KARL: *Die evangelische Diaspora im südbayerischen Kirchenkreis.* Leipzig 1935

Bauten der Evangelischen Kirche in München. Eine Dokumentation, herausgegeben vom Evang.-Luth. Dekanat. München 1966

Bayerische Kunstdenkmale, herausgegeben vom Bayerischen Landesamt für Denkmalpflege. Bisher Band 1–31, München 1958–1972

BECK, HERMANN: *Das kirchliche Leben der ev.-luth. Kirche in Bayern.* Tübingen 1909

Beiträge zur bayerischen Kirchengeschichte, herausgegeben von Theodor Kolde und Karl Schornbaum. Band 1–32, Erlangen 1895–1925

Bekenntnisschriften der ev.-luth. Kirche. 4. Aufl. Göttingen 1959

BERGDOLT, JOHANNES: *Die freie Reichsstadt Windsheim im Zeitalter der Reformation.* Leipzig 1921

BERGER, KURT: *Barock und Aufklärung im geistlichen Lied.* Marburg 1951

*BETHGE, EBERHARD: *Dietrich Bonhoeffer. Eine Biographie.* München 1967

BOEHMER, HEINRICH: *Der junge Luther.* 5. Aufl. herausgegeben von Heinrich Bornkamm. 1962

BORNKAMM, HEINRICH: *Das Jahrhundert der Reformation. Gestalten und Kräfte.* 2. Aufl. Göttingen 1965

BORNKAMM, HEINRICH: *Luther im Spiegel der deutschen Geistesgeschichte.* 2. Aufl. Göttingen 1970

BRAUN, KARL: *Nürnberg und die Versuche der Wiederherstellung der alten Kirche im Zeitalter der Gegenreformation.* Nürnberg 1925

BROCK, G. W. H.: *Die ev.-luth. Kirche der ehemaligen Pfalzgrafschaft Neuburg.* Nördlingen 1847

BUCHHOLZ, FRIEDRICH: *Protestantismus und Kunst im 16. Jahrhundert.* Leipzig 1928

BUCHWALD, GEORG: *Die Geschichte der evangelischen Gemeinde zu Kitzingen.* Leipzig 1898

BÜHLER, ANNA LORE, und TURTUR, LUDWIG: *Geschichte des protestantischen Dekanates und Pfarramtes München 1799–1852.* Nürnberg 1969

BÜRCKSTÜMMER, CHRISTIAN: *Die Geschichte der Reformation und Gegenreformation der ehemaligen freien Reichsstadt Dinkelsbühl.* 2 Bände, Leipzig 1921

CAMPENHAUSEN, HANS FREIHERR VON: *Die Bilderfrage in der Reformation,* in: Tradition und Leben. Tübingen 1960

CHAMBON, JOSEPH: *Der französische Protestantismus – sein Weg bis zur französischen Revolution.* 6. Aufl. München 1948

DAUM, ERNST: *Deutsche Christen – unser Bekennen und Wollen.* Schriftenreihe der DC in Bayern Heft 1. Leipzig 1934

*DAUMILLER, OSCAR: *Südbayerns evangelische Diaspora in Geschichte und Gegenwart.* München 1955

*DAUMILLER, OSCAR: *Geführt im Schatten zweier Kriege.* München 1961

DEINZER, JOHANNES: *Wilhelm Löhes Leben aus seinem schriftlichen Nachlaß zusammengestellt.* 3 Bände, Nürnberg und Gütersloh 1873–1880

DOBEL, FRIEDRICH: *Memmingen im Reformationszeitalter.* Augsburg 1877

DÖLLINGER, IGNATZ VON: *Die Kniebeugung der Protestanten vor dem Sanctissimum der kath. Kirche im bayerischen Heer.* Ulm 1841

DOLLINGER, ROBERT: *Das Evangelium in Regensburg.* Regensburg 1959

DORN, ERNST: *Der Sang der Wittenberger Nachtigall in München.* München 1917

DREWS, PAUL: *Willibald Pirckheimers Stellung zur Reformation.* Leipzig 1887

*DIBELIUS, OTTO: *Ein Christ ist immer im Dienst.* Stuttgart 1961

*EBELING, GERHARD: *Luther – Einführung in sein Denken.* Tübingen 1964

ELERT, WERNER: *Bekenntnis, Blut und Boden.* Leipzig 1934

ELERT, WERNER: *Morphologie des Luthertums.* 2 Bände, 3. Aufl. München 1965

ENDRES, RUDOLF: *Markgraf Christian Ernst von Bayreuth,* in: Fränkische Lebensbilder, herausgegeben von Gerhard Pfeiffer. 2. Band, Würzburg 1968

ENGELHARDT, ADOLF: *Die Reformation in Nürnberg.* 3 Bände, Nürnberg 1936–1939

Eos – Münchner Blätter für Literatur und Kunst, herausgegeben von einem Verein von Gelehrten und Künstlern (Görres-Kreis). München 1818 ff.

ERHARD, OTTO: *Kemptens Reformationsgeschichte.* Kempten 1917

Evangelische Kirchen in Bayern – Neubau und Wiederaufbau seit 1945, herausgegeben vom Evang.-Luth. Landeskirchenrat. München 1959

Evangelisches Kirchenlexikon, herausgegeben von Heinz Brunotte und Otto Weber. 4 Bände, Göttingen 1956–1961

FAST, HEINOLD: *Der linke Flügel der Reformation* – Glaubenszeugnisse der Täufer, Spiritualisten, Schwärmer und Antitrinitarier. Bremen 1962

*FAUSEL, HEINRICH: *D. Martin Luther – sein Leben und Werk.* Calwer Lutherausgabe Band 11 und 12. München/Hamburg 1969

FISCHER, ALBERT: *Das deutsche evangelische Kirchenlied des 17. Jahrhunderts.* 6 Bände, Gütersloh 1904–1916

FISCHER, GUSTAV ADOLF: *Die evangelisch-lutherische Kirche in Bayern 1800–1920.* München 1951

FISCHER, GUSTAV ADOLF: *Aufbau, Organisation und Recht der Evang.-Luth. Kirche in Bayern.* 2 Bände, München 1953/1956

FRANZ, GÜNTER: *Der deutsche Bauernkrieg.* 4. Aufl. Darmstadt 1956

*FREEDEN, MAX H. VON, und BILLER, JOSEPH H.: *Fränkischer Barock.* München 1967

*FRIEDENTHAL, RICHARD: *Luther – sein Leben und seine Zeit.* München 1967

FRÖR, KURT: *Von der Landeskirche zur Reichskirche.* Bekennende Kirche Heft 19, München 1934

Fünfzig Jahre Evang.-Luth. Gesamtkirchengemeinde München, herausgegeben vom Evang.-Luth. Dekanat. München 1970

*GEYER, CHRISTIAN: *Heiteres und Ernstes aus meinem Leben.* Bearbeitete Neufassung München 1962

GEYER, CHRISTIAN, und RITTELMEYER, FRIEDRICH: *Gott und die Seele.* Ein Jahrgang Predigten. München 1922

GIECH, CARL GRAF VON: *Die Kniebeugung der Protestanten vor dem Sanctissimum der kath. Kirche in dem bayerischen Heere und der bayerischen Landwehr.* Ulm 1841

GÖTZ, JOHANN BAPTIST: *Die Glaubensspaltung im Gebiet der Markgrafschaft Ansbach-Kulmbach in den Jahren 1520–1535.* Freiburg 1907

GÖTZ, JOHANN BAPTIST: *Die religiöse Bewegung in der Oberpfalz von 1520–1560.* Freiburg 1914

GÖTZ, JOHANN BAPTIST: *Die erste Einführung des Kalvinismus in der Oberpfalz 1559–1576.* Münster 1932

GÖTZ, JOHANN BAPTIST: *Die religiösen Wirren in der Oberpfalz von 1576–1620.* Münster 1934

GOGARTEN, FRIEDRICH: *Luthers Theologie.* Tübingen 1967

GRAFF, PAUL: *Geschichte der Auflösung der alten gottesdienstlichen Formen in der evangelischen Kirche Deutschlands bis zum Eintritt der Aufklärung und des Rationalismus.* 2 Bände, Göttingen 1937/1939

GRUPP, GEORG: *Oettingische Geschichte der Reformationszeit.* Nördlingen 1894

HAAS, KARL EDUARD: *Die Evangelisch-Reformierte Kirche in Bayern.* Erlangen 1970

Handbuch zum Evangelischen Kirchengesangbuch, herausgegeben von Christian Mahrenholz und Oskar Söhngen, bisher 3 Bände und ein Sonderband, Göttingen 1953 ff.

HAUCK, FRIEDRICH: *Die mainfränkische Diaspora.* Erlangen 1935

HECKEL, THEODOR: *Adolf von Harleß.* München 1933

*HECKEL, THEODOR (Herausgeber): *Evangelische Diaspora in München und Altbayern.* München 1959

HEIDRICH, ERNST: *Dürer und die Reformation.* Leipzig 1909

*HEIWIK, HANS: *Er liebte seine Kirche.* In memoriam D. Hans Meiser. München 1956

HERMELINK, HEINRICH: *Kirche im Kampf.* Dokumente des Widerstandes und des Aufbaus der Evangelischen Kirche Deutschlands 1933–1945. Tübingen und Stuttgart 1950

HEROLD, MAX: *Alt-Nürnberg in seinen Gottesdiensten.* Gütersloh 1890

HEROLD, REINHOLD: *Geschichte der Reformation in der Grafschaft Oettingen 1522–1569.* Halle 1902

*HERZ, RICHARD: *Chronik der Evang.-Luth. Kirchengemeinde Kitzingen.* Kitzingen 1963

*HILDMANN, GERHARD und ANDREAS (Herausgeber): *Die bildenden Künste im Gotteshaus.* München 1962

Historisch-Politische Blätter für das katholische Deutschland. München 1838–1923

*HUBENSTEINER, BENNO: *Bayerische Geschichte.* 5. Aufl. München 1967

Jahrbuch für die evangelisch-lutherische Landeskirche Bayerns, herausgegeben von Siegfried Kadner. Nr. 1–21, Erlangen und München 1901–1927

JORDAHN, OTTFRIED: *Georg Friedrich Seilers Beitrag zur Praktischen Theologie der kirchlichen Aufklärung.* Nürnberg 1970

JORDAN, HERMANN: *Reformation und gelehrte Bildung in der Markgrafschaft Ansbach-Bayreuth.* Leipzig 1917/22

*JUNGHANS, HELMAR (Herausgeber): *Die Reformation in Augenzeugenberichten.* Düsseldorf 1967

Kalkoff, Paul: *Die Reformation in der Reichsstadt Nürnberg nach den Flugschriften ihres Ratsschreibers Lazarus Spengler.* Halle 1926

Kantzenbach, Friedrich Wilhelm: *Johann Michael Sailer und der ökumenische Gedanke.* Nürnberg 1955

Kantzenbach, Friedrich Wilhelm: *Das Ringen um die Einheit der Kirche im Jahrhundert der Reformation.* Stuttgart 1957

Kantzenbach, Friedrich Wilhelm: *Die Erlanger Theologie 1743 bis 1877.* München 1960.

*Kantzenbach, Friedrich Wilhelm: *Protestantisches Christentum im Zeitalter der Aufklärung.* Gütersloh 1965

*Kantzenbach, Friedrich Wilhelm: *Orthodoxie und Pietismus.* Gütersloh 1966

*Kantzenbach, Friedrich Wilhelm: *Der Weg der evangelischen Kirche im 19. und 20. Jahrhundert.* Gütersloh 1968

*Kantzenbach, Friedrich Wilhelm: *Gestalten und Typen des Neuluthertums.* Gütersloh 1968

*Kantzenbach, Friedrich Wilhelm: *Geschichte des Protestantismus von 1789 bis 1848.* Gütersloh 1969

*Kantzenbach, Friedrich Wilhelm (Herausgeber): *Wilhelm Löhe – Anstöße für die Zeit.* Neuendettelsau 1971

Kawerau, Waldemar: *Hans Sachs und die Reformation.* Halle 1889

Keim, Karl Theodor: *Schwäbische Reformationsgeschichte bis zum Augsburger Reichstag.* Tübingen 1855

Kirchen. Handbuch für den Kirchbau, herausgegeben von Otto Bartning und W. Weyres. München 1959

Kirche und Kunst, herausgegeben vom Verein für christliche Kunst in der Evangelischen Kirche Bayerns. Jahrgang 1–50, Erlangen 1922–1972

Klaus, Bernhard: *Veit Dietrich – Leben und Werk.* Nürnberg 1958

Klaus, Bernhard: *Veit Dietrich,* in: Fränkische Lebensbilder, herausgegeben von Gerhard Pfeiffer, 3. Band, Würzburg 1969

Knappe, Wilhelm: *Wolf Dietrich von Maxlrain und die Reformation in der Herrschaft Hohenwaldeck.* Erlangen 1920

Knappe, Wilhelm: *Wotan oder Christus? Vom Kämpfen und Siegen eines Deutschen Christen.* München 1933

Knöpfler, Alois: *Die Kelchbewegung in Bayern unter Albrecht V.* München 1891

Kobe, Fritz: *Die Reformation in der Grafschaft Wertheim.* Wertheim 1924

Koehler, Walther: *Luther und Zwingli. Ihr Streit über das Abendmahl nach seinen politischen und religiösen Beziehungen.* Leipzig Band 1 1924, Band 2 1953

Koehler, Walther (Herausgeber): *Erasmus von Rotterdam – Briefe* (deutsch). Bremen 1956

Kolde, Theodor: *Andreas Althammer, der Humanist und Reformator in Brandenburg-Ansbach.* Erlangen 1895

Koller, Wilhelm: *Die evangelische Flüchtlingsdiaspora in Ostbayern nach 1945.* Nürnberg 1971

Krabbel, Gerta: *Caritas Pirckheimer.* 3. und 4. Aufl. München 1947

Kraussold, Lorenz: *Die Geschichte der evangelischen Kirche im ehemaligen Fürstentum Bayreuth.* Erlangen 1860

Kressel, Hans: *Die Liturgie der Evang.-Luth. Kirche in Bayern rechts des Rheins.* München 1953

*Kressel, Hans: *Wilhelm Löhe – ein lutherischer Christenmensch.* Berlin 1960

*Kressel, Hans: *Albrecht Dürer.* Nürnberg 1971

Kunst und Kirche. Vierteljahreszeitschrift für Kirchbau und kirchliche Kunst, herausgegeben von Oskar Söhngen. Jahrgang 1–33, Kassel 1937–1970

Kunstdenkmäler in Bayern, herausgegeben vom Bayerischen Landesamt für Denkmalpflege München. Abteilung Oberpfalz 1905–1933; Abteilung Unterfranken 1911–1927; Abteilung Mittelfranken 1924–1966; Abteilung Schwaben 1938–1972; Abteilung Oberfranken 1954–1961

Leder, Klaus: *Die Universität Altdorf. Zur Theologie der Aufklärung Franken.* Nürnberg 1965

Leeb, Friedrich: *Leonhard Kaiser.* Münster 1928

*Lilje, Hanns: *Martin Luther. Eine Bildbiographie.* Hamburg 1964

*Lilje, Hanns: *Martin Luther in Selbstzeugnissen und Bilddokumenten.* Hamburg 1965

Lippert, Friedrich: *Die Reformation in Kirche, Sitte und Schule der Oberpfalz.* Rothenburg 1897

Lippert, Friedrich: *Geschichte der Gegenreformation in Staat, Kirche und Sitte der Oberpfalz-Kurpfalz zur Zeit des Dreißigjährigen Krieges.* Freiburg 1901

Löhe, Wilhelm: *Erinnerungen aus der Reformationsgeschichte von Franken.* Nürnberg 1847

Löhe, Wilhelm: *Gesammelte Werke,* herausgegeben von Klaus Ganzert. Neuendettelsau 1951 ff.

Lösche, Georg: *Geschichte des Protestantismus im vormaligen und im neuen Österreich.* 3. Aufl. Wien 1930

*Loewenich, Walther von: *Die Geschichte der Kirche.* Witten 1957

Loewenich, Walther von: *Luther und der Neuprotestantismus.* Witten 1963

Lortz, Joseph: *Die Reformation in Deutschland.* 5. Aufl. Freiburg 1962

Luther, Martin: *Werke.* Kritische Gesamtausgabe (Weimarer Ausgabe). Weimar 1883 ff.

Luther, Martin: *Werke in neuer Auswahl für die Gegenwart* herausgegeben von Kurt Aland (deutsch). 10 Bände und Ergänzungsbände, Stuttgart/Göttingen 1957–1970

Luther, Martin: *Ausgewählte Werke in deutsch* (Münchner Ausgabe), herausgegeben von H. Borchert und Georg Merz. 6 Bände und Ergänzungsbände, 3. Aufl. München 1948–1965

*Luther, Martin: *Ausgewählte Werke in deutsch* (Calwer Lutherausgabe), herausgegeben von Wolfgang Metzger. 10 Bände und Ergänzungsbände, Taschenbuchausgabe München/Hamburg 1964–1968

Luther, Martin: *Briefwechsel,* bearbeitet und herausgegeben von

Ernst L. Enders, Gustav Kawerau und Paul Flemming. 19 Bände, Leipzig/Calw/Stuttgart 1884–1932

LUTHER, MARTIN: *Briefe in Auswahl*, herausgegeben von Reinhard Buchwald. Stuttgart 1956

*LUTHER, MARTIN: *Briefe von der Veste Coburg*, herausgegeben von Friedrich W. Hopf. München 1967

MAI, HARTMUT: *Der evangelische Kanzelaltar – Geschichte und Bedeutung.* Halle 1969

MEDICUS, EMIL FRIEDRICH H.: *Geschichte der evangelischen Kirche im Königreiche Bayern.* Erlangen 1863/65

MEIER, KURT: *Die Deutschen Christen.* Halle 1964

*MEINHOLD, PETER: *Reformation im Bild.* Berlin/Hamburg 1967

MEISSNER, HELMUT: *Kanzelaltäre in Oberfranken*, in: Geschichte am Obermain Band 5, Lichtenfels 1968

MELANCHTHON, PHILIPP: *Werke in Auswahl*, herausgegeben von Robert Stupperich. Gütersloh 1951 ff.

MERZBACHER, FRIEDRICH: *Johann Freiherr zu Schwarzenberg*, in: Fränkische Lebensbilder, herausgegeben von Gerhard Pfeiffer. 4. Band, Würzburg 1971

MOELLER, BERND: *Reichsstadt und Reformation.* Gütersloh 1962

NIEMÖLLER, WILHELM: *Die Evangelische Kirche im Dritten Reich. Handbuch des Kirchenkampfes.* Bielefeld 1956

NIEMÖLLER, WILHELM: *Hitler und die evangelischen Kirchenführer.* Bielefeld 1959

NIEMÖLLER, WILHELM: *Wort und Tat im Kirchenkampf*, gesammelte Aufsätze. München 1969

NIEMÖLLER, WILHELM, und HARDER, GÜNTHER (Herausgeber): *Die Stunde der Versuchung – Gemeinden im Kirchenkampf.* München 1963

*OLIVIER, DANIEL: *Der Fall Luther.* Stuttgart 1972

PFANNER, JOSEF: *Caritas Pirckheimer*, in: Fränkische Lebensbilder, herausgegeben von Gerhard Pfeiffer. 2. Band, Würzburg 1968

PFEIFFER, GERHARD: *Die Vorbilder zu Albrecht Dürers Vier Aposteln.* Nürnberg 1959/60

PFEIFFER, GERHARD: *Warum hat Nürnberg die Reformation eingeführt?* Schriftenreihe des Ev. Studienzentrums Heilig Geist, Nr. 4. Nürnberg o. J.

PFEIFFER, GERHARD: *Quellen zur Nürnberger Reformationsgeschichte.* Nürnberg 1968

PFEIFFER, GERHARD: *Kulturelles Leben des Barockzeitalters in den Markgraftümern Ansbach und Bayreuth*, in: Fürstlicher Barock in Franken, Erlangen 1968

PFEIFFER, GERHARD (Herausgeber): *Fränkische Lebensbilder*, herausgegeben im Auftrag der Gesellschaft für fränkische Geschichte. 4 Bände Würzburg 1967–1971

PFEIFFER, GERHARD: *Albrecht Dürer und Lazarus Spengler*, in: Festschrift für Max Spindler, München 1970

PICKEL, GEORG: *Christian Krafft*, Professor der reformierten Theologie und Pfarrer in Erlangen. Ein Beitrag zur Erweckungsbewegung in Bayern. Nürnberg 1925

PILHOFER, GEORG: *Die Geschichte der Neuendettelsauer Mission in Neu-Guinea.* 2 Bände, Neuendettelsau 1961/1963

PÖLNITZ, GÖTZ VON: *Julius Echter von Mespelbrunn.* München 1934

POSCHARSKY, PETER: *Die Kanzel. Erscheinungsform im Protestantismus bis zum Ende des Barocks.* Gütersloh 1963

POSCHARSKY, PETER: *Kirchen von Olaf Andreas Gulbransson.* München 1966

POSCHARSKY, PETER: *Ende des Kirchbaus?* Stuttgart 1969

PREUSS, HANS: *Martin Luther der Künstler.* Gütersloh 1931

RAMGE, KARL: *Das gottesdienstliche und kulturell-sittliche Leben des alten lutherischen Amberg.* Neuendettelsau 1938

RANKE, LEOPOLD VON: *Deutsche Geschichte im Zeitalter der Reformation.* 6 Bände, kritische Neuauflage von Paul Joachimsen, München 1925/26

Realencyclopädie für protestantische Theologie und Kirche, herausgegeben von Albert Hauck. 22 Bände, 3. Aufl. Leipzig 1896–1913

Religion in Geschichte und Gegenwart. 7 Bände 3. Aufl. Tübingen 1956–1965

RIED, KARL: *Die Einführung der Reformation in der ehemaligen freien Reichsstadt Weißenburg i. B.* München 1915

RIEKER, KARL: *Das landesherrliche Kirchenregiment in Bayern.* Tübingen 1913

*RITTELMEYER, FRIEDRICH: *Aus meinem Leben.* Stuttgart 1937

RITTER, GERHARD: *Die Weltwirkung der Reformation.* 2. Aufl. München 1959

RITTER, GERHARD: *Luther – Gestalt und Tat.* 6. Aufl. München 1959

RITTER, GERHARD: *Die Neugestaltung Deutschlands und Europas im 16. Jahrhundert.* Frankfurt 1967

RÖBBELEIN, INGEBORG: *Theologie und Frömmigkeit im deutschen evangelisch-lutherischen Gesangbuch des 17. und frühen 18. Jahrhunderts.* Göttingen 1957

RÖSSLER, HANS: *Geschichte und Strukturen der evangelischen Bewegung im Bistum Freising 1520–1571.* Nürnberg 1966

ROGGE, JOACHIM: *Luther in Worms. Ein Quellenbuch.* Witten 1971

ROTH, FRIEDRICH: *Augsburgs Reformationsgeschichte 1517–1530.* 4 Bände, München 1901–1911

*RUPPRECHT, JOHANNES: *Hermann Bezzel – sein Leben, Wesen und Wirken.* Erlangen 1937

RUPPRICH, HANS: *Willibald Pirckheimer*, in: Fränkische Lebensbilder, herausgegeben von Gerhard Pfeiffer. 1. Band, Würzburg 1967

RUSAM, GEORG: *Österreichische Exulanten in Franken und Schwaben.* München 1952

SAMMETREUTHER, JULIUS: *Die falsche Lehre der Deutschen Christen.* Bekennende Kirche Heft 6, München 1934

SEEBASS, GOTTFRIED: *Das reformatorische Werk des Andreas Osiander.* Nürnberg 1967

SEEBASS, GOTTFRIED: *Andreas Osiander*, in: Fränkische Lebensbilder, herausgegeben von Gerhard Pfeiffer. 1. Band, Würzburg 1967

SEEBASS, GOTTFRIED: *Die Reformation in Nürnberg*, in: Mitteilungen des Vereins für Geschichte der Stadt Nürnberg, 55. Band, Nürnberg 1968

SEHLING, EMIL (Herausgeber): *Die evangelischen Kirchenordnungen des 16. Jahrhunderts.* Band 11 Bayern, 1. Teil Franken, bearbeitet von Matthias Simon. Tübingen 1961. Band 12 Bayern, 2. Teil Schwaben, bearbeitet von Matthias Simon. Tübingen 1963

SEITZ, MANFRED: *Hermann Bezzel.* Theologie, Darstellung, Form seiner Verkündigung. München 1960

SIMON, MATTHIAS: *Evangelische Kirchengeschichte Bayerns.* 2 Bände, Nürnberg 1942, 2. verbesserte Aufl. 1952

SIMON, MATTHIAS: *Die Evang.-Luth. Kirche in Bayern im 19. und 20. Jahrhundert.* München 1961

SIMON, MATTHIAS: *Die Evangelische Kirche*, in: Historischer Atlas von Bayern, herausgegeben von der Kommission für bayerische Landesgeschichte. München 1960

SODEN, FRANZ VON: *Gustav Adolf und sein Heer in Süddeutschland.* 3 Bände, Erlangen 1865–1869

SPERL, AUGUST: *Pfalzgraf Philipp Ludwig von Neuburg, sein Sohn Wolfgang Wilhelm und die Jesuiten.* Halle 1895

SPERL, WILHELM: *D. Heinrich Stephani.* München 1940

SPERL, WILHELM: *Der protestantische Kirchenbau des 18. Jahrhunderts im Fürstentum Brandenburg-Onolzbach.* Nürnberg 1951

SPINDLER, MAX: *Handbuch der bayerischen Geschichte.* Bisher 3 Bände, München 1968 ff.

*STAEDTKE, JOACHIM: *Johannes Calvin – Erkenntnis und Gestaltung.* Göttingen 1969

STÄHLIN, ADOLF VON: *Löhe, Thomasius, Harleß. Drei Lebens- und Geschichtsbilder.* Leipzig 1887

*STEPHAN, RAOUL: *Gestalten und Kräfte des französischen Protestantismus.* München 1967

SCHATTENMANN, PAUL: *Die Einführung der Reformation in der ehemaligen Reichsstadt Rothenburg o. d. Tauber.* Nürnberg 1928

*SCHAUDIG, HILMAR: *Gedenket an eure Lehrer.* Zur Erinnerung an Hermann Bezzel. München 1917

SCHERZER, CONRAD: *Franken – Land, Volk, Geschichte, Kunst und Wirtschaft.* 2 Bände, Nürnberg 1959/1962

*SCHIEDER, JULIUS: *D. Hans Meiser – Wächter und Haushalter Gottes.* München 1956

SCHIEL, HUBERT: *Bischof Sailer und Ludwig I.* Regensburg 1932

SCHINDLER, HERBERT: *Große bayerische Kunstgeschichte.* 2 Bände, München 1963

SCHMIDT, LUDWIG FRIEDRICH: *Lebenserinnerungen*, in: Blätter für bayerische Kirchengeschichte Nr. 1 1887/88

SCHMIDT, WILHELM FERDINAND, und SCHORNBAUM, KARL: *Die fränkischen Bekenntnisse.* München 1930

SCHNABEL, JAKOB: *Geschichte der protestantischen Pfarrei Würzburg.* Würzburg 1895

*SCHOBER, THEODOR: *Hermann Bezzel – ein lutherischer Diakon und Bischof.* Gießen 1961

SCHORNBAUM, JOHANN WOLFGANG: *Reformationsgeschichte von Unterfranken.* Nördlingen 1880

SCHORNBAUM, KARL: *Die Stellung des Markgrafen Kasimir von Brandenburg zur reformatorischen Bewegung.* Nürnberg 1900

SCHORNBAUM, KARL: *Zur Politik des Markgrafen Georg von Brandenburg.* München 1906

*SCHROTT, LUDWIG: *Die Herrscher Bayerns.* München 1966

SCHUBERT, ERNST: *Julius Echter von Mespelbrunn*, in: Fränkische Lebensbilder, herausgegeben von Gerhard Pfeiffer, 3. Band, Würzburg 1969

SCHUBERT, HANS VON: *Luther auf der Koburg*, in: Jahrbuch der Luthergesellschaft 12. Jahrgang, Leipzig 1930

SCHUBERT, HANS VON: *Lazarus Spengler und die Reformation in Nürnberg.* Leipzig 1934

*SCHÜBEL, ALBRECHT: *Das Evangelium in Mainfranken.* München 1958

THEOBALD, LEONHARD: *Einführung der Reformation in der Grafschaft Ortenburg.* Leipzig 1914

THEOBALD, LEONHARD: *Joachim von Ortenburg und die Durchführung der Reformation in seiner Grafschaft.* Nürnberg 1927

THEOBALD, LEONHARD: *Die Reformationsgeschichte der Reichsstadt Regensburg.* Band 1 München 1936, Band 2 Nürnberg 1951

*THIEL, HEINRICH: *Im Spiegel der Kirchen.* Nürnberg 1951

*THIEL, HEINRICH: *Studien zur Entwicklung der Markgrafenkirchen.* Kulmbach 1955

*THIEL, HEINRICH: *Wilhelmine von Bayreuth.* München 1967

*THULIN, OSKAR (Herausgeber): *Reformation in Europa.* Berlin 1967

WACKERNAGEL, PHILIPP: *Das deutsche Kirchenlied von der ältesten Zeit bis zum Anfang des 17. Jahrhunderts.* 5 Bände, Leipzig 1864–1877

WALTHER, JOHANNES VON: *Die Geschichte des Christentums.* 2 Bände, 3. Aufl. Gütersloh 1949

WEBER, AMBROSIUS, und HEIDER, JOSEPH: *Die Reformation im Fürstentum Pfalz-Neuburg unter Pfalzgraf und Kurfürst Ottheinrich 1542–1559.* Neuburg a. d. Donau 1957

WEBER, FRIEDRICH: *Geschichte der fränkischen Reichsdörfer Gochsheim und Sennfeld.* Schweinfurt 1913

WESTERMEYER, HERMANN: *Die Brandenburg-Nürnbergische Kirchenvisitation und Kirchenordnung 1528–1533.* Erlangen 1894

WITETSCHECK, HELMUT: *Die kirchliche Lage in Bayern 1933–43.* Band 1 Oberbayern Mainz 1966, Band 2 Ober- und Mittelfranken Mainz 1967

WÖLFEL, DIETER: *Nürnberger Gesangbuchgeschichte 1524–1791.* Nürnberg 1971

WOHLFEIL, RAINER (Herausgeber): *Reformation oder frühbürgerliche Revolution?* München 1972

*WURM, THEOPHIL: *Erinnerungen aus meinem Leben.* Stuttgart 1953

Zeitschrift für bayerische Kirchengeschichte, herausgegeben im Auftrag des Vereins für bayerische Kirchengeschichte. Jahrgang 1–40, Nürnberg 1926–1971

ZINK, FRITZ: *Die frühesten Stadtansichten auf deutschen Medaillen und Münzen*, in: Anzeiger des Germanischen Nationalmuseums Nürnberg 1954–1959, Nürnberg/Berlin 1960

Bildnachweise

Zahlreiche Institutionen und Personen haben die Vorlagen für die Abbildungen zur Verfügung gestellt, die Wiedergabe genehmigt oder die Fotovorlagen angefertigt. Ihnen haben wir sehr zu danken.

Bayerische Staatsbibliothek München: 18, 31, 96 links, 106, 144, 185, 192, 222, 224, 225, 228, 230, 243, 245, 261, 265, 286, 296, 303 oben, 304, 311
Bayerische Staatsgemäldesammlungen München: 209, 347
Bayerisches Staatsarchiv Amberg: 233
Bayerisches Staatsarchiv Coburg: 116
Biblioteca Vaticana Rom: 54
Drahn, Gerd, München: 159, 171, 307
Ev. Jugendwerk Nürnberg: 447
Ev.-luth. Diakonissenanstalt München: 385
Ev.-luth. Landeskirchenrat München: 334, 348 rechts, 353, 361, 374, 403, 411, 430, 437, 438 oben, 441, 442
Ev.-luth. Kreisdekanat Regensburg: 435
Ev.-luth. Missionsanstalt Neuendettelsau: 382 oben, 384
Ev.-luth. Pfarramt St. Anna Augsburg: 159, 171
Ev.-luth. Pfarramt Feldkirchen: 310
Ev.-luth. Pfarramt Kirchenlamitz: 377
Ev.-luth. Pfarramt St. Matthäus München: 307, 400 oben, 402, 424
Ev.-ref. Pfarramt Erlangen: 323, 341
Ev. Sonntagsblatt aus Bayern, Rothenburg: 367
Germanisches Nationalmuseum Nürnberg: 26 Mitte, 34, 38 f., 49, 67, 69, 70, 73, 82, 88, 94, 98, 104, 112, 140, 170 oben, Mitte, unten Mitte rechts und links, 174, 180, 188, 208, 216, 236, 253, 281, 287, 306 oben, 312, 343, 344 unten, 357
Habdank, Walter, München: 446
Häusser, Robert, Mannheim: 401
Hauptamt für Hochbauwesen Nürnberg: 74 unten, 134, 164, 348 links
Heiwik, Hans, München: 399
Herzog-August-Bibliothek Wolfenbüttel: 44
Kösel-Verlag München: 445
Konrad, Bogen: 439
Kuhr, Georg, Neuendettelsau: 25, 300, 305, 379
Kunstsammlungen der Veste Coburg: 15, 80, 121, 125, 149, 157, 162, 213, 220
Kunstsammlungen der Stadt Augsburg: 152
Kupferstichkabinett Berlin: 58, 130 f., 151, 173 unten, 175
Lachmann, Hans, Düsseldorf: 154

Lagois, Martin, Nürnberg: 71, 72, 91, 92 unten, 93 oben und unten, 95, 96 rechts, 132, 133, 160 oben und unten, 169, 210 links, 254, 436
Landeskirchliches Archiv Nürnberg: 19, 22, 29, 41, 42, 54, 60, 118, 173 oben, 190, 198, 201, 212 unten, 214, 215 unten, 226, 237, 258, 262, 275, 277, 282 links, 283 oben, 284, 285, 289, 290, 293, 303 unten, 314, 317, 339, 345, 346, 351, 355, 365, 371, 378, 381, 388, 393, 395, 397, 400 unten, 405, 407, 409, 413, 417, 420, 422, 432, 433
Limmer, Ingeborg, Bamberg: 53, 250
Lutherhalle Wittenberg: 194
Meißner, Helmut, Himmelkron: 251, 252, 255
Nationalmuseum Stockholm: 249
Öffentliche und Universitätsbibliothek Genf: 306 unten
Österreichisches Staatsarchiv Wien: 176
Raab, Klaus, Weißenburg: 215 oben
Reiß, Johann, Puschendorf: 256
Rijksmuseum Amsterdam: 129
Röckelein, Arthur, Erlangen: 93 rechts, 210 rechts, 438 unten
Staatliche Graphische Sammlung München: 27, 28 oben, 74 oben, 145, 172, 196, 211, 212 oben, 273, 282 rechts, 283 unten, 291, 308 unten
Staatliche Münzsammlung München: 26 oben und unten, 170 oben links
Staatsbibliothek Berlin: 47, 64, 110, 137, 142, 143
Stadtarchiv Erlangen: 308 oben, 324
Stadtarchiv München: 331, 332
Stadtbibliothek Nürnberg: 279
Stadtbildstelle Augsburg: 183
Stadtmuseum München: 28 unten, 309, 327, 344 oben
Städtisches Museum Memmingen: 170 oben rechts
Städtisches Museum Worms: 52
Steiger, Ivan, München: 448
Süddeutsche Zeitung Archiv: 424, 440
Verein für bayerische Kirchengeschichte siehe Landeskirchliches Archiv
Winter, Helmut, München: 382

Personenregister

(Kursiv gedruckte Zahlen verweisen auf Bildtafeln und Illustrationen)

Abel, Karl, Innenminister 352 ff., 358, 362
Adelmann von Adelmannsfelden, Bernhard, Domherr und Humanist 153
Adelmann von Adelmannsfelden, Konrad, Domherr 153
Agricola, Johann, luth. Theologe 156, 181, 196 – *196*
Albrecht V., Herzog von Bayern 22, 24, 29, 32 f., 35, 217
Albrecht von Brandenburg, Hochmeister des Deutschen Orden 46, 99 ff., 105 ff., 109
Albrecht Achilles, Markgraf von Brandenburg-Kulmbach 242
Albrecht Alcibiades, Markgraf von Brandenburg-Kulmbach 199 f., 202 f., – *175*
Albrecht von Mainz, Erzbischof 150
Aleander, Hieronymus, Kardinal 44, 78 f.
Alkofer, Exulantenfamilie 300
Althammer, Andreas, luth. Geistlicher und Humanist 111 f., 113 ff.
Althaus, Paul, luth. Theologe 392 f., 396, 398, 406
Ammann, Georg, luth. Geistlicher 21
Ammonn, Maximilian von, Oberkirchenrat 410
Amsdorf, Nikolaus von, luth. Theologe 33, 78
Andreä, Jakob, luth. Theologe 33
Andreioli, Francesco, Stukkateur 263
Anna, Pfalzgräfin von Neuburg 228
Aretin, Christoph Freiherr von, Gerichtspräsident 339
Asmussen, Hans, luth. Theologe 391, 419, 426 f.
Aventin, Johannes, Historiker 14

Baader, Franz, Religionsphilosoph 352
Bach, Kantorenfamilie 261
Balticus, Martin, Humanist 30

Barth, Exulantenfamilie 300
Barth, Karl, ref. Theologe 392, 396, 406, 414, 419, 426
Bartholomaei, Adam, Geistlicher 24
Bartning, Otto, Architekt 441
Bauer, Friedrich, Missionsinspektor 380, 390
Baumgartner, August, herzoglich-bayerischer Rat 32
Baumgärtner, Bernhard, Gesandter 177
Baumgärtner, Hans, DC-Pfarrer 406, 415 f.
Baumgärtner, Hieronymus, Jurist und Ratsherr 45, 59 f., 84
Beer, Ludwig, DC-Pfarrer 410, 415
Behaim, Georg, Propst 39, 41
Behaim, Lorenz, Geistlicher und Gelehrter 85
Beham, Barthel, Maler 69 f., 75, 83
Beham, Sebald, Maler 69 f., 75, 83 – *142 f.*
Beier, Leonhard, genannt Reif, Augustiner 17, 153
Beßler, Georg, Propst 45
Beyer, Christian, sächs. Kanzler 183
Bezzel, Hermann, Oberkonsistorialpräsident 368 ff., 373 f., 394, 427 – *348, 371*
Billicanus, Theobald, Vermittlungstheologe 151, 186
Blauhans, Handwerker 189
Bodelschwingh, Friedrich von, ev. Pfarrer 396
Bodenstein, Andreas, genannt Karlstadt, ev. Theologe 21, 68, 75 f., 136, 138 ff., 145, 147 – *137*
Boeckh, Christian Friedrich, Oberkonsistorialrat 349 f., 355, 364
Böhme, Anton Wilhelm, pietistischer Hofprediger 316
Bomhard, August, luth. Pfarrer 342
Bomhard, Heinrich, luth. Pfarrer 342
Bonhoeffer, Dietrich, evang. Theologe 405, 414, 427 f., 442
Bonnet, Jean, ref. Pastor 324

Boos, Martin, kath. Erweckungstheologe 341
Bormann, Martin, Reichsleiter 424
Breit, Thomas, Oberkirchenrat 409, 418
Brenck, Johann Georg, Bildhauer 265, 267
Brendel, Georg Christoph, pietistischer Pfarrer 262 f., 266
Brenz, Johann, luth. Theologe 120 ff., 123 f., 151, 165, 181, 189 – *121*
Brück, Gregor, sächs. Kanzler 41, 165, 182
Bucer, Martin, evang. Theologe 143, 151, 161, 181, 187, 191, 193 – *188*
Bugenhagen, Johann, luth. Theologe 182, 186, 203 – *38*
Bullinger, Heinrich, ref. Theologe 33
Bultmann, Rudolf, evang. Theologe 398
Burger, Karl Heinrich August, Oberkonsistorialrat 364
Burkhardt, Georg, genannt Spalatin, sächs. Hofprediger 42, 66, 78, 86, 156, 181, 208 *151*

Cajetan de Vio, Kardinal 17, 148, 152 ff., 156 – *154*
Calvin, Johannes, Reformator 140, 147, 229 f., 319 – *306, 344*
Calvör, Caspar, luth. Theologe 268
Camerarius, Joachim, Humanist 41, 59 f., 84
Campeggi, Lorenz, Kardinal 49 f.
Canisius, Petrus, Jesuit 30, 218, 311
Capito, Wolfgang, ref. Theologe 181
Chieregati, Kardinal 47
Christian Ernst, Markgraf von Brandenburg-Bayreuth 244 f., 248, 321 ff. – *308*
Christoph, Herzog von Württemberg 33
Clausnitzer, Tobias, luth. Geistlicher und Liederdichter 237 f. – *215*
Cochläus, Johannes, kath. Theologe 17, 61, 181 – *34*
Coelestin, Johann Friedrich, luth. Geistlicher 35

Contarini, Caspar, päpstl. Legat 191
Cranach, Lucas, Maler 141, 153 – *157*, 159

Daum, Heinrich, DC-Pfarrer 415
Daumiller, Oskar, Oberkirchenrat 425
Denk, Hans, Spiritualist und Wiedertäufer 68 f., 75 ff., 83, 85, 112
Dernbach, Balthasar von, Fürstabt 218
Detten, Hermann von, Major 412
Dibelius, Otto, Generalsuperintendent und Bischof 391, 405, 421, 427
Dichtl, Bernhard, Kaufmann 20 f.
Diepenbrock, Melchior von, Generalvikar 356
Dietrich, Veit, luth. Theologe 57, 126 f., 146, 157 f., 161 ff., 165 f., 199 – *164*
Dietzfelbinger, Hermann, Landesbischof 9 ff., 387, 405, 428, 448 f. – *440*
Dilherr, Johann Michael, luth. Geistlicher 147
Döllinger, Ignaz von, Professor 352, 356
Döpfner, Julius, Kardinal 448 f. – *440*
Doppelmayr, Friedrich Wilhelm, Jurist und Maler *343*
Droste zu Vischering, Clemens August Freiherr von, Erzbischof 352
Dürer, Albrecht 15, 39, 42, 70, 76, 77 ff., 84 f., 88 f., 145 f., – *74, 80, 82, 172*

Eber, Paul, Naturwissenschaftler und luth. Theologe 217 – *38*, 208
Eberlin von Günzburg, Johann, luth. Volksschriftsteller und Theologe 17, 56, 208
Ebner, Hieronymus, Ratsherr 39, 56
Ebner, Lienhard, luth. Prediger 55
Eck, Johann, luth. Kaplan 99
Eck, Johannes, kath. Theologe 18 f., 30, 39 ff., 43, 85, 99, 138, 153, 165, 181 f., 184, 186, 191 – *26, 180*
Eck, Leonhard von, bayerischer Kanzler 20 f., 22, 190
Eck, Oswald von, bayerischer Adeliger 32
Eck, Simon Thaddäus, bayerischer Kanzler 29, 32
Ehinger, Hans, Gesandter 177 f.
Ehrenberg, Philipp Adolf von, Fürstbischof 223
Eichhorn, Karl, luth. Pfarrer 369
Elert, Werner, luth. Theologe 393, 398, 406

Elisabeth Friederika, Prinzessin von Brandenburg-Bayreuth 290
Elisabeth Sophia, Markgräfin von Brandenburg-Bayreuth 325
Emser, Hieronymus, kath. Theologe 161 – *180*
Epp, Franz Ritter von, Reichsstatthalter 412
Erasmus von Rotterdam, Humanist und Theologe 42, 45 f., 61, 65, 79, 84 ff., 182, 191, 196 – *38*
Ernst der Bekenner, Herzog von Braunschweig-Lüneburg 178

Feischel, Exulantenfamilie 300
Ferdinand von Österreich, Erzherzog und kaiserlicher Statthalter 46, 50, 52, 168, 177 f., 187, 190, 192 f., 196, 201 f., 208, 296
Ferdinand II., deutscher Kaiser 233 f., 297 ff.
Ferdinand III., deutscher Kaiser 299
Feuerbach, Anselm, Jurist 338 f.
Firminian, Leopold von, Erzbischof 313 ff.
Fischer, Johann Friedrich, Bildhauer 263
Flacius Illyricus, Matthias, luth. Theologe 33, 199, 224, 230, 376
Flierl, Johann, Missionar 384
Forster, Johann, luth. Theologe 192, 217 – *38*
Franck, Sebastian, spiritualistischer Theologe 76
Francke, August Hermann, pietistischer Theologe 266, 271, 316
Franckenburger, Georg, Propst 99
Frank, Reinhold, luth. Theologe 360, 395
Franz, Herzog von Braunschweig-Lüneburg 178
Franz I., König von Frankreich 51, 152
Fraunberg, Ladislaus von, bayerischer Adeliger 32, 35
Freiberg, Pankraz von, bayerischer Adeliger 24, 32 f., – *27*
Frick, Wilhelm, Reichsinnenminister 403, 412
Friedrich IV., Markgraf von Brandenburg-Ansbach-Kulmbach 97
Friedrich von Brandenburg-Ansbach-Kulmbach, Domherr 99, 109, 111
Friedrich, Markgraf von Brandenburg-Bayreuth 246, 271, 290
Friedrich II., Kurfürst von der Pfalz 189, 203, 231
Friedrich III., der Fromme, Kurfürst von der Pfalz 144, 223, 231 f.

Friedrich IV., Kurfürst von der Pfalz 206, 232 f.
Friedrich V., Kurfürst von der Pfalz 233 f.
Friedrich der Weise, Kurfürst von Sachsen 39, 41, 44, 46, 78 f., 88, 106, 113, 136, 152 f., 155, 200, 427
Friedrich Wilhelm von Brandenburg, der Große Kurfürst 313, 320 f., 325
Friedrich Wilhelm I., König von Preußen 314 f.
Friedrich Wilhelm II., König von Preußen 352
Frör, Kurt, Inspektor des Predigerseminars 408
Frosch, Johannes, Karmeliterprior und luth. Theologe 153, 180 f.
Fuchs, Gottfried, DC-Pfarrer 410
Fürer, Christoph, Humanist 39
Fürer, Siegmund, Ratsherr 39
Fürst, Walther, luth. Theologe 419
Furttenbach jun., Joseph, Kirchbaumeister 242 f., 246, 266 – *243*

Gabrieli, Gabriel de, Architekt 244
Gallus, Nikolaus, luth. Theologe 32 f., 199, 201, 224, 230, 232, 297 – *198*
Gandolf, Maximilian von, Erzbischof 302, 311, 313
Gedeler, Gottfried von, Architekt 259
Georg, Herzog von Sachsen 46, 163, 200
Georg der Fromme, Markgraf von Brandenburg-Ansbach-Kulmbach 60, 90, 97, 101 f., 105, 107 ff., 120, 125 f., 177 f., 181 f., 200, 427 – *95*
Georg Friedrich Karl, Markgraf von Brandenburg-Bayreuth 262
Georg Wilhelm, Markgraf von Brandenburg-Bayreuth 259
Georg Wilhelm, Herzog von Braunschweig-Lüneburg 320
Gerhard, Johann, luth. Theologe 376
Gerhardt, Paul, luth. Pfarrer und Liederdichter 237, 277 f., 364
Geyer, Christian, liberaler Theologe 368 ff., 373
Giech, Friedrich Karl Graf von, Regierungspräsident 355, 362
Giech-Khevenhüller, Grafen von 248, 262
Glätzl, Exulantenfamilie 300
Glaser, Martin, Augustinerprior und luth. Geistlicher 17

Göring, Hermann, preuß. Ministerpräsident 403
Görres, Joseph, Historiker und Publizist 352
Gollwitzer, Hans, DC-Pfarrer 397, 410, 415
Gontard, Carl Philipp von, Architekt 246
Goßner, Johannes, Erweckungstheologe 341
Gramann, Johann, genannt Poliander, luth. Geistlicher und Liederdichter 99 f.
Greiffenberger, Hans, Maler 69 f., 76
Gropper, Johannes, kath. Vermittlungstheologe 191
Grumbach, Argula von, geb. Stauf, bayerische Adelige 19 f., 21, 162 – 19, 26
Gsaenger, Gustav, Architekt 441
Gürtner, Franz, Architekt 441 f.
Gugler, Erhard, Hofmusiker 20
Gulbransson, Olaf Andreas, Architekt 434, 441 ff. – 437, 442
Gumpelzhaimer, Exulantenfamilie 300
Gustav Adolf, König von Schweden 205 f., 235, 301

Habdank, Walter, Künstler 445, 446
Hadrian VI., Papst 47
Halbach, Kurt, DC-Pfarrer 406, 410
Hamann, Johann Georg, Philosoph 349
Hannsemann, Exulantenfamilie 300
Hans aus Rostock, Handwerker 189
Hardenberg, Karl August von, preußischer Minister 336
Harleß, Adolf von, Oberkonsistorialpräsident 355 f., 358 ff., 362 ff., 365, 369, 395 – 346
Harnack, Adolf von, Theologe 368 f.
Harnack, Theodosius, Kirchenhistoriker 360
Hase, Karl-August von, Kirchenhistoriker 374
Hass, Friedrich, genannt Pistorius, luth. Geistlicher 161
Haßler, Hans-Leo, Komponist und Organist 128
Hauber, geistlicher Rat 358
Haug, David, ev. Pfarrer 334
Hausmann, Nikolaus, luth. Theologe 113
Haydnecker, Michael, luth. Geistlicher 21
Heckel, Theodor, Leiter des kirchl. Außenamtes 396
Heermann, Johannes, Liederdichter 364
Heilbrunner, Jakob, luth. Theologe und Hofprediger 224, 226 f., 228

Heilbrunner, Philipp, luth. Theologe und Superintendent 224 – 211, 212
Heim, Karl, Theologe 392
Heinemann, Gustav 391, 427
Heinrich von Navarra, König von Frankreich 319 f.
Helding, Michael, Vermittlungstheologe 196
Hellu, Baltasar von, Kanzler 217
Hengstenberg, Wilhelm, luth. Theologe 376
Henneberg, Georg-Ernst Graf von 217
Henninger, Leonhard, luth. Pfarrer 419
Henzler, Theodor, Architekt 444
Herberstein, Exulantenfamilie 301
Herbst, Hans, Richter 98, 100
Herbst, Heinrich Gottlieb, Orgelbauer 261
Hermann, Nikolaus, Liederdichter 128
Hess, Rudolf, Stellvertreter Hitlers 412
Heßhusen, Tilemann, luth. Theologe 224
Heyderer, Georg, luth. Geistlicher 111
Hiltner, Johann, Jurist 189 f., 199
Hindenburg, Paul von, Reichspräsident 403, 425
Hitler, Adolf, Reichskanzler 394 ff., 403 ff., 412 f., 418, 422
Höfling, Wilhelm, luth. Theologe 360, 364
Hörl, Johannes, luth. Geistlicher 21
Hofmann, Johann Christian Konrad, luth. Theologe 342, 360, 395
Hoffmann, Christoph, luth. Prediger 97
Hoffmann, Johann, Augustiner und luth. Prediger 99
Hoffmann, Johann Georg, Architekt und Baumeister 245, 257 f.
Holl, Elias, Baumeister 236
Holl, Karl, Kirchenhistoriker 392
Hollaz, David, luth. Theologe 376
Holz, Karl, stellvertretender fränkischer Gauleiter 406 ff. – 407
Holzschuher, Hieronymus, Ratsherr 39
Horn, Kurt, luth. Pfarrer 419
Hossenfelder, Joachim, Reichsleiter der DC 396, 398
Hubmaier, Balthasar, Wiedertäufer 14
Hueber, Johannes, Exulant 300
Hus, Johannes, böhmischer Vorreformator 152, 242 – 38
Hutten, Ulrich von, fränkischer Ritter 150, 217
Hutterus, Leonhard, luth. Theologe 376

Jacobi, Friedrich Heinrich, Philosoph 338 f., 349

Jäger, August, Rechtswalter 405, 409 ff., 412 f., 415
Jäger, Thomas, genannt Venatorius, luth. Prediger und Humanist 45, 85
Illyricus Matthias Flacius, siehe Flacius
Joachim II., Kurfürst von Brandenburg 190 f., 193
Jörger, Christoph, österreichischer Adeliger 296
Johann, Markgraf von Brandenburg-Ansbach 97
Johann der Beständige, Kurfürst von Sachsen 106, 113, 156, 178 f., 181, 186
Johann Friedrich der Großmütige, Kurfürst von Sachsen 113, 163, 193, 195, 197, 200 – 173
Johann Kasimir von der Pfalz 232
Jonas, Justus, luth. Theologe 156, 181 ff. – 38
Joseph Konrad, Erzbischof von Freising 330 f.
Isabella, Königin von Dänemark 49
Junge, Christian Gottfried, Aufklärungstheologe 276 f.
Junkheim, Johann, Generalsuperintendent 275
Iwand, Hans-Joachim, luth. Theologe 427

Kaden, Michael von, Rechtsrat 156, 177
Kaiser, Leonhard, luth. Geistlicher 22
Kalmützer, Wolfgang, Augustiner 190
Kanne, Arnold, Orientalist 342
Kantz, Kaspar, luth. Geistlicher 189
Karl V., deutscher Kaiser 44, 50 f., 88, 152 f., 156, 167 f., 179 ff., 187, 191, 193 ff., 202, 205
Karl Alexander, Markgraf von Brandenburg-Ansbach-Bayreuth 275
Karl Theodor, Kurfürst von Bayern 326
Karl Wilhelm Friedrich, Markgraf von Brandenburg-Ansbach 290
Karlstadt, Andreas, siehe Bodenstein
Karoline Wilhelmine, Kurfürstin und Königin von Bayern 326 ff., 333, 337, 339 f., 350, 356 ff. – 309
Kasimir, Markgraf von Brandenburg-Ansbach 97 ff., 101 ff., 108, 111, 123, 200
Keller, Michael, ref. Geistlicher 143, 180
Kellner, Gustav, Altlutheraner 390
Kern, Georg, Kreisdekan 410
Kern, Helmut, luth. Pfarrer 422

Kerrl, Hans, Reichskirchenminister 418, 421
Kerscher, Joachim, Exulant 300
Keupp, Erich, Rektor 416 ff.
Keyßer, Christian, Missionar 384
Khevenhüller, Exulantenfamilie 298, 301
Klein, Friederich, DC-Pfarrer 397
Klemich, DC-Oberlandeskirchenrat 409
Klenze, Leo von, Architekt 350, 356
Knoll, Johann Nikolaus, Bildhauer 245, 266
Knoll, Wolfgang Adam, Bildhauer 245, 266 – 250
Koch, Heinrich, luth. Pfarrer 412
Kolb, Franz, ev. Prediger 76
Kraft, Adam, Steinmetz 135, 146 – 71
Krafft, Christian, ref. Theologe und Prediger 342, 375 f., 380, 385 – 341
Kratzer, Nikolaus, Astronom 83
Krause, Reinhold, DC-Studienrat 398
Krawielitzki, Theodor, ev. Pfarrer 416 f.
Kress von Kressenstein, Christoph, Ratsherr und Gesandter 114, 177, 181
Künneth, Walter, luth. Theologe 396, 403, 425
Künßberg, Freiherren von 248, 262
Kunigunde, Herzogin von Bayern 17

Labricq, Simon von, Vizekanzler 229
Laimingen, Achaz von, bayerischer Adeliger 32
Lang, Georg Heinrich, rationalistischer Pfarrer 292
Langenmantel, Christoph, Kanonikus 153
Lanzenstiel, Georg, luth. Pfarrer 419
Laurer, Hans, Rektor 411
Lechner, Leonhard, Komponist 128
Leffler, Siegfried, DC-Pfarrer 395
Lehmus, Theodor, luth. Pfarrer 342
Leo X., Papst 41, 43, 150 – 180
Lesche, Kaspar, Bürgermeister 221
Leutheuser, Julius, DC-Pfarrer 395
Lichtblau, Franz, Architekt 441
Lichtenstein, Adam von 261
Ligsaltz d. Ä., Hans, Ratsherr 30
Lilien, Kaspar von, Generalsuperintendent 321 f.
Lilje, Hanns, luth. Theologe und Bischof 391
Link, Johann, kath. Geistlicher 97 f.
Link, Wenzeslaus, Augustinerprior und luth. Prediger 39 f., 57, 66, 86, 153, 161, 166
Löffler, Hofnarr 20

Löffler, Paulus, ev. Pfarrer 116 f.
Löhe, Wilhelm, luth. Pfarrer 90, 268, 342, 359, 362 f., 365, 374 ff., 383 ff., 387 ff., 444 – 379, 381, 388
Löner, Kaspar, luth. Geistlicher 99
Löschenkohl, Martin, Exulant 300
Löwenstein-Wertheim, Grafen von 221
Lossenhammer, Ambrosi, Messerschmied 21
Ludwig X., Herzog von Bayern 14, 16
Ludwig I., König von Bayern 349 ff., 358
Ludwig II., König von Bayern 365
Ludwig XIV., König von Frankreich 320
Ludwig, Landgraf von Hessen 33
Ludwig V., Kurfürst von der Pfalz 231
Ludwig VI., Kurfürst von der Pfalz 231 f.
Luitpold, Prinzregent von Bayern 370
Luther, Martin 16 f., 18, 20, 22 f., 24, 37, 39 ff., 42 ff., 55, 57 ff., 63, 69, 75, 77 ff., 85 f., 99 ff., 104, 107 ff., 117, 120 f., 123 f., 126, 136, 138, 140 ff., 147, 148 ff., 167, 179, 181, 183 ff., 186, 190 f., 193 f., 208, 217, 229 f., 237, 242, 265, 267, 277, 280, 311, 340, 349, 364, 444 – 38, 52, 145, 154, 159, 162, 194, 220, 344, 345

Marahrens, August, luth. Bischof 398, 404, 421, 425
Marie, Königin von Bayern 362
Martin V., Papst 146
Mathesius, Johannes, luth. Theologe 20, 30
Matthias, deutscher Kaiser 227, 233, 297
Maximilian I., deutscher Kaiser 33, 42, 152
Maximilian II., deutscher Kaiser 297
Maximilian I., Kurfürst von Bayern 206, 226 f., 229, 233 f., 238, 297, 352
Maximilian II., König von Bayern 356, 362, 365
Max I. Joseph, König von Bayern 326 ff., 333, 397 f., 350 – 331
Maxlrain, Wolf-Dietrich von, bayerischer Adeliger 32, 34 f.
Meglin, Martin, luth. Geistlicher 108, 111
Meiser, Hans, Landesbischof 391, 394 ff., 403 ff., 406 ff., 413 ff., 421 ff., 426 f., 432 f. – 399, 400, 402, 407
Melanchthon, Philipp, Reformator und Humanist 18, 24, 30, 33, 43, 57, 59, 76, 83 f., 87, 113 f., 153, 156 ff., 163, 165 f., 181 ff., 191 ff., 199, 202 f., 224, 230 f. – 38, 172, 345
Merkle, Elias, ev. Pfarrer 334

Mespelbrunn, Julius Echter von, Fürstbischof 206 f., 217 ff., 228
Meyer, Wolf, DC-Pfarrer 396 f.
Meyfart, Johann Matthäus, Theologe und Liederdichter 237
Michel, Johann Balthasar, Weinwirt 330 f., 337 – 332
Molitor, Thomas, luth. Geistlicher 35
Montgelas, Maximilian Graf von, Minister 326 ff., 337 ff., 369
Moritz, Herzog und Kurfürst von Sachsen 194 f., 197, 200 ff.
Müller, Ludwig, Reichsbischof 396 ff., 403 ff., 409
Münzer, Thomas, Bauernführer 68 f., 75, 163
Murner, Thomas, kath. Theologe 17 – 88, 180
Musculus, Wolfgang, ev. Geistlicher 195, 197, 202 – 190

Nägelsbach, luth. Dekan 369
Nicolai, Christoph Friedrich, Aufklärungsphilosoph 279
Niemöller, Martin, ev. Pfarrer 391, 403 ff., 414, 426 f.
Niethammer, Friedrich Immanuel, Pädagoge und Oberkonsistorialrat 338 f., 349, 355 – 346
Nopp, Hieronymus, luth. Theologe 199
Nützel, Kaspar, Ratsherr 39 f., 56, 114

Oekolampad, Johannes, ref. Theologe 68, 77, 143
Oertel, Eucharius, rationalistischer Pfarrer 292 ff. – 286
Oettingen-Harburg, Karl Wolfgang Graf von 130 f.
Oettingen-Oettingen, Ludwig XV. Graf von 46
Oettingen-Wallerstein, Anna Gräfin von 189
Oettingen-Wallerstein, Martin Graf von 189
Olevianus, Caspar, ref. Theologe 231
Ortenburg, Joachim Graf von 32 f., 35 f. – 28
Osiander, Andreas, luth. Theologe 45 ff., 49 ff., 55 f., 65, 75 f., 87, 113 ff., 119 ff., 124, 146, 181, 189, 199, 223, 288 – 54, 73
Ostendorfer, Michael, Künstler 14 – 15, 67
Ottheinrich, Kurfürst von der Pfalz 24, 143 f., 189, 204, 223, 231 – 209

Pachelbel, Johann, Komponist und Organist 128
Papon, Jacques, ref. Pastor 323 f.
Paul III., Papst 195
Pedrozzi, Jean Baptista, Stukkateur 246
Pencz, Georg, Maler 70, 75, 83 – *58*
Pertsch, Johann Nepomuk, Architekt 350 – *344, 351*
Pettendorfer, Johann, Weihbischof 100
Peutinger, Konrad, Humanist 85, 153
Pflacher, Moses, luth. Geistlicher 35 f.
Pflug, Julius von, kath. Vermittlungstheologe 191, 196
Pfordten, Ludwig von der, Ministerpräsident 362, 365
Philipp, Landgraf von Hessen 106, 177 ff., 181, 184, 186 f., 193, 195, 200 f.
Philipp Ludwig von Pfalz-Neuburg 224 ff. – *212*
Phyen, Georg, Jesuitenpater 218, 221
Pirckheimer, Caritas, Äbtissin 56 f., 61, 84, 86 f., 89
Pirckheimer, Willibald, Humanist 39, 43, 56, 70, 75 ff., 82 f., 84 ff., 145 – *74*
Pistorius, Friedrich, siehe Hass
Pistorius, Johann, ev. Geistlicher und Hofprediger 191
Planitz, Hans von der, sächsischer Rat 46
Pömer, Hektor, Propst 45 f.
Poliander, siehe Gramann
Porta, Antonio della, Architekt 248 f., 323
Portner, Hans, Ratsherr 189
Praunfalk, Hans Adam von, Exulant 301
Preu, David, luth. Geistlicher 23 f.
Propst, Jakob, Augustinerprior und luth. Prediger 78
Pürstinger, Berthold, kath. Bischof 14
Puchta, Georg Friedrich, Jurist 342
Puchta, Heinrich, luth. Pfarrer 342, 364

Quadri, Bernardo, Stukkateur 246, 257, 259

Racknitz, Gall von, Exulant 301
Räntz, Elias, Bildhauer 244, 248, 259, 262, 264 ff. – *251*
Räntz, Johann Gabriel, Bildhauer 257, 261, 263, 266 – *255*
Raumer, Karl von, Naturwissenschaftler 342, 375, 379, 385
Redenbacher, Wilhelm, luth. Pfarrer 355 f.

Reif, siehe Beier
Retti, Leopold, Architekt 246
Reuchlin, Johannes, Humanist 45 f., 84
Rhegius, Urbanus, luth. Theologe 180 f., 184
Richter, Johann Moritz, Architekt 244, 323
Richter, Rudolf Heinrich, Maler 246
Riemerschmid, Reinhard, Architekt *441*
Ringseis, Johann Nepomuk, Mediziner 352
Rittelmeyer, Friedrich, liberaler Theologe 368 ff., 373
Rörer, Georg, Diakon 166
Rohde, Wolfgang, Leiter der Bekenntnisgemeinschaft Nürnberg 411
Rosenberg, Alfred, Reichsleiter 425
Rotenhan, fränkisches Rittergeschlecht 217 – *210*
Rotenhan, Hermann Freiherr von, Jurist 342, 355, 362
Roth, Friedrich, Jurist und Oberkonsistorialpräsident 338, 349, 355 f., 362, 369, 378 – *346*
Roth, Karl Ludwig, Pädagoge 355, 375, 378, 380
Roting, Michael, Humanist 60, 84
Rott, Hans, genannt Locher, Wanderprediger 21
Rudolf II., deutscher Kaiser 297
Rurer, Hans, luth. Geistlicher und Hofprediger 101, 103, 107 f., 111 f., 114 f., 117, 181

Sachs, Hans 63 ff., 89, 98, 128, 146 – *64, 67*
Sailer, Johann Michael, kath. Bischof 341, 352, 356, 358
Saint-Pièrre, Joseph, Architekt 246
Sale, Margarethe von der, sächsische Edeldame 193
Sammetreuther, Julius, luth. Pfarrer 405 – *402, 405*
Sasse, Hermann, luth. Theologe 394
Sebaldus, Eremit 135, 146 f. – *134*
Seckendorff-Abendaar, Hans von, Reichsritter und Statthalter 101, 104, 123, 178
Seehofer, Arsacius, Magister 18 f.
Seiboldsdorf, Hieronymus von, bayerischer Adeliger 32
Seiler, Georg Friedrich, Aufklärungstheologe 271 ff., 278, 287, 290 f., 293 – *282*
Seinsheim, fränkisches Rittergeschlecht 217
Selnecker, Nikolaus, luth. Theologe und Liederdichter 449

Senfl, Ludwig, Hofmusiker 20, 162
Siebert, Ludwig, bayerischer Ministerpräsident 398, 407, 412
Sigismund, Kurfürst von Brandenburg 226, 230
Silchmüller, Johann Christoph, Superintendent 257, 262 f., 271 – *253*
Sommerer, Hans, DC-Pfarrer 406, 410 f., 415
Sophie Luise, Markgräfin von Brandenburg-Bayreuth 322
Spalatin, siehe Burkhardt
Spangenberg, Johannes, luth. Theologe 23 – *31*
Spenlein, Georg, Augustiner 151
Spengler, Lazarus, Ratsschreiber 39, 41 ff., 47 f., 50 f., 59 f., 61, 78 81 ff., 85 87 f., 89, 101, 112 ff., 119 ff., 126, 128, 161, 163, 179, 184 – *42, 60*
Speratus, Paul, luth. Geistlicher und Liederdichter 99
Stadion, Christoph von, kath. Bischof 184
Stählin, Therese, Oberin 389
Stahl, Julius, Jurist 342
Stauf, Argula von, siehe Grumbach
Stauf, Bernhardin von 192
Staupitz, Johann von, Generalvikar der Augustiner 17, 37 ff., 78, 155
Steck, Karl Gerhard, ev. Theologe 419
Steinbauer, Karl, Vikar 404 f., 416 – *400*
Steingruber, Johann David, Architekt 245, 266
Stephani, Karl Heinrich, Pädagoge und rationalistischer Pfarrer 292, 339 f., 342, 349 – *285*
Stöckel, Blasius, Karthäuserprior und luth. Prediger 52
Stolberg-Wernigerode, Christian Ernst Graf von 316, 318
Stolberg, Ludwig Graf von 222
Stoß, Andreas, Karmeliterprior 56, 61
Stoß, Veit, Bildhauer und Steinmetz 56, 120, 146 – *53, 72*
Strauß, Gerhard Friedrich, ev. Theologe 376
Streicher, Julius, fränkischer Gauleiter 406, 416, 423
Sturm, Jakob, protestantischer Politiker 41, 44, 78, 177
Sturm, Leonhard Christoph, Mathematiker und Architekt 266 f.
Süß von Kulmbach, Hans, Maler 265
Superville, Daniel, Arzt 271
Susanne, Markgräfin von Brandenburg-Ansbach 101, 111

Schäfer, Rudolf, Künstler *393*
Schaitberger, Joseph, Exulantenführer 311, 313 ff., 319 – *312*, *314*
Schalling, Martin, Generalsuperintendent und Liederdichter 128, 233 – *237*
Schattenmann, Paul, luth. Pfarrer 419
Schaumberg, Sylvester von, fränkischer Ritter 217
Schazger, Kaspar, Franziskaner 18, 61
Schenk, Eduard von, Minister 352
Schertlin von Burtenbach, schwäbischer Ritter 194
Scheurl, Christoph, Jurist und Humanist 37, 39 ff., 45, 50, 55, 77, 85, 150
Schick, Heinrich, luth. Pfarrer 410
Schieder, Julius, Rektor 408 f., 412
Schirach, Baldur von, NS-Jugendführer 403
Schlatter, Adolf, ev. Theologe 392
Schleiermacher, Friedrich, ev. Theologe 376
Schleupner, Dominikus, luth. Prediger 45, 87, 114, 123
Schmalzing, Georg, luth. Geistlicher 99, 108, 217
Schmidt, Ludwig Friedrich, Kabinettsprediger 326 ff., 333 f., 339 f., 350, 357 – *307*
Schnepf, Erhard, luth. Theologe 151, 181
Schnorr von Carolsfeld, Julius, Maler *361*
Schobser, Hans, Buchdrucker 18
Schopper, Prior und luth. Prediger 99, 103, 113
Schreyer, Gabriel, Maler 259
Schubert, Gotthilf Heinrich, Naturwissenschaftler 341
Schübler, Johann Jakob, Architekt 266
Schulz, Hieronymus, kath. Bischof 150
Schwäbl, Franz Xaver, kath. Bischof 356
Schwanhausen, Johann, luth. Prediger 99
Schwarzenberg, Christoph von, Landhofmeister 17
Schwarzenberg, Johann von, Jurist und Humanist 18, 46, 56, 99, 101, 104 f., 217 – *110*

Tettelbach, Landschreiber 101
Tetzel, Christoph, Gesandter 177
Tetzel, Friedrich, Ratsherr 56

Tetzel, Johannes, Dominikaner 150 – *149*
Thiersch, Friedrich Wilhelm, Philologe und Theologe 338 f.
Tholuck, Friedrich August, ev. Theologe 359
Tholozan St. Esprit, ref. Pastor 324
Thoma, Ludwig, Dichter 367
Thomasius, Gottfried, luth. Theologe 360, 395
Thüngen, Konrad von, kath. Bischof 100, 217
Tischler, Georg, Augustinerprior 190
Tretzel, Stephan, ev. Pfarrer 334
Tucher, Andreas, Ratsherr 39
Tucher, Anton, Ratsherr 39
Tucher, Martin, Ratsherr 39, 114

Uhde, Fritz von, Maler 366 – *347*
Ulrich, Herzog von Württemberg 187
Urlsperger, Samuel, luth. Pfarrer 316, 318 f. – *317*
Utzinger, Alexander, luth. Pfarrer 222

Veit, Friedrich, Kirchenpräsident 394 – *402*
Venatorius, siehe Jäger
Vergerius, Peter Paul, päpstlicher Legat 190
Vogler, Georg, Kanzler 41, 97, 101, 105, 107 f., 109, 111 ff., 124 f.
Volkamer, Clemens, Ratsherr 181
Volprecht, Wolfgang, Augustinerprior 39, 51 f.

Wagner, Adolf, Gauleiter 409, 424
Waldau, Georg, aufklärerischer Prediger 276
Waldburg, Otto Truchseß von, kath. Bischof 202
Waldeck, Franz von, kath. Bischof 188
Wallenfels, Hans von, Statthalter 107
Walzer, Paul, DC-Kirchenmann 409
Wegelin, Josua, luth. Pfarrer und Liederdichter 237
Weigel, Erhard, luth. Dekan 410
Weiller, Kajetan von, Pädagoge 338
Weinhard, kath. Stiftsprediger 101, 103, 111
Weiß, Adam, luth. Pfarrer 99, 103, 107 f., 111, 113 f., 181

Weiß, Georg, ev. Kaplan 76
Weller, Hieronymus, Professor 162
Welser, Paul Karl von, Kirchenpfleger 276, 288
Wenck, Johann, Abt 103
Werner, Hans, Mathematiker und Theologe 85
Wertheim, Georg Graf von 208
Wichern, Johann Hinrich, ev. Pfarrer 385 f.
Wider, Exulantenfamilie 300
Wied, Hermann von, Erzbischof 187
Wiesenthau, Wolfgang von, Amtmann 114
Wild, Johann Martin, Maler 259
Wilhelm IV., Herzog von Bayern 14, 16, 19, 21 f., 23, 34, 43
Wilhelm V. der Fromme, Herzog von Bayern 13
Wilhelmine, Markgräfin von Brandenburg-Bayreuth 246, 271, 290 – *249*
Wimpina, Konrad, kath. Theologe 181, 184
Winter, Rupert, luth. Prediger 311
Wirsberg, Hans von, kath. Geistlicher 97
Wirsberg, Friedrich von, kath. Bischof 217 f.
Witschel, Johann Heinrich, rationalistischer Pfarrer 294
Wolfgang, Fürst von Anhalt 178
Wolfgang, Herzog von der Pfalz 197, 223 f., 231
Wolfgang-Wilhelm, Herzog von Pfalz-Neuburg 224, 226 ff., 230
Wolgemut, Michael, Maler 135, 146
Wucherer, Johann Friedrich, luth. Pfarrer 380
Wunder, Wilhelm Ernst, Maler 246
Wurm, Theophil, Landesbischof 391, 398, 404, 413, 419, 421, 427
Wyneken, Friedrich, Auslandspfarrer 380

Zeiler, Jörg, Lehrer 24
Zezschwitz, Gerhard, luth. Theologe 360
Zobel, Melchior von, kath. Bischof 217
Zocha, Karl Friedrich von, Architekt 245
Zoellner, Wilhelm, Vorsitzender des Reichskirchenausschusses 418
Zollner, Erasmus, luth. Geistlicher 192
Zwingli, Ulrich, Reformator 21, 24, 68, 104, 112, 138 ff., 147, 178 f., 187

Orts- und Sachregister

Abendmahl 22 f., 24, 30, 33, 48, 51, 69 f., 75 ff., 79 f., 100, 105, 107, 114, 121 f., 161, 179, 182 f., 187, 192, 197, 224 f., 229 f., 231 f., 267 f., 289 f., 293, 321, 325, 329 f., 333, 335, 340, 364, 388 ff., 425 f. – *80, 171, 225, 296*

Ablaßwesen 14, 37 f., 40, 43, 77, 97, 104, 148 ff., 289 f. – *49, 149*

Adiaphora 144, 199

Agende, aufklärerische 274 ff., 291, 364

Agende, lutherische 297, 364 f., 383, 394, 446 – *365*

Aibling 23, 333

Alexandersbad 449

allgemeines Priestertum 23, 69, 100, 104, 311, 313

Altarsakrament, siehe Abendmahl

Altdorf 128, 147, 266, 276 f., 279, 301

Amberg 144, 224, 231 ff. – *233*

Ansbach 60, 97, 99, 101 ff., 109, 111, 113 ff., 119 ff., 181, 241, 244 ff., 261, 292, 301, 315, 323, 339 f., 342, 366, 369 f., 376, 408, 410, 412 – *112*

Ansbacher Ratschlag 103 f., 117, 143, 406

Antichrist 29, 49 f., 66 – *104*

Aretin'sche Händel 339, 349

Aschaffenburg 207

Au/Obb. 23

Au/Österreich 313

Aufklärung 127, 238, 241, 259, 266, 268 f., 270 ff., 291, 325, 327, 336 f., 339 ff., 358, 361, 376 f. – *273*

Augsburg 17, 30, 41, 97, 106, 120, 143, 148 f., 152 ff., 156, 161, 167 f., 179 ff., 185 f., 195, 197 f., 202, 204 f., 217, 227, 235, 237 f., 242, 266, 316, 318 f., 329, 380, 408, 418, 447 – *152, 170, 172*

Augsburger Interim, siehe Interim

Augsburger Reichstag, siehe Reichstage

Augsburgisches Bekenntnis 33, 35, 144, 163, 165, 182 f., 187, 202 f., 229, 272, 293, 297, 311, 376 – *169, 183*

Augustinerklöster/-orden 17, 29 ff., 37 ff., 46, 78, 99, 136, 153, 190

Auhausen a. d. Wörnitz 206

Auswanderung 204, 219 ff., 228, 235, 298 ff., 311, 314 ff., 320 f., 380, 383 ff.

Bamberg 52, 97, 99, 202, 204, 207, 221, 242, 261, 336, 338

Bann 43, 47, 85, 113 ff., 121 f., 151 f., 155 – *44*

Barmer Erklärung 405 f., 418 f., 427

Baseler Mission 380

Bauern/Bauernunruhen 14, 16, 21, 68 f., 75, 88 f., 102, 106, 113, 116, 168, 278 f., 297 f., 383, 412

Bayern 13 ff., 22 ff., 32, 187 f., 189 f., 194, 198, 315, 320, 326 ff., 337 ff., 429 ff.

Bayreuth 90, 99, 108, 200, 241, 244 ff., 259, 262, 265, 271, 290, 321 f., 325, 339, 356, 363, 397, 415

Beichte, allgemeine und private 24, 49, 51, 104, 107, 114, 122, 138, 161, 225, 267, 287 f., 364, 388 f. – *283*

Bekennende Kirche 391, 403 ff., 411, 415, 418 f., 421 – *405, 413*

Bekenntnis, lutherisches 119 ff., 165, 182 f., 193, 228, 265, 359, 362, 365 ff., 372 f., 376, 389 f., 392, 397 f., 414, 417, 426 ff.

Bekenntnisgottesdienste 408, 410 ff. – *409*

Bekenntnissynoden 405 f., 411, 418 f.

Benk 244, 257, 263

Berbling/Obb. 23

Berchtesgaden 302, 315

Berlin 314, 316, 320, 341, 368, 373, 376, 396, 398, 409, 412, 415, 421

Bibelübersetzung 106, 158, 161 – *160, 162*

Bilderverehrung, siehe Heiligenbilder

Bindlach 241, 246, 267

Brand 248, 264

Brandenburg-Ansbach, Markgrafschaft 90 ff., 186, 199 f., 203, 207, 241 ff., 245. 274 ff., 288, 301 f., 321 f., 336 – *94*

Brandenburg-Bayreuth, Markgrafschaft 241 ff., 246, 274 ff., 288 f., 321 ff., 336

Brandenburg-Nürnbergische Kirchenordnung, siehe Kirchenordnung

Brot für die Welt 90, 448 – *448*

Bruck/Obb. 23

Brunnenreuth 333

Buchhof 384

Bücher, lutherische 14, 17 f., 20 f., 30, 45 f., 48, 50, 65, 78 f., 99, 150, 167, 189, 296, 298, 302, 311 – *18, 162, 185*

Bündnispolitik, protestantische 78, 106, 109, 168, 177 ff., 186 f., 206

Burgbernheim 118

Burgfarrnbach 278

Burghaig 444

Burgkirchen a. d. Alz 441

Cadolzburg 246 – *256*

Callenberg 264

Calvinismus, calvinistisch (siehe auch reformiert) 36, 144, 204, 206, 223 f., 229 ff., 234, 238, 244, 246 f., 271, 297, 319 ff., 340

Castell, Grafschaft 207 f., 222, 336

Cham 233 f., 430

Choräle, reformatorische 22 ff., 29, 50, 97, 99 f., 126, 128, 217, 232, 237, 260, 277 f., 298, 302, 363, 408, 410, 449 – *29, 237, 311*

Christengemeinschaft 373

Coburg 20, 22, 148, 156 ff., 181, 183 f., 237, 261, 271, 415 – *157, 160*

Confessio Augustana, siehe Augsburgisches Bekenntnis

Crailsheim 99

Creußen 271

Dachau 331, 391, 426, 428 – *401*

Deffreggen/Tirol 302, 311

Deggendorf 166
Dettelbach 220 f.
Deutsche Christen (DC) 394 ff., 404 ff., 408 ff., 414 ff. – *395, 397*
Deutsche Evangelische Kirche (siehe auch Reichskirche) 391, 403, 405, 411, 413 f., 418 f., 421
Diakonie, siehe Innere Mission
Diakonissen 370, 373 f., 385 ff., 388 f., 416 ff., 447 – *381*
Dinkelsbühl 99, 121, 126, 188 f., 201, 204 f., 235, 336
Donauwörth 126, 185, 189, 201, 204 f., 206, 223, 235
Dorfen/Obb. 23, 35
Dreißigjähriger Krieg 205 f., 234 f., 237 f., 242, 247, 295 f., 299, 300 f. – *215*
Dürnberg/Österreich 302, 311, 315

Eckersdorf 267
Eferding/Österreich 298
Eibach 410, 415, 417
Eichstätt 97, 227, 336
Eichstock/Obb. 333
Ellwangen, Fürstabtei 336
Emskirchen 115
Enns/Österreich 298
Erding/Obb. 35
Erfurt 37, 153
Erlangen 90, 244, 271, 273, 319, 321, 323 ff., 341 f., 358, 370, 375, 380, 385 f., 393, 397 f., 411, 426, 447 – *281, 308*
Erlanger Theologie 358 ff., 394 f.
Erweckungsbewegung 316, 338, 341 f., 349 f., 359, 365, 370, 375 f., 378, 380, 392, 395
Evangelische Kirche in Deutschland 90, 390 f., 421, 428
Exorzismus 24, 232, 280
Exulanten 244, 295, 299 ff., 311 ff., 370, 432 f. – *300, 304, 305, 311*

Fasten 24, 33, 48, 50, 99, 105, 107, 138, 148, 298
Feldkirchen 333, 352 – *310*
Feuchtwangen 412
Flossenbürg 428
Flüchtlingsdiaspora 430 ff. – *432, 435*
Frankfurt/Main 117, 167, 185
Freising 21, 328 ff., 430
Freistadt/Österreich 298

Frömmigkeit aufklärerische 272 ff., 277 f., 287 ff., 327, 341 – *283, 284, 291, 293, 339, 343*
Frömmigkeit, lutherische 51, 65, 68, 90, 128, 140 f., 151, 162 f., 224 ff., 243, 246 f., 267 f., 279 f., 373, 387 ff. – *169, 258, 367, 446*
Frömmigkeit, mittelalterliche 13 f., 45, 48, 51, 77 f. – *15, 133*
Frömmigkeit, pietistische 271, 318 f., 341, 375, 416 ff. – *262*
Fronleichnam 23 f., 48, 97, 106 f., 111, 181, 354
Fürth 108, 321, 374 f., 378, 380
Füssen 194

Gegenreformation 13, 21, 30 ff., 34, 128, 206 ff., 217, 219 ff., 222 f., 229, 233 ff., 297 f., 311, 313 ff., 320 – *220, 222*
Gemeiner Kasten 58 f., 97 f., 118, 124, 139 – *93*
Gemünden/Main 208, 219
Genf 229
Gerbrunn 207
Gerolzhofen 221
Gesamtgemeinde, protestantische 326, 336 ff., 340, 358 f., 366, 373
Gesangbuch, aufklärerisches 276 ff., 339 f., 362 f., 446 – *277, 293, 339*
Gesangbuch, neues 363 f., 394, 428, 446
Gewissensfreiheit 44, 51, 57, 62, 177 f., 204, 322, 329, 355, 370
Glaube 50, 56, 70, 75 f., 78. 80 f., 109, 126, 163, 165 f., 179, 271 ff., 293, 311, 324, 349, 369, 371 f., 395, 405 f., 426, 428, 449
Glaubensflüchtlinge, siehe Exulanten und Hugenotten
Glonn 444
Gmunden/Österreich 298
Gnadenberg 231
Gochsheim 208
Götting/Obb. 23
Gottesdienst, siehe Messe
Gottesdienstordnung (siehe auch Agende) 58, 122, 224 f., 231, 274 ff., 324, 364, 388, 394, 428, 446 f. – *275*
Grafengehaig 397
Gramastetten/Österreich 301
Greiselbach 366
Grönenbach 325
Großkarolinenfeld 333 ff., 352, 354

Gundelfingen 144, 229
Gunzenhausen 45, 90, 292, 315, 385, 408, 415 f.

Haag, Grafschaft 34 f.
Hammelburg 99, 207, 219
Hasloch 222
Haßfurt 219
Heidelberg 17, 24, 156, 230 f., 232 f., 325
Heidelberger Disputation 121, 151
Heidelberger Katechismus 231
Heilbronn 178
Heilige, Heiligenbilder 79, 102, 104, 114 f., 135 ff., 140 ff., 146 f., 182, 280 – *129, 134, 140*
Heiligenstadt 415
Heilsbronn 99, 108, 111, 113, 126, 380
Heimatvertriebene 428 ff.
Henneberg, Grafschaft 207, 217, 221
Hensoltshöhe, Diakonissenmutterhaus 416 ff., 426, 447
Herbishofen 325
Heroldsberg 278
Hersbruck 415, 449
Herzogenaurach 199
Hesselberg 90, 449
Hilfswerk, siehe Innere Mission
Hilpoltstein 229
Himmelkron 248, 257, 259 – *255*
Höchstädt 144, 228
Hof 90, 99, 120, 245
Hohenaltheim 292
Hohenlohe, Fürstentum 336
Hohenwaldeck, Herrschaft 34 f.
Hugenotten (siehe auch Calvinismus und Reformierte Kirche) 244, 259, 295, 319 ff., 432 f. – *308, 324*
Humanismus 30, 43, 45 f., 60 f., 81, 84 ff., 166

Jesuitenorden 30, 34, 206 f., 218, 226 ff., 229, 234, 297 – *212, 226, 228*
Igensdorf 278 f.
Ingolstadt 19, 33, 45, 223, 226, 229, 352, 354 – *26*
Innere Mission 318 f., 385 ff., 390, 394 f., 406, 418, 431 f., 447 f. – *385, 432*
Interim 23 f., 124, 186, 196 ff., 201 – *174, 201*
Iowa-Synode 383

Irschenberg/Obb. 23 f.
Ischl 300

Kalchreuth 135, 235, 278 – *132* f.
Kanzelaltar 241, 243, 245, 257, 259 f., 263 ff. – *250, 256*
Karlshuld 333
Karlstadt/Main 136, 219 f.
Kasendorf 289
Katechismus 30, 36, 117, 119, 123, 217, 225, 297, 311, 316, 337, 341, 394, 425 – *118*
Kaufbeuren 189, 205, 235, 318
Kemmoden 333, 352
Kempten 36, 142 f., 178, 318 – *170*
Kirchbau, mittelalterlicher 13, 128, 242 – *92, 132*
Kirchbau, evangelischer 241 ff., 266, 300, 323, 350, 428, 433 ff., 441 ff., 444 – *245, 250, 252, 256, 308, 310, 344, 348, 351, 437, 438, 441*
Kirchdorf/Obb. 35
Kirche, Lehre von der 9 f., 104, 124, 182 f., 247 f., 359, 360 ff., 373, 376 f., 379, 383, 386, 389, 419, 426, 442 ff., 449
Kirchenaustritt 295, 423, 425 – 430
Kirchenbücher 124, 296, 301 f. – *214, 289, 290, 377*
Kirchengut 61, 102, 113, 118 f., 145 f., 186
Kirchenkampf 352 ff., 391 ff., 398, 403 ff., 406 ff., 413 f., 421 ff., 428 – *401, 417, 424*
Kirchenkritik 13 ff., 51, 85, 167, 428 – *216*
Kirchenlamitz 378
Kirchenmusik 20, 128, 147, 162, 243, 260 f. – *284*
Kirchenordnung von Brandenburg-Nürnberg 41, 60, 112, 119 ff., 189, 274 f., 279, 364 – *96*
Kirchenordnung von Henneberg 217
Kirchenordnung von Mecklenburg 126
Kirchenordnung von Pfalz-Neuburg 126, 189, 223 f., 231 f. – *144, 224 f.*
Kirchenordnung von Regensburg 126, 199
Kirchenordnung von Schweinfurt 144, 189
Kirchenordnung von Thüngen 144
Kirchenordnung von Wertheim 208
Kirchenreform, aufklärerische 274 ff., 279 f., 287 ff.
Kirchenvisitation, siehe Visitation
Kirchenzucht 115, 121 f., 225, 288 ff., 324 f., 362, 364, 388, 390 – *289, 290, 430*
Kitzingen 97, 102, 108, 111, 208, 217, 223

Kleinlangheim 183
Klosterwesen 13, 48, 52, 55 ff., 86 f., 97, 99, 114, 138, 153, 190, 231, 296, 351 f.
Kniebeugestreit 354 ff., 362 – *355*
Königshofen 235
Konfirmation 290 f., 415
Konsistorium (Oberkonsistorium), protestantisches 275, 287, 297, 323, 338 f., 341, 349 f., 353 ff., 360, 362 ff., 366, 378, 390
Konstanz 178, 183, 197, 242 – *170*
Kornburg 116 f.
Kraftshof 242 – *92*
Kreuzestheologie 80 f., 135, 151, 278
Kreuzwertheim 222
Kulmbach 90, 97, 99, 200, 245, 257, 263
Kunst, christliche 128 ff., 147, 241 ff., 264 f., 366 – *53, 71, 96, 132 f., 393, 436, 438, 439, 445*

Lahm/Itzgrund 261
Landesherrliches Kirchenregiment 107, 111, 114, 118, 123 f., 204 f., 223 ff., 243 f., 248, 262, 321 f., 362, 370, 379, 392, 427
Landeskirche, bayerische 336 ff., 349 f., 352 ff., 358 ff., 363 ff., 373 f., 389 f., 391 ff., 404 ff., 414 ff., 428 ff., 444, 446 ff. – *403*
Landshut 14, 18, 21, 30, 338, 351 ff., 430
Lanzenried 333
Lauingen 144
Leipzig 41, 111, 356
Leipziger Disputation 41, 43, 99, 138, 153
Leipziger Mission 380
Lenggries 441
Liberalismus 352, 360, 365, 368 ff., 372 f., 392, 394 – *371*
Limpurg-Speckfeld, Grafschaft 207 f., 336
Lindau 142 f., 178, 183
Lindenhardt *254*
Linz/Österreich 297 f., 300
Liturgie, siehe Gottesdienstordnung
Liturgische Gewänder 58, 118, 122, 136, 143, 197, 199 f., 287 – *144, 287*
Lohr 208
Lonnerstadt 278
Ludwigsmoos 333

Magdeburg 60, 199
Mainbernheim *210*
Mainz 188, 207, 235

Marburg 117, 122, 179
Marienfrömmigkeit 14, 21, 66, 77, 81, 135 f., 143 – *15, 53*
Marienheim 325, 333
Markgrafenkirchen 241 ff., 246 ff., 258 ff., 268 f. – *245, 250, 251, 252, 256, 265*
Markgrafenkriege 202 f., 242
Marktbreit 315 f.
Markt-Erlbach 99
Marktheidenfeld 447
Markt Schwaben 35
Memmingen 142 f., 151, 177 f., 183, 185, 318, 325, 408 – *170*
Mennoniten 333
Merkendorf 378 f.
Messe (siehe auch Abendmahl und Gottesdienstordnung) 23 f., 51, 58, 103 ff., 107, 112, 114 f., 122, 138, 143, 150, 165, 184, 224, 280, 298 – *106, 225*
Meßgewänder, siehe liturgische Gewänder
Methodistische Kirche 448
Michelrieth 222
Miesbach 34 f.
Miltenberg 99, 207
Mischehen 353, 355, 364 f.
Mission (äußere) 90, 318, 341 f., 380, 383 ff., 390, 425 – *382, 384*
Missouri-Synode 383
Mönchtum, siehe Klosterwesen
Mühlberg/Sachsen 195
Mühldorf/Inn 16, 397
München 13, 16 ff., 24, 29 f., 34, 37, 40, 217, 226 f., 234 f., 326 ff., 330 f., 338 f., 349 ff., 362, 366, 370, 392, 394 ff., 408 ff., 412, 415, 424 f., 428, 431, 434, 442 f., 447 f. – *28, 344, 385, 402*
Mystik 37, 76, 81, 135, 138, 151, 342, 376

Nabburg 232 f.
Naila 321, 325
Nationalsozialismus und Kirche, siehe Kirchenkampf
Nemmersdorf 245, 257 f., 263
Nennslingen 301
Neuburg/Donau 24, 223, 226 ff., 353
Neudrossenfeld 245, 258 f., 263, 265 f., 360
Neuendettelsau 90, 370, 374, 380, 383 ff., 387 ff., 411, 416, 425, 447
Neufahrn 441
Neumarkt/Obb. 35
Neumarkt/Opf. 233

Neustadt a. d. Aisch 99
Nördlingen 90, 99, 151, 178, 186, 189, 235, 315 f., 318, 380
Nürnberg 17, 30, 37 ff., 60 ff., 63 ff., 90, 97, 109, 111, 113 ff., 119, 124 ff., 135, 141, 144 ff., 150, 156 f., 166, 168, 177 f., 179, 181, 184, 189, 199, 202, 232, 235, 242, 274, 276 ff., 279 ff., 287 f., 300 f., 302, 311, 315, 325, 336, 341, 350, 362, 368 ff., 375 f., 378, 380, 385 f., 392, 394 ff., 404, 406 ff., 410 f., 415, 422, 426, 428, 434, 443, 448 – *38 f., 74, 170*
Nürnberger Anstand 187, 190
Nymphenburg 326, 328 ff., 353 – *328*

Oberallershausen 333, 352
Oberaudorf 441
Oberkotzau 265
Oberneukirchen/Österreich 301
Oberpfalz 144, 189, 204, 229 ff., 234 f., 325, 330, 336, 429 ff. – *230*
Obrigkeit, Lehre von der 55, 61 f., 75, 113 f., 123 f., 139, 179, 186, 204, 219, 225, 230, 289, 327, 354 f., 379, 392, 404, 406, 427
Ökumene 13, 84, 167, 205, 356, 391 f., 421 f., 426, 431, 441, 448 f. – *440*
Österreichischer Protestantismus 296 ff., 299 f., 313 ff., 341 – *300, 303*
Oettingen, Grafschaft 126, 189, 194 f., 201, 204, 292, 301 f., 336
Orgel 260 f. – *261*
Ortenburg, Grafschaft 34 ff., 126
Orthodoxie, lutherische 201, 224, 241, 259 f., 267 ff., 271, 273 f., 279 f., 288 f., 297, 323, 359 f., 368 f., 371, 376, 389
Ottobrunn 447

Pang/Obb. 23
Pappenheim 315, 336
Papsttum 46 f., 65 f., 104, 114, 150, 153 ff. – *47, 70, 104, 125, 357*
Parität 202, 205, 238, 337
Parsberg 34
Partenstein 208
Passau 35, 201, 314, 430
Passauer Vertrag 201 ff., 205
Penzberg 404
Perlach 333, 353 – *334, 353*
Pfalz-Neuburg, Herzogtum 143, 189, 195, 198, 201, 223 ff., 227 ff., 231, 235, 238 336

Pfalz, linksrheinische 230, 333, 339, 363, 390
Pfälzer Kolonisten 295, 323 f., 326, 331, 333 ff., 340, 352 f. – *310*
Pfarrbruderschaft, bayerische 392, 414, 416, 419
Pfarrernotbund 403 ff.
Pfarrkirchen/Österreich 301
Pfarrwahl 100
Pfofeld 301
Pfronten 442
Pietismus 127, 260, 262 f., 266, 269, 271, 316, 318 f., 376 f., 380, 416 ff.
Pilgramsreuth 262, 264 f.
Plassenburg 97, 99, 111, 200, 323 – *98*
Polsingen 386
Predigt 17, 24, 37 f., 107, 128, 146, 181, 224 f., 231, 243, 265 ff., 316 f., 368 f., 378, 388, 425, 447 – *58*
Prichsenstadt 221
Priesterehe 14, 16, 32, 59, 87, 99 f., 105, 107 f., 111, 116, 165, 197, 231 – *254*
Psalmen, Psalter 20, 158 f., 411 – *378*
Puschendorf 108, 447

Ramsau 17
Rationalismus 273 f., 291 ff., 327, 339 f., 342, 349, 363, 365, 374 f.
Rechtfertigungslehre 46, 65, 78 f., 136, 141, 167, 182, 191, 349, 359, 376, 426 – *91, 110*
Rechtmehring/Obb. 35
Reformierte Kirche, reformiert 36, 140, 231 ff., 266, 278, 319 f., 322, 324 ff., 330, 333 ff., 337, 340, 362 f., 375 f., 389 f., 392, 405 f. – *306, 323*
Regensburg 14, 23, 30, 60, 97, 126, 189 ff., 198 f., 201, 217, 227, 244, 297, 299 f., 302, 314, 319, 337, 341, 354, 356, 430 ff., 448 – *170, 192*
Regensburger Konvent 50, 83, 177
Regnitzlosau 246 ff. – *250*
Rehenbühl 301
Reichskirche 396, 404 ff., 409 ff., 412 ff., 421 – *411*
Reichstag Augsburg 1530 22, 120, 156, 163 ff., 179 ff., 187, 190 – *169*
Reichstag Augsburg 1548 195 ff.
Reichstag Augsburg 1555 202 ff.
Reichstag Nürnberg 1522 47 f.
Reichstag Nürnberg 1524 48 ff., 69, 101
Reichstag Regensburg 1542 190 ff.

Reichstag Regensburg 1546 193
Reichstag Speyer 1526 60, 107, 168, 177 f., 187
Reichstag Speyer 1529 168, 177 f., 187
Reichstag Worms 1521 41, 44 f., 65, 101, 148, 205, 208
Rekatholisierungsmaßnahmen 219 ff., 227 ff., 234 f., 297 ff., 365
Religionsfriede, Augsburg 1555 200, 202 ff., 205, 208, 231 – *176*
Religionsfriede, Westfälischer 1648 147, 206, 221 f., 238, 243 f., 299, 313, 320, 322, 340
Religionsgespräche 32, 52, 55, 61, 191 f., 226
Religionsmandate 14, 16, 296 ff., 314, 320, 322, 330 f., 337
Religionsverhöre 23 f., 33 f., 228
Reutlingen 178
Rheinpfalz, siehe Pfalz
Rieneck, Grafschaft 208, 221
Rosenheim 331, 333
Roßtal 383 – *93*
Rothenburg 60, 99, 125 f., 189, 201, 315, 336, 412
Rottach-Egern 433 f., 441
Rummelsberg 447

Säkularisierungsmaßnahmen 327, 352
Sakrament des Altars, siehe Abendmahl
Salzburg 14, 37, 302, 311 ff., 320
Selbitz 447 f.
Seligenporten 231
Sennfeld 208
Simultaneum 227, 234, 238, 431
Sommerhausen 207
Speyer (siehe auch Reichstag) 50, 101 f., 168, 205, 339, 363
Spielberg 268
Staat und Kirche (siehe auch Obrigkeit und landesherrliches Kirchenregiment) 222, 230, 327, 337 ff., 352 ff., 360, 373, 378 ff., 390 ff., 394 ff., 403 ff., 418 ff., 421 ff. – *420*
Stein 325 – *306*
Steyr/Österreich 298
Stockdorf 447
Straßburg 78, 82, 177 f., 183, 321
Straubing 21, 23
Stuttgarter Schuldbekenntnis 391
Sulzbach 229, 238, 294
Surberg/Obb. 14
Synode (General- und Landessynode) 340, 362 ff., 368, 370, 394 f., 397, 406, 433, 446

Schärding 22
Schellenberg/Österreich 313
Schleitz 179
Schliersee 441
Schmalkaldischer Bund 109, 120, 186 f., 193 ff., 200
Schmalkaldischer Krieg 186, 193 ff., 200, 203
Schollbrunn 222
Schule, Schulwesen 30, 58 f., 83 f., 138, 161, 217 f., 225, 275, 292, 321, 338, 360, 365, 386, 394, 422 f., 448 f.
Schwabach 97 f., 108, 114 f., 118, 321, 323, 325
Schwabacher Artikel 179, 182
Schwäbisch Gmünd 111
Schwäbisch Hall 121, 185, 336
Schwäbischer Bund 101 f., 115
Schwärmertum 21, 68 ff., 75, 77, 83 f., 86, 89, 112 f., 124, 138, 179, 204, 395 – 69
Schwarzenberg, Fürstentum 336
Schweinfurt 187, 208, 235, 315

Taufe, Taufordnung 51, 97, 103, 105, 115 f., 259, 280, 289, 293, 329, 333, 364 – 382
Täufer, siehe Wiedertäufer
Taufkirchen 441
Tegernsee 13, 327, 433
Territorialkirchentum (siehe auch landesherrliches Kirchenregiment) 204 f., 218 f., 243 f., 322, 337
Thalmässing 115, 301
Theinselberg 325
Thurnau 244, 248, 257, 260, 262 f. – 251

Tölz 23, 423
Toleranzgedanke 75, 77, 204, 320, 322, 326 f., 329, 337, 339, 350, 358 – 273, 331
Torgauer Artikel 182
Torgauer Bund 106
Trebgast 245, 257, 261, 263, 267 – 252
Tridentinisches Konzil 14, 32, 34, 195 f., 201, 206, 223
Trudering 333
Türkengefahr, Türkenhilfe 16, 46, 75, 109, 112, 154, 158, 168, 179, 187, 194, 296
Tutzinger Akademie 449

Uffenheim 412
Ulm 24, 30, 51, 178, 185, 316, 355, 405 – 170
Ultramontanismus 352, 356, 358, 367
Union (uniert) 325, 335, 340 f., 362 f., 385, 389 f., 405, 432 – 344
Untermaxfeld 333
Unterschwanningen 246

Vereinigte Ev.-Luth. Kirche Deutschlands 421, 446
Verkündigung (siehe auch Predigt) 158, 247 f., 265, 267 f., 292, 369, 442
Visitation 32, 37, 41, 60, 113 ff., 144, 217, 219, 231 – 116
Vöcklabruck/Österreich 298, 301
Volkskirche 362, 379, 391, 408, 413, 416, 425

Wald 370
Wallfahrten 13 f., 56, 136, 148 – 15

Wasserburg/Inn 21, 30, 35
Weiden 229, 237 f.
Weidenbach 244, 246, 248
Weißenburg 60, 99, 126, 178, 185 f., 301 – 215
Wels/Österreich 298
Wendelstein 17, 100
Wertheim, Grafschaft 99, 207 f., 221 f.
Westfälischer Friede, siehe Religionsfriede
Westheim 301
Wiedertäufer 14, 21 f., 68, 76, 204, 297
Wien 297, 314
Wilhelmsdorf 321, 324 f.
Windsheim 60, 99, 102, 126, 178, 336
Wittenberg 17 f., 30, 37, 45, 59, 78, 97, 111, 122, 135 ff., 148, 156 ff., 166, 195, 199, 205, 208, 217, 226, 229 f., 396
Wolfstein, Grafschaft 126
Wormser Edikt 44 f., 47, 50 f., 83, 101, 168, 180, 184
Wort Gottes 32, 44, 48, 51, 55, 61 f., 81, 103 ff., 108 f., 111, 128, 139, 142, 223, 268, 289, 313, 406 – 72
Würzburg 97, 99 f., 202, 204, 207 ff., 218 ff., 228, 235, 320, 336, 338, 367, 396 f., 434
Wunsiedel 242, 247

Zeil 207
Zürich 139 f., 325
Zwettl/Österreich 301
Zwickau 17, 183
Zwinglianer 76 f., 104, 111, 120 f., 143 f., 179 ff., 183, 202, 204, 208, 229, 325

Zur Geschichte und Kulturgeschichte Bayerns

HANS-JÖRG KELLNER
Die Römer in Bayern
319 Seiten mit 19 farbigen und 237 Schwarzweißabbildungen,
Karten und Zeichnungen. Leinenband

LUDWIG SCHROTT
Die Herrscher Bayerns
Vom ersten Herzog bis zum letzten König
292 Seiten, 36 Abbildungen. Leinenband

Bayern - Streifzüge durch zwölf Jahrhunderte
Herausgegeben von Alois Fink. Vorwort von Christian Wallenreiter
352 Seiten, Leinenband

BERNHARD ÜCKER
Endstation 1920
Die Geschichte der Königlich Bayerischen Staatsbahn
159 Seiten mit 107 Abbildungen, davon 7 in Farbe. Leinenband

Süddeutscher Verlag München